신간 교육사회학

신간 교육사회학

안 우 환 著

한국학술정보(주)

머리말

한국에서 교육사회학이 하나의 독립된 학문으로써 자리 잡은 지 반세기가 지난 지금 양적, 질적으로 많은 성장을 해왔다. 그러나 독립된 하나의 학문으로써 교육사회학의 독자적인 연구영역에 대한 논의는 많이 부족한 실정이다. 그러한 교육사회학의 비정형적 특성(amorphous nature)에 따라 일반적으로 수용되어질 수 있는 보편적인 탐구영역이 부재하다는 것이 문제점으로 제기되고 있다.

한국의 교육사회학 연구에서도 교육사회학의 독자적인 연구영역의 확립이 학문적 성립요건임에도 불구하고 이에 대한 구체적이고 체계적인 논의가 부족했던 것 또한 사실이다. 따라서 한국에서 교육사회학의 학문적 정체성을 확립하고 더욱 발전시키기 위해서는 지금까지 교육사회학의 연구 산출물에 나타난 교육사회학의 독자적인 연구영역이 무엇인가를 경험적·실증적으로 규명해 볼 필요가 있다. 그래서 필자는 2003년도에 "한국교육사회학의 연구동향 분석"(교육사회학연구, 13권 2호)이라는 제목으로 한국의 교육사회학연구에 발표된 논문('90~'02년, 논문 246편)을 주제별 내용 분석을 통하여 교육사회학은 어떤 내용을 다루며 그 연구 영역은 어떠한지를 고찰하여 한국 교육사회학 연구의 전반적인 스펙트럼(spectrum)을 제시하고 한국 교육사회학이 나아가야 할 바를 제시하였다.

이 연구에서 나타난 18개의 주요영역과 130개의 하위유목은 순수한 교육사회학의 연구영역으로 분류할 수 있는 것도 있지만, 사회학, 인류학, 심리학, 경제학, 행정학 등의 인접학문 영역에 속하는 영역도 찾아 볼 수 있었다. 또한 이러한 연구영역에서 한국의 교육사회학이 교육현장에서 활용할 수 있는 초기의 실천적인 성격에서 벗어나 일반 사회학에서 다루어지는 산업·정보사회, 학교 조직, 정치, 종교, 가족 등의 학교 교육과 관련한 사회학적인 문제들을 취급함으로서 보다 학문적인 성격을 확장하고 있으며, 나아가 연구 소재를 교육 정책적인 면으로 넓혀나가고 있음을 알 수 있었다.

이 책은 이러한 필자의 연구결과를 바탕으로 하여 교육과 평등, 학교사회와 학업성취, 교육정책과 제도, 공교육의 문제, 교육개혁, 교육사회학 이론, 교육열, 평생교육 및 대안교육, 교육과정 사회학 등의 주요 연구영역을 다루고 있으며, 최근에 화두로 부상하는 교원정책 중 교원평가와 교육개혁, 정책집행 이론들을 다루고 있다. 그리하여 본 교재가 지향하는 바는 다음과 같다.

첫째, 교사를 준비하는 교직전공자들이 교육자로서 교육사회 현상의 사회학적인 이해를 함양하고,

둘째, 교육 문제들과 쟁점들을 사회적 맥락에서 논의할 수 있는 능력을 함양하여,

셋째, 교육사회학 분야의 연구동향, 연구방법, 연구사례 등을 통하여 교사로서의 전문적인 교직에 대한 소양을 함양하는데 그 목표를 두고 있다.

학부생에게는 교육사회학의 이론과 실천에 관한 대학교재로서의 성격을 지니며, 교육사회학을 연구하는 사람에게는 교육사회학의 최신 연구 동향 분석에 필요한 정보를 제공해주며, 각종 시험에서 교육사회학을 준비하는 사람들에게도 훌륭한 지침서의 역할을 하리라 믿는다.

교육사회학의 새로운 관점과 시각을 제안하고 독자와 더불어 그에 대한 건설적인 공감대를 형성하고, 부족한 부분에 대해서는 독자 여러분과 함께 이 문제들을 고민하고 풀어가고자 한다. 학문적인 유행과 시대의 조류를 반영하는 연구의 경향성이 강하여, 서양의 최신 교육사회학 이론을 경쟁적으로 소개, 안내하는 데에만 급급하여 한국적인 풍토에 적합한 토착화된 이론이 부재한 현실에서 필자는 본 저서를 필두로 하여 한국 사회에 적합한 토착적인 이론 개발에 주력할 생각이다. 이러한 필자의 생각이 어느 정도 독자에게 다가갈 수 있을지는 의문이다. 하지만, 누군가는 이 분야에서 이러한 작업을 해야 한다고 믿어 의심치 않는다. 끝으로, 필자의 노력으로 인한 결실을 세상에 빛을 볼 수 있도록, 기꺼이 출판을 허락해준 한국학술정보(주) 관계자 분께 진심으로 감사를 드린다.

2005년 2월 달구벌 대구에서

안 우 환

목 차

표 목 차

그림목차

제 1 부
교육사회학의 이해

제1장 교육사회학의 개념과 발달과정

1. 교육사회학이란?

교육은 생애 전반에 걸쳐서 일어나는 과정이다. 교육은 태어날 때 시작하여 죽을 때까지 계속된다. 모든 국가나 사회에서 교육은 다양한 형태와 경험을 통한 배움의 과정으로 수많은 형태로 이루어진다. 한 개인의 가치로운 변화는 교육을 통하여 이루어질 수 있다. 이러한 교육은 가르치는 사람과 배우는 사람의 상호작용 속에서 이루어지는 행위이다. 가르치는 자와 배우는 자 모두 각자 나름의 사회적, 문화적, 정치적 경험을 전제로 한다. 개인이 배우게 되는 교육의 내용이나 경험 역시 사회·문화적으로 형성되고 축적된 문화이다. 교육은 특정한 사회, 문화, 정치적인 배경과 맥락 속에서 전개되고 이루어지는 활동이다. 다양한 사회, 문화적 배경 맥락 속에서 교육활동이 이루어지는 이러한 교육과 사회, 문화, 정치 등과의 관련성을 탐색하는 학문이 교육사회학이다.

교육사회학의 개념에 대한 물음은 대체적으로 다음과 같다.

첫째, 교육은 어떠한 사회 집단간 힘의 차이 결과 출현하였는가?

둘째, 어떤 유형의 교사와 교육환경이 학생들에게 양질의 교육적인 경험을 제공하는가?

셋째, 교육제도가 가지는 사회 경제적인 기능은 무엇인가?

넷째, 어떠한 사회 문화적 요소가 학교에 영향을 끼치며 이러한 것들은 학생들의 사회화와 관련하여 학교의 의사 결정에 어떻게 반영되는가?

다섯째, 교육을 지배하고 통제하는 다양한 기술에는 어떤 것들이 있는가?

여섯째, 교육의 기회의 균등은 학교교육을 통하여 실현되고 있는가?

일곱째, 교육은 사회 변화와 어떤 관련을 맺고 있는가?

등에 대한 연구를 통하여 교육에 대한 사회학적 분석과 해답을 시도하는 학문이 바로 교육사회학이다.

가. 교육적 사회학(Educational sociology)

교육사회학 발달의 초기 이론으로 도덕과 철학이론을 중시하였고, 사회학, 사회심리학 등과 관계되는 영역이다. 교육체제 및 현상의 설명에 사회학적인 원리와 연구 방법을 적용하여 실천 지향적인 성격을 가지며 주로 교육학자에 의한 사회학적인 접근으로 교육현상 연구에 중점을 둔다.

나. 교육의 사회학(Sociology of education)

사회과학의 경험과 과학적인 방법을 중시하며 교육의 사회화 과정을 연구한다. 교육문제를 사회학적 측면에서 찾으며 교육을 사회학적으로 연구한다. 사회학자의 교육적인 접근으로 연구문제의 소재를 사회학에서 찾고자 한다.

다. 교육사회학 초기의 이론

학교의 사회학적 분석에 대한 기본적 개념의 시초는 Durkeim과 Weber에서 비롯된다. Durkeim은 사회학적 전망에 기초하여 교육을 분석한 최초의 학자중의 한 사람이다. 그는 교육의 역할을 아동이 성인사회를 준비하는데 두었다. 『도덕교육』(1973)에서 그는 사회 안정성의 가치와 학생에 대한 학교의 교수측면의 중요성을 논하고 있다. 그의 분석은 대체로 학교와 기타 다른 사회기관들을 도입하고 있다. 교육과 사회변화, 학교와 사회체제 기능 간의 관계들을 다루고 있다.

Durkeim은 교육학과 교수로서 세기말 위기에 대응하는 중요한 학문으로 사회학을 발전시켜야 한다는 지적 사명감을 가지고 사회학의 기초를 확립하였으며, 교육학 역시 사회학적으로 탐구해야 할 것을 역설했다. 그는 교육을 사회적 실재로 평가하고 사회구조의 한 부분으로서의 교육의 사회적 기능을 밝히는 것을 교육연구의 핵심이라고 보았다. 즉 그는 교육을 '한 사회가 자신의 존재 조건을 의도적으로 재창조하는 수단'이라고 보고, '새로운 세대의 체계적 사회화'로 교육을 정의하였다.

Weber의 이론은 교육 현상과는 다소 괴리감이 있으나 조직, 관료제, 지도성, 계급에 대한 문헌들은 교육에 대한 그의 의도를 드러내고 있다. 노동분할 이론, 이성적 행동, 행정의 위계성, 공식적 관계 등의 이론들은 학교구조 모델 구축에 개념적인 틀(frame of reference)을 제공해 주고 있다. 교육사회학의 기원은 대체적으로 사회학자 Durkeim을 지목한다. 그러나 Durkeim의 교육사회학적 사상이 본격적으로 소개되기 시작하기는 1960년대 이후에야 시작되었고, 1970년대에 이르면 보다 구체적이고 비판적인 연구로 성숙하게 된다.

2. 교육사회학의 발달과정

가. 교육사회학의 발달과정

교육사회학은 교육정책이나 체제에 대하여 그에 알맞은 목표나 목적을 제공해야 한다는 나름의 신념이 있다. 학교에서 가르치는 교육사회학은 교사들과 그 외 다른 사람들이 교육에 영향을 미치는 사회, 문화 등의 과정들을 이해하고 통제하는데 도움을 줄 수 있는 사회학의 모든 면들을 빠짐없이 포함해야 한다는 관점을 유지해 왔다. 교육에 도움을 주기 위해 사회학을 활용한다는 이러한 시각은 사회학자들 사이에서도 팽배해 있었으며 결과적으로 교사의 교육을 위해 유용하다고 믿어지는 사회학의 제 이론을 설정하기에 이르렀다. 이러한 이론에는 가족, 계층, 인종, 지역사회, 학교 내에서의 사회화 과정과 교육 등이었다.

교육학자나 사회학자들은 사회학의 개념과 이론, 방법은 교육적인 목표의 설정이나 개발, 교육적, 사회적인 제 문제들을 해결하는 데 적용될 수 있는 사회적 이론의 원리들을 확인하는데 관심을 가지고 있었다. 일반적으로 이러한 경향을 '교육적 사회학'(educational sociology)이라 한다. Durkeim에 이어 미국의 사회학자인 엔젤(Angell)은 1928년에 교육사회학자들은 교육의 과정을 전문적으로 연구하는 사회학자가 되어야 한다고 주장한다. 그는 사회학적 지식을 교육의 연구에 적용하는 것을 '교육의 사회학'(sociology of education)이라고 불렀다. 이는 학교를 분석, 해석 가능한 사회 현상의 한 요소로 간주하고 있음을 뜻한다고 볼 수 있다.

제2차대전 이후 20여 년 동안, 교육을 연구하고 있던 사회학자들은 사회적 문제의 해결보다는 사회화 과정과 교육체제들의 구조를 기술하고 설명하는 데에 치중하게 되었다. 사회적인 문제의 해결에 집착하지 않고 지식, 개념의 획득, 생성을 강조한 것은 제 2차대전 이후 '교육의 사회학'의 시대가 도래함을 뜻하는 것이었다. 1920-40년대에는 실천적·규범적·응용적 교육사회학 성격이 강하여 교육의 목표 설정을 위한 사회적 결정요소 분석과 사회화 과정 등을 분석하는데 치중하였다(〈표 I-1〉 참고). 1950년대에는 과학 지향적인 성격을 가지고 사회적인 선발 방식이나 교육의 기회균등, 교육의 효율성 탐구를 주로 순기능적인 측면에서 연구가 진행되었다.

〈표 Ⅰ-1〉 교육사회학 내용의 변천

연 대	내 용
1920-1940년대	실천적·규범적·응용적 교육사회학 ① 교육의 목표 설정을 위한 사회적 결정요소 분석. ② 사회화 과정을 분석. ③ 사회진보의 수단: 사회진보와 사회악의 제거. ④ 사회에서 교육의 위치, 현상 분석. ⑤ 학교 안에서의 사회적 관계. ⑥ 학교와 지역사회와의 관계 분석.
1950년대 이후	과학 지향적 교육사회학 ① 사회적 선발, 교육의 기회균등, 교육의 효율성 탐구. ② 교육체제 내의 문제와 현상 분석에 초점을 둠. ③ 기능주의 시각에서 학교교육의 사회적 기능 탐색.
1960중반 이후- 1970년대 이후	갈등론적 교육사회학과 신교육사회학 출현 ① 교육의 역기능 측면에 집중. ② 교육문제를 구조상의 결함이나 사회체제의 모순에서 찾음. ③ 학교를 문화의 전달과 통제의 기관으로 재정의. ④ 신교육사회학의 출현: 교육과정 속에 숨겨져 있는 이데올로기 분석

1960년대에 이르면 대학에서 교육사회학 관련 강좌가 늘어나면서 교육학자뿐만 아니라 사회학자들의 교육에 대한 관심과 열의가 높아지게 되었다. 여기서 산출된 연구물들은 국가 발전이나 기회의 평등에 기여하는 교육에 대한 연구물로서 교육의 기능 및 효과를 정치, 경제, 사회, 문화적인 발전으로 나누어 기술, 설명하는 것이 주류를 이루고 있다. 더불어 교육 문제를 구조상의 결함이나 사회체제의 모순에서 찾으려는 시각이 등장하고 학교의 교육과 정에 내재하는 이데올로기를 분석하려는 신교육사회학의 출현이 이 시기에 나타난다.

나. 교육과 사회와의 관계

교육과 사회와의 관계를 설명하는 시각에는 수동적인 관계, 능동적인 관계 등의 두 가지 시각이 상존한다. 우선 교육과 사회와의 수동적인 관계를 살펴보면 첫째, 교육이 사회로부 터 받는 일방적인 영향관계. 둘째, 사회에 의해 만들어진 제도, 내용, 방식에 따라 교육에 미치는 영향관계가 있으며, 교육과 사회와의 능동적인 관계는 첫째, 교육이 사회에 미치는 영향. 둘째, 주체적이고 창의적인 인간형성을 추구하는 교육을 통하여 사회의 변혁과 변화 를 가져오는 혁신적인 기능 등이 있다.

다. 교육사회학의 연구 영역과 구조

교육사회학의 연구 영역 구조에 대한 시각은 교육과 사회와의 관계(수동, 능동)에 따라서 다음과 같이 세 가지로 구분해 볼 수 있겠다.

첫째, 사회가 교육에 미치는 영향에 관한 연구로 교육의 사회적 현상에 대한 수동적인 탐구 자세를 가진다.

둘째, 교육이 사회에 미치는 영향에 관한 연구로 교육의 사회 현상에 대한 능동적인 탐구 자세를 가진다.

셋째, 교육체제 내부에 대한 사회학적 연구로 교육 체제 내의 사회학적인 분석 틀에 의한 탐구 자세를 가진다.

교육사회학의 주요 연구 영역으로는 교육과 평등, 학교사회와 학업성취, 교육정책과 제도, 공교육의 문제, 교육사회학 이론, 교육열, 청소년 문제, 페미니스트, 교사교육, 진로교육, 정보화 사회, 평생교육, 가족구조·관계, 교육과정사회학, 민주시민교육, 문화, 환경교육 통일교육 등이다(김경식·안우환, 2003).

3. 한국교육사회학의 역사

가. 한국 교육사회학의 탄생과 성장

김신일(2000)은 교육사회학 강좌의 개설이 심리학 관련 강좌보다 늦어지게 된 것은 사회과학을 통하여 개발되는 사회에 대한 비판적 안목을 식민지 지배자들이 두려워한 나머지, 일제 식민지 통치기간에는 교육사회학 강좌가 없었고, 따라서 가르칠 교수도 양성되지 않았기 때문이라고 본다. 1963년 3월에 우리나라에서 최초의 교육사회학 세미나를 개최하였다.

박정희 정권하에서 교육사회학은 교직과정에서 퇴출당하는 수난을 당한다. 교육사회학 강좌를 새마을 운동의 전초 기지로 삼고자 "새마을 운동"이라는 기치 아래 우리사회의 오래된 구습을 타파하고, 사회 전 분야에 걸친 총체적 개혁을 시도하고 있던 박정희 정권은 1972년 문교부령을 개정하고 교직과정의 필수과목으로 되어있던 "교육사회학"을 "학교와 지역사회"라는 새로운 강좌로 대체한다. 새마을 운동을 추진함에 있어서 학교가 지역사회 개발과 성인교육에 공헌할 수 있기 위해서는 교사가 이에 관한 지식과 열의를 가지고 있어야 한다는 것이 그 주된 이유였다(김신일, 2000: 4).

박정희 정권이 무너지고, 5공화국이 들어서서 1985년 개편된 교직과정으로 인해 "학교와 지역사회"는 폐지되고 "교육사회학"으로 다시 부활한다. 다시 등장한 "교육사회학"은 초기의 교육사회학과는 달리 실천 지향적 성격이 약화되고, 사회학 지향적 성격이 강화된다. 그 이유는 국내의 교육사회학이 미국에서 새롭게 등장한 "교육의 사회학"으로부터 영향을 받은 탓도 있지만, 이보다 더 중요한 이유는 1980년대부터 더욱 활기를 띠기 시작한 국내 민주화 운동이 사회과학 전반에 끼친 영향에 있다고 한다(김신일, 2000).

> "1980년대는 과거 어느 때보다도 반정부운동, 사회개혁운동, 체제비판운동 등이 사회과학과의 긴밀한 관련 속에서 전개되었다. 대학생과 학생운동 출신이 주축인 젊은 지식인들이 주도적 역할을 한 1980년대의 사회운동에 있어서 사회과학 이론이 광범위하게 활용되었고, 동시에 사회과학은 실천적 운동에 의하여 크게 영향을 받았다."(김신일, 2000)

1980년대 후반에 오면 교육사회학은 분화의 과정을 겪는다. 서울대학교 사범대학의 김영찬을 중심으로 "교육인류학교실"이 발족하고 이 활동이 모태가 되어 1994년에는 "교육인류학회연구회"가 탄생한다. 이 학회는 1998년부터 "교육인류학연구"라는 전문 학술지를 발간하고, 1999년에는 학회의 공식 명칭을 "교육인류학회"로 개칭한다. 1990년대에는 교육사회학 전공자들이 주체가 되어 새로운 학회인 "교육인류학회"와 "성인교육학회", "평생교육학회" 등의 학회들이 발족하여 현재까지 오고 있다.

초기 한국의 교육사회학은 외국이론의 소개와 응용, 혹은 한국 상황에의 적합성을 검토하는 연구논문들이 많았으나 최근에 이르러서는 한국 사회의 교육현상을 독자적인 개념과 이론, 설명들로 분석, 탐색하는 시도들이 다양하게 나타나고 있다. 한국의 교육사회학은 초창기에는 그 성격이 실천 지향적이었다. 교육현상을 과학적으로 탐구하는데 관심을 두기보다는 현장교사들과 교육행정가들이 교육과 행정실천에서 이용할 수 있는 사회학의 이론과 개념 및 연구성과들을 소개하는데 더 많은 관심을 두고 출발하였다. 그러한 이유는 첫째, 대부분의 교육사회학 강좌가 교원양성기관의 교사 지망생들과 교원연수기관의 현직 교사 혹은 교육행정가를 대상으로 하기에 강좌의 내용과 구성이 이들이 당장 이용할 수 있는 실용적인 지식위주로 이루어졌기 때문이다.

<표 Ⅰ-2> 한국교육사회학의 성장 과정

연 도	과　　　정
1952	진원중 교수가 서울대학의 사범대학에서 교육사회학을 처음으로 강의.
1954	서울대 사범대학에서는 선택과목에서 필수과목으로 지정.
1955	교육공무원자격 검정령 세칙(문교부령 제39호)의 규정에 의하여 중등학교 교사 자격 취득을 위한 교직과정의 한 과목으로 포함.
1963	3월 30일 이규환, 김선호, 황지현, 김종철 등은 대학교육연합 회의실에 모여 우리나라 최초의 교육사회학 세미나 개최.
1967	진원중, 이규환, 황종건 등은 교육학회 내에 교육사회학연구회를 설치하고 초대회장에 진원중 교수를 추대. 1967년 교육학회 내에 교육사회학회의 "교육사회학 연구회" 설치
1968	교육사회학 연구회는 "한국교육사회학의 구상"이라는 주제로 연차 학술대회 개최.
1972	문교부령을 개정하고 교직과정의 필수과목으로 되어있던 "교육사회학"을 "학교와 지역사회"라는 새로운 강좌로 대체.
1985	1985년 개편된 교직과정은 "학교와 지역사회"를 폐지하고, 다시 "교육사회학"강좌 개설.
1989	서울대학교의 김영찬을 중심으로 "교육인류학교실"이 발족, 이 활동이 모태가 되어 1994년 "교육인류학회연구회"가 탄생. 이 학회는 1998년부터 "교육인류학연구"라는 전문 학술지를 발간하고, 1999년에 이르러 학회의 명칭을 "교육인류학회"로 개칭.
1990년대	교육사회학 전공자들이 주체가 되어 새로운 학회인 "교육인류학회"와 "성인교육학회", "평생교육학회"를 발족함.

둘째, 한국의 교육현상을 사회과학적으로 탐구할 수 있는 여건이 조성되어 있지 않았다. 다른 무엇보다 교육사회학 전공자의 수가 절대적으로 적었고, 여기에 부족한 연구비도 그러한 이유가 되었다. 교육사회학이 수입된 역사가 일천하여 그동안 축적된 연구 성과도 전무하였다.

셋째, 당시 교육사회학도들이 주로 참고했던 미국 교육사회학회의 연구 동향도 실천 지향적이었다. 미국에서는 스잘로(Suzzalo)가 1907년 컬럼비아 대학교에서 실천 지향적인 "교육적 사회학"(educational sociology) 강좌를 개설한 후 이 경향은 1960년대까지 지속되었다. 그 후 미국 교육사회학회의 경향은 전문학술지의 제호가 "교육적 사회학(educational sociology)"에서 "교육의 사회학(sociology of educa- tion)"으로 바뀌는 1963년을 기점으로 하여 사회과학 지향으로 그 연구의 패러다임이 바뀌어 왔다.

제2장 교육사회학의 주요이론

교육사회학은 사회학에 의존하여 학교교육에 대한 과정 이론을 발전시켜왔지만 이러한 접근은 제한적일 수밖에 없다. 학교교육에 대한 사회학의 지식과 이론의 적용은 학교 내와 학교 간의 다양한 학교교육 과정에 대한 인과적 현상을 설명하는 데에는 많은 한계점을 드러낸다. 학교 사회 내에서 일어나는 학생간, 학교간의 다양한 사회·심리적인 역동성을 설명하는 데는 한계가 있어왔다. 그리하여 교육사회학은 사회학으로부터 사회이동과 계층, 사회심리학 등의 개념을 차용하여 학교와 사회의 영향관계를 설명하는데 유용한 아이디어를 제공받고 있다.

21세기 교육사회학의 연구는 사회 기관으로서의 교육에 대한 거시적 수준의 연구와 교실 상호 교류에 대한 미시적 연구의 2부분으로 나누어 질 수 있다. 교육사회학자들은 사회적 현상들의 분석을 위하여 이러한 두 가지 방법을 가지고 교육사회의 복잡 미묘한 현상을 기술, 분석, 해석하는 연구의 틀로 활용해 오고 있다.

1. 거시적 접근이론

사회를 개인과는 독립적으로 존재하고 사회 나름의 실체를 갖는다는 사고에 근거를 두고 있으므로 사회현상을 분석할 때 분석의 대상을 사회 그 자체에 둘 뿐만 아니라, 분석의 출발 역시 개인보다는 사회에 두게 된다. 이에는 기능주의, 갈등주의 관점이 있다. 이들의 관점은 교육을 정치적, 경제적 구조와 관련시키고, 교육과 사회와의 관계를 거시적으로 연구하고자 한다.

가. 기능이론(functionality theory)

기능이론은 달리 구조기능주의 이론이라 명명하기도 하며 근대에 와서는 합의이론, 질서이론, 균등이론 등으로 불리고 있다. 기능론자들은 사회를 생물학적 유기체에 비유하여 상호의존적인 여러 기관이나 부분이 전체의 생존과 존립에 공헌하고 있는 관계로 보고 있다. 한 사회를 구조와 기능이라는 측면에서 분석하고 이해하려 하며 그 지속과 번영을 위해 질서·균형·안정을 추구하며, 더 나아가 사회구성원 또는 그들 간의 합의와 통합을 이룬다고 본다.

기능주의의 기본입장은 교육과 사회관계를 긍정적으로 파악하는 동시에 교육의 순기능적인 측면을 강조한다. 학교의 주된 기능은 사회질서를 유지하는데 필요한 지식과 행동 그리고 문화를 전수하는 기관으로 본다. 아동들은 타인과의 접촉을 통해 사회적 존재가 됨을 배우고 적절한 사회적 가치를 발전시키기 때문에 학교는 중요한 훈련장소라는 것이 이들의 관점이다. 특히 Durkeim은 프랑스 혁명 이후 급격히 분열되는 사회상에 직면하여 사회는 그토록 격심한 변화를 겪고도 해체되지 않는 생명력을 가지며 교육이야말로 이 혼란의 시대를 바람직한 방향으로 바꾸어 놓을 수 있는 중요한 매개라고 보았다.

교육은 개개인을 사회적인 구성원으로 양성하는 과정이라는 점에서 사회의 유지에 필수적인 과정으로 인식한다. 교육은 비사회적 존재인 개인들을 사회적 존재로 길러내는 일을 하며, 곧 사회화와 동일한 의미라고 본 것이다. 따라서 교육의 기능은 사회가 요구하는 지적, 신체적, 도덕적 특성의 함양을 뜻하는 보편적 사회화와 개개인이 속하게 될 특수한 환경이 요구하는 직업윤리나 전문지식(분업화된 개별집단에의 적응)강조 등 특정한 신체적, 지적, 도덕적 특성의 함양을 말하는 특수사회화라고 보았다. 그리하여 그는 사회화는 사회를 보존하고 사회를 통합하여 갈등을 해소한다(신구세대의 동질성 형성)고 본다.

기능주의적 관점은 Parsons에 이르러 더욱 정교화 된다. Parsons는 학교교육이 사회화와 더불어 인력배치라는 기본기능을 담당해야 사회가 존립할 수 있다고 보았다. 그는 개인에게 그들이 담당하게 될 역할수행에 필요한 정신적 자세와 자질을 기르는 것이 사회화라고 보았으며, 이러한 사회화의 과정은 미래의 역할 수행이 핵심인 만큼 적합한 사람을 적합한 장소에 배치하는 인력배치를 통해 마무리된다고 보았다. 학교는 유능한 인재를 선발, 분류, 배치하는 역할을 수행하는 국가의 대리기관으로 인식한다. 한 체제는 다른 체제에 영향을 주며, 이 체제들은 한층 높은 수준의 체제, 즉 상위 체제의 하위체제이기도 하다고 본다. 그의 사회선발 이론에 의하면 ① 사회계층은 필연적이고, ② 능력과 노력에 의한 계층 이동이 가능하다(교육에서의 기회균등이 전제). ③ 업적 지향적이다. ④ 학교는 공정하고 객관적인 장소이다. ⑤ 전문가 사회에 적절하다. ⑥ 학교는 직업준비기관이다. 사회 형태의 유지 기능으로 AGIL 즉, 적응(Adaptation; 경제체제), 목표달성(Goal; 정치체제), 통합(Integration; 법률체제), 유형유지(Latent; 가족, 종교, 교육 등)를 주장한다.

기능주의적인 연구 방법은 Dreeben, Harper, Hargreaves 등의 연구로 이어지면서 사회화의 내용에 대한 구체적 분석과 사회적 선발 방식에 대한 기능의 보편성 여부를 검토하고 사회의 결속과 존속을 위한 학교의 기능에 대한 재검토 등으로 점점 세분화되어 오고 있다.

〈표 Ⅰ-3〉 교육사회학의 연구 분야

접근방법	연 구 분 야
거시적 접근 (macro perspective)	◦ 기능주의적 관점: 사회화, 인간 자본론, 근대화 이론 ◦ 갈등주의적 관점: 경제적 재생산, 종속이론, 저항이론 ◦ 사회구조적 특징의 고찰 ◦ 사회 구조의 질서와 갈등 연구 ◦ 교육을 정치적, 경제적 구조와 관련시킴 ◦ 교육과 사회와의 관계를 거시적으로 연구 ◦ 사회문제의 분석을 구조나 기능체제, 조직 사회적 사실에 둠 ◦ 교육격차 문제를 사회구조-교육제도-학습과정을 포괄한 교육 불평등 현상으로 인식, 종합적으로 접근
미시적 접근 (micro perspective)	◦ 해석학적 관점: 상호작용 이론, 민속지학연구(사회현상학적 접근) ◦ 신교육사회학적 관점: 지식 사회학적 관점에서 교육의 내적 과정에 초점을 둠 ◦ 상호작용론적 접근: 사회적 상황에서의 상호작용 ◦ 개인, 소그룹간의 상호작용 ◦ 학생-교사 간의 상호작용 ◦ 학교교육과정상에서 나타나는 현상에 관심 ◦ 인간과 사회와의 상호작용 및 사회 심리적인 면에 관심을 둠 ◦ 교육과정, 교사 ,학생간의 상호작용에 관심이 있음 ◦ 교육격차 연구: 학교배경-학교사회구조-학습과정에 초점을 둠

1) 기능론자의 교육관

기능론적 교육이론은 한편으로는 기술 기능 이론으로도 불린다. 이는 교육을 통해 기술과 기능을 가르치고, 가르치는 이유는 사회가 발전함에 따라서 사회가 점점 더 기능과 기술을 필요로 한다고 본다. 그런 기술과 기능을 가진 인력을 점점 더 많이 사회에서는 필요로 한다. 또한 개인은 사회에서 지위를 얻을 수 있다고 본다. 근대화 이론에서 학교교육이 사회를 근대화시킨다는 이분법의 논리를 사용한다. 인간 자본론 이론에서는 인간을 하나의 기업으로 보고, 교육을 인간이라는 기업에 투자한다. 여기서 투자를 많이 할수록 자본이 커진다고 본다.

2) 기능주의의 문제점

사회 현상 분석에 대한 지나친 순기능적인 관점을 지닌 이 이론은 다음과 같은 문제점을 내포하고 있다.

첫째, 사회 변동에 대하여 구체적이고 실증적인 설명을 하지 못한다.

둘째, 사회의 부조리 측면의 요소에 대하여 그 기능을 인정한다.

셋째, 인과관계에 대한 과학적인 사유가 아닌 환원주의적인 설명 양식으로 일관하고 있다.

넷째, 귀속주의(혈연적)에 의한 계층 형성을 무시하여 비현실적이라는 지적을 받는다.

3) 교육의 사회적 전개과정

가) 학교의 발달에 대한 관점

학교 발달의 역사에는 계층성이 반영되어 있고, 교육의 목적을 비직업적인 것으로부터 실리적인 방향으로 변화해 간다고 본다. 교육의 내용은 고전, 신학, 형이상학적인 것으로부터 실제적이고 현실적, 실용적인 것을 중시하는 방향으로 변화한다고 본다. 학교의 탄생은 사회화 담당기관의 분화로 이루어진 것이고, 교육에 대한 관리, 통제의 주체가 역사적으로 변화해 왔으며 문예부흥이나 산업혁명, 종교개혁, 민족국가 형성 등과 같은 사회의 변화는 학교의 내용, 기능, 형태를 변화시켜왔다. 더불어 기술의 발달은 학교발달에도 영향을 미친다고 본다.

나) 현대사회와 학교의 특징들

사회가 점차적으로 학력중심의 사회로 변하고 학교의 선발기능이 비대화하며, 학교가 선발기능과 사회이동의 역할을 담당한다. 여기서 학력은 사회이동의 주요한 통로가 된다. 현대 사회의 특징을 첫째, 학력사회의 조장으로 높은 교육열이 도래한다. 둘째, 경쟁적인 시험제도. 셋째, 직업세계에서 요구하는 학교교육의 효율성과 기능성이 점차적으로 저하된다.

교육과 사회화 기능에는 세 가지 측면의 기능이 있다.

첫째, 예기적 사회화(anticipatory socialization) 기능으로 성인이 되었을 때 필요하다고 생각되는 생활방식과 가치관을 미리 사회화한다.

둘째, 재사회화(resocialization) 기능으로 이미 이루어진 사회화가 잘못된 것일 경우 바람직한 방향으로 다시 사회화한다.

셋째, 탈사회화(desocialization) 기능으로 과거에 이루어졌던 사회화로부터 이탈되거나 망각하는 사회화를 의미한다.

다) 학교에서의 사회화 기능

첫째, 집단의 규범에 의한 통제와 일탈된 행동에 대한 제재를 학습.
둘째, 사회에서 활동할 때를 대비하는 곳으로 가정과 사회의 교량적 기능을 수행한다.
셋째, 사회인으로서 필요한 기초적인 능력과 태도를 가르친다.

나. 갈등이론(conflict theory)

기능이론과는 대조적으로 갈등이론은 사회의 실체를 개인과 개인, 집단과 집단의 끊임없는 세력다툼, 경쟁, 저항관계로 인식한다. 갈등이론의 출발은 마르크스 이론에서 유래되었다. 마르크스(Karl Marx)는 역사의 발전을 생산수단을 소유한 유산계급과 생산수단을 소유하지 못한 무산계급 사이의 투쟁의 결과로 본다. 갈등론적 시각에 의한 학교교육제도는 사회적 불평등을 재생산하는 수단에 불과하다고 본다. 학교교육 내용도 특정 계층의 지식과 가치를 형식적 교육과정에 의하여 주입하고 있다고 본다. 갈등이론은 기능주의적 접근에 대하여 지나치게 순응적인 가치관에 입각하여 현실을 제대로 파악하지 못한다고 비판한다. 갈등이론은 사회를 존속시켜야 할 유기체가 아니라 개인간 및 집단간의 끊임없는 경쟁과 갈등의 장으로 본다. 갈등론적 관점은 기본적으로 희소한 자원을 둘러싼 분배의 문제가 인간사의 핵심이라고 본다.

마르크스에 있어 교육은 학교에서 이루어지는 교과의 전수가 아니라 인간의 학습이 이루어지는 모든 상황으로서 인간 특히 노동자는 참된 계급적 교육을 통해 지배계급이 불어넣은 허위의식을 극복하고 자신의 계급의식을 가질 수 있게 된다고 인식한다. 교육은 사회 개혁의 핵심적인 수단으로 설정된다. 새로운 교육체제의 수립은 사회적 조건의 개혁이 필수적이며, 사회적 조건의 개혁을 위해서는 그에 상응하는 교육체제의 수립이 필수적이라는 것이다.

갈등론자들은 교육의 불평등과 불공정성을 파헤치고 사회적 불평등이 현행 학교교육을 통하여 어떻게 강화 유지되는가를 밝히려는데 주요 관심사가 있었다. 그들은 학교교육의 기회 확대와 양적 성장에도 불구하고 사회적 불평등은 여전히 존재하고 있다는 점을 들어 기능론에 입각한 자유주의적 이데올로기의 허구성을 신랄하게 지적하고 있다. 교육은 사회에 존재하는 모든 계급에게 균등하지 않으며 사회저변에 깔려있는 불평등과 불공평성을 더욱 강화 유지함으로써 평등한 사회의 실현은 이상에 불과하다고 현행 학교교육을 비판한다.

미국을 중심으로 하는 재생산구조에 대한 교육사회학적 연구와 영국을 중심으로 전개된 재생산과정에 대한 교육사회학적 연구가 공히 가지고 있는 시각은 학교는 지식을 다루는 사회 기관이며, 이 과정은 다분히 권력과 사회구조적 규정을 받는다는 것이다. 지식이 전수되고 습득되는 장소는 교실 안에서이지만, 학교 밖의 사회구조적 상황을 이해할 때에야 비로소 그 지식의 성격이 드러난다는 것이다. 따라서 힘과 지식, 권력과 교육 간의 관계에 대한 이해가 교육사회학의 핵심이라고 보았다.

그러나 재생산 이론에서는 경제구조를 사회 변화의 동인으로 우위에 놓고 있으며, 신교육사회학에서는 학생이나 교사 등 개별적 행위자의 의도와 행위, 행위자들 간의 상징적 상호작용이 교육의 현실을 구성하는 실재라고 보고, 이를 교육현상을 설명하는데 우위에 둔다. 이 두 입장은 결국 주관주의나 구조 결정론으로 귀결되는 경향이 있어서 교육현실의 복잡성을 주관이나 구조로 축소 환원시키고 있다.

교육사회학의 연구 영역에 역사적 관점을 도입한 교육역사사회학은 이러한 한계를 어느 정도 극복하고자 하는 시도로 등장했다. 아브람스(Abrams)는 사회변동을 설명하는데 있어서 개인이나 구조 어느 하나에 치우치지 않고, 행위와 구조의 관계를 역사적 과정의 일환으로 파악하였다. 역사는 의도한 만큼 또는 그 이상 의도하지 않은 결과의 연속이다. 한 사회와 그 사회의 변화를 올바르게 이해하기 위해서는 '행위와 구조간의 상호의존성'을 분석하여야 한다. 그는 행위와 구조의 상호 의존성을 구조화라고 개념화하였다. 구조화라는 안목은 종래 이분법적으로 파악되던 행위와 구조, 의식과 존재, 개인과 사회 별개의 실재로 파악하지 않고 하나의 실재로 파악한다. 더욱이 의도되지 않은 결과의 출현을 설명하고자 하면, 역사사회학은 정교한 이론과 엄격한 방법의 단순한 접합이 아니라 전혀 새로운 설명 양식을 제공하는 이론적 안목과 방법을 갖춘 탐구 양식이 된다. 국가 교육체제의 형성에 관한 교육사회학적 논의는 주로 이러한 역사사회학적 접근을 통해서 이루어지고 있다. 국가교육체제의 기원, 팽창, 기능에 관한 분석 등이 이러한 범주에 속하는 연구물들이 이에 속한다고 볼 수 있다.

1) 갈등 이론의 특징

갈등 이론의 특징과 갈등론자들이 바라보는 사회관에 대하여 살펴보면 다음과 같다.

가) 갈등 이론의 특징

첫째, 사회의 구조를 정치, 사회, 문화, 군대라는 상부구조와 경제라는 하부구조로 이원화하여 하부구조가 상부구조를 결정한다는 하부결정론을 주장한다.

둘째, 이론의 단순성과 경직성으로 인해 사회의 변화에 대한 설득력이 다소 부족하다.

셋째, 각 개인들은 원하는 것을 갖고자 하는 기본적인 욕구를 가지고 있다. 하지만, 힘과 권력은 불균등하게 분배되어 있으며 그것은 희소하며, 강제적이다.

넷째, 가치(value), 개념(ideas)은 서로 다른 계급들이 자신의 목적을 위해 사용하는 하나의 도구로 인식하며 사회 계급(social class)을 사회 분석의 기본 단위로 본다.

다섯째, 학교의 팽창 원인을 자본가 집단을 위하여 프롤레타리아의 대량 생산을 위한 목적에 두며 학교는 자본가를 위한 이데올로기 기관(대리체)으로서의 역할을 충실히 수행하는 곳으로 본다. 그리하여 학교의 선발기능은 불공정하며 자본가에 보다 더 유리하게 작용한다고 본다.

여섯째, 일원론적 역사관[1] 즉, 계급 갈등이 프롤레타리아 혁명을 부르며 그리하여 공산주의 국가가 성립한다는 단선적인 역사관을 드러내 보인다.

나) 갈등론적 사회관

첫째, 사회의 모든 구성 요소는 긴장, 경쟁, 갈등을 일으키는 원인이 된다.

둘째, 지배집단은 피지배집단과 항상 불일치와 갈등을 유발한다.

셋째, 사회질서의 유지는 지배집단의 강제에 의해서 유지, 강화된다.

넷째, 갈등의 원인은 사회계급간의 권력의 차이에서 발생한다.

다섯째, 사회질서 유지는 지배집단의 억압과 강제에 바탕을 두고 있다.

2) 갈등론자의 교육관 고찰

갈등론자의 교육관은 기본적으로 학교[2]를 계급을 재생산하는 기관으로 본다는 것이다. 이

---

1) 역사적 유물론이라고도 한다. 즉, 원시공산사회→고대 노예사회→중세봉건사회→자본주의사회→공산주의 사회 도래.

2) 보울스와 긴티스는 학교는 직업 생산구조의 사회관계를 학교 현장에 채택하고 있다고 분석한다. 사회는 기본적으로 엘리트 혹은 영재(elite)와 범재(nonelite) 집단의 두 계층으로 구조화되어 있다. 이런 구분에 따른 학교의 사회화 기능의 차이는 사회의 생산조직, 직업세계의 가치관과 밀착되어 있다고 판단하고, 학교교육을 통한 이윤증대, 의식구조 재생산 현상을 "교신이론"으로 설명하고 있다. 헌(Hurn, 1978)은 보울스와 긴티스의 교신이론을 부정하고 첫째, 학교교육과 직업세

들의 시각은 대립, 갈등, 투쟁의 시각으로 학교교육 현상을 분석하고 있다는 공통점을 지닌다. 〈표 Ⅰ-4〉는 이러한 시각들을 보여주고 있다.

① 학교는 객관적이고 중립적인 기관이 아니며 지배집단과 관련을 맺고 있다. 학교교육은 체제를 유지하는데 필요한 것이다.
② 학교는 지배집단의 이데올로기를 전수하는 곳으로, 불평등한 사회구조를 심화시키는 역할을 한다.
③ 학교는 업적주의 이념으로 공정성을 위장하고 있으며, 실패의 원인을 사회구조적인 측면보다 개인의 능력과 노력 부족으로 돌리고 있다.
④ 학교에서 가르치는 것은 인지적 능력보다는 지배 집단이 선호하는 가치, 태도, 규범 등을 주입하고 있다.
⑤ 학교는 기존의 불평등한 사회질서에 개인을 편입시키며, 지배집단의 이익에 기여하는 도구적 장치에 불과하다.

기존의 학교교육에 대한 대안을 제시한 자로 일리치(Illich)는 "des- chooling society"에서 전통적 교육의 문제를 비판하고 탈학교교육을 제창했다. 그는 현대 산업사회가 가지고 있는 여러 모순, 즉 비인간화·물량주의·소외(疏外)의 문제, 빈부의 격차, 그리고 그 격차를 조장하는 여러 사회제도를 분석하면서, 그 원인이 학교 제도에 있음을 지적하고 있다. 일리치가 주장하는 탈학교교육은 단순히 학교교육을 폐지하자는 것은 아니며, 빈곤의 극대화, 사회의 양극화 등, 학교제도로 야기된 현대문명의 모순을 비판하고 그것을 극복하여 우리 인간사외가 친화주의(親和主義)로 진보해야 한다는 방법론을 제시한 것이라 하겠다.

일리치와 함께 라이머(Reimer), 홀트(Holt), 프레이리(Freire) 등은 오늘날 탈학교론자로 유명하다. 특히 라이머는 일리치와 함께 푸에르토리코 등지에서 교육사업에 투신하고 일리치와의 15년 간 대화의 결실로 "학교는 죽었다"(school is dead)라는 책을 별도로 저술하였다. 이 책에서 그는 오늘날 학교의 기능이 부자를 부자 되게 하고, 권력을 가진 자로 하여금 계속

계간의 관계는 인과 관계가 아닌 대비 관계로 본다. 둘째, 어느 교육기관이든지 기관존속을 위한 일정한 규범, 규율을 갖고 있다. 셋째, 특수집단은 그 집단의 목적에 맞는 규범이나 가치만을 전수하는 것은 아니다고 주장한다. 콜린스는 헌이 파악한 집단이해관계 유지, 조화의 사회화를 체계적으로 설명하고 있다. 기업체의 사원이 교육수준이 높으면 높을수록 생산성이 높다는 가정을 그는 부정한다. 학력수준이 높은 신입사원에 의해 운영된 기업들이 꼭 높은 생산성을 유지하지는 않는다고 주장한다.

그 권력을 승계 시키고, 가난한 자로 하여금 그 상황을 벗어나지 못하게 하는 등, 모순된 교육제도로 발전되고 있어 새로운 대안을 모색해야 한다고 주장하고 있다.

〈표 Ⅰ-4〉 갈등론자의 교육관

갈등론자	교육관
Bowels & Gintis	·학교는 계급을 재생산하는 곳이다. ·착취에 용이한 태도를 내면화시키는 곳이다. ·지배적인 기업을 위한 노동력 공급. ·노동력 훈련 및 계층화. ·경제 결정론적 관점 견지. ·인종·민족·성별 등의 계급간 분업을 강화. ·경제적 지배 복종 관계.
Carnoy	·청소년들을 계급적으로 불평등한 생산관계에 적응하도록 한다. ·노동적 기능의 재생산과 자본축적에 기여. ·교육제도 개혁을 위해 생산관계 변화가 선행되어야 한다.
Althusser	·기존 사회질서에 순종하는 의식 상태를 조성하는 기제. ·피지배집단을 억압하기 위한 이데올로기적 억압기구가 교육이다. ·생산에 필요한 노동력을 재생산 도구로 본다.
Gramsy	·학교는 자본주의 이데올로기를 생산하여 대중에게 전달하는 역할 수행한다. ·교육의 역할로 저항 이데올로기를 창출하는 프롤레타리아 지식인의 양성이 되어야 한다. ·교육의 목적으로 비판의식을 함양하는 것(인간다운 인간을 만드는 것)이다. ·교과내용으로 사회과학이 중심(정치, 경제, 사회, 문화 등)이 되어 모두에게 동등한 교육을 실시해야 한다.
Bourdieu	·학교교육의 과정을 통해 사회의 불평등 구조가 재생산되며 지배 집단에 유리한 권력구조를 유지 강화시킨다. ·교육을 통하여 전달되는 문화의 성격 분석을 통해서 형식과 내용이 지배집단의 문화라는 사실을 주장.
Apple	·학교교육은 지배계급이 선호하는 문화영역을 통해서 계급적 불평등을 유지, 심화시키는 재생산 기구이다. ·학교는 재생산 기능만이 아니라 자본의 축척을 가능케 하는 기술적 행정적 지식을 생산하는 기능을 수행하는 기관이다.

3) 주장 이론

가) 경제적 재생산론(economic reproduction theory)

학교교육은 경제적인 불평등을 정당화하고 합법화함으로써 지배계급의 위치를 재생산한다는 이론이다. 자본주의 체제에서의 학교교육은 경제적 모순을 은폐하고 불평등한 구조를 존속, 유지, 심화시켰으며, 지배계급의 위치를 정당화하는 도구적 기관 역할을 수행한다.

나) 문화적 재생산론(cultural reproduction theory)

브루디외와 파세론(1977)은 학교에서 가르치는 문화는 지배 계급의 문화고 지배층에 유리하게 구성되었다고 주장한다. 안관수(1997)는 인생에 있어서 수많은 결정적인 불평등 문제는 가장 큰 후원 기관인 학교, 즉 초등학교 재학기간 이전에 이미 영향을 받으며, 가장 중요한 교육적 요인도 본래 생후 8개월과 더불어 시작이 된다는 것을 누구나 알고 있다고 주장한다.

18세기 후반 강력한 사회적 운동으로 시작했던 교육기회의 확대는 19세기와 20세기에는 하나의 정치적인 운동으로서 그리고 산업사회에서는 대중적인 학교의무제도의 도입과 더불어 그 정점에 달했다. Weber 역시 사회적 불평등을 조장하는 집단의 조직, 계층 간의 갈등 그리고 역사적 변화의 주된 요인을 경제적 구조에서 찾은 마르크스와는 달리 국가적·사적 관료제도라는 조직적인 자본과 종교와 교육 등을 포함한 문화적인 자본의 배분에서 그 근거를 찾고 있다. 그래서 그는 그러한 문화적 자산과 거기에서 연유되는 높은 성취동기를 계층 집단을 형성하는 결정적인 원인으로 보았다.

김신일(1994)은 중소기업인과 행정·관리직 자녀의 각각 75%와 62.5%가 대학 교육의 혜택을 받고 있으나 기능공과 소농의 자녀는 단지 8.3%와 8.5%만이 대학 교육의 혜택을 받고 있다. 현대 사회의 지배 계층은 학교의 교육과정을 정당하게 문화적 재생산의 도구로 활용하고 있다. 학교는 문화적 재생산의 역할을 통하여 지배 계급이 권력과 특권을 무리 없이 다음 세대에 전수할 수 있도록 한다는 것이 부르디외 이론의 요점이다(김신일, 1994: 407-408)고 언급하고 있다.

권력과 특권을 무리 없이 대물림하여야 한다는 오랜 역사적 과제를 가장 훌륭하게 해결한 것이 현대 교육제도이다. 교육제도는 계급 관계의 구조를 재생산하면서도 중립적 태도를 표방함으로써 그것이 수행하고 있는 기능을 은폐하기 때문에, 권력과 특전의 세습이 철저히 부정되는 사회에서 이보다 더 편리하면서도 말썽의 소지가 없는 제도는 없을 것이다(김신일, 1994: 408).

다) 문화 자본론 개념(cultural capital theory)

학교에서 제도화된 문화(상류층의 문화에 공인, 권위 부여)가 존재한다는 시각이다. Bourdieu의 문화자본론은 다음과 같다.

첫째, 자본은 사회적·문화적·경제적인 여러 가지 유형을 취하고 있으며, 문화는 특정계급과 관련되어 있고, 계급적 이해관계를 반영하고 있다.

둘째, 상징적 폭력이라는 개념을 도입하여 논리를 전개한다. 그에 의하면, 기존의 사회질서는 물리적 강제의 결과가 아니라, 오히려 상징적 폭력의 결과(symbolic violence)이다.

셋째, 지배계급은 언어나 신분·지위·위신·관습과 같은 상징을 가지고 있는데, 이를 통해서 그들의 사고방식이나 지배유형 또는 문화양식이 마치 자연스러운 질서를 가진 것처럼 보이게 한다.

넷째, 문화는 생산·분배·소비되는 경제적 자본의 운동 원리와 비슷하게 문화시장을 형성할 뿐만 아니라 소유한 문화형태에 따라 화폐적 가치를 지닌다. 이를 문화자본(cultural capital)이라 한다.

다섯째, 문화자본은 크게 세 가지 형태로 구분할 수 있다. ① 어렸을 때부터 계급적 배경에서 자연스럽게 체득된 지속적인 성향인 아비투스(habitus)적 문화자본이 있다. ② 객관화된 상태로서의 문화자본, 즉 책이나 예술작품 등이 있다. ③ 제도화된 상태로서의 문화자본인 졸업장·자격증 등이 있다.

여섯째, 학교에서 교사들에 의해 사용되는 언어·가치·가정(假定), 그리고 성공과 실패에 대한 묵시적인 모델들은 지배집단의 것들이라는 것이다. 피지배계층들은 그들의 질서가 아닌 지배집단의 질서를 배우고 있다.

일곱째, Bourdieu의 이러한 입장은 학교교육에서 문화의 역할을 강조함으로써 학교교육에 대한 학문적 이해의 폭을 넓혔다는 점에서 높이 평가를 받고 있다.

Bourdieu는 아비투스적 문화자본을 가장 중요하게 취급한다. 그의 독특한 개념인 아비투스[3](Habitus)란, 각각의 계급 혹은 사회계급 내의 파벌들이 그들의 특징적인 문화양식이나

---

3) 문화습성(文化習性; cultural habitus)이란 한 문화집단의 성원들을 결속시켜주고 그들을 다른 문

지배유형을 발전시켜 그 관점을 가지고 아동을 사회화시키고, 그들의 세계관을 형성해 나가는 것을 말한다. 학교는 지배계급의 문화를 강조하고 있으며, 계급적 배경이 다른 문화자본을 가진 아동들은 학업성취 면에서 열등할 수밖에 없으며, 나아가 미래에 차지할 직업적 지위에도 영향을 준다는 것이다. 문화적 헤게모니는 지배계급이 피지배계급으로부터 능동적인 동의를 얻는 것을 가능하게 하는 이론적, 실제적 행위의 총체적인 복합체라 말 할 수 있다.

4) 갈등이론의 한계

가) 역사적 관점의 결여

사회구조를 단순히 이분법에 따라 설명하여 지배자와 피지배자, 가진 자, 못 가진 자 등으로 사회구성원을 양분하고 교육이 지배자와 가진 자에게만 봉사하는 것으로 인식하고 있다. 그리하여 교육 본연의 본질적인 모습을 왜곡하거나 과장하고 있다. 이는 사회 구성원을 지나치게 단순화하여 상황이나 맥락을 무시하였다는 비판을 받는다.

나) 학생을 수동적인 존재로 인식한다

구조 결정론에 빠져 교육이 단순히 경제나 문화구조에 의해 일방적으로 그 성격이 결정된다고 본다. 교육행위의 설명에 있어서 인간의 의지를 무시하고 사회적인 조건만 지나치게 강조하는 단점을 보이고 있다. 교사의 경우는 지배계급의 단순한 지식 전달자로 묘사하며, 학생은 지식을 수용하기만 하는 수동적인 존재로 취급한다. 그리하여 교사와 학생에게는 자유의지가 결여되어 있다. 학교의 내부현상을 문화구조 논리에 따라 규정함으로써 실제적인 역동적 관계에 대한 관심은 상당히 부족하다.

화집단의 성원들과 구분해주는 독특한 생활방식, 지각, 그리고 이해를 구성하는 일련의 지속적인 행동성향을 지칭함. 개인적으로 가지고 있는 정신적, 육체적, 감정적 특성뿐만 아니라 역사적 사회구조적 요소까지도 포함한다. 그러나 계급문화로도 또한 한 개인의 개별적인 행동성향으로도 환원될 수는 없는 초기 사회화과정에서 나타나는 일차적인 분류의 형태를 의미한다. Bourdieu는 이 문화습성을 집단과 집단의 문화적인 차이를 구분해주는 역할로서의 기능뿐만 아니라 지배집단의 문화적 재생산활동의 과정과 결과에 정당성을 부여하여 주는 역할로서의 기능을 동시에 강조하고 있다.

다) 학교교육의 기능을 간과

교육선발의 불평등 요소를 너무 강조함으로써 교육을 통한 능력과 재능의 선별을 인정하지 않으며, 학교교육을 통한 사회적 상승 이동의 기제는 간과하여 설명하고 있다.

라) 교육의 역기능을 지나치게 강조

교육의 기능을 투쟁과 대립 등의 갈등과 세력 경쟁을 하는 도구로 지나치게 강조하여 교육이 사회적 결속력을 높이고 국가 공동체 의식을 높이는데 기여한 점을 과소평가 한다.

다. 기능론, 갈등론의 공통점과 차이점

기능, 갈등 이론은 모두 교육이 사회구조와 문화적인 현상을 반영한다고 보면서 이에 대한 구체적인 현상 분석에는 서로 다른 이론과 주장으로 교육의 기능을 기술, 분석하고 있다. 기능 이론은 교육의 사회적 통합 기능에 초점을 두고, 갈등 이론은 계급간의 차이와 유지를 위하여 교육이 이루어지며, 학교는 이러한 기능을 수행하는 대리체로서 인식한다(〈표 I-5〉 참조).

〈표 I-5〉 기능, 갈등 이론의 공통점과 차이점

	기능이론	갈등이론
공통점	· 교육이 사회구조와 문화를 반영한다. · 교육을 정치 경제적 구조의 종속변수로 인식한다. · 교육을 통한 인간성의 회복과 비인간화 극복. · 사회구조적인 모순에 대한 개혁이 가능하다.	
차이점	· 개인의 재능 발휘와 사회적 통합을 위한 교육의 기능을 강조한다.	· 학교교육에 대한 비판에 주력하여 불평등의 정당화 문제와 지배계층의 문화 전수에 초점을 둔다.

2. 미시적 접근이론

사회란 실체는 개인을 떠나서 별개로 존재하는 것이 아니고, 개인과 더불어 함께 기술, 분석되어야 한다. 사회를 이해하기 위해서는 개인의 사회적 행동과 개인의 본질적인 행동 모두를 함께 개인과 개인간의 행동으로부터 접근하여 파악하여야 한다.

가. 해석학적 접근이론(현상학, 상징적 상호작용론)

해석학은 그리스의 '해석하다'(Herms)의 뜻에서 유래한다. 고전적 교재를 이해하는 기법을 응용하여 인간의 경험을 이해하는 철학적, 과학적 연구의 방법론적 이론이다. 이 말은 제우스의 의지를 지상의 인간들에게 해석해 주기 위하여 올림포스 산에서 내려온 사자인 "Hermes"에서 유래한 것이다. 그리스인들은 신들에 관한 전설을 해석하기 위한 기법을 개발하여 해석이라고 하였다. 기독교 신학자들도 성경을 해석할 때 이 기법을 사용한 것으로 알려져 있다. 그러나 19세기에 딜타이(Dilthey)를 비롯한 독일의 철학자들은 해석학적 기법을 발전시켜 인간의 행위와 제도를 포함한 사물의 이해에 적용하여 새로운 해석학을 발전시켰다. 그들은 사물을 이해한다는 것은 바로 그것을 해석하는 것이라고 보았다.

우리가 무엇을 이해한다는 것은 마치 교재를 읽고 해석하는 것과 같다는 것이다. 무엇을 이해한다는 것은 그것의 의미 혹은 의의를 파악하는 것이며, 무엇을 해석한다는 것은 어떤 관점이나 상황에 비추어 그것이 의미하는 바를 터득하는 것이다. 이해하거나 해석하는 사람은 이미 자신이 가지고 있는 선입견(혹은 전이해)에 근거하여 자신의 마음의 눈으로 대상에 접근한다. 이러한 과정을 딜타이는 "공감적 이해"(verstehen)라고 하였으며, 특히 인간과학의 참된 방법이라고 하였다.

사회생활은 상호작용의 맥락 속에서 이루어지므로, 상호작용에 임하는 사회성원 각자의 자신을 둘러싸고 있는 세계에 대한 이해와, 자신과 상호 작용하는 상대방의 행위에 부여된 의미에 대한 음미나 해석은 매우 중요하다. 사회성원은 각자가 처한 상황에 대한 정의와 반응은 획일적이 아니므로, 해석학적 시각에서 다양한 정의와 반응을 해석함은, 교육과 사회와의 관계를 미시적 측면에서 의미를 해석하는 한 방향이다. 해석학자들은 인간 경험을 주관적으로 파악하면서도 이해와 해석은 전통 속에 있다고 함으로써 전통에 따른 상대주의적 특징을 보이고 있다. 쿤은 과학의 이론도 세계에 대한 보편적 필연성을 지닌 법칙의 체제가 아니라 어떤 패러다임에 의해서 형성된 이론적 체제이며, 한 시대를 지배하는 과학적

이론은 한 패러다임이 여러 다른 것과의 경쟁에서 승리한 것일 뿐이라고 하였다.

기능이론, 갈등이론 등과 같은 규범적 패러다임과는 달리 해석적 패러다임은 인간의 행위나 상호작용이 공유된 일정한 규칙에 지배되지 않는다고 본다. 따라서 해석적 패러다임은 인간의 상호작용 속에서 이루어지는 해석과 의미부여에 관심을 두고 있으며, 상호작용을 하나의 해석적 과정으로 파악하고 있기 때문에 그 연구방법 또한 연역적 설명에 의한 것이 아니라, 상호작용이 실제로 일어나고 있는 일상생활 세계를 구체적으로 이해할 수 있는 해석적 기술과 방법을 강조한다. Weber는 사회적 행위를 해석적으로 이해함으로써 그 과정과 결과를 인과적으로 설명하는 것, 그것을 이론의 핵심으로 삼고, 자발성과 사회적 행위의 주관적 의미, 그리고 사회적 행위에 대한 구조의 제약을 결합시켜 설명하고 있다. 또 변화의 가능성을 담지하는 이론으로 사회과학을 해석적으로 접근하고 있다. Collins는 학교가 이해관계를 달리하는 여러 집단 간의 각축장이므로 각 집단의 요구, 집단 간의 관계 및 사회 역사적 맥락을 파악함으로써만 교육을 정확히 이해할 수 있다고 주장한다. 이는 역사적으로 어떤 집단이 교육을 장악하느냐에 따라 교육의 성격, 교사, 교육내용, 학생의 행위 등이 변화한다는 것을 의미하는 것이었다.

해석적 접근을 통해 인간 행위와 사회구조 사이의 변증법을 교육제도의 형성과정 속에서 해명하고자 시도하는 연구들이 지속적으로 행해지고 있다. 해석학에 포함되는 학문 영역으로는 ① 상징적 상호작용론(symbolic interactionism), ② 현상학적 사회학(phenomenological sociology), ③ 민속 방법론(ethnomethodology)[4] 등이 있다.

해석학의 특징으로는 ① 해석하는 과정으로 상호작용을 중시한다. ② 미시적인 분석을 한다. ③ 내부자적인 관점을 강조한다. ④ 질적 연구 방법을 강조한다. ⑤ 총체주의와 맥락화를 중요시한다.

나. 교육과정 사회학(sociology of curriculum)

지식의 분배, 조직, 계층화 및 그것의 이념적 배경 등을 사회학적으로 분석하는 학문으로 영국에서 발달하였으며, 교육내부 현상에 대한 연구로 미시적이며 지식사회와 현상학의 도

---

4) 학교현장에서 벌어지는 일상적인 학생과 학생간의 관계, 학생과 교사와의 관계, 교사와 행정가간의 상호작용과 이해관계를 설명하고자 한다(미시적 현상 분석). 사회구성원으로서의 사람들이 일상사를 통하여 일상적으로 만들어내고 활용하는 방법(method)에 관한 학문(logy)이다. 참여 관찰법을 주로 사용하며 이는 연구자가 직접 현장에 가서 연구대상자들과 함께 같이 생활하며 연구하는 것을 의미한다.

움을 받고 출발하였다. 지식의 사회성과 그 역할 및 중요성을 강조하고, 해석학적인 연구방법의 사용으로 전수 지식의 의미를 규명하고자 한다.

학교에서 가르치는 지식을 시간과 공간을 초월하는 보편타당한 절대적인 것으로 보기보다는 사회 제 세력들 간의 갈등과 투쟁, 협상의 산물로 바라본다. 학교 지식에 대한 주체문제와 그것이 어떻게 조직되고 분배되며, 계층화되는가에 문제를 제기한다. 그리하여 특정의 지식이 학교지식으로 선택되는 이유와 집단 간의 경쟁, 갈등과는 어떻게 관련되어 있는가에 연구의 초점을 둔다.

교육과정 사회학의 기본관점은 인간의 사유는 시대적, 사회적 제약조건에 의하여 제약받는다고 하는 지식 사회학의 관점을 비롯하여, 현상학, 상징적 상호작용론, 민족방법론 및 신마르크스 주의자들의 비판이론에 그 뿌리를 두고 있다. 이 분야의 연구가 교육사회학의 한 분야로서 새롭게 대두하게 된 것은 영국의 신교육사회학과 미국의 교육과정사회학에 대한 비판적 접근을 통하여 출발하였다.

조기선발을 특징으로 하고 있는 영국의 복선형 교육체제는 노동계급 아동들의 사회계층 이동에 공헌하고 있지 못하다는 비판에 직면하여, 영국의 노동당 정부는 학교 계열간의 벽을 허무는 종합학교의 신설확대와 보상교육프로그램의 실시 및 고등교육 기관의 정원확대 등 그 문제 해결을 위하여 다각도로 노력하지만 기대와는 달리 획기적인 성과를 거두지 못한다. 이러한 실패는 그 개혁들이 학교에서 가르치고 있는 교육과정이 안고 있는 문제점 즉, 학교의 지식은 중류 계급의 문화를 반영하는 것으로 노동계급에게는 불리하게 되어 있다는 시각에서 Young은 "지식과 통제"(knowledge and control)에서 학교의 지식을 구성하고 있는 범주와 개념들인 우수아, 열등아, 학구적, 비학구적 등은 사회적으로 구성된 것으로서 특정집단의 사람들이 그들 자신의 기준과 분류방식을 다른 사람에게 부과한 것으로 보아야 한다고 그는 주장한다.

거의 동일한 시기에 미국에서는 그때까지 핵심적인 교육과정의 구성원리로 되어왔던 과학성과 효율성에 대한 비판이 Huebner, Klie- bard, Apple 등에 의하여 이루어지고, 특히 Apple은 "교육과 이데올로기"(education and ideology)에서 학교지식의 사회적, 역사적 기원과 학교의 일상생활과 사회적 통제와의 관계를 분석하였다. 이 분야에 속하는 학자라고 하더라도 학교지식을 보는 관점은 매우 다양하다. Bowles와 Gintis는 학교지식을 경제구조의 결정론적으로 보아 기존지식의 재생산으로 보는 반면에, Bourdieu와 Bernstein은 상대적 자율성을 인정하고, Willis는 재생산뿐만 아니라 그것의 생산적인 측면을 부각시키기도 하였다.

1) 배경이론

가) 지식사회학(sociology of knowledge)

제1차 대전 후 서독에 있어서 지식의 존재 구속성을 설명하는 사회학의 분과로서 Scheler
와 Mannheim에 의해서 수립되었다. Scheler는 현상학적인 입장에서 사회학을 실재 사회학과
문화 사회학으로 나누어 문화 사회학의 중요 부문으로서 지식사회학을 들어 종교적 지식, 형
이상학적 지식 및 실증적 지식이라는 3가지의 지식 형태에 관해서 사회학적 고찰을 시도했다.
Mannheim은 역사주의적인 입장에서 과거 및 현재의 여러 가지 지식 내용의 존재 구속성을
분명히 하려고 노력했다.

지식사회학은 지식과 존재의 관계를 분석하는 학문으로 지식이란 어떠한 사고양식을 대표
하는 집단과 계층의 성격을 통해서 이해해야 하며 끊임없이 변화하는 특정 역사적 순간의 구
조적 상황과 관련하여 해석되어야 한다. 사회계층이 갖고 있는 세계관의 차이에 따라 다르게
해석될 수 있다는 지식의 절대적 진리관보다 지식의 상대적 관점을 강하게 내포하고 있다.
Mannheim은 계급과 이념, 지식의 관계에 대한 분석에서 도출된 지식론은 Berger와
Luckmann 등에 의해 수용되어 사회적 실재에 대한 반성의 개념으로 발전하였다. 한편,
Berger와 Luckmann은 이념이라는 문제는 지식사회학이라는 보다 커다란 문제의 일부분이므
로 주요 관심은 사회에서 지식으로 받아들이는 기준에 있다는 것을 주장한다. 지식사회화 이
론은 지식을 사회현상과 관련해서 분석하는 학문이라 할 수 있겠다.

나) 현상학(phenomenology)

현상학이란 인간 생활을 중심으로 하는 현상과 경험의 의미를 찾으려는 학문이다. 무엇
인가를 경험한 사람들이 겪은 경험의 의미가 일상세계와 관련하여 어떻게 설명될 수 있는
가를 이해하고 해석하려는 접근이다.

연구방법의 출발은 평범한 일상생활의 사람들을 중심으로 그들의 평범한 언어를 기반으
로, 그들의 경험에 대한 이해와 의미를 구하고 해석하는 것으로부터 이루어진다. 현상이란
곧 경험이다. Husserl은 사물의 일반성보다는 본질을 보다 강조하면서 "사물들 그 자체로
돌아가라."란 말과 함께 인간의 의식 속에 나타나는 그대로의 경험을 중시해야 한다고 한
다. 본질에 도달하기 위해서는 사물 그 자체의 경험을 직관에 의해 드러내는 것이 중요하

며, 순수한 의식의 참 모습을 찾는 것이 현상학의 기본과제라고 말한다. 순수한 의식이란 어떠한 전후관계의 맥락 속에서 아무런 선입견 없이 들여다보는 현상, 즉 경험이다.

현상학적인 연구는 반드시 전후관계 속에서 파악되어져야 할 사물이나 경험의 의미를 선입관이나 편견에 의한 변형물이 아닌 '사물 자체의 상황적 연구'를 중요시한다. 우리 주변의 통상적인 일상생활과 경험들을 너무 쉽게 단정 짓고 많이 알고 있다는 확신 속에서 살고 있지만 실제로는 너무도 모르고 지내는 것이 많다는 지적이다. 현상학적 연구에서 언어는 이해와 전달의 수단으로서 상호 주관적인 의미를 표현하고 합의하는 수단적 기능으로서 중요하다. 표현하고 기술하는 작업은 현상학적 연구에서 핵심 부분이 된다. 왜냐하면 인간의 의식이 드러나는 것은 경험의 묘사를 통해서 잘 이루어질 수 있다고 믿기 때문이다. 의식이란 그것을 소유한 사람으로부터 나와 외부로 향하고 있는 '의식의 지향성'이다.

무엇인가를 이해하고자 원할 때 어떤 선입견이나 편견을 갖지 않고 그 대상의 주관성을 우선적으로 인정해 가는 과정을 말한다(판단중지: epoche). 연구 과정에서 주의해야 할 일은 객관성을 내세운 선입견이나 편견을 어떻게 배제해 나갈 것인가가 문제이다. 이 점을 극복하는 방법으로 현상학자들은 판단중지가 우선되어야 함을 강조한다.

현상학이 우리에게 가장 중요하게 던지고 있는 시사점은 어떤 고정된 관념이나 이론적 체계의 틀로부터 벗어나 생생한 인간 경험의 실제를 존중하는 사고방향을 제시한다는 것이다. 현상학적 접근은 이론적 체계나 일반화 및 결론을 위한 특정한 과정이나 서술방법이 제시되지 않는다. 연구의 질은 어디까지나 이를 필요로 하는 사람들에 의해 판단될 것이다. 사회과학 분야의 방법론들이 지나치게 연구결과의 증명과 추론을 내세우면서 경험적이고 분석적인 연구과정을 전개해 가는 경향에 대해 극단적인 반론을 펴기도 한다. 현상학적 연구의 주장과 반론은 어떤 '참된 이해'에 도달하기 위한 접근과 논의가 필요함을 일깨워 주고 있다.

다) 문화기술지(ethnography)

한 사회의 문화에 관한 기술적(記述的) 연구의 과정이나 그 산물로 문화기술지는 현지연구(field work)에 바탕을 두고 있으며, 연구자가 연구 대상 집단의 삶과 문화에 깊이 참여하여 얻게 된 문화적 지식을 연구한 것이다. 오늘날 문화 인류학자들은 문화 기술적 연구의 학문적 전통을 폴란드 출신 영국 인류학자 Malinowski가 1915년경 멜라네시아의 트로브리안드(trobriand)군도에서 행한 현지 연구에서부터 찾고 있다. 그 이후 문화기술적 현지연구는 문화인류학의 학문적 세계에 입문하기 위해서 반드시 거쳐야 할 일종의 통과의례로 인식되고 있다. 인류학자들은 1년 혹은 그 이상 특정 지역에 거주하면서 그 지역의 언어와 풍습을 익히고, 관찰자로서의 객관성을 잃지 않는 범위 내에서 최대한 지역주민의 일상생활에 참여한다. 참여관찰(participant observation) 연구방법은 낯선 문화를 체계적으로 이해하는 데 필수적이고 유용한 것이지만 많은 실제적 어려움을 수반한다.

오늘날의 인류학자들은 참여관찰 이외에도 문화재의 내용분석, 최신 시청각 도구의 활용과 각종 심리검사의 실시 등 다양한 기법에 의지하는데, 의례와 친족관계를 비롯하여 현지인의 삶과 문화에 대한 정보를 구체적, 비분석적, 포괄적인 수준에서 제공하는 제보자(informants)를 선택하여 그들과 친밀한 관계를 맺으며 장기간 수행하는 심층면접(in-depth interview)은 참여관찰과 함께 문화기술의 양대 연구기법으로 인식되어 왔다.

문화기술적 연구에 내재하고 있는 가장 큰 어려움은 현지인의 문화를 그들의 시각에서 편견 없이 이해하는 동시에 다른 문화와의 관련 속에서 일반적으로 해석하는 일이다. 다른 어려움은 연구기간 중에도 끊임없이 문화가 변화하고 있다는 사실과 연구자의 존재로 인해 초래되는 영향을 확인하기 어렵다는 사실이다.

라) 상징적 상호작용론(symbolic interactionism)

상징적 상호작용론은 Mead에 의해 처음 전개되었고, Blumer 등에 의해 발전된 사회과학 연구의 한 방법이다. 상징적 상호작용론에서는 거대한 사회구조나 제도에 초점이 맞추어지는 것이 아니라 사람들이 서로 얼굴을 맞대고 상호작용을 할 때 일어나는 매일 매일의 커뮤니케이션이 주로 대상이 된다. 이 방법은 개개인이 매일 행하는 것을 자기들이 해석하는 사회생활의 의미에 초점을 두고 있다. 특히 상징적 상호작용론에 있어서 중요한 점은 자아영상의 발달과 역할이다. 인간은 상징의 조작자로 보며, 이러한 상징의 조작을 통해 사람들은 비로소 다른 대상과 사람에 대해 지향하게 된다고 본다. 특정한 대상의 의미는 대상 자체에 있는 것이 아니라 사람들이 그것에 부여하는 의미에 있는 것이다. 따라서 어떤 대상이나 사건의 의미를 파악하려면 우선 상호작용의 과정을 살펴야 한다고 본다.

상호작용의 과정은 두 수준에서 일어나는데, 하나는 일상적인 수준이고 다른 하나는 의식적인 상징의 조작 차원이다. 모든 상호 작용의 기본목표는 자아이다. 자아는 상호 작용의 과정에 의해 형성된다. 상호작용은 계속되는 과정이고 자아는 계속하여 변한다.

상징적 상호 작용의 방법적인 의의로는 구조 기능주의나 기타 사회제도나 전체 사회를 대상으로 하는 전망에서 개인을 사회에서 요구하거나 문화적으로 규정된 규범에 따라 행동하는 사회의 산물이 아니라, 자신의 주관에 따라서 대상과 상황을 규정하고 거기에 의미를 부여함으로써 자기의 세계를 능동적으로 이끌어 가는 주체로 본다는 점에 있다.

2) 주장이론

가) 기능론자(사회 질서론자)의 교육과정론

기능론의 교육과정론자들의 견해는 첫째, 학교는 지식을 가르치는 곳이며 지식은 항상 정당화된 신념으로 파악된다.

둘째, 정당화된 신념으로서의 지식은 정적인 상태로 분류된다.

셋째, 학습에 대한 결과의 측정에 비중을 둔다.

넷째, 과학적이고 객관적이며 조직적인 교과과정 구성을 강조한다.

다섯째, 교육내용의 보편성과 교육평가의 보편성, 교육목표의 보편성 등의 원칙을 강조한다. 교육과정의 보편성 강조는 사회 정치적 교육기회균등화 이념을 교육과정에 반영시키려는 노력 산물이라고 볼 수 있다.

나) 갈등론자의 교육과정론

첫째, 교육과정에서 다루는 지식은 특수한 사회 계층의 영향력을 받고 있는 것에 불과하다.

둘째, 교육과정 계획이나 교과의 우선순위를 정하는 일이 객관적일 수 없다고 본다.

셋째, 교육과정을 지식사회학의 관점에서 취급하여 교과과정을 사회권위와 권력, 사회계층, 학교조직 간의 연계 관계에서 파악한다.

넷째, 문화 저항 이론으로 학교의 학생들은 단순히 학교의 문화를 받아들이는 데 그치지 않고 반학교적인 저항 문화를 형성한다. 문화 저항 이론에서는 반학교적인 저항 문화를 형성한 학생들은 정신노동의 우위와 경쟁적 개인주의와 같은 지배적 이데올로기를 극복하나, 자신들의 저항이 사회 변혁으로 연결될 수 있는 가능성을 차단하고 있다고 설명하고 있다. 재생산 이론과의 차이점은 학교교육에 대한 기대가 다르다는 것을 들 수 있다. 재생산 이론에서는 지배 계급의 일사불란한 힘의 행사에 의해 지배 이데올로기가 주입된다고 보는 반면에 저항 이론에서는 피지배 집단의 일상적인 삶의 경험 속에 지배 이데올로기를 거부하고 극복할 수 있는 잠재적인 힘이 있다고 인식한다.

Bernstein(1961: 288-314; 1973, 1974, 1976)은 중류계급과 노동계급은 각각 전형적인 구어 양식을 갖고 있으며, 서로 다른 구어양식에 따라 인지, 정의, 평가적 기준도 달리 한다고 전제하였다. 이를 기반으로 하여 일련의 인과 과정을 거쳐 노동계급 아동들의 언어 실조와 그에 따른 학업성취의 실패를 제한어법과 정교어법으로 설명하고 있다.

학교는 공식어가 사용되는 대표적인 기관이다. 공식어를 사용할 줄 아는 중류계급 아동은 학급장면에서 교사로부터 전달되는 교육내용을 이해하는데 어려움이 없지만, 노동계급 아동은 그 내용을 자신들의 말로 번역한 후 이해하기 때문에 중류계급 아동보다 많은 노력을 기울여야 한다고 한다.

번스타인의 이러한 주장은 미국의 사회언어학자 라보프의 연구(Labov, 1969)를 참조하면 달리 해석될 수 있다. 라보프는 미국 흑인 빈민 지역에 직접 들어가 흑인들의 일상 언어를 수집·분석하였다. "미국 흑인들의 영어가 비표준영어(non-standard english)인가?" 그는 미국 흑인들이 영어의 유창성이나 어휘 수에서 백인에 뒤떨어지지 않으며, 백인 언어와 다른 독특한 문법 체계를 가지고 있음을 확인하였다. 흑인 영어가 백인 영어와 다른 문법 체계를 갖지만 결코 틀린 문법이 아님을 증명한 것이다.

학교에서 백인 영어만 표준 영어로 삼고 가르치는 현실은 재고될 필요가 있다고 주장한다. 라보프의 연구를 근거로 하여 학업성취 격차를 해석하면, 피지배 집단(노동계급, 흑인, 소수민족 등)의 언어는 지배 집단의 언어에 견주어 실조 되거나 결핍된 것이 아니며, 피지배 집단 아동의 학업성취가 상대적으로 낮은 이유는 지배 집단의 언어가 공식 언어로서 표방되고 학교에서 교육언어로 채택되기 때문이다.

맥더마트(Mcdermott, 1977) 연구에 의하면, 교사와 학생의 문화가 같을 때 학생의 교사에 대한 신뢰감이 형성되고 교육적 활동이 가능하지만, 문화적 차이로 말미암아 갈등이 발생하면 학생들은 교사로부터 기본적 신뢰감(basic trust)을 얻기 위해 노력하게 되고 이 노력이 계속되는 한 학습활동은 불가능하다고 진단한다. 한편, Stubbs (1983)는 번스타인의 이론을 '언어 실조의 신화(myth of linguistic deprivation)'라고 비판하고 그 근거로써 라보프(Labov)가 미국 흑인 빈민가에 들어가서 현장의 언어생활을 직접 관찰한 연구를 증거로 제시하기도 하였다. 영(Young, 1971)은 지식을 만드는 사람들은 대체로 사회의 지배적 위치에 있는 사람들이며, 이들의 지적 탐구 행위도 지배적 집단의 문화에서 나온다고 해석하고 있다.

교과 내용에 관한 연구를 수행한 Anyon(1977)은 미국 역사 교과서에 지배 집단의 이데올로기가 깊이 관여하고 있음을 실증적으로 지적하였다. 그는 지배 집단의 요구에 의해서 교과서에 어떤 내용은 과도하게 부각되고 다른 내용은 축소되거나 아예 다루어지지 않는다는 사실을 밝혀내었다. Kelly(1985)는 중립적인 교과로 인정되고 있는 과학 교과에 있어서도 지식의 생산, 교과내용 선정, 교사-학생 상호작용 등 모든 영역에서 가부장적 논리와 남성 지배 이데올로기가 깊이 개입되고 있다고 주장하였다. 그는 한 학교의 과학 실험실에 붙어있는 과학자들의 액자 사진이 모두 개인 사진인데 오직 퀴리 부인만 가족사진으로 비치되어 있음을 지적하였다. 그는 이러한 현상이 우연이 아니며 퀴리가 자신의 노력보다는 가족의 성원에 의해서 과학자로서 업적을 남기고 노벨상도 받은 것처럼 보이게 하기 위한 의도 때문이라고 해석하였다.

〈표 I-6〉 교육과정 사회학의 이론과 내용

이 론	내 용
교육자율이론 (Bernstein)	·자본가의 의도대로 되지 않는 자율성이 있으며, 이는 시대와 사회마다 다르다. ·분업이 될수록 독자성이 높고 교사 자율성이 증대한다. (전문성과 자율성은 비례한다.) ·계층간에는 의사소통에 차이가 존재한다. 상·중류 계층은 고급 언어를 사용하고, 하류 계층은 저급언어를 사용한다(하류층 아동은 수업 이해가 어렵고 학업성취도가 낮다).
저항이론 (Apple & Giroux, Willis)	·학교가 사회 계급 구조의 반영물 이면, 학교교육을 통해 사회모순을 개혁한다는 것은 논리적으로 설득력을 잃게 되며, 아울러 교육의 근본적 성격을 재고하여야 한다는 문제점이 발생된다. 저항이론은 이러한 문제점에 반응한다. ·재생산 이론으로는 특정 이데올로기가 창출되고 유지 및 변화되는 역동적인 과정을 정확하게 파악할 수 없다고 본다. ·저항이론은 학교교육을 통해 사회모순과 불평등에 도전할 수 있다는 점에 착안한다(학교교육을 통해 사회모순을 극복할 수 있다). ·인간은 주체적 의지를 지닌 능동적 존재로서 사회 모순에 대하여 투쟁과 비판, 거부를 하는 존재이다. ·저항이론은 학생들의 표면적인 저항행위에만 초점을 두고 드러나지 않는 이면적인 행위에 대해서는 간과하는 경향이 있다. 저항 행위의 실체를 설득력 있게 제시할 수 있는 객관적이고 실증적인 연구가 현재 부족하다.
지위경쟁 이론 (Collins)	·우월한 지위 집단이 특권적 지위를 강화하기 위해 교육적 요구를 상승시킴에 따라 학력상승과 교육팽창이 발생한다. ·학교는 교실의 안 밖에서 특정의 지위 계층 문화를 가르친다. 그리하여 학교는 특정한 지위문화가 전달되는 곳이다.

다. 교육사회 심리학

교육의 현상을 사회 심리학(social psychology)적인 관점에서 바라본다. 사회 심리학은 19세기 후반에 와서 갑자기 격증된 여러 가지 사회 문제의 해결을 위해 새로운 심리학의 한 분야로서 등장한 것이 사회 심리학이다. 사회 심리학의 중심과제는 인간 개개인의 상호작용이고, 그 입장은 과학적인 것이며, 인간이라는 생명체가 사회의 성원이란 사실 때문에 어떠한 기능상의 변화를 초래하는가를 연구하는 데 그 목적이 있다.

사회 심리학에서는 사회 행동을 크게 두 가지로 나눈다. 첫째는 집단 내 행동으로서, 각 개인이 어느 집단 속에 들어가면 혼자 있을 때 개인으로서 경험하는 심리과정과는 다른 그 집단의 구성원으로서의 심리과정을 갖는 것을 말한다. 이와 같은 집단 내 행동을 연구하는 것이 사회 심리학의 한 목적이다. 둘째는 집단행동으로서, 한 집단의 구성원 전체 또는 그 대부분이 보여주는 공통적 행동을 말한다. 이외에 사회 심리학은 인간의 퍼스낼리티(personality)를 그 대상으로 다룬다. 집단 내 행동이건 집단 외 행동이건 결국 그 집단을 구성하고 있는 개인의 심리가 밑받침이 되는 것이다.

사회 심리학에서 사용하는 연구 방법은 심리학이나 사회학에서 사용하는 실험적 방법, 임상적 방법, 사회 조사의 방법 등을 모두 활용해서 사회 심리학 영역 내에서 종합적인 발전을 이룩하도록 하고 있다.

문화를 공유하고 있는 개인들은 그들의 유사한 사회화와 경험 그리고 기대 때문에 많은 사회 환경을 비슷한 방법으로 해석하고 정의하는 경향이 있다. 따라서 평균적인 규범이 그 행동을 이끌 수 있도록 발달된다. 그러나 개인의 경험, 사회 계층이나 지위에 따라 차이점도 존재한다. 이 이론은 학교나 다른 상황에서의 사회적 상호작용을 통한 자아의 발달에 관한 Mead와 Cooley의 연구로부터 유래한다.

상호작용론의 접근은 세계 2차대전 이후 급속히 유행하게 되었으며 사회 심리학적 의문에 중점을 둔다. 상호작용 이론은 구조 기능주의의 거시적인 시각과 조직의 구조와 과정에 초점을 두는 갈등이론에 대한 반동으로 발생되었다. 이들 접근 방식은 학생들의 미래를 결정하는 매일의 학교생활의 활동적인 면을 빠뜨리고 있다. 상호작용은 학교 관계자 사이의 가장 일반적이고 평범한 상호작용에 대해 의문을 갖는다. 이 접근 방식을 사용하는 교육사회학자들은 동급생 집단 간, 선생님과 학생들 혹은 선생님들과 학생들이 행동하고 달성해야 할 규율들 간의 문제, 학생 가치관, 학생들의 자아개념과 미래 포부의 효과, 그리고 학생들의 성취와 관련 있는 사회경제적 지위에 대해 초점을 맞춘다.

이 이론은 학생들의 수행과 성취에 대한 교사들의 기대 효과, 학생들의 집단화하는 능력의 결과 그리고 전체 기구로서의 학교에 대한 연구 등에 대한 이론을 통해서 행해져 왔다. 교육 사회학에서 유용한 두 가지 상호 작용 이론은 "낙인 이론"과 "교환 이론"이다. 학생들이 교사의 기대에 따라 좋게 혹은 나쁘게 행동한다는 것은 명백하다. 교환 이론은 우리의 상호작용에는 비용과 보상이 포함되어 있다는 가정을 바탕으로 한다. 상호 보완적인 상호 작용은 개인과 집단을 의무를 통해 구속시킨다. 예를 들어 학생은 배우며 교사는 보상을 받는다. 보상받는 행동은 계속되는 경향이 있다. 이러한 상호작용 이론은 우리에게 교실의 기능을 이해하는데 많은 도움을 준다고 할 수 있다.

1) 교육격차 이론

교육격차란 교육에 대한 투입의 부족 또는 결합과정이 잘못되어 생기는 교육 산출의 차이 정도를 말한다. 투입이란 어떤 체제 안에 들어가는 자료나 정보를 총칭하는 말로 어떤 물질, 인간, 에너지, 재정 등을 말한다. 예컨대, 학교체제의 투입변인으로는 학생, 교원, 교육과정, 재정, 시설, 지역사회 등을 들 수 있다.

교육의 투입변인 중에는 학교가 직접 통제할 수 있는 내생적 변인인 질 높은 교사, 새로운 실험실 등이 있는가 하면 학교가 직접 통제할 수 없는 외생적 변인인 사회 경제적 변인, 지역사회 환경, 교육재정 변인 등이 있다. '투입변인의 결합과정'이란 투입변인의 상호작용 과정이라고 볼 수 있다. 학교교육에서는 교수학습과정, 학교분위기 등이 이에 해당된다. 이 상호작용은 '산출변인'에 영향을 미친다. 산출변인이란 어떤 체제에 투입된 인적·물적 자원이 상호작용 과정을 거쳐 나오는 모든 결과를 말한다.

교육제도의 경우 산출변인은 질적인 면과 양적인 면으로 생각해 볼 수 있고, 질적인 내용은 인지적, 정의적, 심동적인 기능 등을 포함하고 양적인 측면은 졸업한 인력, 노동 시장의 취업, 소득 사회에의 기여 등을 포함한다. 지금까지 교육격차에 관한 연구나 논의는 주로 투입변인에 관한 것이었다. 투입변인 중에서도 특히 문화적 환경과 개인의 특성인 '지능'이 주된 연구의 대상이 되어 왔다. 그러나 최근 들어 연구의 방향이 투입변인에서 투입결합과정 또는 과정변인으로 옮겨가고 있다.

과정변인 중에서 특히 관심을 두는 것은 '학교환경 변인'이다. 학교환경 변인으로 크게 물리적 환경과 심리적 환경이 연구의 초점이 되고 있다. 문화환경은 주로 가정의 문화환경, 언어적, 그리고 태도적 배경을 중심으로 연구되고 있으며, 이러한 환경의 결핍은 학교에서의 학생들의 학업성취에 차이를 가져온다.

Coleman(1966)은 학생의 가정 배경(SES: socioeconomic status)이 학생의 학업성취에 가장 중요한 영향을 미치는 요인으로 보았고, Jencks(1972)는 학업성취의 영향을 주는 변인의 서열을 가정배경, 인지능력, 인종화, 학교의 질 등의 순으로 밝히고 있다. 학생의 능력에 따른 교육격차에 관한 연구는 주로 학생의 지능을 중심으로 연구되어 오고 있다. 이러한 연구를 지지하는 사람들은 지능이 교육격차를 가져온다는 것이다. 지능격차에 관하여는 아직도 유전 우위론과 환경 우위론이 계속 거론되고 있지만, 일반적으로 지능은 유전과 환경, 그리고 유전과 환경의 상호작용의 결과라고 본다. Jensen(1969)에 의하면 유전요인이 약 80%이고 나머지 20%는 사회, 문화적, 신체적 환경 요인에 의하여 결정된다는 것이다.

Light & Smith(1969)는 Jensen의 측정방법의 오류를 지적하고, 유전에 의한 영향을 45%, 환경을 31%, 유전과 환경의 영향을 20%, 그리고 오차를 4%로 보고 있다. 라이트와 스미스의 연구결과는 환경의 영향이 큼을 지적하고 있는 것으로, 환경의 조작을 통하여 어느 정도 지능의 격차를 줄이고 나아가 학업성취의 격차를 좁힐 수 있는 가능성을 시사하고 있다.

오욱환(1997)은 교육사회학의 핵심적 주제는 교육과 사회 불평등의 관계이며, 교육사회학에서는 전통적으로 교육적 격차와 사회경제 문화적 불평등을 중요한 연구주제로 삼아왔다. 학업성취 격차는 교육연한과 사회경제적 위치에 중대한 영향을 미친다고 분석하고 있다.

<표 Ⅰ-7> 학업성취 격차를 설명하는 이론들의 분류

시기 \ 원인	개인적 속성(결핍론)	사회적 구조(구조론)
생득적 조건	지능론	교육기회론
사회적 규정	문화 실조론	문화적 폭력론

자료: 오욱환(1997). 교육과 사회변동. 서울: 교육과학사, 243.

가) 결핍모델(deficit model)

지능 또는 문화적 자극의 부족을 학업성취의 실패원인으로 설명한다. 지능이론과 문화 실조론을 이론적 기반으로 한다. 학업성취의 실패 이유를 학생이 갖고 있는 속성에서 찾는다. 유전인자 차이로 인한 인종간의 지능격차 설명을 모델로 제시한 미국의 심리학자 Jensen

(1969)은 123쪽에 이르는 논문을 통하여 유전에 의해서 지능이 결정되고 지능은 학업성취를 결정하기 때문에 지능이 낮은 학생의 지적 능력과 학업성취를 높여보려는 시도는 무의미하다고 논증하였다. 지능이라는 개념은 백인 상류층 계층에 의하여 만들어졌기 때문에 이들의 문화가 개념규정에 반영되어 있다고 볼 수 있다.

오욱환(1990)은 문화 실조론(cultural deprivation theory)은 가정의 교육적 환경이 자녀들의 지적 성취에 커다란 영향을 미친다는 사실을 밝힘으로써 생후 조건의 중요성을 부각하고 교육을 통한 능력 향상의 가능성을 확대하였다. 문화 실조론에 의하면, 문화적인 가정환경에서 자라난 아동은 가정에서 교육적 자극을 충분히 받았기 때문에 취학할 때에는 이미 학습에 필요한 기본적인 학습 소양을 갖추고 있다고 본다. 더불어 이들은 영양실조가 있듯이 문화 실조 역시 명백히 있다고 주장한다.

육체가 건강하기 위해서 충분한 영양이 필요한 것처럼 지적 능력이 원활하게 발휘되려면 문화적 영양이 충분히 공급되어야 한다. 이들의 주장에 따르면, 학습에서의 실패는 학교에 있지 않으며 가정에 있다. 교육적 성취를 위한 중요한 시기가 학교교육 시작 이전에 있음이 밝혀짐으로써 학교교육을 지금보다 더 일찍 시작해야 할 근거가 마련된다. 결과적으로 학령 전 양육(nursing)과 훈련(training)이 제도 교육의 영역에 포함되면서 교육의 영역이 넓어지게 된다. 미국의 정책당국은 이러한 지지에 근거해 보상교육(Head start)을 실시하고 있다.

문화 실조론에 대한 비판론자들은 다음과 같이 반박하고 있다. 첫째, 피지배 집단은 문화가 실조된 상태에 있지 않다. 이들은 다만 지배 집단이 표방한 문화 곧 지배 집단의 문화로부터 격리되어 있을 뿐이다. 둘째, 흑인 및 인디언들만이 문화 실조라고 명명되는 것은 백인들에 의한 문화적 폭력 때문이다. 이러한 점에 비추어보면 문화 실조론에 의거한 보상교육은 문화적 폭력이며 교육이기보다는 문화적 교화(indoctrination)이다.

나) 기회모델(opportunity model)

불평등한 기회를 실패의 원인으로 지목한다. 교육에 투입되는 물질적 조건을 교육성취 격차의 발생 원인으로 주장하는 이론 체계이다. Coleman(1982)은 교육기회의 불평등을 5가지로 구별하여 제시하고 있다.

첫째, 학교에 투입되는 지방정부의 재정능력에 격차가 있다.

둘째, 각 학교별 인종 구성에 따라 교육기회가 불평등하게 된다.

셋째, 학교의 특성과 교육구의 재정능력에 따라 불평등이 발생한다.

넷째, 교육기회 균등은 개인적 능력이 동일한 학생들에게 동일한 조건을 투입하면 동일한 결과가 나오는 것을 전제로 한다.

다섯째, 교육기회 균등이 적극적으로 이루어지려면, 개별 학생들에게 주어진 조건이 다르더라도 학업결과는 평등해야 한다.

다) 교육과정 모델(educational processing model)

교수-학습 장면에 주목하여 편파적인 교사-학생 상호작용과 불공평한 교과과정이 학업성취 격차를 유발한다. 지배 집단의 문화에 터 하여 학교 지식이 선정, 조직, 그리고 시행됨으로써 이들의 자녀들이 학업성취에서 우위를 확보한다. 이러한 현상을 비판하는 학자들은 학교지식의 선정·조직·시행 과정이 피지배집단의 동의 없이 이루어지기 때문에 이를 "문화적 폭력" 또는 "상징적 폭력"이라고 일컫는다(오욱환, 1996).

(1) 교사-학생 상호작용 효과

학교 안으로 들어가 교수-학습 과정의 실제 모습을 들여다봄으로써 학업성취 격차 발생을 파악할 수 있다. 학습은 교사와 학생의 만남에서 출발하여 교사의 자질과 의지에 따라 학습효과가 달라진다. 그러나 교사와 학생은 역동적이며 프락스(praxis: 의식적 실천)의 상태로 상호작용하고 있기 때문에 교사 또는 학생만을 주제로 한 연구는 학생들 사이에 학업성취 격차가 발생하는 이유를 충분히 설명하지 못한다.

교사들이 학생들의 옷, 머리모양, 가방, 일반적 품행, 그리고 아동의 가정배경에 관한 정보에 근거하여 학생들의 능력을 예측하기 때문에 노동계급 학생들은 지적 능력이 낮을 것으로 예상한다고 주장한다. 또한 빈민 지역 학교의 교사들은 학생들의 학문적 성취 능력을 낮게 평가할 뿐만 아니라 행동을 통제할 경우에도 도덕적 수준을 낮게 평가한다고 말한다. 이들의 설명에 따르면 교사의 기대 수준의 차이는 학생들을 대하는 구체적 행위에서 차이를 유발하고 결과적으로 학생들의 학업성취와 태도형성에 중대한 영향을 미치게 된다(Rist, 1977).

교사들은 학생들을 공평, 공정하게 대우해야 한다는 당위론에도 불구하고 학급장면에서는 여러 가지 이유로 학생들을 분류하고 집단별 또는 개인별로 다르게 명명(labeling)하게 된다. 교사의 분류와 명명은 학생들에 대한 기대의 차이로 나타나게 되고, 학생들은 교사의 기대를 감지하여 거기에 맞추어 자기의 모습을 설정하고 설정된 모습에 맞추어 행동하게 된다. 학생들은 교사가 자신들에 갖고 있는 기대수준을 감지하고 거기에 맞추어 행동하려는 성향을 갖고 있다(Rosenthal and Jacobson, 1968; Brophy and Good, 1974). 이러한 현상을 자성예언(self-fulfilling prophecy)이라 부른다.

Hurn(1985: 182-189)은 교사의 기대효과와 학생의 자성예언 효과가 학생들의 학업성취에 미치는 영향은 실험적 연구와 아무런 처치 없이 수행된 관찰 연구에서도 대체로 의미 있는 것으로 나타나고 있다고 보고한다. Keddie(1971)는 영국의 초등학교에서는 교사가 한 학급의 학생들을 크게 세 집단으로 나누며, 각 집단에 따라 교육내용의 수준을 다르게 한다는 사실을 부각하였다. 교사들은 학생들을 구별하면 안 된다는 사실을 알면서도 학급 장면에 들어가게 되면 교육적 판단보다는 현실적 편의성에 의해 학생들을 다루게 되고, 각 집단에 따라 교수-학습의 상호작용을 달리한다. 학급 아동들을 나눌 때 아동들의 사회경제적 배경이 중요한 기준으로 이용된다는 사실도 강조하고 있다.

Aronson(1978) 등에 의해 수행된 "직소우 교실(jigsaw class- room)" 실험은 교실 내에 존재하는 인종간의 긴장과 갈등을 집단간의 협동학습을 통하여 최소화하고자 하는 의도에서 나왔다고 밝히고 있다.

(2) 인지 부조화 이론(인지불균형이론; cognitive dissonance)

사회심리학자인 페스팅거(Festinger)에 의해 도입된 이론으로 인간은 그들의 다양한 태도·신념·행동 가운데 평형상태를 유지하려고 하는데 행동과 신념 사이의 불일치는 개인 내에 인지적 불일치 상태를 만든다(교육심리학 용어사전: 304). 동일대상에 대한 인지된 지식들은 여러 가지가 있을 수 있다. 이들 지식은 서로 상반되는 것도 있고, 또 서로 용납되지 않는 것도 있을 수 있다. 이렇게 인지된 지식들 사이에 상반되고 서로 용납될 수 없는 것들이 생길 때 인지 부조화가 발생한다.

(3) 귀인이론(attribution theory)

학생 개개인이 학습결과의 성공과 실패를 어떤 탓으로 이유를 대느냐에 따라 학생들의 정서적 반응이나 미래학습에 대한 기대 및 학습동기가 달라진다. 어떤 행동이나 행동의 결과에 대한 원인의 지각 즉, 인과관계의 지각문제를 '귀인'이라고 한다. 어떤 행동을 보고 나서 많은 가능한 행위원인들 가운데 어느 원인을 그 행동에 귀속시켜야 할지를 추론하고 결정하는 과정이다. 이는 인간이 자기, 타인, 또는 주위 환경을 지각하는 기본과정의 하나로서, 관찰된 결과나 책임에 대한 원인론적 이해에 이르는 과정이다. 사람들이 관찰된 행동의 원인을 추리할 때 사용하는 규칙을 발견하고 설명하려는 데 목적이 있다. 귀인의 일반적인 두 가지 형태로는 사람의 행동을 그의 내면적 태도와 동기보다는 상황이나 환경 속에 있는 요인들에 그 원인을 돌려 설명하는 방식인 상황귀인, 상황적 요인보다는 그 사람의 태도, 성향, 동기 등에 돌려 설명하는 방식인 성향귀인이 있다.

학습기대와 귀인과의 관계에 대한 메이어(Meyer)의 연구에 의하면, 성공의 지각을 지능 또는 공부하는 습관 등의 안정적 요인으로 귀인 할 때 성공에 대한 보다 더 높은 기대가 나타나고, 실패의 지각을 안정요인의 결핍으로 생각할 때 보다 더 낮은 기대가 나타나는 것으로 보고하고 있다. 포시드(Forsyth)와 맥밀런(McMillan)에 의하면, 후속학습의 기대는 안정성 차원보다는 지각된 원인 소재와 통제 가능 차원과 더 밀접하게 관련되어 있다고 보고한다. 페더(Feather)의 경우에는 학습결과 지각의 성패를 구분하지 않고, 내적으로 귀인 시킬수록 기대를 향상시킨다고 보고 있다. 통제성 차원과 관련된 연구에서 포시드(Forsyth)는 통제성 차원은 기대수준 변화에 영향을 주며, 통제차원과 기대변화 간에는 관계가 있다. 그러나 내적 요인으로 귀인 시킬수록 그에 따라 기대수준이 증가 혹은 감소하는지에 대해 명백한 결론을 도출할 수는 없다고 주장한다.

오늘날 귀인이론의 관심은 개체의 귀인 양식이 자신의 행동에 어떤 영향을 미치는가에 주어지고 있다. 예컨대 개인의 성공과 실패에 대한 원인을 과제의 성질, 노력, 운세 등 어디에 귀속시키는가, 그리고 그것이 개인의 행동에 어떤 영향을 미치는가에 관한 것이다.

(4) 동기이론(motivation theory)

인간이 어떤 행동을 하고, 인간으로 하여금 그러한 행동을 하도록 유도하는 요인을 인간의 동기라고 할 때 인간의 행동은 동기를 이해함으로써 설명할 수 있을 것이며, 조직의 지도자는 구성원들의 동기를 전제로 효과성을 높일 수 있는 학교 경영 철학을 세울 수 있을 것이다. 학교 행정가들은 동기가 조직의 성과를 결정하는 중요한 요인이라고 하는 데 광범위하게 동의하지만, '동기'의 정의에 대하여는 일치를 보지 못하고 있다.

인간은 일을 하는 능력에서만이 아니라 일을 하고자 하는 의지에 있어서도 차이가 있다.

동기는 개인의 내부에 있는 욕구, 필요, 추진력 혹은 충동이라고 정의되기도 한다. 동기는 활동을 유발하고 유지시키며, 개인행동의 방향을 결정한다. 동기는 "다양한 형태의 자발적인 활동들 가운데 개인적인 선택을 통제하는 과정"으로 정의되기도 하고, "인간의 행동을 유발하고 그 행동을 유지시키며 그들을 일정한 방향으로 유도하는 과정"이라고 정의되기도 한다.

존스(Johns)는 "동기란 인간이 일을 열심히 하고, 자신의 일을 지속하고, 자신의 행동이 적절한 목표를 지향하도록 지시하는 것의 세 가지를 의미 한다"라고 하였으며, 캠벨(Campbell) 등은 "동기란 행동의 방향, 반응의 강도, 행동의 지속을 내포하고 있다"라고 하였다. 대부분의 정의에 의하면 동기는 인간 행동의 활성화, 방향제시, 유지의 세 가지 기본적인 요소를 포함하고 있다. 활성화하는 힘은 개인의 내부에 존재하며, 개인이 어떠한 형태로 행동하도록 안내한다. 동기는 또한 행동의 방향을 제시한다. 즉, 그것은 목표지향을 제시한다.

㉮ 알데퍼(Alderfer)의 동기이론

알데퍼(Alderfer)의 생존-관계-성장(ERG)이론은 매슬로우(Maslow)와 헤르쯔버그(Herzberg)의 내용 이론을 확장한 것이다. 알데퍼에 의하면 ERG 이론은 매슬로우의 욕구체계론의 설명력과 경험적 타당성을 개선하기 위해 제안된 것이다. 그에 따르면 인간은 욕구를 갖고 있으며, 이 욕구는 체계적으로 정돈될 수 있고, 낮은 수준의 욕구와 높은 수준의 욕구 간에는 근본적인 차이가 있으며, 욕구가 조직에서 피고용자의 동기를 결정하는 중요한 요인이라고 보았다. 그는 욕구를 생존욕구, 관계욕구, 성장욕구의 세 가지 영역으로 구분하였다.

㉯ 켈러(Keller)의 동기이론(ARCS 이론)

인간의 동기에 대한 수많은 개념과 이론을 실무자들에게 유용한 전략으로 통합시킨 것이 켈러(Keller)의 ARCS 이론의 특성이다. ARCS이론은 다음과 같은 세 가지 특성을 가지고 있다. 첫째, ARCS이론은 인간의 동기를 결정지을 수 있는 여러 가지 다양한 변인들과 그에 관련된 구체적 개념들을 통합한 네 개의 '개념적 범주'를 포함하고 있는데 주의(attention), 관련성(relevance), 자신감(confidence), 만족감(satisfaction)이 그것이다. 둘째, ARCS이론은 교수 · 학습 상황에서 동기를 유발하고 유지하기 위한 구체적이고 처방적인 전략들을 제시하고 있다. 셋째, ARCS이론은 교수 설계 모형들과 병행하여 활용될 수 있는 동기 설계의 체계적 과정을 소개하고 있다.

㉓ 맥크리랜드(McClelland)의 동기이론

맥크리랜드의 동기이론은 성취동기가 중심이 되고 있는데 그는 특히 성취동기를 국가발전과 관련시켜 연구하였다. 맥크리랜드는 동기를 "어떤 대상에 대한 감정적 색조를 띤 연상."이라고 정의하고, 성취동기란 연상의 내용이 탁월한 업무수행에 관한 것이고, 그 과업을 이루고 못 이루는 것이 감정을 자극하는 단서가 되었을 때를 가리킨다. 성취동기가 높은 사람의 특징은 다음과 같다. 첫째, 그의 능력에 비추어 도전할 만한 일을 탐색하며, 그러한 일을 보다 능률적으로 수행하며 자신감을 갖는다. 둘째, 성취결과를 최종목표로 생각하지 않고 성공의 수단 또는 과정으로 생각한다. 셋째, 과업자체의 성취에 관심을 갖고 흥미를 갖는다. 넷째, 자기능력으로 도저히 감당할 수 없는 일이나 요행으로 가능한 일에는 관심이 없다.

㉔ 브룸(Vroom)의 기대이론(expectancy theory of motivation)

어떤 행동을 할 때, 개인은 자신의 노력의 정도에 따른 결과를 기대하게 되며 그 기대를 실현하기 위하여 어떤 행동을 결정한다는 것이 동기이론이다. 브룸(Vroom)은 종래의 내용이론이 동기의 복합적인 과정을 설명하기에는 부적절하다고 생각하고 그 대안으로 기대이론을 제안하였다. 기대이론에서 개인은 행동의 결과로 나타날 수 있는 성과에 관한 기대를 가지고 있으며, 사람마다 성과에 대한 선호는 다른 것으로 가정한다.

브룸의 기대이론은 유인가(valence), 수단(instrumentality), 기대(ex- pectancy)의 세 요인으로 구성되며, 그 첫 글자를 따서 VIE모형이라고도 한다. 기대란 어떤 행동이나 노력의 결과에 따라 나타나는 성과에 관한 신념으로 자기 자신에게 가져올 결과에 대한 기대감이다. 과업을 수행하기 위한 노력은 실제로 성과가 나타날 것이라는 기대에 의해 좌우된다. 성과가 있다고 믿으면 노력을 계속할 것이고 그렇지 않으면 노력을 그만둘 것이다. 기대는 노력과 제1수준의 성과인 과업수행을 연결하며, 그 강도는 노력의 결과 성과가 전혀 없으리라고 믿는 0에서부터 완전한 성과가 있을 것으로 믿는 1까지이다.

수단이란 제1의 성과와 제2의 결과간의 관련성을 지각하는 정도를 말한다. 즉, 제1의 성과 또는 과업의 수행은 제2의 성과인 보상을 획득하기 위한 수단의 역할을 한다는 것이다. 수단은 제1의 성과가 제2의 성과를 가져오게 될 것이라는 확률치로서 -1에서 +1까지로 나타난다. 유인가는 제2수준의 성과인 승진, 급료, 인정과 같은 보상에 대한 열망의 강도를 말하는데, 개인의 욕구에 따라 그 중요성과 가치가 달라진다. 어떤 결과를 얻는 것이 좋다고 생각할 때는 +1에서, 결과를 얻지 않는 것이 좋다고 생각할 때는 -1까지로 수량화된다.

어떤 사람의 기대, 수단, 유인가가 높으면 그의 동기는 높을 것이다. 그러나 셋의 결합정도가 처음부터 낮으면 과업수행을 위한 동기는 나타나지 않을 것이며, 노력을 시작한 다음에도 처음의 기대가 잘못이었음을 알게 되면 역시 동기가 약화될 것이다. 개인의 동기화 정도는 기대, 수단, 유인가의 곱에 의해 수량화할 수 있다. 제1수준의 성과에 대한 개인의 기대는 작업 상황, 타인과의 의사소통, 경험, 자존심, 자신감 등에 영향을 받는다. 수단은 과업수행과 보상체제의 영향을 받는데, 여기에는 지도성 행위, 급료, 승진에 관한 회사의 정책이 작용한다. 제2수준의 성과인 보상의 중요성은 개인에 따라 달라진다. 즉, 급료, 승진, 인정, 자율성 등에 대한 선호에는 개인차가 존재한다.

라. 역사사회학(historical sociology)

역사학과 사회학의 구분을 부정하고 양자가 동일한 과학 철학적 전제와 설명 양식을 적용하는 동일한 종류의 탐구라고 인식하는 과학철학이다. 역사사회학은 사회 현상을 설명하는데 있어서 행위자를 강조하는 주관주의와 사회구조를 강조하는 구조결정론 간의 대립과 역사적 사실의 기술과 연대기적 편찬을 강조하는 전통적인 역사학과 시간이라는 변수를 제외하고 사회현상을 구조적으로 설명하는 전통적인 사회학간의 대립을 부정한다.

역사와 사회는 다소간 의도적인 개인 행위에 의해 지속적으로 만들어진다는 것, 그리고 개인 행위는 아무리 의도적이라 할지라도 역사와 사회에 의해 만들어진다는 것, 이 두 가지를 동시에 그리고 동일한 정도로 인정하는 인과적 설명이어야 한다. 이러한 설명을 달성할 수 있는 사회 이론은 로이드(Lloyd)가 말한 '구조론'적 사회 존재론과 '실재론'적 사회 인식론이며 그에 따른 탐구 양식이 바로 역사사회학이다. 아브람스(Abrams)에 의하면 역사사회학은 행위와 구조, 의식과 존재, 개인과 사회 등 이분법적으로 파악된 대상을 따로 존재하는 두 실재로 다루지 않고 구조화의 안목에서 하나의 실재로 파악한다고 지적한다. 기든스는 한 사회를 올바르게 이해하기 위해서는 행위와 구조간의 상호 의존성을 분석해야 한다고 지적하였다.

역사사회학에서의 설명이란 행위와 구조의 관계를 역사적 과정으로 이해하여 사회제도의 형성, 변동을 파악한다. 먼저 역사와 사회는 의도적 행위에 의해 만들어진다. 개별적 행위는 역사와 사회에 의해 만들어진다. 그런데 이 두 가지는 동시에 이루어진다. 즉 개인과 구조는 각기 영향을 주는 것만큼 동시에 영향을 받기도 한다. 또한 인간은 과거로부터 물려받은 현실, 사회조건, 환경 속에서 역사를 창조하기 때문에 자신의 의도와는 다른 역사가 나타난다. 즉 역사는 의도한 만큼 또는 그 이상 의도되지 않은 결과의 연속이다. 역사사회학의 안목에 입각한 주된 연구는 자본주의 사회로의 이행, 시민 혁명의 기원과 결과, 노동계급 형성 등 대규모 사회변동을 다룬 것이나 최근에는 제도교육의 형성과정을 역사사회학적 안목으로 탐구하는 시도가 활발히 전개되고 있다.

역사사회학적 탐구 양식을 교육현상의 탐구에 적용하는 연구 영역을 '교육역사사회학'이라 할 수 있다. 사회 재생산 이론의 한계를 극복하면서 사회 구조의 제한 하에서 주체적으로 행동하는 인간이 어떻게 역설적으로 사회를 재생산하는가를 정교하게 밝힌 윌리스(Willis)의 '노동학습' 연구는 역사사회학적 연구의 하나로 평가받고 있다.

제3장 한국교육사회학의 연구동향

1. 문제의 제기[5]

한국의 많은 학문이 그러했듯이 교육사회학도 해방이후 서구의 많은 영향을 받아왔다. 특히 해방이후 한국의 교육학이 교육철학의 강세로 시작되었을 뿐만 아니라 미 유학 세대들의 유입에 따른 미 교육학계의 영향을 받아 교육심리학이 점차 힘을 얻게 된 결과, 교육사회학의 발전은 상대적으로 뒤로 밀려나게 되었고 발전의 역사도 짧았다.

우리나라에서 교육사회학 강의는 한국전쟁 기간이었던 1952년 9월 서울대학교 사범대학 부산 피난교실에서 선택과목으로 처음 개설된 후, 1955년에 문교부령 제39호로서 공포된 '교육공무원 자격검증 시행세칙'에 의하여 '교육의 사회적 기초과목'으로서 교직과정의 한 과목으로 지정되었고, 각종 현직교육 연수 및 강습 등에서 필수적으로 취급되었다. 그리하여 각 대학의 교육학과와 교직과정이 설정된 여러 대학에서 교육사회학 또는 유사과목이 설정·개설되었다. 1967년에는 비로소 교육사회학 연구에 관심을 기울인 교육학자들이 연구회를 조직하여 그 동안 한국교육학회의 산하 분과조직으로 활동해왔으며, 1991년부터 학회지 '교육사회학연구'를 발행해왔다. 이후 1996년에 한국교육사회학회로 조직을 확대·개편하여 오늘에 이르고 있다.

교직강좌로서 개설되던 교육사회학 강좌는 지역사회개발 사업인 새마을 운동을 추진하는데 이바지할 수 있도록 학교의 역할 강화를 위하여 1972년에 교직과정의 필수과목으로 '교육사회학'을 대신하여 '학교와 지역사회'라는 강좌가 개설되었으나, 1985년 교직과정의 개편에 따라 '교육사회'라는 이름으로 그 자리를 대신하고 있다.

한국 교육사회학의 성격은 교육자들이 교육현장에서 활용할 수 있는 사회학적 지식을 체계화한 실천 지향적인 성격이 강하다. 그것은 교육사회학이 대학에서 교사들의 교직소양을 위한 교과로 개설된 것에서, 또한 '학교와 지역사회' 강좌가 새마을운동을 추진하는데 학교를 활용하기 위하여 지역사회 및 지역사회개발에 관한 내용을 중심으로 하고 있다는 것에서 실천 지향적인 성격을 찾아 볼 수 있다. 뿐만 아니라 특이하게도 미국과 유럽과는 달리

---

5) 본 장은 김경식·안우환(2003)이 발표한 "한국교육사회학의 연구동향 분석". 교육사회학연구, 13권 2호, 47-64. 에 발표된 바 있다.

사회학자들이 교육과 사회화와 관련된 사항에 체계적이고 경험적인 관심을 최근까지도 보이지 않고 있다는 점이다. 최근까지 한국 사회학회의 학회지에 수록된 수 백 편의 논문 가운데 교육에 관한 것은 찾아보기 힘들 정도로 불과 몇 편에 지나지 않으며(김신일, 2000: 6), 한국에서 교육사회학 연구는 거의 전적으로 교육학자들 손에 이루어지고 있다는 점에서도 나타나고 있다.

교육사회학이 일반사회학이나 사회학의 하위영역인 산업사회 관련 사회학, 조직사회학, 정치사회학, 종교사회학, 가족사회학 등과 같은 영역보다는 다소 뒤떨어졌지만, 1980년대에 이르러 교육과 학교교육에 대한 사회학적인 관심이 증대되면서 실천 지향적인 성격이 약화되고 학문 지향적인 성격, 즉 사회학 지향적인 성격이 강화되는 추세에 있다. 그것은 서구의 교육사회학에 일어난 변화를 수용한 이유도 있지만, 국내의 반정부운동, 사회개혁운동, 체제비판 운동 등과 같은 국내 민주화 운동이 사회과학 전반에 끼친 영향의 결과이기도 하다. 이 시기에는 종전의 체제 지향적이고 보수적인 성향의 구조기능주의 중심 교육사회학에서 벗어나 마르크스 및 베버의 갈등론적 연구를 받아들이면서 한국 자본주의 체제와 학교교육에 대한 비판적인 연구를 자극하였던 것이다. 물론 연구의 주체도 대다수를 차지하는 교육학자에 사회학자들도 함께 하였으며, 연구방법 또한 사회과학적인 기법을 주로 사용하였다(김기석, 1987).

한국에서 교육사회학이 하나의 독립된 학문으로써 자리 잡은 지 반세기가 지난 지금 양적, 질적으로 많은 성장을 해왔다. 그러나 독립된 하나의 학문으로써 교육사회학의 독자적인 연구영역에 대한 논의는 많이 부족한 실정이다. 그러한 교육사회학의 비정형적 특성(amorphous nature)에 따라 일반적으로 수용되어질 수 있는 보편적인 탐구영역이 부재하다는 것이 문제점으로 제기되고 있다. 한국의 교육사회학 연구에서도 교육사회학의 독자적인 연구영역의 확립이 학문적 성립요건임에도 불구하고 이에 대한 구체적이고 체계적인 논의가 부족했던 것 또한 사실이다.

따라서 한국에서의 교육사회학의 학문적 정체성을 확립하고 더욱 발전시키기 위해서는 지금까지 교육사회학의 연구 산출물에 나타난 교육사회학의 독자적인 연구영역이 무엇인가를 경험적·실증적으로 규명해 볼 필요가 있다. 그 동안 한국에서 발표된 일부 단행본들을 보면, 저자들의 학문적 취향 때문에 국내의 전반적인 연구영역이나 관심을 잘 대변하고 있지 못한다고 볼 수 있다(김기석 편, 1989, 1994; 이종각, 1997; 김영화, 2000; 오욱환, 1995, 2000). 이에 이 연구는 한국교육사회학회의 학술지에 발표된 논문들을 대상으로 하여, 내용 분석 방법으로 연구의 구체적인 내용과 주 연구영역의 확인을 통해 한국교육사회학의 전반적인 연구영역과 그 동향을 파악코자 한다. 이는 한국교육사회학의 개념상의 복잡성, 독자적인 연구 영역의 모호성, 비정형적 특성과 보편적인 탐구영역의 미정립이라는 제반 문제점을 해결하는데 시사점을 던져 주리라 생각한다.

2. 교육사회학의 관심영역

교육사회학의 관심 영역과 내용은 교육사회학의 발달사와 함께 변화해 왔다. 예컨대, 1963년 미국에서 실천 지향적 교육사회학의 학술지로서 역할을 해오던 The Journal of Educational Sociology가 Sociology of Education으로 제호를 바꿈과 함께 미국사회학회 (American Sociologi- cal Association)의 간행물로 편입되면서 그 관심영역과 내용도 지난날의 교육실제에 직접 응용할 원리, 정책, 방법, 주장 등과는 다른 실증적 자료와 과학적 방법에 근거한 설명 지향적 논문에 중점을 두기 시작하였다. 또한 1970년대 이후에는 갈등론, 현상학, 지식사회학 등과 같은 관심이 증대하면서 교육과 사회정의, 평등 등에 관한 문제를 많이 다루고 있다(차경수 외, 1997; Wesselinh, 1982).

사회학자들이 일반적으로 집단, 조직과 가족, 교육, 종교, 경제 등의 사회제도 내에서 사람들의 상호작용을 연구한다면, 교육사회학자들은 교육제도와 교육제도내의 구조, 과정, 상호작용 유형에 관심을 둔다(Ballantine, 1885, 2001). 예를 들어, 몇몇 학자들이 밝힌 그 영역을 보면, Banks(1977)는 교육사회학의 관심 주제를 교육과 경제, 교육과 사회이동, 가족, 사회계층과 지적 능력, 학교와 행정, 교사, 조직으로서의 학교, 사회체제로서의 학교, 사회변동 등으로, Prichard와 Buxton(1973: 27)은 사회계급 또는 사회계층, 문화와 교육, 사회조직으로서의 학교, 교육과 사회변동, 교사의 역할과 기능, 사회통제와 교육, 교육사회학의 연구방법, 학교와 지역사회, 사회화와 교육 등을, Wesselinh(1982)는 네덜란드 교육사회학의 주요 관심영역으로 교육에서의 불평등, 교육과 경제(노동시장과 자격), 제도로서의 학교, 교육정책 등을 들고 있다. 또 Hallinan(2000: 4-12)은 교육사회학의 주요 영역으로 이론적이고 방법론적인 지향, 교육의 발달과 확대, 학교교육의 기회, 학교조직, 학교성과, 교육사회학 연구의 정책적 함의 등을 들고 있다.

한편 조용환(1996)은 교육사회학의 주요 관심사로 ① 사회화, 교육, 학교교육, ② 교육과 사회개선, ③ 교육의 공정성, ④ 교육관련 집단의 사회적 관계 등으로 보고 있으며, 차경수 (1985: 111-112)는 교육사회학의 영역을 ① 교육에 영향을 미치는 사회적 요인과 관련된 개념과 문제, ② 사회에 미치는 교육의 영향, ③ 학교집단 또는 교육제도와 관련 영역, ④ 교육과 사회정의, ⑤ 평생교육, 청소년 문제, 근대화 등의 기타 영역으로 정리한바 있다.

이러한 교육사회학의 관심영역을 저서 속의 내용을 통해 확인하기 위하여 국내 교육사회학 저서들의 목차를 〈표 Ⅰ-8〉과 같이 정리해 보았다. 국내 교육사회학자들은 〈표 Ⅰ-8〉에서 보듯이 대체적으로 ① 교육사회학의 발달, 성격, 방법, 이론, ② 교육과정 사회학, ③ 사회변동, 교육의 역사사회학, ④ 사회계층, 사회이동, ⑤ 학교사회, 학교의 사회적 기능, ⑥ 학업성취의 결정, ⑦ 학력사회, 교육열, 교육경쟁, ⑧ 평생교육, 사회교육, ⑨ 청소년 문제, ⑩ 교육개혁, ⑪ 사회화, 인간화, ⑫ 학교교육의 한계, 대안교육, 학부모 운동, ⑬ 교사와 교직사회, ⑭ 성 차이, 양성성교육, ⑮ 기타로 문화교육, 통일교육 등을 교육사회학의 영역으로 다루고 있음을 알 수 있다.

이러한 교육사회학의 주요 관심영역은 Brookover와 Erickson(1975: 11-13)이 1970년대 중반까지 미국의 교육사회학의 연구동향 분석에서 밝혔듯이 사회학의 연구동향에 따라 그 상대적인 비중은 달라진다. 예컨대, ① 2차대전 직후에는 학생의 성적과 태도 형성에 미치는 가족, 이웃, 사회의 영향 규명에 집중하였고, ② 1950년대와 60년대 초에 걸쳐서는 교육의 사회적 기능(발전교육론)에, ③ 1960년대에 걸쳐서는 사회조직체로서의 학교에 관한 연구가 많이 이루어졌다.

한국교육사회학의 연구동향을 파악하기 위해 국내·외 학자들이 주장하는 관심영역과 함께, 국내 교육사회학 주요 교재에 드러난 관심영역을 살펴보았다. 동향 분석의 선행 작업으로 이러한 교재 분석은 분석 유목 설정에 있어 하나의 기준을 제공해 주는 이점이 있는 반면에, 학회지에 발표된 연구 논문의 분석과는 달리 학자의 학문적인 관심 영역에 국한된 영역만 드러나는 문제점과 시대적인 한계성을 가진다고 할 수 있다.

<表 I-8> 최근 교육사회학 교재 목차 속의 교육사회학 영역

영 역	저자(출판년도)								
	김병성 1994	이현청 1996	한준상 외1996	차경수 외1997	이종각 1998	권이종 외1998	김신일 2000	신군자 2001	김경식 2002
교육사회학의 발달, 성격, 영역, 방법	○	○	○	○	○	○	○	○	○
교육사회학 이론	○	○	○	○	○	○	○	○	○
교육과정 사회학			○	○	○	○	○	○	○
사회화, 인간화	○	○							
사회변동과 교육 교육의 역사사회학	○	○		○			○	○	
학력사회 교육열 교육경쟁		○	○	○	○	○			○
사회계층과 교육	○			○	○		○		
교육과 사회이동 사회선발	○			○	○		○		
학교사회체제 학교문화 학교의 사회적 기능	○	○		○	○				○
학업성취 교육과 불평등	○	○		○	○		○	○	
문화와 교육		○						○	
가정과 교육						○			
학교교육의 한계성 학부모 운동 대안교육	○	○	○						○
평생교육 사회교육	○		○		○	○		○	
성 차이, 양성성			○	○				○	
청소년 문제 학생의 삶	○		○		○		○	○	○
대중매체와 교육	○		○						
교육개혁	○			○	○		○		○
교사, 교직사회		○	○	○					○
통일 교육			○		○				

3. 한국교육사회학회 논문(교육사회학연구)에 드러난 연구영역

교육사회학은 어떤 내용을 다루며 그 연구 영역은 어떠해야 할 것인가? 교육사회학 연구의 전반적인 스펙트럼(spectrum) 파악을 위해서는 시대별로 산출된 석, 박사 학위논문이나 학술지 등의 연구주제를 분석하여 이를 연구 영역으로 확정하는 작업이 교육사회학의 교재 분석에 내재된 문제점을 해결하면서 보다 심층적인 시대적 쟁점이나 이슈를 파악하는데 도움이 되리라 본다. 하지만, 이 연구에서는 석, 박사 학위논문에 대한 분석은 배제하고 한국교육사회학회의 학술지에 발표된 논문만을 중심으로 분석하였다. 그것은 각 분야의 학문적 모습이 그 분야를 담당하는 학회가 공식적으로 발행하는 학술지로 대표되기 때문이다.

물론 학회는 학회지에 실린 글들이 학회의 공식 입장이 아니라고 말하기도 하지만, 국가별 시대별로 대별해 보면 어떠한 특색들이 나타난다. 여기에 학자들은 자신들의 논문 성격에 맞추어 기고할 학술지를 선정하기도 한다. 따라서 이 연구는 앞서 교육사회학 분야의 관심영역을 가지고, 한국교육사회학회의 학술지에 발표된 논문들을 대상으로 내용분석 방법을 통해, 이를 유목화하여 연구영역의 구체적인 내용과 주 연구영역을 확인함으로써 그 동향을 살펴보고자 한다.

이를 위하여 먼저 분석의 개념적 구조를 제시하고, 이어 교육사회학연구의 논문에 나타난 연구영역의 유목을 설정하여 연구영역의 내용을 구체적으로 제시하며, 마지막으로 연구영역의 전체적인 흐름을 밝힌다.

가. 논문 분석의 개념적 구조

1) 분석의 준거

교육사회학연구에 발표된 논문에 대한 내용 분석의 준거를 다음과 같이 설정한다.

첫째, 내용분석의 주된 관심은 학회 논문에서 나타난 구체적인 연구영역 즉, 연구주제(research theme)가 무엇인가이다. 이러한 연구주제를 밝히기 위하여 학회 논문에 대한 분석방법으로써 주제별 내용분석방법(thematic analysis)을 사용한다. 둘째, 교육사회학의 연구영역은 이론과 지식을 구성하는 주요개념(concepts)의 형태로 표현된다. 학회논문의 주제별 내용분석은 논문의 주제를 나타내는 주요개념의 추출에 그 목적이 있다. 이때 1편 논문의 주제는 1~3개의 주요개념으로 전환하며, 가능한 한 구체적인 용어로 표현하고 추출된 다양한 주요 개념은 일정한 기준(frame of reference)에 따라 체계화한다. 셋째, 추출된 주요 개념들은 개념간의 유사성 정도와 개념의 포괄성 수준에 따라 유사성이 큰 개념들의 집단(cluster)으로 유목화(categories)하고, 하나의 유목을 구성하는 포괄성 수준이 낮은 1차적 수준의 구체적인 개념을 하위유목화(subcategories)하며, 하위유목의 개념보다는 포괄성 수준이 높은 2차적 수준의 주요 개념을 주 유목(major categories)하고, 이 주 유목을 주요영역으로 규정한다. 이와 같이 학회 논문에서 추출된 주요 개념을 하위유목과 주 유목(주요영역)으로 체계화하는 방식은 내용분석방법(content analysis method)의 일반적 분석유목방식에 따른 것이다(Berelson, 1952).

2) 분석 대상 논문

논문의 내용분석 대상은 1990~2002년까지 12년간에 걸쳐 교육사회학연구에 발표된 논문들이다. 한국교육사회학회 논문을 대상으로 분석한 이유는 교육사회학에 관한 전문적 지식을 익히거나 과정을 마친 학문 세대들이 발표하는 학문의 경연장이요, 최신의 교육사회학적 지식과 연구동향을 파악하는데 다른 어떤 자원보다도 많은 정보를 입수하리라 보기 때문이다. 한국교육사회학회는 년 1~4회 학회지를 발간하여(98년 이후는 3회로) 지금까지 다양한 연구주제를 갖고 한국의 교육사회학 발전에 선도적인 위치를 차지하고 있다. 본 연구의 분석대상인 학회 발표 논문 246편의 연도별 내역은 다음의 〈표 Ⅰ-9〉와 같다.

〈표 Ⅰ-9〉 한국교육사회학회(교육사회학연구) 발표논문의 연도별 내역

연 도	논 문 편 수	출 처
2002	19	12권 1호~3호
2001	19	11권 1호~3호
2000	16	10권 1호~3호
1999	25	9권 1호~3호
1998	28	8권 1호~3호
1997	37	7권 1호~4호
1996	23	6권 1호~2호
1995	20	5권 1호~2호
1994	10	4권 1호~2호
1993	20	3권 1호~2호
1992	9	2권 1호~2호
1991	10	1권 2호
1990	10	1권 1호
계	236	1권 1호~12권 3호

본 연구에 사용된 논문 자료는 한국교육사회학회 학술지인 교육사회학연구에 발표된 논문과 학술대회 발표 논문들이다. 이들 자료는 각종 학회에서 발간된 논문을 대행 판매하는 DBPIA(ON-Line Database Service System)사로부터 입수하였다. 학술대회 발표 논문 중 학회지 게재 논문은 1편으로 인정하였고, web상에서 취득하지 못한 논문은 학회지를 통해 보충하였다. 한국교육사회학회에서 생산된('90~'02년) 논문 246편 모두를 입수하여 본 연구의 내용분석 대상 자료로 하였다.

3) 분석의 방법 및 절차

논문의 분석방법은 논문의 주된 내용 즉, 주제(theme)가 무엇인가를 밝히는 주제별 내용분석방법을 사용한다. 분석유목이란 변인에(variables) 해당하는 것으로서, 분석하고자 하는 내용의 전집(universe of contents)을 분석하는 기준 또는 분석항목을 의미한다(차배근, 1985). 교육사회학에 관한 연구내용을 분석하는 기준 또는 분석항목으로 표준유목(stan- dard categories)이 지금까지 완전히 개발되지 않은 상황에서 본 연구에서는 우선 연구 영역을 분석할 분석 유목을 설정하는 작업이 선행된다. 논문의 내용분석은 교육사회학 논문의 내용 속에서 귀납적으로 도출하는 과정이며, 이는 교육사회학의 연구영역을 구성하는 주요개념을 귀납적으로 도출하는데 목적이 있다. 분석유목은 논문의 내용분석의 기준인 동시에 논문에 나타난 구체적인 연구영역이 되는 것이다.

분석유목을 도출하는 방법은 각 논문의 연구목적, 방법, 연구결과 부분을 중점적으로 읽고 각 논문이 교육사회학의 무엇(what)을 연구하였나를 검토 분석한 다음, 그 논문의 핵심적인 내용(주제)을 포괄하는 교육사회학의 주요개념으로 전환하는 것이다.

각 논문은 1~3개 정도의 주요개념으로 표현되며, 계속해서 논문의 주제를 분석하여 새롭게 나타나는 주요개념을 무작위로 나열해 가는 것이다. 이러한 과정을 계속 반복하여 주요개념을 도출하는데 더 이상의 새로운 개념이 나타나지 않는 선에서 중단한 후 그 때까지 나타난 주요개념들을 1차적인 분석유목으로 확정한다. 1편의 논문은 1~3개의 주요개념으로 분류한다. 분석단위(coding unit)의 결정은 각 논문이 무엇을 연구하였나? 또는 논문의 주된 내용(주제)은 무엇인가? 그리하여 그 논문의 주제를 어떠한 주요개념으로 나타낼 것인가? 이다. 본 연구의 내용 분석에 있어서 분석단위는 논문의 주제(theme)가 된다.

나. 교육사회학 논문의 연구영역 유목

교육사회학 논문에 나타난 연구영역은 구체적인 주요개념의 형태로 추출하여 유목화(categorizing)함으로써 연구영역이 구체적으로 무엇인지를 명확히 파악할 수 있도록 한다. 여기서 추출된 일차적인 주요개념을 하위유목으로 설정한다.

1) 교육사회학 논문의 하위유목(Subcategories)

전체 246편의 한국교육사회학회 논문을 주제별 내용 분석한 결과, 총 빈도는 336개이고 논문 편당 빈도는 1.37이다. 이를 동일하거나 유사한 연구영역으로 묶어 보면 〈표 Ⅰ-10〉과 같이 130개의 하위유목(주요개념)으로 정리할 수 있다. 130개 하위유목 가운데 평균빈도 1.37개이상으로 나타난 유목은 학업성취(성적, 학력), 교육(사회학)자, 청소년비행(학교폭력, 중퇴외), 교육열(입시경쟁, 교육경쟁), 교육개혁(혁신), 성(여성), 정보화 사회(정보주의사회), 페미니스트(여성교육, 젠더문제), 사회적 평등과 (성)불평등, 교실통제(문화), 학교교육의 역할(효과), 학교효과(학교특성), 가족관계와 구성(사회적 자본), 교육과정(내용, 지식), 교육사회학이론(해석적 교육학, 포스트모더니즘, 종속론), 대안교육·학교, 사회적 지위(임금, 소득)획득, 진로선택(계열, 직종, 학교선택), 학습과 일의 연계(직업 진학) 등이다.

〈표 Ⅰ-10〉 한국교육사회학회 학술지에 나타난 연구영역의 하위유목

유목번호	유목명	빈도	비율(%)	유목번호	유목명	빈도	비율(%)
(1)	학업성취(성적, 학력)	14	4.17	(21)	교육기회배분(균등, 구조)	4	1.19
(2)	교육(사회학)자	13	3.87	(22)	교육평등과 불평등	4	1.19
(3)	청소년비행(학교폭력, 중퇴 외)	11	3.27	(23)	계급문화(문화자본)	4	1.19
(4)	교육열(입시경쟁, 교육경쟁)	10	2.98	(24)	노동시장(유형, 행태)	4	1.19
(5)	교육개혁(혁신)	10	2.98	(25)	성 차이	4	1.19
(6)	성(여성)	9	2.68	(26)	실업교육 문제	4	1.19
(7)	정보화 사회(정보주의사회)	8	2.38	(27)	재미한인 사회화(교육, 적응)	4	1.19
(8)	페미니스트(여성교육, 젠더문제)	7	2.08	(28)	청소년 문제	4	1.19
(9)	사회적 평등과 (성)불평등	7	2.08	(29)	청소년 문화	4	1.19
(10)	교실통제(문화)	6	1.79	(30)	고교평준화 정책	3	0.89
(11)	학교교육의 역할(효과)	6	1.79	(31)	교사교육	3	0.89
(12)	학교효과(학교특성)	6	1.79	(32)	교육(진학)수요 결정	3	0.89
(13)	가족관계와 구성(사회적 자본)	5	1.49	(33)	교육 개념(인간상, 신지식인론)	3	0.89
(14)	교육과정(내용, 지식)	5	1.49	(34)	교육팽창	3	0.89
(15)	교육사회학이론(해석적 교육학, 포스트모더니즘, 종속론)	5	1.49	(35)	교직문화	3	0.89
(16)	대안교육·학교	5	1.49	(36)	문화교육	3	0.89
(17)	사회적 지위(임금, 소득)획득	5	1.49	(37)	민주시민교육	3	0.89
(18)	진로선택(계열, 직종, 학교선택)	5	1.49	(38)	북한교과서	3	0.89
(19)	학습과 일의 연계(직업 진학)	5	1.49	(39)	사회 계급(계층)	3	0.89
(20)	과외학습(과외효과, 사교육비)	4	1.19	(40)	사회(평생)교육	3	0.89
(41)	실업(공업)교육 정책	3	0.89	(81)	교육재정 정책	1	0.30
(42)	학교교육위기(교실붕괴)	3	0.89	(82)	교육정책과 기획	1	0.30
(43)	학력사회(학력관, 학력주의)	3	0.89	(83)	구직활동	1	0.30
(44)	학부모 문화(교육에 관한 의식)	3	0.89	(84)	국가경쟁력강화 정책	1	0.30
(45)	21세기	2	0.60	(85)	기술대학제도	1	0.30
(46)	공교육의 이념, 기능(역할)	2	0.60	(86)	기업문화	1	0.30

유목번호	유목명	빈도	비율(%)	유목번호	유목명	빈도	비율(%)
(47)	교사 학생 상호작용(교사 차별)	2	0.60	(87)	대학평가	1	0.30
(48)	교원성비와 교직여성화	2	0.60	(88)	문화습득	1	0.30
(49)	교육사회학의 성격, 발달	2	0.60	(89)	반공교육	1	0.30
(50)	교육의 역사사회학	2	0.60	(90)	복합학교제도	1	0.30
(51)	교육패러다임	2	0.60	(91)	부모교육 효과	1	0.30
(52)	교육학(교육학 이론)	2	0.60	(92)	북한 대학교육	1	0.30
(53)	교직·교사 사회화	2	0.60	(93)	사내교육	1	0.30
(54)	교직사회	2	0.60	(94)	사립대학 이사회	1	0.30
(55)	교직의 개혁(재구조화)	2	0.60	(95)	사이버문화	1	0.30
(56)	기업체 인식(기업체 가치)	2	0.60	(96)	사회성 발달	1	0.30
(57)	노동교육 정책	2	0.60	(97)	사회이동	1	0.30
(58)	양성평등교육(성역할 인식)	2	0.60	(98)	산업체부설학교	1	0.30
(59)	외국어교육	2	0.60	(99)	소년 불량화 담론	1	0.30
(60)	자립형사립고	2	0.60	(100)	수준별 교육과정	1	0.30
(61)	자본주의(국가자본주의)	2	0.60	(101)	신문교육론	1	0.30
(62)	지역사회교육	2	0.60	(102)	실험학교	1	0.30
(63)	청소년 여가(유해) 환경	2	0.60	(103)	아버지상	1	0.30
(64)	학교교육의 재구조화(재맥락화)	2	0.60	(104)	여성화	1	0.30
(65)	학급풍토	2	0.60	(105)	유아교육 정책	1	0.30
(66)	학력	2	0.60	(106)	윤리교육	1	0.30
(67)	환경윤리	2	0.60	(107)	잠재적 교육과정	1	0.30
(68)	경제발전	1	0.30	(108)	정치사회화	1	0.30
(69)	고등교육 정책	1	0.30	(119)	제외동포교육 정책	1	0.30
(70)	고등교육 획득	1	0.30	(110)	종교교육	1	0.30
(71)	고등교육제도	1	0.30	(111)	지식기반사회	1	0.30
(72)	과거제	1	0.30	(112)	직업경력발달	1	0.30
(73)	교무회의	1	0.30	(113)	직업 모 문제	1	0.30
(74)	교사권위	1	0.30	(114)	직업포부	1	0.30
(75)	교사양성 및 임용제도	1	0.30	(115)	진로정체성(진로사회화)	1	0.30
(76)	교사운동	1	0.30	(116)	창의성 교육	1	0.30
(77)	교사직무 스트레스	1	0.30	(117)	청소년 자아	1	0.30
(78)	교육발전에 대한 영향력	1	0.30	(118)	테크노 문화	1	0.30
(79)	교육복지	1	0.30	(119)	통일교육	1	0.30
(80)	교육소비운동	1	0.30	(120)	포스트모던 사회	1	0.30
(121)	품성교육	1	0.30	(126)	학부제	1	0.30
(122)	학교교육의 진로	1	0.30	(127)	학습사회론	1	0.30
(123)	학교선택제	1	0.30	(128)	환경교육	1	0.30
(124)	학교운영위원회	1	0.30	(129)	후기산업사회	1	0.30
(125)	학교장의 리더십	1	0.30	(130)	Test(사회적 의미)	1	0.30
계						336	100%

130개의 하위유목 중 가장 빈도가 높은 것은 학업성취로서 전체 246편의 논문 중 4.17%를 차지하는 14편이 학생의 학력과 성적에 관한 내용이었다. 다음으로 비중이 높게 연구된 하위유목으로는 교육(사회학)자(3.87%), 청소년 비행(학교폭력, 중퇴 외)(3.27%), 교육열(입시경쟁, 교육경쟁)과 교육개혁(2.98%), 성(2.68%), 정보화 사회(2.38%), 페미니스트, 사회적 평등과 (성)불평등(2.08%) 등의 순서로 나타났다.

이상의 130개 하위유목은 246편의 한국교육사회학회 논문에서 추출된 주요개념으로서 본 연구의 주 유목(major categories) 설정을 위한 기초가 된다. 여기서 나타난 비중은 주 유목 설정에 대한 순위 결정의 기준을 제공해 준다.

2) 교육사회학 논문의 주 유목(major categories)

교육사회학 논문에서 추출된 130개의 하위유목을 개념간의 유사성의 정도에 따라 범주화하고 동일 범주에 해당하는 하위유목을 공통적으로 묶을 수 있는 상위개념을 추출한다. 이 때 상위개념은 하위유목의 개념에 비해 포괄성 수준이 높은 것이어야 하며, 이러한 상위개념은 선행 연구에서 나타난 바와 같이 교육사회학 분야에서 일반적으로 받아들여지고 인정되는 주요개념이어야 한다. 하위유목을 개념의 포괄성 수준에 따라 체계화한 것이 주 유목이며, 주 유목의 순서는 하위유목에 해당하는 빈도를 합친 비중 순서에 따라 결정된다.

이렇게 130개의 하위유목을 개념간의 유사성과 정도, 빈도수와 비중에 따라 보다 큰 유목으로 묶어 본 결과, 〈표 I-11〉과 같이 18개의 주 유목(주요 연구영역), 즉 교육과 평등(41), 학교사회와 학업성취(31), 교육정책과 제도(30), 공교육의 문제(30), 교육사회학 이론(29), 교육열(29), 청소년 문제(25), 페미니스트(23), 교사교육(19), 진로교육(16), 정보화 사회(13), 평생교육(9), 가족구조·관계(8), 교육과정사회학(7), 민주시민교육(7), 문화, 환경교육(6), 통일교육(6), 기타(8)로 나타났다. 이들은 한국교육사회학의 주요 연구영역을 대변한다고 하겠다.

<表 Ⅰ-11> 한국교육사회학회 학술지에 나타난 연구영역의 주 유목(주요영역)

주유목-주요영역 (major categories)	하위유목 (subcategories)	주 유목-주요영역 (major categories)	하위유목 (subcategories)
1. 교육과 평등 (사회적 지위획 득)(41)	교육기회, 계급문화(문화자본), 과거제, 노동시장, 사회적 (불)평등, 사회적 지위(소득) 획득, 사회계급(계층), 자본주의, 사회이동, 학교교육의 효과(역할)	10. 진로교육(16)	구직활동, 기업체인식, 직업포부, 진로정체성, 진로선택, 직업경력 발달, 학습과 일의 연계
2. 학교사회와 학업 성취(31)	교실통제(문화),교사 학생 상호작용, 학업성취(성적, 학력), 학교(특성) 효과, 학급풍토, 학교장의 리더십	11. 정보화 사회, 미래 사회(13)	정보화 사회, 21세기, 지식기반사회, 포스트모던 사회, 후기산업사회
3. 교육정책과 제도 (30)	고교평준화, 국가경쟁력강화정책, 고등교육정책, 교육재정정책, 교육정책과 기획, 기술대학제도, 교육발전에 대한 영향력, 고등교육제도, 경제발전, 노동교육정책, 복합학교제도, 대학평가, 사립대학, 실업교육정책, 자립형사립고, 사업체부설학교, 사립대학이사회, 수준별 교육과정, 외국어교육, 유아교육정책, 재외동포교육정책, 학교선택제, 학부제, 학교운영위원회	12. 평생(사회) 교육(9)	사내교육, 신문교육론, 종교교육, 지역사회교육, 평생(사회)교육, 학습사회론
4. 공교육의 문제, 교육개혁(30)	교육개혁, 공교육의 이념·기능변화, 교육소비운동, 교육복지, 실험학교, 대안교육·학교, 실업교육문제, 학교교육의 위기, 학교교육의 재구조화, 학교교육의 진로 찾기	13. 가족구조·관계(8)	가족관계와 구성, 부모교육, 아버지상, 직업모 문제
5. 교육학, 교육사 회학의 성격, 발 달, 이론(29)	교육의 개념, 교육패러다임, 교육학, 교육사회학의 성격, 발달, 교육사회학 이론, 교육(사회)학자, 교육의 역사사회학	14. 교육과정사회학(7)	교육과정, 잠재적 교육과정
6. 교육열, 학력사 회(29)	고등교육 획득, 교육열(경쟁), 과외학습, 교육수요결정, 교육팽창, 학부모문화, 학력, 학력사회	15. 민주시민교육(7)	민주시민교육, 사회성발달, 윤리교육, 정치사회화, 품성교육
7. 청소년 문제와 문 화 (25)	소년 불량화 담론, 사이버문화, 청소년비행(문제), 청소년문화, 청소년자아, 청소년환경, 테크노문화,	16. 문화, 환경 교육(6)	문화교육, 문화습득, 환경윤리, 환경교육
8. 페미니스트(여 성) (23)	성(여성), 성 차이, 양성성교육, 여성화, 페미니스트	17. 통일교육(6)	북한교과서, 북한대학교육, 반공교육, 통일교육
9. 교사교육, 교직 사회(19)	교직문화, 교사교육, 교원성비, 교직여성화, 교직사회, 교사양성·임용제도, 교무회의, 교사권위, 교직·교사사회화, 교사운동, 교직개혁, 교사직무 스트레스	18. 기타(8)	기업문화, 재미한인사회화, 창의성교육, Test

주: 주 유목 ( ) 안의 숫자는 하위유목을 포함하는 논문의 수치임.

이들 18개 연구영역은 국내·외 학자들의 저서에서 밝힌 관심영역들을 포괄하고 있음을 알 수 있다. 하지만 교육정책과 제도, 진로지도 영역 등에서 상대적으로 많은 연구가 이루어졌다는 점에 비춰볼 때, 국내 주요 교육사회학 저서들에서 다루어진 관심영역의 비중과는 다소 차이가 있다. 또한 이러한 주요 연구영역의 순위와 비중을 통해서 볼 때, 오늘날 교육사회학의 연구경향은 과거와 같은 '기능이론', '갈등이론' 또는 '교육과정사회학'에 한정된 연구영역을 벗어나는 경향을 보이고 있다. 교육에 영향을 주는 권력이나 가치문제를 재조명하기 시작했으며, 교육보다는 공교육기관으로 존재하는 학교교육(schooling)이 커다란 문제로 부각되면서 이에 대한 고찰, 탐구가 많이 전개되고 있다.

18개영역 중 으뜸을 차지한 교육과 평등은 오늘날 교육사회학 연구 중에서 중심적 위치를 점하고 있는 과제가 교육적 불평등이라고 한 것(정우현, 1994)에서 잘 나타나듯, 자본주의 사회에서 학교교육의 교육기회, 학교교육을 통한 계층이동(지위성취 과정), 계급문화와 학교교육, 노동시장과의 관계, 학교교육의 효과를 다루는 논문이 주류를 이루고 있다. 효과적인 학교교육의 재구조화라는 측면에서 학교교육에서 소외된 계층에 대한 배려와 교사에 대한 학교교육의 책무성 제고 논의, 단위학교의 교육 성취가 노동시장과 개인의 사회적 지위, 계층 이동에 기여하는 정도와 교육에 관여하는 국가권력의 비효율성에 따른 교육수요자의 왜곡된 사회적 배치, 불평등 문제가 집중적으로 다루어지고 있다.

이어서 많이 다루어진 영역은 학업성취를 결정하는 요인에 관한 것이다. 이 영역에서는 학교교육 효과론과 학교교육 무력론을 대변하듯 학업성취에 대한 학교·학급변인의 특성과 그 효과성을 분석하는 내용, 교사-학생 상호작용과 교실통제, 그리고 가정의 사회적 자본, 문화적 자본 등의 가정변인의 영향을 분석하고 있다.

다음으로 많이 연구된 영역은 교육정책과 제도와 관련된 것으로, 이들에 대한 많은 연구가 사회적인 시각에 터 해서 진행되었음을 살펴볼 수 있다. 이 영역은 국내 교육사회학 저서들에서는 구체적으로 다뤄지지 않은 영역이지만, 교육이 정치적 속성을 갖고 있으며 이론과 정책이 밀접하게 관련될 때 양쪽 모두 발전할 수 있기에(오욱환, 2001), 교육에서의 정책과 의사결정 과정은 그 동안 많은 경험적인 연구를 통해 전개되어 온 것이다. 이는 어쩌면 그것이 교육정책과 교육개혁에 많은 영향력을 줄 수 있을 것으로 기대된 것이다. 예컨대, 1974년부터 시행된 고교 평준화 정책에 대한 그간의 경과와 성과를 고찰한 것이나, 고등교육의 경쟁력 제고 수단으로 등장한 대학 평가 담론과 신자유주의에 기초한 7차 교육과정(수준별 교육과정 운영)에 대하여 교육사회학적 시각의 분석·비판한 글이 1990년대 후반에 많이 등장하고 있다.

아울러 학교교육의 문제점, 공교육의 위기, 청소년 문제 등과 함께 이를 극복하려는 노력의 일환으로 교육개혁도 많이 다루어졌다. 특히 오늘날 학교교육기관이 행하고 있는 기능을 재개념화하려는 시도와 함께 대안교육이라는 연구주제가 화두로 부각된 것이다. 뿐만 아니라 1980년대 국내의 반정부운동, 사회개혁운동, 체제비판 운동 등과 같은 국내 민주화 운동에 힘입어 비판적 교육(사회학)자들의 다양한 이론들이 소개되면서 자본주의 체제와 학교교육에 대한 비판적인 연구도 한국교육사회학 연구의 또 한 흐름을 장식하였음을 알 수 있다. 또한 한국 사회의 고유한 하나의 교육현상인 교육열에 관한 사회학적 현상을 교육적인 시각으로 분석·고찰하는 연구물도 많이 접할 수 있으며, 기존 교육사회학 이론의 담론에서 다소 소외되어왔던 여성(페미니스트), 교육복지 문제, 문화, 통일, 환경 교육에 관한 담론도 활발하게 연구되고 있음을 엿볼 수 있다.

한국 교육사회학의 이러한 추이는 학회의 학술 대회의 주제를 시대별로 살펴봄으로서 확연하게 확인해 볼 수 있다. 그 예로 학교교육의 문제점, 학교교육개혁과 교육의 효과, 대안교육이라는 연구주제를 다룬 1996년도 제116차 학술세미나, 청소년 문제와 교육의 과제를 다룬 1997년 120차 학술세미나, 한국인의 교육열을 다룬 1998년 124차 학술세미나, 한국교육의 탈맥락적 현실과 포스트모던적 재구성을 다룬 2000년 연차 학술대회, 한국, 미국, 일본에서의 교육사회학의 쟁점과 연구 동향을 다룬 2001년 국제학술 세미나, 교육공동체의 새로운 위상정립을 위한 2002년도 대토론회 등과 같은 한국교육사회학회의 학술세미나는 관련 영역의 다양한 논의와 함께 후속 연구를 이끌고 있다. 이는 학회가 학술 주제를 통해 당해 년도의 교육사회학의 쟁점을 제시하여 교육사회의 연구 영역을 제시하고 학문적 흐름을 주도하고 있다고 볼 수 있다.

이 연구에서 나타난 18개의 주요영역과 130개의 하위유목은 순수한 교육사회학의 연구영역으로 분류할 수 있는 것도 있지만, 사회학, 인류학, 심리학, 경제학, 행정학 등의 인접학문 영역에 속하는 영역도 찾아 볼 수 있다. 또한 이러한 연구영역에서 한국의 교육사회학이 교육현장에서 활용할 수 있는 초기의 실천적인 성격에서 벗어나 일반 사회학에서 다루어지는 산업·정보사회, 학교 조직, 정치, 종교, 가족 등의 학교교육과 관련한 사회학적인 문제들을 취급함으로서 보다 학문적인 성격을 확장하고 있으며, 나아가 연구 소재를 교육정책적인 면으로 넓혀나가고 있음을 엿볼 수 있다. 이러한 교육사회학의 학문적 발전과 분화는 바람직한 현상으로도 볼 수 있으나, 교육사회학이 자기의 정체성을 확립하기 위해선 인접 학문과 구분된 연구영역도 필요하리라는 주장을 낳게 하고 있다.

미국의 교육사회학회는 교육사회학을 사회학 학문의 개발을 위한 중요한 하나의 영역(미국교육사회학 web-site, http://www.asanet.org)이라고 규정한다. 이는 교육사회학이 교육학의 순수한 고유 영역이 아니라 사회학에서 분화되어 나온 것이며, 교육학에 사회학의 다양한 제 연구영역을 가지고 이를 교육학자, 사회학자들이 접근하여 각 학문적 시각으로 이를 분석, 설명, 기술하는 것으로 보는 것이다. 반면 일본은 교육사회학의 위치를 "만회전략(catch-up strategy)"과 "거리화 전략(distancing strategy)"으로 구분하고, 교육사회학을 사회학과의 독립적인 학문도 더불어 교육학의 자생적인 학문도 아닌 양자의 절충적 접근을 시도하고 있다 (竹內 洋, 2001: 64-84).

그 동안 국내에서도 한국 교육사회학의 정체성 확립을 위한 다양한 논의들이 전개되어 왔다. 이종각(1987)은 한국의 교육사회학은 마치 빈약한 토대 위에 화려한 장식만 해 놓은 집에 비유된다고 하면서 한국교육사회학의 학문적 후발성 문제를 제기하기도 하였다. 반면 이미나(1987)는 우리가 배워온 외국이론이 교육사회학 이론의 토착화 과정을 도울 수 있음을 지적하며, 한국적 교육사회학의 정립을 위해 외국의 이론에 문을 닫아거는 자폐증 환자들이 될 가능성을 피하고자하는 노파심으로, 외국이론도 토착화에 한 몫을 거둘 수 있음을 강조하기도 하였다. 한편, 오욱환(2002)은 교육사회학이 사회학 이론을 도입해 왔기 때문에 사회학의 3대 이론에서 벗어난 이론들에 대해서는 소홀하였다고 보고, 이러한 이론들에 대하여 재조명하는 작업이 필요하다고 보았다.

한국의 교육사회학 연구의 동향분석을 통해서 교육사회학 이론 분야가 안고 있는 문제점을 다음과 같이 지적하고자 한다.

첫째, 학문적인 유행과 시대의 조류를 반영하는 연구의 경향성이 강하다. 서양의 최신 교육사회학 이론을 경쟁적으로 소개, 안내하는 데에만 급급하여 한국적인 풍토에 적합한 토착화된 이론의 부재를 지적할 수 있다.

둘째, 교육사회학의 이론분야 논문을 발표하는 학자들의 양적 확대에도 불구하고 이론학파의 학적인 정립과 제한적인 이론의 확장과 학문적인 교류가 없는 실정이다. 교육사회학의 이론 즉, 기능주의적 접근, 갈등주의적 접근, 해석학적 접근, 역사사회학적 접근을 넘어서는 이론이 부재하다.

셋째, 교육사회학 이론의 토착화 문제. 서양 이론의 수용과정에서 한국 사회라는 토양에 뿌리를 내리는 토착화라는 선행 작업도 없이 맹목적인 수입지식의 확대 적용 후, 이론에 대한 절실한 토론이 이루어지기도 전에 구미의 유행이 바뀌면 다시 이를 답습하는 형태를 취한다.

넷째, 학술재단, 교육부 등의 지원금에 의해서 수행된 대부분의 연구들이 경험적인 연구에 치중하고 있어 교육사회학 이론의 빈곤을 초래하고 있다.

따라서 한국교육사회학의 발전적 미래를 위해서는 맹목적인 외래 학문의 수입도 비판받아 마땅하지만, 이를 한국 교육사회 현실에 맞게 수용하고 토착화하여 자생적인 연구 토양의 밑거름으로서 활용하는 것이 필요하다. 또한 교육과 사회의 문제와 제 현상들은 교육적인 시각만으로는 풀기 어려울 뿐만 아니라 그 변화가 상호 교섭적이고 복합적이므로, 이에 대한 연구와 실험 역시 분과학문의 테두리 안에만 머물러서는 안 되며, 학문 간의 학제적 접근을 통한 협동적인 연구체제의 구축도 필요하다.

4. 결 론

이 연구는 현재 교육사회학의 연구영역이 복잡·다기(多技)해지고 인접학문과의 상호 교류를 통해 연구영역이 확장됨으로써 그 독자적인 연구영역이 모호하며 불 특정적이라는 문제점이 지적되고 있는 현실에서, 교육사회학의 독자적인 연구영역이 무엇인가에 대한 논의의 출발점으로 한국교육사회학회의 논문을 주제별 내용분석을 통해 그 연구영역과 최근의 흐름을 밝히고자 하였다. 주제별 내용분석과 논의를 통해 다음의 결론을 얻었다.

한국교육사회학회 학술지인 교육사회학연구에 발표된 논문에서 주로 다루어진 주요 개념은 학업성취(성적, 학력), 교육(사회학)자, 청소년비행(학교폭력, 중퇴 외), 교육열(입시경쟁, 교육경쟁), 교육개혁(혁신), 성(여성), 정보화 사회(정보주의사회), 페미니스트(여성교육, 젠더문제), 사회적 평등과 (성)불평등, 교실통제(문화), 학교교육의 역할(효과), 학교효과(학교특성), 가족관계와 구성(사회적 자본), 교육과정(내용, 지식), 교육사회학이론(해석적 교육학, 포스트모더니즘, 종속론), 대안교육·학교, 사회적 지위(임금, 소득) 획득, 진로선택(계열, 직종, 학교선택), 학습과 일의 연계(직업 진학) 등이다.

교육사회학연구에 발표된 논문의 주요 연구영역은 18개 영역으로 (1)교육과 평등: 41편(12.20%), (2)학교사회와 학업성취: 31편(9.23%), (3)교육정책과 제도: 30편(8.93%), (4)공교육의 문제, 교육개혁: 30편(8.93%), (5)교육사회학 이론: 29편(8.63%), (6)교육열: 29편(8.63%), (7)청소년 문제: 25편(7.44%), (8)페미니스트: 23편(6.85%), (9)교사교육: 19편(5.65%), (10)진로교육: 16편(4.76%), (11)정보화 사회: 13편(3.87%), (12)평생교육: 9편(2.68%), (13)가족구조·관계: 8편(2.38%), (14)교육과정 사회학: 7편(2.08%), (15)민주시민교육: 7편(2.08%), (16)문화, 환경교육: 6편(1.79%), (17)통일교육: 6편(1.79%), (18)기타: 8편(2.38%)이다. 여기서 나타난 18개의 주요 연구영역의 순위, 비중은 최근의 교육사회학 분야에서 다루어지는 연구영역의 순위, 비중의 정도를 대변한다고 볼 수 있다. 또한 이것은 시대적 상황과 학문적 조류를 반영하고 있다 하겠다.

교육사회학 연구에서 주로 다루어진 이러한 개념과 주요 연구영역들이 한국을 대표하는 교육사회학회의 학회지 분석을 통해 얻은 것이라고는 하나, 한국 교육사회학의 전반적인 흐름을 파악하는 데는 제한점이 있다. 따라서 교육사회학 분야의 국내 석·박사 학위논문뿐만 아니라 일반 교육학 학회지에 발표된 논문, 교육사회학 관련 단행본 등도 함께 분석해 볼 것을 제언한다. 아울러 선진국의 교육사회학 영역과 흐름을 비교하기 위해 그들의 주요 학술지 또한 포괄적으로 분석하는 연구가 필요할 것으로 본다.

참 고 문 헌

권이종 외(1998). 신교육사회학탐구, 서울: 교육과학사.

김경식 외(2002). 교육사회학, 서울: 교육과학사.

김경식・안우환(2003). 한국교육사회학의 연구동향 분석. 교육사회학연구, 13(2), 47-64.

김기석(1987). 교육사회학 탐구. 서울: 교육과학사.

김기석(1994). 교육사회학탐구Ⅱ. 서울: 교육과학사.

김병성(1994). 교육과 사회-거시・미시 교육사회학적 관점, 서울: 학지사.

김신일(1994). 교육사회학. 서울: 교육과학사, 277.

김신일(2000). 교육사회학, 서울: 교육과학사.

김영화(2000). 한국의 교육과 사회, 서울: 교육과학사.

박부권(2002). 새로운 교육공동체의 조건과 과제. 한국교육사회학회 대 토론회. 1-84.

신군자(2001). 새로운 교육사회학, 서울: 집문당.

안관수(1997). 사회적 불평등의 재생산 요인으로서 문화적 자본. 교육사회학연구, 7(1), 113-125.

오욱환(1990a, 1996). 문화실조 이론의 교육사회학적 반성. 학교교육과 불평등: 교육사회학 논문묶음. 오욱환(편저). 서울: 교육과학사.

오욱환(1995). 학교교육과 불평등, 서울: 교육과학사.

오욱환(1997). 교육과 사회변동-교육사회학 논문묶음 Ⅱ-. 학업성취 격차 설명모델의 교육사회학적 분석. 서울: 교육과학사.

오욱환(2000). 한국 사회의 교육열: 기원과 심화, 서울: 교육과학사.

오욱환(2001). 1970년대 영국 교육사회학의 논쟁적 흐름의 시사. 교육학연구, 39(4), 45-72.

오욱환(2001). 한국 교육사회학의 토대 강화를 위한 이론과 주제의 확대. 교육사회학연구, 11(3), 79-103.

오욱환(2002). 교육사회학의 학문적 이론 수립의 현황과 발전좌표. 한국교육학회(2002). 교육학의 학문적 이론 수립의 현황과 발전좌표. 81-99.

이미나·이종각·송병순(1987). 교육사회학의 연구과제와 방법. 한국교육학회학술 세미나 주제발표 및 토론, 교육학연구, 25(2), 65-68.

이석재(1995), 교육사회학의 학문적 성격에 관한 고찰, 교육사회학 연구, 5(1), 100.

이종각(1987). 교육사회학의 연구과제와 방법. 교육학연구, 25(2), 53-70.

이종각(1997). 교육인류학의 탐색, 강원도 춘천: 하우.

이종각(1998). 교육사회학총론, 서울: 동문사.

이현청(1996). 교육사회학, 서울: 양서원.

장상호(1986). 교육학의 비본질성. 교육이론 제1권 1호, 서울대학교교육학회, 서울대사범대학, 50-54.

정우현(1994). 교육사회학연구, 서울: 교육과학사.

조용환(1996). 교육사회학의 이해. 한준상 외(1996), 신교육사회학. 학지사.

진원중(1986). 교육사회학원론. 서울: 법문사, 48.

차경수(1985). 교육사회학의 연구. 한국교육학의 탐색, 한기언 박사 회갑기념집, 고려원.

차경수 외(1997). 교육사회학의 이해, 서울: 양서원.

차배근(1985). 사회과학 연구방법, 서울: 세영사.

차배근(2002), 사회과학 연구방법, 서울: 세영사.

한준상 외(1996). 신교육사회학, 서울: 학지사.

竹內 洋(2001), 일본의 교육사회학-과거와 미래, 2001년도 한국교육사회학회 국제학술세미나.

Anyon, J. (1979). Ideology and united states history textbooks. *Harvard Educational Review*. 49(3), 361-386.

Aronson E, Blaney N, Stephan, C. Sikes J, Snapp M. (1978). *The jigsaw classroom*. Sage, Beverley Hills, California.

Ballantine, J. H. (1985, 2001). *The sociology of education: A systematic analysis*. Upper Saddle River, NJ: Prentice Hall.

Ballantine, J. H. (2001). *The sociology of education: a systematic analysis(5th Edition)*. Publisher: Prentice Hall College Div.

Bancks, O. (1976). *The sociology of education.* London: Batsford Ltd.

Barbara, F., Barbara, H. (1984). The College channel: private and public schools reco nsidered, *Sociology of Education*, 57. 111-122.

Barcus, F. E. (1959). Communications Content: Analysis of the research, 1900-1958. Unpublished. Ph. D. dissertation(University of Illinois), 8.

Becker, H. J. and Epstein, J. L. (1982). Parent involvement: a study of teacher practi ce. *Elementary School Journal*, 83. 85-102.

Berelson, Bernard(1952). *Content analysis in communication research.* New York: The F ree Press of Glencoe, 18.

Bernstein, B. (1961). Social class and linguistic development: A theory of social learnin g. In *Education, Economy, and Society*, ed. by A. H. Halsey, J. Floud and C. Arnold. New york: The Free Press.

Bernstein, B. (1973, 1974, 1976). *Class, codes and control*, Vols. 1, 2, 3. London: Routle dge and kegan Paul.

Brookover, W. B. & Erickson, E. L. (1975). *Sociology of education.* Homewood. IL: Th e Dorsey Press.

Brophy, J. and Good, T. (1974). *Teacher-student relationship.* New York: Holt, Rinehar t and Winston.

Clark, R. (1983). *Family life and school achievement.* Chicago: University of Chicago Pr ess.

Christopher, J, James, C, Mueser, p.(1983). The wisconsin model of status attainmen t: a national replication with improved measures of ability and aspiration. *Socio logy of Education*, 56. 3-19.

Coleman, J. S. et al., (1966). *Equality of educational opportunity.* Washington, D. C.: U. S. Goverment Printing Office.

Coleman, J. S. (1982). The concept of equality of educational opportunity. In J. R. S narey, et al., *Conflict and continuity*, Harvard Educational Review Reprint Series No.15(ed), MA: Harvard Educational Review.

Dauber, S. L. and epstein, J. L. (1989). Parent's *attitude and practices of involvement in inner-city elementary and middle school*. Paper presented at the annual meeting of the American Educational Research Association, San Francisco.

Dornbusch et al. (1987). The relation of parenting style to adolescent school perfor mance. *Child Development*, 58, 1244-57.

Dianne, E. L. (1989). Accuracy of proxy reports of parental status characteristics, *Soc iology of Education*, 62, 257-276.

Glen G. C., Goldberger, A. S. (1983). Public and private schools revisited, *Sociology of Education*, 56, 208-218.

Hallinan, M. T. (2000). *Handbook of the sociology of education*. New York: Kluwer Aca demic Prichard, K. W. & Buxton, T. H. (1973). *Concepts and theories in sociology of education*. Lincoln, NE: Professional Educators Publications.

Hurn, C. J. (1985). *The limits and possibilities of schooling: an introduction to sociology of education Review*. 39(1), 1-123.

Hallinan, M. T., Williams, R. A. (1990). Students' characteristics and the peer-influe nce process. *Sociology of Education*, 63, 122-132.

Hallinan, M. T. (2000). *Handbook of the sociology of education(Handbooks of Sociology an d Social Research)*. Publisher: Kluwer Academic Publishers.

Hass, J. D. (1979). *Social foundation of education*. New Jersey: Prentice Hall.

Havighurst, R. J. and Neugarten, B. L. (1957). *Sociology and education*. Boston: Alley and Bacon.

Jensen, A. (1969). How much can we boost I. Q. and scholastic achievement? *Harva rd Educational Review*. 39(1), 1-123.

Keddie, N. (1971). Classroom Knowledge. In M. F. D. Young. (ed), *Knowledge and co ntrol: new directions for the sociology of education*, London: Collier Macmillan.

Kelly, A. (1985). The construction of musculine science. *British Journal of Sociology of Education*, 6(2), 133-154.

Labov, W. (1969). The logic of non-standard english. *Gerogetown Monographs on Lan guage and Linguistics*, 22(1), 1-31.

Levitas, M. (1974). *Marxist perspectives in the sociology of education*. Routledge and Ke gan Paul, London.

Lawrence, J, Saha. (1997). *International encyclopedia of the sociology of education.* Publis her: Pergamon Press.

Mcdermott, R. (1977). Social relation as contexts for learning in school. *Harvard Edu cational Review,* 47(2), 198-213.

Moles, O. (1982). Synthesis of recent research on parent participation in children's e ducation. *Educational Leadership,* 40, 44-47.

Pamela, J. S., Wilson, F. D. (1991). Desegregation and the stability of white enrollm ents: a school-level analysis. *Sociology of Education,* 64, 968-84, 278-292.

Patricia, A. A., Adler, p.(1984). The carpool: a socializing adjunct to the educational experience. *Sociology of Education,* 57, 200-210.

Pavalko, R. M. (1976). *Sociology of education.* Illinois: Peacock Publisher, Inc.

Prichard, K. W. and Buxton, T. H. (1973). *Concepts and theories in sociology of educatio n.* Lincoln, NE: Professional Educators Publications.

Richard, R., Ralph, J. (1984). Technical change and the expansion of schooling in th e united states, 1890-1970. *Sociology of Education,* 57, 134-152.

Richard, A, et al., (1999). *The Structure of schooling: readings in the sociology of educati on.* Publisher: McGraw-Hill Humanities/Social Sciences/Languages.

Richardson, J. G. (1986). *Handbook of theory and research for the sociology of education.* New York: Greenwood Press.

Rist, R. (1977). On understanding the processes of schooling: The contributions of la beling theory. In J. Karabel and A. H. Halsey, *Power and ideology in education,* (e d.), New York: Oxford University Press.

Rosenthal, R. and Jacobson, L. (1968). *Pygmalion in the classroom.* New York: Holt, R inehart and Winston.

Rodman, B. W. (1981). *Schooling and society.* New York: Macmillan Publishing Co.

Sarup, M. (1978). *Marxism and Education.* Routledge and Kegan Paul, London.

Stubbs, M. (1983). Labov and the myth of Linguistic deprivation. In *Language, School* s and Classroom, 2nd ed. London: Methuen.

Teachman, J. D. (1996). Intellectual skill and academic performance: do families bias t he relationship? *Sociology of Education*, 69, 35-48.

Wesselinh, A. (1982). Sociology of education in the netherlands: situations, develop ments, debates. *British Journal of Educational of Sociology*, 3(3), 319-329.

William A. C. (1994). Discussion, Debate, and Friendship Processes: Peer Discourse in U. S. and Italian Nursery *Schools. Sociology of Education*, 67, 1-26.

William R. M. (1983). Learning and Student Life Quality of Public and Private Scho ol Youth, *Sociology of Education*, 56, 187-202.

Willard, w. (1932). *The sociology of teaching*. New York: John wiley & sons.

Wilbur, B. Brookover, and Erickson, E. L. (1975). *Sociology of education*. Illinois: The Dorsey Press.

Young, M. F. D. (1971). *Knowledge and Control: new directions for the sociology of educa tion*. London: Collier Macmillan.

제 2 부
교육과 사회, 문화

제4장 문화와 인성

1. 문화와 인성

가. 문화의 개념과 특징

보편적이고 일반적인 문화의 개념은 인류학적인 정의로 '한 집단이나 사회의 공통적인 의식이나 가치체계'로 정의 할 수 있다. 이러한 정의는 현대사회의 분화와 세분화, 다양화 등 복잡, 다단한 변화 때문에 다분히 한계성을 지닌다. 공통적인 신념체계로서 문화개념은 지나치게 포괄적이기 때문이다(Smelser, 1992: 21).

윌리엄스(williams, 1993: 23)에 따르면 "문화는 일상적인 것(culture is ordinary)"이다. 이러한 정의는 현실에서 문화를 이해할 수 있도록 해준다. 문화는 역사적인 사회 발전 과정에서 구체적으로 형성된 것으로 특정한 맥락 속에서 문화를 이해해야 함을 의미한다 하겠다[6]. 인간의 행위는 어떤 행위이든지 특정한 사회 환경과 조건에서 특정 사람(사물)과의 관계를 통해서 이루어지기 때문에 구체적인 사회적 맥락(social content)을 이해하는 것은 문화를 이해하는데 중요한 기본적인 가정이자 출발점이다.

타일러(Taylor, 1958: 1)는 문화를 "문화 또는 문명이란 지식, 신앙, 도덕, 법률, 실습, 기타 사회성원으로서의 인간에 의하여 획득된 모든 능력이나 습성의 복합적 전체이다."라 본다. 문화는 타일러(Taylor)가 말하는 것과 같이 개인 내에 존재하는 지식, 신앙, 예술, 도덕 등 모든 것을 포함하고 이것이 사회성원으로서의 인간에 의해 유지되고 보존되는 것이며 이런 것의 복합적 전체라 인식하고 있다. 한편 린튼(Linton)의 정의에 의하면 "문화란 학습된 행위의 복합체이며 한 특정 사회의 성원에 의하여 공유되고 전승되는 행위의 전체이다."라고 하였다. 린튼은 타일러보다 행위를 강조하고 복합적 전체성을 강조하지만 이들 두 사람의 문화 정의에 공통된 것은 문화는 사회 구성원으로서의 인간의 행위이고 행위의 모

---

6) 오늘날 문화는 거의 전적으로 명확한 사회구성이나 사회적 산물로서의 문화, 인쇄, 필름, 가공물, 최근에 전자매체에 의해 기록되는 기록문화(record culture)를 통해 표현되고 협상되고 있다. 그래서 문화사회학은 주로 정보, 오락, 과학, 기술, 법, 교육, 예술과 같은 기록문화의 다양한 유형을 다루고 있다(Bau, 1988; Tuchman, 1988; Mukerji & Schudson 1991; Gamson et al. 1992; Woolwine 1992).

든 것을 포함하는 총체적 행위이며 그것이 그 사회에 전승되고 학습되는 행위인 것이다.

주로 19세기에 문화사가들이 사용했던 서술적 문화개념은 사람과 종족의 관습, 기술, 예술, 도구, 무기, 종교적 실천 등을 통해 인류의 점진적인 발전에 대한 체계적이고 광범위한 설명을 제공했다. 이 개념은 테일러(Taylor)가 "원시사회(1871)"에서 문화개념과 문명개념의 유사성을 지적하고 문화를 어떻게 연구해야 하는지에 대한 방법론적 가정을 제시하면서 과학적 조사의 대상으로서 문화를 정의했기 때문에 서술적이다. 즉 서술적 문화개념은 "특정 집단이나 특정 사회의 문화는 '신념, 관습, 관념과 가치의 배열'이자, 그 집단이나 사회의 구성원으로서 개인이 획득한 물질 대상과 도구"이다. 반면에, 상징적 문화개념은 인간의 상징사용 능력과 관련해서 문화를 정의한다.

레슬리 화이트(White)는 "문화의 과학(1940)"에서 "문화는 특정 질서나 계급, 현상에 대하여 명명한 이름이다. '상징하기(symbolling)'라고 부르는 행동을 유발하는, 인간에게 고유한 정신능력 수행에 근거한 사물과 사건에 대한 명명(naming)이다."라고 정의하였다. 즉, 문화는 곧 '이름 짓기'와 '이름대로 상징하기'이다.

문화개념은 현대사회와 학문발전으로 다양하게 발전해왔다. 문화개념의 변화를 검토하는 것은 사회와의 관계 속에서 문화를 이해할 수 있도록 해준다. 또한 이는 현대사회에서 문화가 지니는 중요성을 이해하는데 도움을 준다(Thompson, 1993). 가장 기본적인 문화개념은 '인간의 지적·정신적 발전과정으로서 인간 심성의 계발'로서 문화를 보는 고전적 문화개념이다. 즉, "문화는 근대적 특성과 밀접하게 관계있는 인간능력 계발과 예술에 동화됨으로써 품위를 높이는 과정"이다. 이 개념은 문화가 기본적으로 '보다 높은 가치와 질'을 추구하며, 발전에 대한 계몽주의적 사고에 근거한 개인의 현재 상태에 대한 개선과 관계가 있음을 보여준다. 고전적 문화개념은 19세기 말 인류학의 출현과 함께 서술적 문화 개념과 상징적 문화개념으로 분화와 발전을 한다.

사회의 구조적인 맥락에서의 문화 정의들을 살펴보자. 거어츠(Geertz)는 문화를 '의미 있는 구조들의 층화된 위계'라고 파악한다. 그는 "개인이 다른 사람과 소통하고 경험과 개념, 신념을 공유하는 행동, 발화 그리고 다양한 종류의 의미 있는 대상을 포함한 상징 형태에 구현된 특정한 의미 방식"으로 문화로 정의한다. 이러한 문화개념은 '상징할 수 있는' 인간의 상징행위 능력을 보다 강조하지만 '상징하는 행위'의 결과로서, 문화나 문화적인 산물을 사회적 맥락에서 파악할 수 있는 특징이 있다. 사회적 맥락(social context)이란 상이한 사회관계의 구성요소로, 상징 형태를 어떻게 이해 할 지에 대하여 의미 있는 단초를 제공한다.

실제로 문화는 구체적인 인간행위의 역사적, 사회적 산물이다. 그런데 사회적 맥락에서의 문화에 대한 이해는 현대사회의 구조적 변화에 대한 이해를 먼저 필요로 한다. 이러한 측면에서 구조적 문화 개념은 문화가 사회적으로 구조화되어 있으며 구체적인 맥락 내에서 발생하기 때문에 구조에 각인된 의미 파악이 바로 문화를 이해하는 것임을 시사하고 있다. '구조적 문화개념'은 일상적인 개인의 활동이 특정 사회적 맥락에서 의도나 의미를 구현하는 개별적이고 사회적인 행위 수준에서 발생함을 인식하게 한다. 그럼으로써 사회의 구조적 역동성처럼 문화는 '정태적이지 않고 역동적'으로 변화함을 인식하게 한다.

이처럼 문화가 역동적인 것은 개인이 사회구조와 맥락에서 의미를 실현하기 위해 타자나 사물과의 관계를 형성하고 행위 하는 과정이 그만큼 존재적인 긴장을 내포하고 있음을 말해준다. 사회적으로 이러한 긴장은 사회체계를 유지하려는 힘과 새롭게 변화시키려는 힘의 충돌을 의미한다. 그래서 문화 행위와 갈등할 수밖에 없는데, 이러한 이중적 특성을 '문화의 패러독스'라고 한다. 문화의 패러독스는 모든 인간행위의 본질적 특성이라 할 수 있다. 그리하여 "문화란 인간이 생존을 위해 자연과 맞서는 과정에서 창조된 것이며, 물질적인 생산이나 분배를 둘러싼 사회적 과정과 결코 분리할 수 없는"(Jonson, 1993: 152) 것으로 개인의 "문화활동은 어떤 형태이든지 현재 상태에서 자신의 변화와 발전을 추구하는 인간의 본연의 행위"라고 할 수 있다. 문화의 특징을 살펴보면 다음과 같다.

① 축적성과 공유성 그리고 학습성을 지닌다.

② 전체성(상호관련성과 방향성 함유)과 통합성.

③ 문화는 "인간의 창조적 우수성"이다. 이러한 시각은 문화 엘리트주의적 시각으로 문화를 고급문화와 저급문화로 범주화하고 문화에 대한 이분법적 평가를 하게 하기 때문에 일상생활에서 이루어지는 문화의 중요성을 간과하는 오류를 범할 수 있다.

④ 고성정과 변동성을 지닌다.

⑤ 문화는 "개인의 심성상태의 계발과 발전"을 의미한다. 문명은 "사회의 물질적 상태의 발전과 진보"를 의미한다. 문화를 문명과 동일시하는 것은 은연중에 물질을 가치 절하하는 반면에 정신적인 것을 암암리에 숭배하려는 태도가 배여 있다고 볼 수 있다.

⑥ 문화, 예술, 교육, 종교, 패션, 방송, 영화 등 인간의 정신활동과 관계있는 예술 장르를 문화로 구분하다. 이러한 문화의 쓰임새는 문화상품이나 대상으로 문화를 이해하게 함으로써 이들 대상을 둘러싼 사회적 관계를 간과하게 한다. 문화적 대상이나 문화 상품은 실천적 문화 활동의 산물이다. 그런데도 예술을 문화로 동일시하는 것은 문화를 관념적으로 인식하게 한다. 그래서 관념 주의적 문화 인식은 실천적이고 창조적 활동을 통해 새롭게 형성되는 '과정으로서의 문화'를 부각시키지 못하게 되는 단점을 지닌다.

⑦ 문화는 상징체계나 생활양식이다. 개인은 한 사회의 구성원으로서 사회에 존재하는 상징체계를 습득하여 내면화하는데, 이러한 상징체계의 내면화는 상징체계를 해석하고, 사회 질서와 규범에 순응하게 함으로써 사회에 동화되어 가는 과정을 말한다. 사회에의 동화는 단순한 정신작용의 산물이 아니라 사회 내의 관습, 가치, 규범, 제도, 전통 등 포괄적인 총체적인 생활양식에 적응하는 것이다. 그럼으로써 문화는 상징체계의 소통이나 생활양식을 사회적 관행과 연관지음으로써 예술성과 우수성, 사회 구조적인 일상생활의 맥락 속에서 의미를 인식하게 만든다.

⑧ 문화는 환경 적응의 모든 산물이다.

나. 문화 변동의 원인과 유형화

문화의 변동 원인에는 내·외적인 원인으로 나눌 수 있다. 내적인 원인으로는 발명과 발견, 인구 구조의 변동과 지도자 의지의 사회 반영 등이 있으며, 외적인 원인으로는 문화전파로 이에는 직접적인 전파, 간접적인 전파(대중매체), 자극 전파(주변문화의 자극) 등이 있다.

문화의 유형을 네 가지 범주로 구분하여 살펴보자(표 Ⅱ-1참고). 인지적, 집단적, 기술적, 사회적 범주로 구분하여 살펴보면 인지적 범주와 관련된 문화 활동은 개별적인 수준의 자기 향상적인 활동이며, 집단적 범주와 관련된 문화 활동은 사회와 생활의 문화 향상과 문화 의식적인 특성을 지니며, 기술적 범주로서 문화 활동은 문화 예술 등의 창조적 특성을 지닌다고 할 수 있다. 사회적 범주와 관련된 문화 활동은 인간의 총체적인 경험과 정서를 반영하는 문화적인 특성을 나타낸다.

〈표 Ⅱ-1〉 문화의 유형

문화의 유형화	개 념
인지적 범주	개인의 정신 발전 상태와 성취목표와 열망 정도.
집단적 범주	사회의 지적, 도덕적인 발전 상태.
기술적 범주	예술과 지적 작업의 집합적이고 총체적인 산물.
사회적 범주	민족의 총체적인 삶의 방식.

다. 인성과 문화

문화와 인성(personality)은 문화에 따라 인성이 어떻게 다르냐 하는 것을 연구하는 학문으로 문화 인류학자들에 의하면 문화란 집단적 인간에 의하여 이룩된 삶의 방식이고 인성이란 개인 내에 존재하는 삶의 유형이라 본다.

1) 인성의 개념

인성의 개념을 인본주의, 행위주의, 경험주의 등으로 구분하여 살펴보면 〈표 Ⅱ-2〉와 같다. 인본주의적 배경의 정의는 인성을 신체적이고 생리적인 요소와 정신적이고 심리적인 요소를 복합시킨 통합체로 파악하고 개인의 심리적 역학을 강조하는 특성을 갖고 있다. 행위주의적 정의는 인간의 신체적인 것은 인성에 포함 될 수 없고 행위만이 인성을 표현하는 것이고 그 행위는 상세한 모든 행위이며 또한 오래 지속되는 행위로 인식한다. 경험주의적 정의는 행위주의자들과는 달리 개인의 행위에서 파악되는 개념 이외에 태도, 가치, 지각 등의 심리적 고정이 인성에 포함되고 오랜 시간을 두고 사건들을 경험함으로써 이룩되는 것이라 본다.

〈표 Ⅱ-2〉 인성의 개념

구분	개 념
인본주의적 개념	·프린스(Prince): 인성이란 생리적으로 타고난 개인의 기질, 감정, 흥미, 본능의 총체이며 경험에 의해 획득된 성향이다. ·알포트(Alport): 인성이란 자연 환경에 특유하게 적응하는 심리적-신체적 체계로서 개인에 내재하는 역학적 조직이다.
행위주의적 개념	·왓슨(Watson): 인성이란 충분히 긴 시간 동안 실제적 관측에서 발견될 수 있는 행위의 전체이다. ·맥클리랜드(Mccleland): 인성이란 일정 시간에 개인의 상세한 모든 행위를 가장 적절하게 개념화한 것의 전체이다.
경험주의적 개념	·발로우(ballow): 인성이란 개인의 행위에서 파악될 수 있는 지속적인 태도, 가치 그리고 지각 유형의 복합과 관련된 개인 내부에 이룩한 조직체이다. ·클러크혼(clerkhorn): 인성이란 한 사건에 대하여 반응하는 심리적 과정의 유효한 조직이고 사건들을 통하여 혹은 생애를 통하여 지속적으로 발전하여 이루어진 통합체이다.

2) 인성의 결정요인

가) 생물학적 요인

인성의 결정 요인 중에서 중요한 것은 개인이 선천적으로 가지고 태어난 체질적, 정신적인 능력일 것이다. 인성에 직접적인 영향을 미치는 것으로 쉽게 발견될 수 있는 신체상의 형태적인 요소에는 체중이나 신장, 신체적인 외모 등이 있다. 개인의 체질적인 특성에 대한 사회적인 의미는 문화적으로 결정된다.

연령과 성에 따른 역할의 차이도 생물학적인 요인의 범주 속에서 고려되어야 할 것이다. 그러나 이러한 요인도 문화적인 가치와 함께 고려되었을 때만 의미가 있다.

나) 자연 환경적 요인

19세기 인류학적 지리학자들은 자연환경과 관련하여 국민성을 설명하려고 시도하였다. 산악 지대에 사는 사람들은 거칠고 개인주의적이며, 온화한 기후지역에 사는 사람들은 창조적이고 진지한 성격을 보이고, 열대지역에 사는 사람들은 게으르고 성적으로 조숙하다는 등의 것이 그것이다. 특정한 사회 성원들이 섭취하고 있는 음식물들에 함유된 무기질 성분은 전 인구의 내분비 체계에 영향을 줄 수 있고, 양자간의 상관관계는 의학적으로도 증명되고 있다. 사람들이 살고 있는 지역들이 위치하고 있는 고도, 지역의 차이와 개인들이 적응하는 특징적인 기후의 차이도 역시 주민들의 인성에 적지 않은 영향을 미친다. 특정의 환경 적인 변수가 특정형의 인성과 직접 연결되는 것이 아니라. 다른 변수들과의 상호 복잡한 작용 과정에서 변형과 굴절 현상이 일어난다는 것이다.

다) 문화적 요인

문화적인 결정 요인은 한 사회의 구성원들의 정상적인 행위 방식에 유형을 제공해 주고 더불어 한계를 규정해 준다. 사회집단 또는 문화에 따라 각 성원들의 인성에는 공통적인 규칙성이 나타나고 있음을 목도 할 수 있다. 같은 지역이나 나라에서도 대도시 사람과 농촌 사람, 한국 사람과 일본 사람 등 각각에는 다른 것과 구분될 만한 공통적인 유형들이 종종 발견된다. 그러나 각각의 문화나 하위문화는 서로 상이하다. 개인들이 아무리 독특한 체질적인 특성을 가지고 있고, 고유한 경험을 한다 하더라도 사람들은 주변 일상생활에서 자신들이 접하고 있는 문화 양식과 방식에 따라서 인지하고 반응하며, 그에 기초하여 개인들의 인성이 더불어 형성된다. 여기서 개인들이 접하고 있는 문화는 인성의 가장 중요한 결정 요인으로 작용한다고 할 수 있다.

라. 문화화 및 문화전계(文化傳繼)

어떠한 사회나 문화 장면에서 인간의 생물학적인 욕구가 어떤 식으로 충족되어야 할 것인가에 대하여 한계성을 규정하고 있다. 학생에 대한 음식 예절 교육, 대소변 교육 등에서 모든 사회가 성원들의 행동에 상당한 정도의 사회적인 통제를 가하고 있다 할 것이다. 사람들은 각기 생물학적인 욕구 또는 충동에 어떤 식으로 반응하는 것이 목표를 성취하고 욕구를 충족할 수 있는 방식인지를 배워야만 한다.

문화적으로 금지되어 있는 반사회적인 행위는 그런 것을 제거하려는 사회적인 노력에 의하여 처벌을 받게 된다. 개인은 그의 충동을 금지된 식으로 발산하는 것을 억제하고 문화적으로 지시된 방식으로 행동하는 것이 관습화 되도록 배워야만 한다. 이와 같이 부모나 타인의 영향을 받아, 그 문화에서 적절한 것으로 간주되고 있는 표준에 일치하게끔 어린이들의 행위 유형이 의식적, 무의식적으로 형성되어 가는 과정을 문화화라고 한다.

어떤 의미에서는 어린이가 문화를 학습하는 과정이라고 할 수도 있다. 잘 적응하고 있는 인성은 바로 그 사회적 환경에서 기대되고 있는 표준에 따라서 개인적인 충동을 성공적으로 충족시키는 것을 말한다. 비슷한 의미로 사회심리학과 사회학의 분야에서 오랫동안 사용해 오고 있는 개념으로 사회화를 들 수 있다. 인성의 성숙이란 기존의 사회에서 생활해 나가는 데 필요한 규범들의 수용을 의미한다. 학생이 그들 문화의 유형에 따라 행동을 조절하고 그 문화의 하위 부분을 구성하고 있는 가치관과 신앙체계, 행위 양식 등이 그들의 사고와 행위의 한 일부분으로 될 때 비로소 문화를 내면화 한 것이고 문화화 되었다고 말 할 수 있다.

한 사회에 태어난 개인이 그 사회의 문화를 내면화하는 과정을 문화전계(enculturation)라 한다. 일종의 문화적 학습과정으로서, 비공식적 일상적인 활동을 통하여 그 사회의 성원이 서로 공유하고 있는 문화를 익히게 된다. 넓은 의미의 교육을 포함하는 개념이나 학교교육과 같은 공식적 제도적인 교육과는 대비된다. 사회학적 개념인 사회화(socialization)와 유사하나 문화내용이 특히 강조되는 점에서 구별된다. 일반적인 용법에서는 두 가지가 다 문화학습 또는 문화 획득과 관련된다는 점에서 문화접변(acculturation)과 혼용되는 경우가 있다.

마. 관련 개념

1) 문화접변(acculturation)

서로 문화가 다른 둘 이상의 집단이 계속적이고 직접적인 접촉을 함으로써 어떤 한쪽 또는 양쪽의 본래 문화유형이 달라지는 현상을 말한다. 사회학에서는 흔히 문화전계(文化傳繼, enculturation)와 엇바꿔 쓰며 문화변동을 나타내는 포괄적 용어로 쓰기도 하나, 문화인류학에서는 문화전계와 구분한다. 특히 비(非)서구 문화권에서, 서구 문화와의 접촉과정을 나타낼 때 자주 사용되며 학교에서 학생들이 새로운 문화내용을 학습해 나가는 과정을 설명할 때에도 원용된다.

2) 문화지체(cultural lag)

현대 산업 사회에 있어서 기술과 과학의 급격한 발전으로 이룩된 물질문화가 비물질문화보다 빠른 속도로 변동하는 데서 오는 지체현상을 말한다. 이 용어는 오그번(Ogburn)에 의하여 쓰였으며, 그는 이 개념을 현대 산업사회 발전과정에 응용한 점이 특색이다. 여기에서 물질문화는 독립변인으로 비물질문화는 종속변인으로 보고 있다. 문화지체의 이론은 현대사회에 있어서 가족의 종교, 정치, 교육기관 등의 변동이 기술 변동에 따르지 못하는 현상에서도 적용되고 있다.

3) 문화실조(cultural deprivation)

인간의 발달에서 요구되는 심리적 요소의 결핍 과잉 및 시기적 부적당성에서 일어나는 지적으로 사회적, 인성적 발달의 부분적 상실 지연 및 왜곡현상을 일컫는다. 이러한 정의에 의하면 문화실조의 개념은 신체적 발달에 지장을 초래하는 영양실조의 개념과 동일한 논리에서 성립된 것이다. 문화실조 현상에 대한 과학적 탐구가 시작된 것은 1960년대로 미국 남부지방의 흑인 아동에 대한 교육문제가 크게 대두되면서 그들의 환경 조건을 개선하여 정체되어 있는 지능발달을 촉진시키려는 연구가 본격적으로 시작되었다. 그 결과 교육적으로 긍정적인 환경을 제공하고 집중적인 보상교육(compensatory program)에 의하여 지능을 상당한 정도로 개발할 수 있다는 실증적인 증거를 얻게 되었다.

지금까지 여러 가지 이론적 근거에 입각한 보상교육 프로그램이 제안되고 있다. 이와 같은 보상교육 프로그램에서 공통적으로 강조하고 있는 바는 되도록 어릴 때에 보상의 기회가 주어져야 한다는 것과 언어적인 경험을 포함한 광범한 문화적인 경험에 조직적으로 노출시켜야 한다는 것이다.

4) 문화기대(cultural expectation)

문화가 그 속에서 태어난 인간에게 일정한 생활방식 또는 행동양식으로 행동할 것을 기대하고 요구하는 것을 말한다. 이를 뒤르껭(Durkheim)은 "문화가 가지는 구속"으로 묘사하고 있다. 문화기대는 사회의 통제와 질서유지를 위해서 존재한다. 영(Young)은 문화기대를 네 가지로 구분하고 있다. 첫째, 강제적인 기대. 이것은 마치 물리적 자연의 강제력에서 보는 것과 같은 완전한 기대로서, 개인이 피하려고 해도 도저히 피할 수 없고 좋든 싫든 간에 그것을 좋아야만 하는 기대이다. 둘째, 임의적 기대. 강제적 문화기대를 갖는 이외의 문화기대는 개인이 무엇을 어떻게 할 것인가에 관해서 선택의 자유를 갖고 있는 것을 의미한다. 셋째, 외적인 기대. 개인의 내부적인 자발성과는 무관하게 순전히 밖으로부터 주어지는 기대이다. 이때에 우리는 항상 문화기대를 느낀다. 넷째, 내적인 기대. 개인의 자발성에 입각한 문화기대를 말하거나 또는 외적기대의 내면화가 이루어졌을 때의 기대를 말한다.

5) 평균인(익명성; anonymity)과 주변인

익명성이란 대중이 중요한 구성원을 이루고 있는 현대 사회에서 대중이 옆에 있는 사람이 누구인가를 모르는 현상을 일컫는다. 대중과 구별되는 엘리트는 사회의 지도자적인 위치에 있기 때문에 그의 이름이 알려지고 그는 신분에 맞게 행동해야 하지만 대중은 그 신분과 이름이 다른 사람에게 알려져 있지 않으므로 행동에 구속을 받지 않는다. 무조직과 익명성은 대중의 특징인데 이는 가끔 대중의 비합리적인 행동의 원인이 되기도 한다. 익명적인 대중에게는 독창적인 개성이 허용되지 않고, 오직 평균인(平均人)만이 존재할 수 있을 뿐이다.

상품생산과 서비스의 제공은 특정 개인을 대상으로 하지 않고 평균적이고 익명적인 대중을 대상으로 할 뿐이며, 이로부터 깊은 사고를 수반하지 않은 인스턴트(instant)적인 소비문화가 범람하게 되고 대중사회 특유의 외부 지향성과 자기 소외 등 비인간화의 현상이 나타나게 된다. 주변인은 둘 또는 그 이상의 갈등적인 사회 문화적 체계 속에서 다양한 가치를 내면화시킴으로써 어느 한 가치에도 만족하지 못하는 사람으로서, 소위 "경계인"이라고도 한다. 경계인과 주변인은 문화변화의 과정에 서 있는 혼란기나 불안정기에 생기는 인간 유형으로 볼 수 있다. 반면 문화시기에 잘 어울리는 사람들을 일컬어 평균인이라고 한다.

2. 대중문화의 개념과 특성

가. 대중문화의 개념

대중문화는 "mass culture"와 "popular culture"의 두 용어를 번역한 개념으로 전자는 상업주의, 획일성, 저속성 등 다소 경멸적인 어감을 가지고 있고, 후자는 민주적, 인기 있는 등의 긍정적 또는 가치중립적인 어감을 가지고 있다. 오늘날 대중문화는 일반적으로 "mass culture"의 개념으로 사용된다(강현두, 1989; 강준만, 1994).

혹자는 "popular culture"를 대중문화와 구별하기 위해 '민중문화'라고 구별하기도 하지만 민중문화는 지배문화에 저항한다는 의미가 강한 이데올로기적 용어로 여기서 말하는 대중문화와는 거리가 있다고 보아야 한다. 서구에서 들어온 대중문화의 개념은 서구의 독특한 대중문화의 역사에서 시작되었다. 서구는 전통적인 두 개의 단절적인 계급 문화인 고급문화와 서민문화가 있었다. 이 두 계급이 함께 몰락하고, 민주화와 산업화에 의해 새로운 계급구조가 등장하면서 이 새로운 대중계급을 위한 새로운 형태의 문화로 발달한 것이 대중문화이다. 용어 그대로 대중을 위한 '대중문화'는 그 광범한 보편성으로 인해 어느 누구도 그 영향을 벗어날 수 없을 만큼 대중의 생활양식으로 자리 잡게 되었다.

나. 대중문화의 특성

대중문화의 특성에 대해서는 다양한 논의가 상존 하지만 대체로 다음과 같이 다섯 가지로 구분하여 살펴보기로 하자.

첫째, 대중문화의 획일성이다. 대중문화의 대량성은 문화 상품의 획일성을 기초로 가능해진다. 대중문화 상품은 소비자 개개인의 문화적 욕구에 부응하기 위해 만들어진 소비자 중심의 문화 상품이라기보다는 이데올로기나 이윤 획득을 목적으로 대중매체가 획일적인 상품을 대량으로 소비할 수요를 창조하고 그 대중에게 판매하기 위해 만든 상품으로 보는 것이 일반적이다. 획일성과 대량성은 그 영향력이 엄청나고 고급문화를 보편화시킬 수 있는 긍정적 가능성과 함께, 더불어 퇴폐적이고 향락적인 저급문화를 확산하는 부정적 가능성을 함께 가지고 있다.

둘째, 대중문화의 대량성이다. 대중문화는 대중 매체의 보급에 의해 가능하였다고 볼 수 있다. 대중 매체의 발달은 곧 대중문화의 발달을 의미한다. 대중 매체는 대중을 위한 문화상품을 대량으로 생산해서 동시에 공급하여 소비시키는 문화 산업이다. 대중 매체는 이윤을 추구하는 기업으로서 문화 상품을 소비할 수 있는 많은 수의 대중문화 소비자가 필요하다.

셋째, 대중문화의 다양성이다. 오늘날의 경향으로 대중문화는 획일화된 속에서도 점점 다양성을 추구하고 있다. 획일화된 대중문화의 내용에 식상해진 대중들의 다양화 요구에 부응하려는 대중매체의 노력들에서 나타난다. 이것 역시 이윤의 극대화를 위한 노력에 불과하며 과학 기술과 산업의 발달로 인한 컴퓨터나 전자제품 등 대중 상품을 생산하거나 소비하는 매개체들의 발달로 가능하게 되었다. 대중잡지나 신문의 종류가 기하급수적으로 늘고 있고, 그 내용도 점점 다양하게 편집, 보급되고 있다. 방송 프로그램도 다양해지고 케이블 TV는 수많은 채널을 통해서 다양한 계층, 변덕스러운 소비자들의 선택을 기다리고 있다. 그러나 이러한 다양화도 전체적인 획일적 대중문화의 한계를 벗어 난 것으로 보기에는 힘들다.

넷째, 대중문화는 이데올로기적이다. 대중매체가 상업적인 이상 자본주의 이데올로기를 반영하는 것은 필연적인 사실이다. 자본가와 광고주의 요구가 단순하게 광고에만 그치지 않고 대중매체가 전달하는 문화의 내용에도 영향을 미치게 된다. 그리고 그 문화상품에는 그 사회의 보이지 않는 지배 계층의 권력 이데올로기가 반영, 투사된다.

다섯째, 대중문화는 상업적이다. 대중매체는 대부분 사기업에 의해서 운영이 되므로 이윤 추구를 위한 광고 수입에 상당하게 의존하는 상업성에 그 기반을 두고 있다. 광고 그 자체도 대중문화의 형성에 큰 영향을 주며 대중문화의 내용이 상업성에 의해 소비적이고 향락적인 것으로 전락된다. 대중 매체의 공익성이 의무적으로 강조되기는 하지만 근본적으로 상업성의 한계를 벗어나기는 어렵다고 본다.

사회구조적인 조건 속에서 대중문화는 구시대의 고급문화와 서민문화와는 다른 특성을 가지고 형성되었다(정문성, 1992). 고급문화는 구시대 귀족계급의 문화였고, 서민문화는 하위계층의 문화로 단절된 계층구조와 함께 따로 존재해 왔던 문화였다. MacDonald(1959)는 고급문화와 대중문화의 관계에 대해 '나뭇가지와 잎사귀의 관계'가 아니라 잎사귀를 먹고

사는 '잎나방과 잎사귀의 관계'와 같다고 하였다. 즉 대중문화는 고급문화를 채굴하여 자기의 몸을 키워나가면서 단절적으로 자신의 영역을 구축하였다는 것이다. 이것이 가능했던 것은 민주주의와 대중교육이 구귀족 계급의 고급문화의 독점을 무너뜨렸기 때문이었다. 또한 서민문화도 대중문화 형성에 영향을 미친 것은 사실이지만 대중문화의 특수성에 의하여 대중문화와 단절되어 왔다. 즉 서민문화는 고급문화의 영향을 받지 않고 자연발생적이고 토착적으로 서민들의 필요에 의해 만들어진 문화였지만 오늘날의 대중문화는 산업화의 기반에 서 있기 때문에 서민들의 자연 발생적인 문화가 아니며 위로부터 강요된 문화라는 점에서 차이가 난다.

기업들은 대중문화가 훌륭한 상품이 된다는 것을 알았으며, 과학 기술의 발달이 이 대중문화 상품시장을 위해 서적, 잡지, 미술, 음악, 영상 등을 대중매체를 통해 대량으로 저렴하게 생산할 수 있게 한 것이다. 따라서 오늘날의 대중문화는 기업인이 고용한 기술자에 의해 가공된 것이며, 대중이 할 수 있는 일이란 대중문화라는 상품을 살 것인지 사지 않을 것인지를 선택하는 정도에 불과한 것이다. 그러므로 대중문화에 군림하는 기업주들은 그들의 이윤획득을 위해 자신들의 계급적 지배의 위치를 계속 유지하기 위한 목적으로 대중의 문화적 욕구를 악용하고 있는 것이다(MacDonald, 1959, 이민희 외, 1995에서 재인용).

1960년대 이후 한국 사회에 있었던 정치, 경제, 사회적 변동 속에서 새롭게 등장하고 있는 새로운 권력 엘리트와 중산층은 전시대의 고급문화를 이어받지 못하고 새로운 고급문화를 창조하지도 못한 채 모든 대중들과 동열에 서서 외래의 대중매체의 수입에 의존한 대중문화의 소비자가 되고 말았다(강현두, 1987). 그래서 한국의 대중문화는 상업성과 외래성에 의해 산업사회에 적합하지 못한 천박한 자본주의적 대중문화와 문화적 정체성이 없는 국적 불명의 대중문화와 민족적 정서와 사회적 공감대를 형성하지 못하는 통합성의 위기를 맞고 있다(이민희 외, 1995).

제5장 사회화

1. 사회화의 개념

특정 사회에 소속된 인간은 누구든지 사회화(socialization)라는 과정을 통해서 해당 사회의 구성원으로 받아들여진다. 이 과정에서 다양한 지식과 가치관 등을 주입 받으며 이러한 것들의 선택을 강요받는다. 태어나면서 사회의 구성원으로 인정되기까지 인간은 어떠한 가치들을 주입 받는다. 대부분의 인간들은 사회에서 요구하는 순응의 가치관을 선택받지만, 사회화의 과정은 개인마다 다양하다. 그래서 사회에 비판적이거나 적대적인 가치관을 가지는 경우도 종종 있다.

사회화란 개인이 속한 사회의 규범과 가치를 내면화하여 정상적인 사회의 구성원이 되어가는 과정이다. 교육적 측면에서 본다면 인간관계를 통한 학습과정으로 볼 수 있는데, 개인으로 하여금 그 사회에서 공인되고 요구되는 언어사고 감정 행동의 제 양식을 학습하여 정상적인 사회생활을 할 수 있게 하는 과정을 말한다. 여기서 주된 관심사는 지식이나 기술의 습득보다는 인성(人性), 가치관, 태도 등의 행동성향에 관한 학습이다. 그러나 사회화가 일반적으로 개인의 통제를 통한 사회의 유지만을 의미하는 것은 아니며, 개인이 사회기대(社會期待)를 선택적으로 경험함으로써 이루어지는 측면도 포괄한다. 즉, 사회기대에 동조하지 않는 것도 사회화의 개념 속에 포괄된다. 사회화는 교육이 갖는 사회적 기능의 중요한 측면이다.

2. 사회화의 학습방법

가. 역할학습(role learning; 극화학습)

일반적으로 사람들이 조직이나 집단의 사회관계에서 차지하는 계층적 위치를 지위라고 하고, 그 지위에 기대되는 기능적 측면을 역할이라고 할 때, 역할에 합당한 행동을 학습하는 것을 말한다. 어린이는 어떤 역할에 적절한 행동을 함으로써 부모나 교사 등으로부터 보상을 받지만 부적절한 행동에는 상이 제거되거나 벌을 받는다.

사회규범과 같은 일정한 기준에 의하여 사회적으로 강화되거나 다른 사람의 행동을 관찰·모방하는 대리적 강화를 통하여 사회적으로 학습을 하게 된다. 성인의 경우도 이와 마찬가지로 자기 자신이 소속해 있는 사회, 집단, 문화 가운데서 자기의 지위에 적절한 행동 유형, 역할을 수행한다. 사람은 역할수행을 통하여 그 사회에서 요구하는 동일성을 획득하고 다른 사람과의 사회적 관계와 지위에 관하여 이해를 넓혀간다. 역할이론에서는 사회심리학적 현상을 기술 설명하고 예측하여 통제하는 기반을 부여한다.

나. 역할인지와 갈등(role cognition and conflict)

역할에 대한 기대를 자각하고 평가하는 것과 행동은 실제 기대보다 역할인지가 좌우한다고 볼 수 있다. 역할갈등에는 역할 간 갈등으로 이는 여러 역할 사이의 갈등을 의미하며, 역할 내 갈등은 한 역할에 대한 상이한 기대의 차이로 발생한다.

다. 관찰학습(observational learning)

행동적인 반응을 하지 않고 관찰을 통해서만 하는 학습으로 특정한 반응을 하면 즉각 강화(強化)하는 절차에 의하여 행동의 변화를 통제하는 작동적(作動的) 조건화의 이론에 의하면 반응을 하지 않고 따라서 강화도 없는 관찰학습이란 있을 수가 없다. 그러나 인간의 학습은 상당한 부분이 관찰 학습에 해당한다.

기능(技能)의 학습을 위해서는 연습 또는 실습이 필요하지만 처음부터 시행착오적인 행동을 해서는 안 되고 여러 단계에서 교사나 훈련자가 시범하는 동작을 관찰하고 모방해야 한다. 영화나 TV를 시청하여 배우고 익히는 것 모두가 관찰학습의 일종이다. 관찰학습은 행동주의가 주장하는 행동의 변화로서의 학습과는 그 성질이 근본적으로 다르다.

라. 동일시(identification)

일반적으로 타인의 감정이나 사고 행위 등의 성향적 특징이나 지위 소속 집단 특징 등의 상황적 특징을 복사하듯 따름으로써 자신의 성향이나 상황적 특징으로 간주하거나 인정하는 정상적인 학습과정을 의미한다. 정신분석에서는 타인의 동기나 심리적 특징을 자신의 것으로 받아들임으로써 자신의 좌절된 동기나 결핍을 경험하고 있는 심리적 좌절을 감소시키려는 방어기제(防禦機制)의 일종이다.

3. 보편적 사회화와 사회화 기관

가. 보편적 사회화

보편적 사회화(general socialization)란 사회의 공통적인 감수성과 신념인 집합의식을 새로운 세대에 내면화시키는 것을 의미한다. 뒤르깽(Durkheim)은 사회가 계속 동질성을 확보하고 이를 통해서 사회의 특성을 유지할 수 있는 것은 바로 보편적 사회화를 통해서 가능하다고 주장한다. 뒤르깽에 의하면 중세에는 종교가 보편적인 신념을 모든 계층의 사람들에게 심어주는 기능을 했다고 보고 산업사회에 와서는 학교교육이 대리적인 기능을 수행한다고 분석하였다. 그는 "아동이 소속해 있는 사회적 계층이 어떤 것이든 모든 아동들에게 일률적이고 반복적으로 가르쳐야할 사상과 정서와 관습이 많다는 것을 부정할 사람은 아무도 없을 것이다. 사회가 존속하려면 그 구성원들 사이에 동질성이 충분히 유지되지 않으면 안된다. 교육은 아동에게 어릴 때부터 집단생활에 필요한 기본적인 동일성을 형성시킴으로써 사회의 동질성을 영속시키고 강화한다(Durkheim, 2002)." 요컨대, 보편적 사회화는 전체로서의 사회가 요구하는 신체적, 지적, 도덕적 특성의 함양이며 이는 교육을 통해서 가능하다는 것이다.

나. 사회화 기관

사회화의 주요 기관인 가정과 학교가 수행하는 사회적 기능을 밝혀보고자 한 박용례(1992)는 현대 가정에서의 사회화 과정이 자녀 교육에 미치는 영향을 사회학 이론에 의거하여 규명하였다. 현대 가정에서 자녀 교육의 의미를 재음미해보고 아동에게 최초이면서 가장 중요한 사회화 기관으로서의 역할을 수행하는데 가족이 얼마만큼 중요한가를 알아보고 현대 사회에 부응할 수 있는 가정교육을 재구성해 보고자 그는 시도하였다. 정준모(1981)는 현대 사회에서 학교가 가정 이상으로 아동의 사회화에 큰 영향을 미친다는 전제하에 학교의 문화 내지 사회적 풍토가 아동의 사회화에 미치는 영향을 규명하였다.

정운계(1984)는 교육사회학의 양대 이론인 합의 이론과 갈등이론이 학교의 사회화 기능을 어떻게 보고 있는가를 비교 분석하고 다음과 같은 결론을 내리고 있다. 첫째, 두 이론 모두 학교교육을 사회 구조와 지나치게 관련시켜 논하고 수동적인 인간 형성관을 이론적 바탕으로 하고 있으며, 거시적 연구 방법을 택하고 있다. 둘째, 두 이론은 서로 배타적인 이론이라기보다는 상호 보완적인 이론이라 할 수 있다. 왜냐하면 합의는 언제나 사회의 안정을 가져오고, 갈등은 언제나 사회의 불안정을 가져온다고는 볼 수 없으며 한 사회 내에서도 합의와 갈등은 공존할 수 있기 때문이다. 셋째, 두 이론 모두 합의와 갈등의 정도를 측정하는 유효한 방안을 제시하지 못하고 있다. 넷째, 갈등이론가들은 학교교육에 관한 합의론자들의 주장을 근본적으로 부정하지는 못하였으며 단지 사회화의 내용에 의문을 제기하였다고 볼 수 있다.

최기영(1985)과 최현섭(1985)은 학교교육에 대한 기능론적 입장과 갈등론적 입장이 사회의 통합과 갈등이라는 거시적인 현상에만 관심을 집중시키고 학교 내의 실제적인 사회화 과정을 통해 결과적으로 사회화된 것이 무엇인가를 파악하는데 소홀히 하였음을 지적하고 각각 유아 교육기관과 초등학교에서의 사회화 과정에 대한 구체적 분석을 시도하였다. 최기영은 유아 교육기관의 사회화에 대한 학부모와 교사의 의식을 파악하고 두 집단 사이의 의식의 차이를 분석하였다. 더불어, 참여 관찰 방법을 통해 유아교육기관에서의 사회화 과정을 밝혀 보고자 시도하였다. 연구결과 입학 초기의 유아 교육기관에서는 조직 전체의 질서 유지와 학급집단의 일사불란한 통솔을 위한 훈육 활동이 강조되고 있었다. 이러한 유아교육기관 중심적인 구속적인 사회화는 유아 교육기관이 공식적으로 설정한 이상과 목표를 잠식하기에 충분할 만큼 부정적이라고 결론을 내리고 있다.

최현섭의 연구는 네 가지 문제점을 해명하고자 하였다. 첫째, 학교에서 학생들은 어떠한 유형의 사회적 상호작용을 경험하고 있는가? 둘째, 학생이 학교사회에 일상적으로 참여함으로써 결과적으로 사회화된 도덕은 어떠한 것인가? 셋째, 학교에서 학생들이 경험하는 사회적 상호작용이 특정한 양태를 보이게 되는 것은 어떠한 요소들의 어떠한 작용 때문인가? 넷째, 이와 같은 결과적인 사회화는 학교에서 사회화하고자 의도한 것과 어떠한 차이가 있는가?

이 연구에서는 도덕적 행동을 특정한 준거와 원리에 따라 선악시비를 판단하고 그에 따라 참여 방식으로 선택된 행동형이라 규정하고, 그러한 도덕적 행동의 종류를 그 준거와 원리의 성격에 따라 자기만족 원리의 도덕과 인습 및 권위 원리의 도덕 그리고 정의와 자율 원리의 도덕으로 구분하였다. 이와 같은 각각의 도덕적 행동을 발달시키는 상호작용의 유형은 방임형, 권위형 및 설득형으로 규정하였다.

이러한 분석 모형에 따라 도덕사회화 현상으로서의 교사와 학생의 상호작용, 도덕적 행동이 반영되는 현상으로서의 학생과 학생의 상호작용, 그리고 교사와 학생의 상호작용을 특정화하는 요소로서 교사가 직면하고 있는 상황을 관찰법과 면접법을 통하여 분석하였다. 분석을 위한 자료는 인구 20만 규모의 중소도시에 위치하는 두 초등학교에서 수집하였다. 교사와 학생의 상호작용 및 교사가 직면하는 상황에 관한 자료는 두 학교의 1학년 각 2개 학급에서 수집하였고, 학생과 학생의 상호작용에 관한 자료는 이 4개 학급과 한 학교의 5학년 1개 학급에서 수집하였다. 연구 결과 우리나라 학생들은 교사와 상호작용을 하는 동안에 주로 권위형의 상호작용을 경험하고 있는 것으로 밝혀졌으며, 학생과 학생들의 상호작용에서는 거의 인습 및 권위 원리의 도덕이 지배하고 있는 것으로 밝혀졌다. 그리고 학생들의 사회적 상호작용의 경험은 학교의 공식적 교육과정과 일치하지 않는다는 점을 발견하였다.

제6장 사회 계층과 교육

1. 사회계층의 개념

교육사회학자들뿐만 아니라 학업성취도를 연구하는 많은 교육학자들이 학교교육의 성취도와 방향에 가장 많은 영향을 미치는 요소로서 사회계층을 들고 있다. 교육은 한편으로는 사회계층 사이에 존재하는 장벽을 무너뜨리려고 하면서, 한편으로는 각자에게 주어진 사회적 역할을 존중하도록 강조하면서, 사회계층 사이의 차이를 굳히고 있는 것이다. 즉, 교육의 중요한 사회적 기능 가운데 하나가 사회적 이동을 촉진하며, 평등 사회의 이념 실현에 공헌하는 일이다. 그러나 교육제도는 사회 구성원들의 이해관계와 밀접하게 관련되어 있기 때문에 때로는 현상 유지의 수단으로 작용하기도 한다.

사람은 자신이 속한 사회적 지위나 능력 및 기술 때문에 주어지는 보수, 위신과 특권, 사회적으로 내려지는 사회 구성원에 의한 평가 등도 다르다. 이러한 차이는 하나의 위계를 이루고 있다. 따라서 사회적 불평등이 이렇게 층화된 위계체제로 확립된 것을 사회계층이라고 한다. 계층을 사회의 성원들이 점하고 있는 사회적 지위의 상하에 따라 몇 개의 범주로 구획되며 이 구획된 사회 범주의 각각을 사회계층이라고 정의한다(김채윤, 1964). 모든 사회에는 불평등구조가 존재하고 있다고 할 수 있다. 이러한 불평등구조를 어떻게 이해할 것인가에 대하여 다양한 견해가 제시되어 있다. 사회불평등구조에 대한 가장 대표적인 입장은 마르크스주의적 계급론과 기능주의적 계층론이라고 할 수 있다.

마르크스(Marx)의 계급론은 사회구조적 측면에서 사회불평등을 분석하고 있다. 즉 산업사회에서는 생산수단의 소유여부에 의하여 부르조와와 프롤레타리아로 구분하며, 산업화가 진전됨에 따라서 사회계급 구조는 두 계급 위주로 양극화될 것이라는 견해를 제시하였다. 이러한 입장에 대하여 뽈란짜스(Poulantzas)는 산업사회구조가 전환됨에 따라 마르크스의 견해대로 계급이 양극화되기보다는 새로운 중간계급이 형성된다는 견해를 제시하였다. 이러한 입장은 라이트(Wright)에 의하여 수정되고 있다. 그러나 이러한 마르크스주의적 계급론은 생산수단의 소유라는 것을 계급구분의 기준으로 삼고 있으며, 계급(class)을 주로 부 또는 재산과 같은 경제적·물질적 자원들에 대한 통제력의 차이를 지니는 사회적 집단으로 파악하고 있다는 공통점이 있다. 마르크스주의적 계급론이 경제적 불평등구조를 강조하는 것에 비하여 베버(Weber)는 좀더 다양한 차원에서의 사회 불평등 구조를 다루고 있다.

베버는 사회불평등을 경제적 소유여부 뿐만 아니라, 사회적 위세 및 정치적 권력 등을 모두 고려할 것을 요구하고 있다(Weber, 1968). 이러한 견해는 기능주의적 계층론의 근간을 이루는 바탕이 되었다고 할 수 있다. 기능주의적 계층론에서는 사회불평등구조를 불연속적으로 단절된 구조로 이해하기보다는 연속적인 서열구조, 즉 계층(strata)으로 파악하고 있다. 또한 이러한 사회적 불평등의 불가피함과 사회유지에 기능적으로 기여하는 것에 초점을 두고 있다고 할 수 있다(Davis and Moore, 1970: 368-377).

계층이론은 베버 학파에서 발전된 기능 이론의 학문적 배경을 가지고 있다(김영모, 1982). 사회계층은 또한 일정한 기준에 따라 구분된 사회의 서열적 구분을 이룬다. 이 때 기준은 연령, 성별, 직업, 능력 등이나 학력, 경제수준, 사회적 인정도, 권력 등으로 구분되기도 한다. 이러한 이론적 입장은 실제 사회의 불평등구조를 파악하는데 커다란 차이를 유발시킨다. 마르크스주의적 계급론에서는 계급구분에 있어서 생산수단의 소유여부를 강조하며, 그러한 입장에서 자본가와 노동자로 양분하는 것을 기본적인 계급구조로 삼고 있다. 이에 비하여 기능주의적 계층론에서는 사회적 불평등구조를 서열적 위계체계로 보고 경제적 자산, 사회적 위세, 정치적 권력 등을 통하여 계층체계를 파악하려고 한다. 이러한 이유 때문에 사회계층을 연구하는 데에서 직업을 강조한다. 즉 직업은 현대사회에 있어서 개인의 교육정도, 소득, 사회적 위세, 정치적 권력 등을 포함하는 가장 중요한 요소로 인식된다(Blau and Duncan, 1967). 따라서 계층연구에서는 주로 직업을 통하여 사회불평등을 다루려고 한다.

우리 사회의 불평등구조에 대한 연구도 위와 같이 계급론과 계층론적 방향으로 전개되어 왔다[7]. 간략하게 살펴보면, 계급론적 입장에서 우리 사회의 불평등구조는 비교적 하층에 속하는 것으로 볼 수 있는 농어민층, 노동자계급 등의 비율이 높은 것으로 파악되고 있다(서관모, 1984; 강희경, 1990; 조은·강정구·신광영, 1991: 27-51; 조돈문, 1994: 17-50). 이에 비하여, 계층론적 입장에서는 하층보다는 중산층이나 중간계급의 비율이 높은 것으로 파악되고 있다(김영모, 1982; 홍두승, 1983b). 이와 같이 불평등구조에 대해서는 다소 이견을 보이고 있지만, 중상층의 증가경향에 대해서는 대체로 일치된 의견을 취한다고 할 수 있다(김경동, 1991: 117-142).

사회계층이 형성되는 요인은 여러 가지 견해가 있으나 크게 나누어보면 개인적 자질과

---

7) 계급론과 계층론에 대한 구분에 대해서는 한상진(1988: 141-166)의 논의가 있으며, 이러한 입장에 대한 우리 사회의 불평등연구에 대한 정리는 김경동(1991: 117-142)에 의하여 시도된 바 있다.

사회적 조건에 있다고 볼 수 있다. 개인적 자질은 주로 외모, 성격, 관심, 지능, 재능, 체력에 있어서 선천성을 의미하고 사회적 조건은 주로 사회적 분화와 이해관계의 차이에서 볼 수 있는 후천성 즉 사회성을 의미한다. 비록 귀속적 신분 및 계층을 결정하는 법령도 사회적 조건이다. 계층은 일반적으로 이들 모든 객관적 요소들이 통합적으로 적용되어 계층의식을 만든다. 계층은 또한 사회 경제적인 객관적인 차이에 따라서 사람들을 고저·상하의 범주로 서열화 함으로써 얻어지는, 그리하여 개념적으로 형성되는 유사집단으로도 이해된다. 이런 계층의 발생과 이동요인은 ① 교육기회의 확대, ② 사회적 지위의 세습약화, ③ 새로운 직업의 탄생(교육받고 능력 있는 사람이 새로운 직업에 종사), ④ 출산율의 차이(출산율이 상류층이 낮고, 중·하류층이 높아 중·하류층의 사람들이 좋은 직위를 차지하고 들어가므로 사회계층의 이동발생), ⑤ 신분상승에 대한 욕구와 야망 등 여러 가지 요인이 있다.

한편, 홍두승은 한국의 사회 계급 구분을 위한 여러 가지 방법을 구체적으로 제시하였다. 첫째로 자영업을 통한 기업가적 사회이동과 조직 내에서의 사회 이동을 구분하고, 둘째로 농업부문과 비농업 부문을 구분하는 이른바 부문의 개념을 도입하고 셋째로 사회적 자원의 통제 수준에 따라 사회를 상, 중, 하로 3분할 것을 제안하였다. 김영모는 계급이론과 계층이론을 구별하고, 이를테면 후자는 기능주의에 기초하는 것이라고 풀이하고 그러한 계층이론은 사회 불평등을 왜곡할 가능성이 크다고 보며 이른바 갈등주의 또는 신갈등주의에 의한 연구가 필요하다고 말한다(김영모, 1982).

학생들은 학교교육을 통하여 일반적인 태도, 가치 및 기능을 습득할 뿐만 아니라 동료들과의 비공식적 상호작용을 통하거나 교사나 상급생들과의 관계를 통하여 사회적 역할을 배움으로써 사회화되는 것이다. 학교교육은 사회가치를 유지하고, 사회를 개설하고, 학교 졸업생들이 높은 보수를 받는 직장을 얻을 수 있게 도와준다. 또한, 사람들을 분류해서 각기 다른 직업에 배치하는 분류 배치 장치의 기능을 한다. 분류의 과정은 인종, 출신민족, 종교, 수입에 기초한 것이 아닌, 개인의 능력 차를 인정한다.

경쟁력 있는 회사들은 학교교육에서 얻은 학업성적을 이용해서 교육을 더 많이 받고 학교에서 공부를 잘한 사람들에게 더 좋은 직장을 제공한다. 즉, 교육을 많이 받으면 받을수록 더 좋은 직장을 얻게 되는데, 이유는 그들이 교육을 통해 보다 더 생산적인 사람이 되었고, 학력이 높다는 것은 그만큼 생산성이 높다는 것을 보여주기 때문이다. 고용주는 고용인을 채용함에 있어 이동이 자유롭고 기회가 균등한 민주사회에서 중요한 것은 그 지원자의 가족연줄이나 인종, 민족이 아니라 고용인이 받은 교육의 양과 질을 보는 것이다.

우리나라는 조선의 붕괴, 일제 식민 지배, 해방, 토지개혁, 6·25를 거치는 동안 전통적인 계층 구조가 와해되어 전통적인 사회경제적 성취의 체계 및 구조적 불평등의 메커니즘이 붕괴되었다. 한편 농업을 중심으로 한 우리사회의 동질적 직업 및 생산의 기반은 50년대에 이르러서도 그대로 유지되어 전 국민의 80% 정도가 농업에 종사하는 상당히 동질적인 사회구조가 잔존하고 있었다. 그러나 60년대와 70년대의 산업화 과정을 거치면서 직업의 분화가 이루어지고 지역적 이동과 직업적 변화가 매우 심하게 되었으며, 세대간 계층 이동이 활발하게 진행되었다. 즉, 급속한 사회 변화는 계층 이동의 양을 증가 시켰으며, 개방적인 신분 체제를 형성시켰다. 그러나 산업화가 진행될수록 직업 구조의 분화, 불균등한 소득 분배 구조 등으로 계층 구조가 고착화되어 가는 징후를 보이고 있는 것 또한 사실이다. 초기 산업화 단계의 사회 계층 이동에는 학교교육이 중요한 역할을 수행했다. 우리 사회는 언어, 민족, 인종 등에 있어서 매우 동질적이기 때문에 교육 이외에 신분을 결정지을만한 요소들이 거의 존재하지 않는다. 따라서 학교교육의 사회경제적 지위 결정력은 매우 컸으며, 농민으로부터 근대 부문의 직업 층으로 지위 상승하는데 학교교육이 매우 중요한 역할을 수행했던 것으로 보인다. 그러나 계층 구조가 고착화되어 가면서 학교교육의 계층 재생산 기능이 강화되어 갈 가능성도 배제할 수 없다(김영화 외, 1997).

학생들은 학교교육을 통하여 일반적인 태도, 가치 및 기능을 습득할 뿐만 아니라 동료들과의 비공식적 상호작용을 통하거나 교사나 상급생들과의 관계를 통하여 사회적 역할을 배움으로써 사회화된다. 학교교육은 사회적인 가치를 유지하고, 사회를 변화시키고, 학교졸업생들이 높은 보수를 받는 직장을 얻을 수 있게 도와준다. 더불어 사람들을 분류해서 각기 다른 직업에 배치하는 선발, 분류 배분 장치의 기능을 한다. 분류의 과정은 인종, 민족, 종교, 수입 등 개인의 배경 변인보다는 개인의 능력에 따라 이러한 작업이 이루어진다.

노동시장은 학교교육에서 얻은 학업성적을 이용해서 교육을 더 많이 받고 학교에서 공부를 잘한 사람에게 보다 조건이 좋은 직장을 제공한다. 교육을 많이 받으면 받을수록 더 좋은 직장을 얻게 된다. 고용주는 높은 수준의 교육은 보다 더 생산적인 사람이라는 믿음이 있으며, 학력이 높다는 것은 그만큼 생산성이 높다는 것을 보여주기 때문이다. 고용주는 인재를 채용함에 있어 이동이 자유롭고 기회가 균등한 민주사회에서 중요한 것은 그 지원자의 가족 연줄, 연결망(network)이나 인종, 민족, 성이 아니라 개인이 받은 교육의 양과 질을 고려하여 사람을 채용한다. 워너(warner)는 사회계층 연구를 다음과 구분하고 있다. 첫째, ISC(신분특성)지표로 이에는 주택, 수입원 등 사회, 경제적인 특성을 기준으로 가정의 물리적 환경요인에 기초로 구분한다. 둘째, EP(평가된 참여)지표로 지역 사회의 친숙도와 특이한 상호작용 기준을 중심으로 구분한다.

사회 계층의 예로는 세습적 신분(caste)으로 이는 인도의 카스트 제도에서 비롯되며, 출생과 함께 주어지는 폐쇄적이고 세습적인 계층이다. 가장 엄격하고 경직된 형태로서, 지위간의 이동이 극히 어렵고 업적보다는 귀속적 요인을 중요시한다. 이스테이트(estate)제도는 토지소유와 관련되는 것으로서 중세 영국의 봉건 제도가 그것이다. 봉건 영주들은 토지를 많이 소유하여 높은 지위를 차지하였고 토지를 소유하지 못한 사람은 그 지위가 낮았던 것이다. 사회계급(social class)은 근대 산업사회에 있어서 전형적인 계층형태를 말해 준다. 사회계급의 여러 특성 중에서 마르크스는 사회계층의 결정은 경제적인 것 즉, 부와 수입이라는 형태에 의하고 있다고 본다. 사회계급은 상층에서 하층, 하층에서 상층, 상승 또는 하강할 수 있는 개방적인 것이다. 사회이동이 여러 가지 계층현상 가운데에서도 특히 집중적인 주목을 받아 온 것은 그것이 한 사회 내에서 사회적 지위를 획득하고 이전할 수 있는 기회의 유연성을 나타내는 대표적 척도라는 점과 결코 무관하지 않을 것이다. 또한, 사회이동 연구를 위해서 흔히 이용되는 사회 이동표는 기본적으로 개인수준의 생애과정의 단면을 기록한 것이면서도 동시에 거시수준의 구조를 드러내 보일 수 있다는 점에서 독특한 분석적 매력을 지닌다(차종천, 2002).

사회계층(social stratification)은 그 사회에서 희소자원이라고 여겨지는 것에 대한 차별적 분배로 생겨난 위계체계라고 할 수 있다. 즉 경제적 소득과 자산, 정치적 권력이나 권위, 사회적 위세 등의 차별적인 소유로 인한 위계체계이다. 따라서 특정 사회계층의 사람들은 다른 계층의 사람들과는 다른 생활기회(life chance)와 생활양식(style of life)을 가지게 된다. 이러한 측면에서 사회계층적 특성은 개인의 법의식 및 법 행위 전반에 대해서도 영향을 미친다고 할 수 있다(최인섭·기광도, 1997).

가. 기능론적 입장

사회계층을 조화롭고 자연스런 기능의 분화로 인식한다. 사회구성원은 사회적으로 수행해야 할 기능과 역할이 분화되며, 각자의 능력과 과업에 따라 역할 수행은 물론 분업을 기초로 전체적 목적을 위해 협동적으로 과업을 수행하게 된다. 따라서 각자의 지위·역할·능력에 따른 보수와 사회적인 대우, 평가를 받으며, 이러한 차등적인 대가는 불평등하기보다는 정당한 것이라고 믿게 된다. 사회체제로서 학교의 기능은 첫째, 유형유지의 기능. 이는 문화유산의 전달과 수동적 하위체제로 학교를 인식한다. 둘째, 사회 창조적 기능. 이는 발전적인 문화와 기술의 창출 기능. 셋째, 사회 적응적 기능. 이는 지식과 기술 및 적성교육의 실시기능. 넷째, 사회의 통합적 기능. 이는 국가 지도자의 양성과 대학교육 및 공동생활을 통해 계층의 문화 융화와 공통 요인형성과 전수 기능을 수행한다.

나. 갈등론적 입장

사회계층을 인위적인 불평등으로 보는 사람들은 그 근본적인 원인을 자연적인 것보다는 사회적 제도와 구조적인 측면에서 연유된 것으로 간주한다. 마르크스는 사회계층은 인간이 제도적으로 구안해 낸 불평등의 산물구조라고 주장한다. 그는 인류의 불평등은 생산양식에 의해 결정된다고 주장하고, 농경이 주된 사회에서는 지주와 소작인, 산업사회에서는 자본가와 노동자간의 계급이 인위적으로 형성되며 이와 같은 불평등을 종식시키기 위해서는 계급투쟁이 야기되는 것은 필연적이라고 주장한다. 사회 불평등론이나 갈등론자들은 사회계층이란 사회구성원들의 폭넓은 합의에 의한 것이라는 보다는 특정계층의 이익을 위해 약자에 대한 강자의 강압 또는 지배적 관계에 기초한 것이라고 보고 있다.

다. 사회계층에 따른 비행이론

사회계층에 따른 비행이론은 다음과 같이 구분하여 살펴볼 수 있다.

1) 일탈문화(deviant behavior) 이론

사회적 규범에서 일탈한 행동을 의미한다. 사회적 규범은 극히 다양하여 문화에 따라서 다르고, 같은 문화라도 시대에 따라서 다르며 하위문화에 따라서 다를 수도 있다. 범죄, 비행, 마약, 매춘, 폭행, 속어, 비어, 은어의 사용, 신에 대한 모독, 정치, 경제에 대한 과격한 언동 등이 여기에 포함된다. 일탈행동은 사회적 규범의 규정방법에 따라서 상대적인 뜻을 갖는다. 일탈자란, 일탈행동 양식을 취하고, 정도가 강한 일탈행동을 하거나, 또는 정도는 가볍지만 되풀이하여 사회적 허용 한계를 넘음으로써 사회나 집단으로부터 일탈자라는 낙인이 찍히게 된 사람을 말한다.

레머트(Lemert)는 일탈을 개인적 일탈, 상황적 일탈, 체계적(집단적) 일탈의 세 가지로 나누었고, 머튼(Merton)은 혁신형(革新型), 의식형(儀式型), 반항형(反抗型) 등의 유형으로 나누었으며, 그밖에 파슨즈(Parsons) 및 듀빈(Dubin) 등의 연구가 있다. 코헨(cohen)은 하류층 아동은 지신의 노력으로 상류층으로 진출할 수 없다는 부정적인 자아 형성이 그들만의 문화를 형성하게 하고 그것이 일탈 문화로 발전할 가능성이 높음을 주장한다.

2) 차별교제(접촉)이론

일탈자 친구를 만나서 교재 하는 빈도에 따라서 일탈 가능성이 큼을 주장한다. 이는 곧 일탈 학습의 가능성을 말한다. 교실 상황에서 살펴보면 ① 공부를 못하는 학생들을 교사로부터 멀리 떨어진 곳에 앉히거나 한 집단으로 분류하여 앉힌다. 그리고 이 학생들은 자주 보살펴지지 않는다. ② 공부를 못하는 학생들은 수업시간에 교사의 관심을 받지 못한다. 예를 들어 미소와 눈 맞춤의 기회가 적다. ③ 공부를 못하는 학생들은 지명되어 발표하는 기회가 거의 없다. ④ 공부를 못하는 학생들은 질문에 대답할 수 있는 시간적 여유가 충분히 주어지지 않는다. ⑤ 공부를 못하는 학생들이 틀린 대답을 하였을 경우, 힌트를 주거나 주제와 관련된 다른 질문을 받는 보살핌이 없다. ⑥ 여러 학생들 앞에서 대답을 할 때 공부를 못하는 학생들은 공부를 잘하는 학생들보다 더 자주 야단을 맞는다. ⑦ 여러 학생들 앞에서 대답을 할 때 공부를 못하는 학생들이 공부를 잘하는 학생들보다 더 적게 칭찬을 받는다.

차별 강화란 여러 행동종목 중 어느 하나만을 선택적으로 강화하는 것을 말한다. 차별강화는 학생이 이미 할 수 있는 어떤 행동을 더 자주 하도록 할 때 사용되고, 행동형성은 아동이 한 번도 해본 적이 없거나 거의 하지 않은 새로운 행동을 가르치려고 할 때 효과적이다. 반면에 행동형성은 어떤 최종 목표 행동을 놓고 현재 아동이 그 목표에 얼마나 유사한 행동을 할 수 있느냐 하는 것을 파악하는 것이다. 한 번도 해본 적이 없는 새로운 행동을 가르치는 데에 보다 효과적이다. 행동형성의 응용 시에는 어려운 과제를 한꺼번에 제시하지 말고 작은 단계로 나누어 조금씩 부과해야 한다.

3) 낙인 이론(labelling theory)

일탈(逸脫) 혹은 범죄행동이 행위자의 심리적 성향이나 환경적 조건 때문에 객관적으로 발생된다기보다 특정행동에 대한 사회, 문화적 평가와 소외의 결과 규정된다고 보는 이론이다. 종래의 일탈연구가 일탈행동이나 일탈행위자를 판정하는 객관적이고도 보편적인 기준을 전제하고 있음을 비판하는 낙인이론은 일탈 개념이 한 사회의 문화적 구성물이며 따라서 일탈 행동을 규정하는 사회적 과정 자체를 문제시하는 데서 일탈연구가 출발해야 한다고 주장한다. 즉 종래의 일탈연구가 "사람들이 왜 일탈행동을 하게 되는가"를 밝히기 위해 일탈행동의 심리적 동기, 그 동기를 유발하는 환경적 요인, 일탈 행위자의 사회적 지위 등에 주된 관심을 가져왔던 데 비해 낙인이론은 "어떤 사람의 어떤 행동이 왜 일탈로 규정되는가"를 밝히기 위해 개인의 행동에 대한 사회적 반응, 사회적 낙인이 행위자의 정체(正體)형성에 미치는 영향, 일탈의 증폭과정 등에 관심을 기울인다.

일탈연구의 이러한 접근은 1960년대 미국에서 레머트(Lemert), 베커(Becker), 키추스(Kitsuse), 메차(Matza) 등을 중심으로 이루어지기 시작했다. 낙인이론의 이러한 문제의식 이면에는 현대사회에 대한 다원적인 사회관이 자리 잡고 있다. 고도로 분화되고 복잡한 현대사회에는 다양한 집단과 상호 모순된 규칙이 대립적으로 존재하고 있으며, 따라서 일탈 행동과 일탈 행위자에 대한 판단은 맥락에 따라 달리 이루어져야 한다는 것이다. 특히 낙인이론은 일탈의 예방과 치유를 위해 설립된 교도소, 소년원, 정신병원, 복지 갱생시설 등이 흔히 그 본래 임무를 저버리고 일탈을 영속화하고 있음을 비판한다. 학교 역시 학생들의 생활과 진로를 지도하는 과정에서 일부 집단에게 부당한 낙인을 부여하는 경향이 있음이 낙인이론에 입각한 최근의 연구에서 밝혀지고 있다. Apple(1979)은 현재의 불평등한 사회경제 체제하에서 학교교육의 기능이 우수 학생들을 선발하는 것이고 보면 학습 부진아로 낙인이 찍힌 학생들에게 특별한 교수처치는 기대할 수 없다고 주장한다. 한편, Rist(1973)는 능력별 집단편성에 따르는 것은 "낙인 효과"(labeling effect)를 도외시하는 것이며 능력별 집단 편성은 "학습 부진아"를 더욱 굳히는 "카스트"(caste)적 성격을 지니고 있음을 밝히고 있다.

4) 머튼(Merton)의 아노미(anomie) 이론

프랑스의 사회학자 뒤르껭(Durkheim)이 처음으로 사용한 용어로 집단규범 또는 집단 기대가 너무 많고 다양하거나 자주 변경됨으로써 야기되는 무규범 상태(anomie)로, 현대 대중사회의 한 부정적 특성을 말한다. 아노미 발생의 원인은 급격한 사회구조의 변화에 따른 집단 규범의 모호함과 규범 자체의 갈등이다. 아노미에 빠지면 어떠한 안정된 제도에도 소속감을 느끼지 못하고 정신적으로 불안한 상태에 놓여 수동적인 행동을 하게 되거나 극단적인 행동을 하게 된다. 일반적으로 아노미에 빠져 있는 사람들은 자기 자신의 삶에서 아무런 의미를 발견하지 못하고 주위에 있는 사람들 또는 자신이 속해 있는 집단이나 사회제도가 자신과는 상관이 없는 것으로 생각하는 경향이 있다.

머튼(Merton)은 무규범 또는 사회적 규율의 부재라는 뒤르껭의 '아노미'개념을 미국사회에 적용하여 일탈행위를 설명하였다. 그에 의하면, 사회통합은 사회구조와 문화간의 균형을 통하여 유지된다. 아노미현상은 문화적인 가치와 합법적인 사회적 수단 간의 불일치로 인한 사회적 불통합 상태를 의미한다. 이러한 아노미 이론(anomie theory)은 사회계층과 범죄간의 관계를 비교적 명시적으로 설명하고 있으며, 도시빈곤 지역뿐만 아니라, 하층과 소수집단의 높은 범죄율을 설명하는데 유용하다. 머튼은 사회체계 내에서 문화적으로 정의된 목표와 그 목표를 성취할 수 있는 수단 간의 불일치를 통하여 개인의 행동을 설명하고 있다. 미국 사회는 성공에 대한 문화적 목표가 제시되어 있다. 이러한 목표는 물질적이고 경제적인 성공을 의미한다. 그리고 합법적인 수단, 즉 교육, 직업 등을 통하여 이루어야 할 것이 요구된다. 그러나 목표와 수단 간의 불일치는 계층체계에 따라 차등적으로 주어진다. 모든 계층에 대하여, 경제적 성공이라는 목표는 제시되었다고 하더라도, 그러한 성공을 위한 기회나 조건은 균등하지 않다. 특히 이러한 불일치는 하층이나 소수 인종에게 심하게 나타난다.

문화적 목표와 수단 간의 관계가 일치할 때에는 개인들은 동조(conformity)라는 행위양상을 보일 것이다. 그러나 목표와 수단이 불일치할 때, 개인은 사회·심리적 긴장상태에 놓이게 된다. 이러한 구조적 긴장상태에서 벗어나기 위하여 개인들은 다양한 적응활동을 시도한다. 머튼은 '혁신'(innovation), '의례'(ritualism), '도피'(evasion), '반항'(rebellion)의 네 가지 유형의 적응활동 유형을 제시하였다. 이러한 행위양상 중에서 일탈이나 범죄와 밀접한 관련을 가지는 것은 혁신적 행동이라고 할 수 있다. 혁신은 문화적으로 규정된 목표는 수용하지만, 수단에 대해서는 거부하여, 대안적인 비합법적인 수단을 사용하는 적응행위이다. 이러한 행위는 사회경제적 지위가 낮은 계층에서 강하게 나타난다. 즉 미국 사회에서 하층의 경우에는 경제적 부와 획득이라는 문화적 목표는 그들의 문화에서 규정한 기술, 교육 등의 합법적인 수단으로 획득하기에는 너무 제한되어 있기 때문에, 범죄행위 등의 비합법적인 행위를 통하여 문화적 목표를 얻으려 한다는 것이다(Merton, 1958: 185-194).

물론 문화적 목표와 수단 간의 불일치가 일탈이나 범죄를 유발시키는 유일한 원인은 아니다. 모든 사회계층의 구성원들은 사회·심리적 긴장을 경험하지만, 그렇다고 해서 모두가 일탈적 행위를 하는 것은 아니다. 범죄행위로서의 혁신적 적응은 법에 대한 도덕적 수용정도에 의하여 결정된다. 일반적으로 중하위 계층은 혁신적 행위보다는 의례주의적 행위를 따를 것이다. 그들도 하위계층보다는 상대적으로 덜하지만 긴장을 겪고 있다. 그러나 그들의 부모들은 범죄에 대항하는 도덕적 신념을 갖고 있으며, 그러한 신념을 자녀들에게 내면화함으로써 의례주의적 행위를 하게 한다. 이에 비하여 하위계층은 개인들이 사회의 규범을 준수하도록 하는 사회화가 덜 되었기 때문에 범죄행위를 더 많이 한다는 것이다. 도덕적으로 사회적 규범이 덜 내면화된 개인들이 문화적 목표와 수단 간의 긴장을 경험할 때, 혁신적 적응으로서 범죄행위를 저지르게 된다는 것이다. 이러한 도덕적 규범의 내면화의 부재는 하위계층에 팽배해 있으며, 이로 인하여, 다른 사회계층보다 범죄를 더 많이 저지른다는 것이다(Merton, 1958: 195-211).

5) 사회 통제론

사회 통제론(social control theory)은 사회에 대한 개인의 연대가 약화되거나 파괴되었을 때 일탈행동이 발생한다고 본다. 이러한 이론에서는 다른 이론과는 다르게 모든 사람은 자기의 이해를 추구하는 성향이 있기 때문에 범죄를 저지르는 것을 당연한 사회적 현상으로 고려하고 있다. 따라서 사회 통제론에서는 개인은 왜 범죄를 저지르는가를 묻지 않고, 왜 개인은 법을 지키는가에 관심을 두고 있다. 이러한 사회 통제론에서는 사회에서 범죄를 억제시키는 사회적 연대(bond)를 밝히는데 관심을 기울인다.

사회통제의 개념은 개인의 자아통제를 통한 사회화와 외부의 사회적 제재를 통한 통제를 모두 포함하고 있다. 리이스(Reiss)는 범죄의 원인을 개인적 통제(personal control)와 사회적 통제(social control)의 실패로 설명한 바 있다. 개인적 통제는 내면화된 것을 의미하며, 사회적 통제는 법이나 비공식적 사회제재를 통한 외적규제를 의미한다. 또한 나이에(Nye)는 이를 좀더 확장하여 직접적 통제(direct control), 간접적 통제(indirect control), 내면적 통제(internal control)로 분류하였다. 직접적 통제는 부모에 의하여 이루어지는 처벌이며, 간접적 통제는 자신의 범행이 부모나 친밀한 사람들에게 고통이나 실망을 주기 때문에 스스로 자제하는 것이며, 내면적 통제는 자신의 양심에 의하여 범죄를 저지르지 않는 것을 의미한다. 그는 공식적이고 법적인 통제보다는 가정의 비공식적이고 간접적인 통제에 관심을 갖고, 결손가정이나 부모통제의 부재 등의 가정환경이 비행에 영향을 미치는 것을 밝혀냈다.

허쉬(Hirschi)는 비행행위는 사회에 대한 개인의 연대가 약하거나 파괴되었기 때문에 발생하는 것으로 파악하였다. 그는 개인이 사회의 인습적 질서에 순응하는 사회적 연대의 기본요소를 네 가지로 제시한 바 있다. ① 부모, 교사, 동료와 같은 일차집단에의 연계의 정도를 나타내는 애착(attachment), ② 인습적 행위의 헌신(commitment), ③ 인습적 활동에 대한 관련성(involvement), ④ 인습적 태도에 대한 믿음(belief) 등을 통하여 개인이 사회의 법규를 준수하는 과정을 설명하였다. 즉 부모나 교사, 동료집단과 연대가 강할수록, 사회적으로 순응적인 행동을 할 가능성이 높다. 그러나 사회적 연대가 약할수록, 개인은 법규를 위반하는 행위를 저지를 가능성이 높다는 것이다(Hirschi, 1969: 16-34). 이러한 사회적 연대를 구성하는 네 가지 요소들은 서로 상호관계를 지니며, 따라서 한 요소에서의 약화는 다른 요소에서의 약화를 초래한다는 것이다.

이러한 사회 통제이론도 다른 이론과 마찬가지로 사회계층과 범죄간의 부(-)의 관계의 가능성을 함축하고 있다고 할 수 있다. 사회 통제이론에서 제시하는 사회적 연대는 개인의 사회화 과정을 통하여 형성된다고 할 수 있다. 이는 사회적 연대가 사회계층에 따라 차별적으로 나타날 가능성이 있음을 의미한다. 즉 부모의 사회적 지위에 따라 자녀의 사회적 연대가 상이하게 구성되며, 결국 차등적인 범죄발생을 야기할 가능성이 있다는 것이다. 따라서 사회계층은 범죄발생의 직접적인 원인은 아니더라도, 범죄를 야기하는 기초적인 원인을 제공한다고 할 수 있을 것이다.

2. 사회계층과 학교교육

이 장에서는 1997년 한국교육개발원에서 수행된 정책연구인 김영화 외(1997)의 "학교교육과 사회 계층 이동[8]" 연구를 바탕으로 하여 학교교육의 사회 계층 이동 촉진 기능을 알아보고, 학교교육의 계층 이동 촉진 기능이 시간이 흐름에 따라 어떻게 변화해 왔는지 알아본다.

가. 학력 성취의 결정 요인

지난 반세기의 교육 기회 확대 과정에서 개인의 정규 교육과정의 이수 수준, 즉 학력수준

---

8) 김영화·박용헌·한숭희·김승주(1997). 한국의 교육과 국가발전(1945- 1995). 한국교육개발원 연구보고서. 의 제4부 교육과 사회 발전에 수록된 "학교교육과 사회 계층 이동" 장에 실린 글을 저자가 재구성하였음을 밝혀 둡니다. 본 연구의 조사는 1997년 6월 하순부터 7월 초순에 걸친 2주의 기간에 실시되었으며, 4,050부를 배포하였으나 최종 회수된 응답지는 2,732부였다. 이 중 교육과 직업에 관한 정보가 불완전하게 제시된 설문지 354부를 제외한 2,378부의 설문지가 실제의 통계적 분석에 사용되었다.

은 주로 어떠한 요인에 의해 결정되어 왔는가를 살펴보기 위하여 각 개인의 사회경제적 배경, 성장기의 상황, 생물학적인 귀속적 특징, 학업수행정도 등의 변인들과의 관계를 살펴보기로 한다. 통상 학교교육은 중류층의 문화 양식을 반영한다. 교사와 학교는 중류 계급의 체제 수호자들이며 따라서 중류계급 출신 학생 이외의 학생들은 차별화 한다고 비난한다. 하류 계급 아동은 언어의 상징과 행동적 특성을 채 배우지 못한 상태에서 학교에 입학한다.

사회 계급적 위치는 학점(grade)과 학업성취(academic achievement), 지능 지수, 과정 이수의 실태여부, 결석, 정학, 졸업률과 대학준비 계획을 예언해 준다.

1) 아버지의 교육 수준과 학생의 학력 성취

사회경제적 배경 변인중 하나인 부친의 교육 수준과 학생의 학력 성취와의 관계를 살펴보자. 부친의 교육 정도는 지금까지의 많은 선행 연구들을 통해서 일관되게 자녀의 학력 성취와 높은 상관관계를 가진 것으로 밝혀지고 있다.

김영화 외(1997)의 연구에 따르면 초등학교 졸업 이하 학력의 부친을 가진 자녀 중 20% 이상이 고교 중퇴 이하의 학력을 갖게 되는 것에 비하여 고졸 부친의 자녀 중에는 11% 정도만이, 대졸 이상 학력 부친의 자녀 중에는 불과 4%미만이 고교 중퇴 이하의 학력을 가지고 있다. 이에 반하여, 대졸 이상의 학력을 취득한 자녀의 경우를 보면, 초등학교 졸업 이하 학력 부친의 자녀 중 대졸 이상의 학력 취득자는 21%인데 비하여 고졸 부친의 자녀 중에는 53%가, 또 대졸 이상 부친의 자녀 중에는 67%에 달하는 사람들이 대졸 이상의 학력을 취득하는 것으로 나타났다고 보고하고 있다.

평균 교육 연수를 통해서 보아도 이러한 부친과 자녀간의 학력 전이 현상을 뚜렷이 볼 수 있다. 초등학교 졸업 이하 학력 부친의 자녀들의 평균 교육 연수가 11.6년인데 비해, 고졸 부친 자녀들의 평균 교육 연수는 14.0년, 대졸 이상 부친의 자녀들의 평균 교육 연수는 15.1년에 달하고 있다.

초등학교 졸업 이하 학력의 모친을 가진 자녀 중 23% 이상이 고교 중퇴 이하의 학력을 갖게 되는 것에 반하여 고졸 모친의 자녀 중에는 15% 정도만이, 대학 이상의 학력 모친의 자녀의 경우는 10%만이 고교 중퇴 이하의 학력을 가지고 있다. 이에 반하여, 대졸 이상의 학력을 취득한 자녀의 경우를 보면, 초등학교 졸업 이상 학력 모친의 자녀 중 대졸 이상의 학력 취득자는 26%인데 비하여, 고졸 모친의 자녀 중에는 54%가, 대졸 이상 모친의 자녀 중에는 64%에 달하는 사람들이 대졸 이상의 학력을 취득하는 것으로 나타났다.

여기서 이러한 세대간의 학력 전이 현상 혹은 학력 계승 현상은 지난 수십 년간 교육 기회가 확대되었음에도 불구하고 변함없이 지속되어 온 현상인가? 혹은 교육기회의 확대에 의해 영향을 받았는가? 만일, 그간 변화가 있었다면, 그 변화는 어떠한 방향을 향해 이루어져 왔는가? 에 대하여 김영화 외(1997)의 연구에서는 부친의 교육 수준 집단별로 자녀의 고졸 이상 학력자 비율을 추적하고 있다.

1949년 이전 출생자들인 집단에서 고졸 이상자의 비율은 부친의 교육 수준이 초등학교 졸업 이하인 집단에서 65%임에 비하여 고졸의 집단에서는 85%, 대졸 이상인 집단에서는 99%에 달한다. 1950년과 1954년 사이 출생자들인 집단에서 수치는 각각 65%, 89%, 96%이다. 또, 1955년과 1959년 사이 출생자들인 집단에서 그 수치는 각기 68%, 89%, 97%이다. 1960년과 1964년 사이 출생자들인 집단에서 그 수치는 각기 80%, 80%, 97%에 달한다. 출생 연도에 따라 분류한 집단별 학력의 변화를 보아도 부친의 교육 수준에 따른 자녀의 학력 성취 정도의 차이가 계속 유지되고 있음을 밝히고 있다.

그러나 부친 교육 수준의 영향력이 점차적으로 감소하고 있다는 것이다. 즉, 각 집단에서 부친의 교육 수준별 자녀의 교육 수준의 차이는 계속 존재하지만, 그 정도는 줄어들고 있다는 것이다. 고졸 이상자의 비율을 중심으로 살펴보면, 집단1에서 초등학교 졸업 이하 학력 부친의 자녀 집단과 대졸 이상 부친의 자녀 집단 사이에서 고졸 이상자 비율의 차이가 34%에 달하고 있으나, 그 차이는 집단2에서는 31%, 집단3에서는 29%, 집단4에서는 17%로 현저히 줄어들고 있다. 평균 교육 연수를 중심으로 살펴보아도 초등학교 졸업 이하 학력 부친의 자녀집단과 대졸 이상 부친의 자녀 집단 사이의 집단1에서 3.6년, 집단2에서 3.8년, 집단3에서 3.6년, 집단4에서 2.7년으로 크게 줄어들고 있는 것으로 나타난다.

이처럼 부친 교육 수준별 학력 성취의 격차가 감소하는 현상은 어찌 보면 당연한 현상이기도 하다. 이러한 현상을 고학력 부친의 자녀 집단에서 겪는 일종의 천정효과(ceiling effect)에 의한 제약이 작용한 결과라고 볼 수 있다. 상승이동의 기회가 비교적 넓은 범위의 대상에게 공통적으로 주어질 때, 이미 높은 곳에 올라 있는 사람은 더 이상 올라갈 곳이 많지 않아 활용할 수 있는 폭이 제한되어 있는 반면, 낮은 곳에 있던 사람은 크게 활용할 수 있는 것이다. 그 결과 시간이 흐름에 따라, 기존의 격차는 비록 없어지지는 않는다 하더라도 점차 감소하게 되는 것이다. 이러한 천장 효과로 고학력 부친의 학력이 자녀의 교육 성취에 미치는 효과는 점차 줄어들게 된다고 할 수 있다.

2) 아버지의 직업 계층별 학력 성취

부친의 교육과 마찬가지로 부친의 직업도 역시 자녀의 학력 성취에 직접적 영향을 미치는 배경변수로 널리 알려져 왔다. 김영화 외(1997)의 분석에서는 자녀가 15세일 무렵의 부친의 직업을 중심으로 부친의 계층을 측정하였다. 자녀의 성장기인 15세 무렵을 중심으로 한 부친의 직업을 Goldthorpe의 7계급 모형으로 재구성한 부친계층과 자녀의 궁극적 학력 성취와의 관계를 조사, 분석하고 있다.

대학 졸업 이상의 학력을 취득하는 자녀의 경우를 중심으로 부친의 계층과의 관련성을 살펴보자. 전문관리직 부친의 자녀의 경우, 대졸 이상 학력 취득자가 전체의 56%에 달하고 있다. 사무직 부친의 경우에는 대졸 이상 자녀가 전체의 42%, 자영업 계층의 부친을 둔 자녀의 경우에도 사무직과 비슷하게 전체의 42% 정도가 대학졸업 이상의 학력을 궁극적으로 취득하게 된다. 이에 비해, 숙련노동에 종사하는 부친을 둔 자녀의 경우, 전체의 34% 정도만이 대졸 이상의 학력자가 되며, 미숙련 노동에 종사하는 부친의 자녀의 경우, 대졸자의 비율은 23%로 떨어진다. 자영농 부친을 둔 자녀의 경우 대졸자 비율은 21%이며, 농업노동자 부친의 자녀인 경우, 대졸자 이상일 확률은 13%에 불과하다.

부모의 교육 수준과 자녀의 학력 성취와의 관계에서와 마찬가지로 부친의 직업 계층별 자녀 교육 성취 수준의 차이는 최근으로 올수록 감소하고 있다. 전문 관리직 계층 출신 자녀의 경우, 평균 교육 연수가 1.2년 증가하는데 비하여 사무직 출신 자녀의 경우 1.6년 증가하였으며, 자영업 계층 출신 자녀의 경우 1.8년 증가하였다. 같은 기간에 숙련 노동자 계층 출신 자녀의 경우 1.9년, 비숙련 노동자 계층 출신의 경우 2.2년 증가하였다. 또한 자영농 계층 출신의 경우에도 2.0년 정도 증가하였다. 이를 전문관리직 계층 출신 자녀와 자영농 계층 출신 자녀를 대조시켜 살펴보면, 이들의 학력 격차는 점차적으로 줄어들고 있다. 즉 계층적 지위에 따른 학력 성취의 차이가 시간이 흐름에 따라 감소하고 있는 것이다.

그간의 교육기회의 확대는 전체적으로 교육 성취의 정도를 높였을 뿐 아니라, 계층별 차이의 정도도 완화시키는 긍정적 결과를 가져온 것으로 볼 수 있다. 다만, 아직까지는 그 계층별 격차가 상당정도 남아있는 것으로 보인다.

3) 성장기 사회경제적 지위와 학력 성취

성장기의 가정 형편이 학력 성취에 어떠한 영향을 미칠 것인가? 성장기의 어려운 가정 형편은 첫째, 실제로 단순히 경제적 이유로 학업을 중단하게 할 수 있고 둘째, 학업 이외의 가사에 시간을 쏟게 함으로써 학업에 전념하지 못하게 할 수 있으며, 셋째, 제한된 범위와 내용의 사회적 경험과 접촉만을 가능하게 함으로써 미래에 대한 사회경제적 기대 및 열망의 수준을 제한할 수 있다. 넷째, 자의식에 영향을 미쳐 사회적 적응을 힘들게 할 수 있다.

15세 당시 집안의 사회경제적 상태별 학업 성취의 관계는 성장기의 사회경제적 가정환경이 최종 학력 성취의 정도와 상당한 관계를 가지고 있음을 보여준다. 대학 졸업 이상의 학력을 취득하는 비율을 중심으로 살펴보면, 하층 출신의 경우는 겨우 17%만이 궁극적으로 대학을 졸업하는 것에 비해 중·하층 출신의 경우 26%, 중층 출신의 경우 33%, 중·상층 출신의 경우 42%, 마지막으로 상층 출신의 경우 46%가 대학 졸업 이상의 학력을 취득하고 있다. 즉, 성장기의 집안 형편과 학력 성취 수준 간에는 분명한 정적 관계가 있음을 알 수 있다.

4) 성별 학력 성취

해방 이후 50년간 우리 국민의 교육 수준이 급격히 상승해 왔다는 것은 주지의 사실이다. 우리 국민의 평균 교육 연수는 지속적으로 증가해 왔으며, 이러한 교육 연수의 평균적인 증가 과정에서 남녀간의 교육 연수의 차이는 점차적으로 줄어들어 왔다. 1966년에 5.03년이던 국민평균 교육연수가 1996년에는 9.53년으로 2배로 증가하였으며, 같은 기간 중 남녀간 교육 연수의 격차는 2.2년에서 1.8년으로 소폭 감소하였다. 하지만 성별 교육 연수의 차이는 다소간 존재하나, 이러한 차이는 세대가 변함에 따라 감소하여 현재의 젊은 연령집단에 있어서는 거의 존재하지 않는다.

남녀간의 교육수준의 차이는 고교 졸업 후의 고등교육 기관에의 진학 단계에서 결정적으로 만들어지고 있음을 볼 수 있다. 즉, 고교 중퇴 이하의 학력 군에 있어서는 남녀간의 차이는 전혀 존재하지 않지만, 고교 졸업 후 다음 단계인 대학으로 진학하는 비율은 여성보다 남성의 경우에 약 1.5배 정도가 된다. 그리하여 결과적으로 대졸 이상의 학력을 소지하게 되는 비율이 남성의 경우 전체의 36%에 달하지만, 여성의 경우는 이보다 훨씬 적은 22%에 불과하다.

나. 학업성취도와 학력 성취

앞에서 살펴 본 학력 성취 관련 변인들은 개인의 생물학적 변인과 사회경제적 배경 변인 등으로 개인의 통제밖에 있는 것들이었다. 이 절에서는 학업성취도와 관련된 여러 변인들은 기본적으로 본인의 통제 안에 있다는 점에서 다른 변인들과 구별될 수 있다. 학업성취도와 관련된 변인으로 중학교 졸업시의 학교 성적, 고교 계열, 고교 주·야간 여부, 출신 고교에 대한 평판, 최종 출신 학교에 대한 평판 등의 변인들과 학력 성취 정도와의 관계에 대하여 김영화 외(1997)가 수행한 연구 결과들을 중심으로 하여 살펴보기로 하자.

중학교 졸업 이상의 학력자를 대상으로 중학교 졸업 당시의 학업 성적과 최종 학력 성취 수준과의 관계를 보면 학업 성적과 최종 학력 성취 수준과는 밀접한 관련이 있는 것으로 나타나고 있으며, 학업 성적이 상위에 있었을수록 최종 학력 성취의 수준은 높은 것으로 밝혀지고 있다고 밝히고 있다. 중학교 단계까지의 보통교육을 거쳐 고교 단계에 이르면 학생들을 크게 두 가지의 계열 즉, 첫 번째 계열은 인문계로 대학 진학 준비를 위한 과정이고, 둘째는 실업계라 불리는 직업교육과정이다. 이처럼 상이한 강조점을 지닌 교육과정들은 교과과정의 차별화를 통하여 그 과정에 속하게 되는 학생들의 장래에 지대한 영향을 미치게 된다. 대부분의 외국 사례와 마찬가지로 우리의 경우에도 이러한 교과과정의 차별화가 그 교과과정 내에 속하게 되는 학생들의 차별적 특성들과 어느 정도 관계가 있다고 보면, 이러한 계열화의 효과가 과연 고교 계열별 최종 학력 성취 수준의 차등으로 이어지는 정도가 얼마나 되는지, 또 나아가 직업적 지위를 비롯한 성인기의 사회경제적 성취에는 어떠한 영향을 미치는지는 우리의 지대한 관심사가 아닐 수 없다.

인문계 고교 출신자의 경우, 최종적으로 대학 졸업 이상의 학력을 갖게 되는 것이 45% 정도인데, 공업계의 경우 27%, 상업계의 경우 14%에 불과하다. 또한 고교 졸업 후 대학 단계에로 진학하는 학생이 인문계 고교생은 전체의 58%에 달하는데 비해 공업계 고교는 47%, 상업계 고교는 25%에 불과하다.

고교의 주·야간 차이 분석에서 주간으로 고교과정을 수학한 사람 중에는 38%가 대학 졸업 이상의 학력을 취득하였음에 비하여 야간과정의 고교를 마친 사람 중에는 겨우 7%만이 대학을 졸업하였다. 고교 졸업 후 전문대를 포함하여 고등교육과정으로 진학한 사람은 주간 졸업자의 경우 약 50% 정도임에 비해 야간 졸업자의 경우에는 21% 정도에 불과하다.

출신 고교에 대한 일반인의 평가, 즉 세칭 일류교 인가, 아닌가에 대한 응답자의 평가에 따라 출신 고교의 명망도를 측정하고 이러한 출신 고교의 명망도에 따라 최종적 학력 성취에 차이가 있는지를 살펴본 결과, 출신 고교의 명망도는 최종 학력 성취와 어느 정도 관계가 있는 것으로 드러났다. 일류교 출신의 54%가 대학 졸업자인데 비해 이류교 출신자에게 있어서는 대학 졸업자의 비율이 28%로 현저히 낮고, 삼류교 출신자의 경우에는 20%에 불과하다. 또한 삼류교 출신자의 경우, 61%가 고교 졸업 후 더 이상 진학하지 않는데 비해 일류교 출신의 경우에는 그 비율이 29%에 불과한 것으로 나타났다.

다. 학력과 직업적 성취의 구조적 기제

아버지와 자녀 사이의 세대간의 학력 및 직업 계층적 성취의 각 단계에 대하여 시간적인 선후의 인과 관계에서 그 유출의 형태와 정도를 하나의 일관된 흐름으로 파악해 보자. 이러한 흐름의 요소로는 학력 및 직업 성취의 주요 단계는 부친의 학력, 부친의 직업, 자녀의 학력, 자녀의 첫 직업, 자녀의 현 직업의 다섯 단계이다. 이러한 다섯 단계는 사회경제적 성취의 기제에 관한 대표적 연구인 Blau-Duncan의 경로모형에 등장하는 요인들로 최소한의 인과적 흐름을 구성한다.

학업의 성취 수준을 결정하는 것은 아버지의 직업적 지위보다는 아버지의 교육이 보다 크게 작용한다. 아버지의 교육수준이 그의 직업적 지위보다도 약 1.6배나 강하게 자녀의 교육수준에 영향을 미친다. 자녀의 첫 직업에서의 지위점수를 결정하는 것은 본인의 교육정도이다. 아버지의 교육수준은 별로 영향을 미치지 못한다. 또 마지막 단계로 본인의 직업 지위를 결정하는 것은 단연 첫 직업이며, 거기에 비하면, 본인의 교육은 직접적 효과의 측면에서 상대적으로 약한 듯이 보인다.

요약하면, 직접적 효과만을 중심으로 살펴 볼 때, 우리 사회에서 세대 내 지위 획득과 세대간 지위전이의 명백한 대표적 기제는 아버지 교육-자녀 교육-자녀 첫 직업-자녀 현재 직업으로 이어지는 일련의 인과적 사슬이라고 할 수 있다.

한국 사회에서의 학력 및 직업 지위 획득의 기제를 다른 나라의 경우와 비교해 보기로 하자. 비교 대상국으로는 미국과 일본을 선택하였으며 이들 두 나라와 우리나라의 지위 획득 모형들 중에서 비교적 신뢰할 만한 연구를 선택하여 비교하였다. 미국의 경우에는 Blau and Duncan(1967)의 연구를, 일본의 경우에는 SSM 조사연구회(1978)의 연구를, 한국의 경우에는 차종천(1992)의 연구를 비교의 대상으로 선택하였다.

미국의 모형(그림 II-1)의 경우에는 우리의 모형과는 달리 부친의 교육이 첫 직업의 지위에 미치는 직접 효과가 나타나지 않고 있다. 또한 우리의 모형에서 부친의 직업이 자녀의 현 직업 위치에 미치는 직업 효과가 없음에 비해 미국의 모형에서는 이 효과가 비교적 강하게 나타나고 있다. 또한 미국의 경우에는 현 직업에 대한 본인의 학력의 영향이 매우 강하게 나타나고 있음에 비해 우리의 경우에는 상대적으로 약하게 나타나고 있다. 이러한 차이는 바로 개인의 일생에 걸쳐 일련의 세대 내 직업 이동을 통해 이루어지는 직업적 성취의 생애사적 기제가 양국 간에 크게 다르다는 것을 반영하는 것이다.

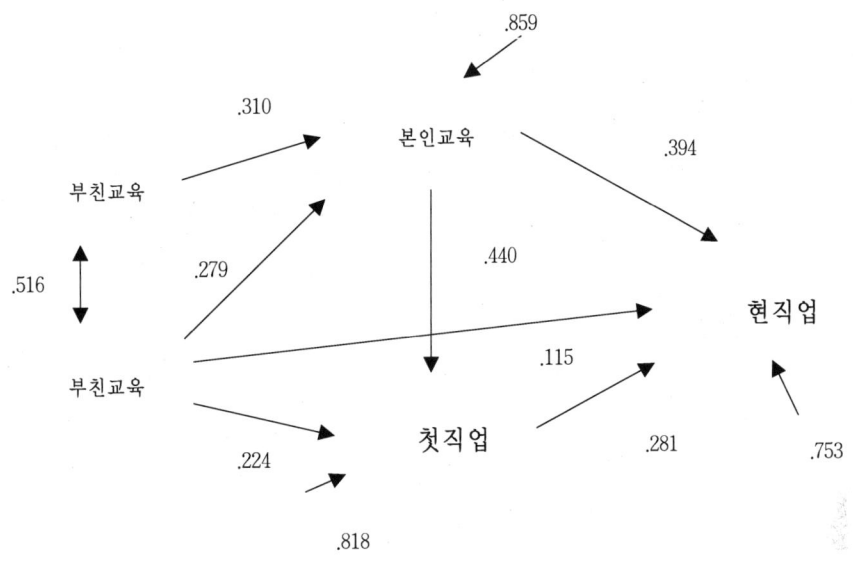

[그림 Ⅱ-1] 미국의 지위획득경로 모형(Blau & Duncan Model)

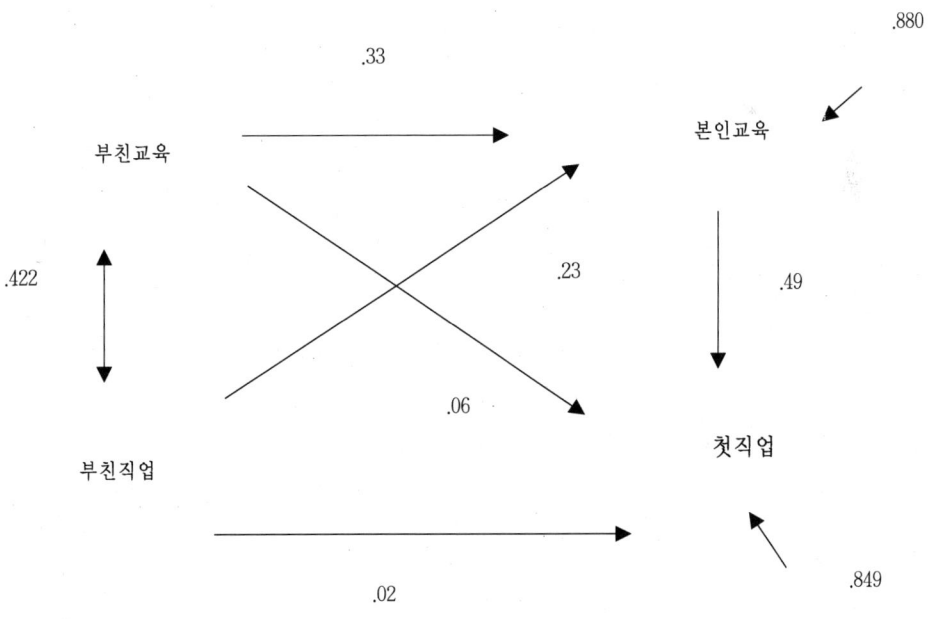

[그림 Ⅱ-2] 일본의 지위획득경로 모형

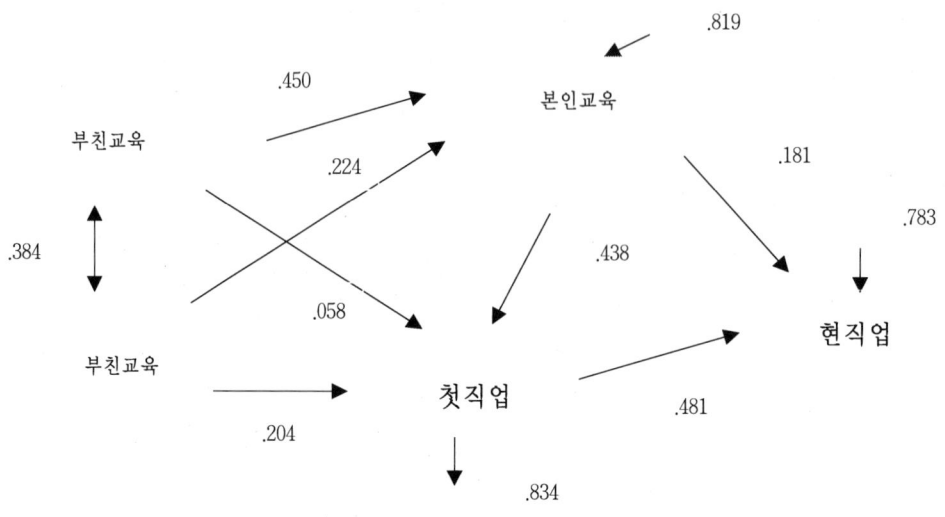

[그림 Ⅱ-3] 한국의 지위획득경로 모형(차종천, 1992)

요컨대 미국의 경우에는 첫 직업에 대한 학력의 영향은 약한 대신 일생에 걸쳐 일어나는 빈번한 세대 내 경력 이동 과정의 긴 과정을 통해 학력의 영향이 지속적으로 미치고 있는 구조이다. 이에 비해 우리의 경우에는 학력 성취의 결과는 첫 직업의 획득 단계에서 집중적으로 나타나고 이후의 개인의 직업적 경력의 전개에서는 학력의 결과보다는 첫 직업의 영향이 더욱 강력하게 반영되는 구조를 띠어 왔다. 과장해서 표현하면, 미국에서 개인의 직업 지위 획득은 일생 전반에 걸친 긴 여정이라고 할 수 있고, 한국에서는 첫 직업의 획득 단계에서 모든 것이 결정되어 개인의 일생의 직업적 여정이 첫 단계에서 사실상 정해지는 구조 하에서 이루어져 왔다.

전반적으로 볼 때, 미국에서는 자녀의 직업 지위 획득에 있어서 부친의 직업 지위가 직접적, 간접적으로 상당한 영향을 미치고 있음을 볼 수 있다. 상대적으로 우리의 경우에는 부친의 자녀에 대한 영향은 부친의 직업을 통해서라기보다는 부친의 교육을 통해서 이루어지는 것으로 보인다. 즉, 미국의 경우에 비교해 보면 우리나라의 경우에는 자녀의 지위 획득이나 지위의 세대간 전이에 있어서 교육의 중요성이 상대적으로 중요하게 작용하였음을 알 수 있다. 일본의 1975년 SSM(Social Stratification and Mobility) 조사의 결과와 비교해 보면, 일본에서는 우리와는 달리 자녀의 첫 직업에 대한 부친의 직업 지위 및 부친의 학력의 영향이 거의 없다. 자녀의 첫 직업 지위는 본인의 학력에 의해 주로 결정되며 또한 부친의 학력 및 직업 지위가 본인의 학력 성취에 미치는 영향을 통해 간접적으로 부친의 영향을 받는다. 일본은 우리 사회나 미국과 비교해 볼 때 개인의 직업 지위 획득의 과정이 훨씬 업적주의적이다. 즉, 전형적인 학력 지배형의 지위 획득 과정을 보여주고 있다.

이상의 사실에서 아버지 교육이 학업성적에 미치는 영향은 증가해왔으며 이 학업성적이 교육수준에 미치는 영향 또한 증가해왔다. 따라서 가정배경 변인들이 학업성적을 통해 교육수준에 간접적으로 미치는 영향은 증가해 온 것으로 볼 수 있다. 이는 교육기회가 대폭 증가하여 양적으로 교육의 보급이 급속히 일어나고 제도적으로 교육기관의 평준화가 이루어짐에 따라 전반적인 교육수준은 상승하여 가정배경의 영향이 감소하였으나 사실 그 영향은 자녀의 학업성적이라는 질적인 차원으로 변질되어 각급 학교 내에서 학생들을 차별화 하는 내적 불평등 재생산 구조를 강화해가고 있다는 사실을 시사해준다.

3. 사회계층과 학업성취

학교에서 제일 중요하게 여기는 것 중의 하나인 학업성적은 학생 자신의 본래의 능력이라고 하기보다는 학부형의 경제적인 능력과 깊은 관련이 있다. 가정에서 사용하는 언어, 풍부한 학습자료, 가족의 격려, 영양 있는 음식물에 의한 신체적 발달 및 높은 성취동기 등은 경제적으로 여유 있는 중류 사회의 자녀들이 학교에서 우수한 학업을 성취하는데 유리한 조건들이다. 이처럼 사회계층 환경은 아동 행동에 직접적인 영향을 미치기 때문에 중요성을 갖고 있으며 개인과의 상호 작용을 통해서 행동 특성을 형성·강화하는 힘을 제공한다 (황정규, 1992). 이러한 논의 과정에서 많은 연구자들은 사회계층에 대한 다양한 접근방식을 취하고 있기 때문에 단순화하여 접근하기는 힘들지만, 일반적으로 사회계층의 모형화에 있어서 사용할 수 있는 세 가지의 접근이 있을 수 있다(정원식, 1977).

첫째는, 기관별 접근으로, 사회체계에 따라 그 체계를 구성하는 주요기관을 중심으로 계층을 나누는 것으로 교육환경 계층의 경우 가정, 학교, 사회의 기관으로 분류하는 것이 일반적 방법이다.

둘째는, 사회계층 환경을 구조적으로 분류하는 방법이다. 이 접근은 심리적 구조로 분류하고 이를 다시 세분화하는 방식을 취한다. 구조화되는 것은 외적 조건과 자극을 주는 환경이며, 구조화에 따라 다양한 환경을 만들 수 있다.

셋째는, 사회계층을 일부의 지위계층 환경(status environment)과 작용계층 환경 또는 과정계층 환경(process environment)으로 분류하는 방법이다. 가정환경과 관련하여 지위계층

환경은 부모의 현재 경제적 또는 사회적 상태를 대표하는 환경이며, 작용환경 또는 과정환경은 부모와 자녀의 상호작용의 질을 반영한다. 부모의 학력이나 직업 등이 지위환경이 되며, 부모와의 인간관계가 작용환경이 된다. 때문에 권위주의적 부모가 작용환경이 되는 것이 아니라, 그 부모와의 관계 또는 작용이 과정환경 또는 작용환경이 되는 것이다. 셋째의 방법은 가장 최근에 쓰이는 방법이며, 이 방법에 의해 개념화된 사회계층 중 가정환경은 다음의 연구단계들을 거쳤다(Iverson & Walberg, 1982).

① 사회경제지위나 물리적 환경 등을 조사하는 사회 조사 기법을 적용하여 학업성취와의 관계를 규명하려는 연구접근이다. 이러한 연구는 주로 대규모 조사 연구를 통하여 가정환경과 학업성취와의 관계를 규명하려는 방법을 주로 사용하였으며 대표적으로 Coleman(1966) 보고서를 들 수 있다. Coleman보고서는 학교의 차이는 학생의 학업성적에 별 영향을 주지 않으며, 오히려 학생의 가정배경 즉, 부모의 사회경제적 배경이 학업성취에 더 결정적인 영향을 준다는 것이다. 〈표 II-3〉은 Coleman의 교육평등 4단계론을 나타내고 있다.

〈표 II-3〉 Coleman의 교육평등 4 단계론

1단계	공평한 경쟁이 되기 위해서는 교육의 기회가 사회경제적 지위 등 귀속적 특성에 따라 차별적으로 주어져서는 안 된다. (허용적 평등)
2단계	교육의 기회를 보장해주어야 한다. 교육기회의 보장은 무상의무 교육 형태로 나타난다. (보장적 평등)
3단계	공평한 경쟁이 되려면 교육기회의 보장만으로 가능하지 않다. 지역간, 학교간 교육 조건에 차이가 나서는 안 된다. (과정적 평등)
4단계	교육결과의 불평등. 교육결과의 불평등은 집단간 학업성취의 불평등을 의미한다. (보상적 평등)

더불어, Coleman의 교육기회 균등의 개념은 능력주의 사회의 신념을 반영하는 개념으로 모든 사람이 성별·인종·계급 및 거주 지역에 관계없이 사회에서 보다 바라는 더 넓은 지위를 획득할 동등한 기회를 갖는 것을 의미한다. 대중사회의 출현으로 인해 교육적 필요와 교육가능성의 문제가 보편화됨에 따라 기회균등의 개념은 교육적 기회균등 문제로 대두되었다.
기회균등은 일률적인 균등화가 아니고 개인의 능력에 따른 기회의 균등, 즉 실질적 평등 내지는 주관적 평등을 바탕으로 한 기회균등은 선택의 권리를 고를 수 있는 자유를 뜻하며, 혜택의 권리는 부당한 차별을 받음 없이 국가와 사회가 마련해 준 혜택을 고루 누릴 수 있는 권리를 말한다. 이를 Coleman은 네 가지 평등관으로 구분하고 있다.

첫째, 허용적 평등. 이는 능력에 의한 기회균등을 의미한다. 동등한 교육기회를 제공하되 개인의 능력에 따라 차별화 되어야 한다는 것이다.

둘째, 보장적 평등으로 의무교육과 무상교육(최소한의 교육보장: 1944 영국에서 시작)을 의미한다. 교육평등은 학교에 접근할 수 있는 기회가 성별·거주지·사회경제적 지위 등에 관계없이 누구나 동등하게 학교에 접근할 수 있는 기회가 주어지는 것을 의미한다.

셋째, 과정적 평등. Coleman(1966)은 "교육기회의 평등은 단지 취학의 평등이 아니라 평등한 효과적인 학교를 의미하는 것이다."라고 주장한다. 교육기회의 평등은 사람들에게 학교에 접근할 수 있는 기회를 동등하게 제공하는 것만으로는 불충분하고, 교육시설이나 교사의 질, 교육과정과 같은 교육조건 등에 있어서 학교 간 차이가 없어야 한다는 것을 지적한다.

넷째, 보상적 평등. 이는 결과의 평등(역평등 현상 발생: head start program)을 의미하며 학생의 학습능력에 반비례하여 교육자원을 배정하여, 학습 능력 면에서 뒤떨어진 학생들을 능력이 앞서 있는 학생의 수준까지 끌어올림으로써 학업을 이수하여 교문을 나갈 때에는 능력의 격차를 감소시켜, 누구나 최저 능력 면에서 격차를 내지 않도록 하는 일종의 학력의 평준화 방식이라고 할 수 있다. 이러한 접근은 사회적·경제적, 지역적인 격차를 축소시켜 보자는 데 주요 의도가 있으며, 자원배정에 있어서 보다 많은 자원이 도서 벽지나 저소득층과 문화적 혜택을 받기 어려운 곳에 중점적으로 투입되어지도록 하여 학생간, 계층간, 지역간의 교육적 불평등을 축소시키려는 접근 방식이다.

② 가족 수, 출생 순서, 아동 1인당 공간 등 가정구조를 분석하여 학업성취와의 관계를 분석하는 연구접근이다. 이러한 연구 접근을 사용한 연구들은 위의 3가지 변인들이 학업성취에 미치는 영향을 주로 연구하였다. Needels의 동료들(1988)은 가족 수, 출생 순서, 아동 1인의 공간 등의 연구를 통해 학업성취와 IQ를 통제한 부분 상관의 경우는 대부분의 상관치가 유의하지 않은 관계를 가지고 있다고 보고하고 있다. Marjoribanks와 Walberg(1976)는 이러한 종류의 연구들을 종합적으로 고찰한 후에 가족수가 많으면 학업성취를 떨어뜨리지만, 사회경제 지위가 높으면 가족수가 늘어나도 학업성취를 감소시키지 않으며, 출생순은 먼저 태어날수록 학업성취와 높은 상관을 보인다는 결론을 내리고 있다.

③ 하류계층 자녀는 불리한 계층적 배경 때문에 언어발달이 늦어지고 이들은 언어표현에 있어 제한적인 어법(restricted code)에 의존한다. 이에 비해 상류층은 학습에 유리한 세련된 기법(elaborated code)을 사용하여 학업과정에 더 빠른 학업성취를 가져온다. 즉, 하류층 자녀는 언어에 대한 근본적인 능력이 부족한 것이 아니라 고급언어를 통해 사회화된 경험

이 부족하여 학업성취에 영향을 주게 된다.

④ 학습에 영향을 미치는 특정 사회 심리적 또는 행동적 과정에 중점을 두며, 특히 부모-자녀 상호작용을 직접적으로 측정하여 학업성취와의 관계를 규명하려는 연구접근이다. 주로 부모가 아동에게 행하는 행동의 과정에 초점을 두어 연구가 진행된다. 이 연구의 접근은 작용환경 또는 과정환경(process environment)으로 개념화하며, 작용환경 또는 과정환경이란 아동이 부모와 상호작용 하는 변인(사회적 자본; social capital)들로 이루어져 있다.

〈표 Ⅱ-4〉 교육기회 분배의 교육 수준 지표

취학률	취학한 아동 수/취학 대상 아동 수
진급률	진급한 아동 수/진급 대상 아동 수
탈락률	퇴학 유급생 수/진급 대상 아동 수(유급, 낙제, 퇴학)
교육선발 지수	특정 계층의 특정학교에 차지하는 비율/특정계층이 전체인구에 차지하는 비율
지니(Gini) 계수	집단별 선발지수를 하나의 종합지수로 표시한 계수, 경제 소득 분배 상황계수라 한다.

워너(Warner)와 마틴(Martin)은 학교교육과 사회계층의 관계에 대하여 첫째, 사회 각 계층은 특유의 문화를 발전시키며 교육에 대한 태도도 다르고, 자녀의 진학, 커리큘럼 선택[9] 등에 반영한다. 둘째, 학교는 사회계층에 있어 사회이동과 관련이 있다. 계층 이동은 크게 수직적 이동, 수평적 이동, 경쟁적 이동, 후원적 이동으로 나눌 수 있다. ① 수직적 이동: 사회계층이 상하로 이동한다. ② 수평적 이동: 직종이나 지역적인 이동을 말한다. ③ 경쟁적 이동(contest mobility): 치열한 경쟁의 과정을 통해 사회적 지위가 결정되며 이것은 '능력'에 의해 결정된다. ④ 후원적 이동(sponsored mobility): 부모나 가문 등에 의해서 결정되어 조기에 사회적인 지위가 결정된다.

셋째, 학생의 인간성, 학교 내외의 사회적 행동의 배후에는 사회계층적 배경이 존재한다.

넷째, 학교의 교육정책, 교사의 학생에 대한 태도에 있어 계층에 따라서 차별화 한다.

---

9) 교육과정의 단선제와 복선제란 첫째, 단선제는 학교의 제도가 단일(하나)로 운영(미국, 일본, 한국 등)되며 국민교육의 기회가 균등하며 의무교육이 이루어지지만 산업사회의 인력공급에는 문제가 발생한다. 둘째, 복선제는 학교의 제도가 여러 개로 구분되어 운영(영국, 프랑스, 독일 등)되며 인력수급에 관한 국가의 계획적 통제가 가능하지만, 계급의식(지적계급)과 사회계층간의 위화감을 조성시킬 수 있다.

제7장 학교효과성과 학업성취

1. 학교효과성 연구

가. 효과적인 학교(effective school)

　학교사회는 복잡한 제도적 조직을 가진 하나의 사회체제이다. 학교사회는 행정가, 교사, 학생 그리고 행정직원으로 구성되어 있고 이들 구성원들이 제도적인 목표인 '교육을 하는 것'을 위하여 비교적 지속적인 틀 속에서 상호 작용하는 사회조직이다. 학교의 효과성은 학교가 산출하는 교육력의 양적·질적 수준을 의미한다. 즉 학교가 산출하는 교육의 질적 수준을 높여서 교육의 효과성을 확보하려는 노력은 효과적인 학교의 연구에서부터 출발하고 있다. 효과적인 학교란 비슷한 가정배경과 학생의 학습능력 등 투입 요건이 상호 비슷한 학교에서 학교자체의 고유한 특성 즉, 교육력으로 인하여 학생의 성취수준이 다른 학교보다 더 높은 경우를 지칭한다.

　학교교육의 효과는 두 가지 차원에서 고려될 수 있다. 하나는 무엇을 효과로 볼 것인가에 관한 차원이고 다른 하나는 무엇에 대한 효과인가에 관한 차원이다. 전자의 효과의 개념은 학교교육을 받지 않은 경우와 비교하여 학교에 다닌 학생이 얻게 되는 교육의 효과를 가리키는 소위 '절대적인 효과'와 학교간의 질적 차이 또는 교육력의 차이로 인하여 학생들이 얻게 되는 효과로서 소위 '상대적인 효과'로 구분될 수 있다(Good & Brophy, 1986).

　이러한 효과적인 학교는 미국을 중심으로 1960년대 후반부터 효과적인 학교운동(effective school movement)을 전개하면서 효과적인 학교의 특성을 규명하는 연구가 중심이 되었다.

　Coleman(1966)등은 '교육기회의 균등(equality of educational opportunity)'에서 학업성취도를 학생들의 가정적 배경, 교사의 경험 및 교육과정, 학교시설과 재정, 학생구성원의 특성 변인 등의 함수로 보고 각 요인별 영향력의 크기를 밝히려는 시도를 하였다. Coleman 보고서에 의하면, 가정적 배경이 통제될 때 학교 요인은 학업성취도와 제한된 관련성만 보여주며, 중요한 것은 학교의 특성이 아니라 학생들이 학교에 들어오기 전의 가정적 배경과 또래 집단이라는 것이다.

이러한 학교의 효과에 대한 부정적 견해에 대하여, 효과적인 학교의 연구들은 우선 Coleman 보고서와 같은 연구들의 결점을 다음과 같이 비판하고 있다. 비판은 크게 두 측면으로 나누어 볼 수 있다. 하나는 학교특성에 관한 변인들에 관한 것이고 다른 하나는 연구방법에 관한 것이다.

첫째, 학생들의 학업 성취에 영향을 주는 학교 내 변인들로, 측정된 것으로는 주로 학교시설, 자원, 교사와 같은 행·재정적 또는 물질적 여건에 국한되었고, 반면에 학교 내에서 일어나는 실제적 학교 운영이나 교수-학습과정에 관한 변인들(process variables)은 사용하지 않았다는 점이다. 과정변인에는 학교의 구성원들이 조성하는 사회-심리적 학교풍토(Brookover 외, 1979), 학생들의 학습조직으로서 능력별 수업(ability grouping)이나 진로별 반편성(curriculum tracking or streaming)과 운영 (Rosenbaum, 1976; Gamoran, 1986, 1987; Barr & Dreeben, 1986; Dougherty, 1996; Oakes, Gamoran, & Page, 1992; Slavin, 1990), 수업 중 실제 교수-학습에 사용된 시간(Brown & Saks, 1980; Wiley, 1974), 수업에서 다룬 교육과정의 분량 또는 진도 등이 학생들의 학습 또는 학업성취에 영향을 준다는 것이다.

둘째, 학교의 산출요인(output variables)으로서 학생들의 학업성취에만 국한하였고, 기타 학생들의 출석률이나 비행 또는 일탈행동과 같은 비 지적 행동들은 고려되지 않았다는 점이다(한대동, 1991). 따라서 효과적인 학교의 연구들은 학교효과성의 정도를 투입에 따른 산출을 분석의 대상으로 삼기보다는 과정 변인으로서 학교의 조직 구조적, 사회·심리학적 변인들이 학교교육의 효과, 즉 학생들의 학업성취에 미치는 영향을 규명하려고 하였다.

셋째, 과정변인들은 학교수준에 해당되는 것도 있으나 그 이하의 수준 즉, 교실단위에서 일어나는 것도 있다. 능력별 집단 편성과 운영, 교수-학습에 사용된 시간과 같은 변인들은 학급단위에서 일어나는 것들이다. 학생들의 학업성취와의 관계라는 측면에서 이들이 갖는 학교간 또는 학급간 변량을 고려해보면 학교간 변량보다는 학급간 변량이 더 클 것이고 따라서 학생들의 학업성취에 주는 영향도 학급수준에 해당되는 변인들이 학교수준의 변인들보다 더 클 것으로 예상된다. 이처럼 집단 간, 집단 내에 존재하는 차원을 고려하지 않았다. 학교는 상위 행정조직, 지역사회, 학교, 학급과 같은 다층적인 관계에 있기 때문에 단층적인 접근은 학교효과를 제대로 분석해 내지 못한다는 것이다(Bidwell & Kasarda, 1980). 따라서 학교효과를 정확하게 파악하기 위해서는 다층적인 학교특성을 이해하고 분석해야 한다는 주장과 함께 위계적 선형모형(HLM: Hierarchical Linear Model)과 같은 새로운 분석방법을 적용하여 학교효과를 탐색하고 있다(Lee, Bryk & Smith, 1993).

1) 학교효과성 연구의 주요 흐름

학교효과성 연구의 주요 흐름은 첫째, 학교효과연구(school effects research), 둘째, 효과적인 학교연구(effective school research), 셋째, 학교개선연구(school improvement research)를 들 수 있다. Coleman 보고서류에 이의를 제기하면서 1970년대 후반부터 "효과적인 학교는 차이를 만든다"는 주장을 하는 일련의 연구들이 수행되었다. 이러한 연구들은 수준이 유사한 학교들 사이에서 또는 열악한 환경에 있는 학교 사이에서도 특별히 학업성취가 높은 '효과적인 학교[10]'들을 분석하고 있다. 그리고 분석결과는 학교가 학생들의 학업성취에 영향을 미치는 중요한 기관임을 밝혀내고 있다(Brookover et al., 1979; Ed- monds, 1979; Mortimore et al., 1988; Rutter et al., 1979; Weber, 1971).

학교효과성 연구의 주요 영역을 연도별로 구분하여 살펴보면 〈표 Ⅱ-5〉와 같다.

---

10) '효과적인 학교'란 비슷한 여건에 있는 다른 학교보다 학생들의 성취가 더 높게 달성되는 학교를 말한다. 따라서 학교가 통제할 수 없는 외부의 투입 여건에 있어서는 비슷하지만 그 학교가 가지고 있는 교육력으로 인하여 유사한 조건의 타 학교보다 학생들의 제반 성취 수준이 더 높은 학교를 '효과적인 학교'라고 정의할 수 있다(한대동, 1991). 효과적인 학교 연구자들은 학업성취가 학교외부의 영향보다는 학교 내에서 발생하는 '과정적 요인'에 의해 달라진다고 주장하고 있다. 즉 학생이 학교에 입학하기 전에 가졌던 열악한 조건은 학교교육을 통해 완화되거나 극복될 수 있으며, 따라서 학교는 교육적으로 효과적인 기관임을 강조하고 있다(Mortimore, 1997).

〈표 Ⅱ-5〉 효과적인 학교의 연구 동향

순	주유목	하위유목	96-00	91-95	86-90	85이하	계
1	효과적인 학교	효과적인 학교 특성, 실제	13	34	55	19	121
2	효과적인 학교의 교장 지도성	교장의 지도성	6	10	10	4	
		교장의 지도성 유형	3	1	1	1	
		지도성 기술	2	1			
		지도자의 특성	1	1			
		지도성 요인/특성	3				
		행정가의 능력		1			
		지도성 훈련/준비		2	1		
		수업 지도성		3	4	1	
		정체지도성		1			
		변혁지향적 지도성			1		
		상황적 지도성			1	1	
		계	15	19	18	6	58
3	교장의 역할과 행위	교장의 역할	4	5	7	2	
		교장의 경력	1				
		교장의 공공관계 모델	1				
		수업지도자로서의 교장		2			
		교장평가				1	
		교장훈련/업무수행 능력과 기술		1	2		
		전문직 지원 개발			1		
		교장의 전문성 개발			1	1	
		교장의 동기유발	6	9	11	4	30
4	학교경영과 방침	학교경영과 정책	9	1	2	4	
		학교개선과 개혁	3	12	6	1	
		조직구조와 행위	2	2		1	
		교직원 발달	1	1	2		
		수업		1	1	1	55
5	학교문화와 풍토	학교문화	1	1	3	2	
		학교풍토		6	3	2	14
6	가정과 지역사회 관여	가정의 관여	2	7	3	2	
		지역사회의 관여	1		1		
		학교 공동체	3			3	
		가정/지역사회 관여	1				
		학교 기업 공동체		1	1		12
7	교육장/교육위원회/교육구	교육장	3	2	2	3	
		교육위원회	3	6	4	4	
		교육구		4	10	3	
				2	6		45
		계	62	105	120	48	335

자료 : 이혜우 (2002). 효과적인 학교의 특성분석을 통한 학교경영체제 모형 탐색. 교육행정학연구, 20(1).

2) 효과적인 학교의 특성분석[11)

효과적인 학교의 일반적인 개념은 '유사한 조건의 학교들 중 비교적 학업성취가 높은 학교'를 말한다. 다시 말해 효과적인 학교는 학업성취를 향상시킬 수 있는 특성을 가진, 학업성취가 높은 학교라고 할 수 있다. 또한 효과적인 학교는 외부에서 투입되는 자원에 의해서가 아니라, 학교 내에서 그러한 자원을 활용하는 방식이나 구성원간의 상호작용 방식에 의해 학업성취를 향상시키는 학교이다. 학교 내에서 학생의 학업성취에 영향을 미치는 자원 활용방식 및 상호작용 방식에 대한 특성을 '학교 내의 과정적 특성' 또는 '과정변인'이라 한다. 이처럼 효과적인 학교 연구가 학교 내 과정변인에 관심을 두기 때문에, 이러한 연구방법으로 학교효과를 평가하기 위해서는 학교 외부 조건을 통제해야 한다. 만약 학교외부 조건의 영향이 학교효과 평가에 개입된다면 학교효과는 왜곡될 수밖에 없기 때문이다. 다시 말하면, 학교효과는 학교 외부조건이 통제된 상태에서 학교 내에서 나타나는 기능과 효과를 평가하는 특성을 갖는다(Mortimore, 1997).

효과적인 학교의 특성을 분석한 이해우(2002)는 DAO(dissertation abstract on-line; 박사학위 초록 분석)에 나타난 효과적인 학교의 특성을 내용 분석을 통하여 효과적인 학교의 특성을 포괄성 수준에 따라 주 유목과 하위 유목으로 구분하고 각각의 빈도수를 구하였다. 주 유목의 빈도수는 하위유목의 빈도수를 합하여 구하였다. 백분율은 효과적인 학교특성의 총 빈도수(390)에 대한 주 유목의 백분율을 구하였다. DAO에 나타난 효과적인 학교의 특성을 내용 분석하면 〈표 Ⅱ-6〉과 같다.

〈표 Ⅱ-6〉에 의하면, 효과적인 학교의 주요 특성으로는 교장의 지도성이 45로 가장 높은 빈도를 나타나고 있으며, 분명한 학교목표와 임무 36, 학생의 성적에 대한 높은 기대 43, 가정·지역사회 관여 31, 학생의 성적향상에 대한 잦은 점검 33, 학교문화와 풍토 29, 안전하고 질서 있는 환경 27로 확인되었다. 또한 수업전략과 교육과정 38, 학교경영과 정책 32, 교사의 특성과 행동 19, 교직원 개발 18 등이 효과적인 학교의 주요 특성으로 구성되고 있으며, 학생의 행동과 특성 8, 학교요인 9, 사회경제적 요인 5 등의 순서로 효과적인 학교의 주요 특성을 제시하고 있다. 이를 구체적으로 살펴보면 다음과 같다.

첫째, 효과적인 학교의 특성 중 가장 핵심적인 요인은 교장의 지도성 요인을 들 수 있다. 교장의 지도성 요인은 일반적인 학교행정의 전반에 영향을 미치는 지도성을 의미하나 그

---

11) 본 절에서는 이해우(2002)가 수행한 "효과적인 학교의 특성분석을 통한 학교경영체제모형 탐색". 교육행정학연구, 20(1). 연구를 재구성하였음.

중에서도 수업 지도성을 가장 중요한 요인으로 제시되고 있다. 교장의 수업지도성은 교육과정 운영과 수업의 효과성과 밀접히 관련되어 있음을 알 수 있다. 효과적인 학교의 특성 요인으로 교육과정과 수업은 중요한 변인으로 시사되고 있다. 수업변인과 관련하여 학생의 성적에 대한 높은 기대, 학습 기회와 과업시간의 확대, 학생 진보에 대한 잦은 점검 및 평가 활동도 효과적인 학교의 중요 변인으로 제시되고 있다.

둘째, 안전하고 질서 있는 환경과 학교 문화와 풍토 변인을 들 수 있다. 안전하고 질서 있는 환경은 학생들의 학습 활동을 위한 정서적 안정과 학습 분위기 등을 가져오는데 중요한 역할을 한다고 하겠다. 이러한 의미는 학교 문화와 풍토로 연결되고 있다. 효과적인 학교의 문화는 주로 협동적 문화에 초점을 맞추고 있다. 협동적 문화를 교직원들 사이의 응집성, 헌신성과 동료애 적인 협동적 가치관을 창조함으로써 학문적 목표 달성에 효과적으로 기여한다고 할 수 있다. 또한 학교 풍토와 학급 풍토 및 학습 풍토는 학생들의 학습 활동과 밀접한 관계를 갖고 있다. 학교 풍토가 학습할 수 있는 분위기를 만들고, 신념을 갖게 하고, 동기를 유발시킬 수 있는 힘을 갖고 있기 때문이다.

셋째, 효과적인 학교의 주요 변인은 가정, 학교, 지역사회의 관여와 관계를 들 수 있다. 이것은 학교와 가정, 학교와 지역사회들이 상호 관련되고 상호 작용하는 하나의 공동체를 의미한다고 하겠다.

넷째, 효과적인 학교의 핵심적인 활동은 교육과정의 효율적 운영이며 이는 수업활동을 통해 구현된다. 효과적인 학교의 주요 특성들은 수업과 관련된 변인이라 할 수 있다.

다섯째, 학교 경영과 방침에 관한 변인들을 들 수 있다. 행정의 목적은 학교 단위의 수업 활동을 지원하고 조장하는데 있다. 학교 경영과 정책은 근본적으로 수업 활동을 지원하고 조장하는 2차 적인 활동이라 할 수 있다. 효과적인 학교의 특성 중 분명한 학교의 목표와 임무가 중요한 변인으로 제시되어 있음은 학교가 나아갈 방향을 제시하고 학교효과성의 기준을 나타낸 것으로써의 의미가 있으며, 특히 학교 경영의 방침이 되는 것이다. 또한 효과적인 학교의 초점으로서 학문과 기본 기능을 강조하는 변인은 효과적인 학교의 특성이 성적의 향상에 있다고 볼 때 중요한 의의를 지니고 있다.

여섯째, 의사소통은 학교목표와 비전 등을 공유함으로써 안정된 인간관계와 교사들의 참여성과 응집성을 높일 수 있는 촉진제로 볼 수 있다. 또한 의사결정은 이해관계자의 참여를 통해 책무성을 제고하고 공동체 의식을 갖게 함으로써 학교단위책임경영을 가능하게 하고 나아가 효과적인 학교를 만드는 핵심적인 요인이라 할 수 있다.

일곱째, 효과적인 학교의 핵심변인은 수업담당자인 교사들의 역할과 행동에 초점을 두고 있다. 교사의 행동과 특성은 질적으로 높은 수업요원의 확보를 의미하며, 교사들과 동료적이고 지원적인 상호 작용을 통한 조직의 협동적 문화를 창조하는데 그 의미가 있다고 하겠다.

여덟째, 효과적인 학교는 학생들의 행위와 태도를 중요한 변인으로 보고 있다. 즉 학생들이 학습 활동에 참여 정도와 태도, 학생들의 자아개념과 책임감 등도 학생들의 성적과 관련된 것으로 보고 있다. 이것은 학생 스스로가 자신에 대한 기대 수준을 높이고, 강한 자아의식을 갖고 있으며, 자신의 행동과 태도 및 책임감을 인식할 때 성적이 높아진다는 것을 의미한다.

마지막으로 효과적인 학교의 특성으로 투입-산출 연구의 주요 변인이었던 학교의 내적 요인과 학생들의 사회·경제적 지위 등도 효과적인 학교의 주요 특성임을 제시하고 있다.

효과적인 학교의 특성은 무엇이 학교를 효과적으로 만드는가? 하는 학교효과성 연구의 주요 구성 요소들이다. 앞에서 분석한 효과적인 학교의 특성은 학교경영 전반에 관련된 요소들임을 의미한다. 효과적인 학교의 특성은 인적·물적 자원, 사회·심리적 요인, 조직 구조 및 조직 행동적 측면, 교육과정 및 수업 활동적 측면의 요소들로 구성되고 있음을 볼 수 있다. 이러한 요소들은 궁극적으로 학교경영의 효율성 및 효과성을 달성하기 위한 지표로서의 역할을 의미한다. 따라서 효과적인 학교의 특성은 학교내부에서 다양한 투입 자원을 결합하여 산출의 효과성과 효율성을 달성하기 위한 역동적 전환과정이라 할 수 있다.

Purkey와 Smith(1983)는 프로그램 실행 연구, 사례연구, 조사와 평가 연구, 학교와 기타 기관의 조직에 관한 이론연구 등으로 분류하여 13개의 공통적인 효과적인 학교의 특성들을 추출하였다.

〈표 Ⅱ-6〉 효과적인 학교특성

주유목	하위유목	빈도	%	주유목	하위유목	빈도	%
교장의 지도성	강력한 교장의 지도성	17		학습기회와 과업 시간	학습기회/과업시간	16	
	교장의 수업지도성	21			높은 학습 시간	1	
	도덕지향 지도성	1				17	4.4
	목표지향 지도성	4		교육과정 운영과 수업	교육과정	7	
	교장/교사 지도성	2			수업(활동)	9	
		45	11.5		협동적 목표 달성	2	
성적에 대한 기대	성적에 대한 높은 기대	35			학습기능 습득	3	
	높은 성취 기준	3			수업관리 체제	1	
	학문적 성장	2			교사와 공유한 수업전략	1	
	높은 운영의 기대와 요구	2			수업조직	3	
	행동으로서 성적	1			집단 배치	1	
		43	11.0		수업점검과 환류	1	
학생 성적 향상 평가	학생진보 점검 및 평가	27			수업 기술	2	
	교사/학생 성과 점검	4			자원 이용 능력	1	
	평가와 수정	1			완전학습	2	
	학교자체 평가	1			수업 효과성	1	
		33	8.5		교수/학습 보상	1	
학교 목표	분명한 학교목표/대전체	26			수업 요인	1	
	목표				장학	2	

주 유목	하위유목	빈도	%
	학업 강조	5	
	기본 기능 강조	5	
안전하고 질서 있는 환경학교		36	9.2
	안전하고 질서 있는 환경	24	
	물리적 정서적 환경	1	
	동료와 작업 환경	1	
	질서와 훈육	1	
학교 문화와 풍토		27	6.9
	학교문화	4	
	학교 풍토	23	
	목적 지향적 질서 있는 풍토	1	
	사회·심리적 풍토	1	
가정 (학부모) 지역 사회 관여		29	7.4
	부모의 관여	19	
	지역사회 관여	5	
	가정/지역사회 관여	4	
	교육위원회	1	
	공동체 의식	2	
교사의 특성과 행동		31	7.9
	교사의 성(남·여)적 특성	1	
	교사의 권한 부여	1	
	교육경험, 연령	1	

주 유목	하위유목	빈도	%
학교 경영과 방침		38	9.7
	조직과 경영	1	
	조직구조/절차	2	
	학체적 조직	1	
	학교의 재구조화	1	
	유연한 행정	2	
	기획의 과정	1	
	학교모델	3	
	성과 중심 교육	1	
	프로그램	2	
	훈육	4	
	의사소통	3	
	의사 결정	6	
	통제 위치	1	
	배려	1	
	공정성	1	
	도덕성	1	
	전문적 책무성	1	
학생의 특성과 행동		32	8.2
	잘못된 행동 교정	1	
	성취 축복	1	
	학생만족	1	

주유목	하위유목	빈도	%
	수업과 교육 전략	1	
	교사/학생 관계	1	
	지원적/동료적 상호작용	1	
	교원의 협동 (계획)	4	
	교직원 헌신성, 응집성	1	
	교사의 동료애	3	
	교사의 사회화 과정	3	
	동기	1	
	교사만족	1	
		19	4.9
교직원 개발	교직원 전문성 개발	6	
	교사만족	3	
	보상과 유인	2	
	수습교사 지원	3	
	교직원 성수성	1	
	교사의 선발과 해임	2	
	인사지침	1	
		18	4.6
학교 요인	학생의 채무성과 참여성	3	
	학생의 요구	1	
	태도	1	
		8	2.1
	학생 1인당 비용	1	
	교직원 교육	1	
	교사의 자격과 재직기간	1	
	교사의 봉급	1	
	학급 규모	1	
	시설	1	
	출석	2	
	풍부한 자원	1	
		9	2.3
인적 요인	성	1	
	인종	1	
	사회·경제적 지위	3	
		5	1.3
	제	390	100

자료: 이혜우(2002). 효과적인 학교의 특성분석을 통한 학교경영체제모형 탐색. 교육행정학연구, 20(1).

1) 학교단위의 자율적 경영, 2) 교장의 수업 지도성, 3) 교직원 근무 안정성, 4) 교육과정의 편성과 조직, 5) 학교 내의 교직원 개발, 6) 학부모의 참여와 지원, 7) 학업적 성공에 대한 인식, 8) 학습시간의 극대화, 9) 지역 교육청의 지원, 10) 협력적인 계획과 동료관계, 11) 공동체의식, 12) 명확한 목표와 높은 기대, 13) 질서와 훈육 등이다.

여기에서 효과적인 학교특성들은 소수의 특별히 효과적인 학교들에 대한 관찰과 면접을 통하여 발견한 것이지 Coleman 보고서와 같이 많은 학교들로부터 얻어진 일반적인 특성들이 아니라는 단점을 지닌다. 학교가 이러한 특성들만 갖추게 된다면 동일하거나 비슷한 조건의 다른 학교들보다 학생들의 학업성취를 더 높여주는 효과적인 학교가 된다는 보장을 하기는 어렵다. 그리하여 학교특성들이 모두 객관적이고 양적인 신뢰로운 측정치로 전환될 수 있다면 그것을 가지고 보다 많은 수의 학교 표집으로부터 자료를 수집하여 학생들의 학업성취와의 관계를 통계적으로 분석하여 학교효과를 확인해 볼 수 있다면 그 결과는 위의 연구결과들과 다르게 나올 수 있는 가능성이 얼마든지 내재되어 있다.

2. 학업성취와 학교효과성

효과적인 학교 연구에 있어 학교효과성은 학업성취를 기준으로 평가한다. 학업성취란 학교교육을 통하여 학습한 지식, 지적능력, 태도, 가치관 등 학습의 결과이다. 학업성취에는 인지적 영역의 학습결과만이 아니라 비인지적 영역의 학습결과도 포함한다(김신일, 2000). 많은 연구자들은 학업성취로 학교효과를 파악하는데 있어 단순히 학생의 인지적 성취만이 아니라 학생의 행동, 출석률, 비행, 태도와 자아개념을 포함시키려 하고 있다(Rutter et al., 1979). 그러나 일반적으로 학업성취는 인지적 수준의 높고 낮음으로 표현하여 왔으며, 대부분 효과적인 학교에 대한 근거가 학생들의 성적으로 표현되어 왔다. 그것은 학교가 학생에게 기본적인 기능인 인지적인 능력을 갖추는데 성공하지 못한다면 학교가 상대해야 할 학생, 학부모, 다른 관계자들에 의해서 효과적인 학교라는 평가를 받지 못하기 때문이다(Squires, 1981).

학교간의 질적 차이로 인하여 학생들의 학업성취의 차이라는 의미의 학교효과에 대한 연구는 그 동안 미국과 영국에서 오랜 기간 동안 진행되어 왔었다. 영미에서의 학교효과에 대한 연구의 시작이라고 할 수 있는 Coleman(1966) 보고서가 학교효과에 대한 부정적인 결론을 내린 이후로 많은 연구들이 이에 대하여 동조와 비판이 계속되어 왔다. 여기에서 동조적인 연구물로는 Coleman이 사용한 변인 외에 다른 자료들을 함께 종합하여 분석한 연구나 (Jencks 외, 1972), Jencks와 Brown(1975)은 교사의 경험, 학급 규모, 학생 집단의 사회적 구성 등의 변인을 가지고 Coleman의 방법과는 다른 방법으로 분석한 연구들을 들 수 있다.

최근의 학교효과 연구들은 학급수준의 과정변인들을 보다 중요시하여 그것을 탐색하는데 주력한다. 이들은 대부분 수업에 관련된 것들로 수업준비, 교사-학생 상호작용, 학습조직 방법, 교수-학습 방법, 학생들의 수업태도, 수업 통제와 분위기, 평가방식, 숙제 부여 방식 등이 학업성취와 관계가 있는 것으로 보고 되고 있다. 그러나 이러한 수업관련 변인들은 학교효과라는 연구맥락과는 별도로 수업의 효과라는 주제와 관련하여 일찍부터 연구되어 온 것들이다. 효과적인 학교를 발견하여 그들을 대상으로 관찰과 면접과 같은 질적 연구방법을 적용하여 효과적인 학교들의 특성을 찾아내는 연구들이 미국에서 1970년대 말부터 많이 이루어져 왔다. Edmonds(1979)는 '효과적인 학교에 관한 연구들'(effective school studies)의 성과로 효과적인 학교의 특성들이 많이 알려지게 되었다. 효과적인 학교의 특성을 그는 다음과 같은 다섯 가지의 요인으로 설명한다. ① 학교장의 강한 지도력, ② 학업성취에 대한 높은 기대, ③ 학습에 도움이 되는 정련된 학습 분위기, ④ 기초 수학(修學)능력에 대한 강조 . ⑤ 학생의 학습 수행 정도에 대한 빈번한 관심과 지도 등의 다섯 가지 요인을 효과적인 학교가 공통적으로 보이고 있는 특성이라고 규정지었다(Edmonds, 1979).

영국의 Rutter(1979)는 중등학교를 대상으로 한 연구로 학교와 학교 사이에서 발생하는 학생배경의 차이를 통제한 후에도 학생들의 교육결과[12]가 학교별로 차이 나는지에 대해서 탐구해 보았다. 이 연구에서는 성취도 변인의 학교 간 변량비율을 통한 분석방법을 사용하지 않고 실제 학생들이 획득한 성취도 점수를 학교별로 비교하였으며, 학교특성 변인으로 시설투입변인과 함께 과정변인들을 분석에 포함시키고 있다는 점에서 초기의 학교효과연구들과는 다소 차이를 보이고 있다[13].

---

12) Rutter와 그의 동료들에 의한 연구(Rutter et al.,1979)에서 설명하려고 한 교육결과 변인은 출석, 학생의 전반인 행동, 비행 경험, 교과시험의 성적 등 네 가지이다.

13) Rutter 등은 이러한 새로운 학교변인인 학교 내 경험을 다루는 변인들의 중요성에 대해서 다음과 같이 말하고 있다. "영국과 미국의 많은 연구들에 의하면, 학생들의 교육결과에 미치는 학교효과의 차이는 학교건물이나 시설자원과 같은 물리적인 투입요인에서 연유하지 않는다. 오히려 학교효과의 중요한 차이는 사회적인 조직으로 기능하는 학교의 삶과 관련되어 있다. 연구자들은 학교에 따라서 사기, 풍토 및 분위기가 다르다는 점을 드러내 주었다. 그러나 어떠한 교사의 행동 또는 활동이 이러한 비가시적(intangible)이지만 중요한 특징의 뒷면에 놓여 있는지에 대해서 정확히 알지 못하고 있다. 따라서 장기간에 걸쳐서 교사와 아동을 면접해 보고 직접 관찰하면서 학교의 삶의 다양한 측면을 평가함으로써 세밀하게 연구해 보는 것이 중요하다."(Rutter et al., 1979: 65).

그러나 Rutter와 그의 동료들에 의해 수행되었던 연구는 다음과 같은 몇 가지 방법론상의 문제점을 갖고 있기 때문에 연구결과의 일반화에는 다소 한계가 있다(Goldstein, 1980). 즉, 학생들 가정의 사회경제적 배경 변인(SES)으로 아버지의 직업 변인만을 사용한 반면에, 학교교육이 일어나는 과정을 드러내는 지표로 사용한 변인으로는 46개의 측정치를 사용함으로써 변인 측정에 있어서 균형을 잃고 있다. 그 결과 학생들의 배경변인에 의한 영향력은 상대적으로 줄이는 반면에 학교 과정변인들의 효과는 지나치게 강조함으로써 학교효과를 실제보다 과대평가하는 결과를 초래하였다. 그리고 학교효과를 비교하기 위해서 사용한 표집 학교의 수가 12개교에 불과하였다는 점 및 학교별 표집 학생수가 많은 차이를 보이고 있기 때문에 이 연구의 분석결과가 학생수가 많은 학교의 영향력을 더 많이 받을 수 있는 가능성을 갖고 있다(Gahng, 1993).

그럼에도 불구하고 러터 등의 연구(Rutter et al., 1979)는 학업성취도를 포함한 다양한 교육결과변인을 사용했으며, 학교 내의 과정변인의 영향력을 고려하고 있다는 점 및 변량이 아닌 실제 점수를 기준으로 학교효과를 비교해 봄으로써 학교효과연구에 주요한 시사점을 제시해 주었다.

Mortimore(1988)의 연구는 초등학교를 대상으로 한 연구이다. 이 두 연구 모두 학교간의 질적인 차이로 인하여 학생들의 학업성취나 기타 결과가 달라지는가? 란 문제와 만약 학교효과가 있다면 그러한 효과적인 학교의 특성은 무엇인가라는 두 가지의 전형적인 학교효과에 관한 연구문제를 가지고 다수의 학교 표집과 질문지, 관찰, 면담 등의 방법을 사용하여 수집한 자료를 통계적인 방법으로 분석한 연구들이다. Mortimore는 이 두 연구결과들을 중심으로 학교의 효과성을 만들어 내는 특성들을 다음과 같이 11개 요인으로 제시하고 있다.

① 전문적인 리더십, ② 학교 구성원들이 공유하고 있는 비전과 목표, ③ 학습을 조장하는 환경, ④ 교수-학습에 대한 집중, ⑤ 목적이 뚜렷한 교수, ⑥ 높은 기대, ⑦ 긍정적인 강화, ⑧ 학생 진보에 대한 수시 점검, ⑨ 학생의 권리와 책임, ⑩ 가정-학교의 동반자 관계, ⑪ 항상 새로운 것을 받아들이는 학교조직 등이다.

이러한 특성들은 미국의 효과적인 학교에 관한 연구들로부터 추출된 효과적인 학교들의 특성들과 공통된 부분이 많다. 이러한 학교효과에 관한 요인들은 기본적으로 필요한 것이나 그것을 갖추었다 하여 학교의 효과성이 저절로 발생되는 것은 아니다. 단위 학교가 처해진 상황과 맥락에 따라 달라질 수가 있다는 점과 그 요인들이 작용하는 방식은 학교마다 다를 수 있다.

학교 내부에서 일어나는 과정변인의 중요성을 지적하고 있는 연구에는 1980년대 초반부터 미국에서 시작된 일련의 공·사립(公私立)학교의 학교효과 비교 연구들도 포함된다. 학교효과에 대한 부정적 결론을 내린 지 16년 만에 Coleman과 그의 동료들(Coleman, Hoffer and Kilgore, 1982)은 공립학교보다는 사립학교, 특히 가톨릭계 고등학교는 학생들의 학업성취도 향상에 있어서 보다 더 효과적이라는 새로운 주장을 제기함으로써 학교효과 연구에 새로운 논쟁을 불러 일으켰다.

그릴리(Greeley, 1982) 역시 Coleman 등의 연구(Coleman et al., 1982)에서 사용한 자료를 사용하여 흑인 학생과 히스패닉(Hispanic) 학생들을 대상으로 설립유형(공립·사립)별 학교효과의 차이를 분석한 결과 소수민족과 사회적 하층계층의 학생들에게 있어서 가톨릭 학교의 효과가 상대적으로 더 크다는 결과를 얻었다.

공·사립학교 비교연구의 결과들 중에서 학생들의 학업성취도와 관련해서 논쟁이 제기되고 있는 부분을 좀더 구체적으로 살펴보면 다음과 같다(성기선, 2000). 즉, 동일한 가정의 사회경제적 배경을 가진 학생을 비교했을 때 가톨릭계 고등학교를 다니는 학생의 성취수준(어휘력, 수리능력)은 공립학교에 다니는 동일 수준 학생의 성취수준과 비교할 때 상대적으로 높다. 또한 가톨릭계 학교에서는 학생들의 사회경제적 배경변인이 학업성취도에 미치는 영향력[14]이 다른 공립학교의 경우와 비교해 보면 상대적으로 약하다는 결과가 나왔다. 이러한 지표를 통해서 볼 때 가톨릭계 학교가 학생의 배경변인 차이에 의해서 발생하는 성취도 격차를 상대적으로 더 많이 줄여 줌으로써 공립학교보다 평균적인 성취도 수준이 높을 뿐만 아니라 사회적인 평등화 실현도에 있어서도 앞선다(Coleman et al., 1982).

다시 말하면 가톨릭 학교에서는 가정의 사회경제적 배경이 학생들의 학업성취도에 미치는 영향력의 크기가 공립학교와 비교할 때 상대적으로 약하다고 볼 수 있다[15]. 이러한 설

---

14) 학업성취도를 종속변인으로 설정하고 가정배경 변인을 독립변인으로 하는 회귀방정식을 가정해 본다면, 가정배경 변인이 학업성취도에 미치는 영향력의 크기는 회귀계수로 표현될 수 있다. 회귀계수의 크기가 클수록 가정배경변인의 영향력이 크며 회귀계수의 크기가 작을수록 가정배경 변인의 영향력이 그만큼 작다고 볼 수 있다. 가정배경 변인의 영향력이 작은 학교일수록 보다 효과적인 교육을 실시한다고 볼 수 있는 반면에, 가정배경 변인의 영향력이 큰 학교는 학생들의 가정배경에 따른 학업성취도 차이를 상대적으로 강화시키는 결과를 초래하기 때문에 학교효과에 있어서는 부정적이다.

15) 이와 같은 미국의 공·사립학교 비교 연구들은 효과적 학교연구(effective school study)와 유사성을 가지면서도 방법론적으로는 진일보했다는 평가를 받고 있다. 예컨대, 학교 투입요인들에 대한 통제방식에 있어서 효과적 학교연구들에서는 결여되어 있던 엄격성을 보이며, 효과적인 학교의 특성변인들을 보다 객관적인 방식으로 제시하고 있다. 또한 전국 단위의 표집을 통해 얻은 자료를 사용하여 연구를 수행함으로써 연구결과에 대한 일반화를 가능케 했다는 점 등을 들 수 있다 (Gahng, 1993). 뿐만 아니라 사립학교 학교효과 연구에서는 1966년에 수행되었던 Coleman 보고서 (Coleman et al., 1966)에서 사용했던 변량분석방법을 사용하지 않았으며 러터 등(Rutter et al.,

립유형별 학교효과의 차이를 유발시키는 요인은 무엇인가? 이 질문에 대해서 Coleman 등은 가톨릭계 학교는 학생들에게 지적인 수월성(知的秀越性)을 권장하고, 출석률을 강조하고, 숙제를 많이 내 주고, 어려운 교과목 이수를 권장하는 등 학업활동에 대해서 더 많이 강조 할 뿐만 아니라, 이 학교 학생들은 규율(discipline)과 행동(behavior)면에서 공립학교 학생 들보다 더 모범적이고 질서정연하다는 점 등을 들고 있다(Coleman et al., 1982).

더불어 Coleman과 그의 동료들은 공·사립학교의 학교효과를 검증하는 후속 연구들을 통 해서, 종교적인 공동체 의식을 공유하고 있는 가톨릭계 학교가 공립학교에 비해 상대적으로 더 많은 효과를 발휘한다는 주장을 새로이 제기함으로써 사립학교가 보다 효과적이다는 논 의를 계속적으로 심화 발전시켜 주었다(Coleman et al., 1987). 이 연구에서 Coleman 등은 공립학교와 사립학교의 조직 특성의 차이를 "사회적 자본(social capital)"[16]이라는 개념을 통해서 설명하고 있다.

가톨릭계 학교는 종교적 공동체를 통해서 가정에서 얻지 못하는 사회적 후원을 학교를 통해서 보완해 주는 기능을 수행하며 이러한 독특한 종교적 공동체 문화를 통해서 학생들 간의 성취수준 격차가 줄어드는 결과를 낳고 있다. 또 다른 연구에 의하면, 가톨릭계 학교 는 비교적 동질적인 특성을 갖는 학생집단을 대상으로 하며 학교 운영에 관련되는 각종 정 책을 일관되게 추진해 나갈 수 있는 조건을 갖고 있기 때문에 그렇지 않은 공립학교와 비 교해 보면 학교의 효과에 있어서 차이가 날 수 밖에 없다고 보았다(Chubb and Moe, 1990)[17]. 요컨대 이러한 연구들이 시사하는 바는, 학교효과를 분석하기 위해서는 구체적인

1979)이 제기한 바 있는 연구방법, 즉 실제 성취수준을 비교하고 있다. 그리고 공·사립학교별로 구 분하여 학교효과 추정 방정식을 별도로 구안하고 있다는 점에서 기존의 연구방법과는 다른 특징 을 보이고 있다. 즉 설립유형별로 학교수준 변인들의 작용방식이 차이날 것이라는 점을 가정하고 있다. 이러한 방법은 위계적 선형모형(HLM)의 기본 가정의 하나(예컨대 각 학교별로 학생배경변 인이 학업성취도에 미치는 효과가 다르다는 점)를 이미 고려함으로써 학교효과 연구에 새로운 논 의를 가능케 했다고 평가할 수 있다(성기선, 2000).

16) 사회적 자본은 가톨릭계 학교에서 학생-교사-학부모들이 종교 공동체의식을 공유하면서 갖게 되 는 유기적인 관계 망(social network)을 의미한다. 학생들은 학교에서 개인적 경쟁주의가 아닌 공 동체 의식을 통해서 생활하며, 가정에서 부모로부터 받지 못하는 사회적 후원을 학교를 통해서 보충할 수도 있다. 또한 가톨릭 학교의 학부모들은 가정환경이 상대적으로 결핍되어 있는 아동들 을 자기 자녀와 같이 대해 줌으로 해서 그들의 학업성취가 하락하는 것을 막아 줄 수 있다고 한 다(Coleman and Hoffer, 1987 ; Coleman, 1988 ; Ramsay and Clark, 1990).

17) 이들은 미국의 공·사립학교의 특성을 다음과 같은 5가지로 비교하고 있다. 첫째, 사립학교는 공 립학교에 비해서 덜 관료주의적이다. 둘째, 사립학교는 공립학교에 비해서 외부의 간섭이 덜하며 자율적으로 운영된다. 셋째, 사립학교는 공립학교에 비해서 보다 학문지향적이며 교육의 목표도 다양하지 않다. 넷째, 사립학교는 공립학교에 비해서 교장과 교사의 지도성이 뛰어나다. 다섯째, 사립학교는 공립학교에 비해서 교수방식 등에 있어서 보다 비형식(informal)적이며 다양하다는

학교분위기와 풍토뿐만 아니라 학교정책과 학교를 둘러 싼 외부적 환경의 영향력에 대해서도 함께 고려해야 한다는 점이다(성기선, 2000).

이상과 같이 미국과 영국을 중심으로 한 학교효과와 효과적인 학교에 관한 연구들로부터 학교 간에는 학생들의 학업성취 및 기타 산출에 있어서 비슷한 여건의 다른 학교보다 더 효과적인 학교와 그렇지 못한 학교가 있다는 것을 알 수 있으며, 효과적인 학교들이 갖추고 있는 공통적인 특성들을 확인할 수 있다.

우리나라에서 수행된 학교효과성 연구물로는 김병성(1981)과 성기선(1998, 2000), 한대동 외(2001), 곽수란(2003) 등의 연구가 있다. 김병성의 연구는 Brookover의 연구(1979)에서 학교효과의 중요한 변인으로 발견된 학교의 사회심리적 면학풍토에 관한 측정도구를 사용하여 한국의 인문계 고등학교를 대상으로 연구한 결과, 학생들의 학업성취에 대한 학교의 효과는 가정의 사회경제적 배경에 못지않게 중요하게 작용하는 것으로 보고하고 있다.

성기선(1998) 연구의 경우는 인문계 고등학교 56개를 대상으로 표집하여 학생 개인특성과 학교특성에 관한 측정치와 위계적 선형모형(HLM)을 사용하여 학교효과를 추정한 결과, 학교효과가 선행변인인 사회경제적 배경, 선행 성취도를 통제한 후에도 학업성취도 전체 변량의 7.61%를 설명하는 것으로 나타났다. 이러한 학업성취도에 대한 학교효과와 관련된 학교 수준 특성들로는 학생집단 구성 변인 즉, 입학성적, 성별이 가장 중요한 변인이었고, 학생들의 학습열의와 경쟁적인 분위기, 교사 열의, 교장의 지도성 등 그 효과의 크기는 크지 않았지만 통계적으로 의의 있는 것으로 나타났다.

한대동 외(2001)는 고등학생 학업성취에 대한 학교효과와 과외효과의 비교연구에서 학원 및 과외 수강은 수능 모의고사의 수리탐구1 점수에 별 다른 독립적인 영향을 주지 않았다고 결론을 내리고, 고교 평준화는 학생들의 학업성취에 별 다른 영향을 주지 못한 것으로 나타났다고 한다. 즉, 평준화로 인하여 학력이 하향 평준화되었다는 일부의 비판에 대해서 지지하지 않으며, 학교의 특성과 질적 차이로 인한 학생들의 학업성취도의 차이 즉, 학교효과가 어느 정도 존재한다고 결론을 내리고 있다. 더불어 고등학생 자녀의 수능 점수(수리탐구 1)의 향상을 위해서는 학원이나 과외 공부를 시키는 것보다는 보다 질 높은 교육을

특성을 보인다. 이상과 같은 특성 차이로 인해서 사립학교가 보다 효과적인 교육결과를 낳는다는 해석을 하였다. 이러한 분석에 기초해서 Chubb과 Moe는 학교효과를 높이기 위해서 실시해야 하는 교육개혁의 방향은 크게 다음 세 가지가 될 수 있다고 결론 내리고 있다. 첫째, 단위 학교별 독자적인 경영(school based management) 둘째, 교사의 전문성 고양 및 교사의 권한 강화 (teacher prefessionalism and empowerment) 셋째, 학교에 대한 대폭적인 선택권 부여(a comprehensive and radical program of choice)

제공하는 학교에 자녀를 보내는 것이 더 효과적이라고 할 수 있다. 아울러, 학생들이나 학부모들이 갖고 있는 과외의 긍정적인 효과에 대한 근거 없는 믿음과 의식은 바로 잡혀질 필요가 있으며 학원이나 과외 교육을 무력화시키고 학교교육을 정상화시키기 위해서는 무엇보다도 학교의 교육력과 교육의 질을 높이기 위한 방안을 마련하는 것이 중요하다고 이 연구에서는 밝히고 있다.

곽수란(2003)은 효과적인 학교의 학생관련 과정변인 인과관계 분석 연구에서 효과적인 학교와 비효과적인 학교의 학교 내 과정변인들은 차이가 있으며, 이것은 학교의 자체 교육력에 의해 학업성취를 차이 나게 할 수 있다는 효과적인 학교 연구를 지지한다며, 따라서 학교는 교육적으로 효과적인 기관임을 확인해 주고 있다. 교장의 수업지도성은 교장이 교수-학습에 참여하지 않는다 하더라도 학생의 학업성취에 직접적인 영향을 미치는 중요한 과정변인이라 할 수 있으며 학생의 인성은 두 학교 군을 차이 나게 하는 변인이며 또한 학생의 인성 특성은 학업성취에 긍정적인 영향을 미치는 중요한 변인이라고 보고하고 있다. 효과적인 학교 연구는 학교 내 구성원들의 상호작용, 자원 활용의 방식과 같은 과정적 특성이 학생의 학업성취에 어느 정도 영향을 미치는지를 파악하는 학교효과 탐색 방법이라 하겠다.

3. 교사 효과성(teacher effectiveness)

교육의 성패는 교사의 질에 달려 있다고 해도 과언이 아닐 것이다. 이러한 '잘 가르치는 교사', '효과적인 교사'를 규명하기 위한 연구들은 주로 교사효과성(teacher effectiveness) 연구로 불린다. 이러한 연구를 수행한 연구자들은 '효과성'의 의미를 명확하게 규정하지는 않았지만, 그들이 사용하고 있는 연구방법이나 이론적인 근거를 통해 연구자들이 가정하고 있는 효과성의 개념을 파악할 수 있다. 교수(teaching)나 교사에 대한 연구에서 각 연구마다 중점을 두는 변인이나 그 변인들 간의 관계에 따라 효과성의 의미는 조금씩 달라졌다. Dunkin과 Biddle(1974)은 교수모형에 포함되는 변인으로 선행(presage) 변인, 상황(context) 변인, 과정(process) 변인, 산출(product) 변인을 들고 있다.

이러한 변인 중 어떤 변인을 효과적인 교사를 판단하는 기준으로 삼느냐에 따라 효과성의 개념은 달라진다. 초기에 이루어진 연구들은 교사의 인성 특성과 같은 선행 변인을 중심으로 훌륭한 교사, 좋은 교사(good teacher)를 규정하고자 하였다(Borich, 1988). 이러한 연구에서는 성실하고 관대하며 사려 깊은, 그야말로 좋은 인간의 자질을 갖춘 사람을 보통 좋은 교사라고 판단하였다. 그러나 이러한 교사의 특성이 실제 교사의 교수(teaching)활동에 영향을 미칠 수 있는 변인인가 하는 의문이 제기되면서, 보다 교수활동과 관련이 있으면서 교사가 필수적으로 갖추어야 할 것으로 여겨지는 기본 자질들(교수기술, 지식, 능력 등)을 효과적인 교사로 판단하는 기준으로 삼게 되었다(배호순, 1992b; Medley, 1979).

이러한 연구에서 효과적인 교사의 판단 기준이 된 교사의 인성 특성이나 기본 자질들은 Dunkin과 Biddle(1974)이 개념화한 것에 의하면 선행 변인에 해당한다. 그러나 이러한 변인들만으로는 개별 교사가 수업에서 어떻게 행동해야 하는지에 대한 정보를 도출할 수는 없다. 그것은 교사의 인성 특성이나 자질들이 교사의 수업행동에 어떠한 형태로든지 영향을 끼칠 것이라는 점은 예측할 수 있지만, 구체적으로 어떻게 영향을 미치고 그 영향이 어떤 수업행동으로 나타나는지에 대한 정보를 제공하지 못하기 때문이다(배호순, 1987, 1992a, 1992b; Borich, 1988). 따라서 교사의 가장 중요한 역할이 학습자에게 양질의 학습경험을 제공하고 바람직한 학습 결과를 가져오게 하는 것이라면, 효과적인 교사를 밝히기 위해 보다 중요한 것은, 실제 교사가 수업에서 어떠한 수업행동을 하느냐 하는 것이다.

과정-산출 연구는 교사가 수업에서 하는 행동과 학생의 학업성취와의 관계를 통해 효과적인 교사를 규명하려는 접근 방법이다(안우환, 2004; Ander- son, Evertson & Brophy, 1979; Wright & Nuthall, 1970; Evertson et al., 1984; McDonald, 1976). 이러한 효과성의 의미는 선행 변인만을 효과성의 기준으로 삼은 초기의 연구와는 달리 학생 측의 산출 변인과, 이와 상관이 있는 과정 변인을 동시에 고려하고 있다. 특히 학생의 학습 결과에 영향을 미칠 수 있는 교사의 수업행동을 효과적이라고 판단함으로써 효과적인 교사를 교사 자체의 특성이나 자질보다는 학생의 학습과의 관련 하에서 파악해야 한다는 점을 지적하고 있다.

이상의 논의를 통해 교사효과성 연구가 가정하고 있는 효과성의 의미는 점차 그 기준을 선행 변인, 과정 변인, 산출 변인, 상황 변인들을 포괄하는 방향으로 나아가고 있다는 것을 알 수 있다. 특히 교사의 인성 특성이나 자질과 같은 선행 변인보다는 교사의 수업행동을 연구하는 과정-산출 연구가 광범위하게 이루어진 것을 볼 때, 교사의 효과성은 수업활동에서의 교사의 행동이 중요한 판단기준이 된다는 것을 알 수 있다. 수업이 학교생활의 대부분을 차지하며, 가르치고 배우는 활동이 집중적으로 이루어지는 곳이라는 점에서 교사의 수업행동을 중심으로 교사의 효과성을 파악하는 관점은 바람직한 것이라고 생각된다.

그런데 교사효과성 연구에서 주로 관심을 기울이는 교사의 수업행동은 학생의 학습결과와 상관이 있는 교사의 수업행동이다. 이러한 교사의 수업행동으로 규정되는 효과성의 의미를 Shulman(1986)은 상관적인 의미로 해석한다. 상관적인 의미에서는 바람직하다고 여겨지는 결과와 상관이 있는 특정 수행은 효과적이라고 판단된다. 그러나 이러한 효과성의 의미는 결과에 영향을 미친다고 확인된 과정 변인만을 강조하기 때문에, 수업과정 전체가 학생들에게 바람직한 영향을 미치기 위해서는 어떤 수업이 되어야 하는가 하는 전체적인 시각은 제공해주지 못하고 있다는 비판을 제기하기도 하였다.

가. 효과적인 교사의 수업행동

교사효과성에 관한 과정-산출 연구의 결과들은 학생의 학업성취와 관련이 있는 교사의 수업행동들에 관한 것이다. 이러한 유형의 연구는 수업의 효과가 수업과정에 일어난 교사의 수업행동 변인에 의해 좌우된다는 입장을 취하고 있다. 그래서 수업 중에 교사가 어떤 행동을 주로 강조하고 수행했는가, 어떤 수업형태와 전략을 구사했는가 등 수업을 전개하는 절차 및 과정과 그 과정을 형성하는 교사의 행동을 중시하였다(배호순, 1992b).

많은 연구자들이 이러한 유형의 연구를 통해 효과적인 수업행동들을 확인하였다. 효과적인 교사의 수업행동을 밝히기 위한 연구들(McDonald, 1976; Anderson, Evertson & Brophy, 1979; Borich, 1988, 1990; Evertson et al., 1984; Good & Brophy, 1984, 1986; Wright & Nuthall, 1970)을 검토한 결과 확인된 효과적인 교사의 수업행동들은 ① 설명의 명확성, ② 중요내용 반복, ③ 수업내용의 관계 밝히기, ④ 체계적인 수업진행, ⑤ 수업방법의 다양성, ⑥ 다양한 질문 활용, ⑦ 자료제시의 다양성, ⑧ 학생의견 격려, ⑨ 학생의견 활용, ⑩ 열성적인 태도, ⑪ 학업 지향적인 태도, ⑫ 학습기회 부여, ⑬ 일관된 수업행동 규칙 마련, ⑭ 학생의 일탈행동에 대처 등이다.

나. 효과적인 교사 수업행동의 개념화

위에서 제시한 효과적인 교사의 수업행동들은 수업 상황이나 학생들의 특성에 따라 그 효과성이 가변적이지만, 특정 상황이나 특정 학생에게는 그 효과가 확인된 행동들이다. 따라서 이러한 수업행동들은 좋은 수업, 효과적인 수업을 이루기 위해 필요한 교사의 수업행동이 어떠한 것인지, 교사의 수업활동을 평가하는 준거에 어떤 것이 있는지를 알아보는 데도 도움이 될 것이다.

Anderson(1982)은 효과적인 교사는 학습과 학생행동을 효과적으로 관리할 수 있는 교사라고 규정하였다. 따라서 그는 교사의 수업행동을 크게 학습관리와 학생행동 관리로 구분하여 바라보았다. 학습관리 행동에는 학생을 파악하고 학생에게 적절한 과제를 부여하는 행동, 학습자 안내하기, 학생을 감독하고 학습에 몰두시키기 등의 행동이 있다. 반면, 학습자관리 행동에는 교실 규칙 마련, 부적절한 행동에 신속하게 대처하기와 같은 행동들이 있다.

Anderson의 개념화는 교사의 수업행동 전체를 관리차원으로 바라보았다는 점에서 새로운 시각을 제시해 주고 있다. 이러한 개념화는 경험적인 연구를 통해 효과적으로 판정된 수업행동을 기능 면이나 특성에서 유사성을 보이는 행동들로 개념화하였다는 점에서 효과적인 수업행동을 개념화하는 데 도움이 된다. 그러나 수많은 교사행동들 중에서 효과적으로 확인된 행동들만을 포괄하는 것이기 때문에 교사의 교수활동을 전체적이고 포괄적으로 바라볼 수 있는 틀을 제시하는 데는 부족하다.

Wright와 Nuthall (1970)은 28개의 교사 수업행동 변인을 확인하고, 이 변인들을 다섯 가지 범주로 개념화하였다. 그 범주에는 교사와 학생의 발언, 교사가 학생의 반응을 유도해 내려는 언어적 활동, 수업내용의 구조화, 반복과 복습, 학생에 대한 교사의 반응이 있다.

Green(1971)은 교사의 교수활동이 다른 활동과 구분되는 점이 무엇인지를 분석하는 과정을 통해 교사의 교수활동을 논리적 행동, 전략적 행동, 행정적 행동으로 개념화하였다. 논리적 행동은 교사가 수업내용을 잘 파악하고 있는가를 드러내는 행동들로, 여기에는 설명하기, 추론하기, 정의 내리기와 같은 행동들이 포함된다. 전략적 행동은 학습자가 수업내용을 잘 학습할 수 있도록 하는 교수전략, 계획활동, 훈육활동 등을 가리킨다. 그리고 행정적 행동은 교사가 학교라는 기관에 속해 있기 때문에 행정적으로 해야 할 일을 가리키는 것으로, 기부금을 조성하거나 학부모를 상담하는 것과 같은 행동들이다. Green(1971)은 논리적 행동과 전략적 행동을 수업진행에 필수적인 행동으로, 교수활동의 본질로 파악하고 있다. 즉 행정적 행동을 하지 않는다 하더라도 논리적 행동과 전략적 행동만으로도 교수활동을 하고 있다고 판단할 수 있다는 것이다.

Gagné, Yekovich와 Yekovich(1993)는 학습자관리 행동과 전략적 행동을 구분한다. 이들은 전략적 행동이 상황이나 학생, 교과에 따라 달리 적용되어야 하기 때문에 수업상황에서 일관되게 나타나는 측면이 아니라면 수업관리 행동은 교사나 학생이 이미 숙지하고 있는 교실의 규칙과 같이 습성화된 행동(routines)들을 가리키는 것으로 보았다. 따라서 이들은 교사의 전문성이 교과에 대한 지식, 수업내용을 효과적이고 효율적으로 전달하기 위한 전략적 지식, 학생이 수업과정에 참여하도록 하는 수업관리기술이라는 세 가지 측면으로 구성된다고 보았다.

다. 교사의 수업행동에 대한 학생의 지각

효과적인 수업행동들은 학생들의 학업성취와 상관관계를 나타내는 행동들이다. 그러나 이러한 행동들이 모든 연구에서 일관적으로 효과를 보이는 것은 아니다(Borich, 1988; Anderson, Evertson & Brophy, 1979; Evertson et al., 1984). Dunkin과 Biddle(1974)은 과정-산출 연구가 학년이나 학생들의 능력과 같은 상황(context) 변인들을 고려하지 않았기 때문에 그 효과성이 연구들마다 달라지는 이유를 규명하지 못한다고 비판하였다. 그리고 교사의 수업행동의 효과성을 판단하기 위한 준거로 주로 사용된 변인이 한 학급의 평균 성적이기 때문에, 다양한 능력과 특성을 가진 학생들에 대한 수업행동의 영향을 드러내주지 못한다는 점도 지적하고 있다. 따라서 교사의 수업행동은 모든 학생들에게 효과적이기보다는 학생들의 특성이나 상황에 따라 그 효과성이 달라지며, 어떠한 과정을 통해 그 효과성이 달라지는가를 규명하는 작업은, 교사의 수업행동이 학생 개개인에게 미치는 영향을 이해하는 데 도움을 줄 수 있을 것이다.

학업성취와 같은 인지적 측면뿐 아니라 정의적 측면에서도 교사의 수업행동은 차별적인 영향을 미친다. 학생의 학업성취나 학업에 대한 태도, 그리고 학업과 관련된 다른 타인과의 관계와 관련된 중요한 정의적 특성으로 '학문적 자아개념'을 들 수 있다(송인섭, 1988).

Dweck(1975)은 극도로 부정적인 학문적 자아개념인 '학습된 무력감(learned helplessness)'에 대한 연구에서 학생들이 학습에서의 무력감을 느끼는 정도에서 차이가 나는 이유 중 하나로 일상생활이나 학교생활을 통해 받게 되는 피드백에서의 차이를 들고 있다. 그리고 이렇게 형성된 학습에 대한 태도가 학습에서의 성공이나 교사의 칭찬, 기대에 대해 서로 다르게 반응하는 결과를 낳게 된다는 것에도 주목하고 있다. 학습에 대해 무력감을 가지고 있는 학생일수록 학습에서의 성공에 대해서도 자신의 수행에 대한 당연한 보상이라고 여기기보다는 행운이나 우연에 의해 이루어진 것이라고 보거나, 교사의 칭찬이나 기대도 긍정적이기보다는 부정적으로 바라보는 경향이 있었다고 한다. 그러나 학습에 대한 긍정적인 태도를 가진 학생일수록 자신의 노력이나 자신의 수행에 합당한 결과로 성공이나 교사의 칭찬 등을 해석한다는 것이다. 이러한 점은 학생들이 어떤 교사를 잘 가르친다고 생각하느냐, 그렇지 않느냐에 따라 학생에 대한 교사의 영향이 달라지며, 특정 교사의 수업행동에 대해서도 학생들이 어떻게 지각하느냐에 따라 학생의 학업결과에 미치는 효과가 달라질 수 있다는 것을 암시한다.

4. 지도성과 학교효과성

지도성(leadership)은 인기 있는 여러 연구 주제 중 하나로서 학계의 끊임없는 토론과 관심의 대상이 되고 있다. 거의 100여 년에 걸쳐서 일반 사회 과학 문헌들(정치학, 사회심리학, 경영학, 행정학 등)이 지도성을 다양한 관점에서 활발하게 다루고 있다는 사실은 이를 예증한다(Van Fleet and Yukl, 1986, 박선형, 2003에서 재인용).

한편 지도성은 일반 대중의 삶 속에서도 중요한 부분을 차지한다. 일반 조직체에서 실시하고 있는 수많은 직원연수 프로그램은 지도성 훈련 또는 지도성 제고를 목표로 교육내용을 구성하고 있다. 지도성에 대한 지대한 관심은 사회 전체의 다양한 영역과 분야에서도 쉽게 발견된다. '여성 리더십', '총장 리더십', '정치적 리더십', '대통령 리더십', '스포츠 리더십', '패션 리더십', '문화 리더십', '정보화시대와 리더십' 등의 구호는 지도성 개념 자체가 이미 정치·행정 영역뿐만 아니라 시대적·문화적 조류의 한 부분으로서 대중의 일상적인 삶과 불가분의 관계를 가지고 있음을 보여준다. 지도성이 많은 사람들로부터 각광 받고 있는 이유는 다양하면서도 상이할 수 있지만 지도성이 사회 각 분야가 직면하고 있는 문제 상황을 탈피하게 해주면서, 새롭고 바람직한 변화를 이끄는 결정적인 동인으로 간주되고 있음은 의심의 여지가 없다(박선형, 2003).

지도성은 집단에 있어서 그 집단이 추구하는 목표달성과 구성원들의 욕구충족(欲求充足)을 통한 집단유지에 기여하는 행위로 지도성을 직위의 속성이나 개인의 특성으로 보는 입장도 있으나 이것들은 지도성의 한 구성요소로 고려될 수는 있지만 지도성을 포괄적으로 설명하기에는 부족하다. 따라서 지도성을 "행동"으로 취급하는 경향을 보이고 있다.

지도성에 대한 연구는 특성적 접근, 상황적(狀況的) 접근, 그리고 행동적 또는 기능적 접근으로 분류된다. 특성적 접근은 초기의 지도성에 관한 연구로, 지도자는 피지도자가 소유하지 않은 어떤 특성을 지니고 있을 것이라는 가정 하에 지도자의 특성이 무엇인가를 밝히는 데 집중하였다. 상황적 접근에서는 어느 상황에도 적용되는 보편적인 지도적 특성을 발견할 수 없다는 점 때문에 개인의 자질과 상황을 결부시키는 데 주력했다. 행동적 또는 기능적 접근에서는 내면적 인성(人性)보다 행동을 강조하고 집단목적을 추구하는 데 어떤 조건하에서 어떤 행동이 필요하며, 집단구성원들이 집단행동에 어떻게 참여하는가를 추구한다.

이와 같은 기능이론에서의 지도성은 집단목표를 달성하기 위한 조력행위(助力行爲)로 정의되며, 그 기능은 목표달성에 필요한 일련의 행위를 포함한다. 뿐만 아니라 목표달성과 직접관계가 없는 집단의 안정과 집단 원의 만족을 보장하는 일과 같은 기능도 또한 지도적 역할의 부분으로 고려된다.

가. 지도성의 특성이론(traits approach of leadership)

　지도성을 초창기에는 훌륭한 지도자에게는 남다른 특성이 있다고 생각하고 이러한 개인적인 특성 등을 추출하려고 노력하였다. 훌륭한 지도자가 되려면 어떠한 개인적 특성을 가지고 있어야 하는가를 알아내고자 노력하였다. 이러한 지도성 연구의 한 흐름을 특성이론이라고 부른다. 특성이론에서는 지도자의 특성이 지도성의 성공여부를 결정짓는 핵심적인 요소라고 전제하였다. 즉, 훌륭한 지도자가 되는 데에 필요한 특성을 가진 사람은 상황의 변화에 관계없이 성공적인 지도자가 될 수 있다고 전제한 것이다. 이 지도성의 연구는 오직 지도자가 공통으로 갖추고 있는 특성을 찾아내는 데에 있었다. 그런데 지도자의 특성은 연구자에 따라 달리 제시되었다.

　Barnard(1987)는 지도자의 특성을 크게 두 가지 측면에서 파악하고 있다. 첫째, 지도자는 체력·기능·기술·지각력·지식·기억력·상상력 등의 기술적 측면에서 개인적인 우월성을 가져야 한다는 것이다. 둘째, 지도자는 결단력·지구력·인내력·용기와 같은 정신적인 측면에서 우월성을 가져야 한다는 것이다.

　Stogdill(1974)은 지도자에게 의미 있는 특성들을 크게 능력, 성취, 책임, 참여하는 4개의 영역으로 구분하여 같이 제시하고 있다. 능력의 측면에 있어서 지도자는 지능, 기민성, 유창한 언어, 독창력, 판단력과 같은 것에 있어서 우수한 능력을 지니고 있다는 것이다. 성취의 면에서 지도자는 학문, 지식, 운동기량에 있어 남다른 성취를 보이고 있어야 한다. 책임의 면에서 지도자는 신뢰성, 주도력, 지구력, 진취성, 자신감, 추진력이 있을 때에 우수한 책임 있는 지도자가 될 수 있다는 것이다. 또한 참여라는 것은 여러 사람들과 함께 어울리는 데에 필요한 활동성, 사교성, 협동성, 적응력, 유머와 같은 특성을 말하는 것이다.

　Gibb(1954)는 지도자의 특성에 관한 연구들을 종합하여 지도자의 공통적인 특성으로, 정열, 자신감, 지능, 언어의 유창성, 지구력, 통찰력 등을 제시하고 있다. 그러나 그는 모든 상황에 적용될 수 있는 지도자의 일관성 있는 공통적인 특성을 발견하기가 어렵다고 더불어 지적하고 있다.

　이 특성이론은 상황을 도외시한 면이 있으며, 지도자의 특성을 표현하는 개념 등이 다양할 뿐만 아니라 제 특성을 정확히 측정할 수 있는 기술도 미흡하다. 이런 점에서 지도성에 대한 특성이론의 관점에서의 연구는 지도성을 밝히는 데에 한계가 있다고 하겠다.

나. 지도성의 상황이론(contingency approach of leadership)

지도성의 효과는 지도자의 행동이 조직 구성원의 인성, 과업구조, 공식적 권위체제, 역할 기대, 성숙 수준 등 여러 가지 복잡한 상황변수와 어떻게 적절하게 조합되느냐에 따라 결정된다는 이론이다. 지도성의 상황적 접근에서는 모든 상황에 적용될 수 있는 가장 좋은 한 가지 지도성 유형은 존재하지 않는 것으로 보고, 어떤 상황적 조건 아래서 어떤 지도성 유형이 더 효과적인가를 밝혀내고자 한다. 즉, 지도성의 상황이론은 상황, 지도자, 효과성 등으로 구성된다. 지도성에 관한 특성이론이나 행동적 접근은 이론적으로 공헌한 바가 크지만, 지도성을 조직성이나 조직구성원의 만족도와 같은 효과성 차원과는 연결시키지 못하였다. 따라서 보다 기술적이며 설명적이고 예언적인 힘을 가진 대안으로 상황적 접근 모형이 대두하였다.

피들러(Fiedler)는 지도성의 유형이 지도자의 동기체제에 의해서 결정되며, 조직의 효과는 지도성 유형과 상황적 호의성의 결합에 의하여 좌우된다고 보았다. 지도성 유형은 가장 싫어하는 동료라는 뜻의 LPC점수에 의하여 판정할 수 있는데, 점수가 높은 사람은 인화지향적 지도자이며 점수가 낮은 사람은 과업지향적 지도자라고 할 수 있다.

상황의 호의성이란 지도자가 조직구성원들을 통제하고 영향력을 행사할 수 있는 정도를 의미하며 지도자와 조직구성원간의 관계, 과업의 구조화, 직위상의 권력으로 구성된다. 매우 호의적이거나 비호의적 상황에서는 과업지향형이 보다 효과적인 반면, 보통의 호의적 상황에서는 인화지향형이 더 효과적이다. 여기서 효과성은 제한적 의미로 부과된 과업의 성취정도를 말한다.

한편, 레딘(Reddin)은 오하이오 주립대학과 미시간 대학의 지도성 연구 결과를 기초로 지도자의 행동 차원을 과업지향성과 인화지향성으로 구분하고, 새롭게 효과성 차원을 추가하여 지도성의 3차원 이론을 발전시켰다. 지도성의 두 차원은 그 자체로서는 아무런 가치가 없으며, 이 두 차원이 상황의 적절성과 관련을 맺을 때 그 가치가 살아난다. 상황은 기술, 조직철학, 상급자, 동료, 하급자 등으로 구성되며, 지도성은 과업지향과 인화지향의 두 차원에 의하여 인화형, 분리형, 통합형, 헌신형으로 구분된다.

지도성의 효과는 상황과 지도성의 유형이 적절하게 결합될 때 나타나는데, 네 가지 기본형은 상황과 결합하여 효과적인 지도성 유형과 비효과적인 지도성 유형으로 다시 구분된다. 하우스(House)의 행로-목표이론 역시 지도성에 대한 상황적 접근의 하나로서 조직구성원들이 그들의 과업목적, 개인목적, 그리고 목표달성을 위한 행로를 지각하는 데 지도자가 어떤 영향을 미치는가에 주된 관심을 두었다. 이 이론은 지도자의 행동, 상황적 요인, 효과성으로 구성된다. 지도자의 행동에는 지시형, 성취지향형, 지원형, 참여형 등이 있다.

상황적 요인은 통제의 소재, 과업수행 능력으로 구성된 조직구성원의 특성과 환경적 조건으로 이루어진다. 하우즈의 모형에서는 조직구성원들로 하여금 과업 수행에 몰두하도록 유도하는 동기 인자로서의 지도자를 강조한다. 또한 효과성은 과업성취가 아니라 구성원의 직무만족, 동기화, 그리고 지도자 수용도 등으로 정의된다. 허시(Hersey)와 블랜차드(Blanchard)는 지도성은 지도자의 과업지향적 혹은 인화지향적 행동, 조직구성원의 성숙수준 간의 상호작용에 의해 결정된다고 주장하였다. 조직구성원의 성숙은 직무성숙과 심리적 성숙의 두 차원을 포함한다.

다. 지도성의 행동적 접근(behavioral approach of leadership)

다른 사람의 행동에 영향을 주기 위해 일어나는 행동 특성을 분류한 것이다. 행동과학적 연구의 결과에 근거한 지도성 유형의 효시는 레빈(Levin), 리피트(Lippitt) 그리고 화이트(White) 등에 의해 이루어졌다. 이들은 지도성을 전제적 지도성, 방임적 지도성 그리고 민주적 지도성으로 분류하였다. 민주적 지도성은 전제적 지도성이나 방임적 지도성보다 훨씬 영향력이 큼을 밝혔다.

미시간 대학 사회학 연구소의 리커트(Likert)는 지도자의 유형을 과업 중심 지도자와 종업원 중심 지도자로 분류하였다. 헬핀(Hellphin)과 쿤스(Coons)가 중심이 된 오하이오 주립대학의 연구팀들은 다양한 집단을 대상으로 하여 지도성에 관한 광범위한 연구를 수행하였다. 그 결과 이들은 지도성을 과업 지향적 차원과 인간 지향적 차원으로 분류하였다. 과업 지향적 차원의 지도성 행동은 리커트의 과업 중심 지도자가 보이는 행동과 비슷한 것으로 조직의 구체적 목표 달성에 중점을 둔 것이다.

인간 지향적 차원의 지도성 행동은 리커트의 종업원 중심 지도자의 행동과 같은 것으로 조직 구성원의 인화 유지를 강조하는 것이다. 양쪽 차원에서 동시에 높은 수준을 보이는 지도성 유형이 가장 효율성이 높은 것으로 보고하고 있다. 리커트와 햄필 및 쿤스 등의 지도성 이론은 2차원적 지도성 이론의 전형으로서 이후의 지도성 연구에 커다란 영향을 주었다.

블레이크(Blake)와 머튼(Mouton)은 지도성에 영향을 주는 요인을 생산에 대한 관심과 인간에 대한 관심으로 구분하였다.

① 무기력형. 조직구성원의 자격을 지탱해 나갈 수 있을 정도로 주어진 일을 달성하는데

최소한의 노력을 기울인다.

② 인간중심형. 인간관계를 만족스럽게 유지하기 위해 인간의 욕구에 대해 사려 깊은 주의만 기울이고 있으면 온화하고 신선한 조직분위기가 조성되고 따라서 일도 잘 되어 갈 것이라고 생각한다.

③ 과업형. 일의 능률은 인간적 요소가 최소한으로 개재 되도록 작업조건을 정비함으로써 얻을 수 있는 것이라고 생각한다.

④ 중간형. 조직의 적절한 실적은 구성원의 사기가 만족 할만한 수준을 유지하는 것과 과업수행의 필요성과의 사이에 상호균형을 맞추어 나감으로써만 가능하게 된다고 생각한다.

⑤ 팀형. 일이란 하고자 하는 의욕을 가진 사람들에 의해서 달성되는 것이다. 조직목표를 달성하는데 있어서 공통된 이해관계를 통해 생기는 상호의존이 신뢰와 존경의 인간관계를 낳게 한다고 생각한다.

이들 각각의 요인의 높고 낮음의 조합으로 지도성의 유형을 무기력형, 과업형, 중도형, 클럽형, 팀형 등 5개로 분류했다. 이 중에서 인간에 대한 관심과 생산에 대한 관심 모두 높은 팀형 지도성을 가장 이상적인 것으로 보았다.

Hersey와 Blanchard(1982)는 지도성이란 어떤 주어진 상황 속에서 목표를 달성하기 위해 개인 또는 집단의 활동에 영향을 미치는 과정이라 하고, 지도성에 관한 이와 같은 정의에서 필연적으로 나오는 지도성 과정이란 지도자(leader), 하위자(follower) 및 기타 다른 상황변인(situational variables)들의 함수관계로 본다. Lipham(1964)은 지도성이란 어떤 집단의 목표나 목적을 달성하기 위해서 혹은 어떤 집단의 목표나 목적을 바꾸기 위해서 새로운 구조나 과정을 선도하는 것이라고 정의하였다. 그리고 그는, 학교의 지도성 행동을 크게 5개의 범주로 나누어 규정하고 있다.

① 학교 사회의 구성원들로 하여금 그들의 교육목표와 목적을 정하는 것을 돕는 일.
② 교수 학습과정을 촉진시키는 일.
③ 생산적인 조직을 만드는 일.
④ 조직의 성장을 위한 풍토조성.
⑤ 효율적인 교수에 필요한 적합한 자원을 준비하는 것이라고 하였다.

라. 새로운 개념의 지도성 연구

지도성은 미시적으로 조직차원에서 볼 때 다른 어떠한 이론적 구인보다도 조직의 효과성과 효율성을 제고하는데 가장 적합한 전략적 수단으로 간주되고 있다. 또한 지도성은 민주행정을 이루기 위한 필수적인 요소로서 조직 내에 민주적인 작업풍토를 이끄는 인간관계 기술로 고려되어진다. 거시적 차원에서 볼 때 지도성은 다원적인 가치 갈등과 미래에 대한 불확실성이 고조되는 시점에서 국가경쟁력과 사회발전을 선도하는 수단으로 여겨지기도 한다.

그런데 지도성에 대한 대중의 관심과 이에 대한 연구가 장기적으로 지속되고 있음에도 불구하고 지도성 개념은 아직도 모호한 상태로 남아 있다. 심지어는 매우 다양한 의미로 때로는 대립적인 용도로 쓰이고 있기도 하다(Stogdill, 1974: 259). 지도성은 일반적으로 설득의 한 형태나 권력관계, 상호작용의 결과, 타인에 대한 지도자의 인성과 그 영향과 복종을 유도하기 위한 기술 등으로 정의된다. 이와 같이 지도성이 다양하게 정의되고 있기는 하지만 대부분의 연구들은 지도성의 핵심적 속성은 간접적 혹은 직접적 영향력(influence)으로 개념화될 수 있으며, 이에 근거하여 개인 또는 집단의 복지와 이익이 좌우될 수 있다고 본다(박선형, 2003).

Leithwood와 Duke(1999)는 지도성의 이론과 개념을 대표하는 6가지 모델을 제시하였다. ① 교수적 지도성, ② 변혁적 지도성, ③ 도덕적 지도성, ④ 참여적 지도성, ⑤ 관리적 지도성, ⑥ 상황적 지도성 등이 그것이다.

변혁적 지도성이란 용어는 Burns(1978)에 의해서 최초로 사용되었으며, Bass(1990)에 의하여 체계적인 발전을 본다. 이들에 의하면 지도자의 기능은 안정 지향적 기능과 변화 지향적 기능으로 나눌 수 있는데, 전자를 강조하면 거래적 지도성(transactional leadership or exchange leadership), 후자를 강조하면 변혁적 지도성(transformational leader- ship)[18]으로 간주된다고 본다.

거래적 지도성은 지도자와 구성원간의 거래관계에 근거한 상호작용(Bass, 1985: 13)을 강조하는 도구적 지도성으로 거래적 지도자는 조직 목표 달성을 위하여 적절한 평가와 보상을 통하여 부하들을 동기 부여하여 만족스러운 수행능력을 이끌어 내는데 관심을 둔다.

---

18) 카리스마적 지도성, 비전적 지도성, 봉사적 지도성은 변혁적 지도성과 거의 유사한 지도성 유형으로 간주된다. 특히 카리스마적 지도성은 변혁적 지도성과 거의 동의어로 취급되고 있다. 자석과 같은 강력한 흡인력으로 묘사되기도 하는 카리스마의 어원은 그리스어이다. 원래는 예언자(또는 그리스도)를 가리키는 용어로서 신의 은총으로 인한 재능을 의미하였으나 지도성과 결부되어 개인의 비범한 자질을 지칭하는 용어로 바뀌게 되었다(Greene, 2001. 강미경 역, 2003: 46)

즉, 거래적 지도성은 구성원을 일종의 심리적·경제적 당근과 채찍(칭찬, 보상, 견책, 적의감 표시, 무시 등)으로 통제한다. 거래적 지도성이 발휘될 때 하급자는 지도자인 상급자와 거래과정을 통하여 가능한 한 징계나 처벌을 피하면서 보상을 획득하기 위해서 조직 목표 달성에 필요한 작업들과 기능을 효과적으로 수행할 수 있는 방법을 배운다(Avolio and Bass, 1988: 30).

변혁적 지도성은 통제를 강조하면서 추종자의 심리적·물질적 욕구를 만족시켜주는 거래적 지도성과는 달리 조직 내의 추종자의 개인적 성장을 자극하면서 고차원적인 욕구를 가지도록 추종자를 자각시키는데 주안점을 둔다. 따라서 변혁적 지도자는 조직 변화의 필요성을 감지하고, 이를 위한 비전, 자신감, 내적인 힘을 갖추고 있어야 한다(Bass, 1985: 17-18). 거래적 지도성이 낮은 수준에서의 변화를 이끈다면 변형적 지도성은 보다 높은 수준의 변화를 이끈다고 볼 수 있다(박선형, 2003).

Bass는 지도성의 개념을 크게 7가지의 기본 요인 개념으로 구분하고 있다. 거래적 지도성은 ① 상황적 보상(contingent reward), ② 예외적 관리(management-by-exception), ③ 자유방임형(laissez-faire)으로 구성된다고 보았다(Bass and Avolio, 1993: 51). 변혁적 지도성은 ① 카리스마(idealized influence), ② 영감적 동기(inspirational motivation), ③ 지적 자극(intellectual motivation), ④ 개인적 고려(individualized consideration)로 구성되어 있다고 본다.

지도성에 대한 7가지 구인 요인을 바탕으로 Bass는 다요인 지도성 설문지(Multi-factor Leadership Questionnaire: MLQ)를 개발하여, 지도자가 두 가지 지도성을 발휘하는 정도와 이에 대한 부하들의 만족도 정도와 효과성 등을 평가하였다. 이 조사 결과를 중심으로 Bass(1990: 19-31)는 혁신과 변화의 요구에 직면하고 있는 조직은 변혁적 지도성이 채택될 필요가 있다고 주장하였다. 변혁적 지도성은 사회의 여러 분야에서 긴장과 갈등을 일으킬 우려도 있지만 궁극적으로는 구성원의 복지, 조직의 건강성 제고 및 생산성 달성에 기여할 것이라고 보았다. 변혁적 지도성은 기존의 지도성 연구와 마찬가지로 실증주의적 지식관에 입각한 가설-연역적 접근(hypothetico deductive approaches)에 근거하고 있다[19].변혁적 지도성이 근거하고 있는 가설 연역적 접근의 전체적 흐름은 [그림 Ⅱ-4]와 같이 표현할 수 있다(Evers and Lakomski, 1996: 78, 박선형, 2003에서 재인용).

---

19) 가설-연역적 접근은 절대적으로 참인 일반적 법칙을 주장하는 것이 아니라 개연적으로 참일 수 있는 잠정적 진술인 가설을 연구의 출발점으로 삼는다. 이어서 가설과 관련된 실증적 자료를 수집하고, 수집된 실증적 자료들에 의하여 다시 가설이 확증되어 결국에는 법칙과 이론이 도출되는 과정을 가진다(박선형, 2002 참조)

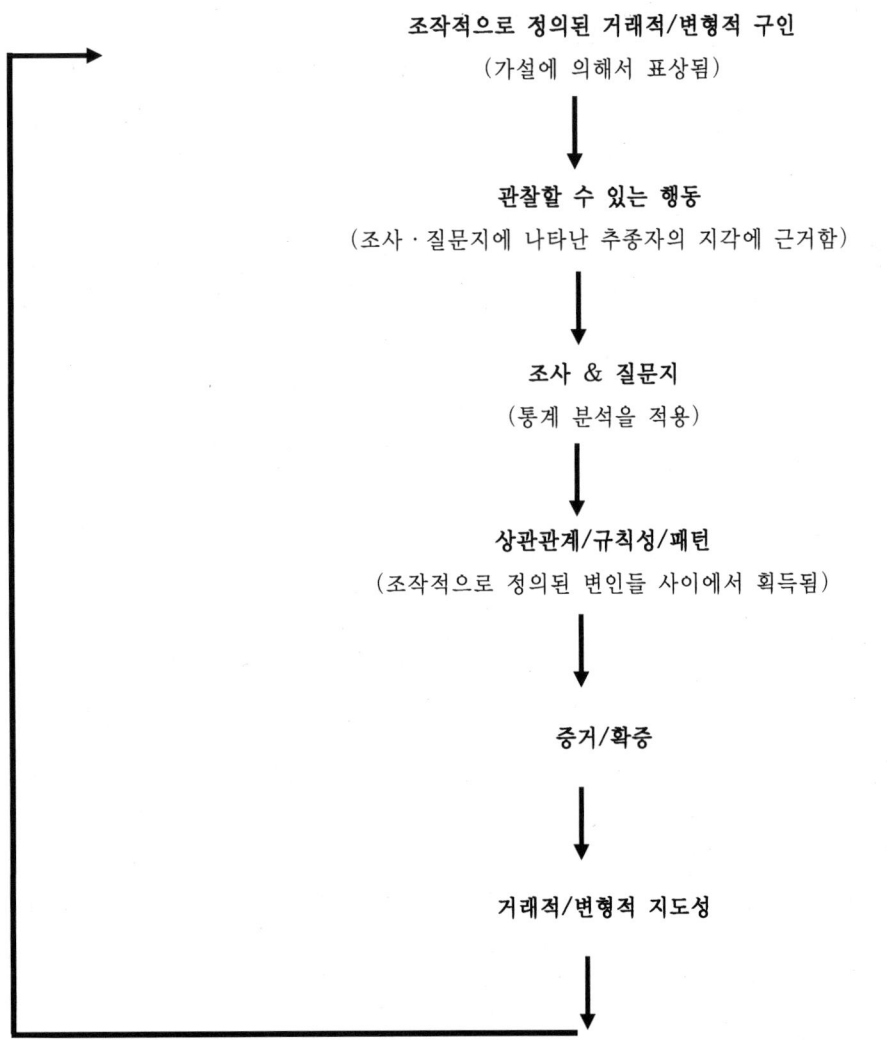

조작적으로 정의된 거래적/변형적 구인

(가설에 의해서 표상됨)

↓

관찰할 수 있는 행동

(조사·질문지에 나타난 추종자의 지각에 근거함)

↓

조사 & 질문지

(통계 분석을 적용)

↓

상관관계/규칙성/패턴

(조작적으로 정의된 변인들 사이에서 획득됨)

↓

증거/확증

↓

거래적/변형적 지도성

[그림 Ⅱ-4] Bass 지도성 모델의 가설-연역적 구조

자료: 박선형(2003). 지도성의 새로운 개념적 모형 탐색: 분산적 지도성(distributed leadership)을 중심으로. 2003
년도 한국교육행정학회 추계학술대회 자료집.

가설-연역적 접근은 논리실증주의의 핵심적인 특징으로서 철학적으로 볼 때 많은 비판점에 직면한다. 이 모델은 경험적 증거는 구체적 사건들에 대한 단일한 관찰들로 구성되어 있다고 가정한다. 관찰적 보고는 가설에 대한 증거로서 경험적 확증성을 이끌어 내기 때문에 가설 연역적 접근에 있어 아주 중요한 요인으로 간주된다.

그런데 자연 세계에 존재하는 물리적 대상은 직접적인 관찰이 가능하지만 관찰할 수 없는 이론적 실체들(theoretical entities), 예컨대 시민 정신, 정의, 형평 등과 같은 가치들은 직접적인 관찰이 불가능하다. 논리실증주의는 이러한 문제를 해결하기 위하여 이론적 실체를 조작적으로 정의하였다. 즉, 직접적으로 관찰이 불가능한 이론적 실체를 파악하기 위하여 개념을 조작화 하여 이를 측정하기 위한 절차를 도입하였다.[20]

전통적 지도성 유형이나 변형적 지도성은 조작적으로 정의된 지도성 변인들을 가정하고 이를 측정하기 위하여 보다 정교하게 구안된 설문지에 의하여 파악된 관찰된 행동을 복잡한 통계적, 양적 방법론을 통하여 분석함으로써 지도성이 발생하는 구체적인 조직문맥과 상관없는 일반적인 모델을 달성할 수 있다고 믿었다(Evers and Lakomski, 2000: 67, 박선형, 2003에서 재인용).

이에 대하여 박선형(2003)은 변형적 지도성 연구는 추종자가 설문지를 통하여 기술하고 있는 효과적인 지도자가 과연 추종자 모두가 지각하고 있는 동일한 지도자인지, 설사 동일한 지도자라 하더라도 추종자의 지각은 상호 간에 일치되는 것인지에 대한 확실한 경험적 증거를 제시하고 있지 못하다는 비판을 제기하고 있다.

1) **분산적 지도성**(distributed leadership)

자연 세계와 달리 사회 세계의 삶은 극단적으로 복잡하고 계속 유동적이기 때문에 사회적인 예측에는 한계가 있다. 또한 경험적 결과는 단일한 사건이나 원인에 의하여 발생하기보다는 환경 내에 존재하는 다양한 원인들 간의 상호작용에 의하여 발생한다. 따라서 조직 변화를 선도할 수 있는 결정적인 변인들을 가정하였던 변형적 지도성 연구는 지도자의 환경적 요소와 다양한 변인들을 고려할 수 있는 새로운 접근법으로 대체되는 것이 필요하다.

지도자의 속성과 특성을 강조하는 기존의 지도성 연구와는 다르게 조직 기능과 조직 실제 속에서 지도자의 인지 능력과 함께 지도성이 발휘되는 환경의 사회적·공간의 중요성을 강조하는 분산적 지도성(distributed leadership)이 지도성에 대한 대안적 시각으로 최근 부각되고 있다. 분산적 지도성은 지도성이 추종자의 지각과 해석 즉, 인지능력을 통해서 파악된다는 점에 근거하여 지도성과 인지이론의 연계성을 강조한다.

---

20) 조작적 정의는 교육행정과 지도성에 대한 전통적인 과학적 설명에서 아주 중요한 역할을 차지한다. 이는 교육행정에 관한 대표적 저술로 꼽히고 있는 Hoy와 Miskel의 저서에서도 명확히 나타난다. 이들은 이론화의 구성 요인으로서 조작적 정의가 가지는 중요성에 대하여 언급하면서 조작적 정의의 몇 가지 예를 언급하고 있는데 이중 하나가 Bass의 다인 지도성 질문지(Multi-factor Leadership Questionnaire: MLQ)이다(1996, p.4).

지도성의 분석단위는 기존의 지도성 연구가 주장하듯이 개인의 지위나 역할에 초점을 두는 것이 아니라 지도성 실제 행위가 발생되는 근무 현장과 전체 조직이 되어야 한다고 주장한다. 분산적 지도성은 단순히 기존의 지도성 이론의 한계점을 극복하기 위한 개념적 체계로서 이론적으로만 검토되고 있지 않다. 이 시각은 지도성이 실제 교육환경 속에서 어떻게 "분산적"으로 전개되는지를 분석하기 위하여 다양한 기법을 이용하고 있다.

분산적 지도성이 주장하듯이 지도성 과업은 어떤 한 지도자의 인지능력에 의해서 달성되는 것이 아니라 다중적인 환경적 요인과 상황, 환경 내의 인공적 장치들에 의해서 분산적으로 이루어진다. 분산적 지도성은 크게 4가지 관점에서 상황이론과 구분된다(Spillane, et. al., 2003: 27-29, 박선형, 2003에서 재인용).

첫째, 상황이론은 상황과 문맥(조직규모, 교수요원의 특성 등)이 지도성 행위에 영향을 독립적 또는 간 독립적으로 영향을 미치는 외부적 변인으로서 지도성 행동을 형성하거나 조직 구성원에게 영향을 미친다고 본다. 그러나 분산적 시각은 상황이 지도성 행위 외부에 존재하는 것이 아니라 그 행위를 구성하는 중핵적 요인임을 주장한다. 즉, 지도성 행위는 도구, 언어, 조직구조 등의 여러 환경적 측면에서 다양한 정도로 분산된다는 것이다.

둘째, 상황이론은 사회 구조가 지도성 행위를 구속하는 결정적 요인으로 간주하는데 반하여 분산적 시각은 상황적 측면들이 지도성 행위를 구속하기도 하지만 동시에 상황 자체가 지도성 행위에 의하여 변형될 수 있다고 본다. 다시 말해, 지도성 행위는 상황에 의해서 수동적으로 구성될 수 있음과 동시에 지도자 스스로 능동적으로 구성한다는 것이다.

셋째, 지도성 행위를 연구하는데 있어서 상황이론은 주로 조직 구성원의 규모와 안정성, 환경적 상황의 복잡성, 과업의 확실성 등과 같은 상황적 측면을 강조하지만 분산적 시각은 상황의 다른 측면들, 특히 상징, 언어, 작업환경에서 이용되는 인공적인 도구들이 지도성 연구를 위한 필수적인 요소임을 강조한다.

넷째, 상황이론은 연구의 대상으로서 지도성 스타일과 조직형태에 대한 상황적 요인들의 영향력을 분석하는데 주된 초점을 두는데 반하여 분산적 시각은 현장 속에서의 지도성이 어떻게 다면적으로 발생하는지에 대한 관심을 가진다.

마. 학교장 지도성과 학교효과성

효과적인 학교와 관련되는 학교풍토 변인 중에서 학교장의 지도성에 의한 학교문화 형성과 이에 따른 학생의 학업성취의 차이에 대한 연구는 1980년 이후 본격적인 관심 주제의 하나가 되기 시작했다(Hallinger & Heck, 1996). 이후 미국의 교육개혁에서 학생의 학업성취를 증진시키기 위한 과정에서 훌륭한 학교문화의 형성을 위한 교장의 문화적 지도성과 수업지도성의 발휘는 중요한 주제로 등장하였다(주삼환 외, 1999).

대부분의 학교장 지도성에 대한 연구에서 지도성은 행정적 지도자의 행위로 정의되었고, 결과로서 학교조직의 효과성은 교사들의 직무와 조직에 대한 태도와 만족도 등으로 제한되었다. 학교의 과업은 수업과 행정의 양 영역에 걸쳐있기 때문에 교장은 단위 학교 운영을 담당하는 지도자일 뿐만 아니라 수업영역에서도 최고의 지도자이다. 특히, 수업개선을 위한 교내 장학의 중요성이 부각되면서 수업지도자로서 교장의 역할이 강조되고, 실제로 교장의 수업 지도성이 효과적인 학교의 특징 중의 하나라는 사실이 연구를 통해 입증되고 있는 현실에서 교장의 지도성 개념의 확장이 두드러지게 나타나고 있다.

교장의 수업 영역에서의 지도성이 학교의 교육적인 결과에 유의미한 영향을 미치고 있음에도 불구하고 교장의 지도능력이 학생의 학업성취에 미치는 영향에 대한 중요성을 인식하고 수행된 연구는 드물다(김영식 외, 1993). 천세영 외(1999)의 연구에 의하면 학업성취도의 결정 요인을 교사관련 변인과 교장의 수업 지도성을 중심으로 한 학교 내적 요인과 학생의 지능, 사회경제적 배경 등을 중심으로 한 학교 외적요인으로 나누어 실증적으로 분석하고 있다. 주삼환 외(1999)의 연구는 학교문화, 수업지도성과 학업성취도 간의 관계분석을 시도하고 있다. 그러나 분석의 수준을 교사수준으로 하여 설문조사를 했으며, 각 학교 학생들의 평균 성취도 점수를 학업성취도 변인으로 사용하고 있다. 개별 학생들의 변화점수를 분석하지 않고 있기 때문에 학생들의 학업성취도에 미치는 학교문화, 수업지도성의 효과에 대한 분석으로는 한계를 갖고 있다. 이 두 연구 모두 교장의 지도성이 학생의 학업성취에 유의미한 영향을 미치고 있다고 결론을 내림으로서 교장의 지도성과 학업성취도와의 관련성을 탐색해 볼 수 있는 기초를 제공해 주었다고 할 수 있다.

바. 교사 지도성 유형과 학급의 사회적 환경

교사의 지도성에 의하여 조성되는 학급의 환경과 학생의 태도와는 서로 상응한다는 것을 탐색한 대표적인 연구로는 Lewin, Lippitt, White의 실험적 연구를 들 수 있다. 이들은 교사의 지도성 유형을 민주형, 권위형, 그리고 자유방임형으로 나누고 이들 유형에 의하여 나타나는 학급환경을 민주적 분위기, 전제적 분위기, 그리고 자유방임적 분위기로 분류하였다. 이들 각 환경의 특성과 각 환경을 받아들이는 학생들의 반응은 다음과 같다.

민주형 교사에 대한 학생들의 반응은 지도자를 존경하고 과업성취 결과의 양이 우수하며, 의사교환이 원활하고 과업성취에 성의와 연대감을 가지며, 자발적인 행동을 하고 통찰력을 발휘한다.

권위형 교사 지도하의 학급의 사회적 환경은 지도자에게 그냥 반응을 표시하고 작업량은 많으나 질이 낮으며, 구성원간에 공격심과 적개심이 있고 내적 불만이 있으며, 연대감이 부족하고 의존적이며, 복종심에 의해 행동하고 개성을 발휘하지 못한다.

자유방임형 교사에 대한 학생들의 반응은 지도자를 타인시하고 낭비나 파손이 많으며, 의견교환이 없고 독자적 행동을 하며, 연대감이 없고 실내정돈의 상태가 나쁘며, 개성이 지나치게 강하다.

이들 연구의 시사점은 학생에게 교육적으로 가장 바람직한 학급의 사회적 환경은 민주적 분위기로, 그러한 학급의 사회적 환경 속에서 학생들은 자발적으로 협조하며, 각자의 개성을 발휘할 수 있다는 것이다. Anderson도 Lewin 등의 연구와 비슷한 결과를 발견하였다. 그의 연구에 의하면, 지배적인 성격을 가진 교사가 담당한 학급집단의 학생들은 역시 지배적이고, 의지가 강하고 이기적이며 학생 상호간에 있어서도 원만한 인간관계가 형성되지 못하였다고 한다. 반면에 민주적인 교사에 의하여 길러진 학급의 사회 환경은 학생이 스스로 자기의 위치와 역할을 지각하고 상호 협조하는 부드러운 분위기였다고 보고하고 있다.

이들의 연구는 동일한 학생이라도 각각 다른 지도성 유형에 따라 다른 학급의 사회적 환경이 형성된다는 것을 보여주고 있다. 즉 학생들은 각각 다른 교육적 영향을 받으면 그 상황에 따라 적응하는 학급의 사회적 환경이 다르다는 것이다. 보다 중요한 시사점은 학생들이 고정적, 불변적, 일관적인 행동 형태를 보이지 않고 집단의 환경에 따라 행동이 변한다는 것이다. 이와 같은 관점에서 교사의 지도성의 유형과 학급의 사회적 환경은 밀접한 관계가 있다는 것을 추론해 볼 수 있겠다.

사. 학교풍토(school climate)

학교를 구성하고 있는 성원들 상호간 인간관계에 의하여 조성되는 의식적·무의식적·심리적인 유대현상을 말한다. 개인마다 심리적 특성이 있듯이 학교도 그 나름의 성격이 있으며 이것을 풍토 또는 사회적 풍토라 부른다. 사회적 풍토를 하나의 개념으로 사용하기 시작한 것은 레빈(Lewin)에 의해서였다.

학교풍토에는 학생들이 학업성취를 저해하는 학교의 규범, 학교의 조직구조, 교사-학생간의 수업행위에 반영된 기대, 지각, 태도 등에 관한 것으로 학교풍토의 4가지 하위문화로는 첫째, 학생들의 직업배치 기능에 주력하여 학교가 직업진로의 중시역할을 하는 곳으로 인식하는 풍토.

둘째, 지적인 면보다 사회적, 사교적인 면이 강조되고, 스포츠나 오락에 대한 관심이 크게 지배하는 풍토.

셋째, 학문적이고 지적인 탐구를 중시하는 풍토.

넷째, 저항적 문화로 학교당국에 대해 적대적인 경향을 갖는 분위기가 짙은 학교 풍토. 등으로 구분할 수 있겠다.

학교의 풍토 유형으로 컨닝햄의 교사와 학생 상호간의 인간관계에 따른 분류와 헬핀과 크로프트의 교장, 교사의 인지적 상호관계에 따른 분류(개방성과 폐쇄성에 따른 분류)가 있다.

박용헌(1992)은 학교성원들 상호간의 인간관계에 의하여 조성되는 의식적, 무의식적인 심리적 유대 현상을 학교의 사회적 풍토라고 정의하고 있다. 김창걸은 학교조직 풍토의 형성요소를 학교가 설립된 역사적 배경과 그 의의, 학교의 특수한 교육목표 내용과 활동 물질적 환경과 지역사회의 특수성, 학교 구성원의 성격, 인간관계 유형과 상호작용 등으로 분류하고 있다. 한편, 조직 풍토는 조직의 심리적 분위기로서 조직건강에 영향을 미치며, 조직효과에도 직접적으로 작용한다. 그런데 조직풍토, 조직건강, 조직효과와의 관계는 학자에 따라 서로 견해가 다르다. 세 가지 개념을 동일시하기도 하고, 조직풍토와 조직건강을 같은 하위개념으로 묶기도 하면, 조직풍토를 조직 건강의 하위개념으로 보고, 조직효과의 하위개념으로 보기도 한다.

이처럼 조직풍토는 조직이론 가운데서도 리더십과 함께 가장 많은 관심의 대상이 되어온 개념이다. 그것은 조직풍토가 조직의 산출효과에 직접적으로 커다란 영향을 미친다고 보기 때문이다. 특히 학교조직 풍토는 학생들의 학업 성취도와 밀접한 연관이 있다. 학교의 학습풍토가 학생들의 학업성취에 관련이 크며, 조직풍토는 조직 구성원들의 직무 만족도와도 상관이 높으며, 역할 갈등과도 상관이 있는 것으로 밝혀지고 있다. 그러나 조직풍토의 구성요소를 무엇으로 보느냐에 따라서 결과는 달라질 수도 있다. 그것은 조직풍토에 대한 학자들 간의 견해 차이가 크다는 뜻도 내포하고 있다.

1) 개방적 풍토

개방적 풍토는 교사들의 사기와 추진성이 높고 자유방임, 장애, 초월성, 생산성 등은 낮으며 친밀성, 사려성은 보통 수준을 유지하는 풍토이다. 학교장이 매사에 융통성을 가지고 일하며, 교사들로 하여금 스스로 협동하며 일할 수 있게 함으로써 만족감을 갖고 어려움과 좌절감을 극복하는 데 충분한 자극을 받게 된다.

2) 자율적 풍토

교장이 교사들에게 교사들 자신이 상호활동 구조를 마련하도록 해 주고 교사들이 사회적 욕구 만족을 위하여 집단 내에서 방법을 모색하도록 해 주는 자유 보장적인 풍토이다. 업무수행보다는 사회적 욕구만족에 비중을 둔다. 교장의 행동으로서는 높은 초월성, 낮은 생산성과 정상적 사려성을 가지며, 교장은 스스로 일하고 모범을 보여줌으로써 그 조직체를 위한 추진력을 마련해 준다. 교장은 행정력을 유지하고 교사들 개인의 복리를 구하기 위해서 특별한 융통성을 지니고 있다. 그러나 개방 적인 풍토에 있어서 교장의 행정 지도적인 활동 범위는 제한된다.

3) 통제적 풍토

통제적 풍토에서는 과업 수행을 지나치게 중시하고 교사들의 사회적 욕구 충족을 멀리하게 되어 사기는 저하되는 않으나 직업에 대한 만족감은 주로 과업 성취감에서 얻게 되는 된다. 학교장의 행동은 위압적이고 지배적이며 조직 내에서 융통성은 거의 용납되지 않으며, 모든 행정행위를 학교장의 주장대로 진행되는 풍토이다.

4) 친교적 풍토

교장과 교사들의 우정적인 태도를 나타내는 풍토로 사회적 욕구 만족은 높으나 목적 달성을 위하여 집단의 활동을 지시하고 관리하는 점은 소홀하다. 교사들은 자유방임적으로 업무의 성과가 정한 규준에 비해서는 교사들의 성취하는 바가 적다.

5) 간섭적 풍토

교사들의 사회적 욕구를 만족시키고 조정하는데 있어 교장의 비효율적인 행동으로 특징지워 질 수 있다. 따라서 학교 과업 수행에 교사들이 협조하지 않으며, 과업 성취나 욕구 충족 면에서 부적당한 풍토이다. 교장은 공정성이 결여되어 있으며 교사들에게 과업을 강요함으로써 만족감을 얻게 된다.

6) 폐쇄적 풍토

자유방임 요인이 가장 높고 사기는 가장 낮으며, 추진성과 사려성이 낮은 것을 제외하고는 보통 수준을 유지하는 풍토이다. 과업 성취와 욕구 충족 양면에서 만족을 얻지 못하는 풍토이다. 교장은 교사들을 지도하는데 있어 비효과적이며 동시에 교사들의 복지에 등한시하게 된다.

5. 학업성취 결정 요인

학업성취(school achievement)는 학교교육을 통하여 학습한 지식, 지적능력, 태도, 가치관 등 학습결과의 총칭이다. 학업성취에는 지적 영역의 학습결과만이 아니라 비 지적 영역의 학습 결과도 포함된다. 학업성취를 나타내는 성적은 지적 영역의 학습수준을 의미하는 것으로 통상 쓰인다.

학업성취를 어떻게 볼 것인가에 대한 견해는 첫째, 선발적 교육관(집단내의 성원 사이의 개인적 변별에 적합한 평가방법으로 개인의 집단 내에서의 위치파악이 가능함), 둘째, 발달적 교육관으로 평가활동은 학생이 가능한 한 의도하는 바의 수업목표를 달성할 수 있도록 모든 학습자에게 적절한 학습방법을 제공하기 위한 평가관으로 수업목표 달성도의 평가에 중점을 둔다. 셋째, 총평관으로 개인의 행동특성을 특별한 환경, 특별한 과업, 특별한 준거 상황에 관련시켜 의사결정을 한다.

학업성취의 격차는 사회적 격차의 중요한 결정 요인이 되며 학습의 사회적 환경 요인으로 선천적인 능력, 노력, 좋은 환경 등을 지적 할 수 있다. 최근에는 학습의 사회적 환경에 보다 더 관심을 둔다. 이는 학교의 성공과 실패를 설명하는 방식이 달라지고 책임을 묻는 방식 또한 달라진다. 그리하여 정책적인 대안의 방향성이 달라지고 사회평등과 교육평등에 관한 논의의 근원도 달라지기 때문이다.

학습의 선천적 요인인 지능은 운명적으로 변경이 불가능하며 사회에는 그 책임이 없다.

후천적인 요인으로는 다양하며 이는 사회적, 환경적으로 변경이 가능하며 사회에 대하여 책임을 물을 수 있다.

가. 지능, 환경, 창의성과 학업성취의 관계

지능검사가 시작된 배경은 Galton이 영국의 빅토리안 지배계급의 남자 연구에서 출발한다. 비네(Binet)는 프랑스 생리학자로 비네 지능 검사를 만들었다. 지능의 유전 결정론에서 가정적인 측면의 시각은 학습 능력은 고정되어 있어서 변하지 않으며, 집단들 간에 학습능력 수준에 차이가 존재한다. 더불어 지능은 유전적으로 결정된다. 학습능력은 사회적 환경에 의해 영향을 받지 않는다고 본다. Jensen은 인간 지능의 약 80%가 유전에 의해 결정되고, 인종이나 사회계층간의 지능에 유전적인 차이가 있다고 주장한다.

지능의 환경 결정론에서는 가정과 학교에서 갖는 문화적 경험의 차이가 개인이나 집단 간의 지능 차이를 초래한다고 주장한다. 계층, 인종, 지역 간에 나타나는 지적 능력의 차이란 곧 문화양식의 차이를 의미한다.

지능과 학업성취도의 상관관계에서 지능은 학업성적과 어느 정도 관계있는가? 지능지수로서 학업성적을 완벽하게 예측할 수 있는가? 만일 중류층 가정의 아동들을 대상으로 하여 단기간 내에 그들의 학업성적을 예언하려면 지능검사 점수가 상당히 유용하다. 그러나 먼 장래의 학업성취도를 예언하려 하거나, 하류층 가정의 아동들의 학업성취도를 예언하려 하면, 지능검사 점수는 그리 유용하지 못하며, 경우에 따라서는 지능검사 점수로 학업성취를 예언한다는 것은 위험하기까지 하다.

그것은 지능지수는 시간의 흐름에 따라 부분적으로 변하고, 검사 조건이 하류층 아동들에게는 부적절한 것이어서 하류층 아동들에게는 검사의 신뢰도와 타당도가 낮기 때문이다. 지능지수가 어떤 계층의 아동들에게는 학교의 성패를 예언하는데 부적절하다. 지적특성 측면에서도 학업성취에 영향을 주는 것은 일반지능 뿐만 아니라, 학습능력이나 창조성 같은 다른 차원의 능력이 있다는 것이 밝혀짐으로써 지능과 학업성취도간의 절대적인 상관성을 약화시키고 있다.

대부분의 평균적 아동들에게 있어서 지능은 학업의 성패를 예언할 수 있는 중요한 요인이 된다. 즉, 지능지수가 높은 아동들은 학업에 성공할 것이고, 지능지수가 낮은 아동들은 학업성적이 낮을 것이다.

창의성과 지능의 관계를 살펴보면 Torrance는 창의성 검사점수와 지능지수 사이에는 평균 0.20정도의 낮지만 유의미한 상관이 있다고 보고하고 있다. 또한 높은 수준의 IQ소지자들보다 낮은 수준의 IQ소지자들의 경우에 일반적 IQ와 확산적 사고능력 간에 보다 밀접한 관계가 있다고 보고하고 있다.

이러한 사실은 첫째, IQ가 높은 사람이 창의성도 높을 가능성이 있지만(유의미한 상관), IQ가 높다는 것이 반드시 창의성도 높다는 것을 보장해 주지는 않는다(낮은 상관)는 것을 의미하며, 둘째, IQ가 낮은 수준에 있는 사람들이 일반적 IQ와 창의적 사고능력 간에 밀접한 관계를 보이고 있다는 것은 IQ가 낮은 경우에는 창의성도 낮은 수준에서 관계가 있다는 것이지 결코 IQ가 낮으면서 창의성이 높다는 것을 의미하지 않는다는 것을 말해주고 있다. 예컨대, 높은 IQ소지자가 창의성에서도 반드시 높다고 말할 수는 없으나, IQ가 높아야 창의성도 높을 가능성이 있다.

창의성과 학업성취와의 관계를 살펴보면 Getzels와 Jackson의 연구에 의하면 IQ는 높지만 창의성에서는 낮은 학생들과 창의성은 높지만 IQ는 낮은 학생들에 있어서 학업성취도는 거의 동등하며, 또한 이것은 학교 전체평균에 비해 월등히 높다는 점을 말하고 있다. 이것은 곧 창의성 검사가 측정하고 있는 능력이 학교 학습과 밀접한 관계를 맺고 있다는 것을 의미하며, 바꾸어 말하면 학교 학습은 지능에 의해서만 좌우되는 것이 아니라 창의성에 의해서도 좌우된다는 것을 말해주고 있다.

나. 사회경제적 지위(가정배경 변인)의 영향

가정과 학교는 학습자의 학습을 결정하는 주요 환경이다. 학습자가 접하는 환경 중 가정환경은 학습자의 연령이 낮을수록 학업성취에 많은 영향을 미치는 것으로 확인되고 있다(Dave, 1963; Bradley et al, 1988).

가정환경을 학업성취와 관련지어 연구하는 최근의 경향은 객관적 지위를 사회경제적 차원으로 측정한 지위환경(status environment)과 부모-자녀 상호작용의 질을 측정한 작용환경(과정환경, process environment)의 하위 환경으로 나누고, 이 두 환경과 학업성취의 상관을 연구한다. 연구결과 작용환경이 학업성취와 보다 상관이 높다는 연구(Dave, 1963; Kellaghan, 1977; Shea & Hans, 1977; Iverson & Walberg, 1982; 황정규, 1984)와 지위환경이 상관이 높다는 연구(허형 등, 1974; Marjoribanks, 1982)들로 나뉘어 진다.

작용환경이 지위환경에 비해 의의 있는 환경으로 평가되기는 하나 연구결과는 일관성 있게 작용환경이 의의 있음을 나타내지는 못한다. 여기서 지위환경은 가정의 지위와 상태를 나타내며, 주로 부모가 이룩한 환경이나 부모의 상태를 나타내는 환경들이다. 이에 해당하는 환경 변인으로서는 다음의 주요변인 들이 있다(정원식, 1977a).

① 양친의 상태. 양친의 유무, 양친의 혼인상태, 동거, 별거 등의 상태를 말한다. ② 주거지의 생태적 환경. 주택이 위치하고 있는 지역의 상태를 말한다. 일반적으로 주거지는 비슷한 지위에 있는 사람들이 모여 산다. 집이 있는 곳에 따라 교육적 의의가 달라지고, 주택가라 하여도 주변지역의 사회계층이 문제가 된다. ③ 사회경제적 지위. 부모의 교육수준, 직업, 경제적 수준이 여기에 포함된다. 사회경제적 지위를 흔히 가정의 문화시설과 경제적 수준만 가지고 정하는 경우가 있으나, 교육적인 견지에서는 부모의 교육수준과 직업이 더욱 큰 비중을 차지한다. ④ 주택의 상황. 집의 크기, 가족 구성원을 위한 방의 배치 등의 물리적인 조건을 말한다.

이러한 환경 변인에 의해 구성되는 지위환경을 측정하는 방법은 2가지로 나눌 수 있다(김채윤 등, 1986). 첫째는 객관적 방법으로 사회성원의 객관적 특성에 의거하여 개인 또는 집단의 계층적 위치를 규정하는 것이다. 사람들의 사회적 지위를 나타내는 객관적인 속성이 구체적으로 어떤 것인가에 대해서는 여러 가지의 의견이 있으나 가장 많이 쓰이는 것은 직업, 교육수준, 소득 등이다. 둘째는 주관적 방법으로 자신의 지위를 어떻게 인식하고 있는가를 바탕으로 하여 지위를 파악하는 방법이다. 객관적 지위가 같다 할지라도 각자가 느끼는 지위성향이 틀리기 때문에 주관적 방법은 객관적 방법에 비해 상이한 결과가 나올 수 있다.

학업성취에 관련된 작용환경을 최초로 개념화한 Dave(1963)는 작용환경을 ① 성취 압력, ② 언어 모형, ③ 학업 지도, ④ 가정의 활동성, ⑤ 가정의 지성 지향성, ⑥ 가족의 작업 습관 등으로 나누었다. 이 작용환경들은 각 교과 영역에서 30~62%의 변량을 설명해 주고 있다. Shea와 Hans(1977)는 사회 경제 지위가 낮은 유치원에서 초등학교 2학년 학생들을 대상으로 작용환경과 단어, 읽기와의 관계에 대하여 연구한 결과 이들은 학업성취와 관련이 된다고 여겨지는 하위 변인으로 ① 아동의 학교학습에 대한 부모의 기대, ② 아동의 성장에 대한 지각, ③ 지적 성취에 대한 보상, ④ 언어 발달 압력, ⑤ 언어 발달의 적절성과 지원, ⑥ 가정 외에서의 학습 기회, ⑦ 학습에 필요한 자료들로 개념화하였다. 이들의 연구 결과 작용환경 단어·읽기 점수와의 단순 상관이 .30~.40라는 결과를 보고하고 있다. Kellaghan(1977)은 Dave의 6가지 작용환경을 그대로 사용하여 아일랜드 지역의 사회경제 지위가 낮은 아동을 대상으로 영어, 아이리시 언어, 수학점수와 작용환경의 관계에 대하여 연구하였다. 이 결과 영어, 아이리시어, 수학 점수 변량의 각각 40%, 36%, 30%를 작용환경이 설명한다고 밝히고 있다.

Iverson과 Schiller(1980)는 ① 부모의 기대와 열정, ② 가정의 활동성, ③ 독립성, ④ 언어 발달, ⑤ 학교와 교육에 대한 지원 등으로 작용환경을 개념화하고 5~8학년 아동의 읽기와 수학 점수와의 관계를 연구한 결과 단어 점수의 63%, 읽기 점수의 50%, 수 개념의 44%, 수계산 변량의 63%를 작용환경이 설명하는 것으로 나타났다. Taylor (1976)는 Dave의 여섯 가지 변인을 사용하여 1, 3, 5학년 아동의 학업성취와 작용환경의 관계를 연구한 결과, 학업성취가 높은 집단이 일관되게 여섯 가지 작용환경의 점수가 높게 나왔다고 밝히고 있다. 이상의 연구들에 의하면 작용환경들을 세 가지 측면으로 나누어 분석할 수 있다. 각 측면은 ① 언어적 측면, ② 가정 활동적인 측면, ③ 문화 수준적 측면으로 구분할 수 있겠다. Plowden 보고서의 추후 연구 자료를 바탕으로 하여 초등학생, 중학생, 고등학생 각각 779, 753, 813명의 부모를 대상으로 한 검사에서 "성취압력", "인지압력"으로 볼 수 있는 20문항을 추출하여 작용환경으로 사용하며, 통제소재(Locus of Control)를 정의적 특성으로 사용하여 학업성취에 미치는 영향을 분석하였다. 이 결과 모든 학년수준에서 통제소재의 점수가 높다면 작용환경이 같더라도, 학업성취가 높고, 작용환경이 높다면, 통제소재가 같더라도, 학업성취가 높아진다는 결론을 내렸다. 통제소재를 내적으로 변화시킬 수 있는 작용환경의 압력에 대한 연구는 Grolick과 Ryan (1989)에 의해 이루어졌다. 이들은 부모의 아동양육 형식을 다음과 같이 구분하였다. ① 자율성 신장(autonomy support). 외적으로 규정된 성과, 벌과 규율, 억압·보상에 의한 통제에 반대되는 독립적 문제 해결, 선택과 판단의 참여를 신장하고자 하는 부모의 가치와 규범, ② 구조의 제공(provision of structure). 아동의 변화나 진보를 염두에 두지 않고 아동의 행위에 분명하고 일관된 지침이나 기대, 규율을 가하는 양육방식, ③ 관여(involvement). 아동의 생활에 많은 관심을 보이고, 알고 싶어 하며, 참여하는 양육방식. 이상의 세 가지로 나누어 이들과 통제소재를 포함하는 아동의 학구적 자아통제와의 관계를 연구한 결과 자율성을 신장하는 양육방식만이 아동의 자아통제와 독립적·내재적 동기를 신장할 수 있었다고 보고하고 있다.

학생의 사회경제적 배경이 학업성취에 영향을 미치는 대표적인 연구로 Coleman 보고서(1966)는 사회경제적 지위와 학업성취에 높은 상관관계가 있음을 밝히고 있고, Jencks는 아버지의 사회경제적 지위와 자녀의 학업성취 연구에서 지능이 높더라도 사회경제적 지위가 낮은 학생들은 대학 교육에 대한 교육적 포부 수준이 낮음을 발견하였다. Jensen은 사회경제적 배경과 지능지수 사이의 상관관계를 연구한 결과 지능지수와 학업성취 사이에 상관이 높으며, 사회경제적 배경에 따라 지능점수에 유의한 차이가 있음을 보고하고 있다. Sewell은 학업성취, 학생지능, 사회경제적 지위 관계연구에서 ① 지능이 높을수록 대학입학 계획과 대학에서의 학업성취 및 졸업의 비율이 높다. ② 사회경제적 배경이 높을수록 남녀에 관계없이 대학 입학 계획, 대학에서의 학업성취 및 졸업의 비율이 높다. ③ 대학입학 계획은 사회경제적 배경에 의해, 대학에서의 학업성취는 지능에 의해 보다 많은 영향을 받는다는 연구 결과를 발표하였다.

제8장 한국 사회의 교육효과성 분석

1. 들어가는 말[21)]

인류 역사가 시작된 이래 현재까지 변하지 않고 있는 사고와 문화는 교육일 것이다. 교육은 과거에도 행해졌고 현재도 교육활동이 이루어지고 있고 미래 사회도 역시 교육활동은 이루어질 것이다. 교육활동이 있는 곳이라면 반드시 그에 따른 교육의 효과성을 생각해 보아야 할 것이다. 교육 효과성(education effectiveness) 연구는 학교효과성(school effectiveness), 교사효과(율)성(teacher effectiveness)이라는 주제로 Coleman(1966)의 『교육기회의 평등』이라는 학교효과성 연구 이래로 현재까지 많은 후속 연구가 이루어져왔다. 초기의 교육효과성, 학업성취에 대한 연구는 부모의 사회경제적 배경이 좋을수록 자녀에게 보다 더 많은 경제적·물질적 자원을 제공하여 학업성취를 높일 수 있다는 것이 기존의 연구 경향이었다(박명애, 1981; 이위환, 1994; 주동범, 1997; 김왕근, 1988; 김경근, 2000; Coleman et al., 1966; Jencks, et al., 1972; Zill, 1996; Brenda Jo, 2000).

이러한 연구는 투입-산출 모형에 근거한 효과적인 학교연구 경향에 맞추어 보면 대체로 투입 변인에 해당하는 변인에 초점을 맞추어 수행된 연구들이라 할 수 있다. 이러한 연구에 대해 Averch는 검은 상자 모형(black-box model)이라고 비판한바 있다. 이후 효과적인 학교교육에 대한 대표적인 연구를 수행한 Edmond는 효과적인 학교교육을 분석하기 위해서는 학교가 갖고 있는 외부환경과 시설투입자원 특성과 학교교육이 실제로 일어나고 있는 학교 내부의 교육과정상의 특성을 함께 고려해 넣어야만 제대로 된 학생의 학업성취를 설명할 수 있다고 한다. 이는 흔히 투입-과정 산출 연구로 불리며 이러한 연구들이 현재 주류를 형성하고 있다.

국내외에서 수행된 대부분의 교육 효과성 연구들의 변인을 살펴보면 학교 외적인 변인으로 사회구조적 요인인 학생의 배경변인과 사회적 환경, 문화, 경제, 정치구조 등의 변인을 사용했으며, 학교 내적인 변인으로는 교사, 학교(급)풍토, 교육과정, 수업매체, 교수방법, 학교문화, 교사-아동의 상호작용 등의 변인에 입각하여 교육의 효과성을 분석하고 있다. 여기서 사용되는 연구방법을 보면 크게 양적 연구와 질적 연구로 구분할 수 있으며, 연구도구

---

21) 본 장은 경북대 중등교육연구, 52집 1호(2004)에도 실린 내용이다.

로는 설문지, 면접, 관찰, 실험 등의 방법을 동원하여 학교교육의 교육효과성을 측정하고자 하였다. 이러한 연구들은 특정한 시기, 지역, 연령 대에 한정되는 지엽적인 분석의 제한점을 내재하고 있다. 물론 종단 연구와 같은 방법은 연대적으로 변화된 교육효과를 분석할 수 있는 틀은 제시 할 수는 있으나 이 또한 전국적인 규모나, 다양한 변인의 설명에는 한계를 가진다. 본 장에서는 이러한 양·질적 연구 방법이 지닌 한계성을 극복하고 한국 사회의 교육효과성을 분석하기 위해 역사고찰, 통계자료 분석이라는 방법을 통하여 해방 후 현재까지 한국의 교육발전에 따른 현상 분석과 그에 따른 한국 교육의 효과성을 시계열로 분석, 고찰하고자 한다.

2. 교육효과성 지표체제 연구

교육효과성이라는 개념은 교육발전이라는 용어로 대체 하여 쓸 수도 있다. 이러한 교육발전에 대한 개념을 살펴보면 광의의 교육발전과 협의의 교육발전으로 나눌 수 있다. 광의의 교육발전은 국가발전의 전체 분야 중의 하나로 간주하여 정의한다. 광의의 교육발전 개념에는 정규 학교교육 체제와 학교 외 교육체제를 포함한다. 광의의 교육발전개념에 고려해야 할 요소가 너무 복잡해서 그 개념을 규정하는 것은 어렵다.

본 장에서는 광의의 교육발전 개념 중 교육의 수혜자 즉 교육소비자 들을 대상으로 실시된 학교교육의 효과, 학교생활 만족도 등의 교육통계 변인들을 가지고 한국의 교육효과성을 분석, 고찰할 것이다. 협의의 교육발전이란 교육 체제 전반에 걸친 발전을 의미하는 것이 아니라 학교교육의 발전으로 한정한다. 김종철(1995)은 교육발전 지표는 교육발전을 어떻게 규정하느냐에 관한 개념의 틀에 따라서 여러 가지로 다양하게 규정될 수 있을 것이다. 그러나 일반적으로 다음과 같은 개념상의 구분이 가능하다.

첫째, 질적 지표와 양적 지표로 교육에 관해서 질과 양을 구분하기는 간단한 일이 아니다. 대부분의 교육활동과 그 요소는 질과 양의 양면을 동시에 가지고 있기 때문이다. 일반적으로 학생 수, 교원 수, 학급 수, 교육재정규모 등에 관한 것을 양이라고 하고 그 안에 담겨 있는 실질적인 내용, 즉 학생의 학력과 인격의 성장도, 교원의 자질과 능력, 교육과정상의 내용, 교육운영의 효율성 등 교육의 규모와 다른 또 하나의 측면을 질이라고 한다. 교육의 발전은 양적 성장과 질적 향상의 양면을 포함하고 있으며, 교육의 규모가 확대되고 교육의 내용이 보다 충실히 되는 것을 의미한다. 취학률이나 진학률은 양적 지표이고 교사

1인당 학생 수 등은 교육의 질적 지표라고 할 수 있다.

둘째, 내적 지표와 외적 지표로서 교육의 발전이 내적 효율성과 외적 생산성의 향상을 목표로 한다고 할 때 내적 효율성에 관한 지표와 외적 생산성에 관한 지표를 구분할 수 있을 것이다. 내적 지표는 교육활동의 내부에 있어서의 발전의 지표이다. 예를 들면 진학률, 교사 1인당 학생 수 등을 내적 지표라고 할 수 있다. 취학률이나 전체인구에 대한 재적 학생 수, 각급 학교의 졸업생 취업률과 실업률 등은 외적 지표라고 할 수 있다.

Harbison & Meyer(1959)는 75개 국가를 대상으로 교육발전 지표인 각급 학교 취학률, 국민소득에 대한 공교육비 비율 등을 연구하여 고등교육을 중시해야 한다는 결론을 도출해 내었다. Curle(1958)는 57개국을 대상으로 하여 중·고등교육 취학률, 교육투자 비율 관계를 조사하여 중·고등 교육의 중요성을 부각 시켰다.

Bowman & Anderson(1963)은 83개 나라의 식자률(문자해득률)과 1인당 국민소득간의 관계에 대한 연구에서 공업선진국의 성인 식자률은 모두 40% 이상이라는 사실을 발견하고, 40%의 식자률은 경제성장의 한계치일 것 같다는 결론을 내렸다. 한편 최충옥(1994)은 한국 교육팽창에 미친 세계체제 요인의 효과 분석에서 교육팽창이 국가수준 요인이나 세계경제종속 요인에 의해서가 아니라 세계문화통합 요인에 의해 영향을 받는다는 Meyer의 가정을 가지고 시계열 회귀분석을 통해 한국의 중등 교육은 종종 세계경제 종속요인과 세계문화통합 요인을 포함하는 세계 수준 요인에 대부분 영향을 받는다는 결론을 도출해 내었다.

한국교육개발원(1994: 3)은 "한국의 교육지표"에서 교육의 지표를 다음과 같이 정의하고 있다. "교육지표는 시대 변화의 흐름 속에서 우리가 처해 있는 교육적인 상황을 총체적이고도 집약적으로 나타내어 교육의 양적인 측면은 물론 질적인 측면까지도 측정함으로써 교육체제의 전반적인 양태와 변화, 발전 상태를 보여주고, 교육체제의 질 관리 및 교육 정책의 입안과 결정에 유용하게 활용될 수 있는 기초적인 척도이다"라고 규정하였다. 또한 교육지표의 기능은 교육정책 수립의 기초 자료로 활용, 교육체제의 감시·평가, 교육연구에의 활용, 교육체제의 분류 등 4가지가 있다고 한다.

이 자료에는 한국의 교육지표체제가 교육의 배경(교육구조, 국민의 교육수준, 국민의 교육의식, 인구구조, 경제수준 및 구조, 과학·기술 수준 및 지원), 교육기회(교육기회의 확대, 학위취득, 교육기회의 충족도), 교육 여건(학교 및 학급, 학생, 교원의 확보 및 구성, 교원의 근무조건, 교육시설·설비의 확보, 교원의 교육여건에 대한 의식), 교육 재정(교육비의 확보, 교육비의 배분, 교육재정에 관한 국민의식), 교육 결과(교육의 효과, 정의적 변화, 교육에 대한 만족도), 사회교육(사회교육시설의 확보, 사회교육의 기회), 국제 비교(교육적 배경, 교육여건, 교육 재정, 교육결과) 등 7개 분야로 구성되어 있다(한국교육개발원, 1994: 7-11). 이 교육 지표체제를 보면 한국의 전반적 교육 상황을 알 수 있다.

이 지표체제는 양적인 지표뿐만 아니라 질적인 지표도 많이 포함하고 있다. 또한 학교교육뿐만 아니라 사회교육도 포함하고 있다. 그리고 한국 교육의 국제적 지위도 보여주고 있어 국제 비교를 통하여 앞으로의 한국 교육 개혁의 과제 등을 알 수 있다.

본 장에서 사용되는 교육지표는 통계청에서 발간하는 『한국의 사회지표』, 『인구 주택 총조사』와 한국교육개발원의 『한국인의 교육의식 조사연구』와 교육인적 자원부의 『교육통계연보』를 대상으로 하여 한국 사회의 교육효과성을 체제론적 시계열 방법에 의하여 분석 고찰하고자 한다.

3. 연구방법 및 분석 모형

가. 연구방법

한국 사회의 교육효과성을 분석하는 작업은 대단히 어렵고 힘든 작업이 될 수 있다. 그것은 교육통계를 해석하고 접근하는 방법과 시각의 차로 인해 잘못 해석하거나 정책적인 의도로 자신의 구미에 맞게 해석을 유도하거나 시도하는 것을 흔히 볼 수 있기 때문이다. 교육효과성을 대표하는 변인을 추출한다는 것 또한 공통된 인식이 정립되지 않은 현 상황에서 이러한 문제를 제기하고 후속 연구를 자극하고 싶다. 본 연구에서 사용한 주요 연구 방법은 역사고찰, 통계자료분석이다. 이러한 분석에 대한 분석의 틀은 다음과 같은 모형에 의하여 분석이 시도되어진다.

나. 분석 모형(frame of reference)

한국 사회의 교육효과성을 분석하기 위하여 본 연구는 체제분석(system analysis) 기법을 가지고 접근하고자 한다. 체제분석이란 특정 목적을 달성하기 위한 적절한 절차를 모색하려는 분석 기술로서 의사 결정자가 여러 가지 문제해결 방안 중에서 최적방안을 선택 할 수 있도록 체계적으로 조사·연구하는 방법이다.

교육효과성을 분석하기 위하여 사회의 배경변인(학생, 교사, 학부모변인)으로 자녀교육

기대수준, 자녀교육의 목적을 상정하고 교육효과성의 투입변인으로 학교 급별 취학률, 학교 급별 진학률, 학교 급별 교원 수, 교원 1인당 학생 수 변인을 상정하고 교육의 과정 변인으로 연간 법정 수업시간 수, 이수 과목 수를 교육의 결과변인으로 학업 성취도 국제비교, 학생 범죄 비행 발생률, 학력별 취업률, 졸업률, 탈락률, 학생의 학교생활 만족도, 학교교육의 효과 변인을 상정하여 각각 분석 고찰하고자 한다. 다음 [그림 Ⅱ-5]는 교육효과성 분석을 위한 모형을 나타낸다.

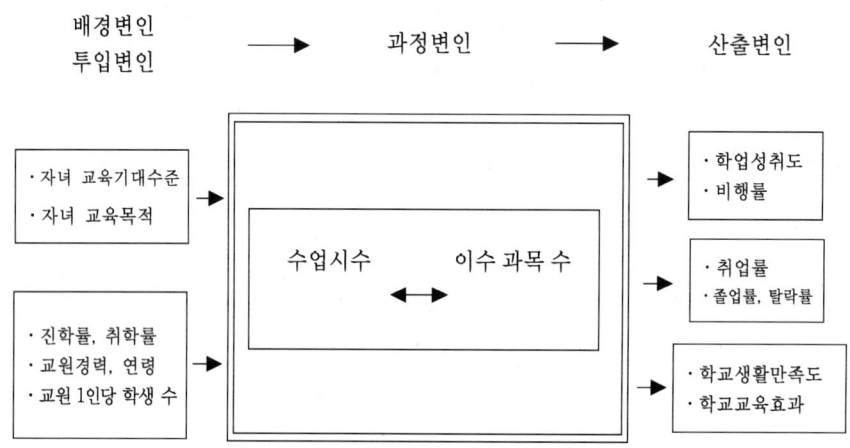

[그림 Ⅱ-5] 한국의 교육효과성 분석 모형

4. 한국 사회의 교육효과성 분석

가. 사회의 배경 변인 및 투입변인 분석

사회의 배경 변인으로 〈표 Ⅱ-7〉은 "자녀를 어느 학교 단계까지 교육시키겠는가?"라는 질문에 대해서 '초등학교,' '중학교,' '고등학교,' '대학(교),' '대학원 이상'에 반응한 비율을 나타낸다. 이 결과는 교육의 사회적 수요에 관한 정보를 제공해주는 자료로 우리 사회에서의 높은 교육열을 확인할 수 있는 대표적인 지표 가운데 하나라 할 수 있다. 전체적으로 보면 자녀를 대학 수준까지 교육시키겠다는 가구주의 비율이 약 65%에 이른다. 자녀 교육의 기대 수준은 자녀의 성별 그리고 가구주의 학력 수준에 따라 의미 있는 차이를 나타내고 있다. 자녀교육 기대 수준은 자녀의 성별변인에 따라 차이를 보이고 있다. 즉 아들, 딸 모두 대학까지 보내겠다는 비율은 비슷하지만, 아들의 경우 '대학원 이상' 21.9%, 고등학교 12.1%인데 비해 딸의 경우 '대학원 이상' 14.6%, '고등학교' 17.6%로서 아들에 대한 교육 기대 수준이 딸에 대한 교육 기대 수준보다 높은 것으로 나타났다.

〈표 Ⅱ-7〉 자녀 교육 기대수준

단위: 비율(%)

구분		전체	초등졸 이하	중졸	고졸	대졸이상
중학교	아들	1.4	5.4	0.4	0.1	0.0
	딸	3.0	11.3	1.0	0.1	0.2
고등학교	아들	12.1	35.1	10.6	3.7	1.0
	딸	17.6	45.0	18.7	7.5	1.8
대학(교)	아들	64.6	55.0	75.6	71.6	53.5
	딸	64.8	42.0	72.8	76.1	64.2
대학원 이상	아들	21.9	4.5	13.4	24.7	45.7
	딸	14.6	1.8	7.5	16.3	33.8

자료: 통계청, 한국의 사회지표, 1995.

가구주의 학력 수준에 따라서도 자녀의 교육 기대 수준이 다르게 나타나고 있는데, 학력이 높을수록 자녀에 대한 교육 기대 수준이 높은 경향을 보이고 있다. 중졸 가구주와 고졸 가구주와의 자녀 교육 기대 수준은 상대적으로 차이가 적고, 초등졸 가구주와 중졸 가구주 그리고 고졸 가구주와 대졸 가구주간에는 차이가 큰 편이다. 모든 가구주는 아들이든 딸이든 중학교 이상 교육시키겠다는 희망을 가지고 있는데, 대졸 가구주의 경우 아들을 중학교까지만 교육시키겠다는 반응은 보이지 않았다. 여기서 부모의 교육적 배경이 자녀에 대한 교육기대 수준에 차이를 보이며, 이는 곧 자녀의 계층 상승에 부모의 사회경제적 배경이 작용하고 있음을 알 수 있다.

자녀를 대학 이상의 수준까지 교육시키겠다는 가구주를 대상으로 자녀교육의 목적을 〈표 Ⅱ-8〉은 나타내고 있다. 자녀를 대학 이상의 수준까지 교육시키는 가장 중요한 목적은 자녀의 성별, 부모의 학력 수준에 따라 큰 차이를 나타내고 있는데, 전체적으로 '인격·교양'을 가장 중요시하고 있으며, 다음으로 '좋은 직장'을 중요시 여기고 있다.

<表 II-8> 자녀 교육의 목적

단위: 비율(%)

구 분		인격, 교양	좋은 직장	취미, 소질 육성	결혼관계 유리	부모가 못 받은 교육보상	기 타
아들	계	34.5	36.8	13.7	8.7	6.0	0.4
	초등졸 이하	23.0	51.4	6.1	7.0	12.4	0.2
	중졸	29.3	41.0	9.9	8.6	10.8	0.3
	고졸	36.8	34.0	14.7	9.9	4.3	0.3
	대졸이상	42.7	27.8	20.3	7.9	0.7	0.6
딸	계	35.2	12.9	21.0	25.5	5.0	0.4
	초등졸 이하	22.9	22.1	10.5	32.5	11.7	0.3
	중졸	29.6	15.4	15.9	29.2	9.6	0.2
	고졸	37.0	11.6	22.2	25.2	3.6	0.3
	대졸이상	42.9	8.2	28.2	19.3	0.7	0.7

자료: 통계청, 한국의 사회지표, 1996.

　　부모의 학력 수준에 따라 자녀 교육에 기대하는 바가 확연히 다른 것으로 나타나고 있다. 아들의 경우 가구주의 학력 수준이 높을수록 '인격·교양', '취미·소질 육성'에 대한 반응은 높은 반면에 '좋은 직장', '부모가 못 받은 교육 보상'에 대한 반응 비율은 상대적으로 낮다. 딸의 경우도 아들의 경우와 유사한 경향을 보이지만 학력 수준이 낮을수록 '결혼, 친구 관계 유리', '좋은 직장'에 대한 반응 비율이 높고, 학력수준이 높을수록 '인격·교양', '취미·소질육성'에 대한 반응비율이 높은 것으로 나타났다. 자녀의 성별 변인에 따른 차이점은 아들의 경우 '좋은 직장'이 상대적으로 중요한 목적인 반면에 딸의 경우 '결혼 관계 유리', '취미·소질 육성'이 중요한 목적인 것으로 나타났다.

　　부모의 사회 계층(학력)에 따라 학력이 낮은 부모일수록 경제적이고 보다 실질적인 사회적 혜택을 원하고, 부모의 학력이 높을수록 비경제적인 면에 교육의 목적을 두고 있는 것을 알 수 있다.

　　교육의 투입 변인으로 <표 II-9>는 취학 적령(만 4~21세) 인구 가운데 유치원(만 4~5세), 초등학교(만 6~11세), 중학교(만 12~14세), 고등학교(만 15~17세) 그리고 고등교육기관(만 18~21세)에 재학 중인 학생 비율을 나타낸다. 유치원(만 4~5세)의 취학률은 1970년 1.3%에서 2001년 38.1%에 거의 4배가량 늘어나며 초등학교 취학률은 오래 전부터 완전 취학을 이루고 있었으나 1990년 이후 취학률이 100%이하로 낮아지는 추세를 보이고 있다. 중학교 취학률은 1970년 54.1%, 에서 2001년에는 99%로 거의 2배로 증가 추세가 되어 완전 취학 형태를 이루고 있다. 고등학교 취학률은 1970년 29.3%, 에서 2001년에는 94.7%에 이르고 있으며 고등교육기관 취학률은 1970년 9.0%, 2001년에는 83.7%로 거의 10배 가까이 타 학교 급보다 기하급수적인 증가세를 보이고 있다. 이는 한국 사회의 입신출세, 교육열로 해석 할 수 있겠다.

〈표 Ⅱ-9〉 학교 급별 취학률

단위: 비율(%)

년 도	유치원	초등학교	중학교	고등학교	고등교육기관
1970	1.3	102.8	54.1	29.3	9.0
1975	1.7	106.1	72.6	41.8	9.7
1980	4.3	103.1	96.0	66.2	17.0
1985	18.6	102.0	99.7	78.3	37.2
1990	30.9	99.8	98.4	87.2	37.4
1995	40.1	102.1	102.8	91.0	57.9
1996	41.9	97.1	102.9	89.8	61.8
1997	-	99.0	100.0	93.5	-
1998	-	98.7	98.9	94.6	-
1999	-	98.9	98.5	96.6	-
2000	38.1	98.7	99.5	95.6	80.5
2001	38.1	98.4	99.0	94.7	83.7

자료: 통계청, 「장래인구추계」, 교육인적 자원부, 「교육통계연보」.
주: 1) 취학률은 적령 연령 계층의 인구에 대한 취학자(연령계층에 상관없이)의 비율이므로 100을 넘을 수 있음.
　　2) 고등교육기관에는 전문대학, 교육대학 및 대학(교) 등이 포함됨.

교육의 투입 변인으로 〈표 Ⅱ-10〉은 학교 급별 진학률을 나타내고 있다. 중학교 진학률은 1978년 89.7%에서 2001년 99.9%로 증가했으며, 고등학교의 경우는 78년 79.3%에서 99.6%로, 대학교 진학률은 78년 22.0%에서 2001년 70.5%를 보이고 있다. 각 학교 급별로 진학률은 꾸준한 증가세를 보이고 있다. 특히 고등교육 기관인 대학교의 진학률은 1995년을 기점으로 많은 증가세를 보이고 있다. 이는 노동시장의 구조적인 변화, 당시의 3D기피 현상과 같은 사회적 상황이 취업보다는 진학을 택하게 만드는 동인으로 작용한 것으로도 해석 할 수 있겠다.

〈표 Ⅱ-11〉은 교육의 투입 변인으로 교원1인당 학생 수, 평균 교육이수 년 수, 평균 경력, 연령별 현황을 나타내고 있다. 교원 규모의 변화는 학생 인구의 증감, 교육 기회의 수준, 교육 여건의 수준에 의해 결정되는 지표로 교육효과를 내는 중요한 변수 중의 하나라 할 수 있다.

교원 1인당 학생 수(92-2001년)를 보면 초, 중, 인문, 실업별로 각각 32.8명, 24.5명, 22.9명, 20.8명에서 28.7명, 19.6명, 19.5명, 16.4명으로 변화한 것을 볼 수 있다. 교사 1명이 책임져서 교수해야 할 학생들이 OECD국가기준(1998) 초, 중, 고별로 17.1명, 15.1명, 12.5명 인 것을 보면 아직도 우리 교육환경이 열악한 것을 알 수 있다.

평균 교육이수 년 수는 2001년 현재 초, 중, 고(인문, 실업)별로 각각 15.8년, 16.4년, 16.6년, 16.5년으로 평균 대졸을 이루고 있음을 알 수 있다. 경력 년 수는 초등이 가장 길며, 평균 연령은 고등학교 교사들이 다소 많음을 알 수 있다. 교원 1인당 학생 수를 지역별로 볼 때 가장 적은 학생인 지역은 초, 중, 고(인문, 실업)별로 각각 전남, 전남, 강원, 전남으로 대체적으로 학생이 적은 농촌 지역임을 살펴 볼 수 있다.

〈표 Ⅱ-10〉 학교 급별 진학률

단위: 명, %

	초등졸업	중학교		고등학교		대학교	
		진학률	졸업자	진학률	졸업자	진학률	입학률[1]
1978	877 207	89.7	675 325	79.3	400 421	22.0	33.9
1979	901 879	93.4	732 015	81.0	439 848	25.9	40.5
1980	874 329	95.8	741 618	84.5	467 388	27.2	43.3
1981	939 438	96.5	773 421	86.5	497 000	35.3	59.3
1982	908 544	97.7	821 211	86.9	545 598	37.7	54.9
1983	925 759	98.6	813 156	89.4	579 123	38.3	53.5
1984	981 964	98.8	874 836	89.7	614 062	37.8	51.6
1985	939 727	99.2	855 627	90.7	642 354	36.4	49.6
1986	901 027	99.4	882 722	91.2	667 779	36.4	47.5
1987	863 761	99.5	932 552	91.9	683 420	36.7	46.1
1988	799 343	99.5	899 492	93.5	685 909	35.0	44.5
1989	740 133	99.7	863 211	94.6	709 889	35.2	44.4
1990	763 694	99.8	835 699	95.7	761 922	33.2	44.9
1991	753 663	99.8	775 273	97.5	754 496	33.2	45.9
1992	841 756	99.9	717 901	98.6	740 288	34.3	50.7
1993	837 598	99.9	743 599	98.2	722 451	38.4	55.4
1994	848 283	99.9	735 679	98.8	687 794	45.3	63.1
1995	813 387	99.9	819 246	98.5	649 653	51.4	74.2
1996	736 349	99.9	816 654	98.9	670 161	54.9	78.9
1997	651 153	99.9	824 518	99.4	671 614	60.1	85.8
1998	642 886	99.9	788 599	99.4	736 889	63.5	84.4
1999	618 438	99.9	715 971	99.4	747 723	66.6	81.4
2000	614 759	99.9	631 398	99.6	764 712	68.0	78.8
2001	614 917	99.9	626 507	99.6	736 171	70.5	83.5

자료: 교육인적 자원부, 「교육통계연보」.
주: 1) 당해연도 졸업자수에 대한 재수생을 포함한 진학자수의 비율임.

〈표 Ⅱ-11〉 학교 급별 교원현황

단위: 명, 년, 세

	교원 1인당 학생수				평균 교육 이수년수				평균 경력 년수				평균 연령			
	초등교	중학교	인문고	실업고	초등교	중학교	인문고	실업고	초등교	중학교	인문고	실업고	초등교	중학교	인문고	실업고
1992	32.8	24.5	22.9	20.8	14.4	16.0	16.1	16.0	19.4	13.2	13.9	13.7	41.1	36.8	38.3	38.3
1993	31.2	24.8	21.4	20.5	14.5	16.0	16.1	16.0	19.6	13.5	14.3	14.1	41.4	37.3	38.8	38.8
1994	29.5	25.1	21.7	20.6	14.7	16.1	16.3	16.2	19.7	13.9	14.8	14.6	42.1	38.3	39.8	39.9
1995	28.2	24.8	22.1	21.4	14.8	16.1	16.3	16.2	19.8	14.4	15.1	14.8	41.9	38.4	39.7	39.7
1996	27.6	23.8	22.6	21.5	14.9	16.2	16.4	16.3	19.8	14.7	15.3	15.1	41.9	38.8	40.0	40.1
1997	27.3	22.3	22.9	21.7	15.0	16.2	16.4	16.3	19.6	14.9	15.5	15.2	42.0	39.4	40.5	40.5
1998	27.4	20.9	22.0	21.0	15.2	16.2	16.4	16.3	19.0	14.9	15.3	15.2	42.0	40.0	40.8	41.1
1999	28.6	20.3	22.2	20.1	15.5	16.3	16.5	16.4	18.6	15.7	16.6	16.5	40.6	39.5	40.5	40.7
2000	28.7	20.1	20.9	18.2	15.7	16.3	16.6	16.5	16.5	14.8	16.0	15.9	39.1	38.6	40.0	40.1
2001	28.7	19.6	19.5	16.4	15.8	16.4	16.6	16.5	16.3	14.9	16.2	16.2	39.1	38.7	40.2	40.4
시·도별 현황																
서울	29.9	18.8	22.4	17.5	16.0	16.5	16.7	16.6	15.8	15.6	18.0	17.7	38.7	39.4	42.1	42.1
부산	29.0	19.7	19.4	18.0	15.9	16.3	16.6	16.6	16.6	14.9	17.1	17.0	39.1	38.6	41.0	41.2
대구	32.4	22.0	19.7	18.8	15.9	16.3	16.7	16.5	14.2	13.7	16.4	16.5	37.2	37.5	40.3	40.6
인천	34.3	22.9	20.5	19.2	15.9	16.4	16.6	16.5	13.8	12.2	14.0	14.6	36.5	36.3	38.2	39.2
광주	33.5	22.2	18.0	18.9	15.7	16.4	16.5	16.5	17.6	16.5	18.2	17.3	39.4	40.3	42.2	41.3
대전	30.3	20.9	19.1	18.0	16.0	16.4	16.7	16.5	14.7	14.3	16.2	15.7	37.1	38.1	40.2	39.9
울산	32.3	23.8	20.7	18.8	15.6	16.3	16.4	16.4	14.8	12.6	14.5	15.4	37.5	36.5	38.3	39.6
경기	34.0	24.0	21.2	17.9	15.7	16.3	16.5	16.5	14.3	12.0	12.6	13.6	37.3	35.9	36.6	37.9
강원	21.6	16.4	15.1	14.0	15.7	16.3	16.6	16.5	16.3	16.3	17.3	16.4	38.8	39.5	40.7	39.9
충북	25.4	18.4	18.1	17.3	15.5	16.6	16.8	16.7	17.6	16.5	17.5	16.3	40.5	39.7	40.9	40.1
충남	22.3	17.0	16.9	14.4	15.7	16.4	16.6	16.6	17.2	15.8	16.1	16.6	40.2	39.4	39.9	40.5
전북	23.0	15.5	15.7	13.4	15.8	16.5	16.5	16.5	18.7	17.5	16.9	17.1	41.1	41.3	41.1	41.4
전남	20.3	13.9	15.9	12.8	15.4	16.2	16.4	16.4	21.3	17.4	17.2	17.8	44.2	41.1	40.9	41.7
경북	22.8	17.1	17.6	14.4	15.8	16.3	16.4	16.4	17.7	16.9	16.8	16.8	41.2	40.5	40.7	41.1
경남	27.0	19.3	18.1	14.8	15.6	16.3	16.5	16.4	18.1	15.1	15.9	16.2	40.4	38.8	39.6	40.1
제주	25.8	17.2	16.9	13.5	16.0	16.5	16.9	16.6	17.2	17.5	18.4	18.0	39.0	41.1	42.2	42.3

자료: 교육인적 자원부, 「교육통계연보」, 2001.

나. 교육과정 변인 분석

교육의 과정 변인으로 연간 법정 수업시간 수, 이수 과목 수를 살펴보기로 하자. 〈표 Ⅱ-12〉는 연간 수업 시간 수를 나타내고 있다. 7차 교육과정 기준으로 초, 중, 고 각각 1088, 1156, 1224 시간으로 수업 시수가 중등 교육으로 갈수록 늘어나며, 1, 2차 교육과정 대비 중학교를 제외하고는 시수가 꾸준히 늘어났음을 알 수 있다.

〈표 Ⅱ-12〉 연간 수업 시간 수

구 분	초등학교	중학교	고등학교
1954-1차	1,085	1,190-1,330	1,156
1963-2차	980	1,050-1,155	1,156
1973-3차	1,085	1,120-1,225	1,120-1,225
1981-4차	1,088	1,156-1,224	1,156-1,224
1987-5차	1,088	1,156-1,224	1,156-1,224
1992-6차	1,054	1,156	1,156
1997-7차	1,088	1,156	1,224

자료: 교육부고시, 각급학교교육과정

교육의 과정 변인으로 이수 과목 수를 살펴보면(〈표 Ⅱ-13〉 참조) 우리나라 학생들이 배우고 이수해야 할 과목 수가 초, 중, 고 별로 각각 10, 15, 13 과목으로 교과목 외에도 학교별로 특별, 재량활동 등의 교과 외 활동도 하는 것으로 조사되었다. 최근 교육과정으로 올수록 학생들이 이수해야 할 과목 수는 점점 늘어가고 있음을 볼 수 있다. 주동범·안우환(1999)에 의하면 효과적인 교사의 수업행동들은 교사가 가르치는 과목에 대하여 설명의 명확성, 중요내용 반복, 수업내용의 관계 밝히기, 체계적인 수업으로 진행하는 교사를 학생들은 효과적인 교사로 인식하는 것으로 보고하고 있다.

<표 Ⅱ-13> 이수 과목 수

(단위: 과목 수)

구 분	초등학교	중학교	고등학교
1954-1차	8	11	10
1963-2차	8	9	10
1973-3차	9	13	13
1981-4차	9	13-14	13
1987-5차	9	12	13
1992-6차	9	12	13
1997-7차	10	15	13

자료: 교육부고시, 각급학교교육과정

다. 교육의 결과 변인 분석

교육의 성과를 가늠하는 잣대를 일률적으로 선정할 수는 없다. 하지만 국내외적으로 교육의 효율성 연구를 살펴보면 대부분이 학업성취를 들고 있다. 학업성취에 미치는 변인에 대한 다양한 연구는 상당한 정도로 이루어져 왔다. 역으로 교육의 성취(효율성)를 설명하는 변인은 다소 제한적으로 언급되고 있다. 본 연구에서는 이러한 교육의 결과로써 교육효과성 측정 변인으로 학업 성취도 국제비교, 학생 범죄 비행 발생률, 학력별 취업률, 졸업률, 탈락률, 학생의 학교생활 만족도, 학교교육의 효과 변인(수요자 설문조사) 등으로 구분하여 교육의 효과를 살펴보고자 한다.

학생의 학업성취도는 학생들이 얼마나 학업을 잘 수행하고 있는 정도와 교육체제가 얼마나 효율적인지 더불어 현대 지식기반 민주 사회에서 유능한 시민, 혹은 노동시장에서 필요한 지식과 기술을 얼마나 잘 습득하고 있는가를 나타내는 지표로 볼 수 있다.

1994년과 1995년도에 IEA(International Association for the Evaluation of Educational Achievement)는 44개국을 대상으로 TIMSS(Third Interna- tional Mathematics and Science Studies)를 통해 수학과 과학 두 영역의 학업성취도를 조사하였다. 이 조사에 참여한 대상을 보면, 학생 수는 약 555,000명으로서, 그들의 평균연령은 13살로 대부분 7학년 8학년에 있는 학생들이었으며 참여 교사 수는 약 31,000명이며, 참여 학교 수는 13,000개였다.

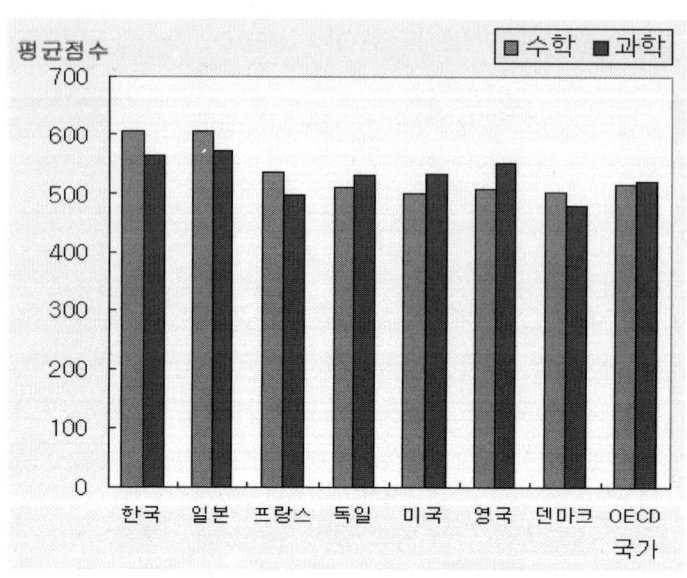

[그림 Ⅱ-6] 학업성취도 국제 비교

자료: OECD, Education at a Glance, 1996
주: 수학, 과학의 학업성취도는 각 과목의 평균을 기준으로 함.
각 과목의 평균은 8학년(중학교 2학년)을 기준으로 산출됨.

[그림 Ⅱ-6]을 보면 수학에 있어서 한국과 일본 학생의 75% 이상이 OECD 국가의 평균을 넘고 있다. 이것은 교육기관에 대한 국가의 물적, 재정적, 인적 자원의 투자에 비해 상당히 높다고 볼 수 있다. 한국 학생의 평균 성취는 수학에서 607점으로 가장 높으며 과학에서는 565점으로 독일, 미국, 영국 등 다른 OECD 국가 중에서 제일 높은 점수를 획득하고 있는 것을 알 수 있다. 〈표 Ⅱ-14〉는 교육의 두 번째 결과 변인으로 학생 범죄 비행 발생률을 나타내는 것으로 이러한 변인을 상정한 이유는 교육의 성공 요인과 더불어 실패 요인도 교육의 효과성 측정 변인에 삽입하여 해석해야 그 공과를 확실히 가늠할 수 있다고 보기 때문이다. 더불어 이러한 비행의 발생은 학교당국, 교사, 학부모, 지역사회, 교육청, 국가 등 모든 교육주체에게 이러한 원인 발생의 책임이 있으며 학생의 비행 발생률의 추이 변동에 따라서 교육주체가 실시하는 교육에 대한 교육의 효율성을 또한 가늠해 볼 수 있다 하겠다.

<표 Ⅱ-14> 학생 범죄 비행 발생률

단위: 명/비율(%)

년도	폭력사범		절도사범		흉악사범		기 타		계	
	인원	비율	인원	비율	인원	비율	인원	비율	인원	비율
1976	9,803	58.9	4,041	24.3	140	0.8	2,671	16.0	16,655	100
1980	13,954	52.4	8,563	32.2	365	1.4	3,733	14.0	26,615	100
1985	20,478	49.1	12,582	30.1	584	1.4	8,088	19.4	41,732	100
1990	23,727	43.1	12,275	22.3	1,208	2.2	17,816	32.4	55,026	100
1995	31,491	38.2	18,552	22.5	2,140	2.6	30,259	36.7	82,442	100

자료: 통계청, 한국의 사회지표, 1996.

학생의 비행 문제는 우리 사회의 왜곡된 교육열인 한 줄 세우기식 입시정책, 학력위주의 인간관 평가로 인한 왜곡된 교육현상이 만들어낸 합작품으로도 해석 할 수 있다. 〈표 Ⅱ-14〉를 살펴보면 학생의 비행 발생률은 점차 증가하는 추세에 있다. 1976년의 비행인원이 16,655명에서 95년에는 거의 5배 늘어난 82,442명으로 꾸준한 증가세를 보이고 있다. 96년도 통계청 인구주택 총 조사에서 확인된 학령 인구수(만6-17세까지) 8,724,417의 0.94%에 해당하는 수치이다.

〈표 Ⅱ-15〉 학력별 취업률

단위: 명/비율(%)

구분	일반고졸		실업고졸		전문대학졸		대학(교)졸	
	계	여	계	여	계	여	계	여
1970	17.1	17.9	55.6	55.2	78.5	78.4	61.3	50.5
1975	16.7	18.7	55.1	53.5	36.8	35.6	62.5	55.4
1980	15.6	21.3	57.7	62.8	40.8	50.6	65.0	55.2
1985	16.1	24.2	59.8	65.6	44.2	49.9	45.7	31.7
1990	18.5	27.1	83.6	86.7	58.6	68.2	53.6	42.6
1995	26.2	28.5	90.8	91.1	66.7	70.9	59.6	47.8
1996	24.7	25.9	91.6	91.4	72.6	75.3	62.1	53.4
2000	15.5	16.8	88.8	89.3	79.4	78.2	56.0	53.4
2001	18.9	19.4	88.2	89.6	81.0	79.8	56.7	54.1

자료: 통계청, 한국의 사회지표, 1996.

〈표 Ⅱ-15〉는 학력별 취업률을 나타내는 지표로 취업률은 노동 시장의 형태를 반영하며,

졸업자의 규모와 진로의식 등 다양한 요인에 의해서 영향을 받는다. 일반고 졸업생의 경우 1970년의 17.1%에서 2001년 18.9%로 다소 증가하였고, 실업고의 경우 70년대 55.6%에서 2001년 88.2%로 나타났고, 전문대, 대졸의 경우 70, 2001년대에 각각 78.5%, 61.3%에서 81.0%, 56.7%로 변했음을 살펴볼 수 있다. 일반고, 대학보다는 실업고, 전문대 졸업생의 취업률이 훨씬 높음을 알 수 있는데 이는 개인이 직업과 소득이 그가 지니고 있는 개인적 속성보다는 전체 사회 경제라는 구조적 매개(structural mediation)를 통해 결정된다고 보는 노동 시장 분절론 이론으로 설명되어질 수 있다.

이 이론은 노동 시장이 산업(Tolbert et al, 1979)이나 직종(stolzen- berg, 1975) 등에 따라 분절되어 있음을 전제한다. 노동 시장은 안정된 작업환경, 높은 임금, 전문적 기술 등을 특징으로 하고 승진의 기회가 보장되기 때문에 교육을 통한 인적 자본에 대한 높은 투자 수익을 보장하는 일차 노동시장(primary labor market)과 반면에 높은 이직률과 낮은 임금, 승진의 기회가 없는 저급한 수준의 기술직 등을 특징으로 하는 이차 노동시장(secondary labor market)으로 구분 할 수 있으며, 한국 사회에서의 이러한 현상은 보다 많은 교육을 통해 일차 노동 시장으로 진입코자 하는 풍토가 한국 노동 시장 저변에 깔려 있다고 보아야 할 것이다.

<표 Ⅱ-16> 각급 학교 졸업률

단위: 명/비율(%)

구 분	초등학교	중학교	고등학교	전문대학	대학(교)
1970	86.1	93.2	90.9	-	90.7
1975	90.8	92.7	94.8	85.7	88.2
1980	94.1	97.0	94.4	83.7	87.3
1985	96.8	96.9	91.9	73.4	65.2
1990	98.7	97.6	94.1	80.8	84.4
1995	98.5	97.9	94.3	81.8	89.9
1996	98.6	97.8	94.5	78.8	87.1

자료: 통계청, 한국의 사회지표, 1996.

<표 Ⅱ-16>을 살펴보면 초등학교의 경우 1970년대 86.1%에서 지속적으로 증가하여 1996년에는 98.6%에 이르고 있으며, 중학교의 경우 1970년의 93.2%에서 1996년에 97.8%에 이르고 있다. 고등학교의 경우 1970년의 90.9%에서 다소 증가하여 1985년(91.9%)을 제외하고, 94% 내외로 지속되면서 1996년에 94.5%에 이르고 있다. 전문대학의 경우 1990년부터 81% 내외의 비율을 보이다가 1996년에는 78.8%에 이르고 있다. 전문대학과 대학(교)의 졸업률이 1985년에 현저히 낮은 것은 1981년에 도입된 졸업정원제의 영향 탓으로 해석된다.

<표 Ⅱ-17> 중도 탈락률

(단위: %)

연도	중학교		일반계 고등학교		실업계 고등학교	
	계	여	계	여	계	여
1965	4.0	3.2	-	-	-	-
1970	2.5	1.8	3.6	1.9	3.8	2.0
1976	2.2	1.7	2.3	1.3	2.4	1.5
1980	1.2	1.0	2.2	1.1	2.1	1.3
1985	1.2	1.0	2.2	1.4	4.1	2.7
1990	1.0	0.9	1.8	1.1	3.0	1.6
1995	0.8	0.8	1.3	0.9	3.2	2.4
2000	0.9	1.0	1.2	1.1	4.3	3.6
2001	1.0	1.1	1.5	1.3	5.1	4.1

자료: 한국교육개발원·교육부. 2001 교육통계 분석 자료집.
주: 중도 탈락률=제적·중퇴자 및 휴학생수/ 재적 학생 수 × 100

〈표 Ⅱ-17〉은 중도 탈락률을 나타내는 지표로 중학교와, 일반계 고등학교의 경우 계속적으로 감소하여 2001년에는 각각 1.0%, 1.5%로 낮아지며, 실업계 고등학교의 경우엔 계속 증가세를 보이고 있다. 탈락률이 과거엔 가정적 어려움이 주된 것이었다면 최근에는 비행(폭력, 절도사범)이나 학교생활 부적응 등 학교 사회체제와 관련된 문제라면 이에 대한 정책적인 관심과 노력이 요구되어진다.

교육의 효과성 측정 변인으로 〈표 Ⅱ-18〉은 학생의 학교생활에 대해 어떻게 생각하는지를 1996, 2001년에 걸쳐서 총 6개 항목에 대하여 설문 조사한 사실을 나타내고 있다. 전반적인 학교생활에 대해 96년에는 34.4%가 2000년에는 41.4%가 만족을 나타내고 있다. 특이점은 군부, 저학년으로 갈수록 학교생활에 대한 만족도가 큰 것을 알 수 있다. 교육 내용 면에 대해선 96년, 2000년에 각각 29.6%, 30.7%가 만족을 답했으며 특이한 사항은 2000년에는 전문대 이상의 학생들이 배우는 교육내용에 대하여 만족하는 수가 많음을 볼 수 있다. 학교 시설 만족도에 대해선 96, 2000년 모두에서 불만족이 압도적으로 높음을 볼 수 있다.

학교 시설에 대한 재정적인 투자가 다소 열악한 대목임을 볼 수 있다. 교우 관계에 대한 조사는 양 년도에서 모두 만족이라고 답을 했고, 교사와의 관계에서도 불만족보다는 만족한다 라는 응답이 많음을 볼 수 있으며 시보다는 군부 학생들이 보다 더 교사와의 관계를 만족한다고 응답하고 있다. 학교 주변 환경에 대한 설문에서는 중, 고, 전문대 이상의 학생들이 모두 불만족하다고 응답을 하는 것으로 나타났다. 96년도에 39.2%에서 2000년에는 32.6%로 감소는 했으나 시차로 볼 때 교육 여건이 크게 개선되지 않고 있음을 알 수 있겠다.

학교교육의 효과로써 마지막 변인인 학생들에 대한 학교교육의 효과에 대한 설문조사가
〈표 Ⅱ-18〉〈표 Ⅱ-19〉에 나타나 있다. 학교교육효과에 대한 질문중의 첫째로 지식·기술
습득에 대하여 효과가 있다가 전체적으로 96년에는 45.3%, 2000년에는 48.4%로 응답을 보
이며, 반면에 부정적으로 답한 별로(전혀) 효과 없음에는 96년에는 11.5% 2000년에는
10.7%로, 특히 고졸 이상의 학생들이 학교교육을 통한 지식·기술 습득에 대하여 부정적인
시각을 갖고 있음을 볼 수 있다.

〈표 Ⅱ-18〉 학생의 학교생활 만족도

단위: %

	전반적인 학교생활		교육내용		학교시설		교우관계		교사와의 관계		학교 주변 환경	
	만족	불만족	만족	불만족	만족	불만족	만족	불만족	만족	불만족	만족	불만족
1996년												
전국	34.4	15.3	29.6	23.8	21.3	43.6	63.4	5.0	32.8	17.6	17.9	39.2
시부	33.9	16.0	28.6	24.9	21.0	44.2	62.9	5.1	31.7	18.2	17.8	39.5
군부	37.7	11.9	35.3	18.2	22.4	40.0	65.9	4.2	38.2	14.4	18.8	37.7
남자	33.9	14.9	30.4	22.6	21.6	42.5	62.2	4.7	32.6	17.7	18.0	38.3
여자	35.1	15.7	28.7	25.3	21.0	44.8	64.6	5.3	33.0	17.6	18.0	40.2
중재	35.3	12.6	32.3	19.2	15.5	45.4	62.6	6.2	33.8	16.6	16.2	39.9
고재	33.4	16.1	27.9	24.1	21.9	44.6	64.6	4.3	34.0	18.2	18.2	38.4
전문·대학재학생	35.7	15.0	31.2	25.0	22.0	41.5	61.7	5.7	30.7	17.1	18.0	40.2
2000년												
전국	41.4	13.2	30.7	20.4	23.0	41.2	67.8	3.7	36.1	15.4	23.5	32.6
동부	40.8	13.4	30.2	20.9	22.8	41.6	67.1	3.8	35.4	15.8	23.1	33.1
읍·면부	44.6	11.5	34.1	17.2	23.8	38.4	71.9	2.2	40.9	13.2	25.0	29.8
남자	42.0	13.7	30.7	20.1	23.9	39.7	68.9	6.9	37.4	16.1	24.4	31.3
여자	40.7	12.5	30.6	20.9	22.0	42.6	66.6	3.5	34.9	14.7	22.4	33.9
중재	44.5	9.6	33.6	16.4	19.5	40.6	71.9	2.7	46.0	14.6	27.6	31.1
고재	40.3	15.4	26.7	22.8	21.5	44.4	69.4	3.0	36.2	16.2	24.0	32.1
전문·대학재학생	42.2	10.9	35.2	18.0	25.2	37.3	65.1	4.5	34.7	14.7	22.2	33.3

자료: 통계청, 「사회통계조사」, 2001.
주: 각각의 만족도중 보통으로 답한 경우는 빠져있음. (보통까지 합한 것이 100이 됨)

학교교육을 통한 인격형성에 대하여 보통이상이라고 답한 수가 96년 69.9%에서 2000년
은 70.3%로 상당히 높은 긍정적인 답을 하고 있다. 시 급보다는 군부에서 생활하는 학생들
이 대체적으로 학교교육을 통해 인격형성이 된다는 응답을 많이 하고 있다.

〈표 Ⅱ-19〉 학교교육의 효과

단위: %

	계	지식·기술습득						계	인격형성					
		매우 효과 있음	약간 효과 있음	보통	별로 효과 없음	전혀 효과 없음	잘 모름		매우 효과 있음	약간 효과 있음	보통	별로 효과 없음	전혀 효과 없음	잘 모름
1993년	100.0	15.3	36.9	29.2	8.7	1.1	8.7	100.0	10.0	29.4	35.2	14.6	2.6	8.1
1996년														
전국	100.0	12.1	33.2	34.4	10.3	1.2	8.7	100.0	6.9	24.5	38.5	18.5	3.6	8.0
시부	100.0	11.1	33.0	35.9	11.1	1.3	7.5	100.0	6.4	23.6	39.7	19.8	3.8	6.8
군부	100.0	16.0	34.0	28.9	7.3	0.9	12.9	100.0	9.1	27.5	34.2	13.9	2.6	12.7
초졸	100.0	14.1	28.8	27.1	5.8	0.9	23.3	100.0	8.3	23.2	32.1	11.6	2.3	22.5
중졸	100.0	12.6	33.0	35.8	9.2	1.0	8.4	100.0	7.0	25.3	41.6	16.6	3.0	6.7
고졸	100.0	10.5	33.9	38.7	12.5	1.4	3.1	100.0	6.1	24.7	42.0	20.8	3.8	2.6
대졸	100.0	12.6	38.3	34.0	12.9	1.5	0.8	100.0	7.0	25.1	36.8	25.0	5.3	0.8
2000년														
전국	100.0	13.8	34.6	35.3	9.2	1.5	5.6	100.0	7.2	24.9	38.2	19.2	5.0	5.4
동 부	100.0	12.8	33.8	37.0	9.9	1.7	4.8	100.0	6.6	23.6	39.3	20.5	5.5	4.6
읍·면	100.0	17.7	37.5	28.8	6.7	0.7	8.6	100.0	9.6	29.7	34.2	14.4	3.3	8.8
초졸	100.0	17.7	33.4	27.3	5.0	0.9	15.7	100.0	8.9	27.7	32.5	11.6	3.0	16.2
중졸	100.0	13.7	35.9	35.3	9.0	1.5	4.5	100.0	7.6	26.3	39.1	17.9	4.9	4.2
고졸	100.0	12.2	34.5	38.5	10.3	1.6	2.9	100.0	6.5	23.7	41.2	21.0	5.3	2.4
대졸	100.0	12.7	34.9	37.6	12.1	1.8	0.8	100.0	6.5	22.6	37.6	25.5	7.1	0.6

자료: 통계청, 사회통계조사. 2001.

5. 한국 사회의 교육효과성 분석에 관한 요약 및 결론

　한국 사회의 교육효과성을 알아보기 위하여 통계청에서 발간하는 『한국의 사회지표』, 『인구 주택 총 조사』와 한국교육개발원의 『한국인의 교육의식 조사연구』와 교육인적 자원부의 『교육통계연보』를 대상으로 하여 한국 사회의 교육효과성을 체제론적 시계열 분석에 의해 고찰하였다.

　교육효과성 측정을 위한 분석의 틀로 체제적 모형을 갖고 교육효과성 측정을 위하여 사회의 배경변인(학생, 교사, 학부모변인)으로 자녀교육 기대수준, 자녀교육의 목적을 상정하고 교육효과성의 투입변인으로 학교 급별 취학률, 학교 급별 진학률, 학교 급별 교원 수, 교원 1인당 학생 수 변인을 상정하고 교육의 과정 변인으로 연간 법정 수업시간 수, 이수 과목 수를 교육의 결과변인으로 학업 성취도 국제비교, 학생 범죄 비행 발생률, 학력별 취업률, 졸업률, 탈락률, 학생의 학교생활 만족도, 학교교육의 효과 변인을 상정하여 각각 분석하였다.

한국 사회의 교육 효과성을 각 변인별로 요약하면 다음과 같다.

첫째, 사회 배경변인으로 자녀 교육 기대수준은 가구주의 학력 수준에 따라서 자녀의 교육 기대 수준이 다르게 나타났고, 학력이 높을수록 자녀에 대한 교육 기대 수준이 높은 경향을 보였다. 자녀 교육의 목적은 가구주의 학력 수준이 높을수록 '인격·교양', '취미·소질 육성'에 대한 반응은 높은 반면에, '좋은 직장', '부모가 못 받은 교육 보상'에 대한 반응 비율은 상대적으로 낮은 것으로 나타났다. 여기서 부모의 교육적 배경이 자녀에 대한 교육 기대 수준에 차이를 보이며, 이는 곧 자녀의 계층 상승에 부모의 사회경제적 배경이 작용하고 있음을 알 수 있다.

둘째, 투입변인으로 취학률, 진학률 모두 꾸준한 증가세를 보이며, 특히 고등교육 기관인 대학교의 진학률은 1995년을 기점으로 많은 증가세를 보이고, 교사 1명이 책임져서 교수해야 할 학생들이 OECD국가기준(1998)으로 비교하면 아직도 우리 교육환경이 열악하다고 할 수 있다. 이러한 요인이 학교 시설 만족도 조사에서 1996, 2000년 모두에서 불만족(43.6%)이 압도적으로 높음을 볼 수 있다.

셋째, 교육 효과성의 과정변인 수업 시수가 중등 교육으로 갈수록 늘어나며, 1, 2차 교육과정 대비 중학교를 제외하고는 시수가 꾸준히 늘어났고, 학생들이 이수해야 할 교과목 수도 늘어났다.

넷째, 교육 효과성의 결과변인 학업 성취도 국제비교에서 한국 학생의 평균 성취는 수학에서 607점으로 가장 높으며, 과학에서는 565점으로 독일, 미국, 영국 등 다른 OECD 국가 중에서 제일 높은 점수를 획득하였고, 학생의 비행 발생률은 점차 증가하는 추세에 있으며 1976년의 비행인원이 16,655명에서 95년에는 거의 5배 늘어난 82,442명으로 꾸준한 증가세를 보이고 있다.

이는 우리나라 학령 인구수(만6-17세까지) 8,724,417의 0.94%에 해당하는 수치이다. 취업률은 일반고, 대학보다는 실업고, 전문대 졸업생의 취업률이 훨씬 높은 현상을 보였다. 졸업률은 초, 중, 고 모두 95% 이상이며 전문대학과 대학(교)의 졸업률은 78.8%에 이른다.

탈락률은 중학교와, 일반계 고등학교의 경우 계속적으로 감소하여 2001년에는 각각 1.0%, 1.5%로 낮아지며, 실업계 고등학교의 경우엔 계속 증가세를 보이고 있다.

학교생활에 대한 만족도 조사에서는 2000년에는 41.4%가 만족, 13.2%가 불만족을 교육 내용 면에 대해선 96년, 2000년에 각각 29.6%, 30.7%가 만족을 23.8%, 20.4%가 불만족을 답했고, 학교 시설 만족도에 대해선 96, 2000년 모두에서 불만족(43.6%)이 압도적으로 높게 나왔다. 교사와의 관계에서도 불만족(3.7%)보다는 만족한다(32.8%)라는 응답을, 학교 주변 환경에 대한 설문에서는 2000년 기준 23.5%가 만족을 32.6%가 불만족을 표시하였다.

학교교육에 대한 효과성 설문에서 지식·기술 습득에 대하여 효과가 있다가 전체적으로 96년에는 45.3%, 2000년에는 48.4%로 응답을 보이며, 반면에 부정적으로 답한 별로(전혀) 효과 없음에는 96년에는 11.5% 2000년에는 10.7%를 학교교육을 통한 인격형성에 대하여 보통이상이라고 답한 수가 96년 69.9%에서 2000년은 70.3%로 학교교육에 대하여 상당히 높은 긍정적인 평가를 하고 있다.

이상의 고찰·분석에서 나타난 한국 사회의 교육열과 그에 따른 교육효과성은 전반적으로 양호한 수준으로 나타났다. 공교육인 학교교육에 아직 우리 국민들은 대체적으로 만족하는 것으로 응답을 했으며, 그 중 학교교육을 통한 지식·기술 습득보다는 인격형성에 공교육이 효과성으로 작용함을 인정했다고 할 수 있다.

참 고 문 헌

곽수란(2003). 효과적인 학교의 학생관련 과정변인 인과관계 분석. 2003년도 한국교육사회학회 춘계학술발표회.

강준만(1994). 대중문화의 겉과 속. 서울: 한샘출판사.

강현두 편(1987). 대중문화론. 서울: 도서출판 나남.

강현두 편(1987). 한국의 대중문화. 서울: 도서출판 나남.

강현두(1991). 대중문화의 이해. 서울: 도서출판 나남.

강희경(1990). 신흥공업국간의 계급의 공간적 분화: 한국과 대만의 신 중간계급을 중심으로. 서울대박사학위논문.

김경근(2000). 가족 내 사회적 자본과 아동의 학업성취. 교육사회학연구. 10(1) 21-40.

김경동(1991). 한국 중간계급 연구동향, 사회계층: 이론과 실제. 서울: 다산출판사.

김왕건(1988). 사회경제적 배경이 학업성취에 미치는 영향에 대한 조사 연구. 서울대교육사회 석사.

김병성(2001), 학교효과론, 서울: 학지사, 14.

김병성·정영애·이인효·한대동·김경숙(1981). 교육격차의 관련요인. 한국교육개발원 연구보고 RR-138.

김영모(1982). 현대 사회 계층론. 한국복지정책연구소 출판부.

김영모(1982). 한국 사회계층연구. 서울: 일조각.

김영식·주삼환(1993). 장학론, 서울: 한국방송통신대학교.

김영철·공은배(1988). 교육경제와 재정. 서울: 교학사, 17-20.

김영화 외(1997). 한국의 교육과 국가 발전(1945-1995). 한국교육개발원 연구보고서.

김신일(2000). 교육사회학. 서울: 교육과학사.

김종철(1995). _교육계획론. 서울: 교육출판사, 160-167.

김채윤(1964). 사회 계급의 개념도식, 사회학논총.

김채윤·권태환·홍두승(1986). 사회학 개론. 서울: 서울대학교 출판부.

뒤르깽(2002). 교육과 사회학(교육신서 66). 이종각 역, 서울: 배영사.

박선형(2003). 지도성의 새로운 개념적 모형 탐색: 분산적 지도성(distributed leadership)을 중심으로. 2003년도 한국교육행정학회 추계학술대회 자료집.

박명애(1981). 학년별 학업성취에 대한 사회계층 요인의 영향에 관한 연구. 서울여대교육학과 석사.

박용례(1992). 현대 가정의 사회화 과정이 자녀 교육에 미치는 영향. 중앙대학교 대학원 석사학위 논문.

박용헌(1992). 학교사회, 서울: 배영사, 74.

배호순(1987). 교사의 인성적 특성연구의 발전적 고찰: 한국적 교사상 정립을 위한 교원정책의 좌표. 한국교원교육연구회 세미나 자료 87-1, 69-92.

배호순(1992a). 교수효과 평가를 위한 준거체제 탐색연구. 교육학연구, 30, 157-172.

배호순(1992b). 수업평가. 서울: 양서원.

서관모(1984). 현대 한국 사회의 계급구성: 쁘띠 부르조아지의 추세를 중심으로. 한국 사회학 연구, 7, 103-142.

성기선(1998). 학교효과 연구의 이론과 방법론. 서울: 원미사.

성기선(2000). 학교장 지도성과 학교효과와의 관련성에 대한 탐색적 분석. 교육사회학연구, 10(2).

성기선(2000). 학교장 지도성과 학교효과와의 관련성에 대한 탐색적 분석. 교육사회학연구, 10(2).

송인섭(1988). 인간심리와 자아개념. 서울: 양서원.

안우환(2004). 교사의 수업효율성과 학업성취와의 관계 탐색, 교육행정학연구, 22(2), 45-63.

이민희·맹영임·정문성(1995). 청소년 대중문화 수용 실태와 대책. 한국청소년개발원 연구보고서.

이위환(1994), 아동의 가정특성에 따른 사회성발달이 학업성취에 미치는 영향, 계명대교육학과 박사학위청구논문.

이해우(2002). 효과적인 학교의 특성분석을 통한 학교경영체제모형 탐색. 교육행정학연구, 20(1).

조돈문(1994). 한국 사회의 계급 구조의 변화, 1960-1990: 계급구조의 양극화의 고찰, 한국 사회학, 28, 17-50.

조은·강정구·신광영(1991). 한국 사회의 계급구조. 한국 사회학, 25, 27-52.

정문성(1992). 거주환경과 청소년비행의 관계연구, 한국청소년연구, 3(1).

정준모(1981). 학교의 사회적 풍토와 아동의 사회화에 관한 이론적 고찰. 영남대학교 대학원 석사학위 논문.

정운계(1984). 학교교육의 사회화 기능에 관한 연구-합의이론과 갈등이론의 비교를 중심으로. 이화여자대학교 대학원 석사학위 논문.

정원식(1977). 가정환경과 학업성취. 정범모·이성진 편저, 학업성취의 요인, 교육과학신서, 서울: 교육출판사.

주삼환·신현석·윤인숙(1999). "학교문화, 수업지도성 및 학업성취도간의 관계분석에 따른 학교정책에의 적용 가능성 탐색", 교육행정학연구, 17(4).

주동범·안우환(1999). 초등학생들이 지각한 효과적인 교사분석. 교육학논총, 19(2), 247-267.

주동범(1997). 어머니의 직업이 자녀의 교육 포부 수준에 미치는 영향. 교육학논총. 제18권, 385-416.

천세영·황현주(1999). "학생, 교사, 교장의 수업지도성에 따른 학업성취도 차이 연구", 교육행정학연구, 17(2).

정원식(1977a). 가정환경과 학업성취. 정범모·이성진 편저. 학업성취의 요인. 교육과학신서. 서울: 교육출판사.

차종천(2002). 최근 한국 사회의 사회이동 추세: 1990-2000. 한국 사회학, 36(2).

최기영(1985). 유아교육기관에서의 사회화 과정에 관한 교육사회학적 연구. 연세대학교 대학원 박사학위 논문.

최인섭·기광도(1997). 사회계층과 범죄발생에 관한 연구. 한국형사정책연구원.

최충옥(1994). 교육사회학 탐구 Ⅱ. 제2장 한국 교육팽창에 미친 세계체제 요인의 효과 분석: 시계열 분석, 1955-1986. 서울: 교육과학사, 31-105.

한국교육개발원(1994). 한국의 교육 지표. 서울, 한국교육개발원, 3-11.

한국교육개발원(2000). OECD 교육지표 2000. 통계자료 SM 2000-1.

한국교육개발원·교육부(2001). 교육통계 분석 자료집.

한대동(1991). 효과적인 학교에 관한 연구동향. 경희대학교교육문제 연구소 논문집, 7(6), 109-110.

한대동·성병창·길임주(2001). 고등학생 학업성취에 대한 학교효과와 과외효과의 비교연구. 교육사회학연구, 11(1),

황정규(1984). 학교학습과 교육평가. 서울, 교육과학사.

황정규(1992). 교수의 측정·평가: 과제와 방향. 교육학연구, 30(3), 1-10.

허형·황인창·황의록(1974). 가정환경의 제 변인과 학업성취와의 관계. 서울: 행동과학 연구소.

홍두승(1983b). 직업 분석을 통한 계층연구: 한국표준직업분류를 중심으로. 사회과학과 정책연구, 5(3), 69-87.

Anderson, L. W., Evertson, C., & Brophy, J. (1979). An experimental study of effective teaching in first-grade reading groups. *Elementary School Journal* 79, 193-223.

Apple, M. (1979). *Ideology and curriculum*. N. Y.: Routledge.

Avolio, B. J. and Bass, B. M. (1988). Transformational leadership, charisma and beyond. In J. G. Hunt, B. R. Baliga, H. p.Dachler and C. A. Schriesheim (Eds.), *Emerging leadership vistas*(29-49). Lexington, Massachusetts: Lexington Books.

Barr, R. and Dreeben, R. (1983). *How Schools Work*. Chicago: The University of Chicago Press.

Bass, B. M. (1990). From transactional to transformational leadership: Learning to share the vision. *Organizational Dynamics*, 18(3), 19-31.

Bidwell, C. E. & Kasarda, J. D. (1980). Conceptualizing and measuring the effects of schools and schooling. *American Journal of Education*. 88. 401-430.

Blau, p.M., and O. D, Duncan(1967). *The american occupational structure*. new york: free press.

Borich, G. D. (1988). *Effective teaching methods*. Columbus, Ohio: Merrill.

Borich, G. D. (1990). *Observation skills for effective teaching*. Columbus, Ohio: Merrill.

Bradley, R. H. et al. (1988). Home Environment and school performance: A ten-year follow-up and examination of three models of environmental action. *Child Development*,

59(4), 852~867.

Brookover, W.B., Beay, C., Flood, P., Schweitzer, J. & Wisenbaker, J. (1979). *School social systems and student achievement: Schools can make d difference.* New York: Praeger.

Brown, B. W. and Sakes, D. H. (1980). *Production technologies and resource allocations within classrooms and schools: Theory and measurement.* In Dreeben,

Burns, J.M. (1978). *Leadership.*New York: Harper & Low.

Coleman, J. S., E. Q. Campbell, C. J. Hobson, J. McPartland, A. M. Mood, F. D. Weinfeld, and R. L. York. (1966). Equality of Educational Opportunity. Washington, D. C.: U. S. Congressional Printing Office.

Coleman, J. S., T. Hoffer and S. Kilgore(1982). *Public and Private Schools, Reprint submitted to the National Center for Education Statistics,* Chicago: National Opinion Center.

Coleman, J. S. (1982), "Cognitive Outcomes in Public and Private Schools", *Sociology of Education,* vol.55, 65-76.

Coleman, J. S. and T. Hoffer(1987). *Public and Private Schools: The Impact of Communities,* New York: Basic Books.

Dave, R. H. (1963). The identification of environmental process variable that are related to educational achievement. Unpublished doctoral dissertation, University of Chicago.

Davis, K., and W. E. Moore(1945). Some principles of stratification. *american sociological review* 10, 242-49.

Dougherty, K. (1996). Opportunity-to-Learn Standards: A Sociological Critique. *Sociology of Education, Extra Issue:* 40-65.

Dunkin, M. J. & Biddle, B. J. (1974). *The study of teaching.* NY: Holt, Rinehart & Winston.

Dweck, C. S. (1975). The role of expectations and attributions on the alleviation of learned helplessness. *Journal of Personality and Social Psychology,* 31, 674-685.

Edmonds, R.R. (1979). "Effective school for the urban poor". *Educational Leadership.*37. 15-23.

Evertson, C. M., Emmer, E. T., Clements, B. S., Sanford, J. P., & Worsham, M. E. (1984).

Classroom management for elementary teachers. Englewood Cliffs, NJ: Prentice-Hall.

Evers, C.W., and Lakomski, G. (2001). Theory in educational administration: Naturalistic directions. In G. Lakomski and C.W. Evers (Ed.), Theory, practice and cognition in educational administration. *Journal of Educational Administration*, 39(6), 499- 521.

Jencks, C. et al. (1972). *Inequality: A reassessment of the effects of family and schooling in America*. New York: Basic Books.

Jencks, C. and Brown, M. (1975). Effects of high schools on their students. *Harvard Educational Review, 45*: 273-324.

Gahng, Tae-Joong(1993). A Further Search for School Effects on Achievement and Intervening Schooling Experiences: an Analysis of the Longitudinal Study of American Youth Data, University of Wisconsin-Madison.

Gagné, E. D., Yekovich, C. W., & Yekovich, F. R. (1993). *The cognitive psychology of school learning(2nd)*. NY: HarperCollins College.

Gamoran, A. (1986). Instructional and institutional effects of ability grouping. *Sociology of Education*. 59: 185-98.

Gamoran, A. (1987). The Stratification of High School Learning Opportunities. *Sociology of Education*. 60: 135-55.

Goldstein, H. (1980). "Fifteen Thousand Hours: A Review of its Statistical Procedures", *Journal of Child Psychology and Psychiatry and Allied Disciplines*, Vol.21, 364-69.

Good, T. L., & Brophy, J. E. (1984). *Looking in classrooms*. NY: Harper & Row.

Good, T. L., & Brophy, J. E. (1986). Teacher behavior and student achievement. In M. C. Wittrock(Ed.), *Handbook of research on teaching(3rd)*. NY: Macmillan.

Good, T. L. and Brophy, J. E. (1986). School Effects. In Wittrock, M. (ed.), *Handbook of Research on Teaching*. New York: MacMillan Publishing Company, pp.570-602.

Greeley, A. (1982). *Catholic Schools and Minority Students*, New Brunswick, NJ: Transaction.

Green, T. F. (1971). *The activities of teaching*. NY: McGraw-Hill.

Grolick, W. S., & Ryan, R. M. (1986). Parental styles associated with children's self-regulation and competence in school. *Journal of Educational Psychology, 81(2)*, 143~154.

Hallinger, P and R. H. Heck(1996). "The Principal's Role in School Effectiveness: An Assessment of Methodological Progress", 1980-1995, in K. Leithwood, J. Chapman, D. Corson, p.Hallinger, & A. Hert(eds.), *International Handbook of Educational Leadership and Administration*.

Hirschi, T. (1969). *Causes of delinquency*. berkeley: university of california press.

Hoy, W. K and C. G. Miskel, *Educational Administration: Theory, Research, and Practice*, 6th Edition, New York: McGraw-Hill, 2001, p.298.

Iverson, B. K., Brownlee, G. D., Walberg, H. J. (1981). Parents- teacher contacts and students learning. *Journal of Educational Research*, 74(6), 394~396.

Iverson, B. K., & Walberg, H. J. (1982). Home environment and school learning: A quantitative synthesis. *Journal of Experimental Education, 50(3)*, 144~51.

Kellaghan, T. (1977). Relationship between home environment and scholastic behavior in disadvantaged population. *Journal of Educational Psychology, 69*, 754~760.

Lee, V. E., Bryk, A. S. & Smith, J. B. (1993). Effects of school restructuring on the achievement and engagement of middle- grade student". *Sociology of Education*. 66(3). 164-187.

Levin, H. M. (1995). "Rasing Educational Productivity", in *International Encyclopedia of Economics of Education*, edited by Martin Carnoy, Cambridge University Press, 283-291.

Leithwood, K., and Duke, D.L. (1999). A century's quest to understand school leadership.In. J. Murphy and K. S. Louis. (Eds.), *Handbook of research on educational administration* (45-72). San Francisco: Jossey-Bass Publishers.

Lohman, Brenda Jo(2000), School and family contexts: Relationship to coping with conflict during the individuation process, The ohio state university.

MacDonald, D(1959). A Theory of Mass Culture. in B. Rosenberg & M. White. *Mass Culture: The Popular Arts in America*. Illinois: The Free Press.

Mark Blaug(1970). An introdaction to the economic of education, 68-87. Jin Kougan, "대 교육발전 목표급 지표 체계 연구적 역사고찰화 현실사고", 국가교육발전연구중심 편, 중국 교육 발전적 배경 현황 급전망, (북경, 중국탁월출판사, 1990.) 325-326. 재인용.

Marjoribanks, K., & Walberg, H. J(1976). Family environment and cognitive development: Twelve analytic models, *Review of Educational Research*, 46(4), 527~551.

Marjoribanks, K. (1982), The relationship of children's academic achievement to social status and family learning environment. *Educational and Psychological Measurement*, 42, 651~656.

McDonald, F. J. (1976). Report on phase Ⅱ of the beginning teacher evaluation study. *Journal of Teacher Education*, 27, 39-42.

Medley, D. M. (1979). The effectiveness of teachers. In p. L. Peterson, & H. J. Walberg(Eds.), *Research on teaching*. CA: McCutchan.

Merton, R. K. (1958). *Social theory and social structure*. N. Y.: the free press.

Minch, R., & Smelser, N. J. (1992). *Theory of cultre*. University of California Press.

Mortimore, P., Sammons, P., Stoll, L., Lewis, D. & Ecob, R. (1988). *School matters: The Junior Years*. Somerset: Open Books.

Mortimore(1997). *Can effective schools compensate for socity?* In Halsey, A. H., Lauder, H., Brown, p.& Wells, A. S. (Eds). *Education- Culture, Economy, Society*(pp.476-487). New York: Oxford Uni- versity Press.

Mortimore, p.(1998). The vital hours. in Hargreaves et. al. (eds.), *International Handbook of Educational Change*. London: Kluwer Academic Publishers.

Needels, M. C. (1988). A new design for process-product research on the quality of discourse in teaching. *American Educational Research Journal, 25(4)*, 503-526.

Oakes, Jeannie, Adam Gamoran, and Reba N. Page. (1992). "Curriculum Differentiation: Opportunities, Outcomes, and Meanings." pp.570-608. In *Handbook of Research on Curriculum*, edited by Philip W. Jackson. New York: Macmillan.

Purkey, S. C. and M. S, Smith(1984). Effective School: A review. *Elementary School Journal*, 83.

Rist, R. (1973). *The urban school: A factory for failure*. Mass.: MIT Press.

Rosenbaum, J. E. (1976). *Making Inequality*. N. Y.: Wiley.

Rutter, M., Maughan, B., Mortimore, p.& Ouston, J. & Smith, A. (1979). *Fifteen thousand hours: Secondary schools and their effects on children*. Cambridge. MA: Harvard

University Press.

Shulman, L. S. (1986). Paradigms and research programs in the study of teaching. In M. C. Wittrock(Ed.), *Handbook of research on teaching(3rd)*. NY: Macmillan.

Slavin, Robert E. (1990). "Achievement Effects of Ability Grouping in Elementary Schools: A Best-Evidence Study." *Review of Educational Research* 60:471-99.

Spillane, J. P., Halverson, R., and Diamond, J. B. (2003, In press). Distributed leadership: Towards a theory of school leadership practice. *Journal of Curriculum Studies*, 1-52.

Squires, D. A., Huitt, W. G. & Segars, J. K. (1981). Improving classrooms and schools: what's important. *Educational Leadership*. 39(3). 174-179.

Stogdill, R. M. (1974). *Handbook of leadership: A survey of theory and research*. New York: Free Press.

Stolzenberg, R. J. (1975). Occupation, Labor market and the process of wage attainment. American sociological Review 40(5): 144-165.

Teddlie, C and D. Reynolds, The International Handbook of School Effectiveness Research, New York: Falmer Press, 2000, p.3.

Thompson, J. B. (1990). *Ideology and modern culture*. Polity Press.

Tolbert, C., p.M. Horan and E. M. Beck(1979). The structure of economic segmentation: A dual economy approach. American Journal of sociology 85(5): 1095-1116.

Weber, G. (1971). *Inner-city children can be taught to read: Four successful schools*. Washington. DC: Council for Basic Education.

Wiley, D. F. and Harnischfeger, A. (1974). Explosion of a myth: Quantity of schooling and exposure to instruction, major educational vehicles. *Educational Researcher*. 3: 7-12.

Wright, C. J. & Nuthall, G. (1970). Relationships between teacher behaviors and pupil achievement in three experimental elementary science lessons. *American Educational Research Journal*, 7, 477-491.

Zill, N. (1996). "Family change and student achievement: what we have learned, what it means for schools". In A. Booth & J. Dunn(Eds.). *Family-school links: how do they affect educational outcomes?* Hillsdale, NJ: Erlbaum. 139-174.

제 3 부
한국의 교육열과 대학입시

제9장 한국 사회의 교육열

1. 들어가면서

OECD 교육지표(2002)에 의하면 한국이 세계에서 가장 높은 비율의 사교육비 지출국가로 나타났다(국민일보, 2003). 더불어 교육인적 자원부가 한국교육개발원에 의뢰해 2000년 말 전국 1백25개 학교 학생, 학부모, 교사 등 2만 5천여 명을 대상으로 실시한 설문조사 결과에 따르면 2000년 한 해 동안 초·중·고생의 과외비는 7조 1천2백76억 원으로 집계되었다. 2000년도 교육예산 전체 교육예산(22조 7천억 원)의 31.4%에 이른다고 한다. 자녀의 과외비 마련을 위해 힘쓰는 부모들의 하소연과 자신들의 일상적 삶을 포기한 부모들과 어려운 교육적인 상황으로 인해 자녀의 출산을 꺼리는 신세대 부모들의 세태를 보도한 언론 보도를 통해서도 우리 사회가 지나치게 교육열이 높다는 것을 알 수 있다. 더불어 우리나라의 교육열(educational fever)은 목숨을 담보할 정도로 세계 최고의 수준으로 뜨겁다. IMF 사태가 터진 직후 선진국들이 한국경제의 미래를 낙관적으로 평가한 것도 교육열에서 뿜어 나오는 기초체력(fundamentals)은 여전히 튼튼하다는 확신에서였다(이만희, 1999).

그 동안 사회 문화적 배경과 치열한 학력경쟁에 의해 야기된 부모의 지나친 교육열이 문제시 될 때마다 교육전문가들은 우리 사회의 학력·학벌주의 타파, 학부모 의식의 개혁과 입시정책개선 등을 주장해왔다. 그 동안 우리 사회의 왜곡되고 과잉된 교육열을 줄이거나 억제하기 위하여 지난 30년 동안 추진한 평준화 교육정책에도 불구하고 우리 사회의 교육열은 식을 줄 모른다. 박남기(1994)는 이러한 상황을 전쟁으로 규정하고, 전쟁은 당분간 치를 수밖에 없고 따라서 그 속에서 사는 사람들이 보다 덜 고통 받을 수 있는 방안을 제시할 필요가 있다고 보았고, 이종각(2002)은 그 동안 수행되어 왔던 정부의 교육열 억제정책은 기본적으로 교육열의 성격을 오해한 데서 비롯된 것이며, 이제는 정부가 교육열을 억제만 할 것이 아니라 교육열을 수용하는 방향으로 갈 것을 제안하고 있다.

한국 학부모의 높은 자녀 교육열은 그 동안 한국교육 발전의 원동력으로 이해되어왔다. 그리고 외국인의 눈에는 한국의 높은 교육열이 부러움의 대상이자 계속 지속되어야 할 한국인의 좋은 점으로 인식되었던 적도 있었다(차재호, 1981). 교육열은 교육에 투자하려는 개인 동기의 일종이라 할 수 있다. 이는 어떤 기대하는 결과를 이끌어내기 위하여 교육에 투자하려는 열정이라 하겠다. 이러한 교육에 대한 투자는 대부분이 학부모들에 의해서 이루어지고 있다고 할 수 있다. 그리하여, 한국 사회의 교육열은 학부모의 교육열이라 해도 과언이 아닐 것이다.

김주후·이종각·이수광(2003)은 교육열에 대한 델파이 연구를 통하여 교육열의 주체는 학부모로 이해되고 있다는 결론을 밝히면서, 비록 몇몇 문항에서 낮은 순위를 보고한 경우도 있지만, 대개의 경우 학부모의 열정과 욕구가 표현된 문항들이 상위 순위에 자리하고 있다고 한다. 물론 이런 결과가 교육열의 주체는 바로 학부모라고 단정 짓기는 어렵지만, 전문가들은 교육열의 담지자로 학부모에 주목하고 있다는 해석을 해 볼 수 있겠다. 교육열에 대한 보다 깊은 이해는 학부모의 교육이해와 그들의 교육에 대한 열정에서 출발할 수 있음을 다시 한 번 보여준 결과라 하겠다. 학부모의 교육열은 궁극적으로 자녀의 학업 성적과 공부에 대한 태도, 학교생활에 대한 태도, 부모와 자녀간의 관계 등에 영향을 줄 수 있다.

한국 국민들의 교육열은 전 세계적으로 그 유례를 찾아볼 수 없을 만큼 치열하다. 인간에게 교육이라는 문화 양식을 전하고, 전수 받는 과정에서 생성되는 심리적인 욕구나 의욕, 출세욕 등의 심리적인 현상들은 예나 지금이나 한결같이 변화지 않고 지속되고 있다. 이러한 지속적인 변화를 두고 혹자는 단절되어야 하거나 바람직하지 않아서 이에 대한 발전적인 방향으로 변화되어야 한다고 주장하는 이도 있고, 이러한 현상은 인간 고유의 본연의 속성이니 이를 잘 다듬어 발전시켜야 한다고 주장하는 이도 있다.

우리나라 학부모들은 자녀들이 좋은 학교교육을 받아 이 사회에서 유능한 사람이 되기를 모두다 한결같이 바라고 있다. 이러한 바람은 잘못된 것, 잘된 것이라는 것을 떠나 부모라면 자식이 잘되기를 바라는 것은 당연하다고 할 수 있다. 이러한 심리적인 기제들이 움직여 내 자식에 대한 유별난 교육방식이 표출된다면, 그리고 이러한 표출이 집단성을 띠게 될 때 이것은 사회 문제로 발전하고, 곧 교육의 문제로까지 비쳐진다. 현재, 우리나라 중산층의 자녀에 대한 교육적 지원 양상은 노동자 계층의 자녀나 부모가 상상하는 지원 양상을 초월하는 방식으로 전개되고 있다. 교육을 통하여 계층 상승의 신화를 꿈꾸는 대다수 서민층의 좌절은 그들 자녀가 초등학교 입학 이전부터 경험하게 된다. 자녀를 좋은 학교에 보내기(학교선택)에 대한 부모의 지원도 계층, 지역에 따라 확연하게 구분되는 양상을 보이고 있다. 가정환경 조사를 학교에서 아동들을 대상으로 조사해 보면 대다수의 아동들이 중산층에 자신과 가족의 위치를 지정한다. 그래야만, 자신도 모르게 마음이 편한 모양이다.

2. 교육열의 개념

국내 연구자들의 교육열에 대한 정의를 살펴보면 〈표 Ⅲ-1〉과 같다. 교육열에 대한 개념은 크게 긍정적인 시각, 부정적인 시각, 교육열의 주체, 교육열에 대한 심리적 속성, 사회적 현상 등의 방식에 따라 달리 규정 지움으로써 그 개념 또한 연구자[22]마다 달리 정의하고 있음을 알 수 있다. 여기서는 연구자들의 이러한 정의를 긍·부정적인 관점에 따라서 구분하여 살펴보기로 하자.

첫째, 부정적인 시각의 연구자는 교육열은 한국의 교육 발전과 경제 발전을 이끈 원동력으로 인식되기도 하지만, 부정적인 면에서는 한국 사회 특유의 학력 경쟁과 이와 관련된 각종 교육 병폐의 원인으로 지목되기도 한다(최봉영, 2002; 강창동, 2000; 오욱환, 2000; 김용숙, 1986; 이돈희, 1985)고 밝히고 있다.

둘째, 중립적인 입장의 연구자들(이종각, 2000; 박남기, 1994; 김영화, 1992[23]; 김희복, 1992)은 교육열을 비판의 대상으로 삼기보다는 중립적 개념으로 취급하길 주장하면서, 교육열이라는 개념을 우리 교육 현상을 분석하는 유용한 도구로 활용하기 위해 '원인으로서의 교육열'과 '결과로서의 교육열'을 구분할 것(이종각, 2000), 한 사회의 오랜 역사적 상황 속에서 만들어진 다양한 사회 현상 중의 하나로 인식(박남기, 1994)하자고 제안한다. 특히 김희복(1992)은 참여관찰연구를 통하여 한국인의 교육열을 '한국의 사회·문화적 맥락 속에서 교육과 관련된 사회현실에 대한 인식, 자녀교육에 대한 기대, 그리고 자녀교육을 위한 교육지원행위를 포함하는 교육에 대한 열의'로 정의하면서 '교육열은 교육에 대한 기대나 욕구에 국한된 개념이기보다는 그것을 형성시키는 현실에 대한 지각 또는 가치관, 그리고 그것이 표출되는 구체적인 행동까지를 포함하는 것'으로 이해한다. 즉, 그는 욕구＋지각＋행동의 세 가지를 교육열의 개념적 요소로 파악한다.

셋째, 긍정적인 입장의 연구자들은 이상적으로든 현실적으로든 우리나라의 발전을 견인한 원동력(홍봉선, 2003), 교육열이 크다는 것은 생존을 위한 욕구와 에너지가 크다는 것을 의미(길양숙, 2002) 등 한국인의 교육열을 긍정적으로 보는 입장을 견지하고 있다.

---

22) 한국의 교육열을 분석하기 위해서는 우선 우리의 사회·문화적인 가치관과 의식의 구조를 선행하여 분석하여야 한다. 왜 대학을 가야만 하는가에 대한 분석 없이 대학에 가려는 사람들의 파행적 교육 행위를 비난하는 것은 적절하지 못하다. 누구나 목적을 달성하기 위하여 최단 코스를 택하기 때문에 이를 두고 비난할 수는 없는 것이다.

23) 본질적 교육열이 표방하고 있는 교육의 내재적 가치는 지적인 성장과 교양함양이나 국가적 차원에서 자라나는 세대의 전인적 성장을 위해 투입하는 열의를 포함해서 이해하기도 한다.

이상과 같은 교육열 개념 정의에 대해 이종각(2000)은 교육열과 교육열에 관련된 요인들을 분리하지 않고 종합적으로 파악함으로써 교육열 개념에 혼돈을 가져오고, 교육열에 대한 객관적이고 치밀한 분석을 가로막게 된다고 비판하면서 교육열 개념화 작업에서는 먼저 교육열인 것과 교육열이 아닌 것을 구분하고, 그 다음에 그것들 사이의 관련성을 찾아야 한다고 주장하였다. 그리하여 그는 다음과 같이 교육열의 개념에 대하여 재정의를 시도하고 있다.

> 교육열을 정의하려는 많은 학자들의 노력에도 불구하고, 교육열의 의미는 여전히 불분명한 채로 남아있다. 교육열은 다시 정의될 필요가 있다. 특히 다음과 같은 것들이 보완되어야 한다. ① 교육열에 내포된 개념적 속성들을 더 정확하게 지적해야 한다. ② 교육열 개념의 외연 즉 적용 범위를 더 분명히 한정해야 한다. 외연이 분명치 않으면 교육열과 비(非)교육열을 구분할 수 없다. ③ 주변 개념들과 적절히 관련지어야 한다. ④ 교육열 현상을 잘 포착할 수 있어야 한다.……(중략)……교육열을 다시 정의해 보고자 한다.
> "교육열은 자녀의 교육을 지원하려는 부모의 동기체제이다. 교육열은 자녀가 사회적 경쟁에서 우위를 차지할 수 있도록, 더 나은 학력(學歷)을 갖게 하려는 행위로 나타난다(이종각·김기수, 2003)."

교육열에 대한 개념을 다음과 같이 재정의 하고자 한다.

> "교육열은 부모의 자녀에 대한 관심과 기대라는 무형의 자본과 지원 및 조력이라는 유형의 자본이 결합되어 긍정적인 내재적 가치의 구현과 부정적인 외재적 가치의 추구라는 형태로 표출되는 내면의 심리적인 행위이다."

<표 Ⅲ-1> 국내 연구자의 교육열에 대한 정의

연구자	개념	교육열주체 & 특징
이돈희(1985)	·한국인들이 소유하고 있는 강한 교육적 열기	한국인, 부정,심리적
김용숙(1985)	·입신출세에 필요한 최고의 학력이나 인류의 학벌을 자녀들에게 갖게 하려는 사적 욕망	학부모, 부정, 양적측정
김희복(1992)	·한국의 사회·문화적 맥락 속에서 교육과 관련된 사회현실에 대한 인식, 자녀교육에 대한 기대, 그리고 자녀교육을 위한 교육지원행위를 포함하는 교육에 대한 열의	학부모, 중립, 복합적 개념
김영화(1992)	·교육기대 수준(교육에 대한 사회적 수요) ·교육에 대해 가지고 있는 열망과 실제로 교육을 위해 투입하는 행위	개인, 사회집단, 국가중립, 양적측정
오욱환(1999,2001)	·교육열을 개인적 속성이 아닌 사회적 속성으로 간주하면서 교육열은 한국인들의 교육욕구가 사회적으로 만연하여 한국 사회 전반적으로 나타나는, 정상수준을 넘어선 학벌 쟁취 현상 ·취학하고자 하는 욕구	한국인, 부정적
이종각(2000,2003)	·교육열 기본형이라는 용어를 사용하여 교육열을 자녀애+성취욕구로 파악 ·자녀의 교육을 지원하려는 부모의 동기체제. 자녀가 사회적 경쟁에서 우위를 차지할 수 있도록, 더 낳은 학력을 갖게 하려는 행위로 나타난다.	학부모, 중립
박남기(1994)	·교육열은 그 자체로 바람직하거나 바람직하지 않은 사회적 현상이 아니라 한 사회의 오랜 역사적 상황 속에서 만들어진 다양한 사회 현상 중의 하나로 보았다. 그리고 이 교육열은 교육열 주체의 상황에 따라 과열되기도 하고 냉각되기도 하며, 과열과 냉각 모두 문제가 된다고 보았다.	교육실시자, 수요자, 공급 및 수용자, 중립
강창동(2000)	·교육열은 교육에 대한 집착, 그 집착은 개인과 사회적 욕망이 교육에 대해 일정한 힘을 분출하는 것을 말한다. 따라서 교육열은 신경증과 분열증을 포함한 사회적 성격을 지닌다고 한다.	개인, 부정적
최봉영(2002)	·주로 학부모가 자녀에 가지고 있는 이기적 교육열	부모, 교사, 국가, 부정적
홍봉선(2003)	·교육열은 이상적으로든 현실적으로든 우리나라의 발전을 견인한 원동력이다.	한국인, 긍정적

가. 교육열에 대한 델파이(Delphi) 연구[24]

김주후 외(2003) 등은 대학교수, 연구원, 교사, 교장/교감, 행정가로 구성된 각 분야별 교육 전문가 4명씩을 선정하여 총 20명의 전문가들을 대상으로 하여 델파이 연구를 수행하였다. 이들의 연구는 기존 교육열의 담론을 종합하면서 한국의 교육열이 전문가들의 시각과 분석을 통하여 한국의 교육열을 진단하는 중요하고도 의미 있는 연구라 하겠다. 여기서 이들이 진행한 주요 연구과정을 중심으로 하여 살펴보기로 하자.

교육열 개념의 재정립은 한국 교육현실 분석에 있어 선행과제가 되어야한다. 이것이 결여된 상태에서 진행되는 논의는 일상적 논의의 수준을 벗어날 수 없다. 더불어 교육열에 대한 합의된 정의가 없고 학문적인 용어로의 전환이 이루어지지 않는 상태에서 교육열에 대한 토의는 학자, 교육 전문가, 그리고 학부모들에게 혼란만 가중시킬 뿐이다.

교육열에 대한 이론적인 토대가 약하고 그에 따른 학문적인 논의가 활발하지 못한 상황에서 교육열의 재개념화는 간단치 않은 작업이다. 특별히 전문가들 사이에서조차 합의된 공감대가 없음은 연구진행에 커다란 걸림돌이라 할 수 있다. 때문에 기존의 교육열 연구결과를 아우르면서 향후의 경험연구를 위한 토대마련을 위해서는 보다 탄력적인 연구방법이 동원될 필요가 있다. 이런 상황에서는 섣부른 설문조사나 통계분석에 의존하는 양적 연구는 교육열 개념을 정교화시키기 보다 혼란만 가중시킬 가능성이 높다. 이에 본 연구자들은 전문가들의 의견을 수렴하고 공감대를 형성시키기 위해 델파이(Delphi) 기법(Dalkey, 1967; Dalkey, 1969; Helmer, 1966)을 활용하고자 한다. 따라서 본 연구의 목적은 델파이 기법을 통해 전문가들이 교육열을 어떻게 인식하고 있는가를 심층적으로 파악하고, 교육열 정의에 대한 공감대를 형성하는데 있다.

1) 연구방법

참여자

이 연구에 참여한 교육 전문가는 대학교수, 연구원, 교사, 교장/교감, 그리고 행정가로 구성되었다. 각 분야별 전문가 4명씩을 선정하여 총 20명의 전문가가 참여하였다. 이 전문가들이 교육 분야에 종사한 경험은 평균 19년이었다.

---

24) 김주후·이종각·이수광(2003). 한국인의 교육열에 대한 델파이(Delphi)연구. 2003교육열국제학술대회, 강원대교육문제연구소에서 발표된 원고를 저자가 편집, 정리하여 제시하였다.

델파이 과정

델파이 기법은 단계별 설문 응답 과정을 통해 전문가들의 의견이 수렴될 수 있도록 고안된 판단중심의(judgment-based) 연구방법이다. 구체적으로는 네 번에 걸친 설문조사 형태로 진행되며, 전문가들의 평정과 그 결과에 준한 새로운 문항의 추출, 그리고 그에 대한 중요도 평정이 반복해서 이루어지게 된다. 특히, 자신의 평정과 함께 참여하는 전문가 그룹의 대표치를 비교하도록 함으로써 전문가들의 의견이 수렴될 수 있도록 디자인되었다. 각 단계별 구체적인 내용은 아래와 같다.

-1단계

앞서 언급한 다양한 교육열의 정의와 관점에 대한 분석을 통해 총 25개의 문항이 도출되었다. 이 문항들은 선행연구물에 나타난 정의들에 기초하여 작성되었다. 작성된 25개의 문항들과 개방형 질문 (위에 기술된 내용 외에 한국의 교육열을 나타내 주는 주요 항목이 있으면, 적어 주십시오)은 전문가들에게 발송되었다. 전문가들은 개별문항의 중요도를 3점 척도 (1: 전혀 중요하지 않다, 2: 보통이다, 3: 중요하다)를 이용하여 평정하였다. 전문가들의 평정결과를 분석하여 중앙치가 2이하인 경우는 문항을 제거하였다. 분석결과 5개의 문항이 대부분의 전문가들로부터 낮은 점수를 받아 삭제되었다. 개방형 질문을 통해 수집된 여러 개의 새로운 정의들은 연구자들에 의하여 분석되었다. 그러나 이미 제시된 정의들과 차별되는 내용은 발견되지 않았다. 결국 델파이 1단계를 통해서는 5개의 문항만 삭제하고 20개의 최종문항(표Ⅲ-2 참조)이 확정되었다. 이렇게 확정된 문항들은 이후 4단계까지의 데이터 수집에 활용되었다.

-2단계

델파이 1단계에서 확정된 20개의 문항들은 전문가들에게 다시 보내졌다. 델파이 2단계에서는 전문가들로 하여금 새로 정리된 20개 문항에 대해 한국의 교육열을 대변하는 그 정도에 따라 1순위~20순위까지 평정해 줄 것을 요청했다.

-3단계

델파이 3단계에서는 2단계에서 활용된 20개 문항을 다시 전문가들에게 보내면서 2단계에서 계산된 문항별 중앙치와 자신의 평정치를 함께 보여주고 새로운 평정을 하도록 하였다. 자신의 평정치와 대다수의 전문가들이 보여준 대표치를 비교하면서 자신의 평정을 조정하도록 한 것이다. 이 때 새로운 평정을 함에 있어 자신의 평정치와 대표치 사이에 3순위 이상 차이가 나는 경우에는 대표치와 자신의 평정차이를 나타내는 이유를 적도록 요청하였다.

-4단계

마지막 델파이는 3단계와 매우 유사하다. 일단 델파이 3단계를 통해 계산된 전문가 대표치와 자신의 평정을 제시했다. 그리고 3단계에서 대표치와 자신의 평정이 다를 때 적어준 다양한 의견들을 해당 문항 밑에 요약하여 보여주고 순위 평정을 하도록 요청하였다. 전문가들은 대표치와 자신의 평정 그리고 다른 전문가들이 적어준 다양한 의견들을 함께 고려하면서 최종 평정을 하였다.

2) 연구결과

교육전문가를 대상으로 네 단계에 걸친 델파이 연구결과 교육열을 대변해 주는 20개 문항 중 가장 높은 순위로 평정된 것은 "학력이나 학벌을 자녀들에게 갖게 하려는 부모의 욕망"이었다. 상위 랭킹에 속한 두 개의 문항들도 '출세를 염두에 둔 학력 혹은 학벌을 가지게 하려는 욕망과 동기'를 표현한 문항들이었다. 전문가들은 교육열을 학력 및 학벌을 가지고자 하는 다분히 현실적인 출세 지향적 욕구로 파악하는 것으로 나타났다.

이상의 델파이 연구결과는 교육열 개념의 재정의와 향후 교육열 연구에 많은 시사점을 제공한다.

첫째, 교육열의 주체는 역시 학부모로 이해되고 있다. 비록 몇몇 문항에서 낮은 순위를 보고한 경우도 있지만, 대개의 경우 학부모의 열정과 욕구가 표현된 문항들이 상위 순위에 자리하고 있다. 물론 이런 결과가 교육열의 주체는 바로 학부모라고 단정 짓기는 어렵지만, 전문가들은 교육열의 담지자로 학부모에 주목하고 있다는 해석을 해 볼 수 있다.

둘째, 교육열은 출세와 관련된 개념으로 이해되고 있다. 교육열은 막연히 교육에 대한 열정이나 열의가 아니다. 출세라고 하는 지극히 현실적인 욕구와 연계된 그 무엇이다. 더불어 신분상승이나 투자행위 그리고 성취욕으로 이해되는 다분히 현세적 욕구다.

셋째, 교육열은 사회·문화적인 맥락에서 구성된 개념으로 이해된다. 비록 학부모들의 출세지향 및 자녀애와 관련된 내용이 상위순위를 차지했지만 그렇다고 교육열이 본능적인 그 무엇은 아닌 것으로 이해된다.

넷째, 교육열은 교육열 현상과 구별되는 개념이다. 이번 델파이에는 교육열 현상과 관련된 문항(예: 과외, 입시, 치맛바람)이 많이 포함되지 않았지만 전문가들은 교육열이 곧 교육열 현상으로 치환되는 개념으로 보지는 않는다. 교육열은 교육열 현상을 설명하는 보다 근본적인 사회적 욕구 및 동기체제로 이해된다. 따라서 확인되는 수많은 교육열 현상을 논함에 있어 막연히 과열교육열이니 비정상적인 교육열이니 하는 표현은 자제할 필요가 있다고 본다.

<표 Ⅲ-2> 교육열 문항과 최종 평정 결과

문항 교육열은 ―――――	최종 순위 중앙치
1. 학력이나 학벌을 자녀들에게 갖게 하려는 부모의 욕망이다.	3.0
2. 자녀애와 출세욕구의 결합체로 구성된 교육 분야의 동기체제이다.	3.5
3. 입신출세에 필요한 학력이나 학벌을 추구하려는 동기나 욕망이다.	4.5
4. 자녀교육에 작용하는 학부모의 강한 심리적 에너지다.	5.0
5. 교육을 통한 신분상승(계층상승) 욕구이다.	7.0
6. 자녀 교육에 대한 부모의 투자행위이다.	8.0
7. 부모의 자녀교육을 통한 성취욕이다.	8.0
8. 출세욕구가 교육제도에 반영된 것이다.	9.0
9. 자녀들을 취학시키고자 하는 부모의 욕구이다.	9.5
10. 학부모의 자녀교육에 대한 기대수준이다.	9.5
11. 기본적으로 입시열이다.	10.0
12. 일차원적 서열적 사회구조의 파생물이다.	12.0
13. 교육현상과 교육적 행동에 내재된 동기체제이다.	12.5
14. 교육에 대한 열의 또는 열망이다.	13.5
15. 교육받을 사람의 열의라기보다는 교육을 기대하는 사람의 열의이다.	14.0
16. 자녀교육을 통한 부모들의 대리만족 심리현상이다.	14.5
17. 교육전쟁 상황에서의 생존 본능이다.	15.5
18. 자녀애를 바탕으로 한 부모의 본능적인 욕구이다.	15.5
19. 가족이기주의의 교육적 표출행위이다.	16.0
20. 일종의 심리적 에너지다.	19.0

3. 교육열의 기원

가. 학력주의 및 과잉 교육열

근대 학교교육 제도가 한국에 도입된 지 약 100년이 넘어섰으나 이러한 학교교육이 본격적으로 활성화된 것은 반세기에 지나지 않는다. 그러나 학교교육이 급속히 팽창하여 1960~1970년대에는 공교육의 증대로 인하여 한국의 산업화와 도시화를 이끄는 원동력으로 작용하였고, 국가의 전체적인 발전을 이루게 된 중요한 요인으로서 긍정적인 평가를 받아 왔다. 여기서 학교교육의 팽창은 자녀 교육을 위해서라면 어떠한 희생도 마다하지 않는 부모들의 높은 교육열에 기인하였다 해도 과언이 아닐 것이다. 이와 같은 학부모들의 자녀 교육에 대한 헌신적인 노력에도 불구하고 오늘날 우리 교육의 현실을 보면 자녀교육에 대한 관심과 열의는 '과잉 교육열' 또는 '왜곡된 교육열'이라고 보고 있어, 우리가 안고 있는 교육문제의 주요 원천으로 작용하게 되었다. 현재는 지나친 교육열로 인하여 오히려 교육 발전에 장애물로 인식되고 있으며 이것을 교육열의 긍정적인 현상으로 보기보다는 이상 현상으로 보는 관점이 더 많은 실정이다.

지금까지 한국의 중·고등학교 학교교육의 모습을 그려본다면, 입시위주의 교육이었다고 볼 수 있으며, 다른 어떤 나라에서도 찾아보기 어려운 '과잉교육열'은 입시에서 성공하여 지위를 획득하기 위한 열망의 표현이었다. 한 사회의 특징을 사회 이동을 어떠한 방식으로 인정 하는가 측면에서 고찰 할 경우 해방 이후 한국에서의 사회이동은 오로지 국가에서 인정하는 학력 추구를 통해서 이루어지도록 유도하여 왔다고 말할 수 있다.

일류 대학, 일류 학과의 진학은 여타의 재화와 교환 가능한 최고의 '자격증'(제도화된 문화자본)이었으며, 입시위주의 교육, 과잉교육열은 그 '자격증'을 얻으려는 한국인들의 요구를 표현한 것이었다. 이러한 입시위주의 교육에는 오로지 실용적인 목적 위에서 어떠한 교육 이념이나 가치관이 정착될 여지는 찾아 볼 수가 없었다. 입시위주의 교육은 대다수의 탈락자들을 차별화하고, 무시하고 이들의 열등감을 부추김으로써 피교육자들을 비인간화하는 결과를 초래하기에 이르렀다. 이러한 상황에서 교육에 대한 관심은 오직 가족 단위의 사회적 지위상승을 위한 방법으로만 받아들여졌으며, 대학은 물론 중·고등학교에서도 개별 학교 나름의 전통과 이념에 기초한 교육의 이념과 철학은 부재한 상태였다.

한국 사회는 학생, 혹은 청소년에 대한 일방적인 요구만을 주입해 왔다. 공부 잘하는 학생 상(像)이 우리 시대의 요구요 전부였다고 해도 과언이 아닐 것이다. 그러한 상에 부합하지 않는 학생과 청소년은 인격적인 존재로 대접을 받지 못했으며, 오히려 이러한 낙오자의 삶은 소외된 패배자의 군상으로까지 비쳐졌다. 학생과 청소년들이 갖고 있는 학습활동 이외의 다양한 요구와 관심은 무시되었으며, 억압되었다. 사회일반과 부모의 요구가 너무 일방적이고 강력했기 때문에 '공부 잘하지' 못하는 학생들은 그것에 대해 감히 저항하지 못하고 묵묵히 조용히 살아갈 수밖에 없었다.

나. 한국 사회의 뿌리 깊은 학벌문화

학벌은 우리 사회를 병들게 하는 고질적인 병폐 중의 하나이다. 일류·이류·삼류대학으로 학교를 서열화할 뿐만 아니라 마치 타고난 신분처럼 사람에게마저 등급을 매기고 있다. 학벌은 또한 입시지옥, 고액과외, 해외유학 붐, 공교육 위기, 지방대학 붕괴, 고시 붐, 특정 대학의 사회적 가치 독점 등 우리 사회와 교육이 안고 있는 문제의 근본 원인이기도 하다 학벌에 대한 보다 심층적인 분석에 앞서 학벌과 학력에 대한 개념 정의부터 짚어보고 한국 사회의 학벌 문화에 대한 폐단과 이의 대한 해결책을 모색하고자 한다.

학력(學歷)은 제도권 또는 비제도권에서 일정한 교육과정을 이수한 이력(履歷)이다. 학력 자체는 개개인이 어떤 수준의 학교에서 어떤 교육을 받았다는 것을 가시화해 주는 사회적 징표인 셈이다. 수직적 구조에서는 대졸·고졸·중졸 등으로, 수평적 구조에서는 어느 대학·어느 학과를 나왔다는 식으로 표시된다. 학력주의는 개개인의 능력보다 학력이 과대 평가됨으로써 사회 구성원들이 필요 이상으로 학력이라는 사회적 자산에 집착하게 된다.

여기서 사회적 차별이 양산된다. 학벌(學閥)은 '가방끈'이 길다든가 고등교육의 정도를 말하는 것이 아니다. 같은 학력(學歷)을 가지고도 학연이 다르다는 이유로 다른 사람들을 배제하고 차별한다. 같은 학연을 가진 사람끼리 부와 권력·명예 등 사회적 가치를 독점한다. 때문에 학벌은 하나의 권력이자 신분이며 사회적 관계를 뜻한다. 넓은 의미에서 학력에 의한 파벌이라고 할 수 있겠다. 또 하나의 학력(學力)은 학력(學歷)과 반대되는 개념으로 개인의 외형적 요인보다 실제로 학습을 통해 쌓은 지적 능력을 일컫는다.

학벌타파 심포지엄에서 한국노동연구위원 방하남 연구원은 한국 사회를 병들게 하는 명목적 간판주의, 공교육의 붕괴, 사교육비에 경쟁적 과다 투자, 공급 과잉되는 저질의 대학교육 문제 등은 대학 서열화와는 전혀 별개라고 보고 더 급한 것은 상당수 지방대와 서울의 주요대, 국립대와 사립대 간의 큰 차이와 대학들의 낮은 질을 지적하고 있다. 여기서 방 연구원은 한국 사회의 학벌을 타파하기 위해서는 우리 사회의 기회구조를 평등하게 해야 하며, 학벌 문제의 뿌리는 사회 일부 상층부의 좋은 일자리, 높은 지위에 대한 경쟁 없는 독식에 있다고 하면서 공교육의 회복을 통한 교육의 인간화, 간판주의가 아닌 대학교육의 실질화를 원한다면 상부구조인 우리 사회의 기회구조를 형평화하고 합리화하는 것이 지름길이라고 주장한다.

선진국에도 명문대는 있다. 대학서열도 있다. 하지만 우리 사회에서 학벌주의가 극심한 이유는 학교 졸업 후 성취할 수 있는 기회의 양이 너무 적고 다양하지 못하기 때문이다. 고3에서 대학으로 진입하는 시기의 실패는 향후 닥칠 한 인간의 모든 운명의 방향을 결정짓고, 이것은 보이지 않는 평가 잣대로 한 개인이 죽을 때까지 따라다니게 만든다. 이러한 사실을 너무나도 잘 아는 우리 국민은 너나 할 것 없이 기를 써서 자신의 자식을 학원이나, 고액과외, 유학을 보내고 있다.

교육열이란 엄청난 교육열이 융합하여 교육핵으로 까지 발전하는 증폭시스템으로 한반도는 가히 교육핵발전소의 중심적인 저장고와도 같다고 할 수 있겠다. 한국 사회의 학벌을 타파하기 위한 선결 과제는 국가인력의 공급자인 대학의 상향적 형평화이며, 수요자로서의 우리 사회 기회구조의 확대와 형평화를 촉구한다. 국민 한 사람의 교육핵 활동을 지적하기에 앞서 교육이라는 양성자와 학벌이라는 음성자의 만남을 원천적으로 해체하고 이의 만남을 보다 조화롭게 인도, 인식하게끔 만드는 사회 저변의 구조적인 시스템의 변화가 필요하다.

우리 사회의 기득권 구조와 지배구조를 개혁하지 않는 한 정부의 학벌타파와 균형발전을 위한 어떤 프로그램도 실패할 수밖에 없다고 본다. 인맥 구축을 통한 개인의 사회생활은 긍정적인 에너지원으로 작용하여 이를 통한 개인, 지역사회 단위의 사회적 자본이 국가 단위의 발전적 사회적 자본으로 증폭, 확대되어지기를 바래본다.

다. 교육민영화에 따른 교육 공공성의 약화

1995년 5.31 교육개혁안의 발표는 신자유주의 교육개혁에서 표방하는 변화의 방향과 교육의 성격 변화에 대한 논의를 확산 시켰다. 신자유주의 교육개혁을 비판하는 주된 이유는 인간의 다양한 활동을 자본 축척의 수단으로 전환시킴으로써 교육활동 역시 이윤 획득을 위해 교환되는 상품의 생산과 소비 논리에 따르도록 한다는 점 때문이다.

다국적 자본주의(multinational capitalism)에서 시장과 상품 영역을 확장하고 효율성을 높임으로써 이윤율을 높이려는 자본의 운동 법칙이 교육 영역에 침투하여 교육 변화를 강요하고 있기 때문에 교육공공성이 약화되고 있다고 볼 수 있다. 교육시장의 개방도 이러한 시장

논리에 의한 경쟁력의 확보라는 신헤게모니의 도래를 우려하는 목소리가 커져가고 있다.

일부 대학에서 전문 컨설팅 회사를 통해 학교 경영의 혁신을 도모하려는 현상이 나타나고 있고, 자립형 사립학교 설립이 촉진되고 학교간의 경쟁이 확산 될 경우 학교 경영 전문가 또는 회사의 등장은 충분히 예상 할 수 있는 일이다. 최근 학교평가, 시도교육청 평가 등이 이루어지면서 초, 중등학교에 초점을 맞춘 학교 컨설팅에 대한 목소리도 계속 발전하고 있는 추세이다. 학교 선택이(public school choice) 교육의 권력 구조를 교육 공급자에서 수요자로 변화시킬 것이라는 기대는 시장이 어떻게 기능하느냐에 따라 달라질 수 있다는 논리도 현재 우리 교육정책 입안에 무게가 실리고 있는 듯 하다.

미국 교육부는 공립학교 선택제를 새로이 시작하거나 확대하는 학교구나 주에 2천3백8십만 달러의 지원을 발표하여 교육개혁법 'No Child Left Behind Act of 2001(NCLB)'에 의해 시행되는 새로운 자발적 공립학교 선택제(voluntary public school choice program)를 현재 추진 중에 있다. 위 프로그램은 학생들의 성취도가 낮은 학교에서 높은 학교로 전학을 허용하는 선택을 포함하여, 학교에 재학 중인 학생들에게 다양한 선택권을 제공하는 5년간의 프로젝트이다. 여기서 우리는 미국이 시행하는 공립학교 선택제의 성격을 시장 논리가 아닌 소외계층, 인종과 저소득층 자녀를 지원하기 위한 일환으로 이러한 프로젝트가 마련되었음을 NCLB 법에 의해 알 수 있다.

현재 세계는 보다 효율적이고 효과적인 학교체제 구축이라는 철학아래 시장에서 운영되는 자본 메커니즘을 수단으로 하는 교육개혁을 시도하고 있다. 신자유주의 논리가 지배 계급의 이익을 확대시킨다면, 교육공공성 논리는 피지배 계급의 이익을 더 확대 보장하기 위한 논리이다. 교육공공성 논리가 분명한 계급성을 내재하고 있지만 그것은 평등 사회, 인간 가치가 실현되는 사회를 지향하고 있으며, 그것이 인류 역사의 발전을 의미한다고 판단하기 때문에 교육공공성 논리의 적용이 중요시된다고 할 수 있다.

신자유주의에 근거(1995년 5.31 교육개혁)하여 시행된 여러 제도는 교육의 불평등 현상을 심화시키는 구조를 더욱 고착화하는 경향이 있음을 현재 우리 사회에서 많이 볼 수 있다. 신자유주의 교육개혁에 의해 추진된 자립형 사립고, 대입 특별전형제도, 수준별 교육과정과 같은 교육제도나 과외 금지 위헌 판결, 조기 해외 유학 허용, 해외여행 자율화 조치는 학교교육의 성공을 위한 방법 모색의 수단으로 이용되고 있으며, 그 제도의 장점이나 특성을 이용 할 수 있는 사회 성원은 일부 상위 계층으로 제한된다. 가정이 불우한 학생이나, 소외 계층의 자녀들은 이러한 일련의 교육정책에서 배제되거나 불이익을 당하고 있다고 보아야 한다.

신자유주의 논리가 교육 개혁의 토대라는 것은 교육공공성 논리가 희생된다는 것을 의미하며, 이는 교육의 질 향상, 교육의 본질 가치 추구, 교육의 사회 기능 강화와 같은 교육목적을 이루기 위한 교육부문의 노력과 변화 모색을 더욱더 어렵게 만든다.

교육공공성 논리는 교육부문의 기능을 제대로 수행하기 위해 확보해야 할 가치라면, 교육의 상대적 자율성은 전체 사회의 한 부분으로서 교육부문 기능의 특수성과 고유성을 인정받고, 교육논리 적용의 당위성을 인정받기 위해 확보해야 할 권력, 권리라고 할 수 있다. 교육이 갖는 상대적 자율성은 모든 국가에 공통된 교육의 특성이라 하더라도, 그것이 사회에서 힘을 발휘하는 정도는 사회 특성에 따라 결정됨을 알 수 있다. 그리고 교육공공성은 그 사회에서 교육의 상대적 자율성이 확보된 바탕 위에서 실현 정도가 드러날 수 있다.

교육공공성의 확보는 개인의 귀속요인에 따른 차이가 사회성취의 차이로 나타나지 않도록 하기 위해 사회 성취를 결정하는 주요인이 되는 학교교육에서 개인이 차별 받지 않아야 됨을 의미한다 하겠다. 교육의 민영화에 의한 외부 CEO급의 교장, 교수 초빙제(현재 일본과 우리나라 이화여대에서 시행 중이다. 이화여대는 국내 유수 금융기관과 기업체의 최고경영자 47명을 경영학 겸임교수로 임용)는 그 효과성이 절대적으로 옳다고 하더라도 그 시책으로 인해 혜택을 받는 수혜자의 계층을 고려하여 소외 받는 계층이 발생하지 않는 안전장치를 마련한 후 점진적으로 확대 시행하여야 할 것이다.

4. 외국의 교육열

가. 일본의 교육열

일본과 한국과의 교육열을 비교 분석한 中村高康(2003)[25]은 교육열 현상을 고찰할 때 한국과 일본의 차이점으로 고려해야 할 점은 고등학교 입시제도를 지목하면서 일본의 공립학

---

25) 일본의 의무교육은 초등학교 6년과 중학교 3년이다. 고등학교는 3년제 이며 고등교육으로는 직업교육중심의 전문학교·여자교육중심의 단기대학이 있으며 4년제 대학이 있다. 4년제 대학 위로 대학원이 있다. 제도의 기본 구조는 한국과 거의 동일하다고 할 수 있겠다. 중학교에서 고등학교 진학상황은 한국과 마찬가지로 100%에 가깝고 보통과(한국의 일반계)와 전문학과(한국의 실업계) 진학자의 비율도 한국과 거의 같다. 고등학교에서 고등교육 기관으로의 진학은 한국보다 조금 낮지만 많은 학생들이 고등교육기관에 진학하고 있다는 점에서는 일본의 교육열도 상당히 높다고 할 수 있다(中村高康, 2003).

교는 지방자치 단위인 현(縣)에 따라 입시가 이루어지지만 합격을 결정하는 것은 각 학교라 한다. 사립 고등학교는 학교별로 시험을 본다. 따라서 각 학교마다 입학 난이도가 상당히 다르다. 이러한 입학 난이도에 따라 지역별로 명확한 고등학교 서열 구조가 존재한다. 일본에서의 고등학교 입시는 거의 모든 중학생이 경쟁에 참가하기 때문에 대학입시와 마찬가지로 커다란 사회적 이벤트가 되어있다. 때문에 중학생의 대부분은 방과 후에 학원(쥬쿠: 塾)에 다닌다고 한다. 정부 조사에 의하면 중학생 386만 명 중 289만 명이 학원에 다닌다고 한다(문부과학성, 2003[26]). 입시산업이 실시하는 모의고사에 따라 나타나는 「편차치」에 일희일비하면서 학교생활을 하고 있다고 할 수 있을 것이다.

대학입시도 대학별로 선발이 이루어지기 때문에 고등학교 입시와 마찬가지로 입학난이도에 따라 뚜렷한 서열구조가 존재한다. 따라서 입학난이도가 높은 대학에 들어가기 위한 입시경쟁이 치열하다. 대학입시를 위해 많은 고등학생이 학원에 다니며 모의고사를 통해 편차치 상승을 목표로 공부하고 있다. 이러한 일본의 대학입시에 관한 교육열 현상으로 문제가 되었던 것은 한국의 재수생에 해당하는 「浪人(료닌)」의 증가였다. 베이비 붐 세대가 고등학교에 졸업하는 시기였던 1960년대에 「재수생 격증」이 사회문제가 되어 대학입시개혁의 계기가 되었다. 2002년에는 고등학교 3학년생의 대학입학지원자가 약 62만 명인데 반해 재수생은 약 13만 명이다. 요즘에는 재수가 당연한 것처럼 여기고 있어 예전처럼 문제시하지 않는 경향이 있다. 그러나 대학을 가리지 않는다면 얼마든지 대학에 진학할 수 있는데도 불구하고 재수를 하는 학생이 많다는 것은 교육에 대한 열의가 상당히 높다는 것을 시사한다고 할 수 있겠다.

제도적인 구조 안에서 고등학교 입시, 대학입시 경쟁이 존재하는 것이다. 그러나 최근 들어 커다란 변화의 조짐이 보이고 있다(中村高康, 2003).

첫째, 입시경쟁에 대한 사회 비판으로 정부가 대대적으로 교육개혁에 착수한 것을 들 수 있다. 개혁이 시작된 것은 1980년대 후반부터이지만 최근에는 더욱 철저한 교육개혁이 이루어지고 있다. 2002년의 교육과정(학습지도요령) 개정으로는 필기시험으로 측정할 수 있는 지식 중시 교육을 발본하여 학습내용이 30%나 삭감되었다. 동시에 「종합 학습시간」(체험학습·조사학습을 통해 학생의 관심·의욕 등을 중시하는 교육으로 생활에 밀착된 자유주제로 학습하는 시간)을 도입하였다. 학생들의 여유로운 생활을 위해 토요일도 쉬는 학교 주 5일제가 시행되었다. 입학시험도 추천입학과 소논문·면접 등의 다양한 방법이 도입되어 종래의 지식의 양을 측정하는 필기시험 이외의 입시방법이 장려되고 있다. 이는 고등학

---

26) 文部科學省(2003). 『文部科學白書』. 財務省印刷局.

교 입시에서도 마찬가지이다.

둘째, 소자녀화 현상의 영향이다. 18세 인구는 1992년에 205만 명이었던 것이 2002년에는 150만 명으로 급격하게 감소하였다(문부과학성, 2003). 머지않아 대학을 가리지 않는다면 누구라도 대학에 입학할 수 있는 시대가 도래 한다고 한다. 실제로 현재에도 많은 단기대학이 정원을 채우지 못하고 있으며 수험생 전원이 합격하는 대학도 생겨나고 있다. 이 때문에 학생 모집을 위해 입시과목을 줄이는 대학도 많다.

위와 같은 사회적 현상으로 입시경쟁은 일부의 일류대학·일류고등학교를 제외하면 상당히 완화되었다고 볼 수 있을 것이다. 그러나 한편으로는 이러한 상황으로 아이들이 공부를 하지 않게 되었다는 비판이 거세게 일고 있다. 바로 이「학력저하」의 문제는 일본의 교육계가 현재 가장 주목하고 있는 교육문제의 하나이다. 공립학교 학생들의 학력저하를 우려한 학부모들 사이에 과외를 받게 하거나 입시지도에 열심인 사립 중학교, 고등학교에 보내려는 풍조가 강하게 나타나고 있다. 실제로 일본의 교육열이 특정 계층에서만 나타나고 있어 사회의 계층격차가 커지지 않을까 우려하고 있다(中村高康, 2003).

나. 중국의 교육열

명문 학교에 대한 중국의 도시 부모들의 열망은 대단하다. 명문 학벌은 밝은 미래를 위한 확실한 승차권이라는 인식이 한국처럼 보편화되어 있다. 대학 졸업장이라도 대학 등급에 따라 취직문의 폭이 다를 뿐더러 월급 차이도 4~8배로 확연하다. 대졸 평균 초임은 월 1,600위안(24만 원)이다. 하지만 전국 9개 국가 중점대학에 속하는 최고명문 칭화(淸華) 베이징(北京)대 졸업생들의 평균 초임은 월 6,000위안 대다. 최근 이들 명문대 졸업생 가운데는 초임이 월 1만 위안을 넘는 경우도 적지 않다.

전문대를 졸업해 외국계 회사에서 6년째 인사를 담당하는 장홍메이(張紅梅. 31. 여)는 "학력이 없으면 좋은 직장을 잡을 수 없다"며 "배운 사람이 더 많이 가져가는 것은 당연하다"고 말한다. 개혁과 개방 이후 '지식계급'이 강조되면서 학력에 따른 소득 차이를 당연시하는 분위기라는 얘기다. 가족은 톈진(天津)에 두고 허베이(河北)성 랑팡(廊坊)시에서 외국계 회사에 다니는 마더화(40세)는 "1년 생활비 4만 위안(6백만 원) 가운데 25%인 1만 위안이 중학 2학년생 아들의 교육비로 쓰인다"고 말한다. 마씨는 "경제적으로 여유가 있다면 더 가르치고 싶다"고 덧붙였다. 마씨의 아들이 다니는 톈진시 중점중학의 1년 학비는 3,300위안으로 보통 농민들 한해 벌이보다 많다(경향신문, 2004).

중국의 학제는 기본적으로 小學(초등학교) 6년, 初中(중학교) 3년, 高中(고등학교) 3년, 大學 4년으로 우리와 같다. 일반적으로 初中과 高中을 합쳐 中學이라 하고, 大學은 高校라고 한다. 중국사회의 교육열은 입시열풍과 직·간접으로 연결되어 있으며, "擇校費"[27], "留學潮", "高考移民[28]" 등의 신조어들이 출현하고 있다.

명문 학교의 문은 좁다. 학생들은 과외로 내몰리고, 부모들은 못 먹고 못 쓰고 못 입어도 자녀만큼은 일류학교에 보내려 한다. 중국은 '중점학교'와 '일반학교'로 구분해 지원을 달리 하고 있지만 의무교육인 중학까지는 평준화 교육이 원칙이다. 하지만 유치원부터 중학교(初中)는 1~5류 까지, 입학시험을 치르는 고교(高中)는 시험성적에 따라 1~4류 까지 확연히 갈린다.

명문 학교 입학은 부모의 능력을 반영한다. 능력 있는 부모는 자식을 더 좋은 학교에 보내고, 그 자식은 더 많은 소득을 보장받는 식의 '부의 고착화' 사이클에 이 같은 교육현실이 큰 자리를 차지한다. 돈이 있거나 '빽'이 좋은 사람들은 '바늘구멍'을 뚫으려 갖은 수단을 동원한다. 베이징의 주부 예(葉. 37)는 돈 잘 버는 남편 덕에 아이를 '일류' 초등학교에 보냈다. 그는 "'학교 선택비'(擇校費)로 9만 위안(1천3백50만 원)이나 냈다"며 "그렇지만 자식을 위해 잘한 결정이라고 믿는다"고 자랑한다(경향신문, 2004).

'좋은 학교를 선택했기 때문에 내는 돈'을 뜻하는 학교 선택비란 학군에 따라 배정된 학교가 등급이 낮을 경우, 능력 있는 부모들이 등급이 높은 학교로 옮기기 위해 내는 일종의 '기부금'을 가리킨다. 기부금은 물론 불법이고 단속대상이다. 하지만 입학을 앞둔 8월말만 되면 명문 학교 교장실 앞은 기부금을 싸들고 온 학부모들로 북적댄다. 베이징의 일류 중, 고교 기부금은 베이징 호구(戶口; 주민등록)를 가진 경우 5만 위안 이상, 외지인이나 외국인은 10만 위안 이상이다. 중국 언론에 따르면 명문 초·중·고교들이 기부금 등이 '부당하게 거둬들인 돈'(亂收費)은 지난해까지 10년간 2천억 위안(30조 원)이 넘는다고 한다. 명문 학교 입학에 돈보다 더 힘이 센 것이 '권력'이다.

---

27) 擇校費는 初中과 高中에 진학할 때 대두되는 문제이다. 初中은 의무교육의 이념에 따라 1998년부터 컴퓨터로 근거리 배정을 하고 있다. 그러나 일단 학교를 배정한 후 배정 받은 학교에 불만을 갖고 있는 학생을 대상으로 원하는 학생에 한해 학교선택의 기회를 한 번 더 준다. 이를 "擇校"라고 하고, 이 때 자기가 선택한 학교에 내는 돈을 擇校費라고 한다(안재순, 2003).

28) 중국의 대학 진학률은 중학 졸업자의 13%에 지나지 않는다. 그만큼 경쟁이 치열하다. 그리고 대학모집 인원의 지역할당에 따라 지역끼리의 경쟁을 통해 대학에 진학하므로, 지역간에 합격선의 차이가 난다. 여기서 생겨난 것이 高考移民이다. 高考移民이란 근래에 들어 일부 수험생이 지역간의 점수 차를 참고하여, 본인과 그 부모의 戶口를 다른 省에 옮겨만 놓고(空挂) 있다가, 高考 前에 戶口所在의 省으로 가서 시험을 보는 현상을 말한다. 북경의 고등학교(高中)졸업자는 전국의 0.9%이지만, 北大, 淸華의 할당인원은 전국의 13%와 18%에 해당한다(中國靑年報, 2003).

2003년 8월말, 베이징 하이뎬(海淀)구 명문 중·고교 교장실 앞에 기부금을 싸들고 온 학부모들이 길게 줄을 섰다. 하지만 뒤늦게 온 제복을 입은 공안(公安: 경찰)은 줄도 서지 않고 곧장 교장실로 들어가 자녀의 입학문제를 해결했다. 한 중국인 학부모는 "사실 공안보다 더 '끗발' 좋은 기관에 있는 사람들은 학교에 직접 찾아올 필요도 없다. 교장에게 전화만 걸면 간단히 해결된다"고 귀띔했다. 최근 교육열은 부동산 시장으로까지 번지고 있다. 학군 좋은 곳의 아파트에는 '학군 프리미엄'이 붙어 날로 커지고 있다(경향신문, 2004).

5. 서울대 폐지론

현재 사회일각에서는 서울대학교를 폐지하자는 주장이 일어나고 있다. 이러한 주장의 이면에 놓인 논리기저는 한마디로 한국 사회 전반에 만연된 학벌주의, 연고주의, 사교육 시장의 번성, 공교육의 와해, 공교육에 대한 불신, 교육열 등으로 요약할 수 있겠다. 얼마나 한국 사회에 이러한 병폐들이 만연했으면 지성의 상아탑이라 불리는 대학을 폐지하자고 하는 주장들이 제기되는가. 교육열이 핵무기에서 이제는 핵발전소의 양상을 드러내고, 그 경쟁이 달아오를 만큼 달아오른 지금 우리 한국 사회의 교육풍토는 처절하기 짝이 없는 상황이라 하겠다. 서울대 폐지를 둘러싼 찬, 반론자들의 주장을 대별하여 살펴본 후 그 처방을 제시하고자 한다. 일부 사회단체나 민노당 등의 서울대 폐지론자들의 주장은 다음과 같다.

첫째, 서울대를 정점으로 한 학벌 중심주의가 중등교육의 붕괴와 국가경쟁력 약화를 가져오는 주범이다.

둘째, 학벌사회와 대학서열화의 폐단을 없애기 위해선 그 정점에 있는 서울대를 없애야 한다.

셋째, 국가경쟁력을 높이기 위해선 서울대를 폐지해야 한다.

넷째, 특정분야에 뛰어난 재능을 지닌 엘리트는 지원해야 하지만 지금처럼 특정대학에 엘리트를 모아서 교육하는 방식은 옳지 않다.

서울대 폐지를 찬성하자는 이들의 논지 저변에 놓인 논리는 치열하게 전개되는 입시경쟁과 사교육 문제와 상위권 대학에 진학하기 위한 불필요한 소모적인 경쟁의 과열을 내세우고 있다. 그리하여 결국에는 국, 공립대를 통합하여 사립대를 국, 공립 체제로 끌어들이자는 주장이다. 국, 공립대를 통합해 학생끼리 경쟁하는 시스템이 정착되면 국가경쟁력도 자연히 올라갈 것이라는 주장이다.

한편, 서울대 폐지 반대론자인 서울대 정운찬 총장을 비롯한 반대론자의 주장은 다음과 같다.

첫째, 국, 공립대를 통합해 학생들을 배치하면 우리나라의 장래는 없다.

둘째, 국내 대학 중 가장 큰 경쟁력을 가진 서울대를 폐지하자는 것은 위험한 생각이다.

셋째, 서울대는 우수한 물적, 인적 자원을 보유하고 있어 엘리트를 키워내기에 유리하다.

넷째, 국, 공립대를 통합하면 이러한 인적 자원을 인위적으로 배분하자는 주장은 자원 집중에서 나오는 효율성을 저해할 수 있다.

다섯째, 사회 상층부에 진출하는 건 실력에 의한 서열화의 결과이며 건전한 서열화를 평가할 수 있는 객관적 시스템이 있다면 서울대 학벌 논쟁도 사라질 것이다.

여섯째, 서울대 폐지란 방법보다 정부가 타 대학에 더 적극적으로 투자해 대학의 수준을 전체적으로 끌어올리는 방법이 대학 서열화 문제 해결에 효과적일 것이다.

반대론자들의 주장은 합리적인 인재 배치에 공정한 장치가 없는 실정에서 당장 서울대를 폐지한다면 국가 경쟁력의 상실과 국가에 필요한 인재 발굴과 배치가 어렵다는 논지를 펼치고 있다.

서울대의 폐지를 논하기에 앞서 우리 한국 사회에 만연된 학벌(연)문화, 사교육, 교육열 등의 원인을 냉정하게 살펴보아야 할 것이다. 현상의 발생 원인을 제대로 진단하지 않고 시행한 처방은 자칫 빈대 한 마리 잡으려다 초가집을 다 태울 수 있기 때문이다. 누구나 한국 사람이라면 한번쯤은 서울대학교에 가려는 꿈을 가졌을 것이다. 그러한 꿈을 현실로 연결한 사람은 사실 적다. 학교교육에서 수월성을 지닌 인재가 진학하는 학교에 대한 배려와 더불어 약자나, 부족한 학업성취를 이룬 자에 대한 형평성 차원의 배려도 잊지 말아야 한다. 그것이 바로 공교육이 지향하는 소이다. 여러 가지 원인들이 존재하는데 어느 한 원인을 지목하여 일방적으로 가부를 논한다는 것은 사리에 맞지 않다. 우리들은 항상 열악한 계층에 대한 교육적인 배려와 시장주의적인 교육체제에 대하여 우려와 경계를 하여야 한다.

어느 가치든지 균형을 취해야 한다. 서울대에 대한 폐해 사례는 무수히 많이 있어 왔다. 입시부정, 자살, 고3 병, 강남 8학군, 고액과외, 서울대 동문 조직 등이 서울대가 존재하였기에 발생했다고 해도 과언이 아닐 것이다. 하지만, 어느 교육시스템을 도입하던 학교 기관은 학생들을 공정하게 분류하여 선발하는 기능을 수행해야 한다.

그러한 기능을 제대로 하지 못할 경우엔 사회적인 대응책이 강구되어야 한다. 대응책이 극단적인 처방으로 흐를 경우 그 대척점에 놓인 장점 또한 상실할 우려가 있음을 명심해야 한다. 입시 정점에 놓인 서울대도 이제는 어떻게든 변화할 수밖에 없는 상황이라 하겠다.

서로의 주장을 내세우기 전에 모두가 함께 상생 할 수 있는 접점을 찾아야 한다. 잘못된 입시교육, 대학 서열화는 반드시 고쳐져야 하지만, 우수한 인재에 대한 처방을 우선 자세하게 제시하고 폐지를 논해야 할 것이다.

국, 공립대를 통합한다 하여 학교간의 서열과 학벌 문화가 고쳐진다고 보지는 않는다. 외국의 사례를 보아도 우수한 명문대는 사회적으로 조장하고 지원해 주는 문화를 가지고 있다. 극단으로 치닫는 우리네 입시 교육, 학벌 문화에 대한 국민적인 인식의 전환과 합리적이고 공정한 교육 체제나 경쟁 규칙(rule) 등을 마련한 후에 서울대 폐지를 다시 논해도 늦지는 않을 것이다.

6. 대학입시 제도

한국의 교육열은 대학입학(입시)[29]을 위한 준비 과정의 교육열이라 해도 과언이 아닐 것이다. 대학입학을 위한 온갖 수단들이 동원된다. 고액 과외, 강남 8학군, 치맛바람, 위장 진입 등 자녀의 대학 입학을 위해서라면 그 무엇을 마다하지 않는다. 더불어 학교교육도 입시라는 관문을 통과하기 위한 지식과 기술만을 선별하여 가르치려 한다. 여기에는 더불어 사는 인간, 창의적인 인간, 고등 정신의 신장, 독창적이고 주관적인 인간 상 등을 만들려는 노력들은 모두 허사가 되고는 한다. 7차 교육과정이 표방하는 자기 주도적 학습, 스스로 공부하는 창의적인 인간의 모습은 저학년에서는 다소의 실천이 가능할지는 몰라도, 고등학교라는 입시의 정점에 위치한 학교 급에서는 감히 생각도 못할 일이다.

가. 입시교육의 문제점

한국 사회에서의 입시위주 교육은 모든 한국교육 문제의 진원지이자 대명사로서 자리 잡고 있다고 해도 과언이 아닐 것이다. 강무섭 외(1992)는 입시위주 교육의 특징을 "비교육적

---

29) 입시위주 교육의 의미를 두 가지 차원에서 설명할 수 있다. 우선 입시위주 교육은 지식교육에 치중하는 교육으로서 지・덕・체의 조화로운 발달을 통해 전인을 육성한다는 이른바 전인교육의 목표에 부합하지 않는 교육을 말한다. 또한 입시위주 교육은 지식교육을 지식 교육답게 하지 못하는 절름발이 지식교육을 말한다. 이와 같이 입시위주 교육을 전인교육과 지식교육의 실패 차원에서 볼 때, 입시위주 교육은 한국교육의 총체적인 그리고 핵심적인 문제 자체를 대변하고 있다고 할 수 있다(강무섭 외, 1992).

경쟁"으로 규정하고 여기에 초점을 두어 인간의 삶에 있어서 경쟁이란 우리가 원하든 원하지 않든 불가피한 현상이고, 한편으로는 경쟁을 조장해야 할 필요가 없지 않은 현상임을 인정하면서도 현재 대학입학을 둘러싸고 특히 일반계 고등학교에서 벌어지고 있는 경쟁은 그 양상과 정도 측면에서 철저하게 비교육적이라고 주장한다. 경쟁이 비교육적이라 함은 교육경쟁이 부적합하고, 비인간적이며, 비정상적임을 의미한다. 여기서는 강무섭 외(1992) 등이 정의를 내린 교육경쟁에 대한 부적합성, 비인간성, 비정상성에 대하여 살펴보기로 하자.

첫째, 교육경쟁의 부적합성.

교육경쟁이 부적합하다는 것은 교육경쟁의 목표, 내용, 방법이 부적합하다는 것으로 특히, 교육경쟁이 무한정한 소모전일 뿐 우리가 추구해야 할 교육의 본래 모습과 거리가 있는 경쟁이라는 것이다. 만일 경쟁할 것을 경쟁하고 있다면 경쟁이 치열하더라도 입시위주 교육의 파생문제는 한결 가벼운 것이라고 할 수 있다. 여기서 교육경쟁의 부적합성은 학교교육이 진학준비라는 단일 목표에 지나치게 치우쳐 있고, 더욱이 진학준비의 중심이 되는 교과교육이 입시대비에 급급하여 교과의 형식에 충실하지 못한 모습으로 이루어지고 있다는 문제의식에 바탕을 두고 있다. 개개인의 소질과 적성의 계발과 창조력, 사고력 등 고차적 정신기능의 계발을 소홀히 하는 것이 좋은 예이다. 결국 교육에 그토록 많은 시간과 노력을 투입하면서도 교육의 질적 수준에 만족할 수 없는 이유는 바로 교육경쟁의 부적합성에 기인한다고 할 수 있다.

둘째, 교육경쟁의 비인간성.

교육경쟁이 비인간적이라는 것은 교육경쟁 과정과 결과의 비인간성, 불공정성을 지적하는 것으로 교육경쟁이 학생 한 사람 한 사람에게 소중해야 할 교육 본래의 모습과 거리가 있는 경쟁이라는 것이다. 즉, 교육경쟁은 많은 학생을 수업에서 소외시킨 가운데 일어나고 있고, 또한 경쟁에 적극 참가한 학생들도 경쟁의 종착역에서야 그 동안의 노력에 대한 의미 여부를 판정 받게 된다. 통계상으로 일반계 고등학교 졸업생의 1/2만이 대학에 진학할 수 있고, 엄밀히 따져보면 더욱 많은 학생들이 학교교육으로부터 소외되고 있다. 이러한 가운데 학생들의 심리적 스트레스가 심각한 상태에 처하고 있음에도 불구하고 정서교육이나 인간 교육에 대한 배려가 절대적으로 부족한 실정이다.

셋째, 교육경쟁의 비정상성.

교육경쟁이 비정상적이다는 것은 교육경쟁 양상이 비정상적이고 불건전하다는 것으로 교육경쟁이 우리가 법이나 규범으로 정하고 있는 테두리를 넘어서까지 이루어지고 있고, 또한 묵인되고 있으며, 경쟁의 양상이 지나치게 과열되어 있다는 것이다. 특히 학교가 비정상적인 교육경쟁의 한 몫을 하고 있고, 이를 모두가 잘 인지하고 있으면서도 불가피한 현실로 받아들이고 있음은 주지의 사실이다. 대표적인 예로 교육과정의 파행적 운영을 들 수 있다. 교육부가 고시하는 교육과정의 편제 및 단위배당과 운영지침의 학생들이 작성하는 학급일지와는 일치하나 교실에서는 달리 적용된다. 학생들의 일상적인 삶은 공부로 채워지고 있으며, 학부모들도 과외비 지출에 따른 금전적 부담은 물론이거니와 입시생 부모라는 그 자체로서 느끼는 정신적인 압박감이 대단한 현실이다.

이상에서 입시위주교육을 비교육적 경쟁으로 규정하고, 교육경쟁의 부적합성, 비인간성 그리고 비정상성의 특징을 살펴보았다. 우리의 학교교육 특히 일반계 고등학교교육은 학생들의 다양한 요구에 부응하지 못하고 획일적으로 진학준비에 치중되고 있고, 학생들의 사고력, 창의성 향상을 소홀히 하고 있다는 점에서 교육경쟁의 부적합성을, 모든 학생 한 사람 한 사람에게 소중한 교육이 되지 못하고 있다는 점에서 교육경쟁의 비인간성을, 교육과정을 파행적으로 운영하고, 학생들을 입시에만 매달리게 하는 등 정해진 테두리를 모두 함께 넘어서서 과열되고 있다는 점에서 교육경쟁의 비정상성을 지적하였다.

나. 대학 입시정책

현재 우리나라의 대학 입시정책은 관련 이해 집단의 규모나 관심도의 측면에서 볼 때 학생, 학부모, 교사 등 직접적인 정책대상의 집단이나 학교교육에 미치는 영향이 엄청나다. 대학입시정책과 관련된 문제는 일반의 관심이 높을 수밖에 없으며, 국민 전체의 문제로 부각될 개연성이 아주 크다. 대학입시 정책은 모든 국민들의 관심의 대상이 되고 모두를 만족시키는 제도를 만드는 것이 불가능하기 때문에 문제가 발생할 때마다 사회적 비판의 표적이 되어 왔으며 여론의 향배에 따라 변천의 표류를 계속해 왔다는 지적을 받고 있다. 따라서 대학입시정책은 우리나라 교육문제 중에서 시급히 해결해야 할 핵심적 과제로 지적되고 있다. 그러므로 대학입시 정책은 교육정책의 운영에 있어서 막중한 영향력을 행사하고 있으며 교육정책의 중요한 요소를 이룬다고 할 수 있다.

대학입시정책은 복잡한 구조를 지니고 있으며 그 요소를 어떻게 변화시키느냐에 따라 학생과 학부형, 교사, 정부 등 관련 집단의 이해가 달라진다. 또한 대학입시 정책의 요소들은 다면적 성격을 지니고 있어서 문제가 표출되는 어느 한 요소를 바꾸면 될 것이라는 단순한 표피적인 접근으로는 문제 해결이 곤란하며, 항상 또 다른 새로운 문제들을 유발하게 된다. 고등학교가 대학입시제도에 종속되지 않고 고등학교 본래의 모습대로 교육을 하도록 하는 동시에 모든 대학들이 각 대학의 고유한 성격과 특성에 부합하는 대학교육 적격자를 선발할 수 있도록 장기적으로 대학입시제도의 기본 구조를 개편할 필요가 있다. 대학입시제도 구조 개편의 기본 골격과 출발점은 고등학교에서부터 대학진학의 자격 여부를 이른 시기에 판정하여 대학이 대학진학 자격을 취득한 사람들을 중심으로 하여 독자적이고 자율적으로 학생을 선발하도록 할 필요성도 있다.

교육부는 2004년 8월 학교교육 정상화를 위한 2008학년도 이후 대학입학제도 개혁방안을 골자로 하는 시안을 발표하였다. 교육부가 내놓은 2004년 대학입학제도 개선방안(시안)은 한마디로, "원론에서 도출한 시안"으로 평가할 수 있겠다. 내신 성적 즉, 학교교육의 중요성에서 사교육의 해법 키워드를 잡았고, 학생부를 중심으로 대학 입학 사정의 골격을 잡았다고 하겠다.

본 시안은 교육혁신위원회가 마련한 학교교육 정상화를 위한 2008학년도 이후 대학입학제도 개혁방안으로 대학도 고득점 위주의 학생을 선발하는 관행에서 벗어나, 창의력과 성장가능성을 지닌 학생을 발굴하는 체제로 전환의 필요성에서 출발한다고 교육부는 밝히고 있다.

내신은 학교에서, 수능은 학원에서라는 사회풍조가 만연하여 통합 교과 방식의 출제를 지향했으나, 수능 준비가 학교 수업만으로는 부족하다는 국민들의 전반적인 인식이 학원에 의존하도록 이끌어왔다고 본다.

제도 개선의 목표를 미래사회가 요구하는 21C형 우수인재 발굴·육성에 기여, 고교교육의 중심축을 학교 밖에서 학교 안으로의 전환을 목표로 잡고 있다. 그에 대한 방향으로 첫째, 대입전형에서 학교교육의 과정과 결과 중시. 둘째, 대학 자율화·특성화와 연계한 전형의 다양화. 셋째, 선발경쟁에서 입학 후 교육경쟁으로 전환. 전략 사항으로 2002학년도 대입제도의 기본취지 및 성과 발전적 정착, 실현가능성을 바탕으로 점진적·단계적 제도개선 추진, 교육현장을 중시한 홍보 및 의견수렴을 설정하고 그 과제로 다음과 같은 세 가지를 상정하고 있다.

첫째, 학교생활기록부의 반영 비중 확대. 내신 신뢰도 제고, 내신 기록의 충실화, 평가의 공정성 확보, 교육여건 개선.

둘째, 대학수학능력시험 제도 개선. 고교교육과정 중시, 9등급만 제공, 문제 은행식 출제.

셋째, 학생선발의 특성화와 전문화 강화. 모집단위 특성에 맞는 전형개발, 사회적 소외계층의 전형 활성화, 동일계 학생의 진학 촉진.

전국 213개 4년제 대학이 본안의 마련으로 인해 학교에서 산출하는 각종 내신 성적에 대한 신뢰를 가지도록 단위학교는 객관적이고 신뢰할 수 있는 안을 마련하여야 할 것이다. 내신 성적의 비중이 절대적으로 높아짐에 따라 우려되는 상황은 학부모의 치맛바람을 들 수 있다. 이러한 바람을 차단 할 수 있는 장치를 빨리 학교 공동체는 머리를 맞대고 장치를 고안해야 한다.

진정 자녀의 교육 문제를 상담하기 위해서 학교 문턱을 출입하는 학부형과, 성적을 부풀리기 위해 학교를 방문하는 학부형들을 구분하여 이를 교육적으로 대처할 수 있는 방법을 생각해야 할 것이다.

현재 특수목적고가 설립목적과는 달리 입시 학원화되어 초, 중학교 단계에서 진학경쟁이 과열되어 있고 사교육비가 증가하는 현상을 감안한다면 다소 진정될 것으로 내다본다.

우수한 학생들이 상대적으로 많이 모인 집단에 입학하여 불리한 내신 성적을 받을 것인지, 아니면 평준화 고교로 진학을 하는 것이 유리한지 지금 학부형과 학생, 입시 관계자들은 민감하게 이를 두고 고민할 것이다.

새 대입제도는 고교 교육의 중심축을 학교 밖에서 학교 안으로 전환한다는 야심 찬 계획을 노정하고 있다. 그 단초적인 현상으로 당장 언론에 오르내리는 사실은 강남 8학군 학부형들의 이동이 거론되고 있다. 이들이 누구인가. 대한민국 땅 값의 주범이요, 사교육의 핵폭탄이 아닌가. 이들의 움직임과 동향을 분석한다면 우리나라 사교육 억제 대책을 마련할 수도 있다는 자조어린 이야기도 들린다.

2004년 8월 교육부가 내놓은 "학교교육 정상화를 위한 2008학년도 이후 대학입학제도 개선방안(시안)" 안의 핵심 축은 선발경쟁 방식에서 입학 후 교육의 경쟁으로 전환하여 사교육을 잡겠다는 발상이다. 이러한 발상은 1980년대 대학교육의 질 지향과 본고사 폐지로 졸업정원제가 도입되고, 그 후 얼마 되지 않아 1988년부터는 입학정원제가 실시되었던 지난 날들을 반추해보게 한다.

대학의 문호를 확대 개방하여 다양한 계층의 자녀들이 고등교육을 받을 수 있도록 하는 것은 참으로 칭찬 받아 마땅한 처사이다. 그러나 우리는 졸업정원제에서 배운 것이 있다. 무적격자를 대량으로 선발하여 무수한 인력을 중도 포기자, 제적자, 낙오자로 만들었던 적이 있었다. 충분히 이에 대비해야 할 것이다.

2008년 이후 실시되는 새 수능시험에서는 성취도를 원점수(과목평균, 표준편차 병기) 표기제로 변경하여 9개 등급만 제공하도록 만들어진다. 교육부는 9등급제 도입 이유를 5등급화는 같은 등급내의 학생이 지나치게 많아져 대입 전형 시 선발자료 활용이 어렵고, 15등급화 이상은 7차 교육과정상 과목 개설 최소인원(20명 이상)을 고려할 때 석차등급 산정이 곤란하여 9등급을 제공한다는 것이다. 9등급의 비율은 1등급은 4%, 2등급은 7%, 3등급 12%, 17%, 20%, 17%, 12%, 7%, 4% 등으로 상정하고 있다(대학입학제도 개선방안, 2004).

예를 들어 수능 응시생이 최소한 60여만 명일 경우 1등급은 2만4000명, 2등급은 4만2000명, 5등급은 12만 명이다. 여기서 10여 개 주요대학의 정원이 2만6000여명인 점을 감안하면 최소 3등급에 속한 학생의 입학 확률은 현저하게 떨어진다. 그래서 수능이 평가도구로서 변별력을 잃을 수도 있다. 반면에 학교생활기록부 석차등급(역시 9등급)의 비중이 자연적으로 높아지게 되고 이에 대한 준비도 소홀히 할 수 없게 된다.

여기서 중요한 점은, 단위학교에서는 평가의 신뢰성 및 공정성을 반드시 확보해야만 한다. 그 안으로 교육부는 2006년부터 교사의 교수-학습계획과 평가계획·내용·기준을 공개하여 평가의 신뢰도를 제고한다고 한다. 여기서 주의해야 할 사실은 전국적인 표준안이 없다는 사실이다. 학교마다 지역마다 천차만별의 기준 안이 양산 될 경우 이를 표준화할 척도가 아직은 마련되어 있지 않다는 것이다.

물론 학교 내 등급 산정 시 표준편차가 활용되지만, 이러한 표준편차를 산출해내는 기준이 표준화되어 있지 않다면 이는 아주 심각한 평가 산출의 오류를 범하는 것이다. 예를 들어, 우수한 대학의 A학점과 아주 열악한 대학의 A학점이 산술적으로는 같아도 질적으로는 다르다는 사실이다.

이 안에서 발견한 반가운 사실은 심층논술이나 면접이 강화되어 앞으로 학교교육에서 정식으로 독서교육이 활성화 될 것으로 보인다. 이는 아주 칭찬 할만하다. 그리고 수능으로 인한 사교육 의존도를 줄이기 위해 출제범위를 학교에서 가르치고 배우는 내용위주로 출제하고 현장 교사를 출제위원으로 50% 이상 참여시킨다니 참으로 환영할 만하다.

다소의 미비점만 고려한다면 학교교육의 정상화와 학원 교육에 대한 의존도를 낮추는 계기가 될 수도 있을 것이다. 또 다른 변형의 내신 과외가 출현한다면, 이는 제도를 탓할 것이 아니라 이 제도를 운영하는 사람들의 의식과 준비 자세를 질타해야 할 것이다. 더불어 대학입시정책과 관련된 궁극적인 문제의 해결은 입시정책 그 자체만의 개선으로는 이루어지기는 어렵다. 그것은 사회의 여러 여건과 상황에 맞물려 있기 때문에 관련된 제반 제도에 대한 검토와 개선이 더불어 함께 이루어져야 한다. 따라서 그 동안 대학입시정책의 변경을 통하여 고등학교교육과정 운영상에서 나타나는 문제들을 획기적으로 해결할 수 있다는 환상의 과잉 기대에 대해선 반성이 필요하다. 대학입시 정책은 정책 자체에만 중점을 두고 접근하기보다는 정치, 경제, 사회, 문화 등 정책의 외적인 차원에서도 해결책을 모색하려는 열린 자세가 필요하다.

제10장 사교육 경감방안과 과외교육

1. 사교육비 경감대책방안

교육인적자원부(이하 교육부)는 2004년 2월 17일 학부모들의 과중한 사교육비 부담을 완화하고, 과외의 폐해로부터 학생들을 보호하기 위해 지난해부터 준비해온 『사교육비 경감대책』을 발표했다[30].

이날 발표에서 안병영 교육부총리는 "세계화·지식 정보화로 대변되는 21세기는 우리 교육에 대해서도 창의적이고 자기 주도적인 학습을 필요로 하고 있으나, 우리의 경우는 여전히 입시위주의 문제 풀이 식 과외 활동에 많은 사교육비가 지출되는 현실이 안타깝다" 말하고 가난하지만 능력을 갖추고 성실하게 노력하는 청소년이 큰 어려움 없이 자신이 원하는 대학에 진학할 수 있는 방도를 마련하는 데 이번 대책의 초점을 두었다고 강조했다.

교육부는 사교육 문제를 근원적으로 해결하기 위한 기본 방향을 학교교육의 경쟁력을 높여 국민들로부터 신뢰를 회복하고, 자기 주도적 학습을 강화하여 21세기 지식 정보화 사회가 요구하는 창의적·자율적 인재를 육성하는 것으로 정했다. 이를 위해, 우수교원 확보, 교수·학습 방법 개선 등으로 학교교육의 경쟁력을 제고 하고, 내신 중심의 대학 학생선발을 유도함으로써 대학입시에 예속된 고교교육을 정상화시켜 나가는 일이 시급한 것으로 보고 있다. 또한, 모든 국민에게는 국민으로서 받아야 할 최저선의 교육수준을 국가가 보장해 줄 수 있도록 하고, 소외계층에 대한 교육지원에 노력해야 한다는 것이 기본 방향이라고 밝혔다.

그러나 공교육을 내실화 하는 데는 다소 시간이 걸리므로 우선, 학교 밖에 현존하는 사교육 수요를 공교육 체제 안으로 흡수하는 일이 시급하다고 보고, EBS와 에듀넷 등 e-Learning을 통한 사이버 학습지원 체제 구축과 방과 후 수준별 보충학습 등을 통하여 사

---

30) 교육부(2004 2. 17)가 발표한 『공교육 정상화를 통한 사교육비 경감대책』 보고서 내용을 중심으로 살펴보고자 한다. 사교육비 경감을 위한 추진경과:
    ○사교육비대책팀(03. 5. 28) 및 사교육비경감대책위원회 구성·운영(03. 6. 23), ○한국교육개발원에 『사교육비 경감대책연구팀』 설치·운영(03. 5. 28), ○사이버『사교육비경감대책 국민제안센터』 설치(03. 6. 26), ○전문가 정책토론회 실시(10회, 03. 7. 15~9. 23), ○EBS 특별방송 토론회 실시(3회, 03. 8. 30~9. 13), ○사교육비경감대책 마련 지역순회 공청회 실시(5회, 10. 14~11. 28)-서울, 부산, 대전, 광주, 수원 등 5개 권역별 실시, ○부총리·차관주재 외부인사 간담회 및 토론회 실시(15회, 03. 10. 19~04. 2. 6)-학생, 교직·학부모단체, 언론인, 대학교수, 연구기관장 등.

교육 욕구를 흡수해 나간다는 방침이다. 그리고 장기적으로는 대입과열 경쟁의 근원인 학벌주의 극복을 위한 사회제도 개선과 의식 개혁도 병행 추진할 계획이다. 이를 통해 교육부는, 공교육의 강화로 교육의 국제경쟁력을 제고하고, 교육기회의 불평등을 해소함으로써 사회통합을 이루며, 국민들의 과도한 가계 부담을 해소하여 삶의 질을 높이고, 학생의 정상적 발달을 도모한다는 것이다.

1) 추진배경: 사교육비 지출의 악순환 구조

가) 공교육의 부실화

사교육의 급속한 팽창으로 공교육이 약화되고, 이는 또 다시 사교육 수요를 발생시키는 악순환을 반복하여 왔으며, 종전의 '학교 수업 보충'이 아닌 학교 수업보다 앞서 배우는 '선행학습 풍조'는 정상적인 교육과정 운영을 저해하였다. 과외 중 선행학습 비중이 초등은 67.7%, 중등 수학의 경우는 74.6%(교육개발원, 2002)에 이르는 실정이다. 선행학습을 받은 학생은 이미 배웠다고 생각하고, 학교공부에 집중하지 않고 소홀하게 되는 결과를 초래하기에 이르렀다.

나) 교육의 국제경쟁력 약화

반복적 문제 풀이 식 과외는 창의성과 자기 주도적 학습능력을 저하시켜 지식정보화 사회가 요구하는 인재 양성에 장애를 초래하였다. 학업성취 수준은 세계 상위이나, 자기 주도적 학습능력은 최하위에 이르고 있는 실정이다. PISA가 2000년에 실시한 학업성취도 검사에서 한국은 과학 1위, 수학 2위이면서 읽기·수학에 대한 흥미도는 19위로 나타났으며, 교육개발원 조사에 의하면 자기 주도적 학습능력에 대한 조사에서 혼자 공부하기가 불안하다 (46%), 불가능하다(8%)로 조사되었다.

다) 교육기회의 불평등으로 사회통합 저해

소득격차에 의한 사교육 차이는 교육격차로 이어져 계층의 대물림을 야기하고 있는 실정이다. 고소득층의 사교육비 월 36.3만 원은 저소득층 12.6만 원의 3배에 이르고 있으며(교육개발원, 2003), 서울대생 부모 직업의 40%가 전문·경영·관리직인 것으로 조사되었다.

라) 과도한 가계 부담

중산층 이하 가정의 경우, 사교육비 지출은 지나친 가계 부담을 유발하여 개인의 '삶의 질' 저하를 초래하였다. 월 소득 1백만 원 미만의 경우 88%가 부담스럽다고 응답하였다(교육개발원, 2003).

마) 학생의 정상적 발달 방해

과도한 경쟁의식의 조장과 자율성 부족 및 심야까지 계속되는 사교육은 학생들의 정신적·신체적 발달을 저해하고 있다. 입시학원의 영향으로 성적에 대한 불안 심화(40%), 친구와의 경쟁심을 야기(37%)하는 것으로 나타나고 있다(교육개발원, 2003). 그리하여 유엔아동권리위원회에서는 한국의 조기교육 및 입시교육이 아동과 청소년의 인권을 침해한다고 권고한바 있다.

2) 사교육비 실태 및 발생원인

가) 실 태

사교육비 규모와 과외를 받는 학생의 비율은 지속적으로 증가하여 사교육비 규모는 2001년 10.7조 원에서 2003년에는 13.6조 원으로 증가하였다. 초등학생의 경우 7.2조 원(52.5%), 중학생 4조 원(30%), 고등학생 2.4조 원(17.5%)이고, 과외를 받는 학생의 비율은 2000년 58.2%에서 2003년에는 72.6%로 증가하였다(초 83.1%, 중 75.3%, 일반계고 56.4%). 학업성적 수준과 관계없이 전반적으로 과외가 심각하여 연간 사교육비는 상위권 326만 원, 중위권 259만 원, 하위권 260만 원으로 나타났다.

초·중·고 구분 없이 교과 과외의 비중이 높으며, 교과 과외 참여율은 초등 80.6%, 중등 92.8%, 일반계고 87.8%이며 여기서 초등은 특기·적성과외의 비중이 57.6%로 상대적으로 큰 것으로 조사되었다. 소득 수준별로 살펴보면 저소득층 과외비의 지출 부담이(월 소득 150만 원 미만) 월 12.6만 원을 과외비로 지출하며 상층 36.3만 원, 중상층 25.7만 원, 중하층 18.2만 원, 저소득층 12.6만 원으로 조사되었다. 지역별로 살펴보면 중소도시 지역의 지출 규모가 예상보다 높아 서울 29.4만 원, 광역시 23만 원, 중소도시 23.5만 원, 읍면 17.3만 원으로 나타났다.

나) 발생원인

학벌주의 사회풍토로 능력보다는 출신 학교가 성공을 결정하는 학벌주의로 인해 모든 경쟁이 '일류대학' 입학에 집중되어 국민의 61%가 학벌이 성공·출세에 가장 중요한 요소라고 생각한다. 대학 서열화와 맞물려 대학 입학에서 상대적 우위를 확보하기 위한 경쟁적 사교육이 전반적으로 확산되어 있다. 학부모의 63.3%가 사교육 원인을 '자녀의 장래를 위해 필요한 투자'이기 때문이라고 답변하는 것으로 나타났다(교육개발원, 2003).

시험점수와 석차 위주의 교육경쟁 구조로 인해 통합 교과형 출제방식에 의한 수능시험 제도로 사교육기관에 대한 의존이 불가피하다. 내신 부풀리기로 학교성적에 대한 신뢰의 저하 및 수능 성적의 비중이 확대되었다. 주요 대학의 수능 반영비율 확대와 특목고의 대입준비 기관화로 인해 특목고 입시가 과열 양상을 드러내고 있다.

학생의 욕구를 충족시키지 못하는 학교교육의 원인으로는 이질적 학습 집단 즉, 학력수준이 다른 이질적 학습 집단으로 인해 학력 보충 또는 심화 학습을 위한 사교육이 번성하고 있다. 학생의 66.1%는 사교육 원인으로 '개인의 수준에 못 맞춘 수업'을, 59.5%는 '학교 수업만으로 이해 부족'을 들고 있다(교육개발원, 2003). 그리하여 과외로 인한 선행학습으로 학습 집단의 이질화가 심화되고 있다. 다음으로 교사의 열의가 부족하여 사회 변화에 따른 교육요구에 소극적으로 대처하고 있다. 초등의 경우 예·체능 특기 계발 및 최근 증폭되고 있는 영어 학습 욕구에 따른 사교육이 팽창하고 있는 실정이다.

보육과 탁아를 위한 과외의 수요가 확대되고 있다. 초등학교 저학년의 경우 방과 후 탁아를 위한 사교육이 확산되고 있으며, 여성의 사회진출이 급증함에 따라 보육을 위한 과외 수요가 증가하고 있다.

학부모의 왜곡된 교육관과 사교육에 대하여 맹신하는 그릇된 인식이 팽배해 있다. 자녀의 능력·적성 계발보다는 일류대학 입학에 모든 노력을 집중하여 사교육의 효과에 대한 기대와 불안심리 속에서 학부모는 사교육에 의지하는 실정이다. 이러한 사실은 교육개발원(2003)의 조사에서 학생과 학부모 중 87% 이상이 과외의 효과에 대하여 긍정적인 답변을 하고 있다.

3) 사교육비 경감 정책방향

학교교육의 경쟁력을 제고 하고 신뢰를 회복하는 것만이 사교육의 근원적인 해결책으로 보고 학교교육의 질 향상을 위해 우수교원 확보 및 수준별 교육을 강화하고 학교생활기록부의 신뢰성을 높여 내신 중심의 대학학생 선발을 유도하여 대학입시에 예속된 고교교육을 정상화시킨다. 현존하는 사교육 수요는 공교육체제 내로 흡수하여 단기간 내에 국민들의 사교육비 부담 경감이 가시화 되도록 추진한다. 이의 구체적인 방법으로 e-Learning을 통한 사이버 학습을 지원하고, 수준별 보충학습 실시 및 특기·적성교육의 활성화 도모, 교육의 공공성을 강화하여 교육기회와 교육수준의 국민 최저선(national minimum)을 보장한다. 교육소외 계층에 대한 국가의 책무성을 강화하여 교육복지를 실현하여 장기적으로 학벌주의 극복을 위한 사회제도·문화·의식 개혁을 추진한다. 단기 대책으로 사교육 수요 공교육 체제 내 흡수하고, 중기대책으로 학교교육의 내실화, 장기대책으로 사회·문화의 풍토를 개선한다.

2. 10대 추진과제

1) 사교육 수요 공교육체제 내 흡수

수능 과외를 대체할 e-Learning 체제를 구축하여 EBS 수능 강의 시청 학생을 확대한다 (고 2·3학년). 2002년 66만 명(56%)에서 2004년 94만 명(80%)으로 확대한다. 인터넷에 대한 학습이용을 확대하여 2004년 고 27만 명(5%)에서 2007년 초·중·고 220만 명(40%)으로 확대할 예정이다.

가) EBS 수능 방송과 인터넷 강의를 확대한다.

EBS 수능 강의와 수능시험과의 연계를 강화한다. 수능시험 대비는 학교 수업을 충실히 하고, EBS 수능 강의를 시청하는 것으로 충분한 시스템을 구축한다. 프로그램 사전기획 단계에서 한국교육과정평가원과 협조하여 제작한다. 수능 강의프로그램의 인터넷을 통한 무료 서비스를 위해 EBS, 에듀넷, 시·도교육청 인터넷 망을 통해 전국에 서비스한다. TV 방송의 시간적·공간적 제약 해소로 언제·어디서나 시청 가능하게 하며, '사이버 선생님' 운영을 통해 학습문제에 대한 질의와 응답 서비스를 실시한다. 방과 후 학교시설을 이용한 EBS 강의프로그램 시청 및 사이버 학습을 권장 지도한다.

'EBS 플러스 1'을 수능 전문 채널로 특화 하여 수능 방송·인터넷 강의 프로그램 제작을 확대한다. 수능 프로그램을 2003년에는 1,200편에서 2004년에는 3,500편으로 확대하여 중위권 학생을 위한 현행 방송강의 외에 상·하위권 학생을 위한 수준별 인터넷 강의 프로그램을 신설하며 전국 최고 강사진 기용을 통한 최고 수준의 프로그램을 제공한다. 수능 강의 이외에 대학입시 준비를 위한 논술과 면접과정 프로그램 또한 제공한다.

나) 사이버 가정학습 지원체제 구축

다양한 자율·보충학습 콘텐츠를 확충하여 인터넷으로 서비스하기 위하여 민간 사이트와 경쟁할 수 있는 수준 높은 내용으로 구성한다. 수준별 자율·보충학습 콘텐츠를 개발하여 제공한다(2004년 5교과 15종). EBS, 시·도교육청, 한국교육과정평가원, 한국교육학술정보원 등에서 개발한 학습·평가 자료를 보완하여 활용한다. 에듀넷 및 시·도교육청을 네트워크화 하여 학습 콘텐츠를 인터넷으로 무료로 제공한다.

사이버학급 운영을 위하여 교과별 사이버학급 편성 운영 및 '사이버 가정교사'를 통한 체계적으로 학습을 관리, 지도한다. 2004년에 고교 5개 교과에서 2007년에는 고·중·초(고학년) 각 5개 교과 등으로 확대하여 실시한다.

다) 모니터링 시스템(monitoring system) 구축

e-Learning 지원체제의 운영에 대한 사용자 의견을 수렴, 지속적인 개선을 도모하여 학습자 만족도를 제고하기 위하여 학생, 학부모, 교사 및 전문가 등으로 모니터링 그룹을 구성하여 상시적인 의견수렴을 위한 기반을 마련한다. 실시간 모니터링 시스템(real time monitoring system) 구축과 함께 주기적으로 만족도와 의견을 조사한다.

라) 유관기관과 상설 협의체 구성 및 운영

e-Learning 지원체제의 유기적인 운영을 위한 관련 기관 간 협의체를 구축 한다[31]. 관련 기관인 교육인적자원부, 시·도교육청, EBS, 한국교육학술정보원, 한국교육과정평가원 등과 정기적인 협의회 운영 및 사업평가를 통해 기관 간 협력을 강화하고 학습자 중심의 서비스

---

31) 에듀넷 활용에 따른 총 사교육비 흡수 효과는 약 2조 원으로 추정하며 이의 직접적인 효과(사교육을 받다가 에듀넷으로 전환)는 3,400억 원, 간접효과(에듀넷을 활용하지 못하는 경우 사교육 이용)로 1조 6,600억 원으로 조사됨(리서치플러스, 2003).

수준을 제고한다.

2) 교과과외 흡수: 수준별 보충학습 실시

중학생 교과과외 인원이 2003년에는 130만 명(70%)에서 2004년에는 65만 명(35%)으로 줄이고, 일반계고 교과과외 인원이 2003년에는 62만 명(50%)에서 2004년에는 31만 명 (25%)으로 교과 과외에 대한 인원을 흡수할 예정이다.

첫째, 지역여건과 학부모의 교육수요를 반영하여 다양한 교육기회를 제공한다. 특히, 사교육 기회가 부족한 지역이나 계층의 과외수요를 학교에서 충족시켜 줌으로써 교육격차를 해소 시킨다.

둘째, 학교장이 '학교운영위원회' 심의를 거쳐서 실시한다. 종래의 문제 풀이식·교과진도 중심의 획일적 보충수업과 달리, 학생의 희망에 따라 학력 차를 고려한 수준별 학습을 실시한다. 이를 위해서 교육과정 정상 운영, 학생의 심신 건강 및 실질적 선택권을 보장하고, 강제적·획일적 운영 등 편법 운영의 경우에 엄정하게 대처한다.

셋째, 인력풀(Pool)을 활용한 수준별 강좌를 개설한다. 이를 위해 현직 교원의 지도를 원칙으로 하되, 필요한 경우 외부강사를 활용한다. 교대·사대 및 교직과정 이수 대학생을 보조교사로 활용하고 교직 실습학점으로 인정하는 방안도 검토한다.

넷째, 수익자 부담을 원칙으로 하되, 교육소외 계층 및 농어촌 지역 자녀에 대한 지원을 확대한다.

다섯째, 방과 후 학교시설 활용 연구학교 운영으로 다양한 프로그램의 개발·보급 및 모범사례를 제공한다.

3) 재능·영어 과외수요 충족: 특기·적성교육의 활성화

방과 후 특기·적성교육의 경우 2003년 초등학생 122만 명(29.2%)에서 2004년에는 210만 명(50%)으로 늘어날 전망이다. 영어캠프 참여 학생 수의 경우는 2003년 7,560명에서 2008년에는 60,000명으로 늘어날 전망이다.

첫째, 방과 후 특기·적성교육의 활성화. 정규 교육과정에서 충족시키기 어려운 재능·취미 계발, 예·체능 및 기술교육 보완, 인성함양을 도모한다. 교원뿐만 아니라 우수한 외부 인력을 적극 유치한다. 현직 교원에 대한 특기 연수비 지원 및 예비교원을 활용하고 외부

강사의 강사료를 현실화하고 경력 인정방안 검토 및 장기계약을 권장한다. 지역교육청 순회강사 확보 및 지역거점학교 육성 지원을 통하여 인적 자원과 시설을 공동 활용한다. 지역사회와 연계하여 시설·인적 자원 및 프로그램 활용을 극대화한다. 악기 등 교육기자재 구입·운영 경비를 지원하고, 수익자 부담을 원칙으로 하되, 저소득층 자녀 교육비 및 농어촌 소규모학교 강좌 개설을 위한 강사비·교통비를 지원한다.

둘째, 영어체험 프로그램을 확대한다. 이를 위하여 영어 캠프를 운영한다. 원어민, 심화연수 수료 교사, 학부모 등 다양한 강사를 활용한다. 폐교, 학생 수련원 등 지역실정에 맞는 시설을 확보한다. 수익자 부담으로 하되, 저소득층 자녀의 참가비 전액을 지원한다. 영어체험 학습 센터를 설치한다. 지방자치단체에서 시설과 예산의 지원, 시·도교육청은 프로그램을 운영한다.

셋째, 학력경시·경연 대회의 폐지. 특목고 및 대학 입학전형에서 각종 경시·경연 대회 입상 가산점 및 특별전형 등의 폐지를 유도한다. 다만, 국내·외에서 권위가 인정되는 경우는 예외적으로 인정한다.

4) 탁아수요 흡수: 초등 저학년 '방과 후 교실' 운영

탁아수요 흡수 인원을 2004년에는 320명에서 2008년에는 5만 여명으로 확대하고, 직영을 원칙으로 하되, 학교별로 위탁 또는 임대 등 실정에 맞는 방법을 채택한다.

첫째, 학부모의 요구에 부응하여 실질적인 사교육 대체 효과를 도모한다.

둘째, 방과 후 교실의 설치 및 운영을 위한 여건을 조성한다. 쾌적한 공간 마련 및 서비스 제공을 위한 시설환경 개선, 1학급당 전담교사·보조교사 각 1인 확보를 위한 경비를 지원한다.

셋째, 수익자 부담을 원칙으로 하되, 저소득층 자녀 무상 지원. 방과 후 열악한 환경에서 성장하고 있는 취약계층 자녀를 학교에서 맡아 실질적인 교육복지를 실현한다.

5) 학교교육의 신뢰 제고: 우수교원 확보 (학교교육의 내실화)

가) 교원 평가체제 개선

교원의 자율성 확대와 함께 수업을 잘하고 학생지도에 열성을 다하는 교원이 대우받을 수 있도록 평가 제도를 개선한다. 교원 평가체제 개선 등 교원 인사제도 혁신방안을 교직단체와 협의하여 점진적으로 추진한다. 교장·교감뿐만 아니라 동료교사 및 학부모 등이 참여하는 교사 다면평가제를 도입한다. 평가결과는 교원의 자기 개발과 교수·학습 지도력 향상에 활용한다. 우수교원에게는 인센티브를 제공하는 등 우대방안을 강구한다. 누적적 평가 결과에 따른 '교수·학습 지도력 부족 교원'에 대해서는 특별연수 등 적절한 지원방안을 마련한다. 학교경영평가 결과 등에 의한 교장평가 제도를 도입하여 교장 인사에 반영한다.

나) 교원의 근무여건 개선

수업 시수 경감을 위하여 초등교원의 수업부담 감축으로 사기 진작 및 수업의 질을 제고한다. 학급당 학생 수의 지속적인 감축을 유도한다. 보조 인력의 배치를 확대한다. 사무보조 인력 및 전산·실험보조원 등을 배치하여 교원이 교육활동에 전념할 수 있도록 지원한다. 교원 처우개선을 위한 교원 보수체계를 정비한다. 과다한 수당 비중(60%)을 조정하여 연금에 대한 불이익을 해소한다. 더불어, 임용 전 산업체경력의 호봉 인정률을 상향 조정하는 등 교원 복지제도를 확대한다.

다) 가칭 「학교안전보험공단」 설치

학교안전사고로부터 학생과 교원을 보호할 수 있는 실질적인 학교 안전망 구축을 위해 「학교안전공제회」를 사회보험 수준으로 전환한다.

6) 학교교육의 기능 회복: 수업·평가방법의 개선

첫째, 선행학습을 전제하지 않는 수업·평가 운영. 수행평가 방법의 개선으로 예·체능 교과 등 수행평가 방법을 개선, 선행학습을 예방한다. 수행평가의 객관성·공정성 확보를 위한 학교별 협의회를 운영 강화한다. 선행학습을 하지 않는 학생을 기준으로 수업하고, 가르친 내용에서 평가한다. 교원 연수를 강화한다. 선행학습 방지를 위한 수업·평가의 정상 운영 필요성 및 평가방법에 대한 교원 연수를 추진한다. 지속적인 장학지도를 펼친다. 원칙에 맞는 수업과 평가의 철저한 운영을 도모하기 위한 장학지도를 지속적으로 실시한다. 학교에서는 교장을 중심으로 한 교내장학 및 교과협의회를 통해 수업과 평가의 정상 운영을 실현한다.

둘째, 교육의 질 향상을 위한 교수·학습 방법 개선. 창의적·자율적 인재 육성을 위한 자기 주도적 학습을 강화한다. 교사중심에서 학생중심으로, 결과중심에서 과정중심으로 수업을 전환한다. 탐구학습, 문제해결학습, 프로젝트학습, 협동학습 등 다양한 교수·학습 방법을 적용한다. 교수학습 센터를 운영한다. 이를 위하여 교육인적 자원부, 시·도교육청, 학교 및 연구 기관 간 연계 체제를 구축한다. 교실수업 개선 우수 사례를 발굴하여 확산시킨다. 현장중심 교실수업 개선을 위한 행·재정적인 지원을 한다. 교실수업 개선 연구학교 운영 및 교과교육연구회 지원을 확대한다.

셋째, 참고서가 필요 없는 내용이 충실한 교과서를 개발한다. 자기 주도적 학습이 가능하도록 알기 쉽고 다양한 내용으로 구성하여 창의력·사고력을 신장시킬 수 있는 학습을 지원한다. 이를 위하여 2005년까지 고 1학년 수학·영어·국어·과학 교과서 모형을 개발한다.

7) 고교평준화 제도 보완 : 수준별 교육·학생선택권 확대

첫째, 학생의 학력수준에 맞춘 수준별 수업 확대. 중 1학년부터 고 1학년까지 수학·영어 교과에 대한 수준별 이동수업을 확대하고, 국어·사회·과학 교과는 학급 내 수준별 분단학습을 강화한다. 학급 편성 시 학생의 선택을 존중하고, 하위 반에 대한 우수교사 배치 및 시설·설비를 우선하여 지원한다. 수준별 수업 우수교사에게 인센티브를 제공한다. 고 2, 3학년 학생의 수준에 맞는 과목선택권을 확대한다. 학교 간 협력 및 방학 중 이수 등을 통하여 다양한 선택과목을 개설한다. 교원 증원, 순회·계약직 교사 활용 제고 및 시설을 확충한다.

둘째, 영재교육 등 수월성 교육을 강화한다. 영재교육 기회 확대를 위해 영재학급 및 영재교육원 등을 설치하여 운영한다. 우수학생의 조기진급 및 조기졸업 기회를 확대한다. 대학의 교과목을 미리 이수하여, 대학에서 학점으로 인정받는 AP(Advanced Placement), PT(Placement Test)제 도입을 권장한다.

셋째, 학교선택권의 확대. 학교별로 교육과정을 특성화하고 「학교군별 선지원 후 추첨 배정제도」를 확대하여 학생의 소질·적성에 따른 학교 선택기회를 제고한다.

넷째, 고등학교의 다양화·특성화·자율화. 다양한 형태의 학교 설립과 전환을 통해 학생·학부모의 교육욕구를 수용한다. 실업고를 인력수급 상황을 고려하여 다양한 직업군의 특성을 반영하는 '특성화고'로 전환한다. 대입 수시모집 시 직업계열 특성화고 졸업(예정)자 중 동일계열 지원자에 대한 특별전형 확대를 유도한다. 학사 및 교육과정의 탄력적 운영을 위한 자율학교 지정을 확대한다. 자립형 사립고는 '05년에 시범운영 결과를 종합적으로 평가하여 제도 도입여부를 결정한다.

다섯째, 설립취지에 맞는 특수목적고를 운영한다. 설립목적에 부합하지 않는 과정 설치를 허용하지 않고, 이에 대한 장학지도를 강화한다. 교과중심이 아닌 해당분야에 소질이 있는 우수한 인재가 선발될 수 있도록 특목고 입학전형 방법을 개선한다. 대입 수시 모집 시 동일계열 지원자를 심층면접 등으로 특별전형에 의해 선발하는 방안을 강구한다.

8) 학교교육의 정상화: 대입전형제도 개선 및 진로지도의 강화

첫째, 대학입학전형제도의 개선 방향. 대학자율화 기조 하에 고교교육 정상화에 기여할 수 있는 다양한 선발을 유도한다. 이는 성적중심의 학생선발을 지양하고 대학유형(연구중심, 교육중심, 직업기술 교육중심)에 따른 다양한 선발방식을 도입한다. 학교생활기록부 기록내용에 대한 반영 비중을 확대한다. 여기서 실질 반영 비율을 높이고 교과목 성적 외에 비교과영역(봉사활동 등)도 적극적으로 활용하도록 권장한다.

둘째, 2005학년도 수능의 안정적 시행. 2004년 3월까지 '수능출제·관리개선기획단'에서 수능 출제위원 선정 및 출제체제에 대한 개선 방안을 마련한다. 수능 선택과목 증가(현행 24개에서 51개 과목)에 따른 시행관리상 문제점을 사전 점검하기 위해 2회의 모의고사를 실시한다. 학교에서 학습한 내용이 출제에 적극 반영되도록 고교 교사 출제위원 수를 확대한다. 교육과정에서 다루는 핵심적인 내용에 대해서는 반복적인 출제가 가능하도록 기출 문항에 대한 판정의 기준을 조정한다. 선택형 수능에 따른 선택중심 교육과정 운영을 내실화 한다.

셋째, 2006~2007학년도 대학입학전형제도 개선. 현행 합숙에 의한 폐쇄형 출제방식에서 문항공모에 의한 개방형 방식으로 점진적으로 전환 한다. 수능 출제에 대한 메뉴얼을 제작·공개하여 출제과정과 내용에 대한 이해도 제고 및 교사 출제위원('07학년도까지 50%) 수를 지속적으로 확대한다. 전형일정 조정을 통한 고교 교육과정 운영의 정상화를 도모한다.

넷째, 중장기 대학입학전형제도 개선방안 마련(2008학년도 이후). 성적위주의 선발을 지양하고 다양한 경로별로 학생선발 방안을 강구한다.

다섯째, 진로지도의 강화. 효율적 진로·직업 교육 추진을 위한 범정부적인 지원 체제를 구축한다. 중앙 및 지역단위 진로교육협의체를 구성하여 기관 간 역할 분담, 정보 공유 및 연계 강화 등을 추진한다. 가정-학교-상담기관-대학-기업체 등을 인터넷 망으로 연결하는 '국가 종합 진로정보 네트워크' 구축하여 운영한다.

9) 교육수준의 국민 최저선 보장: 기초학력 책임 지도제 강화

첫째, 기초학습 부진학생의 지도. 초등학교 3학년의 기초학력 진단평가를 통해 기초학력 (읽기·쓰기·기초수학) 향상을 위해 체계적인 지도체제를 구축한다. 학년말 재평가를 실시하는 등 부진학생을 철저하게 관리한다. 담임과 교과담당 교사의 책임지도 및 별도의 지도 프로그램을 운영(2004년도에 지역별·학교 급별 지도모형 개발·보급)한다.

둘째, 교과학습 부진학생 지도.

셋째, 고교 학업성취도 평가. 국민공통기본교육과정 목표 달성여부를 체계적으로 평가하여 그 결과를 교수·학습 방법 개선 및 진로지도에 활용한다.

넷째, 소외·취약 계층에 대한 교육 지원. 저소득층 학생에 대한 기초학력 향상 및 교육복지 확대를 통한 실질적인 교육의 기회균등을 보장한다.

10) 사회제도와 의식 개혁: 학벌주의·왜곡된 교육관 극복(사회, 문화 풍토 개선)

첫째, 대학 서열구조의 완화를 위해 ① 지방대학 집중 육성 및 대학의 권역별·영역별 특성화 유도, ② 국립대 통합네트워크 체제 구축으로 교수·학생 교류 및 학점 상호인정 확대, ③ 지방대 7~8개를 포함한 15개 정도의 대학을 세계적 수준의 연구중심 대학으로 집중 육성, 전문대학원(의·치의학, 법학, 경영학, 교육학 등) 제도 도입 확대.

둘째, 지역인재 유치 정책의 적극적인 도입을 위해 ① 지역단위별 인력 양성·활용 연계 체제 마련, ② 지방 출신자의 공직임용 확대방안 도입.

셋째, 능력중심 인사관리 시스템의 정착을 위해 ① 정부부처 평가에 능력·성과주의 인사관리제도 개선 노력을 반영하고 우수부처에 대해 정부 포상(우수부처에 대한 홍보를 통해 민간 부문의 학벌중시 관행 개선 유도), ② 개인의 직무수행 능력 기준을 국가가 정하고 이에 따라 교육·훈련·자격제도 등이 시행될 수 있도록 하는 국가직무능력표준(KSS) 제도 도입(미국: 국가직무능력표준(NSS), 영국: 국가직업능력표준(NOS) 등), ③ 다양한 평가방식에 의해 능력중심 인사관리제도를 도입하는 기업에 대해 인센티브를 제공한다.

넷째, 학부모의 의식을 개선하기 위하여 ① 학부모 상담 정례화 등 정확한 교육정보 제공 및 공유체제 구축, ② 학부모 아카데미 등 건전한 교육관 함양 프로그램 실시, ③ 선행학습 폐해 등 사교육 맹신 타파를 위한 교육·홍보 지속 추진, ④ 교권존중 풍토 조성.

3. 사교육비 실태조사 결과

가. 개 요

○ 조사기관: 한국교육개발원
○ 조사기간: 2003. 9~10월
○ 조사대상: 전국 초·중·고(실업계 포함) 114개교 교사, 학생, 학부모
○ 조사내용: 학원, 개인·그룹과외, 학습지, 인터넷과외, 과외부교재 구입비(초·중·고
　　　　　　학생 관련 사교육비만 대상, 학교 내 방과 후 특기·적성교육비 제외)

조사대상	배포	회수	회수율
학 생	5,265	4,588	87.1%
학부모	16,557	12,460	75.3%
교 사	3,420	2,582	75.5%
계	25,242	19,630	77.8%

나. 조사 결과

○ 일반적 실태
-사교육비 총액: 13조 6천억 원(학생 1인당 월평균 사교육비: 23만 8천 원)
-과외학생 비율(초·중·고): 72.6%

○ 지역별 사교육비 실태

지 역	학생 1인당 월평균	연간 총규모
서 울	294천 원	34,858억 원
광 역 시	230천 원	36,201억 원
중소도시	235천 원	53,198억 원
읍면지역	173천 원	12,228억 원
전 체	238천 원	136,485억 원

○ 소득수준별 규모

소득수준	연간 1인당 평균 사교육비
저소득층(150만 원 미만)	151만 원
중 하 층(150만 원 이상~300만 원 미만)	218만 원
중 상 층(300만 원 이상~450만 원 미만)	308만 원
상 층(450만 원 이상)	435만 원

○ 학교 급별 실태

-학생 1인당 월평균 사교육비

▷ 298천 원(일반계고) 〉276천 원(중) 〉209천 원(초) 〉180천 원(실업계고)

학 교 급	학생 1인당 월평균	연간 총규모
초 등 학 교	209천 원	71,643억 원
중 학 교	276천 원	40,769억 원
일 반 계 고 교	298천 원	22,326억 원
실 업 계 고 교	180천 원	1,747억 원
전 체	238천 원	136,485억 원

-과외학생 비율

▷ 83.1%(초) 〉75.3%(중) 〉56.4%(일반계고) 〉19.2%(실업계고)

-과외 내용

학 교 급	교과	예체능	취미교양	취업준비	기타
초 등 학 교	80.6	51.5	6.1	2.3	4.9
중 학 교	92.8	9.1	2.6	1.8	4.7
일 반 계 고 교	87.8	9.8	2.4	1.7	3.5
실 업 계 고 교	27.9	17.1	7.6	40.9	14.7
전 체	83.0	34.8	4.8	3.1	4.9

이주호와 우천식(1998)의 연구는 과외비에 대한 한일간 비교를 시도하고 있다. 이 자료에서 보면 한국의 1인당 과외비가 1인당 GDP에서 차지하는 비중은 평균 14%에 이르고 5% 정도를 보이고 있는 일본의 2.8배 수준에 이르고 있다. 이는 세계 제일의 입시지옥과 교육 경쟁률을 보이고 있는 일본의 교육비 지출 수준을 훨씬 넘고 있어서 한국의 교육열이 흔히 말하는 세계 제일 이라는 주장을 뒷받침하고 있다고 할 수 있다(김진영, 2003).

<표 Ⅲ-3> 한국과 일본의 과외비 지출비교

국 가	과 외 비	초등학교	중등학교	고등학교
한국(1997)	1인당 과외비(원)	1136688	1472568	1241388
	1인당 과외비(달러)	1195	1548	1305
	1인당 과외비/GDP(%)	12.4	16.1	13.6
일본 공립학교 (1994)	1인당 과외비(엔)	149556	213882	125872
	1인당 과외비(달러)	1467	2098	1234
	1인당 과외비/GDP	3.9	5.6	3.3
일본사립학교 (1994)	1인당 과외비(엔)		205208	203152
	1인당 과외비(달러)		2013	1992
	1인당 과외비/GDP(%)		5.3	5.3

사교육비 문제의 근원을 파악하여 대책을 수립할 때 사교육을 중심으로 하는 한국교육문제의 근원에는 사회적 차원, 공교육 차원, 사교육 차원 등 세 요인의 상호 작용이 있다(이종재, 2003).

첫째, 사회적 차원에서의 학벌과 학력주의의 가치관, 이로 인한 일류대학 선호 풍조와 진학 경쟁에 대한 과대평가는 학부모의 교육열을 부추기고 있다.

둘째, 공교육체제가 지식기반사회에 필요한 '참된 학업성취(authentic achievement)'[32]에 대한 철학, 개념, 기준을 정립하지 못하여 시험성적과 석차에 의한 무한 경쟁을 유발하는 왜곡된 교육경쟁구조를 형성하고, 이에 대해 학교교육 체제는 무력한 대응을 하고 있다.

셋째, 학교교육의 무력한 대응에 비해 사교육 기관은 차별화된 프로그램, 엄격한 강사 및 학생 관리, 전문적 연구 등을 토대로 한 철저한 대응 전략에 의해 '왜곡된 경쟁 구조에 철저히 대응'하였다. 이러한 상황에서 학교교육은 학부모로부터 불신을 받는 반면, 사교육기관은 오히려 신뢰를 받게 되었으며, 이로 인해 점점 더 학교는 교육력을 발휘하지 못하게 되었다.

---

32) '참된 학업성취(authentic achievement)'는 지식기반사회형 학업 성취를 의미한다. 참된 학업성취는 지성과 인성과 덕성을 중시하고, 자기 주도적 학습능력을 계발한다. 창의적 문제분석능력과 구안능력을 함양하기 위해서는 교과지식을 통합적으로 활용할 수 있어야 한다. 학교는 교과 영역에서 학업 성취의 기준을 설정하여 제시하고 이것을 평가에 반영하여야 한다(이종재, 2003).

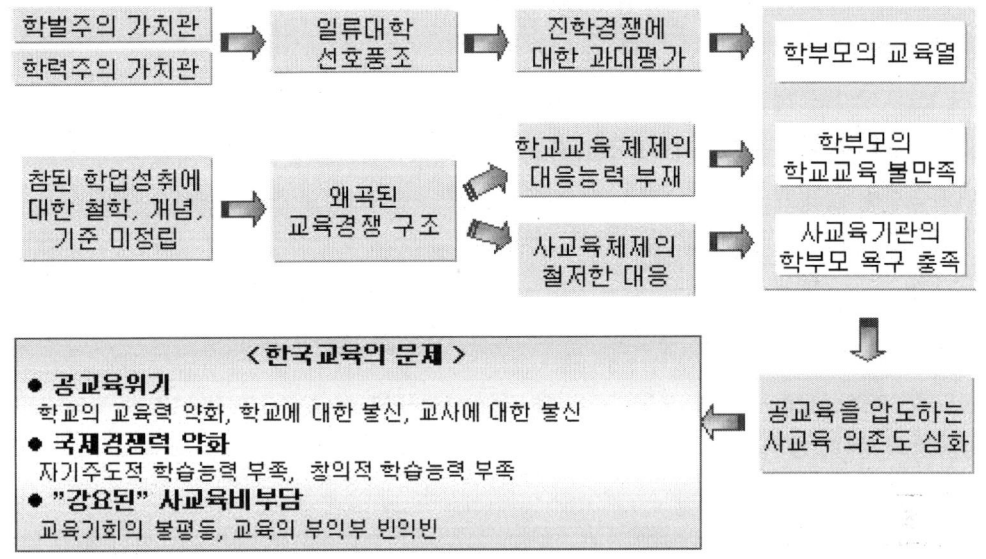

[그림 Ⅲ-1] 한국교육 문제의 원인구조

자료: 이종재(2003). 사교육비 경감, 공교육의 교육력 강화가 근본적 해결 방향이다. 교육정책포럼자료.

이러한 한국 사회 전반의 교육적인 원인은 [그림 Ⅲ-1]과 같다. 한국교육문제의 원인 구조를 분석해 볼 때, '사교육비 규모의 경감'이나 '사교육에 대한 규제'보다는 사교육에 대한 의존을 가져오는 근본적인 요인 해결이 필요하다. 이는 곧 공교육의 교육력 강화를 의미한다. 따라서 교육문제 해결의 핵심정책 방향은 지식기반사회에 적합한 '참된 학업성취'의 개념을 정립하는 것에서 시작하여, 왜곡된 교육경쟁 구조를 바로잡고, 학교교육의 경쟁력을 제고 하며, 교육취약 계층에 대한 지원을 강화하는 것으로 설정되어야 한다.

4. 과외교육

가. 과외 수업의 개념과 유형

과외 수업에 대한 개념은 공교육 체제로서의 학교교육과 대비되는 개념으로서 학교 밖에서 교습비를 지불하고 행해지는 교습을 과외 수업으로 볼 수 있다[33]. 사설 학원에서 이루어지는 교습 행위, 개인 혹은 그룹을 대상으로 이루어지는 교습 행위, 학습지 및 통신 수단 혹은 각종 매체들을 이용한 교습 행위 등을 통칭 과외 수업으로 부른다. 학교 안에서 이루어지는 방과 후 특기적성 교육이나 각종 교육등, 보충 수업은 개인의 자유의사에 의해 수익자 부담으로 이루어지기 때문에 과외 수업으로 보는 시각도 있지만, 수업의 보충·심화 등 학교 교육의 연장으로 제공된다는 의미에서 과외 수업으로 보기는 어렵다고 하겠다.

과외 수업의 유형으로 첫째, 목적별 유형을 들 수 있다. 학교 학습 결손을 보완하는 보충형, 각종 평가 대비 시험 준비형, 개인 학습 심화형 등으로 구분할 수 있으나 이러한 과외 수업의 결과가 궁극적으로 상급 학교 입시에 영향을 미칠 수 있기 때문에 엄격히 구분하기는 곤란하다. 둘째, 내용별 유형이다. 국·영·수 위주의 주지교과형 과외와 예·체능계 위주의 특기·적성형 과외로 분류할 수 있다. 셋째, 형태별 유형이다. 교습 행위 공급자가 누구냐에 따라 학원 과외와 개인·그룹 과외로 나누어 질 수 있다.

나. 과외 수업 정책의 변천 과정 고찰

과외 교육은 학교교육의 보완 과정과 함께 교육 서비스 산업의 일환으로 발전하기 시작하였다. 60년대는 보충 학습의 기능으로써 대학생들의 개인 지도 등을 중심으로 발달하기 시작한 후 기업형 과외 교육으로 학원 과외가 사회적인 산업으로 정착하기 시작하고 입시 준비를 위한 다양한 형태의 대학생에 의한 과외가 성행한다.

과열 과외에 대처하기 위한 교육정책 추진 과정은 중학교 입시 과열로 초등학생 과외가 성행하여 사회 문제로 비약하자 1969년에는 중학교 무시험 추첨 입학 제도를 도입한다. 그 후 고등학교 입시 과열이 문제로 대두하여 중학생의 과외가 다시 성행하기 시작하였다.

1980년대 이후 교육적, 교육 외적 측면에서 과외 수업에 대한 정부의 본격적인 개입이 이루어진다. 1980년 7월 30일 국가보위비상대책위원회의 '7.30 교육개혁 조치'로 과외에 대한 전면적인 금지 조치가 취해진다. 여기서 학교에서 실시하는 보충 수업도 금지하게 된다[34].

---

33) 과외비라 함은 특기재능 과외비, 개인교과목 과외비, 입시학원비, 통신학습지 과외비, 취업준비 학원비, 방과 후 교육 활동비. 기타사교육비: 교재구입비, 부교재구입비, 학용품비, 수업준비물비, 학교지정의류비, 단체 활동비, 독서실비, 교통비, 급식비, 하숙비, 잡비, 기타 등을 의미한다.

34) 1980년 7.30에 실시된 교육 정상화 대책에는 다음이 있다.
① 대학 입학 본고사 폐지 및 고등학교 내신 성적제 도입, ② 고등학교 이하 각급학교의 교과목 수축소 및 수준도 낮추는 방향으로 교육과정 조정, ③ 대학의 졸업 정원제 실시, ④ 대학 강의를 종일 개설하는 등 전일제 수업 강화, ⑤ 대학 입학 정원의 확대, ⑥ TV가정고교방송의 운영 개선 및 1981년부터 교육 전용 방송 실시, ⑦ 방송 통신 대학 확충 및 교육 대학의 이수 연한 연

이후의 국가가 취한 과외조치는 〈표 Ⅲ-4〉를 참고하기 바란다.

〈표 Ⅲ-4〉 과외 정책의 추이

1980년대 초반

1981년 7월 14일. 예·체능계, 기술·기능계와 개인의 취미 활동에 한해 과외 교습을 허용하는 과외 완화 정책을 발표(음성적인 불법 과외와 과외비 고액화 등 부작용을 방지하는 차원)

1983년 8월 12일. 학업 성적 하위 5%에 해당하는 학습 부진아에 대한 학교에서의 보충 수업 허용

1984년 4월 6일. 대학 입시를 앞둔 고교 3학년에 한해 겨울 방학 중 사설 외국어 학원 수강 허용

1988년 5월 6일에는 학교 보충 수업을 전면 부활시킴.

1980년대 후반: 민주화 분위기와 함께 과외 수업 등 사교육에 대한 단속 위주의 정부 정책에 변화를 가져오게 됨.

1989년 6월 16일. 대학생의 비영리적 과외 교습, 초·중·고 재학생의 방학 중 학원 수강, 학습용 녹화 테이프 제작-판매-대여 허용 등 과외 규제 완화 정책을 발표함.

1990년대

1991년 7월 22일. 초·중·고 재학생의 학기 중 학원 수강과 대학생의 과외 교습을 허용하고, 학교의 보충 수업 운영은 학교장에 일임하여 자율 결정하는 조치를 내림.

1996년 3월 1일. 대학생 이외에 대학원생에 대해서도 과외 교습 행위를 허용함.

1996년부터 학교 내 특기·적성 위주의 방과 후 활동이 수익자 부담으로 전면 허용됨.

1998년 8월 12일. 학교 내 보충 수업과 자율 학습의 단계적 폐지안을 다시 발표함(1999학년도-중학생과 고교 1학년, 2001 학년도-중고생 전체)

이후 2000년 4월 27일 헌법재판소에서 과외 교습 단속 행위에 대해 위헌 결정을 내림으로써 과외를 원칙적으로 허용하되, 예외적인 금지가 가능하다는 결정을 내린다.

정부의 이러한 과외 정책은 사회평등주의 이념과 개인의 학습권 보장이라는 이념 사이에서 '80년대까지는 전자를 위주로 과외를 제재하여 왔으나 '90년대 이후는 후자의 입장에서 과외 규제를 점차 완화하는 방향으로 선회하여 왔다. 80년대까지는 과외 발생의 원인을 해소시키는 근본 대책보다는 과외 현상 자체를 억제하는 대중 요법적 처방 위주로 과외에 대처하여 왔으며, 90년대부터는 교육 여건을 개선, 특수 목적 고등학교 확대, 열린교육 및 대안 학교 지원과 방과 후 활동을 장려하는 등의 학교교육 정상화를 위한 처방들이 있어 왔다. 정부는 과외 문제를 해소하기 위해 나름대로의 공교육 정상화를 위한 노력을 추구해 왔으나, 교육 재정 부족과 학벌 사회에서의 지나친 입시 경쟁 풍토, 사회 지도층 및 고소득 계층의 솔선수범 미흡 등으로 소기의 효과를 충분히 거두지 못하였다고 평가할 수 있겠다 (한국교육개발원, 2000).

장, ⑧ 교육세의 신설 등 교육재정 확보 대책 강구, 교원 처우 개선 추진 등.

다. 과외 수업에 대한 찬반 입장

1) 과외에 대한 반대 입장

과외에 대한 반대 입장에 선 사람들은 학생들이 자주적 학습 태도를 결여하고 의존적 성격을 형성하게 된다는 점과 과도한 과외 수업으로 인하여 건전한 신체적, 정서적 성장을 기대할 수 없게 되고, 경쟁의식으로 인하여 협동심, 공동체 의식을 기를 수 없게 되는 점, 학교에서는 교사와 학생 모두가 학교교육을 소홀히 하여 학교교육이 황폐화되게 된다는 점, 저소득층의 가정 경제에 피해를 주고 사회 구성원간에 위화감을 조성한다는 점, 예·체능 교습의 경우 입시 부정의 사례가 많았던 점등을 들어 반대의 입장을 밝히고 있다.

고액 과외는 사회의 질서 유지 및 공익에 유해한 것이고, 교육받을 권리에 있어서의 기회 균등 원칙에 위배되는 것이므로 과외 교습 금지는 "모든 사회적 폐습과 불의를 타파"할 것을 규정한 헌법 전문의 내용에 부합한다는 논리를 전개한다. 과외 교육은 더불어 암기 주입식 교육으로서 학생들의 문제 해결 능력, 사고력, 창의력 발달을 오히려 저해하는 경향이 있으므로 과외 교습 금지가 사교육에 대한 탄압이나 국제화 시대의 국민 능력 개발에 장애가 된다거나 문화 국가 이념에 배치된다고 주장한다.

2) 과외에 대한 찬성 입장

부모의 자녀 교육권은 다른 기본권과는 달리, 기본권의 주체인 부모의 자기 결정권이라는 의미에서 보장되는 자유가 아니라, 자녀의 보호와 인격 발현을 위하여 부여되는 기본권이라는 철학을 견지한다. 부모의 자녀에 대한 교육권은 자녀의 행복이란 관점에서 보장되는 것이며, 자녀의 행복이 부모의 교육에 있어서 그 방향을 결정하는 지침이 된다고 본다.

부모는 자녀의 교육에 관하여 전반적인 계획을 세우고 자신의 인생관·사회관·교육관에 따라 자녀의 교육을 자유롭게 형성할 권리를 가지며, 부모의 교육권은 다른 교육의 주체와의 관계에서 원칙적인 우위를 가진다고 본다. 자본주의 체제에서 자신의 보유 자본으로 자신의 자녀를 위해 사적으로 교육비를 얼마나 투입하는지는 개인의 자유에 해당된다고 주장한다.

과열된 과외 교습이 초래하는 여러 가지 폐단을 해소하는 근본적이고 바람직한 방안은, 학력 제일주의의 사회 구조를 개선하여 학벌보다는 능력이 중시되는 사회를 만들고, 많은 재정 투자를 통하여 학교교육의 환경을 개선하고 교육의 질을 높이며, 고등 교육 기관을 균형 있게 발전시킴과 아울러 평생교육 제도를 확충하며, 대학 입학 제도를 개선하여 과외 교습 수요를 감소시키는 방안이 될 수 있지, 과외 교습 자체를 금지하는 것은 그 근본적인 해결책이 될 수는 없다고 주장한다.

라. 과외 실태

1998년도 한국교육개발원 자료와 99년도 코리아리스치가 조사한 과외 실태 결과는 〈표 Ⅲ-5〉와 같다. 98년도 개발원 조사에 의하면 응답자의 38.4%가 과외를 하고 있고, 99년도 에는 62.4%가 과외 경험이 있으며 현재 56.9%가 과외 중이라는 응답을 보여 조사 대상자 의 편차를 고려하더라도 과외에 대한 수요가 점증하고 있음을 알 수 있다. 더불어 과외의 종류, 과외비용도 다양화, 고액화하고 있음을 알 수 있다.

〈표 Ⅲ-5〉 과외 실태 조사

구 분	'98년도	'99년도
1. 조사일시	'98. 6. 11~6. 18	'99. 11. 17~12. 7
2. 조사기관	한국교육개발원	코리아리서치
3. 조사대상	총 2,453명 전국 초·중·고교생 2,453명 (초 738, 중 898, 고 815)	총 26,912명 전국 초·중·고교생 13,292명 (초 3,721, 중 3,896, 고 5,675) 등 학부모 13,292명, 교사 328명
4. 조사방법 문항 수	설문지 조사(우편우송·회신) 25문항(과외실태 19, 인적사항 6)	설문지 조사(우편우송·회신) 23문항(과외실태 20, 인적사항 3)
5. 과외실태	응답자의 38.4%가 과외를 하고 있음	응답자의 62.4%가 '99년도 중 과외 경험 있음 (현재 56.9% 과외 중)
6. 과외종류	학원수강(55.2%), 학습지(27.2%), 개인과외(16.2%), 그룹과외(10.9%) 등	임시 보습학원(30%), 개인그룹과외(15.4%), 특기제능학원(25.4%), 학교 내 방과 후 과외(15.4%), 학습지통신과외(24.2%), 취업준비학원(1.5%)
7. 과외 과목 수	4과목 이상(32.1%), 3과목(13.0%), 2과목(25.0%), 1과목(29.0%)	-
8. 과외과목	국·영·수(81.2%), 예체능(7.2%), 외국어회화(3.3%), 컴퓨터(3.2%)	-
9. 과목당 월과외비	5만 원 미만(43.7%), 5~10만 원(34.6%), 10~20만 원(12.5%), 20만 원 이상(6.8%)	과외유형별 월평균과외비(평균 92천 원) 임시 및 보습 학원(143천 원), 개인·그룹 과외(160천 원), 특기·제능 학원(86천 원), 학교 내 방과 후 과외(33천 원), 학습지·통신과외(43천 원), 취업준비 학원(98천 원)

구 분	'98년도	'99년도
10. 매월 총과외비	10만 원 미만(39.6%), 20~30만 원(13.6%), 30만 원 이상(9.5%)	'99과외학생 1인당 과외비 1,257천 원 (초1,023, 중1,480, 고1,647)
11. 주당과외 시간 수	4시간 미만(26.6%), 4~8시간(28.1%), 8~12시간(21.4%), 12시간 이상(22.1%)	8.2시간 (초 6.8, 중 10.6, 고 9.5)
12. 과외비 변화	변하지 않음(53.8%), 변함(43.3%)	변하지 않음(32.9%), 증가(32.2%), 감소(15.4%)
13. 과외비 부담	-	수입대비 과외비 비중이 20% 미만이 조사대상의 55.4%(부담느낌 : 49.2%)
14. 정책 관련 의견	1. 과외단속정책 찬성(52.3%), 반대(19.7%) 2. 위성 TV방송 과외의 과외 감소 효과 전혀 효과 없다(31.6%), 거의 효과 없다(17.2%), 효과 있다(27.1%), 매우 효과 있다(5%) 3. 방과 후 과외활동의 과외 감소 효과 전혀 효과 없다(15.8%), 거의 효과 없다(21.7%), 효과 있다(42.2%), 매우 효과 있다(13.5%)	1. 과외비 증가원인은 내신 성적, 수학 능력시험, 특기적성 교육 순 임 2. 현안교육정책 중 수능시험 쉽게 출제는 과외비 감소, 수행평가 · 보충수업폐지, 대학별 전형 활성화는 과외비 증가 요인이 됨 3. 과외실시 이유는 심화학습, 보충하습, 특기적성교육 때문임 4. 과외의 필요성에 대해 60.1%가 필요하다 응답함

자료 : 한국교육개발원(2000). 과외문제 심층 해부와 대책. 2000년도 제2차 KEDI 교육정책 포럼 자료집.

과외는 과외를 받고 있는 학생이나 학부모 모두에게 고통스럽기는 마찬가지다. 다음 인용 기사는 이러한 과외로 인한 정신적인 고통을 극명하게 드러내고 있다.

서울 Y고 최모군은 요점 정리 유인물이 없으면 공부를 못한다고 말한다. 학과 과외를 본격적으로 시작했던 초등학교 6학년 때부터 최군은 오로지 과외 교사와 학원 강사가 나눠주는 '프린트물'로만 수업을 받았다. 영어 수학 암기 과목은 물론, 이과, 논술 과외를 받을 때도 항상 책의 일부분만을 복사한 교재만 봐 왔다. "시험 때도 과외 선생님이 오시기 전에는 도무지 교과서나 참고서에 손이 안가요"……'떠 먹여주는 식'이 아닌 공부는 이미 그에게 존재하지 않는다. 재수생 아들을 둔 학부모 고모씨(48. 서울 서초구 잠원동)는 극심한 '금단 현상'을 견디다 못해 결국 다시 과외 교사를 초빙하기로 했다……일단 과외 공부의 길로 들어선 학생은 대학 입학에 성공할 때까지 그 길에서 빠져 나오지를 못한다. 과외를 하지 않으면 불안하고 '나만 뒤 처지는 게 아닌가' 하는 상대적 피해 의식을 갖는다. 결국 학생은 정서 장애, 학부모들은 강박 장애에 시달리기 십상이다. 일종의 정신 질환이라는 데 전문가들은 의견을 같이 한다(동아일보, 2000. 5.8).

마. 과외 대책 방안 모색

과외에 대한 대책은 우선 한국 사회 전반에 널리 퍼져있는 학벌 위주의 사회 구조에 대한 타파 노력이 선행되어야 한다. 이를 위하여 학력 및 학벌 위주의 가치관 형성을 조장하는 일체의 행위를 자제하는 풍토를 조성하여야 한다. 더불어 학력간 임금의 격차를 해소하도록 하여야 할 것이다. 입직 시 학력에 대한 제한 내지는 과감한 철폐가 실시되어야 한다. 기업체의 직원 채용 시 학력 제한 철폐를 유도하는 방안을 고려해 볼 수 있다.

사회 지도층 인사들의 솔선수범 풍토가 요구된다. 국영 기업체 임직원을 포함한 모든 공직자와 기업인, 의사, 변호사, 교수 등 사회 지도급 인사들이 먼저 솔선수범하여 자녀에 대한 고액과외를 자제할 수 있는 풍토의 기반 조성이 필요하다. 범정부적이고 범국민적인 협력 체제의 구축이 필요하다. 과외 문제는 사회 전체의 문제이지 결코 교육계만의 문제는 아니다. 따라서 이를 해결하기 위해서는 정부 각 부처의 협력 체제 구축이 필요하며 아울러 교원, 언론사, 학부모, 각종 시민 단체 등의 민간 부문의 협력이 있어야 한다. 보다 구체적인 과외에 대한 대처방안을 제시하면 다음과 같다.

첫째, 공교육을 내실화 하여야 한다. 학교교육은 지·덕·체를 키우는 전인 교육이 되어야 한다. 현재의 학교교육은 과밀 학급, 고교 평준화 정책에 따른 학력과 학습 의욕에 차이가 큰 학생의 혼합 교육과 교사들의 사기 저하로 교육 환경이 매우 열악하고, 입시 위주의 주입식 교육이 되고 있다 하겠다. 고교 평준화 정책을 재고하고, 교육 재정을 확충하여 과밀 학급을 해소하며, 교사들의 처우 개선과 업무량을 줄여 학생의 교육에 전념하는 풍토를 만들어야 한다.

둘째, 획일적인 대학 입시 제도를 다양화하고 대학 교육을 강화하여야 한다. 대학의 재량에 따라서 학교장 추천이나 고교 내신 성적, 적성이나 특기를 갖은 학생, 면접시험 등의 다양한 방법으로 학생들을 선발, 유치할 수 있도록 대학의 선발 방식에 대한 자율성을 지금보다 더욱더 확대한다.

셋째, 대학의 기능을 다양화, 특성화하여야 한다. 모든 대학이 양적으로 팽창하여 백화점식의 동종(同種)과를 갖고 있지만, 나름대로의 학문적인 특색이 없어 국제적으로 경쟁력이 떨어지는 것이 우리나라 대학 교육의 현실이다. 다양한 사회적 요구에 대해서도 민감하게 대응하지 못하고 있고, 대학과 산업계, 대학과 지역 사회와의 연계망이 원활하게 구축되어 있지 않았다. 산, 학, 연 네트워크 구축을 통한 인재 개발 체제가 요구되어진다.

넷째, 전문 직업 분야는 전문 대학원으로 전환한다. 전문 직업 분야에 필요한 실천적 이론의 적용 개발을 강화하고, 국제 수준의 전문 인력 양성을 위하여 의학, 법학, 경영학, 건축학 등의 다양한 형태의 전문 대학원을 육성하여 인기 위주의 학과에 몰리는 입시 제도를 분산시키는 방안도 고려해 볼 수 있겠다.

바. 과외와 교육열: Edu-Entropy(교육무질서로서 교육핵)

한국 사회에 만연된 교육적 신화에 대한 믿음의 표상 중에서 대표적인 한 가지를 언급한다면 과외를 지목할 수 있다. 과외에 대한 믿음의 저변에는 보다 낳은 기회의 선점을 통한 사회 계층의 상승과 더불어 경제적인 부의 획득을 쟁탈하기 위한 신화적 믿음이 한국인의 의식 저변에 흐르고 있다고 하겠다.

교육핵은 교육이 교육열로 변화하여 학력이라는 자본을 만들어낸다. 이것이 바로 우리가 주목하고자 하는 교육핵이다. 교육은 교육열로 변화면서 더불어 과외라는 입자를 요구한다. 이러한 과정에서 학력과 학벌이라는 교육적 신임장이 탄생하여 우리가 소위 말하는 교육핵 융합이 발생한다. 교육핵은 애초에는 순수한 '교육' 입자가 신화적 믿음을 창출하기 위해 '학교교육'과 '과외'라는 교육열 입자와 결합하여 '학력', '학벌' 이라는 무형의 자본을 창출해 낸다. 이 무형의 자본을 '교육적 자본'이라 하자. 이 교육적 자본은 한국 사회에서 가공할만한 위력을 가진 교육핵 에너지로 창출된다.

교육열은 고정된 것이 아닌 항상성과 운동성을 지니는 매개체이다. 교육열이 이동하는 방식에는 세 가지의 유형이 있다. 교육열 전도, 교육열 전달, 교육열 복사라는 유형이 그것이다. 교육열의 전도 현상은 친구, 이웃, 사촌, 동료라는 고체와 같은 관계성에 의해 전도된다. 타인이 공부를 하니까, 상급 학교에 진학하니까, 학원과 과외 공부를 하니까, 등의 내재된 심리적 운동에너지가 움직이지는 못하고 마구 진동하면서 그 진동이 옆으로 이동하여 교육 운동에너지가 이동하는 현상이다. 교육열 전달 현상은 교육열이 직접 이동하는 것이다. 강남의 1번지로, 일류대를 가기 위해 유명한 학원이 밀집한 지역으로의 이사나, 일류대 진학을 위한 위장 전입 등의 교육열 위치 에너지의 이동 현상이다. 이 교육열 전달 현상은 다른 유형의(교육열 전도나 교육열 복사) 현상보다도 가장 심각한 유형의 현상이다. 교육열 전달 현상으로 인하여 부동산 투기 현상과 땅 값 상승, 8학군 등장, 해외 이민, 해외 원정 출산, 어학연수 등의 사회 문제를 양산한다.

고교 평준화를 실시한지가 어언 30년이 다되어 간다. 평준화 실시로 인한 이러한 교육열 현상의 가열 현상이 진정된 현상은 찾아보기 어렵다. 교육열 복사는 교육열이 보이지는 않지만 이러한 기류가 직접 이동하여 타인이나, 다른 지역의 교육열 에너지를 자극하거나 운동하게끔 조장하는 현상을 말한다. 우리 한국 사회에는 이러한 세 가지의 교육열 에너지가 항상 충만하게 넘치는 환경에 놓여 있어 교육핵이라는 융합 에너지를 만들기에 충분한 양의 운동에너지가 고갈되지 않는 상태로 현존성을 가지고 있다. 이러한 현존성은 고구려 시대부터 현재까지 있어왔다. 고려나 조선시대의 양반은 그들에게 충만한 교육열의 전도와 전달, 복사에너지를 가지고 이를 원하는 형태의 에너지를 쉽게 창출하여 왔지만, 하층이나 평민, 소외 계층의 백성에게는 이러한 에너지를 만들 통로나 에너지의 전도나 전달, 복사 에너지를 그들이 소유한다고 해도 이를 에너지화 할 여건이나 처지, 능력이 없는 시절에서 장차 다가올 미래에 대비한 에너지를 축척 하는데 만족하여만 했던 시절이 있었다. 이러한 축척된 교육열 에너지가 폭발한 시기는 대체적으로 해방 후 공교육이 본궤도로 진입하여 초등의무교육이 시작된 시점을 기준으로 온 국민은 잠재되고, 내재된 교육열을 발산하기 시작한다. 이러한 교육열 발산의 저변에는 개방된 사회체제, 자본주의 사회, 계층(계급)사회, 시민사회라는 사회체제 적응의 한 일면도 있지만, 무엇보다도 신분과 계층의 상승을 교육열 발산의 도화선으로 보아야 할 것이다.

교육열의 전달에너지 중에서 중요한 역할의 에너지로 '언어자본(language capital)'이라는 에너지가 있다. 이 언어자본은 일제 강점기에는 한자나 일본어라는 자본으로, 미군정기에는 영어라는 자본으로 이를 충분히 소유한 자는 교육핵의 소유와 창출이 보다 더 쉬워지는 에너지원으로 작용하기도 하였다. 교육열(education fever)은 저 혼자 있어서는 교육핵(Edunuclear)으로서의 위력을 발휘할 수 없다. 여기서 교육핵을 구성하는 요소를 다음과 같은 공식을 이용하여 분석하도록 하자.

교육핵(Edunuclear)-교육열 { (education fever; 학교교육(School education)＋과외(Extracurricular work) } ＋학력(學歷; academic background)・학벌(學閥; academic clique)＋언어자본(language capital)＋사회적 자본(social capital)……(공식1)

교육열은 크게 공교육으로서의 학교교육과 과외라는 에너지의 두 가지로 대별할 수 있다. 학교교육에서의 학업적인 성취나 남다른 재능과 탁월한 능력의 열(정)과 더 나아가 공교육의 업적을 보충하거나, 수월성을 거양하기 위하여 행하는 개인차원의 과외 노력 열로 설명할 수 있다. 과외의 개념을 공교육 체제로서의 학교교육과 대비되는 개념으로서 학교 밖에서 교습비를 지불하고 행해지는 교습을 과외 수업으로 볼 수 있겠다. 사설 학원에서 이루어지는 교습 행위, 개인 혹은 그룹을 대상으로 이루어지는 교습 행위, 학습지 및 통신 수단 혹은 각종 매체들을 이용한 교습 행위 등을 통칭 과외 수업으로 분류할 수 있겠다.

이러한 과외 교육활동은 학교교육의 보완 과정과 함께 교육 서비스산업의 일환으로 1960년대부터 발전하기 시작한다. 1960년대는 보충 학습의 기능으로써 대학생들에 의해 행해진 개인 지도 등을 중심으로 발달하여 1960년대 이후에는 기업형 과외 교육으로 학원 과외가 사회 교육산업으로 정착하기 시작하고 입시 준비를 위한 다양한 형태의 대학생에 의한 과외가 성행하여 과열 입시 경쟁과 가정 경제의 중요한 지출 항목으로써 대두되기 시작한다.

정부의 과외 정책은 사회평등주의 이념과 개인의 학습권 보장이라는 이념 사이에서 1980년대까지는 사회평등주의 위주로 과외를 금지, 제재하여 왔으나 1990년대 이후에는 개인의 학습권 보장 입장에서 과외 규제를 점차 완화하는 방향으로 선회하여 왔다.

학벌(學閥)은 같은 학력(學歷; 학력 자체는 개개인이 어떤 수준의 학교에서 어떤 교육을 받았다는 것을 가시화해 주는 사회적인 징표이다)을 가지고도 학연(學緣)이 다르다는 이유로 다른 사람들을 배제하고 차별한다. 같은 학연을 가진 사람끼리 부와 권력・명예 등 사회적 가치를 독점한다. 때문에 학벌은 하나의 권력이자 신분이며 사회적 관계를 뜻한다. 넓은 의미에서 학력에 의한 파벌이라고 할 수 있겠다. 교육핵을 이루는 요소로서 학벌과 학력은 그 성취 양이 깊고 많을수록 교육핵의 강도에 영향을 주는 요소라 하겠다.

사회적 자본 개념은 Jacobs(1961)가 제일 먼저 사용했고, 이후 Coleman (1988)과 Robert Putnam(1993)이 학문적, 사회학 이론과 사회 개선을 위한 정책 개발 수단으로써 사회적 자본이라는 용어를 사용한 것에서 출발한다. 이러한 사회적 자본을 Coleman은 지역의 구성원들 간의 상호 신뢰적인 관계와 만남, 사회적 망(network)으로서 개인의 우선권 확보를 위한 정보의 공유, 다른 이로부터의 행동에 대한 보상과 강화, 인정으로서의 사회적 규범을 주요한 keyword로서 사회적 자본을 설명하고 있다. 교육공동체(학교와 지역사회)에 있어서 높은 수준의 사회적 자본은 목표를 획득하는데 더욱더 용이하게 작용한다고 주장한다. 사회적 자본의 왜곡된 모습은 또 다른 학벌과 학연 문화를 잉태하기도 한다.

한국의 교육체제는 미국의 경쟁 방식에 의한 개방 사회체제를 지향하고 있다. 영국과 같은 후원 체제, 즉 조기에 교육과정(curriculum tracking)을 분리하여 인재를 국가 운영체제에 맞게 미리 선발, 분류하는 트랙 체제가 아니다. 한 개인에 대한 인생의 결정(판가름) 시기를 미국과 같이 시기를 늦추어 줌으로써 발생하는 유, 무형의 사회적 비용과 에너지의 편향된 발생 형태를 초래하기도 한다. 여기서 '교육핵 발전소'라는 중심적인 관점지도에 대한 논의의 근원을 찾을 수 있겠다.

교육핵은 교육열, 학력·학벌, 언어, 사회적 자본과 같은 어느 한 요소만 빠져도 성립될 수 없는 성질을 가진다. 교육핵으로서의 완성은 개인의 교육열이 분출하여 이것이 향후 학력과 학벌로 이어지며, 여기에는 개인의 언어자본과 사회적 자본이라는 지원적인 자본 에너지가 보태져야 교육핵으로서 창출되어지는 속성을 지닌다. 교육핵은 긍정적인 면과 부정적인 면 등 다면적인 속성과 특징을 지니는 개념이라 할 수 있다. 한 사회에서 개인이 가지는 교육핵은 똑같은 인간이 지구상에 존재하지 않듯 다양한 양상을 띤다.

교육 본연의 모습과 목적, 개념 정의를 시도하는 일련의 노력에서 학자들은 저마다 자신의 학문적 배경에서 교육의 개념과 교육열을 정의하고 있다. 하지만 이러한 시도의 정의는 나라, 시대, 문화, 환경에 따라 다양한 정의와 개념들을 대표할 수는 있으나, 이를 보편타당하게(global standard) 적용할만한 도구적 개념 틀로서는 부족하다고 할 수 있다.

제11장 교육이민

1. 들어가며

"그 정도 비용이면 한국에서 교육시키는 것보다 훨씬 낫겠네요." 휴일인 26일 오후 주한 캐나다 교육원이 주최한 '2003 캐나다 유학연수 박람회'에서 상담을 하는 학부모의 이야기이다. 2002년만 해도 조기 유학생이 전체 유학생의 30% 정도였으나 2004년에는 절반이 넘어가고 있다. 이 같은 조기유학 열풍은 한국 교육의 고비용 저 효율 구조를 더 이상 감당하기 힘든 구조적인 상황에 기인한다 하겠다.

20, 30대 젊은 층의 이민열풍이 거세다. 1970~90년대 40, 50대가 주축이 됐던 이민 연령층이 최근에는 30대로 내려와 일터에서 있어야 할 청, 장년층에게 탈 한국바람이 거세지고 있다. 삼성경제연구소의 발표에 따르면 고학력 전문 직종에 종사하는 사람 가운데 여건만 허락하면 해외로 이민 갈 의사가 있는 사람은 조사에 응한 9,575명 가운데 63.1%에 달하며 이미 이민을 준비하고 있는 사람이 2.4%, 계속 한국에 살겠다고 대답한 사람은 26.1%에 지나지 않는 것으로 조사되었다. 더불어 각종 여론조사에서는 일반인들 중 40%가 '이민을 가고 싶다'에 응답을 하였고 외교 통상부 자료에 따르면 2003년 8월말까지 이민을 떠난 사람은 6934명, 6월에는 1173명으로 2001년 4월 이후 한달 최고치를 기록했다고 한다. 30대의 경우, 올해 상반기에만 3263명이 취업을 목적으로 이민을 떠났고 이런 추세라면 올해 7000명을 넘어 작년(5267명)보다 33% 증가할 전망이다.

최근 교육 이민의 두드러진 특징으로는 엄청난 사교육비, 공교육에 신뢰 부족, 고비용 저 효율적 교육구조 등의 이유를 들어 취업과 생계유지가 가능한 고학력, 중산층의 이민이 타 계층에 비하여 90% 이상이라는 점이 지적되면서 이러한 교육 이민의 추세는 우리 사회에 내재된 총체적인 교육 문제가 외부로 적나라하게 드러나는 실례라고 지적하는 의견들이 늘어가고 있다.

본 장에서는 교육이민의 원인(동기)과 특성에 대하여 살펴보고, 이에 대한 바람직한 방향에 대하여 생각해보기로 하자.

2. 교육 이민의 원인(동기)

최근 30~40대 이민자의 주된 이민 동기는 단순한 생활고나 기회부재보다는 보다 높은 삶의 질의 추구라고 볼 수 있다. 교육을 위해서 유학을 가는 것은 어느 나라든지 드문 일이 아니다. 그러나 대학이나 대학원 이전의 단계에서 유학을 가는 것은 예술이나 과학 계통의 특별한 기술을 위한 것을 제외하고는 매우 드문 현상이다. 그러나 우리나라의 유학은 교육이민과 더불어 조기유학의 현상을 보이고 있다. 한국 무역협회의 발표 자료를 보면 우리나라의 유학 연수 인원은 2002년에 34만 3천명에 이르고 있으며 이들의 경비지출은 5조 7000억 원에 이르며 이는 우리나라 교육부 예산의 4분의 1이 넘고 무역 흑자의 45%에 이른다. 한편 이른 현상은 해를 거듭할수록 매우 빠르게 증가하는 현상을 보이고 있다. 특히 16만 2000명의 유학생 중에는 16000명의 조기 유학생을 포함하고 있는 것으로 집계되어 우리나라의 교육열이 대단하다는 것을 보여 주고 있다(김진영, 2003).

유형별 유학연수 경비를 살펴보면 조기유학이 1만 6천명에 3억불, 정규유학이 14만 5천여 명에 25억 6천 달러의 통계치를 보이고 있다(〈표 Ⅲ-6, 7〉 참조). 전체 유학 경비 대비 조기, 정기 유학 경비를 합한 비율은 일반연수 경비의 62%에 이르러 유학 경비의 대부분을 차지하고 있음을 알 수 있다.

〈표 Ⅲ-6〉 우리나라 해외 유학·연수 경비 추정

	2001	2002
-유학·연수 경비(추정, A)	37.1억 달러	45.8억 달러
·인원	(277,798명)	(343,842명)
·1인당 평균경비	(13,355 달러)	(13,320 달러)
무역수지 (B)	93.4억 달러	108.0억 달러
교육인적 자원부 예산 (C)	155.1억 달러* (20.02조 원)	178.1억 달러* (22.28조 원)
유학·연수 비중(무역수지 대비, A/B)	39.7	42.4
유학·연수 비중(교육예산 대비, A/C)	23.9	25.7

자료: 무역협회(2003). 한국무역협회 보도 자료.

<표 Ⅲ-7> 유형별 유학·연수 경비(2002년 기준)

	1인 경비(U $, a)	인원(b)	경비(억U $, a*b)
조기유학	17,460	16,508	2.9
정규유학	17,550	145,912	25.6
연 수	–	181,422	17.3
(어학연수)	(8,400)	(163,280)	(13.7)
(직무연수)	(20,000)	(18,142)	(3.6)
합 계	13,320	343,842	45.8

자료: 무역협회(2003). 한국무역협회 보도 자료.

한국 사회에서의 이러한 유학이나 교육이민의 원인을 다음과 같이 생각해 볼 수 있겠다.

첫째, 한국 사회의 지나친 경쟁구조와 만성적 고용불안정 상태에서 벗어나 보다 자유롭고 안정된 경제생활을 영위하겠다는 것이 교육이민의 동기로 지적 할 수 있다.

둘째, 자녀에 대한 교육열이다. 과중하고 막중한 입시경쟁과 사교육비 지출로 인해 자녀 뿐만 아니라 부모까지도 심각한 재정적, 정신적 고통을 감수해야 하는 것이 한국의 교육현 실이다. 그러한 투자와 희생을 감수하더라도 대학입학이 보장되는 것이 아니기 때문에 자 녀를 둔 학부모의 불안감은 커질 수밖에 없다. 대학진학에 실패한 부모나 또는 대학진학의 가능성이 낮다고 생각한 부모들은 자녀들의 교육을 위해 해외이민에 나서는 것이다.

또한 국제화 시대에서 영어실력은 다른 어느 능력보다도 우선하는 것으로 생각하고 영어 만이라도 제대로 할 수 있기를 바라는 마음으로 이민을 결정하게 되는 것이다. 이 경우 자 녀와 어머니만 현지에 남고 아버지는 학비와 생활비를 감당하기 위해 한국에 머무는 소위 신종 이산가족이 발생하기도 한다.

셋째, 환경, 주거, 교통, 의료, 여가 등 삶의 질에 대한 불만족이다. 한국은 1인당 국내총 생산(GDP)과 같은 경제적 수준에서는 선진국 수준이지만 환경, 의료, 여가 등과 같은 삶 의 질의 영역에서는 현저히 떨어진다. 과거 60~70년대 이민자들이 좀더 잘 살기 위해서 떠났던 경제적 동기와는 달리 최근의 이민자들은 '좀더 쾌적하고 여유 있는 삶'을 추구하는 성향이 강하다. 그래서 교육, 사회복지, 환경 등의 면에서 높은 수준에 있는 캐나다, 뉴질랜 드, 호주 등으로 떠나는 사람들이 늘고 있다(윤인진, 2004).

최근에 실시한 여러 여론조사 결과들은 우리 국민들이 우리 사회에 대해 갖는 불만족이 매우 높은 수준에 이르렀고 이런 불만족이 이민의 동기로 작용하고 있음을 보여준다. 예를 들어 동아미디어연구소에서 2001년 1월에 실시한 여론조사에 따르면 "우리 사회가 전반적으로 살기 좋은 사회인가?"에 대해서는 응답자의 75.7%가 '살기 좋지 않다'고 응답했고, '살기 좋다'는 응답자는 24.2%였다. 삶의 질 분야에 대한 불만은 연령이 많을수록 높아서 50대 이상의 경우 84%가 우리 사회가 '살기 좋지 않다'고 응답했다. 그리고 "기회가 된다면 이민 갈 생각이 있는가?"에 대한 질문에 '그럴 생각이 있다'는 응답은 44.5%로 3개월 전에 실시한 결과인 43%와 비슷했다. 그런데 20대 젊은층에서는 이민 갈 생각이 있다는 응답이 56%에서 62%로 늘었다.

2000년 11월에 실시한 한 인터넷 서베이 결과에 따르면 취학 자녀를 둔 학부모 2명 중한 명은 여건만 허락된다면 자녀를 중·고등학교부터 외국으로 보내고 싶어 하는 것으로 나타났다. 연령별로 보면 부모의 연령이 젊을수록 조기유학을 선호하는 것으로 나타났다. 30대는 64%, 40대는 43%, 50대 이상은 39%가 '여건만 허락한다면 중·고등학교부터 외국에 보내고 싶다'고 응답했다. 2001년에 캐나다 토론토에서 한인 이민 1세대 응답자(영주권자와 시민권자만 포함) 201명의 확률표본을 대상으로 실시한 우편설문조사 결과에 따르면 앞에서 지적하였듯이 주로 '본인 및 자녀 교육을 위하여', '캐나다의 보다 높은 삶의 질을 찾아서', '한국의 부정부패와 과열경쟁 등의 사회문제 때문에' 1세대 응답자들이 캐나다로 이민을 결정한 것으로 나타났다(윤인진, 2001).

구체적으로 '본인 및 자녀 교육을 위해서' 캐나다로 이민을 가기로 결정한 사람들이 전체 201명의 응답자 중 69.4%에 해당했고, '캐나다의 보다 높은 삶의 질을 추구해서' 이민을 가기로 결정한 사람들이 69.1%에 달했다. 이렇게 캐나다의 흡인요인이 이민에 영향을 미친 것과는 대조적으로 '한국의 부정부패, 과열경쟁 등 사회문제'와 같은 한국의 배출요인이 이민에 영향을 미친 사람들은 61.5%에 달했다. 반면 예상과는 달리 '한국의 고용불안정과 경제적 문제' 때문에 이민을 결정한 사람들은 38.1%에 불과해서 토론토의 한인 이민자 1세대의 경우에 경제적 문제보다는 교육이나 삶의 질의 문제가 이민에 더욱 큰 영향을 준 것으로 나타났다.

넷째, 교육의 편익성.

교육을 많이 받으려고 하고 더 좋은 교육을 받으려는 동기는 여러 가지가 있을 수 있다. 교육을 더 많이 받는 이유는 교육받음으로서 생기는 편익이 교육에 필요한 비용보다 크기 때문이라고 할 수 있다. 교육의 편익이 무엇인지에 대해서는 여러 가지 견해가 있을 수 있다. 가장 일반적으로는 임금상승, 취업기회와 승진 가능성의 증가를 들고 있다. 즉 교육을 통한 생산성의 증가 때문에 생기는 편익들이 교육의 편익이라 할 수 있다. 그러나 교육에는 이런 생산성 향상과 같은 편익 외에 소비재로서의 편익이 있을 수 있다(김진영, 2003).

시카고 대학의 베커(G. Becker) 교수는 가계의 소비행위를 소비를 생산하는 것으로 보고 있다.[35] 이 경우에 개인들이 생산하는 '직접 소비재'를 생산하는데 영향을 주는 환경변수로서 개인의 연령, 교육, 기후 등이 많이 거론된다. 예를 들어 '건강'이라는 직접 소비재를 생산하는 데는 교육받은 사람이 더 적은 비용으로 생산할 수 있다. 이는 다른 말로 주어진 비용으로 더 많은 직접 소비재를 생산할 수 있음을 의미한다. 예를 들어 교육받은 주부는 주어진 비용으로 더 좋은 음식을 만들어 낼 수 있다. 한편 어떤 사람들은 교육자체가 직접 소비재 생산요소가 아니라 소비행위라고 보기도 한다. 즉 교육받는 행위 자체가 아는 즐거움을 주기 때문에 직접 선호의 대상이 되기도 한다는 것이다. 교육의 기능은 생산성 향상 외에 소비가능성을 더 높인다고 할 수 있다.

다섯째, 입시경쟁과 대학 진학률.

한국의 상급학교 진학률은 매우 높다. 중학교와 고등학교의 진학률은 1990년대 들어와서 90%를 넘어서고 현재는 모두 99% 이상의 진학률을 보이고 있다(〈표 Ⅲ-8〉 참조).

〈표 Ⅲ-8〉 대학 진학률

	1980	1985	1990	1995	2000	2002
여자	22.9	34.1	32.4	49.8	66.4	72.4
전체	30.3	38.3	33.9	52.9	68.0	74.2

자료: 한국교육개발원(2003). 교육통계 자료.

따라서 중학교와 고등학교는 원하기만 하면 모두 진학할 수 있는 상황에 와 있다. 그리고 대학 진학률도 지속적으로 높아져서 2002년에는 70%를 넘고 있다. 대학의 진학률이 수치상으로는 상당히 많이 올라와 있지만 좋은 대학, 일류 대학에 진학하고자 교육열은 학교교육의 비정상적인 운영으로 이어지고, 학생과 학부모의 삶은 일류 대학 진학이라는 유리한 고지 선점을 위하여 달려가는 맹목적인 입시 경쟁 삶을 살고 있다 하겠다.

---

35) 구입된 소비재는 자체가 소비 대상이 되는 것이 아니라 직접 선호를 만족시키는 데 들어가는 직접 소비재를 생산하는 투입요소의 하나로 보는 것이 베커 교수의 아이디어다. G. Becker(1971), Economic Theory, 45.

3. 교육 이민의 특성과 경향

교육인적자원부 자료에 따르면 유학을 이유로 학교를 그만둔 중, 고생은 2000년 6천7백19 명에서 지난해 1만 2천2백13 명으로 늘었다. 올 들어선 상반기에만 1만 1천2백49명이다. 연말까지는 2만 명을 넘어설 전망이다.

올해로 100년이 된 한국인의 이민은 시대가 바뀌면서 변천을 거듭해왔다. 초반부에는 가난을 벗어나려는 생계형 이민이 많았지만 이제는 부유층이나 전문직 종사자 등을 중심으로 보다 질 높은 삶을 추구하는 이민과 교육 목적의 탈출형 이민이 대세로 자리 잡고 있다. 우리의 이민 역사는 1902년 12월 조선인 100여명이 제물포항을 떠나 2개월 만인 1903년 1월 하와이 호놀룰루에 도착하면서 시작됐다. 사탕수수 재배를 위한 농업이민을 떠난 이들은 당시 대한제국이 처음 추진한 공식 인력 송출에 따라 낯선 이국땅에 정착하여 이민 1세대를 개척했다. 이 무렵 멕시코 사탕수수 농장으로 떠난 초기 이민자들도 고난을 겪은 끝에 멕시코에 정착했다.

일제 강점기 동안 뜸했던 대규모 이민은 45년 해방을 전후해 다시 미국으로 100여명이 건너가면서 재개됐으며 한국전쟁 직후에는 전쟁고아의 입양 러시가 이어졌다. 60년대에는 미국 정부가 이민 문호를 확대하면서 10년 사이에 3만 5,000여명이 미국으로 떠났다. 브라질 아르헨티나 등 남미 농업이민, 독일 등 유럽으로 떠난 간호사와 광원의 이민 행렬 등 이민국가도 다양해지기 시작했다. 특히 당시 서독으로 이민을 간 간호사와 광원은 1만여 명에 달했다.

우리 국민의 해외이민은 1970년대 초반부터 급격하게 증가하다가 1988년 서울 올림픽을 계기로 해서 감소하기 시작하였다. 그러다가 1997년 IMF(국제통화기금) 외환위기 이후 구조조정, 정리해고, 명예퇴직 등의 형태로 직장을 잃거나 고용이 불안정하게 되자 보다 안정된 일자리와 높은 삶의 질을 추구해서 해외이민이 다시 증가하기 시작했다.

이때부터는 생계형 이민보다는 새로운 사업에 도전하는 30~40대 전문직의 이민이 많아졌고, 조기유학 붐을 타고 자녀와 부인을 이민 보낸 뒤 자신은 한국에서 홀로 지내는 '기러기 아빠'가 확산되는 등 교육형 이민도 늘어나기 시작했다. 특히 99년부터는 더욱 쾌적한 삶을 누리기 위해 배타적인 미국보다는 캐나다 행을 선택하는 이민 행렬이 폭증하는 추세로 변모해 왔다.

〈표 Ⅲ-9〉에서 보듯이 1990년에는 23,314명이 해외이민을 떠났지만 1995년에는 15,917명으로 줄고, 1997년에는 12,484명으로 더욱 줄어들었다. 그러나 1998년에는 해외 이주자가

13,974명으로 증가했고, 1999년에는 12,655명으로 약간 감소했다가, 2000년에는 15,307명으로 크게 증가하였다. 2001년과 2002년에는 만 천명 수준으로 감소하였는데 앞으로도 영주를 목적으로 이민 가는 사람들의 수는 연 1만 명 수준에서 유지되거나 그 이하로 감소할 것으로 예상된다. 학업, 사업, 여행을 목적으로 출국하거나 거주국에서 단기 체류하는 사람들의 수는 증가할 것이고, 이들이 현지에서 단기비자를 변경하여 영주권과 시민권을 취득하는 경우가 증가할 것이다. 이렇게 처음부터 영주를 목적으로 이민을 가거나 또는 단기 체류의 목적으로 가서 현지에서 영주권을 취득하거나 하는 방법으로 이민을 가려는 사람들을 합치면 적어도 연 3만 명 이상에서 많게는 5만 명 이상으로 추정되어진다.

〈표 Ⅲ-9〉 지역별 해외이주의 규모(1990-2002)

연도	미국	캐나다	호주	뉴질랜드	중남미	기타	총계
1990	19,922	1,611	1,162	0	456	163	23,314
1992	11,473	3,407	1,093	0	594	1,360	17,927
1994	7,975	2,356	542	3,462	257	12	14,604
1995	8,535	3,289	417	3,612	0	64	15,917
1996	7,277	3,073	519	2,045	0	35	12,949
1997	8,205	3,918	216	117	0	28	12,484
1998	8,734	4,774	322	96	0	48	13,974
1999	5,360	6,783	302	174	0	36	12,655
2000	5,244	9,295	383	352	0	33	15,307
2001	4,565	5,696	476	817	0	30	11,584
2002	4,167	5,923	330	755	0	3	11,178

자료: 외교통상부, 외교백서, 1990-2002.

2002년 현재 13만여 명의 한국 학생들이 각국에서 유학을 하고 있으며, 이중에는 3만여 명의 조기 유학생들이 포함되어 있다. 이들 유학생이 외국에서 쓰는 공식적인 비용만도 1조 8천억 정도이고 비공식적 비용은 3-4조 원이 될 것으로 추산되고 있어 우리나라 전체 총 교육예산 20% 정도에 해당된다(동아일보, 2002).

1998년 이후 해외이민의 유형에는 적지 않은 변화가 일어나고 있다. 우선 이주하는 국가가 바뀌고 있다. 1998년까지는 미국이 해외이주국가로서 1위의 지위를 지켰지만 1999년부터는 캐나다에게 밀리고 있다. 2000년에 미국으로 이주한 사람은 5,244명으로 전체 이주자의

34.4%를 차지하였지만 캐나다로 이주한 사람은 9,295명으로 전체 이주자의 60.6%를 차지하였다. 이렇게 미국과 캐나다로의 이주자수가 역전된 것은 미국으로의 이민기회가 제한되고 이민 수속이 장기화되는 반면 캐나다는 자국의 경제발전과 인구성장을 위해서 이민자를 적극적으로 수용하려고 하기 때문이다.

교육이민이나 유학에 있어 이주 형태가 바뀌고 있다. 예전에는 가족 초청 이주가 주된 형태였으나 최근 몇 년 동안 국내 경제, 정치의 불안정과 교육 여건에 대한 불만으로 30대 중산층의 이민이 활발해지면서 사업 또는 취업을 목적으로 하는 유학, 이민, 이주가 증가하고 있다. 이들은 한국 사회에서 전문직, 관리직 등에 종사하면서 중산층을 형성하던 사람들이다. 이들이 캐나다, 호주 등지로 이주하는 주된 이유는 단지 한국에서 못살아서라기보다는 고용불안정, 지나친 경쟁, 자녀 교육, 사회복지 등 소위 '좀더 높은 삶의 질'을 추구하여 이주하는 것이다.

이러한 변화로 인해 1997년에 총 12,484명의 해외이주자 중 46%가 초청이주자였던 것이 2002년에는 총 11,178명의 해외 이주자 중 18.4%로 비율이 감소하였다. 이와 대조적으로 사업 또는 취업이주자는 1997년에 전체 이주자의 44%였던 것이 2002년에는 71.4%로 증가하였다. 캐나다, 호주, 뉴질랜드 등에서는 자국의 경제발전을 위해서 사업 또는 취업 이민자를 계속해서 받아들이려고 하기 때문에 이런 형태의 이민자는 앞으로도 증가할 것으로 예상된다(윤인진, 2004).

최근의 이민 현상에 대해서 논할 때 한 가지 주의할 점은 이민열풍이라고 부를 정도로 높은 이민에 대한 사회적 관심은 이민열풍이 한국 사회의 교육, 사회, 문화 등 전반적인 문제의 심각성을 드러내는 지표로서 논의되고 있다는 사실이다(〈표 Ⅲ-10〉 참조). 해외이주자 수는 2000년에 15,307명에 그쳤고 이는 남한 전체 인구의 0.03%에도 못 미친다. 또한 30~40대의 중산층, 전문 인력이 해외이주에 적극적으로 참여하는 것이 두뇌유출이라고 우려할 수도 있지만 실제로 이주할 수 있는 사람은 제한될 수밖에 없고, 국내 노동시장에 미치는 영향도 미미할 수밖에 없다. 그럼에도 불구하고 방송매체나 일반 국민들이 이민에 대해서 높은 관심을 보이는 것의 원인으로 윤인진(2004)은 다음과 같이 진단하고 있다.

"과거에는 가족결합이나 국제결혼의 목적으로 이민 가는 사람들이 많았으나 최근 몇 년 사이에는 사업이나 취업 목적으로 이민 가는 사람들이 증가하면서 이민을 바라보는 시각과 체감하는 정도가 바뀌었기 때문이다. 그러나 이보다 더욱 중요한 원인은 이민에 대한 우리 사회의 담론이 이민 그 자체보다는 사람들을 이민가게 만드는 한국 사회의 문제점을 비판하는데 초점이 맞추어지고 있기 때문이다. 즉 대량실업, 고용불안정, 공교육의 붕괴, 사교육비의 부담, 낮은 삶의 질, 사회전반에 걸친 신뢰의 상실 등의 현안 사회문제들이 사람들로 하여금 해외로 떠나게 만든다는 비판으로 이민이 거론되는 것이다. 이민이 그 자체의 중요성으로 주목받기보다는 한국 사회 비판과 맞물려서 거론되면서 실제 이민의 규모와 영향력보다 부풀려진 것이 이민열풍이다. 이 과정에서 매스미디어가 이민을 사회 문제화하는데 주도적 역할을 한 것으로 보인다."

〈표 Ⅲ-10〉 형태별 해외이주의 규모(1990-2002)

연도	초청이주	국제결혼	사업이주	취업이주	혼혈이주	기타	총계
1990	15,772	2,920	1,885	2,737	0	0	23,314
1992	8,823	1,847	4,057	3,193	7	0	17,927
1994	5,629	1,150	2,330	5,311	0	29	14,604
1995	5,695	1,170	2,492	6,573	0	7	15,917
1996	5,139	1,068	2,346	4,291	0	3	12,949
1997	5,860	1,346	2,269	3,287	0	0	12,484
1998	6,638	1,464	2,179	3,805	0	6	13,974
1999	3,342	6,783	2,582	5,267	0	0	12,655
2000	3,349	1,187	2,402	8,369	0	0	15,307
2001	2,639	1,197	1,669	6,079	0	0	11,584
2002	2,058	1,136	1,667	6,317	0	0	11,178

자료: 외교통상부, 외교백서, 1990-2002.

4. 교육이민 대책방안 모색

청, 장년층의 이민과 교육이민 문제의 원인을 살펴보면 청년실업, 고용불안정, 공교육 붕괴와 높은 사교육비, 낮은 삶의 질 문제들을 지목할 수 있겠다. 이하 논의에서는 교육이민의 원인을 우리 한국 사회 전반에 퍼져있는 교육열과 잘못된 학력관과 학벌에 그 원인이 있다고 진단하면서 나름의 몇 가지 대책 방안을 제시하고자 한다.

한국적인 상황에서 벌어지는 다양한 교육 경쟁 상황은 "연합적 경쟁" 상황으로 묘사되어지고 있다. 학생들은 한국 교육의 전 과정을 걸쳐서 입시라는 굴레와 공부만이 유일한 목표인 양 청소년들의 삶을 지배하고 있다. 그리하여 학생들의 왜곡된 삶의 상당 부분은 입시 위주의 교육의 결과로써 생긴 현상이라 해도 과언이 아닐 것이다.

경쟁적인 교육 상황에서는 대다수의 승자가 아닌 소수만 승리를 독식하는 "소수 승자 독과점 상황"이 발생한다. 이러한 경쟁의 이면에는 학벌이라는 족쇄가 존재한다. 학벌은 우리 사회를 병들게 하는 고질적인 병폐 중의 하나이다. 일류·이류·삼류대학으로 학교를 서열화할 뿐만 아니라 마치 타고난 신분처럼 사람에게마저 등급을 매기고 있다. 학벌은 또한 입시지옥, 고액과외, 해외유학 붐, 이민, 청년 실업, 공교육 위기, 지방대학 붕괴, 고시 붐, 특정대학의 사회적 가치 독점 등 우리 사회와 교육이 안고 있는 문제의 근본 원인이기도 하다.

이민의 근원적인 문제 기저에 놓여있는 이러한 한국 사회의 학벌을 타파하기 위해서는 우리 사회의 기회구조를 평등하게 해야 하며, 사회 일부 상층부의 좋은 일자리, 높은 지위에 대한 경쟁 없는 독식 구조를 마련해야 한다고 본다. 공교육의 회복을 통한 교육의 인간화, 간판주의가 아닌 대학교육의 실질화를 도모하여 상부구조인 우리 사회의 기회구조를 형평화 하고 합리화한다면 청년 실업, 사교육비의 과다, 해외유학이나 이민 등의 문제는 다소 해결이 가능하리라 본다.

선진국에도 명문대는 있고 대학서열도 있다. 하지만 우리 사회에서 학벌주의가 극심한 이유는 학교 졸업 후 성취할 수 있는 기회의 양이 너무 적고 다양하지 못하기 때문이다. 고3에서 대학으로 진입하는 시기의 실패는 향후 닥칠 한 인간의 모든 운명의 방향을 결정짓고, 이것은 보이지 않는 평가 잣대로 작용하여 한 개인이 죽을 때까지 따라 다니게 만든다. 이러한 사실을 너무나도 잘 아는 우리 국민은 너나 할 것 없이 기를 써서 고액과외나 유학, 이민을 가는 것이다.

청, 장년층의 이민 행렬은 이러한 왜곡된 사회 경쟁 체제를 떠나 보다 낳은 환경을 찾아 그들이 원하는 공간과 사회로 이주하려는 것으로 이들을 막을 방안은 우리 사회의 전반적인 학력과 학벌에 대한 모종의 국민적인 인식의 전환이 일어나야 할 것으로 본다.

제12장 계층에 따른 교육열과 학부모-자녀간의 교육열

1. 계층에 따른 교육열

부모의 계층에 따른 사회 망에 의한 자녀의 교육적인 지원 양상에 대하여 박소진(2003)은 양질의 정보를 많이 모을 수 있는 어머니의 능력은 그 자체가 자녀교육을 위한 문화자본(cultural capital)의 일종이며 그러한 능력은 어머니들 자신의 삶의 경험-특히, 교육 경험[36]-과 밀접한 연관이 있지만, 또한 의식적이고 지속적인 다양한 활동에 의해서 만들어지고 축적되어지기도 한다고 보고 있다(〈표 Ⅲ-11〉 참조).

〈표 Ⅲ-11〉 사회계층에 따른 자녀의 교육지원 양상

숙희(P초등, 전세 다세대 주택)	피아노, 국어 학습지, 수학 학습지, 영어 학습지(월 12만 원 정도)
희야(P초등, 전세 다세대주택)	보습학원, 한자 학습지, 영어 (전문)학습지(월 20만 원 정도)
호근(P 초등, 자가 아파트)	피아노학원, 바이올린학원, 미술학원, 영어전문학원, 수학전문학원, 글짓기 그룹 과외(월 45만 원 정도)
용신(Y 초등, 자가 아파트)	영어전문학원, 국어 학습지, 수학 학습지, 한자 학습지, 영어 전문 학습지, 글짓기 그룹 과외, 축구교실(월 45만 원 정도)
진우(Y 초등, 자가 아파트)	영어전문학원, 국어 학습지, 한자 학습지, 영어 전문 학습지, 컴퓨터 방문 개인지도(월 36만 원 정도)

자료: 박소진(2003). 한국의 교육열과 모성: 신자유주의적 변화 속에서 본 어머니들의 자녀교육지원의 계층적 다양성. 2003 교육열 국제학술회의 자료집, 강원대 교육연구소. 249-281.

사회계층과 교육 혹은 교육열에 관한 논의는 주로 계층에 따른 교육기회의 불평등과 관련한다는 홍봉선(2003)의 시각과, 이와 관련된 연구는 그간 여러 연구자에 의해 꾸준히 연구되어 왔으나 그 중요성에도 불구하고 과거 선진국들에 비해서 이에 대한 사회적 관심은 크지 못했다(방하남·김기헌, 2003: 1)고 지적하기도 한다. 갈등주의적 관점에서 학교교육은 직업적 지위획득 과정에서 경쟁계층보다 지배적인 위치를 점하려는 지배계층들의 노력

---

36) 이러한 교육경험은 부르디외가 말하는 제도화된 문화자본(학력)과 체화된 문화자본 둘 다를 포함한다(Bourdieu, 1986).

의 산물로서 자신들의 문화적 가치와 기준을 교육에 부과하려 한다고 지적한다. 따라서 교육은 결과적으로 사회불평등 체계를 완화해 주기보다는 세대간에 이를 재생산해내는 역할을 한다는 것이다[37](Bourdieu and Passeron, 1977). 따라서 갈등론자들에게 있어서 학교교육은 사회이동의 기제가 아니라 기존의 사회계층 질서를 공고히 함으로써 사회경제적 재생산에 기여하는 하나의 도구에 불과한 것이다(Collins, 1979). 그리하여 중·상류계층은 자신들에게 절대적으로 유리한 학력을 선발 기준으로 채택함으로써 하위계층의 계층 상승을 체계적으로 봉쇄한다(오욱환, 1999: 7).

중산층은 재생산의 도구로서 교육체제의 특별한 힘을 활용한다. 더욱이 교육시장 속에서 계층 전수의 메커니즘은 중복적으로 감춰져 있다고 볼 수 있다. 노동자 계층 가족들의 학교 선택, 교육열의 표출 방식은 장기간의 계획에 걸친 결정이 아니며, 미래에 관한 것이 아니라 여기에서 지금 일어나는 현실적인 것이다. 중류층 학부모에 의한 교육시장의 활용은 재생산의 특별한 전략들을 그들은 구사하며, 그들의 교육열의 모습은 '계층 구성원 혹은 계층분류 전략은 계층에 관련된 구조 속에서 자신들의 위치를 유지하고 개선시키려는 의식적 무의식적 경향의 교육열 양상'이라 할 수 있겠다. 초등학생을 위한 사교육 시장의 팽창은 단순히 양적인 팽창이 아닌, 사교육의 내용, 가격, 형식 등의 면에서 그 시장의 "다양화"(diversification)와 "차별화"(distinction)를 내포하고 있다는 점이다. 인터뷰에 응했던 대부분의 여성들은 사교육 기관들의 이러한 차별성을 잘 알고 있었고, 자녀를 위해 어떤 사교육 기관을 선택할지 판단기준이 되는 다양한 정보들을 수집하려고 노력하고 있었다(박소진, 2003). 이러한 사실은 계층에 따른 자녀의 교육적 지원 양상은 가정의 수준뿐만 아니라 이를 부추기는 사회의 다양한 시장기구들도 그 한 몫을 담당하고 있음을 알 수 있다. 황행문(2000: 25)은 김영화 외(1992: 167-323)의 내용을 요약 정리하여 한국인의 교육열에 대하여 상류, 중류, 서민, 농촌 등으로 계층을 구분하여 각각 보통, 높다, 낮다, 낮다 등으로 〈표 Ⅲ-12〉와 같이 제시하고 있다.

과거에는 친척이 가장 중요한 사회 망[38]으로서 다양한 기능을 담당하고 가족에게 큰 영

---

37) 한국직업능력개발원 정태화 개발본부장은 "'학벌주의 극복 종합대책' 세미나에서 '학벌 대물림으로 계층간 불평등이 심화된다'는 주장에 조사 대상자의 49.6%가 찬성했고, 반대는 22.9%에 불과했다"면서, 국민 가운데 절반은 '학벌 대물림으로 계층간 불평등이 고착화된다'고 생각하고 있는 것으로 나타났다. 또 10명 가운데 6명은 '명문대 카르텔'이 직장 생활이나 승진에 큰 영향을 미친다고 생각하는 것으로 조사됐다(동아일보, 2003. 12.8).

38) Milardo(1987: 20)는 사회 망이란 "어느 특정한 개인이나 부부를 알고 그들과 상호 작용하는 개인들의 집합"이라고 정의를 하며, Oh(1988)는 사회 망을 "개인 또는 가족 주위에 형성된 망으로서 그것을 통해 정보, 정서, 도움 또는 금전이 양 방향으로 흐를 수 있는 것"이라고 정의한다.

향을 미치고 있었으나 현대 사회에서는 지리적인 이동, 사회적 이동으로 인해 친척과의 교류가 적어지고 영향력이 점점 감소하고 있으며 대신 친구, 직장동료, 이웃 또는 종교 집단 등의 다른 사회 망이 등장하고 있다. 최재석(1983)은 대도시의 중류아파트의 이웃관계에 관한 연구에서 중류층의 이웃관계는 친족의 결합만큼 강하지는 않아도 그 중요성이 상실되지 않고 있음을 밝히고 있다. 오선주(1992)는 사회계층별로 가족과 각종 사회 망과의 관계가 어떻게 달라지는지 서울시 거주 주부를 대상으로 분석하여 다음과 같은 결론을 얻었다.

친정이 주요 사회 망인 경우가 제일 많으며 그 다음은 이웃, 시가, 종교집단의 순이다. 친정이 주요 사회 망인 경우가 제일 많았다는 것은 친정과의 교류가 점차 정서적 교류에 국한되지 않고 여러 측면에서의 교류로 확장되고 있는 경향으로 해석할 수 있다고 진단하고 있다. 어머니들의 연결망은 "끼리끼리"('아파트에 사는 엄마들끼리', '주택에 사는 엄마들끼리') 만들어지는 경향이 강하여 자녀가 같은 학원에 다니는 경우, 어머니들 간에도 교류가 많게 된다. 또는 어머니들 간에 친하기 때문에 비슷한 사교육기관을 선택하기도 한다. 같은 학원이나, 같이 그룹과외를 하는 경우 아이들은 같이 놀 기회가 많고 그래서 더 친한 느낌을 가질 수밖에 없다. 그래서 사교육을 아예 받지 않거나 적게 받는 아이들은 다른 친구들의 서클에서 종종 소외되거나 배제되는 느낌을 갖게 된다(박소진, 2003).

현재 차별적이고 다양한 사교육 시장에서 어머니는 자녀를 위하여 그들이 소유한 경제적 자본(economic capital)과 새로운 교육적인 변화에 부응한 창조적인 가치와 교육적 변화를 인지하고 이를 응용할 수 있는 교양과 지식을 다양한 교육적인 상황에 적용할 수 있는 문화적 자본(cultural capital)과 관계에서 잉태하는 신뢰, 믿음 등의 요인들이 그들에게 정보를 제공해 주고 지지를 해 줄 수 있는 사회 망(이웃, 친구, 동문, 계원 등)을 동원할 수 있는 능력 즉, 사회적 자본(social capital)이 요구되고 있다(Larureau 1989; Bourdieu 1986).

사회 망의 교류 형태로는 접촉빈도, 경제적 교환, 서비스의 교환, 정서적 교환 등 4가지가 주로 언급되어진다.

〈표 Ⅲ-12〉 사회 계층별 교육열

계층	교육열 정도	교육열
상류층	보통	· 해외유학을 당연하게 생각한다. · 아이들 스스로 어렸을 때부터 최종 목표학력수준을 높게 설정하게 한다. · 대학을 못 간다는 것은 상상 밖의 일로 여긴다. · 자녀의 성적에 대하여 걱정을 하지 않는다(우연히도 자녀성적이 상위권임). · 유명한 집안인 경우 학벌을 중시하는 경향이 조금 있다. · 자녀교육에는 깊이 관여하지 않으며 과외에 의존하나 자립을 지도한다. · 공부하는 방법을 가르쳐 준다. · 부모가 직·간접적으로 제공하는 문화적 자산이 풍부하다. · 예절교육을 엄격히 하고 다양한 경험을 중시한다. · 아들에 대해서는 구체적인 목표가 있으나 딸에게는 보다 많은 자유를 준다. · 장남과 장손에 대한 기대가 각별하다. · 이미 진로가 많이 정해져 있다. · 좋은 학교를 찾는데 매우 신경을 쓰며, 학교에 적극 참여 의견을 제시한다.
중류층	높다	· 좋은 대학진학을 위한 강박 관념적 양상을 나타낸다. · 재수를 시켜서라도 연·고대는 가야 한다고 여긴다. · 어머니들은 자녀 성적이 안 좋으면 남편에게 죄지은 사람처럼 떳떳하지 못하다. · 자녀들의 학교공부를 직접 지도하며 가정교사로서의 엄마역할을 한다. · 자녀의 학교와의 관계도 경제적 이유보다는 성적이 더 중요한 관건이 된다. · 과외교습을 시키며, 학교 진도 보다 앞서 나가야 한다. · 과외는 가정경제에 심각한 부담이 되지만 남한테 뒤지지 않으려 한다. · 원망 성취 혹은 심리적 위안 수단으로 강요에 의지한다. · 자녀의 학교나 교사에 대하여 물심양면으로 지원을 아끼지 않으려 한다. · 자녀교육에 대한 강렬한 욕망을 갖는다.
서민층	낮다	· 대학진학을 쉽게 포기한다. · 자녀들이 공부 잘해서 대학에 가 주었으면 하는 막연한 기대가 있다. · 실업계 진학을 선택하거나 대학에 들어가면 집을 팔아서라도 학비를 낸다. · 구체적인 직업으로는 선생님이 인기다. · 자녀의 학습지도에 적극적으로 관여하지 않는다. · 학교공부의 성취만을 강조한다. · 학교에 잘 찾아가지 않으며, 학교 임원도 원하지 않는다.
농 촌	낮다	· 농민들의 배경에 따라 다르지만 대체로 중류층처럼 강한 교육열은 없다. · 4년제 대학을 희망하며, 좋은 직업, 좋은 배우자를 선택할 수 있다고 생각 · 소수 학생이 도시 지역학교로 이동하며, 학교 자율학습과 독서실에 보낸다. · 적극적으로 학교에 참여하지 않으며, 자녀성적에 야단치지 않는다. · 대학에 합격해 주기를 종교에 의지하며 교회보다는 절에 의존한다.

자료: 황행문(2003), 사회계층에 따른 학부모의 교육열 연구. 제주대석사학위논문. 25. 홍봉선(2003). 저소득층의 교육열과 교육복지. 2003 교육열 국제학술회의 자료집, 강원대 교육연구소 183-206에서 재인용.

　　어머니들의 자녀 교육 지원에 대한 사회 망은 철저하리만큼 계층 간에 서로 배제적이고, 차별적인(distinctive)39) 경향을 보이고 있다. 동일 계층 어머니의 교육적인 정보의 교환과 거래는 다양한 기준들에 의해서 배타적인 방식으로 구성된다. 이는 비슷한 경제 소비 지출이 가능한 집단과 계층, 지역을 중심으로 하여 학교 선택, 전학, 이사, 과외 선생 구인 등

---

39) 김진영(2003)은 소득이 상승하고 상대적으로 교육비용의 부담이 적어지면 능력이 낮은 사람들의 교육에 대한 수요가 증가하고 그러면 능력 있는 사람은 자신을 차별화하기 위해서 불필요한 추가적 교육을 더 받아야 하는 현상 때문에 교육열이 지나치게 과열된다고 본다.

이러한 교육정보 활동이 가치로 인정되고, 누구와 그것을 공유할 것인가 하는 구별 짓기와 차별화, 경계가 형성된다. 이리하여 최근 일부 연구(최샛별, 2002; 설동훈, 1994)에서는 한국 사회가 90년대를 넘으면서 점차 계급간의 경계가 더욱 공고해 지는 방향으로 변화하고 있는 현상의 전조라는 해석을 하기도 한다.

2. 바람직한 학부모-자녀간의 교육열

한국 학부모의 자녀에 대한 지속적이고, 높은 교육열은 식을 줄 모른다. 이러한 현상은 자식에 대한 애정과 사랑의 또 다른 한 표현 방식이라 하겠다. 교육열은 교육에 투자하려는 개인 동기의 일종이라 할 수 있다. 개인이 어떤 기대하는 결과를 성취하기 위하여 교육에 투자하려는 열정으로 이러한 교육에 대한 투자는 대부분 자녀를 둔 학부모에 의해서 이루어지고 있다고 할 수 있다. 그래서 한국 사회의 교육열은 학부모에 의한 학부모 교육열이라 해도 틀린 말은 아닐 것이다.

학부모의 교육열은 궁극적으로 자녀의 학업 성적과 공부에 대한 태도, 학교생활에 대한 태도, 부모-자녀간의 관계 등에 영향을 줄 수 있다. 그 동안 부모의 교육열이 자녀에게 미치는 영향에 대한 연구들은 주로 학생의 시험불안과 학습에 대한 태도, 학업성취도 등에 초점을 맞추어 진행되어 왔었다. 그리하여, 오욱환(2003)은 한국인들은 현실적으로 이루어지고 있는 학교교육의 생산성이나 효율성에 대해서는 관심을 갖지 않는다. 가장 분명한 사례가 대학교육이다. 한국의 부모들은 자녀들의 대학진학을 위해서는 혼신을 다하지만 대학에서 무엇이 가르쳐지며 대학에서 배운 것이 개인적, 사회적으로 얼마나 유용한지에 대해서는 알려고 하지 않는다고 주장하면서 한국 부모들은 자신들의 자녀들이 다른 가정의 자녀들을 제치고 앞서게 하는 데에만 열성을 다할 뿐이고, 자녀들이 초·중등학교에 다닐 때에는 사사건건 관여하여 자율성을 습득할 수 있는 기회를 박탈하면서도 자녀들이 대학에 입학하는 순간부터는 무력감을 드러낸다. 한편, 대학에 진학한 자녀들은, 너무 오랫동안 부모들의 과잉보호 아래 수동적으로 지냈기 때문에, 자율성을 정작 발휘해야 할 때에는 난감해 하며 무계획적으로 생활한다고 지적하고 있다.

이정화(1994)는 대학진학에 대한 한국 학부모의 목적의식이 학부모의 배경에 따라 어떻게 다른지, 대학 진학에 대한 목적의식에 따라 교육 지원 활동에 차이가 있는지를 행한 연구에서는 사회경제적 지위가 높을수록, 자녀의 성적이 상위권일수록 대학진학에 대한 학부모의 목적의식이 높은 것으로 나타났고, 학부모의 자녀교육 지원활동은 사회경제적 지위가 높을수록, 중위권 성적의 자녀를 둔 어머니들일수록 적극적인 것으로 보고하고 있다.

대학 입시가 끝나면 우리 사회는 재미있는 현상 하나를 경험한다. 그것은 강남이주 현상과 부동산 가격의 변동을 초래한다. 중국의 맹모(孟母)처럼 학부모들은 좋은 환경에서 자식을 교육시키려고 아니, 일류 대학에 자녀를 보내기 위해서 강남으로 향한다. 강남에는 일정 수준 이상의 학력을 지닌 학생들이 많이 몰려 있고, 이들이 함께 공부하면서 상승효과를 낳기도 한다. 그러자 다른 지역에서 교육열이 높은 학부모와 학생들이 모여들었고 주변 학원도 활성화되었다. 그리하여 강남과 같은 '교육특구'를 전국 여러 곳에 만들어야 한다는 목소리도 자주 들린다.

학부모의 자녀 교육열에 호소하는 카드 상품이 최근 잇따라 나오고 있다. LG카드 사(社)는 학원이나 서점 등에서 무이자 할부와 할인 혜택을 받을 수 있는 'LG 교육사랑 카드'를 출시하여 카드 회원들은 YBM, 어학원 등 전국 4만여 개의 학원 등록비를 카드로 결제하면 3개월 무이자 할부 혜택을 받을 수 있는 상술도 선보이고 있다. 이러한 학부모를 겨냥한 "교육열 마케팅 사업"도 다른 나라에서는 찾아보기 어려운 사업도 우리나라에서는 성업을 이룬다.

2004년 8월에 교육부가 발표한 2008학년도 대입제도 개선 안이 발표되면서 교육공동체는 강남에서 학교 다니고 사교육 받으면 좋은 대학에 간다는 소위 강남 신화가 깨질까, 계속될 것인가에 관심이 집중되고 있다. 교육부는 2004년 8월 26일 이 개선 안의 마련 이유를 현 교육제도의 문제로 "내신은 학교에서, 수능은 학원에서"라는 그릇된 사회 풍조를 근절하는 것이라고 밝히고 있다. 더불어 교육부는 대학에 내신 비중을 높이라고 강요할 순 없지만, 내신 비중을 높일 수밖에 없도록 만든 것이 이번 개선 안이라고 말하고 있다. 교육부의 구상대로라면 강남의 불패 신화는 일정 부분 깨질 수밖에 없다고 본다.

대입에서 수능 비중이 약화되고 내신 비중이 강화될 경우 교육열이 높고 우수 학생이 몰려있는 고교에 다니는 게 학생들에겐 오히려 더 불리해질 수밖에 없다. 그래서 학력 수준이 낮은 학교에 가서 상위권에 드는 게 내신을 잘 받을 수 있어 더 유리하기 때문이다. 수능 시험의 비중이 낮아지고, 수능 문제가 통합교과형(여러 과목과 관련된 입체형 문제)이 아닌 간단한 학력고사형(개별 과목 내에서만 출제하는 문제)으로 바뀌면 사교육에 의지하지 않더라도 점수를 잘 받을 수 있게 된다. 지금까지는 학교에서 통합교과형에 대한 문제의 대비 교육은 다소 열악한 조건이었다. 그래서 많은 학생들이 학원과 과외에 의존해 온게 사실이다. 이렇게 되면 좋은 학원이 몰려 있는 강남에 굳이 살 이유는 없는 것이다.

어머니의 자녀에 대한 교육적인 지원으로 파생된 다양한 교육열의 문제에 대한 해법은 바람직한 어머니와 자녀간의 관계 신뢰와 교육의 수혜자로서 교육정책에 대한 신뢰에서 그 답을 구할 수 있다고 본다. 이에 대한 해법을 제시하면 다음과 같다.

첫째, 국가 차원에서 시행하는 교육정책은 학부모들에게 신뢰를 주는 차원에서 입안되고 실시되어야 한다. 교육정책을 믿고 신뢰한 교육의 수혜자가 그러한 정책으로 인하여 위험한 상황에 놓이거나 불이익을 당한다면 어떠한 합리적인 정책이라도 이를 신뢰하고 따르는 학부형들은 없을 것이다.

둘째, 일반적인 신뢰의 형성은 정보의 불확실성과 감시의 불완전성을 전제로 한다. 학부모의 자녀에 대한 교육적인 문제에 대한 대처방안과 행동요령, 올바른 자녀 지원 방식에 대한 바람직한 방향의 교육적인 정보를 국가단위(교육부)나 지역 단위(지역 교육청)에서 학부모 교육 차원에서 실시하여야 할 것이다.

셋째, 자식의 성공에 대한 가치는 자녀가 기대하는 방식으로 일치, 협력(cooperation)이 이루어질 때 이상적인 신뢰관계가 형성되어 두 당사자 모두 만족스러운 결과를 가져올 수 있다.

넷째, 자기 자식만 생각하는 이기적 교육열에서 모든 이를 생각하고 걱정하는 이타적 교육열로 승화시킬 필요가 있다.

제13장 공교육 위기의 실상과 내실화 방향

1. 공교육 위기의 원인

공교육 위기는 어느 한 요인에 의하여 초래되었다고 보기엔 무리가 있다. 산업 사회에서 지식기반 사회 체제로 빠르게 변하는 상황에서 학교의 변화는 느리며, 이러한 급변하는 변화를 따라가지 못하여 발생하는 것으로, 우리나라뿐만 아니라 세계적인 현상이라 하겠다.

일본에서는 1980년대에 이미 학생들에 의한 등교거부나 이지매 현상, 교내폭력 등 학교, 학급붕괴의 조짐 현상에서 1990년대 후반부터 초등학교를 중심으로 수업뿐만 아니라 집단생활 자체가 이루어지지 않는 학급붕괴 현상에 대하여 사회적인 이슈가 되었다. 이는 1997년 TV 방송에서 학급붕괴라는 다큐멘터리를 방영하면서 등장한 것으로 이러한 현상은 주로 초등학교에서 만연되기 시작하였다. 초·중학생의 경우 등교 거부 현상이 만연하여 한해 30일 이상 등교하지 않는 초·중학생이 대략 20만 명으로 추산하고 있다.

미국의 경우 1980년대 레이건 행정부가 작성한 '위기의 국가'라는 보고서에서 교육력의 강화를 주창했고, 계속되는 중도탈락과 학습결손, 학교거부(school refusal) 등의 논의가 계속되어 최근에는 학교실패(school failure)라는 개념으로 본격적인 이슈가 되었다. 최근에는 부시 정권에서 나온 교육정책인 'No child left behind'는 미국의 공교육 체제가 현재 심각한 문제점을 안고 있음을 보여주고 있다 하겠다.

이러한 공교육의 위기 현상은 비단 우리나라의 문제에만 국한된 현상이 아닌 세계적인 교육시스템의 새로운 변화를 나타내는 현상으로 해석되어야 할 것이다. 다음과 같은 점에서 공교육의 위기 원인을 생각해 볼 수 있겠다.

첫째, 일류대가 곧 출세보장이라는 학벌주의 문화가 한국 사회 전반에 널리 만연되어 있다.

둘째, 열악한 교육여건을 지적할 수 있다. 교사 1인당 학생수의 과다로 인한 수업 운영의 파행적인 운영은 교육을 황폐화시키고 전인교육과 생활지도에 많은 문제점을 유발하였다.

셋째, 교육정책의 시장화. 교육논리가 아닌 정치적 이해관계에 의한 정치논리와 시장 기제를 통한 경제논리로 시작한 교육정책은 교육 본연의 목적을 와해시키며, 학습자를 한 인격자로 보기보다는 수요자라는 논리로 교사들을 시장에 의한 판매자, 장사꾼으로 전락시킨 상황도 하나의 원인이 될 수 있다.

넷째, 교육재정의 열악성. 1999년도 교육재정 규모는 GNP 대비 4.3%이고, 2002년도의 경우는 2001년도 대비 총량 규모 면에서는 7천 4백여 억 원이 증가하여 전년대비 3.4% 인상에 머물러 교육재정 GNP 대비 5%에도 미치지 못하는 열악한 실정이다.

다섯째, 왜곡된 교원임용 정책의 실시. 교육개혁의 주체가 되어야 할 교원이 교육개혁의 대상으로 전락하여 교원에 대한 사회 전반의 불신과 경시로 인하여 명예퇴직 교원이 증가하는 등 교원수급에 불균형을 초래하였다(〈표 Ⅲ-13〉 참조).

여섯째, 교육과정 운영의 획일화와 암기위주의 운영을 지적할 수 있다.

일곱째, 대학입시 정책의 일관성 결여와 전인교육의 약화 초래. 대학입시 전형제도의 잦은 변화와 대입정책의 일관성 결여는 학생들의 입시부담을 가중시키고, 고등학교의 진학 및 진로교육에 혼란을 주게 되고, 학교교육의 목적이 전인적 인간의 성장 발달이 아닌 오로지 일류대학 진학이라는 전도된 형태의 교육관이 우리 사회에 만연되어 있다.

여덟째, 교권 실추 및 교원의 사기 저하. 경제 논리로 인한 교원정책과 왜곡된 수요자 중심의 교육정책 등으로 인하여 학생과 학부모, 일반 시민들이 교원을 불신하여 교원의 사기와 사명감에 심각한 훼손을 가져왔다.

〈표 Ⅲ-13〉 정년단축에 따른 교원퇴직 현황

(단위: 명)

분류 연도	정년퇴직				명예퇴직				계			
	초	중	고	계	초	중	고	계	초	중	고	계
1998	1,545	842	499	2,886	3,326	1,038	757	5,121	4,871	1,880	1,256	8,007
1999	4,828	2,983	2,265	10,076	11,302	4,263	3,263	18,828	16,130	7,246	5,528	28,904
2000	910	777	619	2,306	4,906	2,597	2,597	10,129	5,816	3,403	3,216	12,435

자료: 국회(2000). 국회교육위원회 검토자료 보고.

2. 공교육의 내실화 방향

작금의 공교육에 대한 신뢰와 위기의 극복은 어느 한 교육주체 만의 힘으로 해결된다고 보기엔 무리가 있다. 정부, 학부모, 교사, 일반 국민들 모두의 노력과 의지에 따라 현재 우리 공교육의 위기는 충분히 극복할 수 있다고 본다. 다음은 공교육의 내실화에 대하여 몇 가지 사항을 살펴보았다.

첫째, 교육여건의 개선. 교육재정을 학교 여건에 맞게 현실화하여 상향조정하여 편성할 필요가 있다[40]. 1999년에는 GDP 대비 4.2%에서(20조3천억)에서 2001년에는 4.53%(25조 6천억 원)로 다소 증가하였으나, 2004년에는 5%에도 미치지 못하는 실정이다. 더불어 지방분권에 입각하여 지방교육재정교부금이 지속적이고 안정적으로 교부가 이루어져야 할 것이다. 실질적인 지방분권은 지방의 교육재정이 건실해야 확보될 수 있는 교두보라 하겠다.

둘째, 전문직으로서 인정되는 교원 풍토와 더불어 교원의 전문성에 대한 책무성의 강화가 필요하다.

셋째, 초·중등교육과 더불어 대학입시 제도가 연계된 일관성을 갖춘 교육정책이 필요하다. 기존의 교육정책은 단편적인 학교 급에 국한하여 타 학교 급과는 괴리된 정책 시행으로 인하여 서로 다른 입장과 노선으로 혼란과 일관성이 결여되었다. 종단적인 정책 입안으로 학교간에 유기적으로 연계된 정책이 필요하다.

넷째, 학교장의 권한과 책무성을 강화하여 실질적인 단위학교의 수장으로서 책임경영이 이루어 질 수 있도록 해야 할 것이다.

다섯째, 학교교육과정 편성과 운영에 있어 자율권을 대폭적으로 확대하고, 교실수업방법 개선과 교수-학습 자료의 개발에 교육적인 지원을 아끼지 말아야 할 것이다.

여섯째, 우리 사회에 있어 고질적인 병리현상인 학벌과 간판 문화의 타파를 통하여 능력이 중심이 되는 사회 건설과 국가 인적 자원개발(HRD)과 관리의 효율화를 도모해야 한다. 이를 위하여 대학의 변화를 통한 초·중등교육의 정상화와 지식기반 사회의 요구를 반영하는 대학의 특성화를 유도하여 각 대학이 자생적으로 발전할 수 있도록 여건을 마련해 주고, 지방의 대학에 대한 여건을 지속적인 관심을 갖고 추진해야 할 것이다. 그리하여 기업의 고용구조와 노동 시장의 유연성을 제고하여 명실 공히 능력이 중시되는 사회를 구현하여야 할 것이다.

---

40) 교육재정에서 사양효과(option value)와 또래집단효과(peer group effects)가 있다. 이는 교육수준이 높은 사람은 새로운 아이디어나 행동양식에 대해 수용을 쉽게 하고 스스로의 학습능력이 높아 가장 효율적인 생산방법을 사용한다. 이처럼 높은 수준의 교육을 받기 위해서는 반드시 이전의 하위단계 교육을 이수한 사람만이 다음 단계의 더 높은 수준의 교육을 받을 수 있는 기회를 갖게 되는데 이를 교육의 경제적 사양효과라고 한다. 교육서비스 소비자 간에 미치는 영향을 또래집단 효과라 하는데 이른바 우리나라의 '8학군 현상'을 대표적인 예로 들 수 있다. 이와 같은 두 가지 효과를 극대화시키기 위해선 학습능력이 우수한 학생을 위해 투자를 해야 하고, 학습능력이 우수한 학생을 보통의 학생과 함께 어울려 공부할 수 있도록 인센티브를 주어야 할 것이다. 그러나 교육의 경제적 특성을 종합적으로 고려했을 때, 교육에 대한 일차적인 투자결정을 교육서비스 소비자인 개인에게 맡겼을 경우 시장실패를 방지하고자 국가에서 교육비 상당부분을 담당하고 있는 것이다(한국행정학회, 2004).

참 고 문 헌

강무섭·임연기·김흥주·김재웅·신익현(1992). 입시위주의 교육의 실상과 대책(Ⅲ). 한국교육개발원.

교육부(2004). 학교교육 정상화를 위한 2008학년도 이후 대학입학제도 개선방안(시안). 교육인적 자원부.

김진영(2003). 교육열의 경제적 분석. 2003교육열국제학술회의, 강원대교육문제연구소.

김영화(1992). 학부모의 교육열: 사회계층간의 비교를 중심으로. 교육학연구, 30(4). 173-197.

김용숙(1986). 학력병 환자. 서울: 민족문화사.

국민일보(2003). OECD 지표로 본 한국/높은 교육열 무거운 부담. 2003. 9. 17일자.

이만희(1999). 통계로 보는 교육: 우리나라의 교육열. 교육개발 재창간호, 한국교육개발원.

박남기(1994). 한국인의 교육열 이해를 위한 대안적 관찰. 교육학연구, 32(5), 185-206.

박소진(2003). 한국의 교육열과 모성: 신자유주의적 변화 속에서 본 어머니들의 자녀교육지원의 계층적 다양성. 2003 교육열 국제학술회의 자료집, 강원대 교육연구소. 249-281.

이종각(2002). 교육열 어떻게 다스릴까? 흥사단 춘천지부 2002 교육포럼.

이종각(2002). 교육열과 정책에 대한 7가지 신사고. 강원대학교교육연구소 2002 교육열 국제학술회의 자료집. 한·중·일·이스라엘 교육열의 진단·해부·대책, 123-140.

이종재(2003). 사교육비 경감, 공교육의 교육력 강화가 근본적 해결 방향이다. 교육정책포럼자료.

차재호(1981). 지난 100년간에 일어난 한국인의 가치, 신념, 태도 및 행동의 변화. 1981년도 한국심리학회 학술발표 초록.

김주후·이종각·이수광(2003). 한국인의 교육열에 대한 델파이(Delphi)연구. 2003 교육열 국제학술회의 자료집, 강원대 교육연구소, 113- 121.

최봉영(2002). 한국인의 교육열에 있어서 이기성과 공공성. 2002 교육열 국제학술대회의 자료집, 강원대학교교육연구소.

방하남·김기현(2003), 한국 사회의 교육계층화: 세대간 변화와 불평등의 추이. 2003년 제4회 한국노동패널 학술대회, 한국노동연구원.

강창동(2000). 한국 교육열의 편집증적 성격에 관한 사회학적 연구. 교육학 연구, 38(3), 한국 교육학회.

오욱환(2000). 한국 사회의 교육열: 기원과 심화. 서울: 교육과학사.

김용숙(1986). 학력병 환자. 서울: 민족문화사.

이돈희(1985). 한국 사회의 교육열과 교육기회의 관리문제. 대한교육연합회, 새교육, 12-18.

이종각(2000). 교육열의 개념 재정립. 교육열의 사회 문화적 구조, 한국정신문화연구원.

오욱환(1999), 한국 사회의 교육열에 대한 고유 이론모형의 탐색. 교육학 연구, 37(4), 1-28.

김영화(1992). 학부모의 교육열: 사회계층간의 비교를 중심으로. 교육학연구, 30(4). 173-197.

김희복(1992). 학부모문화연구: 부산지역 중산층의 교육열. 서울대박사학위논문.

이종각(2000). 교육열의 개념 재정립. 교육열의 사회 문화적 구조, 한국정신문화연구원.

이종각·김기수(2003). 교육열 개념의 비교와 재정의. 교육학연구, 41(3), 191-214.

윤인진(2004). 청·장년층의 이민 열풍, 그 문제점과 대책. 한국지식센터 인적 자원포럼(제 5회).

윤인진(2001). 토론토 지역 한인의 생활과 의식. 재외한인연구, 11호, 5-56.

홍봉선(2003). 저소득층의 교육열과 교육복지. 2003 교육열 국제학술회의 자료집, 강원대교육 연구소, 183-206.

길양숙(2002). 토론: 교육열 개념의 교육학적 유용성에 대한 토론. 2002 교육열 국제학술대회 의 자료집, 강원대학교교육연구소.

이주호·우천식(1999), 한국교육의 실패와 개혁, 한국개발연구원.

김진영(2003). 교육열의 경제적 분석. 2003교육열국제학술회의, 강원대교육문제연구소.

이종재(2003). 사교육비 경감, 공교육의 교육력 강화가 근본적 해결 방향이다. 교육정책포럼자료.

오선주(1992). 사회계층별로 본 가족의 주요 사회망, 사회망과 가족의 참여 및 구직과 사회망. 대한가정학회지, 30(3), 177-192.

설동훈 (1994). 한국 노동자들의 세대간 사회이동 1987-1989년: 사무직과 생산직의 남녀노동 자를 중심으로. 계급과 한국 사회, 한국산업사회연구회, 서울: 한울.

차재호(1981). 지난 100년간에 일어난 한국인의 가치, 신념, 태도 및 행동의 변화. 1981년도 한국심리학회 학술발표 초록.

최재석(1983). 아파트 지역의 주민 구성과 근린관계: 서울 중류 아파트를 중심으로. 도시문제,

206, 37-51.

최샛별(2002). 상류계층 공고화에 있어서의 상류계층 여성과 문화자본. 한국 사회학. 36(1), 113-144.

한국교육개발원(2000). 과외문제 심층 해부와 대책. 2000년도 제2차 KEDI 교육정책 포럼 자료집.

한국교육개발원(2003). 사교육비 실태조사 결과. KEDI.

한국행정학회(2004). 참여정부의 지방분권정책이 지방교육재정에 미치는 영향. 2004년 춘계학술대회 발표논문집, 799-815.

홍봉선(2003). 저소득층의 교육열과 교육복지. 2003 교육열 국제학술회의 자료집, 강원대 교육연구소, 183-206.

황행문(2000). 사회계층에 따른 학부모의 교육열 연구. 제주대학교교육대학원 석사학위논문.

경향신문(2004). 출세의 보증서 명문학벌. 2004. 8. 11일자 종합 면.

中村高康(1996). 「推薦入學制度の公認とマス選拔の成立」. 『教育社會學研究』第59集 145-165.

中村高康(2003). 일본의 교육시스템과 교육열-한국과의 비교분석-. 2003교육열국제학술대회, 강원대교육문제연구소.

Coleman, J. S. (1988). Social capital in the creation of human capital. *American Journal of Sociology*, 94, supplement 95, pp.S95- S120. Social Capital Theory.

Putnam, R. D. (1993). *Making Democracy Work: Civic Traditions in Modern Italy.* Princeton, NJ: Princeton Univ.

Bourdieu, p. and Jean-Claude Passeron(1977). *Reproduction in Education, Society and Culture,* Beverly Hills, Calif.: Sage Publication.

Collins, R. (1979). *The Credential Society: Historical Sociology of Education & Stratification.* New York, 방하남·김기헌(2002: 3)에서 재인용.

Lareau, A. (1989). *Home advantage: social class and parental intervention in elementary education.* The Falmer Press, 104.

Bourdieu, p.(1986). The forms of capital. In J. Richardson(Ed.), *Handbook of theory and research for the sociology of education,* 241- 258, Westport, CT: Greenwood Press.

제 4 부
학교와 교권

제14장 학교 체제의 특징과 학교의 기능

1. 21세기 학교

21세기 사회의 특징으로 '지식기반 사회(knowledge based society)'를 들고 있다. 사회 전반에 걸쳐서 일어나는 새로운 변화의 물결이 과거와는 비교할 수 없을 정도로 급속히 그리고 광범위하게 진행되고 있다. 산업화 시대에 형성되어 지금까지 우리의 삶을 지배하고 있는 제도와 관행 등 문화적, 경제적인 기반들이 근본적으로 변화하고 있기 때문이다. 특히, 정보통신기술의 발달, 과학기술의 진보와 속도 증가, 국제 경쟁의 심화, 교육수요의 변화라는 요소들이 서로 상승 작용을 일으키며, 과거의 기술혁명들과는 비교할 수 없는 영향력을 발휘하면서 우리 사회 전체의 체제를 근본적으로 변화시키고 있다.

한마디로 정보자원 지식기반의 시대가 도래한 것이다. 이러한 지식기반 사회의 도래는 경제구조와 기업의 경영 방식은 물론 교육과 사회의 가치, 정체성, 문화와 시민 의식 등에 이르기까지 광범위한 변화를 초래하고 있다. 이러한 변화 중에서 교직 사회에 불어온 변화로는 1997년 경제위기 상황에서 교직사회에 힘을 실어주지 못하고 오히려 교직사회의 사기를 떨어뜨린 교원 정년단축과 교원 사회의 권위를 실추시키는 여러 크고 작은 부정적 사건의 빈번한 언론보도로 교원사회가 크게 위축되었고, 교육개혁 프로그램들이 교원들로부터 크게 호응을 받지 못했고, 이 여파가 교실 수업에 적지 않은 영향을 주었다.

학교교육은 미성숙한 학생들을 미래 성인으로서의 역할을 대비하는 활동으로서 학교교육 활동은 전개된다. 산업화된 사회에서의 지식은 근대적 이성관에 의해 규정되어 왔다. 객관적인 사상(事象)을 이성의 작용으로 파악하고 검증하는 절차를 거쳐 도출되는 명제들이 지식의 토대를 이루어 왔다. 이러한 지식은 그 진리성에서 보편성을 얻게 되는 것으로 여겨지고 누구나 성숙을 위해서 학습해야 할 것으로 여겨져 왔었다.

구조기능주의에 의하면 학교조직은 많은 서로 다른 하위조직이나 부분과 하위 목표들로 구성되어 있으며, 이러한 부분들이 서로 함께 기능을 한다. 만약 이들 중 한 부분에 문제가 생기거나 파손이 되거나 그 기능을 온전히 수행하지 못한다면 서로 의존하는 다른 부분들도 영향을 받는다. 각 하위 부분은 원활한 작업과 제 기능을 위한 재료나 공급원, 심지어 그 존재감마저도 다른 부분에 의존하고 있다. 학교와 관련된 체제로는 미시적으로는 학급,

교사, 학생과 행정직원, 시설 자원 등이 있으며 거시적으로는 학교를 둘러싸고 있는 학부모, 지역사회, 국가라는 문화, 환경적인 체제들이 존재한다(그림 Ⅳ-1 참조). 이러한 각 체제들은 서로 교육의 바람직한 목표를 달성하기 위해 순기능적인 측면만 그 기능을 발휘하지는 않는다. 오히려 무질서, entropy(체제 붕괴) 등의 아노미적 현상이 많이 발생한다.

학습 생태계의 변화는 급속히 변화하는데 이러한 학습 환경 속에서 공교육 체제의 변화는 느리고 더디다. 이에 따른 학생들의 '학교 이반 현상'과 학부모들의 '새로운 교육 찾기' 시도가 특정 학교 급에 국한되지 않는다는 것이다(이종각·이수광, 2002). 대안학교, 홈스쿨(home schooling) 등 새로운 형태의 제도권 밖 교육이 현재 진행 중에 있다. 현재의 학교교육(schooling)에 대한 효과적인 대안 체제의 모색이라기보다는 자칫 공교육 체제의 전체를 허무는 위험한 발상과 대안 찾기라고 본다. 교육은 교사, 학부모, 학생이라는 교육 공동체의 협력과 노력으로 이루어지는 것으로 어느 한 주체에 의한 일방향성의 교육 운영 대안 찾기 시도는 경계하여야 할 것이다. 그래서 학교교육에 대한 불신과 회의는 교육협력에 관련된 모든 이해 당사자간의 대화와 타협으로 그 해결의 답을 찾아야 할 것이다.

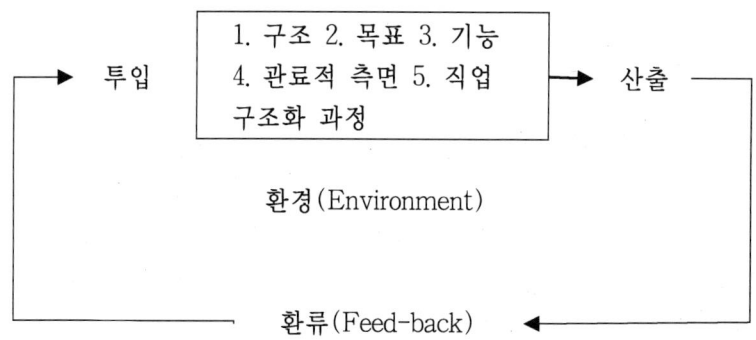

자료: Ballantine, J, H. (2001). The sociology of education. 5th edition, wright state university, prentice hall.

[그림 Ⅳ-1] 학교조직의 개방체제 모형

최근 수년간 우리 교육정책은 격렬한 변화에 직면하고 있다. 학부모들은 학교 공교육에 대하여 보다 더 다양하고 수준 높은 기대를 하며 그들의 자녀에 대하여 학교가 보다 많은 교육적인 성취를 거양하기를 기대하고 있다. 공교육 기관인 학교는 학부모의 세금으로 운영되기에 공적, 재정적인 측면에서 학부모에 대하여 책무성을 가진다. 이러한 학교의 특성이 더욱더 학부모의 참여와 그들의 욕구나 제안에 학교 경영이 더욱더 개방되어야하며 학교교육을 위하여 학부모와 협력해야 하며 공동적인 체제를 구축해야 한다(그림Ⅳ-1참조). 진보된 정보통신 매체나 인터넷의 발달은 학교교육과 가족의 삶의 방식에 엄청난 변화를 가져왔다. 여기서 학교나 가정의 학생에 대한 교육적 역할은 사실상 많은 부분에서 그 영향력이 약화되어 왔다고 할 수 있다.

2. 학교의 기능과 위기

가. 학교의 기능

교육은 인간의 성장을 위한 것이다. 교육을 받는다는 것은 성장의 삶을 살 수 있도록 한다는 것을 의미하며 교육받은 인간은 자신이 스스로 성장하는 삶을 살 수 있게 된 사람이다. 인간의 성장은 어느 한 시점, 시기에 완성되는 것이 아니다. 성장은 인간의 삶이 지속되고 있는 한 계속되는 것이다. 삶의 어느 시기에나 성장의 과제는 있는 법이며, 성장의 과제가 남아 있는 한 인간은 언제나 교육을 필요로 한다. 교육은 인간을 둘러싸고 있는 도처에서 일어난다. 하지만, 보다 체계적이고 조직으로 교육활동이 전개되는 곳이 바로 학교이다. 이러한 학교교육을 통하여 인간은 성장, 발달한다.

그러나 삶의 모든 장면은 성장을 가능하게 하는 장이므로 교육은 반드시 학교와 같은 제도 속에서만 이루어지는 것이 아니다. 그러나 학교는 인간의 성장 발달이 균형 있게, 그리고 효율적으로 이루어질 수 있도록 제도적인 조건을 갖추고 있으며 스스로 성장할 수 있는 원천적인 힘을 체계적으로 형성시키는 곳이다.

학교교육이 인간의 이러한 성장에 대하여 무엇을 할 수 있는가? 학교가 일상적 삶과 완전히 분리되어 별도의 물리적, 문화적 공간을 가지고 있지는 않으나 학교가 인간의 성장을 위하여 일상적인 삶과는 분리된 별도의 성장 과제를 충족시켜 주는 장소는 아니다. 학교는 학교 밖의 삶의 세계와는 유리된 다른 종류의 성장 발달을 고려하지는 않는다. 그러나 학교는 인간의 성장에 대하여 특별한 목적으로 존재하는 제도이다. 그러한 제도적인 목적은 균형을 기하고 계속적인 성장이 가능하도록 하기 위한 자생적 힘을 의도적이며 체계적으로, 전문적으로 형성시켜 주는 곳이다. 이러한 학교의 역할과 기능은 종종 사회로부터 오도되기도 하고 왜곡되기도 하며, 경우에 따라 학교가 인간을 파국이나 파멸로 몰고 갈 수도 있다. 그것은 인간의 성장에 대한 교육적인 해석이나 이해가 왜곡되거나 오해가 있을 경우 발생할 수 있다.

학교의 기능을 사회적 관점에서 보는 것과 개인적인 차원에서 보는 것에는 다소의 차이가 존재한다. 사회적인 관점에서 살펴보면 사회의 통합이나 유지, 국가발전과 같은 투자적인 효과를 목표로 할 것이며, 개인적인 관점에서 보면 한 인간 개체의 성장이나 발달, 삶의 질을 더 중시할 것이다. 이러한 두 가지 시각은 모두 이해의 방식에 따라서 별개의 논리가 아니라 같은 현상의 다른 설명일 수 있다.

어떠한 관점에 입각하던 학교의 1차적인 기능은 성장기의 사람들로 하여금 자신의 잠재적 가능성을 발견하고 시험하여 그 실현을 위한 수단을 획득하게 하는 일이다. 그리하여 교육의 목적이나 기능을 표현할 때 "자아실현"이라는 말을 우리는 자주 사용한다. 이 말은 개인 각자가 자신의 잠재력과 가능성을 최대한으로 발휘하는 것으로 이해되고 있다. 자연주의자들은 잠재력이라는 것이 때때로 마치 작은 도토리 속에 커다란 도토리나무가 될 수 있는 잠재력을 지니고 있는 것처럼 어리고 연약한 아이에게 위대한 사상가, 과학자, 정치가, 기술자, 성직자가 될 수 있는 잠재력이 주어져 있는 것으로 생각하고 그것이 실현될 수 있는 성장의 제 조건들을 제공해 주는 것이 교육이라고 생각한다.

이것은 내면적인 조건의 발현(발아)이라고 할 수 있고, 교육은 그러한 것을 계발해 주는 것으로 이해될 수 있다. 그러나 인간의 잠재력은 생물학적 성장의 조건만 갖추어 주면 저절로 실현되는 것은 아니다. 교육적인 경험을 통하여 개인은 환경과 더불어 교섭하면서 형성하고 재구성한다. 특히 공교육 기관인 학교교육을 위한 학교교육 환경은 우선적이고, 체계적이고 심도 있는 문화적인 환경이다. 지식, 신념, 가치, 태도, 기능 등을 포괄하는 문화체제와의 상호작용을 통하여 개인은 성장, 발달하게 된다.

학교와 같은 제도에서 이루어지는 체계적인 교육활동이 생기 있고 균형 있는 성장을 가능하게 하는 것이 되기 위해서는 교육적으로 유의미한 문제 갈등 사태를 학생에게 체계적으로 교육시켜야 한다. 교육내용의 논리적 구조나 형식 그 자체보다는 그것을 문제로서 의식하고 도전하며 그것과 더불어 스스로 무엇을 성취하고자 하는 노력을 바칠 수 있도록 경험의 장을 만들어내는 데 있어 교사의 전문적인 능력과 기술이 발휘되어야 한다. 교사의 역할은 어떤 특정한 지식을 이해시키는 데 있는 것이 아니라, 성장을 위한 경험의 장을 만들어 주는데 있다 하겠다.

학교교육의 내용은 학생들이 향후 살아갈 미래 사회에서 요구되는 제반 지식과 능력, 가치관, 태도 등을 담고 있어야 한다. 그래서 우리는 21세기의 학교에서는 구체적으로 무엇을 가르쳐야 하는가를 묻지 않을 수 없다. 21세기에는 교육의 수요자인 학생들에게 유의미한 내용을 학생들이 주도적으로 학습해 나갈 수 있도록 학생 중심으로 교육과정을 운영해 나가야 한다. 여기서 학생 중심의 교육이란 "학생들의 잠재력과 가능성 그리고 성장의 배경과 전망, 예상되는 삶의 세계에 비추어 제공되는 교육"으로 학교에서 이루어지는 모든 교육 활동의 초점을 학생의 능력과 배경, 그리고 현재와 미래의 삶에 두어야 한다.

21세기에는 종래와 다른 교육의 패러다임[41]이 요청된다. 최근 사회 문제로 부각된 학교교육의 위기 상황은 이러한 변화들을 재촉하고 있다. 학생들이 외면하는 학교 형태(체제)와 적절성을 상실한 학교교육의 내용과 방법은 설자리가 없다고 하겠다.

나. 학교조직 규모

1) 학교 규모의 개념

학교규모의 개념에 대하여 Kimberly는 ① 학교조직의 물적 수용능력, ② 학교조직의 인적 자원, ③ 학교조직의 투입 혹은 산출, ④ 학교조직의 가용 자원으로 나타낸다. 이 때 조직의 물적 수용능력이란 학교의 물리적 크기를 의미하는 것이고, 조직의 인적 자원이란 교직원의 수를, 조직의 투입은 등록된 학생의 수를, 조직의 가용 자원이란 학교재정의 규모를 의미한다.

지금까지 학교규모에 관해 이루어진 연구는 구성원의 수를 기준으로 이루어진 연구가 대부분인데, 이는 조직의 인적 자원이나 조직의 투입 측면으로써 학교규모를 구분하는 방법이다. 국내 연구에서는 교직원의 수, 등록된 학생총수, 학급 수를 기준으로 하는 방법이 사용되고 있다(한국교원단체총연합회, 1996). 이를 자세히 살펴보면 다음과 같다.

첫째, 교직원의 수를 기준으로 구분하는 방법으로 인적 자원을 기준으로 조직의 규모를 구분한 것이다.

둘째, 학생의 수를 기준으로 나누는 것으로 조직의 투입 혹은 산출 측면에서 투입 측면을 기준으로 한 것이다. 연구에 의하면 학교의 교직원 수와 등록된 학생 수 사이에 .94의

---

41) 패러다임이란 원래 토마스 쿤(T. Kuhn)에 의해 처음 쓰기 시작한 말로 학문공동체를 지배하는 일련의 지배적인 사고유형으로서 그들이 공유하는 상징, 신념, 가치관, 탐구방법, 등을 포함하는 뜻으로 쓰인다.

높은 상관을 보이고 있음을 밝히고 있다(Hawley et al., 1965). 왕기항 등은 교직원 수와 학생 수를 조직의 규모를 나타내는 지표로서 대치할 수 있다고 본다. 우리나라에서 이루어진 규모에 관한 연구에서 직접적으로 총학생수를 기준으로 하고 있는 연구는 부족한 실정이나 연도별, 지역별 학교 규모의 비교를 용이하게 하기 위해서 총학생수를 기준으로 규모를 분석한 공은배(1984) 등의 연구가 있다.

셋째, 학급 수를 기준으로 학교 규모를 분류하는 것이다. 법규상 학교규모를 판단하는 지표로서 학급 수를 사용하기에 학교 규모에 관한 연구에서 총학생수 대신 학급 수를 기준으로 한다.

2) 학교규모의 의미

학교와 환경과의 경계가 점점 불분명해짐에 따라 학교는 환경의 영향권에 놓이게 되고, 이의 영향을 받을 수밖에 없게 되고 이에 따라 학교환경에 관한 관심은 커지고 환경의 범위 또한 넓어지고 있는 추세이다. 기본적으로 학교조직은 투입-과정-산출의 체제적인 속성을 지닌 조직이다. 이는 달리 표현하여 환경의 영향을 받는 개방체제라 하겠다.

체제론적 관점에서 학교규모를 독립변인으로 하는 학교조직 연구의 경우, 종속변인은 조직의 과정 변인과 조직의 산출 변인으로 구분 할 수 있다. 과정(process)이란 일정한 목표의 성취를 지향하는 일련의 행동 또는 교호작용이라고 정의될 수 있으며, 이러한 과정에는 의사전달과 의사결정, 계획, 지도성, 조직화, 조정 등이 존재한다. 학교 조직의 산출변인은 학교조직의 목표를 무엇으로 상정하느냐에 따라 달라진다.

즉, 학교조직의 목표가 학교구성원 내부의 만족감을 증진시키고 학교풍토를 개선시키는 데 있다면 교사변인은 여기서 산출변인이 되나, 학교조직의 목표를 학생의 성장에 둔다면 교사와 관련된 모든 변인들은 과정 변인이 될 것이다. 이러한 이중적인 성격을 가지는 변인으로서는 교사의 헌신도, 교사의 사기, 학교조직 풍토, 학교조직 건강 등을 들 수 있다. 이 때 학교조직 풍토와 학교조직 건강은 교사를 중심으로 조직의 풍토와 조직건강을 측정한 경우에 해당된다.

학생과 관련된 변인은 궁극적인 산출변인으로서 목표가 되는 변인이다. 학교조직의 목표를 학생의 인지적 성장에 둔다면 산출변인으로서는 학업성취도가 되며, 학교의 조직목표는 일반적으로 다양한 인간의 전인적 발달을 상정하므로 학교조직의 산출변인은 학교의 인지적 성장과 관련된 학생들의 학업성취도, 출석률, 퇴학률뿐만 아니라 학생들의 학교 및 자아에 대한 인식과 태도, 학생의 학교 활동에의 참여도 등이 고려될 수 있다. 여기서 학교는 환경과 서로 영향을 주고받는 개방체제로 간주된다. 이에 따라 학교규모라는 변인 역시 외부환경과 영향을 주고받을 것이라 간주하게 된다. 학교 조직은 학교를 둘러싸고 있는 일반적 환경과 영향을 주고받을 수 있는데, 여기서 일반적인 환경으로는 ① 정치적·법적 환경, ② 경제적 환경, ③ 사회적 생태, ④ 문화적 환경, ⑤ 기술적 환경, ⑥ 자연적 및 물적 생태 등으로 구분 할 수 있다.

3) 학교조직 구조

조직의 구조란 조직 참여자들이 지속적으로 상호작용을 할 때 나타나는 일정한 질서 혹은 유형이라고 할 수 있다. 조직구조에는 구조를 형성하는 기본적인 구성요소가 있으며 이러한 요소들은 결국 구조적인 특성을 나타내게 된다. 구조를 형성하는 기본적인 요소로는 역할, 규범, 지위 및 권력이 있고, 구조적 특성은 복잡성, 공식화 및 집권화 등으로 나타난다.

학교의 행정적 조직은 교장, 교감, 교사, 행정직원 등의 교직원의 역할분담이라고 할 수 있다. 이러한 역할분담은 교육 사무분담의 효율성과 적절성, 세분화 및 통합성 정도와 관련이 된다. 여기서 학교의 규모는 교사의 업무 형태에 지대한 영향을 미친다. 교직원의 사무분담에 대한 역할 수행에서 파생될 수 있는 갈등이나 문제를 조정하여 조직의 생산성을 극대화하는 노력과도 관련된다(김석수, 1998).

학교의 규모가 작을수록 교사의 업무 부담이 커지는 경향을 보인다는 공은배 등(2000)의 연구에 의하면, 과소규모 학교에서는 교사 1인당 사무 업무의 급증이 문제로 지적되고 있다. 소규모 학교의 경우 특히 공문서 처리 등의 업무가 폭주하며, 이로 인해 학습지도나 교재연구에 어려움을 겪게 되는 등의 학교운영상의 많은 애로점이 있다고 지적한다. 더불어 교육과정 운영에 있어 상치 과목 및 다학년 수업을 하게 되어 수업의 손실이 크다고 한다.

반면에, 대규모 학교에서는 교육과정과 특별활동을 다양하게 진행할 수 있을 만큼의 교수진을 갖출 수 있어 전문적인 교육과정을 제공할 수 있지만(Willimas, 1997), 소규모 학교는 교수방법 측면에서 교사 선택의 폭이 좁기 때문에 한정된 교수방법을 사용할 수밖에 없고, 특별활동이 제한적으로 이루어진다.

이로 인해 교육과정의 다양성이 부족하고, 비학문적인 활동 및 책과 기타 자료 등 자원이 부족하다(Scott, 1985). 그러나 소규모는 새로운 교수법과 집단화전략, 팀티칭, 교육공학의 적용 등 새로운 방식의 교수전략이 사용될 수 있으며, 효과적인 교수방법인 개별화된 교수방식을 사용함으로써 학습의 질이 향상될 수 있다는 장점을 지닌다. 또한 소규모 학교에서는 교수-학생의 비율이 감소함으로써 학습자 중심의 분위기가 이루어질 수 있다는 장점이 있다.

4) 학교조직 구조의 특성

학교 조직의 구조적인 특성으로서 집권화, 공식화, 복잡성을 들 수 있으며 집권화는 조직 내에서 의사결정이 어디에서 이루어지는가를 분석하는 것으로서 의사결정이 상층부에 집중되어 있는 정도라 할 수 있으며, 공식화는 조직 내의 활동에 대한 규칙과 이를 실행하는 절차, 계층적 관계의 규정, 규칙을 위반했을 때의 처벌 등을 성문화한 것이다.

Child(1973)는 조직의 규모가 전문화, 표준화, 공식화와는 정적인 상관관계를, 중앙집권화와는 부적인 상관관계를 가지며, 규모가 관료제적 속성에 대해 얼마나 결정적인 예언변인인가를 연구하면서, 복잡성 변인을 조직의 관료제적 속성을 예언할 수 있는 매개변인으로 간주하였다. 규모변인은 관료제적 속성을 잘 예언할 수 있는 변인으로 밝혀졌으나 복잡성 변인이 규모의 영향을 받는 매개변인으로서 조직의 관료제적 속성을 더 잘 예언할 수 있다는 결과를 보고한다. 즉, 규모가 클수록 복잡성이 증가하여 관료제적 경향이 커지고, 더욱더 전문화되며, 규칙이 많고, 문서화·분권화·위계화 된다고 진단한다. 이러한 연구결과는 다음 〈그림 Ⅳ-2〉에 잘 나타나 있다.

조직의 규모는 조직의 구조에 영향을 끼치며, 이 때 조직의 구조는 관료제를 의미한다. 관료제란 복잡성, 공식화, 전문화, 권위의 위계화 등을 의미하는 것으로서 조직의 규모가 커질수록 관료제적 속성이 증가하여 복잡성이 증가하고, 공식화, 전문화, 권위의 위계화가 일어난다고 하겠다.

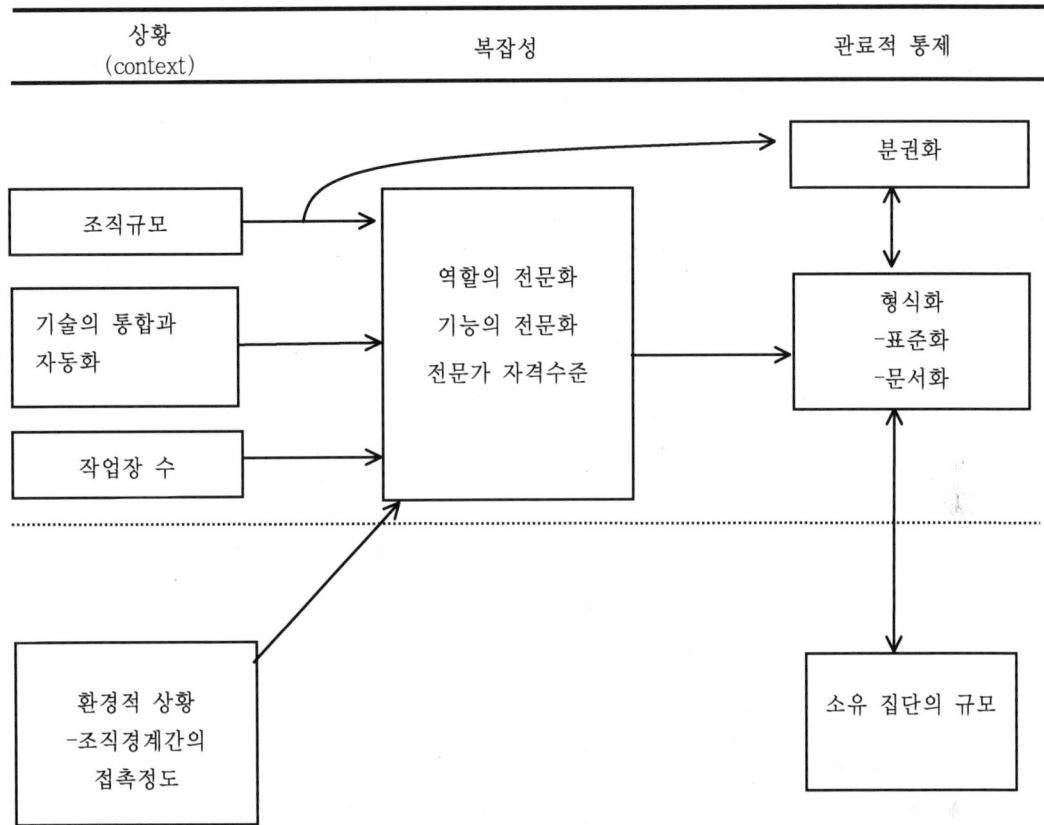

상황 (context)	복잡성	관료적 통제

자료: Child, J. (1973). Predicting and understanding organization structure. *Administrative Science Quarterly*, 18, 184.

[그림 Ⅳ-2] 조직의 규모와 조직 구조

다. 학교교육의 위기

학교교육의 부실이나 그 역기능으로 인한 존폐 논의는 이미 60년대 말에 시작되어 70년대에 본격적으로 제기되었었다. 실버만(Silberman, 1970)의 『교실의 위기』나 일리치(Illich, 1971)의 『탈학교사회』, 그리고 그 뒤를 이은 신마르크스주의의 공교육 비판이나 재생산이론 등이 그것이다. 그러나 이들에 의해 야기된 위기론은 정당성에 관한 것이라고 할 수 있다. 즉, 당시에 학교 또는 공교육은 어떠해야 한다는 규범적 요청(예컨대 개성 존중 또는 평등의 실현)이 있었음에도 실제로는 전혀 그렇지 못하다는 이유에서 그 존재 가치가 부정되었던 것이다. 그런데, 이러한 비판에도 불구하고 학교교육은 계속해서 최근까지 더욱 확대, 강화되어 왔다. 그것은 학교교육이 사회적으로 고유한 영역을 지니고 있었으며 그 효용성을 인정받고 있었음을 웅변한다(이종태, 2001).

최근의 「조선일보」에 "교실이 무너지고 있다"는 기사가 연재되면서 교실파괴 현상이 상세하게 알려졌다. 학교에 잘 나오지 않는 학생들, 수업시간에 잠을 자거나 뛰어 다니는 학생들, 교사의 지시를 우습게 여기고 질책을 하면 반항하는 학생, 그래서 학생지도를 겁내는 교사 등이 그 예이다. 인문계 고등학교의 수업은 상위 10~20%만을 대상으로 진행되고 나머지 80~90% 학생들은 교실의 이방인으로서 그대로 방치되고 있고, 실업계 고등학교는 수요자 중심교육이라는 명분 하에 인문계 진학을 원하는 학생들 대부분이 인문계로 수용되면서 폐허가 되었다고 한다. 특히 과학고등학교의 경우에는 대학입시에서 불리해졌기 때문에 줄줄이 자퇴를 하여 입학당시에 학급당 30명이던 것이 현재 10명 정도 밖에 남지 않아서 한 반으로는 축구도 못해서 두 반이 함께 체육을 하고 있는 실정이라고 한다. 정상적인 수업활동을 방해하는 학생을 체벌할 경우에 학생이 교사를 경찰에 고발하고 경찰은 학교현장에서 교사를 체포하는 현상마저 발생하고 있다. 여기에 집단 괴롭힘과 학생폭력마저 성행하고 있으니 학교는 수업이 진행될 수 있는 최소한의 여건마저 잃어가고 있다.

교육공동화 현상은 이미 예견된 것이었다. 학교공동체가 무너지면서 학교가 교육력과 학생들에 대한 통제력을 상실하고 교원수요를 충족시키지 못하게 된 근본적인 원인은 정부가 정치·경제적 논리에 따라 무리하게 교육개혁을 추진한데 있다. 교육공동체의 결속을 다지고 활성화시키는 역할을 수행해야 할 정부가 오히려 교육공동체를 약화시키고 해체시키는데 앞장서왔다. 그 동안 정부에서는 교육개혁과 IMF 구조조정이라는 명분을 앞세워 교원과 교직사회가 원치 않는 교육정책과 제도를 수립하여 밀어붙이기 식으로 추진하여 왔다. 경제논리를 앞세워 교원의 정년을 크게 단축시키고, 정치적 결정에 의하여 교원노조를 합법화하고, IMF 구조조정을 이유로 교육재정을 대폭 삭감하였다. 이로 인하여 교원의 근무의욕과 사기가 극도로 저하되었고, 교원의 자존심과 권위가 크게 훼손되었으며, 교직사회가 침체되고, 나아가 학교교육의 붕괴현상을 초래하게 되었다(윤정일, 1999).

우리가 흔히 교육위기의 증상으로 귀에 못이 박히도록 들어 온 용어들 즉 "과열 입시경쟁", "과외비 과다지출", "교원의 자질과 사기저하", "학교폭력", "학력저하", "교권실추", "알맹이 없는 교육과정개정" 등에 대한 보편적 인식은 우리의 교육현장이 상당히 위험한 상황에 놓여 있음을 입증해 주고 있다. 그러나 이러한 문제들을 일으켜 온 근본원인의 맥을 잡아 해법의 정곡을 찌르기란 그렇게 쉬운 일이 아니다. 그러나 오늘 장고 끝에 악수를 두는지는 몰라도 다음과 같은 간단한 비유를 논의의 기본 명제로 제시해서 위기 극복의 해법을 모색해 보기로 한다(윤형원, 2001).

한마디로 국가에 대한 교육의 기능은 유능한 인력의 양성과 공급을 의미하며 이를 인체에 비유한다면 교육은 소화기능을 통해 인체에 영양공급을 하는 것과 같다. 인체에 꼭 필요한 영양을 공급하려면 우선 적절한 음식(몸에 필요한 영양분이 포함된)을 골라 먹어야 하고 입 속에서 씹어서 유용한 영양분으로 소화시켜야 한다(초등교육). 그런데 지금의 초등교육은 영양부족으로 치아가 약해서 전작 자체를 잘못하고 있으며 목젖까지 없으니(입학시험이나 학력평가) 씹히지도 아니한 음식을 그대로 삼킬 수밖에 없는 형편이다. 결국 조잡한 음식이 선별 없이[42] 모두 위장(중등교육)으로 넘어가니 배탈이 날 수밖에 없는 법이다. 설상가상으로 신경계통(하부행정)까지 마비되어 간이나 쓸개 뿐 아니라 위벽으로부터 소화액을 공급하지 못하고 있으니 소화불량은 계속되기 마련이다. 더욱이 소화가 안 된 음식은 모두 장계통(대학교육)으로 넘어가기 위해 좁고 좁은 십이지장(대학입시)을 통과해야 하니 궤양출혈이 일어나지 않을 수 없는 것이다. 벌써 큰 궤양수술(대학입시제도 개선)을 열 네 번이나 했는데 또 다시 수술을 시도하는 것은 무의미한 것이다. 결국 좋은 음식을 고른 후 치아부터 고치고 목젖의 기능을 회복(학력평가의 개발)하는 일이 매듭을 푸는 열쇠가 되는 것임에 틀림없다. 그런 후에 소화액이 충분히 공급되도록 신경계통(하부 행정조직)을 고쳐야 문제의 핵심을 바로잡는 일이 될 것이다(윤형원, 1996).

이렇게 생각해 볼 때 우리가 흔히 알고 있는 교육의 핵심문제는 과열 대학입시경쟁이라고 보지만 사실 따지고 보면 치아가 나쁘고 목젖이 제 구실을 하지 못하며 소화액 분비가 제대로 안되는 데서 모든 문제가 생기고 있는 것을 쉽게 알 수가 있을 것이다. 그래서 결국 인체에 필요한 영양분 공급의 70% 정도가 위장(중등교육)에서 이루어져야 하는데도 그렇지 못한 실정이니 영양공급이 부족한 인체는 허약할 수밖에 없고 국가적으로 보면 유능한 인력이 양성되지 못하여 국력이 약화될 수밖에 없는 법이다. 이러한 문제의 기본명제를 "국가의 교육기능"과 "인체의 소화기능"을 비교함으로써 적어도 오늘 이렇게 산적한 교육위기 극복을 위한 해법의 줄거리를 암시를 받을 수 있지 않을까 생각한다(윤형원, 2001).

---

42) 그러니 미래형 국·공립학교 30개와 자립형 사립고교 20여 개를 만들려고 하지 않는가 라고 반문할지 모르나 국·공립학교 30개 중 중·고등학교가 10개를 차지하고 자립형 사립고교 20개가 수용할 수 있는 학생은 1개교가 연 500명씩 수용한다 해도 1만 5천 명밖에 안 되니 70만 명 가까운 고교생 중 이들이 어떻게 한국교육의 위기를 극복할 수 있겠는가?

3. 학교단위책임경영제

가. 학교단위책임경영제의 개념

최근 수 년 동안 미국을 비롯한 선진국들이 추진하고 있는 교육개혁은 교원들에 대한 책무성 강화와 교육의 수월성 추구라는 두 가지 축을 중심으로 활발하게 진행되고 있다(강정삼, 1996). Cheong(2001)은 이러한 추세에 대하여 학교교육의 총체적인 질적 관리(total quality manage- ment), 학교단위책임경영제(SBM: school based management), 학교발달기획 강조, 새로운 교육과정 프로그램 이행, 정보기술 적용 등을 통한 학교개혁을 주도하고 있다. 이러한 교육개혁의 효과는 단위학교가 갖고 있는 내적인 특성인 교육력을 통해 이루어진다고 할 수 있으며, 궁극적으로는 학교의 효과성을 제고하는데 있다고 볼 수 있다. 1990년대 중반까지 단위학교의 자율성은 보장되지 못하였다. 교육행정의 본질이 학교와 교사들을 최대한 도와주는 것임에도 교육행정기관이 학교와 교사들에게 지시, 명령, 감독 등의 형태로 운영되어 왔기 때문에 획일적이고 폐쇄적인 학교경영이 이루어져왔다.

학교운영에 대한 전반적인 의사결정은 학교행정가 중심으로 이루어져 교육의 수혜자라고 할 수 있는 학부모나 지역사회는 물론, 교육을 직접 담당하고 있는 교사들의 의사결정에의 참여가 극히 제한되어 비민주적인 학교경영이 이루어져 왔을 뿐 아니라, 학부모 및 지역사회와의 교류가 미흡한 학교운영을 해왔다. 이에 교육개혁위원회는 전통적인 경영개념인 외부통제 관리를 지양하고 교육자치제의 실현을 위한 학교단위책임경영제를 제안하였다. 학교단위책임경영은 상급교육행정기관이 학교단위에 분권화된 참여 권리권을 부여한 일종의 기업관리 방식이라 할 수 있다. 따라서 학교조직과 의사결정에 있어 권한의 분권화를 추구해야 하며, 교육과정 운영, 인사 및 재정 관리에 관한 정보의 공개와 획득은 물론, 참여자들에 대한 내·외적 보상계획을 추진해야 할 필요가 있다.

학교단위책임경영(school-based management: SBM)에 대하여 박종렬(1996)은 단위학교가 사회적으로 적합한 학교의 목표를 자율적으로 정하고, 목표달성에 필요로 하는 적정한 수준의 인적, 교육적, 물적, 재정적 자원을 독자적으로 확보하여, 이들 자원을 이해관계자들의 참여로 공정하게 배분하고, 위임된 권한에 따라 능률적으로 자원을 활용하여, 결과적으로 학교목표 달성의 극대화를 도모하고자, 학교 구성원들이 공동으로 기획하고 집행하며 평가하여 다음 기획에 환류하는 것으로 정의를 내리고 있다.

학교단위책임경영에 대한 구성요소에 대하여, 홍관석, 박철수, 박세훈은 SBM의 3가지 요소로 교원인사, 교육과정, 학교예산으로 나누고 있고, 정태범은 하위요소로 민주적 의사결정, 교육과정, 재정으로 보았으며, 박종렬·김순남(2002)은 하위체제를 학교단위의사결정, 학교단위교육과정경영, 학교단위예산제도, 학교단위인사제도 및 학교단위직원개발로 구분하여 제시하고 있다. 학교단위책임경영 실현을 위한 구조인 '5SB-1SLM Theory'를 수정하여 〈그림 Ⅳ-3〉으로 제안하여 설명하고 있다. 이를 살펴보면 '5SB-1SLM Theory'란 학교단위책임경영체제 정착을 위한 하위체제를 일컫는 것으로, 5SB는 학교단위의사결정(school based decision making), 학교단위교육과정개발(school based curriculum development), 학교단위예산제도(school based budgeting system), 학교단위인사제도(school based staffing system), 학교단위직원개발(school based staff development)등을 의미하고, 1SLM은 전략적 층경영(strategic layer management)으로 전략적 경영과 층 경영이 합해진 개념이다[43].

학교단위책임경영의 목적은 학교경영의 주체로 학교단위의사결정을 기반으로 하여, 하위 영역인 학교단위교육과정경영, 학교단위예산제, 학교단위인사제, 학교단위직원개발을 추구하고, 이들을 경영할 역동적 과정으로서 층(개인, 집단, 학교)경영과 전략적 경영을 수행하는 전략적 층 경영을 도모하여, 결과적으로 효과적인 학교를 구현하는데 있다. 여기에서 전략적 경영이란 환경 분석, 기획 및 구조화, 인사 및 지시, 모니터 및 평가 등의 과정을 통한 경영을 말한다. 이 전략적 경영과정을 기초로 각 학교단위책임경영의 하위 단위들의 경영에 있어서도 절차상의 경영과정으로 적용할 수 있다. 교장의 전략적 지도성은 층 지도성 개념과 통합하여 학교단위 내에서도 수준별 즉 개인, 집단, 학교수준에서의 전략적 경영이 필요하다. 학교 내 층은 개인 층, 집단 층, 학교 층의 3수준으로 볼 때 각 수준에서의 전략적 경영과정을 통해 학교경영으로 통합되는 체제가 필요하다. 이렇게 할 때만 학교의 참여적 경영과 교사의 의사결정에의 참여를 유도할 수 있다. 종합하여 보면 학교단위책임경제의 개념적 특성은 자율적 권한의 강화, 그에 따른 책임의 강조, 그리고 그 과정에서 민주적 참여에 있다고 볼 수 있으며(신상명, 2002), 그 구성요소는 학교단위의사결정을 기반으로 하여 학교단위예산제, 학교단위교육과정운영, 학교단위인사제 및 학교단위직원개발 등이 될 수 있으며, 궁극적인 목적은 효과적인 학교를 이룩하는 것이다(박종렬, 2003).

---

43) Cheng은 School Effectiveness and School Based Management(1996)에서 학교단위책임경영을 위해 필요한 개념으로 층 지도성과 전략적 지도성을 제시하고 있다. 이것을 합하여 주체로서의 층과 과정으로서의 전략적 지도성을 묶어 전략적 층 지도성이라 개념을 합해 보았다(박종렬·김순남, 2002).

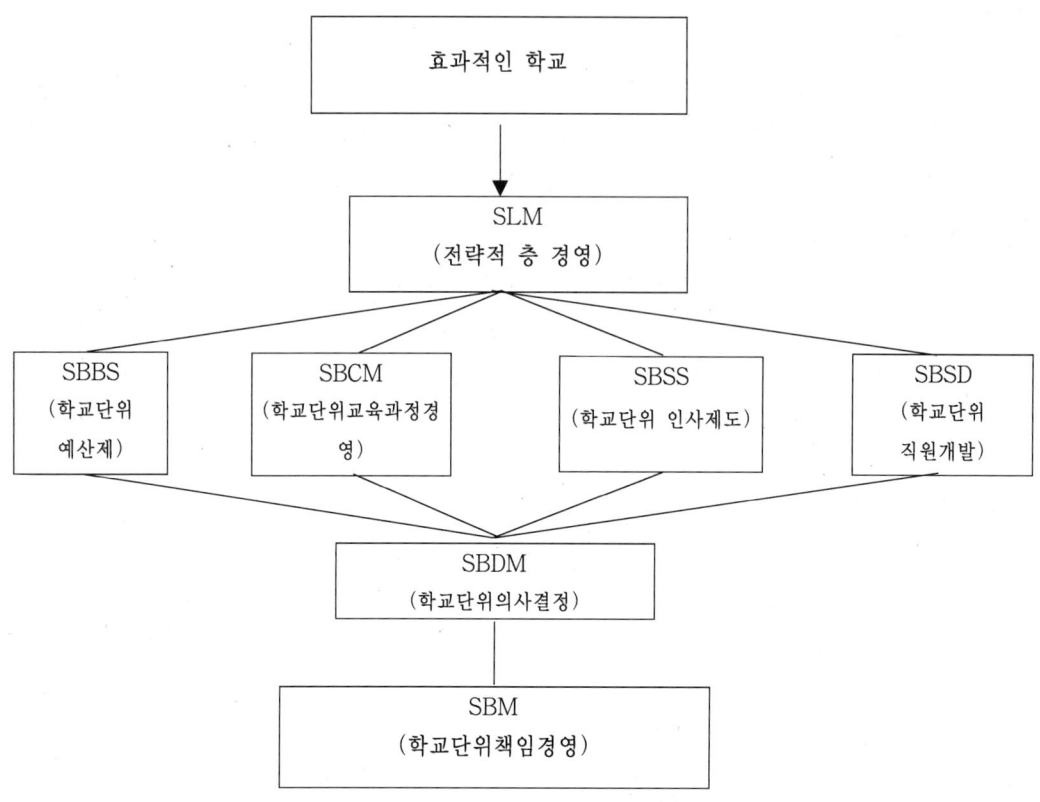

자료: 박종렬·김순남(2002). 학교단위교육과정경영 논리와 전략 탐색. 교육과정평가연구, 5(1), 37.

[그림 Ⅳ-3] 학교단위책임경영의 구조

학교단위책임경영제는 교육행정기관이 갖고 있던 기존의 학사운영과 재정 및 인사상의 권한을 단위학교 운영주체에게 위임하여 교육과정과 재정에 관한 결정이 단위학교에서 이루어지며, 단위학교에 의해서 집행되도록 학교를 자율적으로 경영하고, 그 결과에 대해서 책임을 지도록 하는 제도이다. 따라서 학교단위책임경영제는 학교운영에 관한 결정을 학교단위로 하기 때문에 단위학교의 상황에 적합한 운영을 함으로써 학생중심의 교육을 적시에 할 수 있으며, 교육에 관한 의사결정 과정에 학부모와 지역사회 인사의 참여를 전제로 하므로 학교 단위의 의사결정을 활성화하는 지식경영의 기틀을 마련할 수 있고, 교장이나 교사들이 권한을 가지고 책임도 지는 위치로 변하기 때문에 교육전문가로서의 자긍심을 높이는 기반이 될 수 있다.

나. 학교운영의 특징과 과제

단위학교의 이상적 운영체제로 여겨지는 학교단위책임경영제(school-based management)는 단위학교가 학교를 자율적으로 운영하고 그 결과에 대하여 책임을 지는 것이다. 학교단위책임 경영제의 구체적 모습은 나라에 따라서 다소간 달리 나타나지만, 세 가지 공통된 특징을 가지고 있다. 중앙이나 지역교육행정기관이 가지고 있던 교육과정·인사·재정에 대한 권한을 개별학교로 위임하거나 이양한다는 것, 둘째, 위임·이양된 권한의 범위 내에서 단위학교가 자율적으로 결정하도록 하고 있다는 것, 셋째, 자율적으로 결정할 수 있는 권한의 부여에 걸맞게 학교경영성과에 대하여 그 운영주체에게 책임을 묻는 것이다.

학교단위책임경영제에 있어서 책임경영의 주체는 학교장, 교사, 학부모, 지역사회인사 등이다. 그러나 일반적으로 학교장이 단위학교 운영에 대한 실질적 책임을 지고 있다고 하겠다. 학교장은 교무를 통할하고, 소속 교직원을 지도·감독하며, 학생을 교육한다(초·중등교육법 제20조 제1항). 그러나 학교장이 단독으로 학교운영에 관한 의사결정을 하고, 학교운영을 마음대로 할 수 있는 것은 아니다. 학교에는 학교운영에 관한 주요한 사항을 심의하는 기구로 학교운영위원회가 설치되어 있고, 학교운영의 주요한 사항은 불가항력의 사유가 없는 한 반드시 학교운영위원회의 심의를 거치도록 되어 있기 때문이다. 교장의 학교경영 사안도 교육법령체계에서는 학교장이 학교운영위원회의 심의결과를 최대한 존중하도록 규정하고 있다. 바로 이 점에서 우리나라의 현행 학교단위책임경영제는 '학교장 중심'의 학교단위 책임경영제와 '지역사회 공동체 중심'의 학교단위책임경영제가 결합된 형태라 할수 있다. 학교단위책임경영제 모형에서 제시하고 있는 학교 운영상의 특징을 살펴보면 다음과 같다.

첫째, 현재의 학교 경영이 중앙집권적 운영인 데 비하여 학교단위책임경영제는 자율과 책임을 강조하는 학교 단위로 경영이 운영된다.

둘째, 현재 학교의 교육과정이 획일적이며 학교가 교과 선택권을 갖는데 비하여 학교 단위 책임경영제에서의 교육과정은 다양하여 교육의 수요자인 학생이 교과의 선택권을 갖는다.

셋째, 현재의 학교교육구조가 과다한 학급당 학생 수, 학생 전용 교실제, 강의 중심의 일제 학습, 학급 중심의 활동으로 이루어지는 데 비해 학교단위책임경영제에서는 학급당 학생 수의 적정화, 교사 전용 교실제 운영, 자료 중심의 개별학습, 학습 집단 중심의 활동으로 이루어진다.

넷째, 현재의 학교 내 의사결정이 상부 기관, 교장, 교사로 이어지는 수직적 명령 체계로 이루어지는 데 비하여 학교단위책임경영제는 교장을 중심으로 관련기관이나 인사 및 교사가 참여하여 토의하고 합의하는 민주적인 과정을 거쳐서 이루어진다.

다섯째, 현재 교육재정이 획일적 기준에 의한 배분으로 관리 중심의 기본 운영비를 위주로 엄격한 통제를 가하는 데 비하여 학교단위책임경영제에서는 교육 활동 중심의 예산을 편성하여 자율적으로 운용한다.

아직도 학교의 경영방식은 관료제적 결합에 치중하여 현상 유지적이고, 환경 변화에 수동적인 모습을 띄고 있다는 비판을 받고 있는데, 이는 그 동안 우리사회에 자율성과 책무성이라는 개념이 낯설고 그에 대한 적용이 부족한 데 기인한다고 볼 수 있다. 이제는 자율화·분권화·민주화의 추세가 우리 사회의 모든 영역에 스며들게 됨에 따라, 자율경영 및 책무성이라는 개념이 필연적으로 강조되어야 할 시점에 이르렀다.

학교단위책임경영제가 성공하기 위해서는 단위학교와 교육행정기관 사이에 놓인 보이지 않는 벽과 제도적인 장벽을 제거하여 새로운 관계를 정립하여 단위학교가 교육과정·인사·재정 등 학교운영의 주요 사항을 결정할 수 있는 자율성을 현재보다 많이 가져야 하겠다.

학교단위책임경영제가 단위학교에 자율성을 부여하여 책임경영을 통하여 우리나라의 학교교육이 안고 있는 제반 문제를 해결할 수 있는 좋은 방법이기는 하지만, 필요 충분 조건을 갖춘 것이라고 볼 수는 없다. 특히 학교운영위원회를 도입하면 학교의 문제가 전부 해결될 것이라고 보는 것은 곤란하다. 그러나 학교운영위원회가 단위학교에 미력하나마 학교교육에 대한 발판과 자치의 토대를 어느 정도 형성하기 시작했다는 점에서 이제 단위학교 자율경영이 시작되었다고 보아야 하겠다. 그리하여, 단위학교에서 자율경영이 실현되기 위해서는 목표달성의 행정, 참여의 행정, 분권화의 행정, 전문적 관리의 행정과 같은 원리가 단위학교에 적용되어야 한다.

학교운영위원회에서 처리되는 제반 안건에 대한 사후 책무성의 문제를 지적할 수 있다. 민주적인 방식으로서 학교교육 활동에 다양한 교육주체를 수용하여 학교 경영 전반에 협의를 통한 문제 해결을 추구하는 장점이 있는 반면에, 사후 처리된 안건에 대한 책임 규정은 전무하여 실패한 학교교육 정책에 대한 사후 관리라는 법적인 장치가 없어 이에 대한 규정을 시급히 제정하여 학교운영위원에 대한 자율성과 더불어 책무성도 물어야 할 것이다.

다. 학교운영에서의 구성원 참여구조

과거의 권위주의적 통치구조가 이완되기 시작하고 교육사회에도 민주화의 분위기가 고조되면서 관련 집단의 의식이나 욕구의 실현을 위한 목소리가 높아져 왔다. 특히 최근에 교육개혁의 추진과정에서 합법화된 교원노동조합과 새로이 법제화된 학교운영위원회의 출범은 교육의 정책과 실천에 대한 관련 집단의 참여기회를 양적으로 증대시켰고 교육정책에 대한 다양한 의견들이 제시되어 왔다.

학교운영위원회는 지역사회에서 외로운 섬처럼 존재하던 종래의 학교가 지역사회와의 긴밀한 연계 속에서 하나의 교육공동체의 개념에 따라서 운영될 수 있도록 한 제도이다. 교원노동조합은 구성원의 복리와 근무조건의 개선을 위한 교원집단의 발언권을 확보하게 하는 제도이기도 하다. 참여의 범위나 수준이 확대되면 그만큼 갈등, 대립, 분열의 원인이 되는 요소가 증대되는 법이다. 물론 분열과 갈등은 단순히 집단적 이기주의나 독선주의의 심성 때문에 발생하는 것이라기보다는 신념과 사고의 다양성이 있으면 으레히 부수적으로 나타나는 현상이기도 하다. 그러므로 그것을 반드시 악덕시하기보다는 평화적으로 문제를 해결하는 관행을 정착시키고, 새로운 화합의 분위기 속에서 교육공동체를 발전적으로 추슬러 나가는 것이 무엇보다도 중요한 일이다(이돈희, 2003).

새로운 세기를 맞이하여 우리는 많은 전통적인 요소들을 바꾸어나가야 하는 과제를 안고 있다. 이러한 변화의 시기에는 교육의 제도와 정책에 대한 다양한 관점과 의견이 표출되고, 가치관과 이해관계에 따라서 여러 가지 노선의 신념과 사고가 출현하며, 이에 따라 형성된 집단들 사이에 온갖 모양의 갈등과 대립이 들어 날 수 있다. 이러한 갈등과 대립은 이념과 이해관계의 차이나 사고의 취향에 따라서 각기 다른 주장을 펴는 여러 집단들이 공존할 수가 있다. 규모와 조직의 특징에 따라서 어떤 집단은 정치적으로나 사회적으로 발언권의 위세가 다른 집단에 비하여 크게 느껴지기도 하지만, 잘 조직화되지 못한 많은 수의 군소 집단들이 잠재적 세력으로 존재하고 있어서 어느 한 시기에 자신의 집단행동을 구체적인 행동으로 그 힘을 표출한다면 더욱더 큰 혼란을 유발할 수도 있다.

교육에 대한 신념과 사고가 다양하고 이해관계가 존재한다면 그곳엔 반드시 갈등과 저항이 있게 마련이다. 국가나 정부가 갈등의 원인이 되는 집단을 억제하거나 탄압하여 제압하기만 한다면, 그것은 민주적 지도력을 행사하는 것이라고 하기가 어렵다. 정책에 대한 이해와 합의를 증진시키고 갈등을 해결하고 계획과 실천을 조정하면서 인내로써 교육공동체의 의지를 결집시키는 일은 통치의 역할에 속한다. 그러나 대립된 집단간에, 혹은 집단과 정부간에 지켜야 할 게임의 규칙은 반드시 준수되어야 한다. 어떤 독선이 그 규칙을 폭력으로 파괴하고 물리적 힘으로 자신의 의사만을 관철시키고자 한다면, 그것은 집단의 좋은 정책이 아니다. 도덕적으로도 좋은 정책이 아닐 뿐만 아니라, 정략적으로도 좋은 정책일 수가 없다.

지지를 획득하지 못한 힘에 의한 의지의 관철은 영원한 승리보다는 또 다른 힘에 의한 저항을 필연적으로 동반하게 된다. 타인의 가치관과 이해관계, 신념체제, 가치관에 대한 허용이나 관용이 없이는 결코 민주주의를 할 수 없으며, 따라서 교육도 불가능하게 된다. 교육 문제에 관한 한, 민주주의를 불가능하게 만든 상태에서는 어떤 승리자도 없는 법이다.

교육개혁안에서 천명되었듯 교직사회의 개혁은 교원의 전문적 위상을 정립하고 자율과 참여의 전문공동체를 형성하여 질 높은 교육활동을 수행하기 위한 여건을 조성하는 것을 목표로 해야 할 것이다. 이것만이 교직사회 전체의 우수성과 교수·학습활동의 질을 높이고 나아가 학생의 학업성취는 물론 교육의 질과 경쟁력을 강화하는 원동력이 되기 때문이다. 따라서 성공적인 교직사회개혁을 위해서는 질 높은 교수학습활동이 이루어질 수 있도록 자율과 참여의 학습공동체가 형성되고 동시에 이를 지원하기 위한 효율적이고 민주적인 조직체제와 관리운영체제가 확립되어야 할 것이다.

4. 학교조직 풍토

가. 학교풍토

풍토란 조직의 개성으로서, 조직 구성원들의 철학, 신념, 가치 등을 바탕으로 하여 형성되며, 조직 구성원들의 행동에 영향을 미치게 된다. 다시 말해 조직풍토는 조직 구성원들이 조직 내에서 행동하는데 있어서 특정한 행동을 선택하는 기준을 제시해 준다. 이는 한 가정의 가풍과 같은 것이며, 한 나라의 전통, 관습과 같은 역할을 하는 것이다. 그래서 조직 풍토를 흔히 조직의 심리적 환경 또는 조직문화라 부르기도 한다.

일반적으로 조직의 규모가 커질수록 폐쇄적인 조직풍토가, 조직의 규모가 작을수록 개방적인 조직풍토가 형성된다. 학교조직 풍토를 측정 연구의 선두자인 Halpin과 Croft는 조직풍토기술질문지(OCDQ)를 이용하여 교사의 자유방임, 장애, 사기, 친밀감 요소와 교장의 초연성, 생산 강조, 추진성, 사려성 등의 조직풍토를 도출해 내었다.

여기서 '자유방임'이란 과업에 구속되지 않고 의무감 없이 움직이는 대로 가려고 하는 교사들의 경향을 의미하며, '장애'는 일상 업무와 관리자의 지시에 대해 교사들이 부정적 감정을 표시하고 교장을 촉진적이고 진취적인 조언자라기보다는 방해하는 존재라고 판단하는 것을 의미한다. '사기'는 교사들의 욕구만족과 업무에서의 성취감을, '친밀감'은 교사들 상호

간에 우호적으로 그들의 사회적 관계를 만족시키며, 과업성취와 결부될 필요가 없이 사회적 욕구를 만족시키는 것을 의미한다.

한편 '초연성'이란 공식적이고 비개인적인 특성을 지닌 교장의 행동을, '생산 강조'는 교직원들을 엄격히 감독하는 교장의 행동특성을 의미하는 것으로서 지시적이며 일방적인 의사소통을 하며 교사의 제언을 무시하는 행위를, '추진성'이란 조직을 잘 운영하려는 교장의 행동을 말하는 것으로서 교장은 교사를 심하게 감독하지 않고 스스로 모범을 보임으로써 교사들의 동기를 유발시키는 행위를, '사려성'은 교장이 교사들을 인간적으로 다루며, 가급적 업무와 관계없는 면에서는 교사들을 돕기 위해 노력하는 것을 의미한다. 즉, 교장의 행동이 온화하고 친절하며 인간적인 면에서 인간관계를 유지하려는 것을 의미한다.

학교풍토의 유형은 개방형 풍토(개방, 자율, 통제)와 폐쇄형 풍토(친교, 간섭, 폐쇄)가 연속선상에 놓여 있다고 하겠다. 개방형 풍토란 교사들이 최고의 사기를 향유하며, 높은 직무만족과 어려움을 극기할 수 있는 충분한 동기를 가지는 풍토로서 이때의 교사들은 협동적이고, 우호적이며 학교에서 근무하는 것을 자랑스러워하고 반면에 교장은 높은 추진성과 사려성, 적당한 초연성을 가지고 있으며 생산성을 강조하는 풍토를 말한다.

반면에, 폐쇄형 풍토란 교사들이 과업성취나 사회적 욕구에 만족하지 못하고 더불어 교사 상호간의 우호적인 관계에서 다소의 만족감을 얻으며 사기는 낮다. 교장은 교사들을 지시, 조언하는데 있어 비효과적이고 직원의 복지증진을 등한시하며 비협조적일 뿐 아니라 교사들과 소원하며 규칙과 절차는 독단적으로 설정하며 추진성이 부족하여 교사들은 제대로 동기화 되지 못하는 풍토를 말한다.

헌신(commitment)이란 조직과 자기 자신을 동일시하면서 관여(involvement)하는 과정에서 일어나는 감정으로서 조직에 대한 충성심, 조직의 목표달성을 위해 노력하는 자발성, 조직의 가치수용 및 이에 대한 신념 등을 특징으로 하며, 조직의 규모가 클수록 응집성이 약해지고, 스트레스가 커지는 반면에 소규모 조직일수록 사기가 높아지고, 결근, 사고, 노사분규 등의 발생 빈도는 낮아진다.

1) 개방적 풍토

개방적 풍토는 교사들의 사기와 추진성이 높고 자유방임, 장애, 초월성, 생산성 등은 낮으며 친밀성, 사려성은 보통 수준에 이르며, 교장은 매사에 융통성을 가지고 일하며, 교사들로 하여금 스스로 협동하며 일할 수 있게 함으로써 만족감을 갖고 어려움과 좌절감을 극복하는 데 충분한 자극을 받게 된다. 그들은 일을 완성하고 그 조직체를 활기 있게 유지하기 위한 유인체를 소유하고 있다.

2) 자율적 풍토

교사들이 사회적 욕구 만족을 위하여 집단 내에서 방법을 모색하도록 해 주는 거의 완벽에 가까운 자유 보장적인 풍토이다. 업무 수행보다는 사회적인 욕구 만족에 비중을 두며, 높은 친밀성은 개방풍토에 비해 특히 주목된다. 교장의 행동은 높은 정도의 초월성, 낮은 생산성과 정상적 사려성을 가지며, 교장은 스스로 일하고 모범을 보여줌으로써 조직체를 위한 추진력을 마련해 준다. 교장은 행정력을 유지하고 교사들 개인의 복리를 구하기 위해서 특별한 융통성을 지니고 있다.

3) 통제적 풍토

통제적 풍토에서는 과업 수행을 지나치게 중시하고 교사들의 사회적 욕구 충족을 멀리하게 되며, 사기는 저하되지 않으나 직업에 대한 만족감은 주로 과업 성취감에서 얻게 되고 학교장의 행동은 위압적이고 지배적이며 조직 내에서 융통성은 거의 용납되지 않으며, 모든 행위를 자신의 주장대로 해 나가려는 풍토이다.

4) 친교적 풍토

이 풍토의 특징은 교장과 교사들의 우정적인 태도를 나타내는 점이다. 사회적 욕구 만족은 극도로 잘 되나 목적 달성을 위하여 집단의 활동을 지시하고 관리하는 점이 소홀하다. 교사들은 자유방임 상태이고 업무의 성과가 정한 규준에 비해서는 교사들의 성취하는 바가 적다. 그것은, 교장이 그들의 활동을 지시하는 데 있어 거의 통제력을 행사하지 않기 때문이다.

5) 간섭적 풍토

교사들의 사회적 욕구를 만족시키고 조정하는데 있어 교장의 비효율적인 행동으로 특징지워 질 수 있다. 따라서 학교 과업 수행에 교사들이 협조하지 않으며, 과업 성취나 욕구

충족 면에서 부적당한 풍토이다. 교장은 공정성이 결여되어 있으며 자기만이 알고 있는 것으로 여겨, 교사들에게 과업을 강요함으로써 자신의 만족을 얻으려 한다.

6) 폐쇄적 풍토

교장은 교사들을 지도하는데 있어 비효과적이며 동시에 교사들의 복지에 둔감하게 된다. 교장은 교사의 과업을 선도할 능력을 가지고 있지 못하며 자신의 권익만을 보호하기 위하여 교사의 활동을 감정적으로 통제하려 하며, 교사들 상호간의 자유로운 의사소통이나 교사들이 자유로이 모여 교장의 일에 협조하는 것조차 폐쇄된 분위기이다.

나. 학교조직의 이완 결합성(loose coupling)

이완결합의 의미는 조직 내에서 결합된 사건(event)들이 서로 반응적이기는 하지만, 그럼에도 불구하고 각 사건이 자체의 독자성과 물리적 또는 논리적인 분리성의 증거를 가진다는 것이다. 학교조직의 경우 학교 내의 사건이나 현상들은 서로 관련되어 있지만 각각 고유한 속성을 지니고 있으며, 물리적 혹은 논리적으로 구분된다. 즉, 최소한의 상호 의존성만을 지니고 있다.

웨이크(Weick, 1976)는 이완결합에 대하여 조직의 하위요소 들이 서로 연결은 되어 있으나 각자가 독자성을 유지하면서 어느 정도 분리된 모습으로 묘사하고 있다. 코헨(Cohen), 마치(March)와 올센(Olsen)은 한 체제 내에서의 느슨한 결합은 다음과 같은 상황에서 존재한다고 주장했다. 즉 그들은 느슨한 결합을 조직 운영 과정상에서 일어나는 사건들 간의 관계로 규정한다.

첫째, 조직원 개개인의 행동이 조직 전체의 행동에 대해 미치는 영향이 미미할 때, 둘째, 조직의 행동이 조직 환경에 미치는 행동이 미미할 때, 셋째, 조직의 환경이 조직원 개개인의 신념에 의미 있는 영향을 줄 수 없거나, 조직원 개개인의 신념이 그들의 행동을 예측하는 데 도움을 주지 못할 때 등이다.

학교조직은 어느 한 관점으로서 파악하기 어려운 복잡한 조직으로서, 지금까지 학교조직과 운영의 실체를 이해하기 위해 다양한 이론적 관점들이 제시되어 왔다. 관료제 모형, 공동체 모형, 시장 모형, 무정부 모형, 상황 모형 등이 있다. 이러한 다양한 모형들 중에서 특정한 하나의 모형으로 학교조직을 이해하기는 매우 어렵다. 오히려 각각의 개념과 이론들은 서로 배타적인 관계에 있는 것이 아니라, 학교조직의 포괄적인 이해를 위해 서로 상보적인 관계에 있다고 보는 것이 타당하다. 그런 의미에서 학교조직의 이완결합 특성에 대한 올바른 이해는 학교교육의 목표를 효과적으로 달성하는 데 있어 중요한 토대가 된다고 할 수 있다.

교육개혁의 성공을 위해 학교 재구조화가 필요하다고 강조한 정태범(1998)은 학교조직의 이완결합 특성에 대한 올바른 이해의 바탕 위에서 학교교육의 목표를 효과적으로 달성하는 방안으로서 ① 교육의 질적 향상을 위하여 각종 권한의 위임에 따른 학교의 자율성 증진, ② 교육 수요자 중심의 다양한 교육과정의 조장, ③ 개별화 학습을 지향하는 다양한 교수·학습방법의 도입, ④ 교사의 전문성 신장을 통한 교육의 책무성 증대 등을 제시하고 있다. 이러한 지적은 특히 학교조직에서의 자율성과 전문성에 주목하는 이완 결합적 특성과 밀접한 관련이 있는 내용이라고 할 수 있다.

김명수(1997)는 학교 경영의 혁신을 위하여 다음과 같이 제안하고 있다.

첫째, 교육행정기관이 갖고 있던 학사 운영, 재정 인사상의 권한을 단위 학교 운영 주체에게 위임하여 학교를 자율적으로 경영하게 하고, 그 결과에 대하여 책임을 지게 하는 학교단위 책임 경영제의 활성화.

둘째, 체계적이고 전문적인 교원 연수를 통한 교원의 전문성의 계속적인 신장.

셋째, 학교 경영이 민주적이고 효율적으로 운영되도록 하기 위한 의사결정 과정의 교직원의 자율적인 참여 확대 등이 필요하다고 하면서 학교조직에서의 자율성과 전문성을 강조했다.

물론 학교를 이완결합 조직 혹은 관료제적 결합 조직으로 단순히 범주화하는 데는 난점이 있으며 그 판정 기준을 정하는 일도 용이하지가 않다.

1) 결합과 학교조직의 결합 유형

결합(linkage)의 개념을 도입하여 학교조직을 파악하려는 움직임은 1976년 웨이크(Weick)에 의하여 제기된 "이완 결합(loose coupling)"의 개념에 의해 영향을 받은 이후부터 널리 사용되어지게 된다. 학교조직에서의 결합은 학교 내 하위체제와 요인 간에 운영 과정상의 사건들에서 나타나는 구성원들의 상호관련성으로서 학교구조의 한 형태를 설명하고 있다고 할 수 있다.

일반적으로 결합은 두 가지의 의미를 지니고 있다. 첫째, 결합은 조직을 구성하고 있는 하위 체제 혹은 요인 간 관계를 의미한다. 둘째, 진동섭(1989)은 조직 운영 과정상 사건들(events) 간 관계를 주장한다. 즉, 결합은 조직 혹은 그 운영의 구성 요소 간 관계 혹은 상호작용을 의미한다. 결합은 학교조직의 혁신 및 효과성, 교장의 영향력 등과 관련된 학교조직의 중요한 속성이다.

교육 활동 조직에서 기본단위는 학교이다. 더불어 교장과 교사는 교육조직에서 가장 기본적이고 중요한 역할을 담당하고 있다. 따라서 단위학교, 교장과 교사들을 중심으로 학교조직의 결합 특성을 우선적으로 파악할 필요가 있다. 교장과 교사들이 교직수행 과정에서 나타나게 되는 상호작용의 정도나 관계에 의하여 그 결합유형이 다르게 나타난다고 할 수 있다. 학교조직 구성원들의 결합유형에 대한 연구는 〈표 IV-1〉과 같다.

일반적으로 학교조직 구성원들의 결합 유형을 관료적, 구조적, 문화적, 규범적 등의 유형으로 구분하고 하위 요인으로 규칙, 권위, 과업 등을 주 하위 결합요인으로 제시하고 있다. 교장과 교사와의 결합이 권위나 업무 등의 측면에서 이루어질 경우 거래적 관계로 발전할 가능성이 충분히 내재하며, 대화, 자율성, 토론 등의 측면에서 관계가 이루어질 경우 학교조직의 민주적인 풍토와 발전적 교육풍토를 예상할 수 있겠다.

〈표 IV-1〉 학교조직 구성원들의 결합유형

연 구 자	결합 유형	하위 결합요인
Firestone & Wilson	관료적 결합 문화적 결합	규칙, 절차, 권위 관계 신념, 의미, 가치
Miskel 등	구조적 결합 기대 결합	업무 의존, 의사소통, 규율 과정, 교사 고립 노력과 성공관계에 대한 교사들의 예상
Rosenblum & Louis	구조적 결합 규범적 결합	권위와 자율성, 규칙과 규율의 존재 및 집행 동료의식과 토론
Thompson	상호작용 결합 계열적 결합 공유 결합	일의 앞뒤를 인정하는 상황 근무시간 이후에도 수행하던 일을 계속하는 상황 자원을 공유하고 독립적으로 일하는 상황
Weick	기술적 결합 권위적 결합	기술, 과업, 하위 과업, 역할, 영역, 사람 지위, 책임, 기회, 보상, 제재
Wilson & Corbett	문화적 결합 구조적 결합 대인 결합	인식의 공유 권위와 행사, 자율성 토론과 관찰

제15장 교원평가

1. 들어가면서

교원평가가 교육계에 이슈로 부상하고 있다. 2004년 2월 2일 안병영 교육부총리의 교사평가 발언 이후 교육계가 이를 두고 시끄럽다. 이러한 시점에서 우리는 교원평가란 무엇인가?, 학교교육의 질을 보장하기 위한 방법이 반드시 교원평가이어야 하는가?, 교원평가를 통하여 기대하는 바는 무엇인가? 등을 냉철하게 고민해 볼 필요가 있다.

교원이 현재의 공교육 부실과 관련하여 책임을 면할 수는 없겠지만, 공교육 부실의 원인은 교육의 구조적 문제에 있기 때문이다. 교원은 그러한 요소 중의 하나에 지나지 않으므로, 구조적인 개선 없이 교원평가가 이루어진다면, 이는 공교육 부실의 주요 책임을 교원들이 떠맡는 결과가 될 수 있기 때문이다(신상명, 2004).

정부가 왜, 무엇 때문에 교원평가제 도입의 카드를 들고 나섰는가 하는 점이다. 그것은 교육의 질은 교원의 질을 능가할 수 없다는 평범한 믿음을 구체적으로 실천하기 위한 전략에서 나온 것으로, 부실한 공교육을 활성화하는데 교원평가제 도입이 교육의 질 향상을 위한 촉진제로 작용할 수 있다는 믿음이 구체화된 첫걸음이다. 선진국들은 이미 경쟁적으로 교원의 질 향상을 위한 교원평가체제를 강화하고 있음에도 불구하고 우리나라의 경우는 교원의 자질을 검증할 수 있는 잣대로서 교원평가가 제 기능을 다하지 못한다는 비판이 제기된 지 오래되었다.

첫째는 교원평가 제도 및 운용의 불합리성으로 건전한 교직문화가 왜곡되거나 비생산적이다. 교사가 학생을 가르치는 일보다는 승진에만 최고의 가치 부여하고 있으며, 이로 인해 교원평가에 대한 부정적 인식을 유발하거나 교원의 의식구조를 왜곡하거나 평가자체를 경시하는 풍토를 초래하고 있다.

둘째로는 국민의 교육의 질적 담보 장치 욕구가 나날이 증대하고 있다. 즉, 자질 부족 교원으로부터 학생의 학습권 보장요구가 날로 증대함으로써 사회 문제화 되고 있다.

셋째는 교원평가의 공정성·객관성·신뢰성 제고를 위한 새로운 전략이 요청되고 있다. 특히 교육공동체의 일원으로서 교원·학부모·학생 등의 교원평가 참여기회를 확대할 것을 요구하고 있으며, 이는 학생의 배움의 권리는 적극 보장되어야 한다는 국민적 요구를 반영하기 위함이다(전제상, 2003).

2. 교원평가의 배경과 쟁점 고찰

가. 교원평가의 배경: 교육문제 해법의 방향 설정 실패로 인한 정책 발의

공교육 체제에서 학교교육을 담당하고 있는 교원의 전문성과 질 관리에 대한 관심과 노력은 세계 어느 나라에서나 한결같이 중요한 과제이다. 1980년대 이래 각국은 교육개혁에서 교원교육과 현직교육의 질 관리의 중요성을 강조하고 있다. 안병영 교육부총리는 2004년 2월 2일 서울 진성여중에서 열린 '학교교육 정상화 촉진대회'에서 '교직과 학교에 경쟁체제를 도입하는 방안으로 교사평가를 실시 하겠다'고 밝혔다. 이러한 안 장관의 발언은 공교육의 위기는 교사(수업무능)로 인한 것이며, 이러한 교사들에게 당근보다는 채찍을 행사하여 공교육을 바로 세우겠다는 의지로 받아들일 수 있겠다. 안장관의 교원평가 발언이후 지난 17일의 '사교육비경감대책'에서는 교원평가를 위해 기존의 교장, 교감뿐만 아니라 동료교사, 학부모 등이 참여하는 다면평가제를 도입할 예정이라고 발표되었다. 이러한 일련의 교육부 발표는 교원평가를 사교육비 경감 방안의 하나로서 도입한 것으로 해석 할 수도 있지만 공교육의 붕괴 현상, 사교육 번성, 고교 평준화 문제 등 제반 교육문제들을 일선 교사들에게 책임 지우려는 의도가 있다는 인상을 다분히 준다. 진정한 교원평가의 담론은 교사의 전문성과 질의 신장에서 출발하여야 한다. 이러한 출발점에서 나온 정책이 아닌, 현재의 교육문제 해결을 책임 지우려는 의도가 느껴지는 교원평가는 교사들의 신뢰를 받기가 어려울 것으로 생각된다.

교육공동체로서 교사, 학생, 학부모, 교육부, 지역사회 등은 서로 대척점에 놓인 갈등 긴장의 경쟁 관계는 아니다. 교육의 문제는 모두의 문제이며, 따라서 문제 해결의 해법도 이해관계 공동체가 서로 협력하여 풀어나가야 할 것이다. 교육의 문제를 놓고 그 원인을 자신이 처한 입장에서 아전인수(我田引水) 식으로 해석하여 그 잘못을 서로에게 전가하려는 자세는 지양되어야 한다. 교직의 위기를 극복하고 교육의 경쟁력을 높이기 위해서는 교원의 전문성 향상과 질 관리가 무엇보다 중요하다. 더불어 교육공동체 모두의 관심과 노력이 필요하다.

그 동안 교육부(1992)는 교육발전 5개년 계획안에서 새로운 교원평가 제도를 도입하겠다고 제시하였으며, 2000년 교직발전종합방안에서 교원승진, 평가제도 개선을 위해 교원직무수행기준과 교원평가요소와 기준을 재검토하고 학교별로 평가위원회를 구성하는 등 교원평가 제도 개선방안을 제시하였다. 이후 2001년 교육부의 교직발전종합방안(최종안)에서는 직무수행기준 마련이 검토 후 추진과제로 분류되어 있다가 2002년 6월 25일 교육공무원승진규정의 근무성적평정이 개정되었다. 개정된 승진규정에서는 근무성적평정 부분에 대하여 배점 및 평정기간은 종전대로 유지하고 평정요소 및 내용(기준)을 약간 보완하기에 이르렀다[44]. 이러한 현행 교원평가 제도의 문제점은 아래와 같이 네 가지로 요약할 수 있다.

첫째, 교원의 근무성적평가 제도의 목적과 기능이 승진 등 인사행정의 자료로만 활용되고, 자질 및 능력개발과 전문성 향상으로 연계되지 못하였다.

둘째, 평가자가 교장, 교감으로 한정되어 있다.

셋째, 교사평가도구로 사용되고 있는 승진규정상의 교사평정요소와 평가내용 및 기준이 너무 추상적이어서 구체적인 내용으로 제시되어 있지 않다.

넷째, 평가과정과 결과가 비공개로 되고 있어 협의적이지 못하고 절차가 체계적이지 못하다는 점 등이 지적되어 왔었다.

그리고 현행 평가체제에 대한 교원들의 인식에 관한 선행 연구들에서는 교사들은 평가의 실제를 불공정하고 제약이 많은 경쟁, 주관적이고 편파적인 평가, 직무수행과 평가가 불일치하는 평가, 평가 체제의 부정적 결과로 나타나는 인간관계의 약화, 비본연적 업무의 중시, 교사에 대한 통제강화 등으로 인식하는 등의 문제점이 있는 것으로 나타났다.

나. 교원평가의 이론적 쟁점을 통한 문제점 고찰

교원평가에 대한 이론적 쟁점은 [그림 IV-4]와 같이 생각해 볼 수 있겠다. 다섯 가지로 분류된 쟁점을 통하여 그 문제점을 살펴보기로 하자.

교원평가의 쟁점은 첫째, 교원평가의 목적(why; 왜 평가를 해야만 하는가?), 둘째, 교원평가의 주체(who; 교육공동체 중 누가 평가를 주도해야 하는가?), 셋째, 교원평가의 내용(what; 무엇을 평가하여야 하는가?), 넷째, 교원평가의 방법(how; 어떻게 평가를 해야 하는가?), 다섯째, 교원평가 결과의 활용(use & feed-back; 평가 결과의 사후처리는 어떠해야 하는가?) 문제 등으로 생각해 볼 수 있겠다.

---

44) 교사평가 제도 추진일지

1995년: 공무원 대상 성과급제 시행(교원은 제외), 1999년: 정부, 2000년부터 교원 성과급제 시행 방침 발표, 2000년: 교원 성과급제 시행, 2001년 2월~현재: 교원 성과급 경력 순으로 3단계 차등 지급해 논란, 2003년 5월: 교사평가제 등 논의 위한 교육현장안정화대책위원회 출범, 2003년 10월: 교원인사제도 혁신방안 주제 토론회, 2004년 2월말: 한국교육개발원 교원인사제도 개선안 보고서 제출, 2004년 3월 공청회 예정.

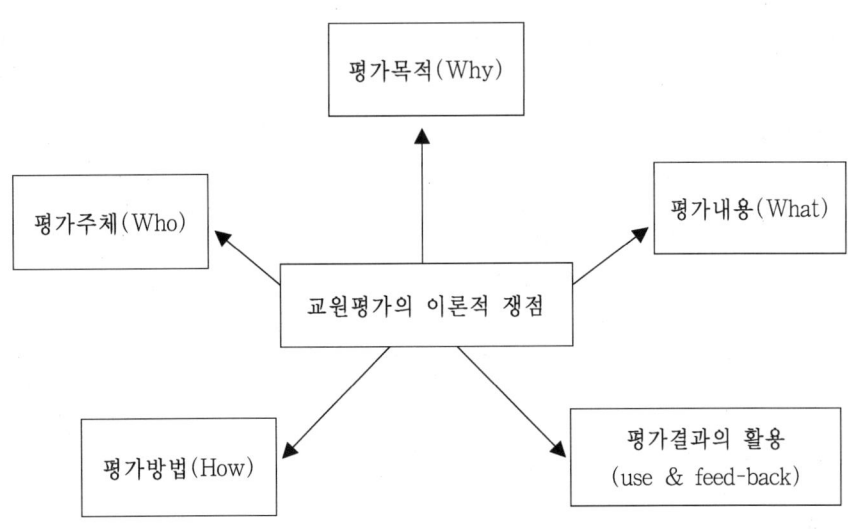

[그림 Ⅳ-4] 교원평가의 5가지 쟁점

교원평가의 목적 부분에서 우려되는 문제점은 평가를 통하여 교육수혜자인 학생, 학부모에게 만족감을 주고, 더불어 교원의 전문성과 질의 향상을 가져와 결국에는 신뢰받는 학교, 유능한 교사를 만들 수 있을 것인가에 명확한 해답이 도출되어야 이해 당사자들이 평가를 수긍하고 받아들일 수 있다는 것이다.

교원평가의 주체 면에서 살펴보면, 과연 누가 객관적이고 신뢰로운 평가자로 참여하게 되며, 이들에 대한 선발 기준과 연수와 어떤 조건으로 평가 업무를 수행하도록 해야 할 지에 대한 명확한 설명이 없는 실정이다. 교원평가로 참여하는 인사로는 교육 행정가, 수요자, 교육전문가 등으로 예상할 수 있는데, 교원평가의 과정과 결과에서 발생하는 이해당사자(stakeholder)간의 불신이 교육의 수혜자인 학생들에게 피해가 가도록 만드는 문제점이 발생할 가능성이 있어 보임을 염려하지 않을 수 없다.

교원평가의 내용 부분에서 예상되는 문제점은 학생의 학업성취, 교수-학습, 생활지도, 업무처리, 학급(교)경영, 교육여건 개선 등 여러 영역 중에서 어느 부분에 강조점을 두어 평가해야 과연 바람직한 교육적인 목적을 도출 할 것인가에 대한 교육 공동체 내의 일치되고 합의된 사항이 부재한 상태라는 것이다. 특히 교수-학습 영역의 평가 부문에서는 상당한 애로점이 예상된다. 7차 교육과정이 지역별, 학교 급별로 다양하게 지역사회와 학교의 실정에 맞게 운영되게 되어 있음에도, 교원을 평가하는 기준이 표준화될 경우 교수·학습 면에서의 획일화 고착을 피할 수 없음을 명심해야 할 것이다.

교원평가의 방법 면에서 우려되는 문제점은 평가의 절차, 평가 자료의 수집방법, 평가 자료의 근거 등의 설정이 무엇보다 중요하다는 것이다. 평가의 준비절차, 평가에 대한 기록, 관찰, 면담, 설문조사 등 평가에 대한 자료 수집방법, 수집된 자료의 평정을 위한 기준의 마련, 평가대상자의 변화 정도에 대한 평가방식 등의 충분한 연구와 합의(consensus)점 도출의 과정도 없이 평가를 시행할 경우에 교원평가가 교사 통제를 위한 도구일 뿐일 것이라는 불신을 잠재우기가 어렵다 하겠다.

마지막으로, 교원평가 결과의 활용 부분에서 예상되는 문제점으로는 교원평가의 목적에 부합하는 방향의 결과 처리와 사후관리가 현실적으로 가능한가에 의문이 간다는 것이다. 평가를 통하여 당연히 교원들에게 시행해야만 할 것으로 보이는 승진이나 본봉, 수당의 인상, 호봉 승급, 표창, 해외연수 기회 부여 등에 대한 충분한 예산이 마련되어 있는지 의문이 간다. 더불어 평가를 통하여 부적격 교원에 대하여 실시하려는 연수 프로그램이 과연 효율적인 장치로 작동할 것인가에 대한 의문도 느껴진다. 교원평가 내용에 대한 명확한 기준과 절차가 부재한 상태에서 부적격 교원을 구제하기 위한 연수 프로그램이 선행하여 개발될 것이라는 생각에는 신뢰감을 가질 수가 없다.

1) 동료평가 및 학부모와 학생평가

새로운 교원평가 제도의 도입과 관련하여 가장 뜨거운 논란이 있는 부분이 다면평가 제도의 도입이다. 동료 교사가 평가할 경우 평가대상자인 교사와 매일 같이 생활하고 있어서 비교적 잘 알고 있다는 장점이 있어 현재와 같이 교장과 교감만이 평가하는 것보다 더 많은 정보를 줄 수 있는 장점이 있다. 그러나 동료평가에서는 평가자의 책무성에 대한 문제를 심도 있게 검토할 필요가 있다. 즉, 평가자가 평가한 결과에 대하여 스스로 책임을 질 수 있느냐의 문제이다. 평가자가 평가주체인데 주체가 책임을 지지 않는다면 평가는 실패할 수밖에 없기 때문이다.

동료교사가 평가자로서 그만큼의 안목과 시각을 가지고 있느냐의 문제도 생각해 보아야 한다. 일부학교에서는 현행의 근무평정제도에서도 동료평가를 첨가하여 시행하고 있다고 한다. 여기에서의 경험을 들어보면, 동료이기 때문에 잘 알고 있을 것 같지만 의외로 좁은 시각으로만 보는 경우가 많다고 한다. 즉, 학교전체 일원으로서의 역할을 보지 못하고, 자기의 동료로서의 역할만 보는 경향이 있다고 한다. 따라서 동료평가가 효과를 거두기 위해서는 평가자로서의 공정성, 그리고 평가자로서의 안목을 여하히 확보하느냐가 관건이 될 것이다.

학생은 교장이나 동료교사가 자세히 볼 수 없는 교실 내 상황을 비교적 잘 알고 있다는 점에서 장점이 있고, 학부모는 평가참여를 통하여 학교에 대한 소속감을 갖는 계기가 된다는 점에서 장점이 있다. 그러나 앞에서 지적한 것 같이 평가자로서의 책무성이 문제가 될 수 있고, 그런 면에서는 동료평가보다도 더 심각한 단점이 된다.

특히 학부모와 학생은 요구사항이 개인적일 가능성이 높다는 점이 우려된다. 학부모의 참여를 주장하는 이들은, 완벽하지 못한 평가자의 참여는 어느 평가 제도나 존재하는 것이며, 또 학부모의 평가자로서의 자질을 지나치게 무시하는 경향이 있기 때문이라고 주장한다. 그러나 이러한 주장에도 불구하고, 그 요구사항이 개인적일 것은 거의 분명할 것 같다. 그리고 평가자로 훈련시키기가 쉽지 않다는 점도 단점이 되며, 동시에 일반적으로 집단의 분위기에 영향을 받아 평가할 수 있다는 점도 우려가 된다. 우리나라의 상황에서 크게 우려되는 것은 평가로 인한 반대급부를 두려워한다는 점이다. 한국 사회의 문화 풍토에서는 학부형이 담임선생님을 평가하면서 혹여 나쁜 점수를 주면 나중에 우리 아이에게 해가 되지나 않을까 우려하는 것 또한 사실이다.

이러한 한계들 때문에 교사평가 제도가 비교적 발달되어 있는 미국에서도, 다면평가가 갖는 이론적 당위성에도 불구하고, 학부모와 학생의 교원평가 참여사례는 많지 않다. 미국 교육연구소가 909개의 교육구(우리나라의 지역교육청 수준)를 대상으로 조사한 결과에 따르면, 교사평가에 학부모가 참여하도록 만들어져 있는 제도가 전체의 1%, 학생평가는 3%, 동료평가가 6%에 지나지 않는다고 한다. 따라서 만일에 학생이나 학부모가 평가자로 참여할 때는, 그들의 평가결과를 전적으로 활용할 것이 아니라, 평가의 일부분으로만 활용하는 것이 바람직하다고 볼 수 있으며, 교사의 교육활동 개선에 참조하는 정도 그치는 것이 옳은 것으로 보인다(신상명, 2004).

2) 평가 결과의 활용

평가결과의 활용 범위는 평가결과를 얼마나 신뢰할 수 있느냐에 달려있는데, 그 신뢰는 평가자인 교원들이 동의하는 정도와 관련된다 하겠다. 교사들이 책임을 져야 하는 부분을 확실하게 해야 그들의 동조를 구할 수 있을 것이다. 결국 교원에게 책임을 묻는 강도는 교원에게 주어진 자율권의 정도에 따라 비례하게 된다. 달리 말해, 교사에게 교육활동에 대한 책임을 지게 하기 위해서는, 교사에게 교육활동에 대한 자율성을 주어야 한다. 자율성이 부재한 상황에서 책임을 지게 하려면 교육청의 지시 사항대로 이행하지 않았다면, 다면평가 등의 방식을 취할 것이 아니라, 상급관청에서 감사 등을 통하여 징계를 하는 것이 옳다. 마찬가지로 동료교사나 학부모를 평가에 참여시켜 부적교사를 퇴출 할 것이 아니라, 임용권자가 책임지고 해임 또는 파면시켜야 한다. 만일 교원에게 자율이 주어지지 않은 상태에서 동료교사나 학부모, 학생을 평가에 참여시켜 교사에게 책임을 묻는다면, 상급관청의 소속 직원 감독책임을 회피하는 격이 될 수도 있기 때문이다. 이 경우 교사는 교육당국의 지침에 따랐을 뿐인데, 학부모나 학생에게 개인적으로 결과에 대한 책임을 지게 되는 상황도 발생할 수 있다(신상명, 2004).

3. 교원평가로 예상되는 결과: 교단 갈등과 교육 공공성의 와해

가. 교단갈등의 조장과 심화

학년말이 되면 전국의 학교에서는 교장과 교감에 의한 교사 평가가 이루어진다. 그런데 이러한 평가에 대하여 신뢰감을 갖는 교사는 별로 없는 것 같다. 평가 결과가 비공개라고 하는 이유도 있겠지만, 대부분의 경우 신규 교사들에게는 낮은 점수가 주어질 가능성이 높고 승진이나 인사이동과 관련해서 필요한 교사에게 후한 점수가 주어질 것이라고 생각하기 때문이다. 그리하여 제대로 된 평가가 이루어지기 힘든 구조적인 상황이 많이 발생한다. 여기서 선, 후배 교사간, 동료 교사간, 교사와 관리자간에 불신이 발생하고 왜곡된 인간관계를 양산하는 것을 많이 목도하여 왔다.

학교 현장에는 각종 교육연구 대회가 있다. 인성교육 연구대회, 교실수업개선 연구대회, 교수·학습 자료 전, S/W공모전, 수업 발표 대회, 학급 경영 사례 공모, 특별 연구 교사, 동교과 수업연구회, 교과 교육 연구 활동 등 이러한 대회에서 입상을 하게 되면 유능한 교사로 인정이 되는 경우가 많다. 그러한 대회에서 우수한 실적을 거양한 교사들 중에는 실지로 실천하는 많은 교사들이 있어 동료 교사들에게 존경을 받는 것도 사실이지만, 일부 교사들은 이러한 대회를 승진이나 근무평정(근평), 이동 등에 활용할 목적으로 행하는 교사도 있어 부작용이 많은 것도 현실이다.

진정 수업에 몰입하여 자신의 학급 학생들을 위해 묵묵히 교수-학습에 전념하는 교사들은 정작 근무평정에서 낮은 점수를 받는 경우가 종종 있다. 교원평가가 현재의 교사 평가와 유사하게 이루어 질 경우 기존에 종종 보아왔던 것처럼 승진이나 근평을 위해 노력하는 교사들이 묵묵히 수업에 몰두하는 교사들보다 후한 평정을 받게 될 가능성이 훨씬 높다고 볼 수 있겠다. 교육 현장에서 함께 참교육을 위하여 고민하고 실현해야 할 동료 교사들끼리 서로가 서로를 평가하여 그것을 승진점수로 쓰거나, 경쟁 질서에서 도태시키는 장치로 활용할 여지가 다분히 내재되어 있다는 것이다. 과연 이러한 평가가 진정 교사의 수업능력과 전문성을 높여줄 수 있을 것인가? 현재 공교육의 위기는 한국 사회에 만연되어 있는 왜곡된 입시풍토, 학벌 위주의 사회, 대학 서열 구조, 사교육 등이 총체적으로 맞물려 이루어진 결과인데 그 책임을 교사들에게 떠다 넘긴다하여 문제들이 해결 될 것인지에 대해 의문을 갖지 않을 수 없다.

'유능한 교사'와 '좋은 교사'에는 분명한 차이점이 존재한다. 유능한 교사는 네 시간 분량의 수업 내용을 한 시간 만에 끝내 버리지만, 반대로 좋은 교사는 한 차시 분의 수업 내용을 가지고 네 시간을 활용하여 지도한다. 유능한 교사와 좋은 교사 중 누가 나은 평가를 받아야 하겠는가?

나. 교육공공성의 와해

교육부는 2004년도에 추진 할 정책으로 교·사대 통폐합, 교원정년 폐지, 교원의 지방직화, 국립대 운영 특별법, 외국교육기관 특별법 등등의 신자유주의적 교육정책을 연이어 검토하고 있다. 교육부의 이러한 발상은 교육을 시장으로 규정하고 교육을 시장 메커니즘이라는 체제하에 두어 운용하고자 하는 것이다. 교사 평가를 도입하려는 교육부의 논리 기저에는 공교육 현장에도 사교육 시장과 같은 경쟁체제를 도입하는 것만이 교사의 질적 성장을 도모하는 유일한 길이라는 인식이 다분히 깔려있다 하겠다. 신자유주의적 교육재편은 교육의 개방화, 시장화와 더불어 교원자격과 평가에 대한 수술을 통하여 신자유주의적 인간형을 양성하기 위한 방향에 초점을 두고 있는 것으로 보인다.

신자유주의 사조의 교육에 대한 철학과 정책은, 공교육에 대한 국가 개입의 축소와 교육비 부담에 대한 전면적인 삭감 조치의 형태를 취한다. 교육자원이나 교육 혜택에 대한 분배는 경쟁을 통해 배분하고자 하며 교육에 대한 질과 수월성의 논리를 보다 전면에 내세우고 이를 추구한다. 이러한 논리는 공공재가 배제 가능성과 대립성이 없는 재화를 뜻함에도 교육은 그렇지 않다는 논리를 전개하기에 이른다. 돈으로 교육서비스를 얼마든지 구매할 수 있는 사교육 시장(학원이나 과외 등)이나 특권층을 위한 사립학교(사립초등이나 자립형 사립고) 등을 설립하여 교육 수혜자에 대한 계층 차별적 교육 욕구를 제공해 주고자 한다.

교원평가도 이와 맞물려 평가의 잣대가 학생의 대학진학, 학업성취, 노동 시장의 취업 등의 기준에 맞추어진다. 여기서는 교육 본연의 모습은 찾아 볼 수 없고, 살벌한 교사간의 투쟁과 경쟁만이 있을 뿐이다. 이러한 경쟁 체제에서는 소수만이 승자로 살아남고 절대 다수의 교사는 패자로 남을 수밖에 없다. 이 다수의 패자들은 전문직으로서의 사명감이나 자부심을 가질 수가 없으며, 사회적인 존경이 없는 교직 환경에서 진정한 교육 가치관을 가진 교사로서의 삶이 아닌 살아남기 위한 학력 신장의 기계 부속품이 되어 가는 삶을 살아야 하는 상황이 연출 될 것이다.

신자유주의 정책의 대표적인 사례로 미국의 경우 레이건(Reagan) 정부에 의한 신우익 정책과 시카고 대의 프리드먼(Friedman)이 제안한 바우쳐 학교 제도(Voucher system: 상품 구입이나 지출에 사용할 신용장과 같은 현금 수표 또는 어음을 지칭한다)와 클린턴 정부의 차터 스쿨(charter school) 제도를 지목 할 수 있겠다. 시작의 의도는 그렇지 않았겠지만 결과적으로 미국 정부에서 실시한 이러한 제도들은 인종간, 계층간의 다양한 문제를 유발하고 말았다. 부시 정부는 2001년 연두교시에서 NCLB(NO child Left Behind) 법을 통해 미국 내 어떠한 인종의 자녀라도 학업에 대하여 지원을 하겠다는 공약을 내어놓았다. 그 만큼 미국의 학생들이 읽기, 수학, 과학 분야에서 국제적으로 많이 뒤쳐져 있고 낙오되어 있다는 말이 된다. 다시 말하면 레이건 정부 시절부터 시행한 신자유주의적 교육정책들과 학생들의 학업 성적의 상관관계는 통계적으로 적다는(무의미) 것이다. 이러한 사실은 교육부분에서의 경제적인 논리 적용은 한계가 있으며, 경제학에서의 함수적인 이론들이 시장이라는 환경적 상황에서 구안해 낸 산물이고 보면 교육의 문제를 처방하는 데에는 태생적인 한계가 있다는 점을 보여 주는 것이다.

교육 공급자(학교)간의 자유 경쟁을 통한 수요자의 요구 충족과 만족 추구는 교육적인 상황에서 가장 비교육적인 처방으로 교육적인 문제를 해결하려는 발상이라 하겠다. 자유 경쟁 하에 놓인 학교 입장에서는 생사를 걸고 학생 유치와 취업을 위해 전심전력을 다하려는 노력을 경주 할 것이다. 교육부분에서 경쟁력의 기준을 무엇으로 설정해야 하느냐에 따라서 신자유주의의 교육부분에 대한 논의의 방향도 달라진다고 본다. 국가와 개인이 바라는 교육의 목적이 인격 완성과 자아실현이라는 정의적 측면의 것이라면 신자유주의 측면에서의 교육 경쟁은 필요가 없어질 것이지만, 학업성취, 취업, 계층상승이라는 인지적, 물질적인 측면의 목적이라면 교육경쟁의 구도는 치열하게 전개될 수밖에 없을 것이다.

4. 교원평가 제도 개선 방안 모색

가. 교사근무성적 평정의 변천과정

우리나라의 공무원에 대한 평가 제도는 1961년 5. 16혁명 이후 논의되어 그 해 10월 제 234호(1961. 10. 22)로 근무성적평정규정이 제정되었고, 이듬해 동 규정의 시행 세칙 요강 (1962. 8. 16)이 발표되면서 시작되었다. 교원에 대한 평가 제도는 1964년에 교육공무원승 진규정(대통령령 제1963호, 1964. 7. 8)의 제정으로 실시되었다.

이 승진규정은 제정 이후 수차례의 부분개정과 1997년의 전문개정, 2002년의 개정 등 모두 19차례의 개정을 거쳐 오늘에 이르고 있다. 교사근무성적평정은 이 승진규정 3장 근무성적평 정(제16조부터 제28조까지)에서 평정의 기준(제16조), 평정자와 확인자(제18조), 평정점의 분 포비율(제21조), 평점의 채점(제22조), 근무성적평정조정위원회(제23조), 근무성적평정의 조 정(제24조), 평정결과의 보고(제25조), 평정결과의 비공개(제26조), 근무성적평정결과의 활용 (제27조), 특별근무성적평정(제28조) 및 별지 제 4호 서식으로 교사근무성적평정표와 평정사 항이 규정되어 있다. 이러한 승진 규정상의 교사근무성적평정제도의 변천사항을 정리하면 다 음 〈표 Ⅳ-2〉와 같다(강인수, 2003).

<표 Ⅳ-2> 교원근무성적평가규정의 변천 사항

구분	1964년 최초 법제정	1972년 개정	1986년 개정	1990년 개정 이후	2002년 개정
평가목적 (제1조)	○ 승진임용에 있어서 인사행정의 공정을 기함				
평가기준 (제16조④)	○ 직위별로 타당한 요소의 기준에 의하여 평가할 것 ○ 평가자의 주관을 배제하고 객관적 근거에 의해서 평가할 것 ○ 신뢰성과 타당성을 보장하도록 할 것 ○ 평가대상자의 근무성적을 종합적으로 분석 평가할 것				
평가준거 및 배점	근무실적(30점) 학급운영 8점 학습지도 8점 생활지도 8점 교육연구 6점	40점	평가요소별 배점을 일률적으로 8점으로 함	자질 및 태도(24점) 교육자의 품성12점 사명의식 12점 근무실적(56점) 학습지도 24점 생활지도 16점 학급경영 16점 으로 개정	자질 및 태도(24점) 교육자로서의 품성12점 공직자로서의 자세12점 근무실적 및 근무 수행능력(56점) 학습지도 24점 생활지도 16점 교육연구 및 담당업무 16점 으로 개정
	직무수행(15점) 기본실력 5점 지도력 5점 창의력 5점	20점			
	직무수행태도 (15점) 책임감 5점 협조성 5점 준법성 5점	20점			
평가분포 비율	우 20% 양 70% 가 10%	수 10%(74점 이상) 우 30%(58~73점) 양 50%(32~57점) 가 10%(31점 이하)	수 20%(72점 이상) 우 30%(64~71점) 미 40%(56~63점) 양 10%(31점 이하)	수 20% 우 40% 미 30% 양 10%	
평가시기	매년 6월과12월 2회 (1965. 3. 5일 개정으로 매년 12월로 개정)	연 1회 12월 말			
평가기간	1년		3년	2년(1994년부터)	
평가결과의 공개	비공개 원칙				

자료: 전제상(2000). 교사평가의 준거개발에 관한 연구. 홍익대학교 박사학위 논문.

나. 개선 방향

교원에 대하여 평가를 하는 목적은 책무성과 전문성 신장 사이의 균형을 적절하게 유지하면서 실시되어야 한다. 교원인사 제도의 개선은 학생의 교육적 성장, 교원의 전문성 신장, 교육공동체의 형성을 통한 학교의 혁신역량 확대, 교원의 책무성 확보, 교원의 삶의 질 향상, 교원 인사의 공정성 확보 등을 목적으로 하여 이루어져야 하며, 이 목적은 곧 교원평가 제도가 지향해야 할 궁극적 목적이기도 하다.

교원평가 제도는 이와 같은 교원인사제도 개선의 목적을 충실하게 이행하는 방향으로 개선되어야 하며, 그 대체적인 방향은 다음과 같다(박상철, 2004).

평가의 목적은 첫째, 교원의 전문적 자질 향상 및 자기 진단과 처방을 위한 정보 제공.

둘째, 교원의 자질 관리, 학교 조직 발전을 위한 자료의 생성. 이며 평가의 내용으로는 교원의 교직생활에 대한 구체적 평가이어야 한다. 평가의 방법은 일정 비율에 의한 강제 할당식 상대평가를 지양하고 다양한 평가 자료 및 방법을 활용하여야 할 것이다.

평가의 과정은 첫째, 평가의 목적, 내용 및 방법 등 평가 전반에 대한 평가자와 피평가자의 상호 협의 강화를 통하여 평가자에게 책임감을 부여해야 하며 둘째, 피평가자는 평가의 기준을 숙지하고 개인과 조직의 발전에 기여하여야 한다.

평가의 주체는 평가자로서의 전문성을 구비하여 평가자의 권위를 확보하여야 하며 평가 과정에서 동료교사, 학생, 학부모 등의 참여를 확대하여야 할 것이다. 평가 결과의 공개 및 활용은 평가결과를 피평가자에게 피드백(feed-back)함으로써 자기 개발의 자료로 활용하도록 하며, 평가의 결과를 누적함으로써 교원의 자질 개발에 지속적으로 활용이 되도록 한다.

평가의 공정하고 객관적인 실시는 다음과 같은 전제가 충분히 고찰되고 만족되어야 할 것이다. 첫째, 교사평가는 어떤 원리에 의해 실시되어야 하는가? (예: 상호의존성, 예견된 평가, 은밀성)

둘째, 장학사, 직속상관, 동료, 학부모, 학생 등 누가 평가자가 되어야 하는가? 그리고 그들은 어떻게 선정되며, 얼마나 많은 교사들을 평가할 수 있는가?

셋째, 평가는 얼마나 자주 이루어져야 하는가? (학기마다, 해마다, 2년마다 등)

넷째, 교사와의 사전 면담 전에 어떤 종류의 준비와 사전 정보가 필요한가?

다섯째, 수업 관찰은 어떻게, 어떠한 방식으로 실시해야 하는가?

여섯째, 평가를 위한 면담은 어떤 형식을 취해야 하는가?

일곱째, 평가 후에 어떤 과정이 수행(feed-back)되어야 하는가?

여덟째, 평가 보고서를 누가 읽을 수 있는가?

아홉째, 학교 수준에서 교사평가를 수행할 수 있을 만큼 충분한 시간과 자원이 주어지는가?

열 번째, 어떤 종류의 외부 지원, 훈련, 자원이 필요하며, 이러한 것들은 현실적으로 실현 가능한 것인가?

다. 현행 평가 제도의 개선 방향

현행 근무성적평정 제도를 앞에서 언급한 교원평가 제도 개선의 기본원칙에 부합하는 방향으로 개선하되, 학생의 성취와 학교의 발전목표와 연관성을 가지며 수업관찰과 같은 증거자료를 확보하고, 관리자에 의해 필요에 따라서는 교원연수원의 기준을 활용하여 평가가 이루어지도록 하고 평가결과는 보수에 연결 될 수도 있도록 해야 할 것이다. 특히 평가 제도의 경우에는 교직사회 전반에 미치는 영향이 매우 크므로 전면적으로 개혁하기보다는 점진적으로 개선하는 것이 타당하다.

1) 근무성적평정(근평) 기준의 명확화

현행 근무성적 평정 시 사용되는 평정의 요소와 기준은 구체적이지 못하여 평가자의 주관과 개인의 경험에 지나치게 의존하는 경향이 있어 교직 사회 전반에 항상 잠재된 불만 요인으로 자리하고 있었다 할 것이다. 현재 교사 근무성적 평정 시 활용되고 있는 평정 요소와 기준은 〈표 Ⅳ-3〉과 같다.

현행 근평 방식은 연말(12월)이 되면 교사에 대한 평가를 실시한다. 교사 스스로 자기 평가서를 기술하고 난 후 교감은 단위 학교 교원들에 대한 근무평정을 자기 평가서에 기초하여 그 동안 1년간의 근무 평정을 하게 된다. 근무 평정에는 다음과 같은 조건이 통상 근무평정에 반영된다. 보직여부(12개 보직; 학년 부장 6개와 업무부장 6개), 대회 입상 실적 여부, 학교교육에 대한 발전과 기여 정도, 드러나고 인정되는 객관화된 실적은 아니라도 모든 이가 인정하는 성실도, 사교성 등등이 근평에 영향을 미치게 된다. 여기서 관리자는 객관화된 평정 요소와 더불어 다소 주관적인 평정 요소도 가미하여 최종적으로 평가를 하게 된다.

〈표 Ⅳ-3〉 현행 근무성적평정 요소와 기준

평정사항	평정요소	평정기준
자질 및 태도	교육자로서의 품성	· 교원의 사명과 직무에 관한 책임과 긍지를 지니고 있는가 · 교원으로서의 청렴한 생활태도와 예의를 갖추었는가 · 학생에 대한 이해와 사랑을 바탕으로 교육에 헌신하는가 · 학부모 · 학생으로부터 신뢰와 존경을 받고 있는가
	공직자로서의 자세	· 교육에 대한 올바른 신념을 가지고 있는가 · 근면하고 직무에 충실하며 솔선수범하는가 · 교직원간에 협조적이며 학생에 대해 포용력이 있는가 · 자발적 · 적극적으로 직무를 수행하는가
근무성적 및 근무수	학습지도	· 수업연구 및 준비에 최선을 다하는가 · 수업방법의 개선 노력과 학습지도에 열의가 있는가 · 교육과정을 창의적으로 구성하며 교재를 효율적으로 활용하는가 · 평가계획이 적절하고, 평가의 결과를 효율적으로 활용하는가

행 능력	생활지도	・학생의 인성교육 및 진로지도에 열의가 있는가 ・학교행사 및 교내외 생활지도에 최선을 다하는가 ・학생의 심리, 고민 등을 이해하기 위하여 노력하고 적절히 지도하는가 ・교육활동에 있어 학생 개개인의 건강・안전지도 등에 충분한 배려를 하는가
	교육연구 및 담당업무	・전문성 신장을 위한 연구・연수활동에 적극적인가 ・담당업무를 정확하고 합리적으로 처리하는가 ・학교교육목표의 달성을 위한 임무수행에 적극적인가 ・담당업무를 창의적으로 개선하고 조정하는가

일반적으로 승진을 목전에 둔 교사나, 나이가 많은 교사, 관리자와 친분이 많은 교사, 전보를 앞둔 교사들에게 많은 점수가 부여된다. 초임교사나 새로 전근하여 부임한 교사에게는 대체적으로 낮은 점수가 부여되어 근평이 실시되고 있는 현실이다. 그리하여 승진을 목표로 교직을 수행하는 교사에게는 근평이 절대적으로 작용하여 학교 일에 보다 적극적이고 열성을 다해 교직을 수행하려는 반면에, 승진을 포기하거나 관리자와 친분이 소원한 교사들은 전반적으로 학교 경영에 소극적인 것이 현실이다. 이리하여 근평이 승진 등 매력 있게 와 닿는 교사들에게는 효율적으로 작동되나 여타의 교사들에게는 책무성을 확보하는 장치로서는 미흡하다는 지적이 있다.

장기적으로는 위의 근무성적 평정 요소와 기준을 평가 가능한 수준으로 구체화, 상세화할 필요가 있으며, 단기적으로는 각 영역별 평가의 객관성을 확보하기 위하여 〈표 Ⅳ-4〉, 〈표 Ⅳ-5〉와 같은 도구들을 활용하여 평가하고 그 결과를 근무성적평정에 반영하여야 할 것이다(박상철, 2004).

<표 Ⅳ-4> 학습지도 영역(예시)

항목		자료·근거	배점	미흡 보통 우수				
수업준비	교재연구를 충실히 하고 있는가?	평상시 관찰	5	1	2	3	4	5
	학습 지도안 작성을 충실히 하고 있는가?	학습지도안검토	5	1	2	3	4	5
수업진행	학습 환경을 적절하게 조성하고 있는가?	학습 환경 관찰	5	1	2	3	4	5
	학생의 동기를 적절하게 유발하고 있는가?	수업 관찰	5	1	2	3	4	5
	수업 주제 및 목표를 명료하게 제시하고 있는가?	수업 관찰	5	1	2	3	4	5
	학습지도안을 잘 활용하고 있는가?	수업 관찰	5	1	2	3	4	5
	적절한 학습지도 방법을 활용하고 있는가?	수업 관찰	5	1	2	3	4	5
	수업 자료와 각종 기자재를 적절하게 활용하고 있는가?	수업 관찰	5	1	2	3	4	5
	발문·의사소통을 효과적으로 하고 있는가?	수업 관찰	5	1	2	3	4	5
수업의 정리 및 평가	수업내용의 정리 및 차시 예고를 잘 하고 있는가?	수업 관찰	5	1	2	3	4	5
	학생들의 학습활동을 적절하게 평가하고 있는가?	수업 관찰	5	1	2	3	4	5
성적관리	신뢰도 높은 문항을 출제하는가?	평상시 관찰	5	1	2	3	4	5
	객관적인 성적처리를 행하고 있는가?		5	1	2	3	4	5
소계			65					

자료: 진동섭 외(1998), 중등학원 교원평가·보상 및 연수체제 개발연구. 서울대학교교육연구소.

<표 Ⅳ-5> 생활지도 영역(예시)

항목		자료·근거	배점	미흡 보통 우수		
생활지도계획	구체적인 생활지도 계획을 수립하고 있는가?	생활지도 계획서 분석	3	1	2	3
생활지도실행	적절한 생활지도 방법을 활용하고 있는가?	생활지도 활동 관찰	3	1	2	3
	기본 생활습관의 생활화를 꾸준히 지도하고 있는가?	생활지도 활동 관찰	3	1	2	3
	적극적인 자세로 생활지도에 임하고 있는가?	생활지도 활동 관찰	3	1	2	3
생활지도결과의 정리·평가	생활지도 과정 및 결과를 제대로 정리·기록하고 있는가?	생활지도 관련 장부검토	3	1	2	3
학생들에 대한 진로 (진학지도)	학생들의 진로(진학) 지도 관련 자료를 최대한 수집·활용하고 있는가?	진학 지도 활동 관찰	3	1	2	3
	조직적·체계적으로 진로(진학) 지도를 행하고 있는가?		3			
소계			21			

자료: 진동섭 외(1998), 중등학원 교원평가·보상 및 연수체제 개발연구. 서울대학교교육연구소.

2) 학습지도 영역에 대한 평정의 강화

교사에 대한 근평의 목적이 상기에서 밝힌 바와 같이 전문성 고양에 초점을 두어야 한다. 여기서 말하는 전문성은 교실 수업에서 드러나고 나타나는 교수-학습 측면에서의 전문성을 말한다 해도 과언이 아닐 정도로 수업과 학습은 그 비중이 막중하다. 그래서 현행 교사의 평정사항인 "근무실적 및 근무수행 능력" 평정 비중을 지금보다 더 상향조정될 필요성이 있으며, "근무실적 및 근무수행 능력" 평정 요소 중에서 "학습지도" 영역에 대한 비중을 현재보다 상향하여 조정되어져야 할 필요성이 요청된다(〈표 Ⅳ-6〉 참조).

〈표 Ⅳ-6〉 교사 근무성적의 평정사항과 요소

평정사항	평정요소
자질 및 태도 (24점)	교육자로서의 품성 (12점)
	공직자로서의 자세 (12점)
근무실적 및 근무수행 능력 (56점)	학습지도 (24점)
	생활지도 (16점)
	교육연구 및 담당 업무 (16점)

3) 교육활동 기술서 체제와 교원근무평가에 대한 전문연구기관의 신설

평가의 과정은 평가자의 입장에서 볼 때, 기관이 나아가야 할 방향과 과업을 피평가자에게 확인시켜 주는 과정이 되어야 하며, 피평가자의 입장에서 볼 때, 자기진단의 기회가 되어야 한다. 그러한 과정은 곧 평가자와 피평가자의 관심사를 하나로 모으고 상호신뢰의 폭을 넓히는 과정으로 활용되어야 한다.

이 목적을 달성하기 위하여 "교육활동 기술서"를 도입한다. 여기서 "교육활동 기술서"는 현행 "자기실적 평가서"를 개선하여 활용하되, 평가자 확인 및 의견 기록 란을 신설하여 운영하도록 한다. 피평가자는 당해연도의 자신의 주요 교육활동 실적을 사례별로 기록하고, 증빙 자료를 첨부하여 제출하도록 한다. 평가자는 교사가 작성한 "교육활동 기술서"의 내용을 확인하고 평가자의 의견을 기록하며, 이를 피평가자에게 피드백 함으로써 교사 자신의 능력 진단의 자료로 활용하도록 한다. 교육활동 기술서는 근무성적 평정을 위한 참고자료로 활용할 수 있으며, 또한 교장 승진임용 대상자 선발 과정에서 심사 자료로 활용할 수 있다(박상철, 2004).

미국 버지니아주 뉴포트 뉴스(newport news) 공립학교의 교사평가 시스템에서 활용되고 있는 교사 자기평가 워크시트는 〈표 Ⅳ-8, 9, 10〉과 같다. 뉴포트 뉴스 공립학교 교사평가 체제에서는 교사 경력 단계별로(초임교사, 계약기간 연장교사, 정년보장교사 등) 차별화된 평가체제가 시행되고 있다. 교사의 자기평가 워크시트는 교사전문성 신장을 목적으로 하는 형성평가와 인사결정을 위한 총괄평가에서 모두 사용되고 있다. 형성평가 과정에서 모든 피평가자(교사)들이 자기평가 워크시트를 기초로 자기평가를 실시하며, 행정가와 함께 형성평가의 적절한 목적을 선정하고(예를 들어 교수방법 개선) 이후 총괄평가단계에서 활용할 수 있도록 결과를 정리하고 있다. 교사 자기평가를 위한 자기평가 워크시트의 체크리스트는 크게 네 가지 영역으로 구성되어 있다. (1) 교과 지식 설계 (2) 교과 지식 제시를 위한 환경 조직 (3) 교과 지식 학습 조장 (4) 전문성 및 지도성 등으로 구성되어 있다(박상철, 2004).

총괄평가에서도 교사 자기평가는 가장 첫 번째 단계가 된다. 형성평가 과정에서 사용된 동일한 교사 자기평가 워크시트가 총괄평가에서도 그대로 적용, 활용된다. 총괄평가에서는 행정가의 수업관찰 이후 교사와 행정가가 협의회를 가지게 되며, 이 협의회에서 교사는 자신이 수집하고 정리한 다양한 평가참고 자료를 행정가에게 제시하여야 한다. 교사-행정가 협의회에서 교사들이 제시하는 자료들은, 예를 들면, 형성평가에서 정리한 자기평가 워크시트를 비롯하여 학교구나 지역사회 봉사활동, 학부모 면담 자료, 전문성 발달 관련 자료 등이 있다.

〈표 Ⅳ-7〉 교사 자기평가 워크시트 Ⅰ(예시)

다음 네 가지 영역에서 자신의 수업을 반성적으로 검토하십시오. 교수 수준을 보여주는 표를 이용하여 자기 평가서를 완성하시오. 목표설정 협의회 동안 행정가(교장)와 모든 영역에 있어 당신의 수행에 대해 토론할 내용을 준비하시오.

Unsatisfactory…불만족　　　　　　Basic…기본
Proficient…능숙함　　　　　　　　Distinguished…매우 뛰어남

영역 1: 교과 지식 설계	U	B	P	D
1a. 교과 내용(content)과 교육학에 대한 지식의 정도				
1b. 학생 관련 지식의 정도				
1c. 수업 목표 설정				
1d. 수업관련 지식의 자원에 대한 소개				
1e. 일관성 있는(coherent) 교수 설계				
1f. 학생 학습정도 평가				
영역 2: 교과 지식 제시를 위한 환경 조직				
2a. 존경과 공감대 형성을 위한 환경 조성				
2b. 뉴포트 공립학교의 신념, 비전, 임무를 지원할 수 있는 학습 환경 조성				
2c. 학급 운영 절차 관리				
2d. 학생 행동 관리				
2e. 물리적 공간 관리				
영역 3: 교과 지식 학습 조장				
3a. 명확하고 정확한 의사소통				
3b. 질의와 토론 기술의 사용				
3c. 학생 참여				
3d. 학생 수행 확인				
3e. 수업 감독과 수정을 통해 유연성과 즉각적인 반응 보여주기				
영역 4: 전문성과 지도성				
4a. 수업에 대한 반성적 사고				
4b. 정확한 기록의 유지				
4c. 가족과의 의사소통				
4d. 학교와 담당 영역에 대한 지도력 공헌				
4e. 전문적인 성장과 발전				
4f. 전문적 능력 보여주기				

자료: Danielson, C. and T. L. McGreal(2000). Teacher evaluation: to enhance professional practice. Alexandria: ASCD, 139.

<표 IV-8> 자기평가 워크시트 II

장점(강점) 영역	성장 가능성이 있는 영역	성장 목표 제시

자료: Danielson, C. and T. L. McGreal(2000). Teacher evaluation: to enhance professional practice. Alexandria: ASCD, 140.

<표 IV-9> 총괄적 평가: 자기평가 요약(선택 사항)

이 양식은 평가자와 초기 총괄평가 협의회를 준비하는데 필요한 기록을 위해 필요한 경우에 사용될 수 있다.			
영역 1	영역 2	영역 3	영역 4

자료: Danielson, C. and T. L. McGreal(2000). Teacher evaluation: to enhance professional practice. Alexandria: ASCD, 144.

교원근무 평가에 대한 전문적인 연구기관이 부재하고, 교육관련 유관기관이나 연구기관에 교육청 및 학교평가 담당 부서와 업무는 있으나 교원평가 부서나 업무는 현재 없는 실정이다. 평정 요소에 대한 전문화된 연구는 교사의 전문적 발달에 도움이 되고, 학습자의 교수력을 지원하는 교사의 능력 개발에 초점을 두고 이루어져야 할 것이다. 전문연구 기관의 설치는 교육청 단위에서 교수-학습 경험과 현장 경력이 풍부한 장학사(관)나 현장 교사, 대학의 교수를 주축으로 하여 다양한 공동체의 의견을 수렴하여 평정 요소를 개발하여야 할 것이다. 그리하여 평가의 기능을 교사들의 자기 개발을 촉진하고, 교사가 자기의 부족한 부분을 발견하는데 도움이 되고, 교사의 업무를 개선하는 자료로, 보수 및 계속 고용에 대한 사항을 결정하는 자료, 승진·전보 등의 결정에 대한 자료 등으로 작용해야 할 것이다(Rebore, 1998).

4) 절대기준 평가체제와 평정점수의 분포비율 설정

등위나 서열 등을 고려한 상대평가를 개선하여 실제로 본인의 근무 성과가 어느 수준과 상태인지 알 수 있고, 이를 본인이 알도록 피드백 하여 부족한 영역에 대한 지도와 노력을 스스로 할 수 있게 하여야 한다. 현재의 상대평가 방식을 하더라도 점수에 따른 인원분포의 강제 배분식을 개선하여 학교규모, 교원 수(직위별·성별 등)등을 고려하여 각 학교의 실정에 맞도록 분포비율을 설정할 수 있도록 개선하여야 할 것이다(강인수, 2003).

5) 동료교사에 의한 다면평가제의 도입

다면평가의 의의는 평가자의 범위를 확대함으로써 평가 과정의 공정성을 높이고 그 결과의 객관도와 신뢰도를 제고하는데 있다. 평가과정을 동료 교사간의 의사소통의 기회로 삼도록 함으로써 학교조직의 발전과 개인의 발전을 꾀하는데 그 의의가 있다. 다면평가의 시행 범위에서는 동일한 공간에서 생활하고 있는 동료교원을 평가자로 포함시키며, 동료에 의한 평가는 동료 간의 위화감 조성, 온정주의적 대처 등의 문제가 우려되는 것이 사실이지만, 동료는 누구보다도 서로를 정확하게 파악하고 있다는 점에서, 그리고 서로에게 좋은 도움을 줄 수 있는 위치에 있다는 점에서, 동료에 의한 다면평가는 도입할 만한 가치가 있다. KEDI 교육정책정보센터의 조사(2004) 결과에 의하면, 동료교사가 교사평가에 참여하는 것에 대하여 초·중등교원의 60.8%, 전문가(교수, 연구원, 장학사)의 69.7%가 찬성 입장을 표명한 것으로 나타났다. 다면평가의 시행 영역은 비교적 시행이 용이할 뿐만 아니라 교사의 직무 중에서 가장 중요한 영역인 "학습지도" 영역에서부터 우선적으로 시행하며, 점차로 그 영역을 확대한다. "학습지도" 영역의 평가를 위하여 평가자에게 수업을 공개하는 것을 적극 검토할 필요가 있다(박상철, 2004).

6) 학생과 학부모의 교사평가

학생 및 학부모에 대한 교사평가는 매우 혁신적인 것으로서 제도 도입에 매우 신중한 접근이 필요하다 하겠다. 학생과 학부모는 교육의 직접적인 수혜자, 고객이라는 점에서 교사평가자로서 역할을 할 수 있다. 특히 학생은 교수활동의 주된 대상으로서 교사의 수업활동을 직접적으로 관찰하고 평가할 수 있는 적절한 위치에 있다. 그러나 학생에 의한 교사평가는 교사의 수업활동 그 자체보다는 교과 선호도나 교사선호도가 교사평가에 영향을 미치며, 학생의 연령 변인이 크게 작용한다는 등의 제한점이 있다. 또한 학부모의 경우에도 학생을 통한 간접적인 교수활동 관찰이 이루어지며 교사에 대해 많은 정보를 가지고 있지 못하며 학부모가 교사의 교육활동을 제한하고 왜곡할 수 있다는 등(학부모의 입시위주 교육 선호)에서 학생에 의한 교사평가보다 더욱 큰 문제가 되고 있다. 우리나라보다 교사평가 제도가 일찍 발달·정착된 미국의 경우도 다면평가(360도 평가)나 교사평가 시 다양한 평가 자료를 활용할 필요성은 강조되고 있으나, 학부모나 학생이 교사평가자로서 참여하는 경우는 매우 제한적이다. 예를 들어 한 조사에 의하면 미국 버지니아주의 11개 학교구중 학생평가와 학부모평가를 채택하고 있는 학교구는 1개에 불과하다(박상철, 2004; 〈표 Ⅳ-10〉 참고).

〈표 Ⅳ-10〉 버지니아주 11개 학교구별 교사평가 자료

학교구	1	2	3	4	5	6	7	8	9	10	11
자기평가		×			×	×					
행정가에 의한 관찰	×	×	×	×	×	×	×	×			
동료교사에 의한 관찰	×		×	×	×				×		
학생 성취도평가 결과	×	×	선택				×			×	×
학생에 의한 평가	×										
학부모에 의한 평가	×										
교사의 보고	×	×	×	×	×	×	×	×	×		

자료: Brandt, R. M(1995). Teacher evaluation for career ladder and incentive pay programs, D. L. Duke (Ed.), Teacher evaluation policy, Albany: State Univ. of New York Press, 20.

미국의 교직단체인 AFT, NEA 등에서도 교장 1인에 의해 제한된 기간 내에 교사의 수업을 관찰하는 전통적인 교사평가를 비판하고 있으나 학부모나 학생이 교사평가자로서 참여하는 것에 대해서는 경계하고 있는 실정이다. 학부모나 학생의 피드백은 교사의 수업활동 개선을 위한 자료의 하나로 활용될 수 있을 것이라는 입장을 견지하고 있다. 따라서 학생 및 학부모에 의한 교사평가는 매우 신중하게 장기적으로 검토되어야 할 필요가 있다. 학생 및 학부모에 의한 교사평가가 실제적으로 교사의 전문성 신장과 수업활동 개선에 도움이 될 것인가에 대해서도 보다 구체적인 검토가 필요하다. 교사의 거부감과 불신이 큰 상태에서 학생 및 학부모에 의한 교사평가를 시행할 경우 부작용은 매우 심각할 것으로 우려된다.

학생 및 학부모에 의한 교사평가의 이러한 한계에도 불구하고, 새로운 교사평가체제에서는 이들의 교사평가 자료를 제한적으로 활용할 수 있을 것이다. 즉, 학생 및 학부모 평가 자료를 승진대상자 선정이나 기타 인사자료로 활용하기보다는 개별 교사들이 자신의 수업을 개선하기 위한 참고자료로서 교사들이 자발적으로 활용하도록 할 수도 있다. 더불어 지금까지 학교에서 학생 평가는 무시되어 왔다. 그 이유는 학생들의 관찰에 대한 교사의 신뢰성이 낮고, 학생들이 지도자를 묵묵히 따르는 경향이 있기 때문이다. 그러나 학생의 수업평가를 전통적 교수 평가의 대안 요소로 고려할 필요가 있으며, 이를 내적 자료로 인정할 수도 있을 것이다(박상철, 2004).

KEDI 교육정책정보센터 조사(2004)에 의하면, 학부모의 교사평가 참여 문제와 관련하여, 교원의 49.0%가 반대 입장을 표명한 반면에, 전문가 58.2%, 학부모 54.3%가 찬성 입장을 표명함. 그러나 이러한 입장 차이에도 불구하고, 학부모의 교사평가 결과 활용 문제와 관련해서는 교원 84.0%, 전문가 60.1%, 학부모 65.6%가 평가의 참고자료로만 활용되어야 한다는 입장을 밝히고 있다. 학생의 교사평가 참여 문제와 관련하여, 교원의 46.7%가 반대 입장을 표명한 반면에, 전문가 59.3%, 학부모 52.2%가 찬성 입장을 표명하였다. 학생평가에 대한 결과의 활용 문제와 관련해서는 교원 81.3%, 전문가 57.3%, 학부모 61.3%가 평가의 참고자료로만 활용되어야 한다는 입장을 표명한 것으로 조사되었다.

교사의 전문성 신장과 더불어 교수와 생활지도, 수업활동 등에 대한 다양한 피드백을 제공하는 것을 목적으로 하는 교사평가에서는 교사들이 활용할 수 있는 다양한 정보와 자료를 제공하는 방향으로 평가가 진행되는 것이 바람직할 것이다. 이러한 점에서 평가자, 평가도구 및 평가 자료의 다양화, 전문화가 필요하며, 평가자에 따라 적합한 평가도구의 개발도 선행하여 이루어져야 할 것이다. 평가 참여자에 따른 장단점은 〈표 Ⅳ-11〉과 같다.

〈표 Ⅳ-11〉 평가참여자에 따른 장·단점 비교

평가자	장점	단점
상급자에 의한 평가	전통적으로 익숙 보다 폭넓은 안목 소유 책임 의식	권위적 자세한 내부사정 파악 곤란
동료에 의한 평가	비교적 정확한 상황 파악 참여를 통한 공동체 의식 고양 실제 도움이 되는 정보 제공	동료간의 위화감 조성 우려 평가결과에 대한 책임의식 미흡
수요자에 의한 평가	비교적 정확한 상황 파악 수요자의 요구와 필요 반영 수요자에 의한 평가의 중요성 참여를 통한 소속감 증대 효과	요구사항이 개인적 평가자로서 훈련 부족 집단의 분위기에 영향 교원들의 거부감 학부모로서 평가 반대급부의 두려움
자기평가	스스로 장단점 파악 개선요소 직접 확인 참여를 통한 공동체 의식 고양	스스로 약점 들춰내기를 꺼림 과대평가나 과소평가 경향 평가방법이 익숙지 않음 편견이 작용

자료: 신상명(2003). 교원평가의 합리화방안. 한국교원교육학회, 국민참여정부 교원정책의 과제, 한국교원교육학회 제39차 춘계학술대회 논문집, 126.

7) 근무성적평가 적용기간의 확대

승진후보자 명부작성에서 근무성적 평정 점수 적용 기간을 현재 보다 대폭 확대하여 근무성적 평정 점수를 최근(명부작성 기준일로부터) 2년 이내에 당해 직위에서 평정한 평정점을 대상으로 하고 있는 것을 다음과 같은 방안으로 확대한다(강인수, 2003).

ㄱ 제도개선이 시작되는 해부터 1년씩 증가하여 최근 5년~10년간의 평정점수의 평균점수를 승진예정자 선발에 반영하거나 현재로부터 연차별 비율을 적용하여 반영하는 방안.

ㄴ 제도가 시행되는 해부터 전 교직기간의 평점점수의 평균 또는 연차별 비율을 적용하는 방안 중에서 하나의 방안을 선택한다.

8) 교장과 교감에 대한 평가의 실시

지금까지 교장과 교감은 평가의 대상으로 포함되지 않았던 학교의 관리 책임자로서의 교장과 교감에 대한 평가를 강화함으로써, 학교 운영에 보다 적극적으로 관여하도록 유도하고, 학교조직 내에서의 관리자의 권위를 확보하도록 해 주어야 한다. 이들 관리자의 평가자로는 시·도교육청에서 평가를 주관하는 것이 타당할 것이다. 나아가 교육연구 기관에 의뢰하여 외부 평가도 생각해 볼 수 있겠다. 이는 보다 객관화된 평가를 가능하게 하고, 정실과 친분에 의한 평가를 차단한다는 장점이 있으나, 학교 사회에 대한 세분화된 평정에는 한계가 있을 수 있다.

평가 과정에 당해 학교의 교사나 일정 비율의 학부모가 참여하도록 권장한다. KEDI 교육정책정보센터 조사(2004)에 의하면, 교사가 교장평가에 참여하는 것에 대하여 교원 69.2%, 전문가 82.5%, 학부모 69.6%가 찬성하는 것으로 나타났으며, 학부모가 교장평가에 참여하는 것에 대하여 교원 38.5%, 전문가 64.3%, 학부모 55.9%가 찬성하는 것으로 나타났다.

평가 내용으로는 교육과정 운영, 인사관리, 재무관리 등 관리자로서의 직무 전반을 평가 내용으로 할 수 있다. KEDI 교육정책정보센터 조사(2004)에 의하면, 교장에 대한 평가 항목 중에서 가장 중요하게 취급되어야 할 것으로서 응답자(교원, 전문가, 학부모)의 72.8%가 교육과정 운영을 꼽았으며, 그 다음으로는 인성 및 태도 48.0%, 인사관리 43.9%, 재무관리 18.1%, 인간관계 11.9% 등으로 나타났다. 교장평가의 영역을 확인하고 그 세부 내용 문항을 개발하기 위해서는 교장에게 요구되는 자질과 역할에 대한 연구 등 학교장의 학교경영 영역에 대한 분석이 병행되어야 할 필요가 있다(〈표 Ⅳ-12〉 참조〉).

<표 Ⅳ-12> 학교장의 학교경영 영역(예시)

영역	하위 영역	주요 내용
교육목표 관리	교육목표, 방침 연간계획, 중점계획	교육목표, 경영목표, 방침, 시책, 당면과제, 특수시책 등
교육조직 관리	교육지도 조직 교무분장 조직 운영협의 조직	학급편성, 담임배정, 특활조직 학생지도, 생활지도 등 교직원회의, 부장회의, 위원회, 협의회
교육과정 관리	교과과정 관리 특별활동 지도 생활지도	시간배정, 관리지침, 운영관리 세부계획, 지도방침, 활동추진 세부계획, 준법적응, 문제아지도
교육조건 관리	인사관리 재무관리 시설·환경관리	복무관리, 근무조건, 이동, 연수, 표창 세부계획, 예산배정, 비용활용, 효과 세부계획, 환경조성, 매체·자료 관리
교육성과 관리	학력·태도 평가 전문성 평가 학교경영 평가	평가영역, 방법, 성과, 지도, 통지 평가영역, 방법, 자료수집, 반성 평가영역, 방법, 자료수집, 결과활용

자료: 정태범(2000). 학교경영론. 서울: 교육과학사, 296.

5. 국외 교원평가의 동향 고찰

교원평가의 목적으로는 일본에서는 교원으로서의 전문성 신장과 책무성 제고, 승진, 급여, 연수 등 인사자료로 활용한다. 미국의 경우는 자격의 갱신과 재임용 등의 자료로 주로 활용한다. 평가의 내용으로는 교장 등의 관리자에게는 관리자로서의 능력을 평가하며, 교사에게는 학생에 대한 수업지도 능력 등을 평가한다. 더불어 교직생활 전반에 걸쳐서 종합적이고 포괄적으로 평가할 수 있는 구체적인 문항을 행동적인 지표로 개발하여 사용한다. 평가 내용 및 기준을 평가자나 피평가자 모두가 명확하게 인식할 수 있도록 하고 있다. 외국의 사례들을 살펴보면 다음과 같다(박상철, 2004).

가) 미국의 사례

평가목적	• 전문성 신장 • 자격갱신 및 재임용의 결정, 성과급 및 보수 인상 결정을 위한 자료 생성	
평가대상	교 장	교 사
평가내용	• 계획 및 평가 • 교육적 지도력 • 교육안전 및 조직경영 • 대인관계 및 지역사회와의 유대관계 • 전문성	• 계획 및 평가 • 수업 • 학습 환경 • 대인관계 및 의사소통 기술 • 전문성
평가방법	• 학교장 자기평가서 작성 • 학교장 승진 후 첫 해 실시 • 이후 4년마다 1회 실시. 단, 조건부 재임용 시 그 다음 해에 실시	• 교사 자기평가서 • 평가자에 의한 교실관찰 • 교사 임용 후 최초 3년간 매년 실시 • 이후 3년마다 1회 실시. 단, 조건부 재임용 시 그 다음 해에 실시
평가자	• 지역담당 장학관(cluster director)	• 학교장(때로는 학교장이 교감 등 다른 평가자를 지명할 수 있음)
결과활용	• 재임용 추천 • 조건부 재임용 추천 • 재임용 취소	• 재임용 추천 • 조건부 재임용 추천 • 재임용 취소

나) 영국의 사례

영국에서 이루어지는 교사평가는 외부평가가 아니라 학교 안에서 이루어지는 내부평가이다. 교사평가는 장학사나 외부인사에 의해 이루어지지 않고, 교사의 직속상관(line manager)에 의해 이루어진다. 이는 학교중심과정(school-centered process)이다(이인효·김주아, 1999).

평가목적	• 교사의 교수기술과 근무실적 향상 • 교사의 직능성장 또는 장래 계획 개선 지원 • 인사자료 생성	
평가대상	교 장	교 사
평가내용	• 학교지도력과 운영 능력 • 학생 학업향상 정도 • 교장이 정해놓은 목표 달성 정도	• 교사 전문성 개발 및 향상정도 • 학생학업 향상정도 • 교사가 정해놓은 목표달성 정도
평가방법	• 평가위원(교사, 직원은 제외), 외부 평가자(학운위에서 임명), 교장이 모여 평가면담. 이때 평가요소의 항목을 검토 • 평가 면담 후 10일 이내에 평가 후 결과보고서 작성 • 결과보고서를 교장에 송부 • 평가에 이견이 있을 경우, 10일 이내에 이의 제기. 이 경우 재평가 실시	• 평가위원은 교사 수업 1회 이상 참관 • 교사와 수행능력관련 상담 • 평가위원, 교사가 모여 평가 면담 • 평가결과보고서 작성→교사에게 제공 • 이견이 있는 경우 이의제기→재평가
평가자		• 학교장 또는 수석교사
결과활용	• 교장 직무 훈련 및 능력 개발 연수에 반영	• 교사 직무훈련 및 능력개발 연수에 반영 • 보수체계인 PRP 제도의 근거로 활용

다) 호주, 캐나다의 사례

	호 주	캐나다
평가목적	• 보상과 징계를 통한 교육의 책무성 제고	• 학생지도 능력 신장
평가대상	모든 영구직 및 임시직 교사	교사 및 보조교사
평가내용	• 평가자와 피평가자의 면담 • 교육활동관찰(학급운영 및 관리, 학생들의 대회 수상 등 특별활동 지도실적, 견학 실적, 자원봉사활동에 의한 기금모집, 소년단 등) • 수업지도안, 교재준비, 과제물, 학습결과 및 성적표 등의 문서 검토	• 담당교과 지도 영역에서 자격이 있는지의 여부 (정부에서 130개 항목 제시)
평가방법	• 3등급으로 평가하며 평가 시 교장과 면담을 통해 평가결과에 상호 합의한 후 서명	• 교사가 매년 자기연찬 계획 수립 • 교사의 자기연찬 계획에 따라 해당 학년도의 평가 항목을 설정 • 방법은 주로 관찰, 면접, 계획서, 보고서 검토 등 • 1년 2회 평가
평가자	교장 또는 주임교사	학교장
결과활용	• 승급, 승진, 월급 수준 조정 • "개선요망"(Need Improvement) 교사는 개선 프로그램 이수, 전근, 교육청 업무보조로 파견	• 승진, 보수, 상여금 등에 적용 • 교사들은 평가에 합격해야하며 자기발전을 위한 권고를 받음 • 불합격 시 자기연찬을 재수립해야 하나 드문 경우임

라) 독일: 바이에른의 사례

	독 일	일 본	
평가목적	• 수업전문성 신장 • 승진, 급여지급 기준 마련	• 능력과 업적에 입각한 인사 관리	
평가대상	평생 고용된 공무원 신분의 모든 교원	관리직(교장, 교감)	관리직을 제외한 교원
평가내용	• 전문교과능력 및 적성, 자격 등 (수업과 교육을 가장 중요시함)	• 직무상황 • 근무상황 • 특성·능력	• 학습지도 • 생활·진로지도 • 특별활동 • 연구·연수 • 학교운영
평가방법	• 수업 내외적인 관찰(사전통보 없는 수회의 수업참관) • 학생과제물 등 문서 검토, 다른 평가인의 의견 참고 • 평가인(교장 등)과 교사의 대화 • 교육위원회 서면 제출 전 교사에게 전달, 토론 • 3주내 이의제기 • 평가주기는 4년이며 시기는 교육부가 결정	• 1차평정→2차평정→최종평정→평정조정 • 1, 2차 평정은 절대평정, 최종평정은 상대평정 • 년 1회	• 자기 신고서 및 업적평가서를 바탕으로 상대평가와 절대평가를 병행 • 년 1회
평가자	교육청 장학사	• 교육장	• 학교장
결과활용	• 승진, 급여 조정 등에 반영	• 승급, 승진, 보수, 인사이동 등	• 승급, 승진, 보수, 인사이동, 연수대 상자 선발, 부적 격 교원 판단자료 • 본인에게 결과공개

마) 싱가포르의 사례

평가목적	• 전문성 신장 • 승진 및 보수 기준 마련
평가대상	모든 교원
평가내용	• 수업 내외적인 관찰(매년 수업 참관) • 평가자와 피평가자의 면담
평가방법	• 매년 1학기 말에 교장이 교사의 수업을 관찰하고 교사와의 면담을 통해 다양한 영역에 대한 평가 실시, 그 결과를 교육부에 보고 • 연수프로그램 및 자격 연수 프로그램과 연계 • 평가 결과는 비공개
평가자	학교장
결과활용	• 승진, 급여 조정 등에 반영

6. 올바른 교원평가 구축의 방향 모색

현행 교원평가는 학교교육의 효과성 거양이라는 측면에서 살펴보면 정보의 제공 경로가 단절되어 학교 조직의 발전을 위해서 제대로 활용되지 못하고 행·재정적인 낭비만 하여 왔다고 볼 수 있겠다. 평가결과가 교육조직의 효과성 증진을 통한 교육의 질적 개선에 활용되기보다는 과열된 승진구조 풍토 속에서 발생할지도 모르는 각종 인사 관리상의 잡음을 차단하기 위한 통제적인 수단으로 기능하여 왔었다. 이로 인해 학교조직에서 교원평가에 대한 부정적인 인식을 유발시켜 왔으며, 결국 교원들의 의식구조를 왜곡하게 하고 평가 자체를 경시하는 풍토를 조성하였다. 따라서 교원평가와 관련된 평가의 개념, 평가의 목적과 기능, 교원평가의 도구와 방법, 평가의 준거, 평가과정, 평가결과의 활용 등 교원평가체제 전반에 대한 방향이 새롭게 정립되어야 함을 강력하게 시사하고 있다. 그리하여 전제상 (2003)은 다음과 같이 올바른 교원평가 구축의 방향을 제시하고 있다.

가. 학교효과성을 가져오는 교원평가시스템의 구축

학교교육의 효과성을 향상시킬 수 있도록 새로운 교원평가시스템이 구축되어야 한다. 교원의 주된 역할은 교수·학습활동이다. 교원평가는 이러한 기능이 어떻게 이루어지고 있느냐를 중점적으로 평가하여 교직사회의 전문성 고양과 활성화에 기여하여야 한다.

교원평가의 목적은 교원의 전문성 개발에 일차적인 목적을 두면서 교원의 인사결정, 성취가 저조한 교원의 확인 등에 다양한 정보를 제공하는 것을 목적으로 해야 한다. 교원평가는 초·중등학교에 근무하는 모든 교원을 대상으로 해야 한다. 국·공립학교 교원은 물론 사립학교 교원에 대해서도 교원평가가 시행될 수 있도록 해야 한다. 평가가 교원들을 통제한다는 인식을 불식시키는 선행 작업이 있어야 할 것이다. 그리하여 모든 교원들이 수긍하는 공평하고 객관적인 평가시스템을 구축하여야 할 것이다.

나. 교원의 전문적 발전을 가져오는 평가

교원평가가 교원의 전문적 발전에 기여하는 환류 체제의 형태로 되어야 한다. 현재의 폐쇄적인(closed) 교원평가체제는 개방적인(open) 교원평가체제로 전환하여 개인의 제반 능력을 객관적이고 공정하게 평가하여 개인 발전의 촉매제로 활용되어야 한다.

교원평가는 교원 개인이 담당한 업무영역 전체를 대상으로 종합적으로 평가하도록 한다. 교원평가는 일반적으로 교원 개인의 업무성취에서 약점을 식별해 내어 교정할 수 있도록 정보를 제공하여야 한다. 그리고 학교에서 교원이 수행해야 할 것을 어느 정도 만족스럽게 수행했느냐를 평가해야 한다. 따라서 교원평가의 평가내용은 교원 개인이 수행해야 하는 업무 전체를 대상으로 하여야 한다. 교수-학습, 생활지도, 교직 업무 수행도 등의 평가를 통해 최종적으로 상정되는 바는 교원의 전문성 향상과 발달에 있다.

교원평가는 직위별로 그 특성 및 평가목적에 적절한 내용을 평가하도록 해야 한다. 직위별 업무수행 영역 및 내용이 서로 상이하기 때문에 평가내용도 각각 달리 설정하도록 해야 한다. 평가자가 평가항목의 개념을 정확하게 이해할 수 있도록 조작적으로 정의하거나 평가항목의 하위요소인 평가지표들을 객관적이고 구체적으로 제시하도록 해야 한다. 교원평가의 평가내용은 학교 및 지역, 교과목별 특성을 반영하도록 해야 한다. 전국적으로 공통적인 평가항목을 설정하되 학교의 특성을 반영하여 학교별 혹은 지역별로 소수의 평가항목을 자율적으로 결정할 수 있도록 해야 할 것이다. 여기서 주의해야 할 점은 전국 단위의 표준적인 평가 항목이 오히려 획일화로 흐를 수 있다. 7차 교육과정에 의해 학교교육과정이 적용되는 현실을 감안하여 지역별, 학년별로 다양한 평정 측도가 개발되어야 할 것이다.

다. 민주적인 참여를 통한 평가

교원평가시스템 구축과정에 있어서 교육공동체의 민주적인 참여가 보장되고 확보되어야 한다. 교원평가의 공정성, 객관성, 타당성 등이 담보될 수 있도록 교육공동체의 각 주체들이 참여할 수 있도록 문호가 확대, 개방되어야 할 것이다. 교원평가체제 관련 법령의 제정은 교원평가는 곧 교원승진이라는 등식에서 벗어나는 계기가 될 것이다. 그러나 현실적으로 이 문제는 교원평가 관련 이해당사자간의 충분한 토의와 협의를 전제로 하는 것이므로 중·장기적인 관점에서 접근해야 할 것이다.

새로운 교원평가시스템이 법적 위상을 정립하게 되면, 그것에 근거하여 교원평가의 목적, 평가내용, 평가방법, 평가자, 평가결과 활용 등에 대해서 본격적인 논의가 전개될 수 있을 것이다. 현실적으로 기관평가 및 학교평가는 법적 근거가 분명하게 만들어진 만큼 이의 연장선에서 교원평가체제의 법적 근거를 현행 초·중등교육법 제9조와 초·중등교육법 시행령 제12조에 구체적으로 명시하는 방안도 고려해 볼 수 있을 것이다. 교원평가체제 구축을 위한 전담부서가 신설되어야 한다. 교육인적 자원부, 시·도교육청 및 시·군 교육청, 학교 단위에서 교원평가업무를 전담하는 기구나 부서를 설치하고 업무영역을 신설해야 할 것이다(전제상, 2003).

7. 결 론

최근 '학교교육 붕괴'의 원인으로 지적되는 것 중의 하나로 윤정일(2001: 2)은 교육여건의 변화에 초점을 두고 산업사회에서 지식정보화 사회로의 급격한 전환, 부모들의 활발한 사회활동과 자녀수의 감소에 따른 과잉보호 등 가정교육의 소홀, 빠르게 변하는 학생들의 발달과 이를 수용하지 못하는 교사 등이 학교붕괴의 원인으로 지적하고 있다. 다시 말하지만 교육의 문제는 어느 한 주체의 문제가 아니며, 더불어 어느 한 주체의 노력만으로 해결이 되지는 않는다. 무능교사에 대한 퇴출 정책도 좋지만, 우수교사에 대한 보상체계를 실효성 있게 제도화하고, 교사 역량 강화를 위한 처우개선, 계속교육 및 재교육기회의 제공, 학교별 자율성 확대 등에 보다 더 관심을 가져야 하겠다.

교원평가는 장기적인 전망을 견지하면서 다양한 접근 방법과 다단계의 전략들을 마련하여 이의 구축이 선행된 후 실시되기를 바란다.

교원평가에 대한 선행 작업으로 다음 사항이 우선하여 시정되어야 할 것이다.

첫째, 2000년 국내 교원 1인당 학생 수는 초등학교가 32.1명, 중학교 21.5명, 고등학교 20.9명 등으로 일본이나 미국, 프랑스 등에 비해 현저히 많아 질 높은 수업(개별화, 수준별 수업)을 할 수 있는 여건이 마련되지 않고 있는 실정이다. 이러한 제도적이고 구조적인 여건의 개선이 있어야 할 것이다.

둘째, 초등 교사들의 경우 1주일에 평균 27.3 시간의 수업을 하면서 공문과 잡무처리(대구시의 경우 국회, 시의회, 교육위원회 등에서 요구하는 감사자료 요구가 무려 2003년도 한 해에 1,079건에 이른다(대구광역시 교육행정체제 진단팀, 2003), 상담활동 등을 하고 나면 질 높은 수업을 준비할 시간이 없는 형편이다. 교원평가 전에 우선 획기적으로 공문을 줄이고, 의무보고 공문을 과감하게 없애야 할 것이다.

셋째, 교육부의 교원 전문성 제고를 위한 처우 개선과 표준 수업시수 제정이 필요하며, 교원평가에 따른 예산을 우선적으로 확보해야 할 것이다.

교직 사회는 기업체와는 달리 갈등, 긴장, 경쟁보다는 협동, 협력, 신뢰, 믿음, 사랑 등이 어울려져야 교육력이 보다 잘 발휘되며 더불어 성장기에 있는 학생들에게 교육적으로도 유익하고 바람직하다.

제16장 교직의 성격과 교원단체

1. 교원의 전문성과 책무성

우리는 현재지식정보자원 사회라는 문명사적 변화의 물결 속에서 살고 있다. 세계 여러 나라들은 20세기의 과학기술의 발달에 따른 산업문명의 시대로부터 21세기의 전자정보 통신의 발달에 의한 정보화의 시대로 변화해 가는 문명의 대전환기에 서 있다. 정보화 시대에는 폭발적으로 증가하는 지식과 정보를 효율적으로 체득하여 삶의 질을 향상시키는 노력을 해야 하며 더불어 국가의 전반적인 경쟁력을 세계 일류 국가의 수준으로 높여야 하는 시점에 와있다. 21세기 지식기반사회의 핵심 성장 동력은 지적자본이며, 지적자본의 3요소인 인적자원, 사회적 자본, 구조적 자본 중에 가장 핵심적인 것이 인적자본이다. 우리나라를 세계 일류국가로 도약시키기 위해서는 창의적이고 도덕적이며 건강한 인재를 많이 길러내고 그들을 효과적으로 활용하는 인적 자원 정책이 중요할 수밖에 없다.

이러한 시점에서 교직사회에 요구되어지는 것으로 교수-학습방법의 개선, 재량활동, 특별활동 등 7차 교육과정의 정상적인 운영과 특기·적성교육의 강화, 인성교육 및 진로교육의 강화, 학교평가의 개선 등이다. 이러한 시점에서 교사들은 교수-학습활동의 전문성과 자율성, 그리고 학교교육의 책무성에 대한 새로운 인식을 가져야 한다.

우선, 전문성과 자율성 및 책무성의 새로운 인식을 수용할 수 있기 위해서는, 지금까지와는 다른 패러다임(paradigm)의 구축이 필요하다. 패러다임은 교육에 대한 종전의 것과는 다른 새로운 사고방식이라고 할 수 있다. 과거 산업화 시대의 교육제도 하에서의 고정적인 관행이나 의식, 권위주의적 사고, 대량생산의 방식 등에서 과감히 탈피하여, 세계화·정보화 시대에 걸맞은 새로운 교육의식, 민주적인 사고, 개별학습의 교육방식으로 전환적인 신사고를 해야 할 필요가 있다. 그러나 우리는 현재의 교육 문제를 교육정책의 획일적 운영에 돌리거나 교원의 의식변화가 없는 것에 돌리기도 한다. 우리의 교육은 아직까지 과거 농경, 산업사회의 패러다임에서 벗어나지 못하고 있다.

따라서 현재와 같은 학교의 구조로서는 고도의 창의력과 높은 지적 능력을 겸비한 인간을 요구하는, 시대에 적합한 인적 자원을 길러내기에 적합하지 못하다고 볼 수 있다. 그러므로 이러한 문제들을 해결하고, 우리가 목표로 하는 21세기의 선진국 대열에 합류할 수 있는 효과적이고 생산적인 교육이 되기 위하여 근본적인 학교교육의 재구조화 즉, 교원의 전문성, 자율성, 책무성이 근간이 된 구조-의 개선이 이루어져야 한다.

교원의 전문성을 기르기 위해서는 자율성이 필수적이고 그에 대한 책무성이 따른다고 할 수 있다. 교원의 전문성과 자율성 증진을 보장하지 않은 상태에서 지나치게 책무성만을 강조하게 되면 일선 교육 현장으로부터 책무성 운동에 대한 거부감과 저항, 평가적 방법의 활용에 대한 반발이 나올 수 있어 결과적으로 역효과를 거둘 수 있다는 점에 우리는 유의해야 한다.

가. 교원의 전문성

21세기 지식기반사회에서는 지식의 창출 및 지식의 활용주체인 인적 자원이 부의 결정요소이며 국가적 차원에서는 이러한 인적 자원개발정책이 국가 경쟁력확보를 위한 핵심전략이 되고 있다. 그러나 물적 자원에 대한 유한성은 인식하면서도 인적 자원의 유한성에 대한 고려는 전혀 없이, 마치 인적 자원이 무한한 자원인 것처럼 계획을 수립하여 집행과정에서 많은 어려움과 혼선에 직면하는 경우가 많다. 즉 물적 자원의 유한성에 대한 인식의 정도는 대단히 높아서 사업계획을 수립할 때 예산소급 및 물자공급 계획은 면밀히 수립하는데 반해, 인적 자원의 수급계획은 소홀히 하여 정책의 효율적 집행이 제대로 되지 않는 경우가 매우 많다.

인적 자원에 대한 개념으로 최근에 부각되고 있는 인적 자원 영향평가는 국가정책이나 사업에 있어서 자원인 인적 자원의 효율적 활용을 위해 인적 자원의 수급관점에서의 타당성과 실현가능성을 사전에 점검하여 정책의 효율적 집행 및 실행가능성을 담보하기 위한 제도이다. 따라서 인적 자원영향 평가는 중앙정부, 지방자치단체, 또는 공공기관이 기획·추진하는 대규모 사업 및 정책 수행에 필요한 인적 자원의 수요를 예측하고 이에 대한 공급 능력을 판단함으로써, 해당 사업 및 정책이 필요 인적 자원의 수급 관점에서 타당성과 실현가능성을 확보하고 있는가를 사전적으로 점검하는 것으로 정의할 수 있다(김신복, 2004).

더불어 인적 자원 개념에 더하여 우리는 전문성을 생각해보아야 한다. 전문성이란 일반적으로 어떤 직업이 가지게 되는 고유한 전문적 지식이나 기능을 가리킨다. 따라서 어떤 직업이든 정도의 차이는 있지만 사명감과 전문성을 지니고 있다고 할 수 있다. 전문성의 일반적인 특징을 살펴보면 다음과 같다.

첫째, 전문직은 해당 전문직의 보전과 고객에 대한 봉사에 충실을 다한다. 전문직은 대중 또는 사회에 대한 봉사성을 본질로 삼는다. 봉사성은 자기 자신의 개인적 이익을 앞세우지 않고 다른 사람의 이익이나 편익을 우선으로 삼는 것이다. 전문직은 봉사성을 넓게 보면 대중 또는 사회에 대한 봉사성을 의미하지만 좁게 보면 전문직의 고객이나 그 구성원에 대한 봉사성도 의미한다.

둘째, 전문직은 과업 수행의 활동에 있어 고도의 자율성을 요하며 동시에 책임성을 수반한다. 전문직은 일반 대중 또는 고객이 가지고 있지 못한 고도의 전문적 지식과 기술을 사용하기 때문에 전문직 종사자는 그의 판단이나 행동에 있어 개인적으로나 집단적으로나 고도의 자율성을 필요로 하며 자율적 판단이나 행동에 대하여는 광범한 책임성이 따른다.

셋째, 전문직은 일정 수준 이상의 성취적인 표준(achievement stan- dard)을 마련한다. 전문직은 그 구성원의 능력과 전문직이 제공하는 봉사의 질을 보장하기 위하여 일정 수준 이상의 성취 표준을 설정하고 이런 성취 표준은 양성 기준, 학력, 자격, 면허, 시험제도나 전문직 단체에 대한 가입 형태 등으로 구현된다.

넷째, 전문직은 전문화된 지식과 기술을 가지고 있다. 전문지식과 기술은 대학 수준 이상의 고등교육기관의 과정에서 전문적 준비교육과 계속적이고도 집중적인 현직훈련을 통해서 획득 연마될 수 있는 것이므로 장기간의 현직훈련을 통해서 획득 연마될 수 있는 성질의 것이다.

나. 전문성의 필요성

교사에게 있어 전문성이 필요한 이유는 두말 할 것 없이 학생의 교육적 성장을 위하는데 필요한 전반적인 전문성 즉, 교수-학습의 전문성, 생활지도의 전문성, 교육활동 수행에 대한 전문성 등을 의미한다.

첫째, 교수학습 방법의 변화를 위해 전문성이 필요하다. 교수-학습에 대한 지도는 가장 중요한 역할로서 아동의 능력과 필요성에 맞는 지식과 기술을 전달하는 기능이다. 단순한 내용을 가르치는 주입식의 교육이 학생들의 사고력과 창의성을 기르는데 한계를 보이기 때문에 교사는 다양한 교수 학습방법을 연구하여 학생들에게 스스로 문제를 해결하는 방법으로 전환하여야 한다.

둘째, 지식 영역의 다양성에 대한 전문성이 필요하다. 정보화 사회에서 폭발적으로 늘어나는 지식을 모두 수용할 수가 없고 그렇다고 단순한 지식을 전달하는 것만으로 학습의 효과를 기대할 수는 없다. 이 상황에는 교사가 할 일은 교육적인 바탕 위에서 학습자에게 지식을 안내하고 가르칠 수 있는 기술이 필요한 것이다. 특히, 7차 교육과정에서 요구되어지는 자기 주도적 학습, 수준별 학습 등을 효율적으로 지도하기 위해서 교사는 자신이 가르치는 분야에 남다른 열정과 전문적인 식견을 가져야 한다.

셋째, 교육업무의 다양화에 따른 전문성이 필요하다. 교사는 자신이 소유한 지식을 전달하기 전에 학생들의 학업성취 정도, 사전 준비도, 인지능력, 수용 능력 등을 고려하여 학생들의 다양한 능력을 향상시켜줄 수 있는 능력이 필요하다.

넷째, 생활지도에 대한 전문성이 필요하다. 생활지도는 교수-학습 못지않게 학생들의 성장발달을 바람직한 방향으로 이끌어 주는 일로 학생들이 당면한 문제를 해결하고 적응해 나가도록 도와주는 과정이라 할 수 있다. 교수와 더불어 교사는 학생의 심리사회적인 성장발달 측면에 대한 이해와, 문제점의 발견과 이에 대한 적절한 처방 능력이 필요하다.

다섯째, 학급경영에 대한 전문성이 필요하다. 학급경영은 교수활동을 제외한 학급 내에서 이루어지는 모든 교육적인 활동을 의미하는 것으로 학급에서 교육의 기능을 보다 충실하고 능률적이며 바람직하게 발휘시키는 것이다. 한 학급의 담임이 되어 1년 동안 문제없이 학급을 경영하려면 새 학기에 치밀한 준비 작업이 필요하다. 학생에 대한 생활환경조사에서부터 청소 업무 분장, 교육활동 실적물 관리, 분단 활동 지도, 청소지도, 각종 학교 행사 참가 및 관리 등 이러한 모든 교육활동은 학생의 학습과 더불어 중요한 교육의 한 축을 형성하고 있다.

다. 교원의 책무성

책무성 이론은 1970년대 미국 경제 활동에 있어서 생산성의 감소와 제품의 질 저하에 대한 책임을 학교교육의 부실로 돌리면서 대두하기 시작하였다. 미국에서의 책무성 운동은 교사 개개인과 학교가 교육활동에 대하여 사회적인 책임을 져야 하는 것으로 교사는 책임감을 가지고 교육활동을 수행하여 그 효과를 최대화하기 위하여 노력할 필요가 있다는 전제하에서 국가적으로 전개된 이론이다. 교육 분야의 책무성 운동은 사회 전반적인 책무성 운동의 일환으로 이루어졌기 때문에 그 배경은 사회 문화적인 요인들에서 그 근원을 찾을 수 있다.

책무성은 개인이나 기관이 그들 스스로가 내린 결정과 실천에 대해 사회적 책임을 지는 활동을 의미한다. 교육에서는 교사, 교육 행정가, 교육 위원들이 그들의 실적에 대해 책임을 지고 그들이 세운 계획의 결과에 대해서 책임을 진다는 것이다. 교원들이 실천한 교육의 결과에 대한 책임 문제는 두 가지 측면을 지닌다.

첫째, 교육 결과에 대한 내부의 책임을 들 수 있다. 이는 교육 결과에 대한 상부의 책임성(responsibility)으로 교육활동에 대한 감사나 평가를 통한 자체 반성과 피드백(feed-back)을 통하여 진행된 교육활동에 대하여 전반적인 교정과 개선, 향후 바람직한 교육활동 수립을 위한 책임을 의미한다.

둘째, 교육 결과에 대한 사회적 책임이다. 이는 교육 결과에 대한 사회적인 책임 즉, 책무성(accountability)이라고 할 수 있다. 학생의 교육활동에 대한 사회적인 공헌과 기여도, 국가 발전에 필요한 인력 충원 등 교육이 사회발전에 공헌해야 한다는 의미를 담고 있다.

학교교육의 책무성 이론은 학교교육의 사회적 기능에 대한 책임을 중심으로 이에는 첫째, 관료적 모형(bureaucratic model)이 있다. 이 모형에서는 학교의 교육활동은 법규에 따라 운영되어야 하고, 그 활동은 법규에 정해진 표준에 맞아야 하며 일련의 절차에 따라야 한다는 것이다. 이는 법규 중심의 학교교육 운영을 말한다.

둘째, 전문적 모형(professional model)으로 이는 교사와 직원은 전문적 지식을 갖고 자격시험에 통과하여 전문적인 자질과 소양을 갖추어야 한다고 본다. 이 모형에서는 교사 중심의 전문적인 학교 경영과 교육을 상정한다.

셋째, 시장 모형(market model)이 있다. 부모와 학생들은 그들이 적당하다고 믿는 과정이나 학교를 선택할 수 있다. 더불어 교육공동체의 주체로서 학교의 의사결정에 참여할 수 있는 공식적인 수단과 기구를 주장한다. 그리하여 고객(client) 중심의 학교교육을 상정한다.

책무성에 따른 교육현장의 문제점으로는 교수-학습의 과정이 교과 지식의 전달에 한정되어 있고, 교육행정 업무가 중시되며, 학습 부진아의 지도를 포함한 수업 장학 등 학습 지도의 교육관리 측면은 소홀히 되고 있다. 지역별로 학교의 특성에 적합한 교육과정 수립이 어렵고, 작성 후 담당자의 잦은 교체로 체계적인 운영이 되지 않으며 더불어 책임감도 부족한 실정이다.

2. 교 권

교원이 전문적 교육활동에 전념할 수 있는 여건조성의 측면에서 자율적인 분위기 보장, 생활보장, 근무조건 개선 등이 포함될 수 있는 적극적인 의미의 교권과 교원의 신분보장, 교권 침해사항 방지 등의 소극적인 개념으로 구분하여 살펴보고자 한다(정진환·이영희, 2001).

가. 적극적 개념의 교권

교권은 교사의 권리로서 이 개념 속에는 적극적으로 교원이 전문적 교육활동에 전념할 수 있는 여건조성의 측면에서 자율적인 분위기 보장, 생활보장, 근무조건 개선 등이 포함될 수 있을 것이다. 적극적 측면에서 교권의 내용을 보다 구체적으로 살펴보면 다음과 같다.

첫째, 교사의 자율권은 교권의 중요한 측면의 하나이다.[45] 그것은 교직이라는 전문직은 그 직업 활동에 관하여 권위를 인정받기 때문이다. 그리고 전문적 능력을 자율적으로 발휘할 수 있도록 여건을 조성해 주고 또 그에 따른 사회적인 수준의 책임이 강조되기 때문이다. 현행 헌법 제31조 제4항에는 교육의 자주성과 정치적 중립성 보장의 원칙과 함께 교육의 전문성 보장을 명시하고 있는데 이것은 궁극적으로는 교육현장에서 바람직한 인간형성에 도움을 주는 교육자의 활동이 자유로워야 하고 창의적으로 그 임무를 수행해야 할 것을 보장하는데 그 이유가 있다고 하겠다. 그러나 현실적으로 볼 때, 교사의 자율성은 학부모의 간섭사례가 빈번하게 제기되고 있고, 획일적인 지시 및 통제가 가해지고 있는 교육과정 및 교육행정 운영, 사립학교 재원에 요구 등 여러 가지 측면에서 많은 제약을 받고 있음을 부인할 수 없다.

둘째, 생활보장 요구권이다. 여기서 생활보장이라 함은 교원이 안정된 생활기반 위에서 가르치는 일에 몰두할 수 있는 여건을 마련해 주어야 함을 말한다. 그러나 교사들이 확고한 교직관과 사명감을 가지고 오로지 교육에만 전념할 수 있도록 제반 여건을 마련해 주지 못한 것이 사실이다. 이러한 사실은 교직의 매력을 떨어뜨리고 교직의 사회적 지위를 상대적으로 하락시키는 주요한 원인이 되고 있다. 그래서 우수한 젊은이들은 봉급이 많고 근무여건도 좋은 소위 장래성이 있다는 직종으로 빠져나갔으며 교직은 이들의 관심이 별로 되지 못한 것이다. 교원의 생활보장은 일차적으로 봉급에 달려있다. 그러므로 교원의 봉급이 획기적으로 개선되어 그들의 안정된 생활기반을 보장해 줄 필요가 있다.

셋째, 근무여건 개선에 관한 요구권이다. 교원이 그들 본연의 임무인 교육활동에 전념할 수 있도록 보장받아야 할 권리 중 다른 하나는 근무여건의 개선이다. 어느 직종에 있어서나 일의 성취와 능률의 극대화를 기하고 만족스럽게 해당업무를 수행할 수 있도록 하기 위해서는 무엇보다도 근무조건의 정비를 필수요건으로 하고 있다. 특히 전문직인 교직의 경

---

45) 그러나 교육기본법 제5조(교육의 자주성) 제1항은 국가 및 지방자치단체는 교육의 자주성 및 전문성을 보장하여야 하며, 지역의 실정에 맞는 교육의 실시를 위한 시책을 수립·실시하여야 한다고 규정하고 있으나 교사의 자율성에 대한 언급은 없다.

우 교육의 효과와 능률을 높이기 위해 적정량의 근무부담이 주어져야 한다. 그러나 교직은 기타 직종에 비해 근무조건이 상대적으로 현저하게 뒤져 왔으며, 잡무과다, 과중한 수업부담 등으로 교육활동에 전념할 수 없게 만드는 제약조건과 현실적으로 부딪히고 있다.

넷째, 복지·후생제도의 확충 요구권이다. 교권의 생활 안정과 함께 가족에 대한 부양책임을 덜어줌으로써 교육활동에 전념할 수 있도록 도와주기 위해 복지·후생제도 확충이 요청되고 있다. 교사들을 가르치는 일에 전념할 수 있게 하기 위해서는 각종 부가혜택이 주어져야 할 것이나 현행 교원의 복지·후생대책은 매우 미흡한 실정에 있다고 하겠다.

나. 소극적 개념의 교권

교권의 개념을 소극적인 측면에서 살펴보면 신분보장, 교권침해사항 방지 등이 포함될 수 있을 것이다. 이를 구체적으로 살펴보면 다음과 같다.

첫째, 소극적 교권이라고 하겠으나 교원의 신분보장은 매우 중요한 측면이라 하겠다. 국가공무원법에서는 공무원의 의사에 반한 신분조치를 금하고 의사에 반한 신분조치를 할 수 있는 한계로서의 당연 퇴직, 직권면직, 유직 정년 등에 관하여 규정하고 있다(국가공무원법 제68조). 교원은 국가공무원법에 의한 신분보장은 물론 교육공무원법에 의하여 일반 공무원보다 더 강력한 신분상의 권리를 보장받고 있다.

교육기본법 제14조에서는 학교교육에서 교원의 전문성이 존중되며, 교원의 경제적·사회적 지위는 우대되고 그 신분은 반드시 보장되어야 한다고 밝히고 있고, 교육공무원법 제43조에서는 교육공무원의 의사에 반한 신분조치를 금지하고 당연 퇴직, 직권면직, 직권휴직, 직권강임, 정년퇴직 등 그들에 대한 신분조치의 법적인 한계와 처분사유 설명서의 교부 및 절차를 명시하고 있다. 또한 교원지위향상을 위한 특별법 제6조에서는 교원은 형의 선고, 징계처분 또는 법률이 정하는 사유에 의하지 아니하고는 그 의사에 반하여 유직·강임 또는 면직을 당하지 아니한다고 규정하고 있다.

교육공무원법 제43조, 제47조, 제48조에서 권고사직 금지, 정년의 연장, 불체포특권 등의 규정에서 보는 바와 같이 일반 공무원보다 더 강력한 신분보장을 규정하고 있는데 이것은 교직의 전문성과 특수성을 인정하는 법제도의 표현이라 하겠다.

그리고 사립학교 교원은 그 임무와 특수성에 있어 교육공무원과 같이 국가와 공법상의 관계에 있지 아니하고 학교법인 등과 사법상의 관계에 있는 점에 양자의 차이가 있다. 그러나 사립학교 교원의 복무에 관해서는 국·공립학교의 교원에 관한 규정을 준용하게 되어있고

(사립학교법 제55조), 신분보장에 있어서도 국가공무원법을 준용하고 있으며(사립학교법 제58조의 2), 교원의 불체포특권도 교육공무원과 마찬가지로 그 신분을 보장받고 있어 교원의 법적 지위 내지 신분상의 권리에 있어서는 공·사립 간에 거의 동일하다. 다만 사립학교 교원의 경우 그 정년에 관한 규정이 없고 학교법인의 독자적인 규정에 일임하고 있다.

둘째, 쟁소제기권 또한 교권의 중요한 일부라고 하겠다. 교육공무원은 위법 부당한 처분을 받았을 때에는 소청 기타 행정상 쟁소제기권을 가진다. 소청은 징계처분에 대하여 재심을 청구할 수 있는 제도인데 여기서는 징계처분권자가 징계위원회의 의결이 가볍다고 인정될 때 불복함으로서 재심을 요구하는 경우와 징계처분 대상자가 징계위원회의 의결이 너무 가중하다고 인정될 때 이에 불복하고 재심을 청구하는 두 가지 경우가 있다.

현재 교육공무원에 대한 징계의 사유는 법령위반, 직무태만, 위신손상 등이 있고, 징계의 종류는 파면, 해임, 정직, 감봉, 견책 등이 있다. 징계처분을 할 경우 교육기관 또는 교육행정기관 의장이 징계사유를 들어 정식으로 징계위원회에 징계를 요구하고 징계위원회는 징계대상자와 징계요구자에게 구두 또는 서면으로 행명이나 진술을 할 수 있는 기회를 주도록 하고 있다. 여기서 파면의 경우에는 임용 제청권자의 요구권자가 행하되 반드시 징계처분 사유 설명서를 본인에게 교부하도록 되어 있다. 이렇듯 징계절차를 세밀하게 정하고 있는 것은 피해자의 신분과 권익을 최대한 보장하려는 데 그 의도가 있다. 그리고 이와 같은 절차는 사립학교 교원의 경우에도 준용되고 있다.

셋째, 불체포특권이다. 교원은 현행범인 경우를 제외하고는 소속 학교장의 동의 없이 학원 안에서 체포되지 아니한다(교육공무원법 제48조 및 사립학교법 제60조). 이러한 교원의 불체포특권은 국회의원과 선거관리위원회의 위원 외의 다른 공무원에게는 인정되지 않는 권리이다. 교원에게 이러한 특권을 인정하는 것은 학원의 자유를 보장하고 교원의 교육 및 연구 활동을 수행함에 있어 권력기관의 부당한 압력을 배제하려는데 그 목적이 있다. 다시 말하면, 수사기관이 비록 형사소송법상 교원을 체포할 수 있는 요건을 갖추었다고 해도 학교장의 허가 없이는 교원을 체포할 수 없도록 하고 있는데 이것은 선량한 교원의 정당한 신분을 보호하고 그 직무수행을 보장하며 학원의 자율성과 불가침성을 강조하는데 특별한 의의를 갖는다. 이러한 특권은 사립학교 교원에게도 적용된다.

넷째, 교직단체 활동권이다. 교사는 교사의 권리를 확보하고 교사로서의 직업을 효과적으로 수행하기 위한 단체 활동을 할 수가 있다. 현행 법규상에는 교원이 상호 협동하여 교육의 진흥과 문화의 창달에 노력하며, 교원의 경제적·사회적 지위를 향상시키기 위하여 각 지방자치단체 및 중앙에 교원단체를 조직할 수 있도록 규정하고 있다(교육기본법 제15조).

교원의 교육회 조직권은 단체행동을 법으로 인정한 것이나 정치적 활동을 목적으로 하는 정치 단체 또는 정당과는 구별되며 파업과 같이 극단적인 쟁의수단이 허용되지 않는다는 점에서 노동조합과 구별된다. 그러나 교육의 발전과 교원 자신들에 관한 제반 정책형성에 있어서 단체교섭, 이익단체, 압력단체이며 국민 모두에게 교육의 기능과 교육의 현안문제 그리고 교육의 과제를 알리는 홍보단체이기도 하다.

3. 교사운동과 교원단체

가. 교사운동

교사운동이 왜 발생하는가 하는 문제는 한 사회체제 내에서 교사가 어떠한 위치에 놓여 있으며 그러한 위치가 특정 국면에서 교사집단으로 하여금 어떻게 행동하게 하는가 하는 문제로서, 특히 교직의 성격 및 교사의 계급귀속성과 관련지어져 논의되어 왔다(장신미, 1998).

교사의 계급성 및 교직의 성격에 대한 입장은 교사의 고용관계와 교육 노동의 성격을 어떻게 보느냐에 따라 노동자 계급이라는 입장과 지식인 계층이라는 입장으로 나누어진다. 시바다신고(芝田進午, 1986)는 국가나 사학재단에 고용된 임노동자라는 교사의 고용관계는 기본적으로 자본주의 사회의 자본, 노동 간의 착취, 피착취 관계를 나타내는 것으로서 교사는 노동자 계급이라고 보고 있다. 심성보(1990, 1991), 김언순(1990)도 비슷한 관점에서 교사를 노동자 계급으로 본다. 이에 대해 한준상(1990)은 교사를 지식인으로 보고 있다.

교사는 학교라는 조직에 고용된 임금 근로자로서 타율적인 작업을 수행해야 하지만, 가르치는 행위에 있어서는 전문성과 동시에 자율성을 발휘하게 되며 후자가 보다 규정적이라는 것이다. 이러한 입장의 차이는 타율적 규제를 받는 피고용자라는 측면과 노동과정에서의 자율성 행사 가능성이라는 측면 중 어느 것이 더 지배적인 규정력을 행사하는가에 대한 해석의 차이에 있다. 노동계급이라고 보는 입장은 전자가, 지식인 집단이라고 보는 입장은 후자가 보다 결정적이다. 이러한 차이는 교육 활동에 대한 노동의 성격에 대한 이해에서도 나타난다.

자본주의 학교 사회체제에서 교사의 직무인 가르치는 행위는 교육노동의 성격에 대한 문제는 교육노동의 지배이데올로기 재생산 기능에 대한 문제로 압축된다. 해리스(Harris,

1982)는 교사가 정치적·이데올로기적 수준에서는 자본가의 대행자이며, 통제와 감독이라는 업무를 통해 자본의 전반적 기능을 수행한다고 본다. 이와는 달리 오즈가와 론(Ozga & Lawn, 1981)은 교사의 직무는 단순히 재생산 또는 교화라고만 보기에는 어려운 복잡한 측면이 존재한다고 본다. 따라서 교육이 자본주의 질서의 존속을 위해 필수적인 기술과 태도를 주입하여 노동력의 재생산수단으로 기능 한다고 해서 교사가 전적으로 이데올로기적 국가기구의 대행자로 활동하게 된다고 보는 것은 근거가 불충분하다는 것이다.

한준상(1990)은 교사는 기존 권력의 매개·전수자임과 동시에 그러한 권력에 대한 비판과 저항적 실천의 담지자일 수 있음을 주장한다. 그리고 그러한 저항적 실천은 노동계급으로서의 교사집단이 아니라 지식인으로서의 교사집단에 의해 가능하다고 본다. 교사의 계급성 및 교육노동의 성격에 대한 이상의 두 입장은 교직의 성격에 내포되어 있는 각각의 측면을 보다 구체화시켰다는 점에서 의의를 지니나 양자 모두 어느 한 가지 일면만을 강조하는 단선적 시각이라는 한계성을 지니고 있다. 즉 전자의 경우 노동과정에서의 교사의 자율성 행사 가능성이라는 측면을, 후자의 경우 타율적 규제를 받는 피고용자라는 측면을 간과하고 있는 것이다(장신미, 1998).

애플(Apple, 1982)은 비판적 교육과정 논의에서 교사의 모순적 계급위치와 교사운동과의 관계를 분석하고 있다. 그는 교직의 프롤레타리아화[46]를 통해 교사운동의 발생을 설명한다. 교사에 대한 관리적 통제와 탈기술화의 진행으로 교직의 프롤레타리아화가 가속화되며 그 결과, 노동과정으로서의 교직 직무 수행과정에서 교사는 통제력을 상실해 간다. 이러한 점증적 통제력 상실은 이에 대처하는 경향성을 발생시켜 노조결성 등의 집단적 움직임을 촉발시키게 된다는 것이다.

라이트(Wright, 1979)의 교사에 대한 계급 분석은 교사의 계급적 위치가 단일한 수준에서 논의될 수 없는 복잡한 성격의 문제임을 보여준다. 교사의 계급위치를 생산관계의 수준과 이데올로기적 수준으로 나누어 교사는 노동과정에서의 통제권의 행사라는 측면에서는 쁘띠 부르조아와 노동계급 사이에 위치하며 부르조아 이데올로기의 정교화와 확산을 위한 기능 담당이라는 측면에서는 부르조아와 노동계급 사이에 위치한다. 따라서 교사는 어느 한 계급에 일방적으로 귀속되지 않으면서 두 가지 수준에서의 계급위치가 일치하지 않는 모순적 계급위치에 있다고 본다. 라이트의 이러한 시각은 교사의 모순적 계급위치가 교사

---

46) '프롤레타리아화'란 자본의 축적과 계급관계의 변화 속에서 발생하는 노동의 자본에의 실질적 포섭과 탈숙련화 과정을 지칭한다. Harry Braverman (1982). Labor and Monopoly Capital. A. Giddens & D. Held (eds.), *Classes, Power and Conflict*, California, 박현우(편역)(1986), 독점자본과 노동, 사회계급론, 서울: 백산서당.

운동의 발생에 동인이 될 수 있음을 시사한다. 그러나 그는 교사의 모순적 계급위치가 왜 교사운동을 발생시킬 수밖에 없는가에 대한 분석은 부재하다.

김기석·류한구(1990), 류방란(1986)은 이러한 라이트와 애플의 논의를 종합하여 이론적 수준에서 교사운동의 발생동인을 추론하고 있다. 교원은 쁘띠 부르조아로도 프롤레타리아로도 볼 수 없는 모순적인 계급위치에 놓여 있다고 본다. 이러한 모순적인 계급 위치에서 기술공학적인 통제에 의해 교직의 자율성이 감소하는 교직의 프롤레타리아화가 진행된다. 노동현장에서 노동자가 그러하듯, 교사들도 프롤레타리아화에 대한 저항으로서 노조를 결성하여 직업적 자존성을 확보하기 위한 집단적 행위를 한다는 것이다.

이들의 논의는 교사의 계급적 위치와 노동과정의 성격에 대해 어느 한 쪽 측면만을 강조하는 앞 논의들의 한계를 극복하면서 교사운동의 발생 동인을 설명할 수 있는 이론적 근거를 제공한다. 하지만, 한국 사회에서의 교사운동의 발생을 설명하는 데에 있어서 이러한 논의는 몇 가지 난점을 갖는다.

첫째, 한국 교육의 경우 기술공학적 체제의 도입 수준은 매우 낮으며 따라서 기술공학적 통제의 증대라는 것은 교육현실과 부합하지 않는다. 한국 교육현실에서는 기술공학적 통제보다 관료적 통제가 훨씬 강하다. 또한 서구의 교사들이 향유하고 있는 직업적 자율성은 한국의 교직현실에서는 찾아보기 어렵다. 따라서 교사운동의 발생을 설명하기 위해서는, 이론적 논의와 함께, 한국 교육현실의 교사 통제의 성격과 이것이 교사들에게 미치는 영향을 파악해야 할 것이다(장신미, 1998).

둘째, 교사운동의 논리와 철학을 통해 교사운동의 발생동인을 살펴보아야 할 것이다. 시대마다 교사의 삶과 문화는 달라져 왔다. 이러한 국가, 시대의 문화, 사회 환경에 따른 교사의 문화와 삶에 대한 충분한 이해가 있어야 할 것이다.

1980년대에 교사운동이 발생되는 기저에는 중등교육의 양적인 팽창과 학생운동의 활성화라는 두 가지 요인이 작용한다. 학생운동의 경험은 교사들로 하여금 교육부문의 '운동'에 대한 인식을 자극하였으며, 중등 교육의 보편화는 '운동'의 중심을 제도교육권 안으로 그 위치를 이동시켰다고 볼 수 있다. 한국 YMCA 중등교육자 협의회와 서울지역 교사 모임은 이렇게 태동되어 가던 1980년대 교사운동의 최초의 조직적 모임이라 볼 수 있다.

80년을 전후하여 유신체제 하의 학생운동을 직·간접으로 경험한 세대들이 교사로 발령을 받으면서 교사운동은 이들에 의해 다시 재개되기 시작한다. 교사운동에 대한 개념 형성조차 되어 있지 않던 당시의 시대적인 상황에서 이들 학생운동 출신자들의 교직진출은 이전 시기 야학운동과 더불어 교육운동이 80년대에 들어 점진적으로 제도권 교육 내로 그 활동의

장이 옮겨지는 패러다임의 변화를 맞이한다. 80년을 전후해 교직에 진출한 학생운동 경험자들을 중심으로 교사들의 조직화를 통한 교사운동의 가능성이 모색되기 시작하는데 그 첫 결실이 「한국YMCA중등교육자협의회」(이하 Y교협)의 창립이라고 할 수 있다. Y교협은 1981년 2월 YMCA연맹 주관의 '청소년 사업 정책 협의회'에서 청소년 지도를 위한 중등교사들의 연구모임을 만들자는 YMCA연맹의 회원이던 교사들의 제의에서 싹튼 것이다. 이러한 제의가 있은 후 YMCA연맹의 실무를 담당하던 간사는 학생운동의 경험이 있고 야학활동을 하던 젊은 교사들을 'YMCA중등교육자협의회'라는 단체를 준비하기 위한 회의에 참석시킴으로써 중등교사 모임이 사회운동 혹은 교육 운동적인 활동을 도모하도록 하였다(장신미, 1998).

1970년대 유신체제 하의 학생운동을 직·간접으로 경험한 교사들의 주도로 결성된 Y교협과 지역모임을 중심으로 80년대 교사운동은 이때부터 점진적으로 형성되기 시작한다. 그리고 이는 중등교육의 보편화 속에서 교육운동의 중심이 제도권 교육 내로 이동하게 되는 과정이기도 하다. 그러나 여기에 참여하는 교사들은 극히 소수로서 교사운동에 대한 명확한 의식이나 철학, 전망을 표출하는 데는 아직도 미흡한 실정이었다. 이러한 가운데 심화되는 교육문제와 국가권력의 지속적인 교사 통제정책은 교사들로 하여금 저항을 유발시키고 시작하고 결국 80년대 중반부터 교육민주화의 요구가 점차 표출되기 시작하였다.

전교조 운동은 합법화를 둘러싼 정부와의 갈등 속에서 정치의 투쟁적인 성격을 강하게 띠어갔다. 그러나 대중적 교사운동으로서의 전교조 운동은 기본적으로 교사집단의 존재조건으로부터 발생하는 자생적 요구들을 추진 동력으로 삼을 수밖에 없었는데, 그 핵심 내용은 참교육 운동, 교내 학교의 민주화, 교원의 사회경제적인 지위의 향상 등으로 요약될 수 있다. 이러한 교사들의 기본적인 요구는 당시의 정치·사회적 조건의 영향 속에서 차별적인 양상으로 쟁점화 되었다.

나. 교직사회화와 교원단체의 필요성

1) 교직사회화

교직사회화라는 용어는 일반적인 사회화 개념을 교사집단을 대상으로 하여 탐구하고자 할 때 사용할 수 있으며, 타 직업 사회집단과 비교하여 교사들의 생활에 국한하여 사회화 과정을 규정하고자 할 때에도 사용할 수 있다. 교직사회화의 개념은 사회화의 개념보다 좁은 의미의 개념으로서 교사가 교직생활을 영위하는 데 관련된 내용에 한정하여 사회화를 규정하고자 할 때 사용한다.

　　① 교직사회화의 개념

　교직사회화는 교사에게 있어서 사회화의 개념과 직업사회화의 개념이 복합된 용어로 볼 수 있다. 따라서 교직사회화의 개념을 이해하기 위해 사회화의 개념과 직업사회화의 개념을 살펴보자.

　사회화의 개념 및 성격 등에 관한 연구는 주로 두 가지 관점으로 대별된다고 할 수 있다.

　첫째, 사회화를 개인의 입장에서 보는 견해로, 그것은 개인이 사람다운 사람이 되기 위하여 각자에게만 특유한 자아성이나 사람됨(인성, personality)을 형성하는 과정이다.

　둘째, 사회의 관점에서 볼 때 사회가 문화적 유산을 후세대로 전승해 가는 과정이 곧 사회화이다(김경동, 1992). 사회화는 개인의 입장에서 보면 개인이 사회적 표준에 따라 자기의 정체(identity), 인성을 형성해 가는 과정이라고 할 수 있고, 사회의 입장에서 보면 그 사회의 새로운 성원으로 성장, 발달해 가는 과정으로 볼 수 있다. 개인은 사회화를 통해 자아를 발달시키고 인성을 형성하며, 사회는 사회화에 따른 문화의 연속성과 사회의 통합을 유지해 나간다. 따라서 사회화는 개인과 사회를 서로 통합시키는 과정이며, 개인과 사회 양쪽의 측면에서 그 개념이 규정되어야 한다.

　직업사회화는 직업인의 발달과정을 사회학적으로 밝혀보려는 사회화 연구의 한 영역으로서, 사람들이 어떤 직업에 취업하고 퇴직하기까지의 과정 속에서 그에게 기대되고 있는 인지적 및 정의적 요소들을 학습하고 습득하는 과정뿐만 아니라 이 과정에서 누구에게 어떠한 영향을 받았는가를 밝히는 일을 주요 관심사로 한다고 볼 수 있다(최성락, 1991). 요컨대, 직업사회화란 개인의 성별과 학력, 부모의 직업 등 배경적 요인에 의해 선택 가능한 직업의 범위가 한정되면서 그 범위 안에서 개인의 관심과 가치관 등에 의해 특정한 직업이 선택되고, 그 직업에 대한 정체의식이 깊어져 가는 과정이라 할 수 있다(시노바 쇼오잔, 1992).

　직업사회화란, 어떤 개인이 하나의 직업을 갖기 이전의 배경적 요인에 의해 직업 선택의 범위가 한정되고, 그 한정된 범위 내에서 선택한 특정 직업의 조직 구성원들과 긴밀한 상호작용을 통해, 그 직업의 역할과 사고 및 행동 양식을 형성하여 성원의 지위를 갖추어 가는 일련의 과정을 말한다(여태전, 1994). 교직사회화는 직업으로서 교직에 필요한 가치관, 태도, 관습, 행동 패턴 등을 획득하는 과정을 말한다. 즉 교사 개개인들이 교직의 구성원이 되어 점진적으로 더욱 더 성숙한 역할을 수행하게 되는 일련의 변화과정이다(Lacy, 1987). 이윤식(1991)은 우리나라에 교직사회화 연구 이론을 소개하고, 그 연구의 필요성을 강조한 선구자적인 역할을 해왔다. 그는 교직사회화를 다음과 같이 진술하고 있다.

> "교사는 교직의 전 기간을 통하여 많은 영역에서 변화를 보이게 된다. 교직에 들어가는 순간부터 그리고 교직생활을 해 나가는 과정을 통하여 교사가 가지고 있는 교육관, 학교관, 학생관, 그리고 교직관 등과 같은 영역에서의 변화뿐만 아니라 학생들에 대한 교과 지도와 생활 지도에 관한 지식, 기능 및 행동을 포함하여 교직 생활에 관련되는 모든 영역에서 변화가 있게 된다. 보다 엄밀하게 보면, 이러한 변화는 이미 예비 교사가 교사 양성 기관에 입학하는 순간부터 일어난다고 말할 수 있다."

교사 양성 기관에서 제공되는 교육과정을 이수하는 과정에서 그들이 가지고 있었던 교직과 관련된 가치관이나 태도를 형성하게 되며, 교직 활동에 필요한 지식, 기능 및 행동을 배운다. 교사들의 변화·발달 과정을 설명하고 이해하기 위하여 국외의 경우 많은 연구가 있어 왔고, 또 다양한 모델들이 제시되어 왔다.

교사발달(teacher development), 교사 교직발달(teacher career de- velopment), 교사 사회화(teacher socialization), 교사의 직업적 사회화(teacher occupation socialization) 등의 용어들이 그러한 연구에서 사용되어 오고 있는 것이다(이윤식, 1991). 요컨대, 교직사회화 과정은 교사교육을 받는 시기부터 교직에 입문하여 교사로서의 역할을 획득하고 학습하여 가는 과정 전체로 본다.

한편, 최상근(1992)은 교사발달이란 말은 사용하지 않고 교사사회화와 교직사회화에 대한 개념을 구분하여 사용하고 있다. 그는 교사사회화란 사회화 개념을 교사 집단을 대상으로 하여 탐구하고자 할 때 사용할 수 있으며, 타 직업사회 집단과 비교하여 교사들의 생활에 국한하여 사회화 과정을 규정하고자 할 때에도 사용할 수 있다고 한다. 반면에 교직사회화의 개념은 이 보다는 좁은 의미의 개념으로서 교사가 교직생활을 영위하는 데 관련된 내용만을 중심으로 하여 사회화를 규정하고자 할 때 사용한다고 본다. 최상근(1992)은 '교사의 사회화'란 개념이 '교직사회화'란 개념보다는 폭넓은 것이라 보고 교직사회화란, 교사로 임용된 다음부터의 과정을 말하고 있고, 교사의 사회화란 "교사입문 과정을 포함하여 교직을 선택하고 교사로 임용되어 퇴직 또는 은퇴하기까지의 모든 과정"이라고 규정함으로써 두 개념을 구분하여 사용하고 있다.

② 교직사회화 단계

　발달의 개념 및 원리에 대한 여러 학자들의 입장을 견주어 볼 때, 성인의 발달 및 그 단계를 규명하고자 할 때에는 유기체론적 입장에서 접근하는 것이 용이할 것으로 보인다. 연령은 발달의 연구에 있어서 핵심적인 연구 변인이다. 연령은 발달단계의 구분·규정을 위한 척도변인으로서 동원되며 이때 연령은 대체로 사회적 연령의 개념이 동원된다(윤진, 1986). 즉, 사회적 연령 규범에 따라 발달 단계가 규정되는 것이며, 이러한 발달단계는 안정적인 상태이면서 동시에 다음 단계로 옮아가기 위한 전환적인 상태인 것이다.

　성인의 발달단계에 대한 규정은 현재 일치된 견해가 부재한 상태이다. 각 발달단계의 연령분포의 정도에 따라서 연구자들 간에도 큰 차이를 보이고 있다. 어떤 연구자들은 성인기를 3~4단계로 구분하여 연령분포가 15년 내지 20년씩으로 폭넓게 규정하고 있는가 하면, Levinson(1978)은 성인기를 크게 3단계로 구분하고 있지만, 각각을 다시 세분하고 있으며, 30세, 40세, 50세 등 세 번의 과도기를 설정하고 있다. 사회적 연령은 교직사회에로 탐구대상을 맞추었을 때 경력별 시간대(career timetable)의 개념으로 전환이 가능한 것으로 보인다(최상근, 1992). 교직사회화의 발달단계 모형으로 단순·직선적 발달모형과 복합·순환적 모형이 있다.

　(ⅰ) 단순·직선적 발달모형.

　단순·직선적 발달모형을 따르고 있는 교사 발달 단계론은 크게 세 가지 유형으로 구별될 수 있다. ㉠ 교직 이전단계에서부터 발달단계를 규정하고 있는 부류, ㉡ 교직 첫해부터 발달단계를 규정하되 짧은 기간동안에 대해서만 규정하고 있는 부류, ㉢ 교사생활 전체에 걸쳐서 발달단계를 규정하되 교직 경력보다는 연령으로 접근하고 있는 부류가 그것이다. 자세히 살펴보면 다음과 같다.

　㉠ 교직 이전 시기 포함 모형

　교직 이전 단계를 교사 발달 단계에 포함시키고 있는 학자로는 Fuller (1969), Unruh & Turner(1970), Fuller & Bown(1975), 그리고 권낙원 외(1998)를 들 수 있다. 이들은 교직 이전 단계를 교사발달 단계에 삽입시키고 있다.

첫째, 교직 이전 단계의 시기를 주요 교원 양성기관에 한정짓고 있으며, 이 단계에서의 특징을 기술하는데 별 다른 특이점을 밝히지 못하고 있다.

둘째, 발달단계를 설정하는 경력 기간이 모두 교직 초기에 한정하고 있어서 교사의 전 생애에 걸친 발달 특성을 규명하지 못하고 있으며, 3-5단계로 규정하고 있는 발달 단계별 특성이 거의 유사함을 보여 주고 있다.

셋째, Fuller의 연구와 Fuller와 Bown의 연구는 교사의 관심이 생존→안정→숙련의 방향으로 옮겨간다고 기술하고 있다.

이 발달 모형에서는 교직 초기의 발달 특성을 구체적으로 기술하고 있을 뿐만 아니라 사실상 교직초기 단계에서의 발달이 향후 교직생활에 크게 바탕을 이룰 것이라는 점에서 주목할 만한 가치가 있다.

○ 교직 첫해 시작·단기 모형

교직 첫해 시작·단기 모형이전 단계를 교사 발달 단계에 포함시키고 있는 연구자로는 Katz(1972), Gregorc(1973), Burden(1990) 등을 들 수 있다. 교직 첫해 시작·단기 모형에서 나타나고 있는 주요 특징들을 살펴보면 다음과 같다.

첫째, 교사발달 단계를 3-5단계로 규정하고 있으며, 생존단계→성장단계→성숙단계의 발달방향을 상정하고 있다.

둘째, 대부분의 교사발달 연구자들은 각 단계의 특성을 상징하는 개념을 단계 명칭으로 사용하고 있다.

○ 연령별 접근·장기 모형

연령별 접근·장기 모형은 교직의 전 생애에 걸쳐서 교사발달 모형을 규정하고 있는 모형으로 이에는 Newman(1978), Peterson(1978), Webb와 Sikes(1989), 신인숙(1991) 등을 들 수 있다. 연령별 접근·장기 모형에서 나타나고 있는 주요 특징들을 살펴보면 다음과 같다.

첫째, 앞에서의 단기적 모형에서 다루지 않고 있는 중년기·노년기 교사의 발달 특성을 보여 주고 있다.

둘째, 학교사회의 특수성을 반영하여 교사 발달단계를 설명하고 있어서 교직사회화 연구에의 시사점 또한 크다.

셋째, 노년기 교사에 대한 연구는 대체적으로 사변적인 수준에 그치고 있다. 그리하여 장기적인 접근의 의미가 약한 것이 단점이다. 신인숙(1991)은 한국 사회에서 교사들이 경험하게 되는 주요 교직 경험을 추출하여 각 단계별로 구분하고 있다.

〈표 Ⅳ-13〉 교직 이전 시기 포함 모형

연구자	교직사회화 단계	내 용
Fuller(1969)	① 교직 이전단계(Pre-teaching phase)	특정한 관심사 없는 단계
	② 초기교직단계(early teaching phase)	자아에 대해 관심을 기울이는 단계
	③ 후기 경력단계(late concerns)	학생에 대해 관심을 기울이는 단계
Unruh & Turner(1970)	① 교직 이전시기(the preservice period)	교사양성 기관에서 교육을 받는 시기
	② 초기교수시기(the initial teaching period)	학생훈육, 수업조직, 교육과정 개발 및 전체 교직원으로부터 인정받는 문제에 관심
	③ 안전구축시기(building security)	교직자체에 만족과 안정감을 느낌 지식과 배경의 향상에 노력
	③ 성숙시기(maturing period)	교직생활에 높은 능력 및 다른 영역에도 흥미와 관심을 넓혀감
Fuller & Bown(1975)	① 교직 이전 관심단계(state of preteaching concern)	특별한 관심이 없는 단계
	② 교직 초기 생존관심단계(early concern about survival)	자기 자신에 관심을 기울이는 단계
	③ 교수 상황 관심단계(teaching situation concern)	교수 상황에 관심을 기울이는 단계
	④ 학생에 대한 관심단계(concern about students)	학생의 학업성취에 관심을 기울이는 단계
권낙원 (1990)	① 직전교사	학생지도의 이론과 실제를 터득하는 단계
	② 초임교사(1년차)	실제 상황에서 수업 단계
	③ 발전교사(2~3년차)	교과내용 심화학습, 문제 스스로 해결 경향
	④ 실습교사(3~8년차)	교직 적응 단계, 문제 스스로 해결
	⑤ 숙련교사(8년 이상)	완숙 단계, 전문직 등에 대한 관심 증대

〈표 Ⅳ-14〉 교직 첫해 시작 단기 모형

연구자	교직사회화 단계	내 용
Katz (1972)	① 생존단계(1년간)(survival stage)	교육현장의 문제 처리에 관심 및 우려
	② 보강단계(1~3년간)(consolidation stage)	경험과 지식보완, 개개의 아동에 관심
	③ 갱신단계(3~4년간)(late concerns)	학생에 대해 관심을 기울이는 단계
	④ 성숙단계(5년 이후)(maturity stage)	교사로서 완전한 자신감과 경험을 나누는 시기
Gregorc (1973)	① 형성단계(becoming stage in a teacher's life)	나름대로의 교육목적, 가르치는 행위, 교사의 역할기대 등의 개념을 발전시킴
	② 성장단계(growing stage in a teacher's life)	학교 및 교사의 역할기대에 기대수준에 한하여 교직에 임함
	③ 성숙단계(maturing stage of being a teacher)	기대수준 이상으로 교직에 헌신을 보이고 기존의 개념을 점검해 봄
	④ 완숙 전문단계(the fully functioning professional)	교육활동에 적극적 헌신, 최대한의 가능성 실현 위해 노력
Burden (1979, 1983)	① 생존단계(1차년)(survival stage)	교직 첫해, 교과중심적, 자신감 결여
	② 적응단계(2~4년차)(adjustment stage)	계획, 조직, 아동, 교과과정과 방법 등에 대하여 많은 것을 발견하는 시기
	③ 성숙단계(5년 이상)(mature stage)	가르치는 일에 편안함을 느끼고 교수환경을 정확하게 이해

<표 Ⅳ-15> 연령별 접근·장기 모형

연구자	교직사회화 단계	내 용
Newman (1978)	① 10년 이하의 경력단계	학교, 수준, 교과에 있어서 여러 가지 변화
	② 11년~20년 경력단계	근무학교, 담당학년, 교과목 자리 잡음
	③ 21~30년 경력단계	근무환경 등 안정성 유지, 약간 불만족 ,은퇴문제
Peterson (1978)	① 20대	학교환경에 어떻게 적응하며 생존할 것인가를 익힘
	② 30대	교사의 기능습득 및 계속적 발전
	③ 40대	교직에서 가장 행복했던 시기
	④ 50대	은퇴문제 생각
	⑤ 60대	교직의 마무리 및 은퇴
Webb & Sikes (1989)	① 초기 성인기(21-28세)	입직과 사회화
	② 30대 전환기(28-33세)	재평가와 연계성
	③ 정착단계(33-44세)	옛 기능을 사용하면서 새로운 기능을 발견
	④ 50대 전환기(44-55세)	자신의 성취를 평가
	⑤ 60대(55-은퇴까지)	실적조사 및 자기수용
신인숙 (1991)	① 교직적응 경험단계	교직업무 습득, 점차 역할지각 인식
	② 능력개발 경험단계	교수활동에 필요한 지식 개발, 심화
	③ 갈등 및 좌절 경험단계	교직에 대한 회의와 불만감
	④ 승진지향 경험단계	상위직급 승진을 위한 자기성장 노력
	⑤ 보람 및 긍지 경험단계	교직에 대한 만족감과 보람, 헌신

(ⅱ) 복합·순환적 모형.

이 모형에서는 교사발달을 순환적, 역동적 관점으로 보고 있는 Burke & Ressler(1984)의 연구와 복합주기에 따라 발달하는 것으로 규정하고 있는 Huberman의 연구를 살펴보자.

㉠ 순환적 모형

Burke & Ressler(1984)는 관련 선행연구에서 제시되고 있는 발달단계에 성인의 성장 발달 이론을 병합시키고 있다. 그들의 교사발달 순환모형은 사이클로서의 교사발달의 개념이다. 그 발달에 영향을 미치는 개인적, 조직적 요인의 파악이 포함되고 있다. Burke & Ressler (1984)의 발달모형의 특성은 순환적, 역동적 관점을 취하고 있기 때문에 해당 교직

경력의 시기를 구별하여 제시하지 않고 있는데, 이는 교사발달 연구에서 가장 취약점이라고 볼 수 있다.

 ⓒ 복합주기 모형

 Huberman(1989)은 재직 기간 중 행정 책임을 갖지 않고, 평교사 경험만을 가지고 있는 중등학교 교사들을 대상으로 하여 교사들의 발달 단계와 특성을 분석·기술하였다. Huberman(1989)의 복합주기 모형의 특성은 복합주기를 적용하고 있기 때문에 교사 발달의 보다 다양한 측면을 포괄할 수 있다는 장점을 갖고 있는데 반하여, 안정화 단계 이후 나누어지고 있는 발달단계를 실제 경험적으로 밝혀내는 문제가 용이하지 않다는 결점을 갖고 있다. 순환적 발달모형과 복합주기 발달모형은 발달단계와 특성만을 비교하여 보았을 때 대체로 유사하다. 다만, 발달단계에 대한 개념적 출발점의 차이로 인하여 그 모형을 달리하고 있을 뿐이다.

〈표 Ⅳ-16〉 순환 모형

연구자	교직사회화 단계	내 용
Burke & Ressler (1984)	① 교직 이전 단계(preservice)	특정한 직업적 역할을 준비하는 시기
	② 교직입문 단계(induction)	교원으로 임용된 초기 몇 해 시기
	③ 능력구축 단계(competency building)	교수 기술과 능력을 향상시키려고 노력하는 시기
	④ 열중·성장 단계(enthusiastic and growing)	높은 능력수준 다다른 후 계속 전문성 향상을 위해 노력하는 시기
	⑤ 직업적 좌절 단계(career frustration)	가르치는 일에 대한 좌절감, 회의감 느끼는 시기
	⑥ 안정·침체 단계(stable but stagnant)	현실 안주, 현실에 안주하려는 시기
	⑦ 직업적 쇠퇴 단계(career wind-down)	교직을 떠나려고 준비하는 시기
	⑧ 퇴직 단계(career exit)	교직을 떠나는 시기

<표 Ⅳ-17> 복합주기 모형

연구자	교직사회화 단계	내 용
Huberman (1989)	① 생존 및 발견 단계(survival and discovery)	직업생활의 입문단계에서 겪는 여러 경험
	② 안정화 단계(stabilization)	지시적 장학으로부터의 자유, 수업지도의 통달
	③ 실험주의와 행동주의 단계 (experimentation)	새로운 도전, 새로운 자극을 찾는 시기
	④ 재평가-자기의심 단계	교직 12-20년 경력사이의 의식과 환멸에 대한 재평가
	⑤ 평정 단계(serenity)	45-50세 연령집단의 자기수용적인 특성
	⑥ 보수주의 단계(conservation)	55-60세 연령집단의 신중에 대한 고집
	⑦ 이탈 단계(disengagement)	61세 이상 된 교사들의 반성적 시기

③ 교직사회화 모형의 종합 및 시사점

교사가 입직하여 경험하는 교직사회화 단계로서 비교적 공통적으로 지적되고 있는 것으로는 다음의 여덟 가지로 집약할 수 있다(최상근, 1992)

<표 Ⅳ-18> 교직사회화 과정 단계

교직사회화 단계	내 용
① 생존 단계	이 단계에 있는 교사에게는 지지, 이해, 격려, 재확인을 위한 안내를 필요로 한다
② 능력구축 단계	교육활동에 강력하게 몰두, 현재 자신의 관점을 재구조화
③ 안정화 단계	지시적 장학으로부터의 자유, 수업지도의 통달
④ 실험주의 단계	새로운 도전, 새로운 자극을 찾는 시기
⑤ 재평가 단계	교직 12-20년 경력사이의 의식과 환멸에 대한 재평가
⑥ 평정 단계	자기 수용적인 특성을 보임
⑦ 침체 단계	신중에 대한 고집, 전문성 신장을 위한 일에 몰두하지 않음
⑧ 보수주의 단계	혁신에 대한 저항, 과거에 대한 보다 큰 향수를 가짐

2) 교원단체의 필요성과 역할

(가) 교직단체의 필요성

교육을 담당하는 교사는 인류가 그 동안 축척 해 온 문화유산을 다음 세대에 전달하는 동시에 보다 나은 문화를 창조하여 국가 사회 발전에 이바지하여야 하는 사명감을 갖는다. 교직은 단순히 과거의 문화유산을 유지·보존하는 부수적 성격의 직업이 아니라, 문화유산을 보다 바람직하게 개선하고 창조하며 보다 나은 내일을 진취적으로 개척해 나가는 미래지향적 활동인 것이다(안창선 외, 1999). 따라서 교직은 과거의 것을 계승할 뿐 만 아니라, 새로운 것을 창조하며 각 개인의 인격의 완성을 도와주는 활동으로 고도의 기술을 요하는 동시에 자율성과 봉사성을 강조하는 전문직이라 할 수 있다.

교직에 있어서 필요한 자율성은 행정관청의 지시나 간섭에 의하여 확보되는 것이 아니라, 자율적으로 형성된 단체의 자율적인 의지에 의하여 진정으로 활보될 수 있을 것이다. 우리나라 헌법 제31조 4항에는 교육의 자주성, 전문성, 정치적 중립성이 보장되어야 한다고 명문화되어 있지만, 이러한 규정은 정권이 바뀌거나 장관의 교체에 따라 교육정책이나 교원인사정책에서 상당히 많은 변화를 겪는 등, 교육의 자주성이 많이 훼손되어 왔고 교육내용에 있어서도 정권의 유지와 집권의 합리화를 위한 내용들이 삽입되어 정치적인 중립성도 훼손되어 왔다고 볼 수 있다. 정치권력에 의하여 교육계가 상당히 많은 영향을 받았음을 부인 할 수 없다는 것이다. 따라서 이러한 정치권력에 의한 교육에의 간섭을 배제하거나 또는 교육정책에 대한 전문직으로서의 영향력을 증대시키기 위해서는 교직단체의 구성은 필수적인 것이라 할 수 있다.

교육정책에 대한 자문그룹으로나 또는 결집된 힘의 과시, 참정권의 행사에 있어서 교직단체의 견해 표명 등 교직단체의 활동은 교육정책의 결정에 있어서 대단히 중요한 것이다. 이러한 것들은 국가에 의한 교육 정책결정에 있어서 간접적인 참여자로서 교사 개인의 자격으로는 불가능하다. 그리하여 교직사회에 교직 단체의 구성은 반드시 필요하다.

(나) 교직단체의 역할

교직단체의 역할은 전문직 단체로서의 역할과 이익집단으로서의 역할로 나누어 생각해 볼 수 있겠다.

① 전문직 단체로서의 역할

교원의 양성과 연수는 교원단체의 밖에서 이루어지는 것이 대부분이지만, 교직단체의 교원의 양성과 연수와 관련한 정책의 입안과 시행에 대하여 직·간접적으로 참여함으로써 전문성 향상에 기여하고 있다. 한국교총의 정관 제2조(설립목적)는 한국교총은 '교원의 사회적·경제적 지위향상과 교직의 전문성 확립을 기함으로써 교육의 진흥과 문화의 창달에 기여함을 목적으로 하는 전문적 이익단체'로 규정하여 전문직 단체임을 분명히 하고 있다. 또한 '한국교원노동조합규약'에 의하면 제3조(사업)의 5항에서는 교원의 전문성 제고와 교육발전에 관한 사항을 규정하고 있어서 한국교원노동조합(이하 한교조) 역시 전문성 제고를 본 사업의 축으로 설정하고 있다.

한국교총에서 실시하는 교원현장연구대회는 교직단체의 지속적인 활동의 일부로 정착이 되었으며, 이 연구대회의 입상실적은 교원들의 승진에 필요한 점수와 관련지어져 있어 교원들의 지속적인 관심과 연구의 대상이 되고 있다. 또한 정기 또는 비정기 간행물 역시 교원들의 전문성 신장에 도움을 주고 있는 부분이라 할 수 있다. 한편, 전교조에서는 교과 위원회를 설치하여 수업현장에서 활용할 수 있는 다양한 수업 교재와 교수·학습 방법을 개선하고 개발하여, 교과의 전문성을 확보하기 위한 연구 활동을 지속적으로 현재 전개하고 있다.

② 이익단체로서의 역할

이익단체로서 교직단체의 역할은 다음과 같다.

첫째, 교원들의 처우개선과 복지증진을 들 수 있다. 교원 또는 교직원의 입장에서 볼 때, 교원의 처우개선과 복지증진은 가장 원하는 핵심적인 사업이라 할 수 있다. 교원의 처우개선과 복지증진은 한국교총의 경우 정관에 따른 목적사업으로 규정되어 있으며, 전교조의 규약에는 근로조건의 개선 및 교직원의 사회·경제적 지위 향상, 그리고 한교조의 규약에서는 임금·근로조건·후생복지 등 사회·경제적 지위 향상에 관한 사항을 규정하고 있다. 이러한 교원의 처우개선과 사회·경제적 지위향상 등은 정부의 예산소요가 필요한 부분으로 단체교섭을 통하여 해결될 수 있는 사항들이라 하겠다. 이를 위해서는 사회적인 여론의 형성과 정치권, 행정 관료에 대한 접촉과 정치활동의 전개 등이 필요한 부분이라 하겠다.

둘째, 교권의 옹호와 확대를 들 수 있다. 한국교총에서는 교육현장에서의 다양한 교권침해 사건에 대하여 조사활동과 더불어 중재 활동을 하며, 법률 고문단에 의한 자문활동과 소송이 발생할 경우 소송비용의 지원 등의 활동을 하고 있다. 또한 교원고충상담실을 설치·운영하여 교원들의 고충에 대한 전화·서신 등을 접수·상담하며 원할 경우 방문상담을 하기도 한다. 한편, 전교조에서는 전교조 규약 제2조(목적과 사업) 6항 '산하조직 및 조합원에 대한 교육, 교권옹호, 복지후생, 문화 및 선전홍보 사업'에서 교원의 옹호를 규정하고 있다. 이에 따라 산하단체로 교권법규국을 두고 있으며, 한교조에서는 정책실에 교권국을 두고 있다.

교권법규국 또는 교권국에서는 교원의 권리를 옹호하고 교권침해사안에 대해 적절히 대처하는 것을 주된 활동으로 하며, 상담당사자가 소송을 제기하고자 할 경우 관련된 자문을 하고, 부당한 교권 침해를 방지하기 위하여 교육관계법령을 연구하여 그 대안을 찾는다. 또한 단체협약안 제정 및 개정에 관한 사항이나 노동관계법령을 연구하여 그 대안을 찾기도 한다. 또한 단체 협약안 제정 및 개정에 관한 사항이나 노동관계법 및 교육관계법에 대한 분석과 연구 활동을 병행하고 있다.

셋째, 교원의 협동과 단결력 강화를 들 수 있다. 한국교총에서는 공제회운영과 함께 각종 부조사업을 시행하고 있으며, 교육자 대회의 개최, 스승의 날을 맞이하여 교육유공자 표창 등의 행사가 있으며, 전교조나 한교조에서는 조직국을 운영하여 각 지부와 정보교환, 유대 증진에 힘쓰며, 조합원의 상벌에 관한 사항, 조직의 확대강화 및 관리에 관한 사항을 다루고 있고, 교육 선진국에서 조합원의 제반 교육에 관한 사항이나 기타 교육 및 선전에 관한 사항을 다루고 있다.

넷째, 국제교직단체와의 협력 및 교류를 들 수 있다. 우리나라의 교직단체는 1952년 이후 세계교직단체총연합회(WCOPT)의 가맹단체로서 국제교류를 적극 추진하여 왔으며, 1988년 국제자유교원조합연맹(IFFTU)에도 가맹하게 되었다. 이에 따라 한국교총에서는 WCOPT의 총회와 아·태지역 회의에 대표를 파견할 뿐만 아니라 IFFTU의 아·태지역 회의에도 대표자를 파견하고 있다. 전교조와 한교조의 경우는 규약에 의거 산하단체에 국제국을 두고, 국제교류 및 국제연대 사업에 관한 사항을 관장하고 있다.

다섯째, 정기 간행물의 발간·보급을 들 수 있다. 한국교총에서는 한국교육신문사를 설치·운영하면서 새교육, 새교실, 교육연감 등의 정기간행물과 정책연구 자료집 및 비정기 간행물의 발간과 한국교육신문을 발간하여 전 회원에게 배포하고 있다. 전교조에서는 격주로 신문을 발행하면서 교육정책들에 대한 올바른 관점과 대안제시를 위해 노력하고 있다.

다. 교원단체의 정치활동

교원 및 교원 단체의 정치활동을 주장함에 있어서 '교원'이란 기존의 대학교수 외에 초·중등학교 교사들을 포함한다. 그 이유는 기존에도 대학교수들은 일정한 범위에서 정당가입 등은 교직을 유지하면서도 할 수 있었으며, 직접 피선거권을 행사하여 국회로 진출하는 경우에는 교직을 잠시 휴직하는 방법이 통용될 수 있었던 데에 반하여, 초·중등학교 교원은 불가능하다. 여기서 초·중등학교 교원이 대학 교수와 전적으로 같은 정도의 정치적 기본권을 행사할 수는 없다. 그것은 하는 일과 근무여건이 대학 교수와 다른 점이 분명하게 인정되기 때문 일 것이다. 여기에서 정치활동이란 헌법적으로는 '정치적 기본권의 행사'에 해당된다. 종래의 정치적 기본권이라 함은 헌법 제24조와 제25조상의 참정권만 의미하는 것으로 보았다.

그러나 오늘날에는 그 의미를 넓게 해석하여 정치적 기본권이라 함은 국민이 정치적 의사를 자유롭게 표현하고, 국가의 정치적 의사형성에 참여하는 정치적 활동을 의미한다. 이 점 역시 교원의 정치활동을 다룸에 있어서는 중요하다. 권리는 그것을 아는 만큼 행사할 수 있다. 참정권만 알던 것과 '정치적' 기본권을 아는 것은 다르며, 그 가운데 '정치적 자유권'을 새롭게 확인하게 되는 것은 권리행사의 차원을 달리할 수 있는 문제이다. 요컨대, 정치적 기본권은 크게 두 가지로 구분하여 생각해볼 수 있다.

첫째, 헌법 제24조상의 선거권과 제25조상의 공무담임권으로 대표되는 고전적인 의미의 참정권이며,

둘째, 정치 분야에 대해서 헌법 제21조상의 언론과 출판 집회 및 결사의 자유를 행사하는 것이다. 후자를 우리는 특히 정치적 자유라고 하며, 이것은 위의 일반적인 표현의 자유와 구별하여 정치적 기본권의 일부로 규정한다. 정치적 자유권은 국가권력의 간섭이나 통제를 받지 아니하고 자유롭게 정치적 의사를 형성·발표할 수 있는 자유를 말한다. 정치적 자유권은 다음과 같이 구성되어 있다.

㉠ 정치적 표현의 자유. 오늘날 정치적 표현의 자유란 정치적 언론·출판·집회·결사의

자유를 말한다. 이 권리는 자유민주적 기본질서의 구성요소로서 다른 기본권에 비하여 우월한 효력을 가진다. 정치적 표현의 자유는 여론의 자유라고도 할 수 있다. 정치적 표현의 자유의 주체는 국민이다. 정치적 표현의 자유를 보장함에 있어서 중요한 것은 특히 정당의 정책 활동 및 정당 상호간에 교환되는 정책 논쟁 비판을 보도·논평·의견광고로서 게재할 자유를 보장하는 것이다. 따라서 교직단체도 이 자유를 누릴 수 있어야 한다. 그러나 선거운동 기간 중의 정치적 표현의 자유는 상당한 제약을 받게 된다.

ⓛ 정당가입과 정당 활동의 자유. 모든 국민은 일반결사와 마찬가지로 정당결성 및 불결성의 자유를 가지며, 정당가입과 불가입의 자유를 가지고, 당원으로서의 계속 잔류와 탈당의 자유가 보장된다. 그러나 교원은 국가공무원법 제2조와 지방공무원법 제2조에 규정된 공무원과 교원은 정당의 발기인 또는 당원이 될 수 없도록 규정되어 있다(정당법 제6조). 다만 국·공·사립 대학교의 총장으로부터 전임강사에 이르기까지의 교수들은 예외로 취급되고 있다.

ⓒ 투표와 선거운동의 자유. 선거운동이란 특정 후보자의 당선 혹은 낙선을 위한 모든 행위를 말한다. 선거운동의 자유는 민주정치에서 국민의 참정권 행사를 통한 국정 참여를 가능하게 하는 제도로서 정치적 자유 중에서 가장 기본적인 자유라 하겠다. 그러나 선거운동 중에는 선거의 공정성과 선거공영제를 위하여 제한된다.

국제기구에서의 권고 사항을 살펴보면, ILO 협약 제151(1978년) '공공부문 노사관계에 관한 협약' 제9조에서는 '공공부문 근로자들은 다른 근로자들과 마찬가지로, 그들의 지위와 업무기능의 특성상 야기되는 책임 이외에는 결사의 자유를 정상적으로 행사하기 위하여 필수적인 시민적 및 정치적 권리를 누려야 한다'라고 규정하고 있다. 또한 UNESCO/ILO의 교원의 지위에 관한 권고 제80조에서도 "교원은 시민이 일반적으로 향유하는 모든 시민권을 자유로이 행사 할 수 있어야 하며, 또한 공직에 취임할 수 있는 권리를 가져야 한다."고 규정하고 있으며, 제81조에서는 "공직에 취임함으로써 교직 임무를 포기해야 하는 경우 교원은 연공 가산과 연금혜택을 위해 교직에 그 직을 보유하고, 공직의 임기가 끝날 때 전직 또는 그와 동등한 직위에 복귀할 수 있어야 한다."라고 규정하고 있다(한국교원단체총연합회, 1998).

교직단체에서는 이러한 비합리적인 법 제도나 행정 절차, 그리고 각종 정부의 제도에 대하여 공청회나 청문회 등을 통하여 끊임없이 제도나 절차 등의 개선을 요구하는 정책대안의 제시가 필요하며, 새로운 선거법에 맞추어 확실한 법 체제의 정비가 요구되고 있다.

라. 교원노조의 합법화

교원노조의 합법화는 중·장기적 관점에서 볼 때 교직에 대한 사회 일반의 오랜 인식과 관습은 물론 교육행정의 존재 양식에 일대 변혁을 초래할 것이 자명하다. 교원노조 합법화는 교원의 사회·경제적 지위는 물론 다양한 교육 정책의 결정에 있어 일정한 제약 조건들이 존재하기는 하지만 교원들이 집단적 힘을 발휘하면서 참여하게 됨을 의미하기 때문이다. 또 교육행정기관과 교원들 간, 그리고 학교 현장에서 행정가와 교사간의 관계 양태가 사뭇 달라지는 것을 의미하기도 한다는 점에서 향후 파급 효과는 일반의 인식 범위를 넘어선다고 할 수 있다(김혜숙, 2000).

우리나라의 경우는 교원 노동조합이 1999년 7월 1일부터 합법화되었다. 오랜 교육 현안이 되어왔던 교원노조 문제가 '노사정위원회' 합의라는 정치적 타협의 과정을 거쳐 「교원의 노동조합 설립 및 운영 등에 관한 법률안」(이하 교원노조법)이 1999년 1월 29일에 공포됨으로써 비합법적인 상태에서 합법적인 상태로 바뀌게 되었다. 이리하여 한국의 교직사회는 '한국교원단체총연합회(이하 한국교총)'이라는 기존의 전문직 단체와 '전국교직원노동조합(이하 전교조),' '한국교직원노동조합(이하 한교조)'라는 양대 노동조합 등 다수의 교원단체가 공존하고, 교원의 사회·경제적 지위가 단체교섭이라는 새로운 절차를 통해 결정되는 시대로 접어들었다.

교원노조의 합법화는 교직에 대한 사회 일반의 오래된 인식과 관습은 물론 교육행정의 존재 양식에 일대 변혁을 초래할 것이 자명하다. 교원노조 합법화는 교원의 사회·경제적 지위는 물론 다양한 교육 정책의 결정에 있어 일정한 제약 조건들이 존재하기는 하지만 교원들이 집단적 힘을 발휘하면서 참여하게 됨을 의미한다. 또한 교육행정기관과 교원들 간, 그리고 학교 현장에서 행정가와 교사간의 관계 양태가 사뭇 달라지는 것을 의미하기도 한다는 점에서 향후 파급 효과는 일반의 인식 범위를 넘어선다고 할 수 있겠다.

1) 교원노조 합법화의 배경

교원노조 합법화의 배경 요인을 크게 꼽아 본다면 전교조의 지속적인 투쟁과 활동, ILO 등 국제기구의 압력, 노사정 대타협의 정치적 필요성 대두, 노동 환경의 국제적인 변화 추세, 국내 노동 운동의 활성화 등으로 요약될 수 있다(김혜숙, 1999: 104-105; 김태기 외, 1999).

첫째, 전교조의 10여 년에 걸친 지속적인 활동은 교원노조 합법화의 기본 토양을 형성하였다. 1989년에 결성된 전국교직원노동조합(전교조)은 1958년 이래의 우리나라 교원 노동조합 운동을 승계 하면서 교사의 교권, 교육권, 생존권을 확실하게 보장하기 위해서는 노동조합 형태의 조직이어야 한다는 입장을 견지하여 왔다. 교육자치 운동, 참교육 실천 운동 등을 통해 학부모 등 사회의 지지 기반을 넓혀 나가는 한편 합법단체 인정을 위한 법적 투쟁을 지속적으로 전개하여 왔다. 불법 노조 활동에 대한 정부의 강경 대응으로 교사 1,511명의 집단 해직 사태를 빚었으며, 1994년 문민정부 하에서 대부분이 복직되기도 하였으나 1998년까지는 합법단체가 아닌 상태에서 조직적인 활동을 벌여 왔다.

둘째, 1990년대, 특히 문민정부 출범 이후 교원 노사관계 개선에 대한 노동 관련 국제기구의 압력이 증대되었다. 우리나라는 1991년에 국제노동기구(ILO)에 가입하였는데 국제노동기구는 1994년에 전교조 인정 등을 포함한 결의안을 채택하는 등 우리나라 교원의 단결권 인정과 해직 교사의 복직 등에 관하여 7차례의 권고를 하였다. 또 1995년 UN 경제사회이사회 산하 경제·사회·문화 권리위원회는 교원의 단결권을 즉각 인정하라는 권고 안을 채택하였다.

1996년에 우리나라가 경제협력개발기구(OECD)에 가입한 이후에는 OECD로부터 복수 교원단체의 불인정과 관련하여 5차례의 문제 제기가 있었고, 회원국 수준에 맞는 교원의 단결권 보장을 요구받았다. 요컨대, 교원을 포함한 노사관계의 기준을 복수 단체 허용 등 국제적 규범에 맞도록 개선하여야 한다는 국제적 압력이 지속적으로 증대되었다. 문민정부 이후 경제 성장을 기반으로 하여 세계화를 주창하면서 국가 위상 제고에 상당한 노력을 기울이고 있던 당시 한국 정부로서는 정치·사회적 발전의 수준에 맞추어 국제적 문제 제기에 적절히 대응하여야 할 정치적 필요성을 가지고 있었다. 다만, 국제기구와의 관련에 있어 교원의 경우에는 복수 단체로의 단체 결성권 보장이 우선적 과제로 제기되었고, 교원 노동조합이어야 하는가에 관하여 일치된 압력이 있었던 것은 아니었다.

셋째, 국가적 경제 난국의 해소를 위하여 노사정 대타협이라는 정치적 필요성이 절실하였고 정치적 타협의 내용물로서 교원노조 합법화가 포함되었다. 주지하는 바와 같이 국민의 정부 출범에 즈음하여 우리나라는 IMF 구제 금융 체제하에 놓이는 국가적 난국 상황을 맞이하였고 난국 상황의 타개와 국가 경쟁력 제고 차원에서 노사정 대타협이 필요하였다. 그리고 타협의 과정에서 정부는 노동자 측이 강력하게 주장하고 나온 교원노조 합법화를 타협안 도출의 일환으로 받아들이게 되었다. 따라서 교원노조 합법화는 교육계 내부의 타협이나 교원 정책의 연장선상에서 이루어진 것이라기보다는 정치적 대 타협의 산물이라고 할 수 있다. 이러한 배경 요인은 교원노조 합법화의 논리적 정당성이나 입법 체계에 대한 의문 제기 (고전, 1999)의 한 원인을 제공하고 있다.

넷째, 전 세계적으로 노동 환경이 급격하게 변화하였고, 우리나라도 그에 발맞추어 나갈 필요성이 대두되었다. 1990년대에 들어 사회주의 국가의 붕괴, 국가 간 교역 장벽의 제거 즉, 시장 개방 압력의 증대, 눈부시게 가속화된 정보화 등으로 인해 세계화, 지구화가 가속 화됨과 동시에 국가 간 경제력 우위 확보를 위한 무제한의 경쟁이 시작되었다(이상윤, 1997). 이러한 추세 속에서 선진국에서 확립된 근로조건의 개선과 협력적 노사 관계가 개 발도상 국가들에게도 요구되는 이른바, 블루라운드의 노동 환경을 조성하였다. 이러한 전 세계적 노동 환경의 변화에 따라서 우리나라도 경제 위기 극복과 선진국으로의 도약을 위 해서는 보다 생산적이고 협력적인 근로관계로 나아가야 할 필요성이 커졌다. 이러한 노동 환경의 변화는 바로 노·사정 대타협의 한 배경 요인이 되었다고 할 수 있다.

다섯째, 국내적으로는 1987년 6·29 선언이래, 즉 대규모의 노사 갈등이 표출된 이후 노동 운동이 활성화되면서 권위적 노사관계에서 산업 현장의 민주주의를 실현하고자 하는 방향으 로의 선회가 이루어졌다(윤성천·김정한, 1998). 우리나라는 1996년 문민정부 하의 노사관계 개혁위원회의 이른바 '신노사 관계' 구축을 위한 활동, 1997년 3월의 노동관계법 전면 개정 등 을 거치면서 노동운동이 괄목할 만하게 활성화되었다. 즉, 일반 기업에서의 민주적 노사관계 가 점차 자리를 잡아감은 물론 기 존재하고 있던 지하철 노조(1987년 설립) 등 공공 부문의 노조, 나아가 직종·직급 제한(기능직 중심)이 있기는 하지만 철도노조(1947년 설립), 체신노 조(1958년 설립) 등 공무원 노조까지 안정적 활동을 하기에 이르렀다(김태기 외, 1999). 이러 한 국내 노동 운동의 활성화 역시 교원노조를 합법화하는 노사정 합의의 압력 요인이 되었다 고 할 수 있다.

2) 교원노조 합법화 과정 고찰

우리나라 교원노조의 합법화는 1998년 초 국민의 정부 출범 때 노동계, 사용자측, 정부의 3 자로 구성되는 '노사정위원회'라는 대통령 자문 특별 기구가 활동한 것이 직접적인 시발점이 라고 할 수 있다. 1998년 1월에 구성된 제 1기 노사정위원회는 1998년 2월 6일, 1999년 7월 1 일부터 교원의 노동조합 결성을 보장하기로 하고 이를 위해 1998년 정기 국회에서 관련 법률 의 개정을 추진하기로 합의하였다(〈표 Ⅳ-19〉 참조).

<표 Ⅳ-19> 교원노조의 합법화 과정

연도	추진일지
1998. 1	노동계, 사용자측, 정부의 3자로 구성되는 '노사정위원회'라는 대통령 자문 특별 기구 설치(제 1기 노사정 위원회)
1998. 5	제 2기 노사정위원회는 '노사관계소위원회'에서 교원의 노동 기본권 보장을 최우선 과제로 추진하기로 하여 '교원노조관련 실무 소위원회'를 구성, 교원노조 합법화에 따른 실무 검토를 시작.
1998. 11.23	「교원의 노동조합 설립 및 운영 등에 관한 법률」을 성안, 이를 국무회의에 상정하여 의결.
1999. 6. 8 7. 1	1999년 6월 8일에는 동법 시행령(대통령령 제 16389호)이 마련되어 공포되었고, 7월 1일에 시행에 들어감으로써 마침내 교원노조가 합법 됨.

2월 6일의 합의 이후 1998년 5월부터 활동한 제2기 노사정위원회는 '노사관계소위원회'에서 교원의 노동 기본권 보장을 최우선 과제로 추진하기로 하여 '교원노조관련 실무 소위원회'를 구성, 교원노조 합법화에 따른 실무를 검토하였다(교육부, 1999). 실무소위의 검토 의견을 바탕으로 정부는 1998년 11월 23일에 「교원의 노동조합 설립 및 운영 등에 관한 법률」을 성안, 이를 국무회의에 상정하여 의결하였다. 이 법안은 1999년 1월 6일에 국회 본회의에서 의결되고, 1월 29일에 공포되었다(7월 1일 시행 명시). 1999년 6월 8일에는 동법 시행령(대통령령 제 16389호)이 마련되어 공포되었고, 7월 1일에 시행에 들어감으로써 교원노조가 합법화되었다(교육부, 1999: 3-4; 김혜숙, 1999: 105).

1999년 7월 1일 합법화 법률의 발효 이후 교원 노동조합임을 명백히 하는 전교조와 한교조가 1999년 7월 1일에 나란히 설립 신고를 마쳤다. 이로써 교육계는 교원노조가 합법화하여 법적 권리를 행사하기 시작하였고, 노조와 기존의 전문직 단체가 공존하는 다수 교원단체 시대를 맞게 되었다.

3) 교원노조 합법화의 내용

교원노조 합법화의 내용은 교원 노조의 특수성을 반영하여 제반 사항을 규정한 「교원의 노동조합 설립 및 운영 등에 관한 법률」(이하 교원노조법)의 내용을 분석하여 보면 알 수 있는데 그 주요 내용은 다음과 같다(김태기 외, 1999; 김혜숙, 1999).

첫째, 교원노조 활동의 보장 범위를 보면 교원에게는 노동 3권 중 단결권(단체결성권)과 단체교섭권(단체협약체결권)을 보장한다. 그러나 단체행동권은 학생의 학습권 보호 차원에서 금지하고 있다. 이것은 일반적인 노사관계의 경우와 다른 특례 사항으로서 교육의 특수성과 공무원의 특수성을 감안한 조치라고 할 수 있다(교원노조법 제 8조).

둘째, 교원노조 가입 교원의 범위는 「초·중등 교육법」 제19조 1항에서 규정하고 있는 유치원 및 초·중등학교의 교원으로서 해당 교원들만이 교원 노조를 설립하거나 가입할 수 있다. 따라서 대학 교수, 기간제 교원, 그리고 사용자 지위에 있는 교장이나 교감은 교원노조에 가입할 수 없다(교원노조법 제2조).

셋째, 교원노조의 설립과 운영의 단위를 살펴보면 전국 및 시·도 단위에서만 교원 노조가 설립·운영될 수 있다. 따라서 그 하부 단위인 시·군·구 및 학교에서는 교원 노조를 설립할 수 없도록 되어 있다. 복수 노조의 설립은 가능하며, 설립을 위하여 설립 신고서를 관할 노동관서(노동부, 지방노동청)에 제출하도록 되어 있고 신고서에 결격 사유가 없는 한 설립이 원칙적으로 보장된다(교원노조법 제4조).

이처럼 시, 군, 구, 그리고 단위 학교에서의 노조 설립을 할 수 없기 때문에 현재 교원노조는 시, 군, 구 단위에 지회를, 학교 단위에 분회를 각각 설치하고 있다. 그러므로 이들 지회나 분회는 교원노조법상의 노조가 아니라 전국 또는 시·도 단위 노조의 하부 조직의 형태를 갖는다.

넷째, 교원노조법에 의하면 교원 노조는 임금, 근무 조건, 복지후생 등 교원의 경제적·사회적 지위 향상과 관련된 사항에 대하여 사용자측과 단체교섭을 하도록 활동 범위 또는 교섭 대상이 한정되어 있다. 그리고 법령, 예산, 조례 등에 의해 규정되는 내용은 단체협약의 효력을 인정하지 않고 사용자측의 성실 이행 의무만을 부여한다. 따라서 교육정책, 교육과정, 교육기관의 관리·운영에 관한 사항은 원칙적으로 단체교섭의 대상이 아니라고 할 수 있다(교원노조법 제6조 및 제7조). 그런데 현재 교육부는 이 법의 문리적 해석에 충실하여야 한다는 입장인 반면 교원노조는 교육 부문의 특성을 내세워 교육정책 일반에 관한 사항까지도 교섭의 대상이 되어야 한다는 입장이어서 단체교섭 중단이라는 갈등 상황을 빚고 있다(김혜숙, 2000).

다섯째, 단체교섭의 구조에 대하여 교원노조법은 국·공립학교 교원의 경우 전국 단위는 교육부 장관, 시·도 단위는 교육감이 각각에 상응하는 지위의 노조와 교섭한다고 규정하고 있다. 사립학교 교원의 경우는 전국 단위 및 시·도 단위 사학재단 연합체가 각각의 상응 노조와 교섭하도록 하고 있다(교원노조법 제6조 1항). 현재 사학의 경우는 연합체 구성 자체를 거부하고 있어 교섭 시행이 무위에 그치고 있다.

여섯째, 노조 전임자와 관련하여 교원노조에는 노동조합의 업무에만 종사하는 전임자를 둘 수 있다. 전임자로 허가되면 휴직 처리되지만 사용자 측으로부터 봉급은 받을 수 없다. 그러나 승급 및 다른 신분상의 불이익은 받지 않는다(교원노조법 제5조).

일곱째, 단체교섭의 방식에 있어 교원 단체교섭의 경우 일반 노사관계와는 달리 국민여론 및 학부모의 의견을 수렴하여 성실히 교섭한다는 조항이 있다. 또 복수 노조가 있을 경우에는 노조 자율로 교섭창구를 단일화하도록 하고 있다(교원노조법 제6조 4항 및 3항).

여덟째, 그밖에 교원 노사간에 분쟁이 발생할 경우 중앙노동위원회 내에 일반 노사관계와는 별도의 조정·중재 제도를 두도록 하고 있다. 그리고 교원노조의 선거운동 등 정치활동은 금지되어 있다(교원노조법 제9조~12조, 제3조).

마. 한국교원단체총연합회(이하 한국교총)

1) 한국교총의 설립

(가) 창립과 시련(1947~1959)

한국교원단체총연합회(이하 한국교총)는 1947년 11월 23일, 당시 서울 종로에 있던 덕수초등학교 강당에 1백여 명의 교육자 중진들이 모여 창립총회를 개최하고 명예회장에 오천석, 회장에 최규동을 선출함으로써 '조선교육연합회'라는 이름으로 대한민국 정부수립보다 1년이나 앞서서 창립되었다. 창립 당시의 본부사무실은 교육부(당시 문교부) 사범교육과 안에 두었으나 1948년에 중앙청 제3별관으로 옮기게 되고, 그 후 교육부로부터 삼청동 소재 교원연구소 건물을 양여 받음으로써 처음으로 회관을 갖게 되었다. 1955년 10월에는 종로구 신문로의 광화문 영안 빌딩을 매입하여 회관으로 삼음으로써 이른 바 신문로 시대가 열리게 되었다(한국교원단체총연합회, 1997).

창립 이듬해인 1948년 7월에 새로운 민주교육 보급을 위한 전위적 교육전문지라고 할 수 있는 "새교육"을, 1948년 12월에는 초등학생들의 겨울방학용 "방학책"을, 그리고 1949년 12월에는 초등교사용 수업연구지 "새교실"을 창간하였다. 또한 1948년에는 제헌 국회의원 선거에 즈음하여 입후보자 중에서 교육계 출신 인사들을 선정하여 공천하고 그들을 적극 지원하였는바, 많은 교육계 인사들이 국회의원에 당선되었다. 1949년 12월에는 기부금품통제 대상에서 학교에 대한 학부모들의 후원비를 제외해 줄 것을 요청하는 기부금품통제법 개정을 추진·성취하였다.

　1950년, 뜻하지 않은 한국전쟁의 발발로 한국교총의 모든 활동은 일시 중단되었으며 본부 사무실을 1951년 1월 21일 부산시청 내의 당시 문교부 총무과의 한구석으로 피난하여 1953년 8월 25일 삼청동 회관으로 환도할 때까지 곁방살이를 하게 되었다. 그러한 중에도 1952년 8월 1일 덴마크의 수도 코펜하겐에서 창립총회를 갖고 출범한 세계교직단체총연합(WCOTP) 발기단체의 일원으로 회원단체가 됨으로써 국제 교직사회에서의 위치를 확고히 하였다. 1953년 4월 18일에 제정·공포된 교육공무원법에는 교육공무원 보수의 우대조항 등 한국교총의 주장을 대폭 반영시켰고, 1954년 12월 18일에 공무원보수 교정에서 교육공무원 보수규정을 분리하여 별도로 제정되도록 한 것은 당시 한국교총 정책추진 활동의 중요한 성과였다.

　1952년 교직의 전문성 향상을 촉진하기 위한 사업으로 시작된 전국교육연구대회의 창시 또한 한국전쟁 중의 중요한 실적이라 할 수 있는데 이 사업은 '전국현장교육연구대회'라는 이름으로 현재까지도 계속되고 있는 한국교총의 주요사업의 하나이다. 또한 1953년에 시작된 교육공로자표창제도와 교육주간 행사는 다같이 교육의 중요성에 대한 국민의 인식을 제고하고 한국전쟁으로 피폐된 교육의 재건과 이를 통한 교육구국의 기틀을 다지고자 하는데 그 취지가 있었다고 할 수 있는데 이들 활동은 오늘날까지도 한국교총의 중요한 연례사업으로 채택·추진되고 있다.

　(나) 전환기의 한국교총(1960~1971)

　1960년에 발발한 4·19 혁명 직후 일부교원들은 교육행정가, 교장 및 교감 등 관리직 중심의 한국교총을 어용단체라고 비판하고 노동쟁의에 의한 평교사들의 권익옹호를 주장하면서 교원노조운동을 전개하였다. 특히 1950년 5월 22일에는 300여명의 교원들이 서울대학교에 모여 '대한교원노동조합연합회'를 결성함으로써 교원단체의 분열과 교직사회 갈등이 조성되었다. 이에 한국교총은 많은 평교사들의 한국교총에 대한 불만과 비판을 건설적으로 수용하고 조직의 민주적 체질개선을 통하여 교원단체의 단일화와 교육계의 안정을 도모하기 위해 1960년 5월 17일 개최된 제14회 대의원회에서 대의원의 3분의 2 이상 및 임원의 반수 이상을 평교사로 구성하고 교육부 장관의 한국교총 명예회장제와 교육부 국장급 이상의 이사제를 배제할 것을 골자로 하는 평교사 중심의 민주적 교원단체를 지향하는 정관개정을 단행하였다.

한국교총은 출범 당시부터 모든 학교 급별을 망라한 통합교원단체였다. 그러나 1960년대에 들어서면서 한국교총의 대의원이나 임원 선출에 있어 초등교원이 절대다수를 점하게 됨으로써 한국교총이 초등편중의 조직이라는 비판이 중등 측에서 제기되기 시작하였다. 이러한 중등 측의 불만과 비판은 한국교총이 1960년대 초·중반에 적극적으로 전개한 초·중등교원 단일 호봉제의 추진을 계기로 1965년 11월에 개최된 제23회 대의원회를 전후하여 표면화되었다. 이 같은 상황 속에서 중등 측에서는 급기야 1965년 11월 1일 서울 휘문고등학교에서 중등대표 126명이 모여 '전국중등교육회'를 결성하였다. 이로서 한국교총은 초·중등 간에 심각한 갈등과 불화를 겪게 되었다.

그러던 중 1967년 11월 15일 문홍주 교육부장관의 중재로 한국교총과 중등교육회 대표들은 통합 8개 원칙에 합의하고 1967년 11월 23일 한국교총 제25회 대의원회에서 이를 만장일치로 채택하였다. 이 같은 통합원칙에 의거 대의원회와 이사회의 초·중등·대학의 구성비를 3:2:1로 하며, 각 시·도 교련 산하에 학교 급별 교원단체를 둘 수 있도록 하는 것을 골자로 하는 정관개정안이 1968년 6월 8일자로 대의원회 서면결의에 의하여 통과되었다. 그러나 초·중등간의 학교 급별 갈등은 그 후 상당한 기간 존속되었는데, 이와 같은 3원제 조직형태가 완전한 일원제의 조직형태로 환원된 것은 1972년에 이루어진 정관 개정 때의 일이다.

1961년 한국교총의 대변지 및 교육언론 창달을 위한 교육신문인 「새한신문」(현재의 한국교육신문)의 창간, 1969년 12월 교육기자재의 제작 보급을 위한 한국교육기재창의 설립, 1971년 3월 교원의 공제후생 증진을 위한 대한교원공제회의 창설 등은 1960년대에 있어서의 한국교총의 중요한 실적이라 할 수 있다. 그러나 한국교총이 설립한 한국교육 기재창과 대한교원공제회는 당초의 의도와는 달리 분리되고 말았다.

(다) 자율화·민주화의 지향과 진통(1972~1987)

1971년 10월 15일 서울 일원에 위수령이 발동되고 1972년의 이른 바 10월 유신을 앞두고 집권 연장을 실현하기 위한 박정희 정권의 일련의 무단적 강권조치가 이루어지고 있을 때 1972년 1월 11일 제29회 대의원회에서 선임된 박동묘 회장은 취임 후 가장 먼저 당시 국민총화와 국론통일이라고 하는 국가의 정책목표에 부응할 수 있는 교원단체의 조직체제 정비작업에 착수하였다. 그리하여 학교 급별 교원단체의 폐지와 그 재산의 한국교총 및 시·도교련 귀속, 대의원 및 이사 수 감축, 학교 급별 참여 비율제와 평교사 참여 일정비율제의 폐지, 상무 이사제의 폐지 등을 골자로 하는 정관개정을 1972년 3월 9일자로 전체 대의원 서면

결의를 통하여 실현하였다. 그러나 이 개정정관은 3원제 조직체제의 일원화를 비롯하여 긍정적인 측면도 있었으나 감독청의 보다 강력한 지휘감독을 받게 된다.

1970년 5월 한국교총은 교육부와 공동으로 교원의 총 승급기간 단축방안을 마련하여 1972년 12월 6일 교육부를 통하여 1973년 7월 1일부터의 교원승급기간 단축방침을 확정·발표하였다. 또한 1967년 공무원연금법에 준하는 사립학교교원연금법안을 성안하여 그 실현을 지속적으로 추진하여 1975년부터 사립학교의 교원도 국·공립학교의 교원에 준하는 연금제도의 혜택을 받게 되었다.

1974년부터 1975년에 걸쳐 한국교총은 사회의 교직존중풍토 조성과 교원의 사회·경제적 지위향상 및 교원신장을 도모하기 위한 종합적 활동으로서 교원지위향상을 위한 교육자 대회, 지역별 강연회 및 좌담회 개최, 교육풍토 개선을 위한 교육선언의 발표, 교권신장 유공인사 표창 등 다각적인 활동을 전개하여 각계의 호응을 얻었다. 1979년 10·26 사건 후 12·12 군사반란을 통하여 사실상 정권을 장악한 신군부 집단은 1980년 10월 27일 새로운 헌법을 제정·공포함으로써 실질적인 군사정권으로서의 제5공화국이 출범되었는데 이 과정에서 한국교총은 또 한번의 심각한 시련에 봉착하게 되었다. 즉 국보위는 교육부를 통하여 한국교총으로서는 도저히 받아들이기 어려운 8개항의 '소속단체정비시행지침'을 시달하였던 것이다. 한국교총은 관련 당국과 여러 번의 절충과정을 거쳐 1980년 12월 6일자로 처음의 정비지침보다는 다소 완화된 수준에서 정관개정 작업을 마무리 하였지만 1972년 3원제 조직의 일원화를 위한 조직개편과 아울러 타율과 외압에 의한 정관개정의 오점을 남기게 되었다.

1972년 '8·3 경제긴급조치' 이후 한국교총은 부족한 교육재정의 확보를 위한 교육세법의 제정을 위한 연구를 지속적으로 추진하여 이를 토대로 교육세 신설방안을 마련하였고 이를 관계 기관에 건의하여 마침내 1981년 12월 1일 국회통과를 거쳐 동년 12월 5일 공포된 교육세법이 실현되게 하는 데 많은 힘을 기울였다. 이와 더불어 1983년 7월 1일부터 1985년까지 3년간에 걸쳐 연차계획에 의하여 완전한 초·중등교원 단일호봉제도 실현되게 되었다. 또한 1982년 5월에 이루어진 '스승의 날' 부활 등도 그 절대적인 부분이 한국교총의 추진활동에 힘입은 결과라고 할 수 있다.

(라) 전문직 이익단체로의 성장과 발전(1988~)

제5공화국 말기인 1987년에 이르러 우리 사회 전반의 자율화와 민주화를 촉구하는 사회각계의 요구가 다양한 형태로 분출되어 나오자 1987년 6월 29일 당시 민정당 노태우 대표는 8

개항의 민주화 조치를 골자로 하는 시국선언을 발표하는 등 우리 사회에는 급격히 민주화 분위기가 팽배하게 되었다. 이러한 사회적 분위기는 교원단체에도 영향을 미쳐 한국교총은 같은 10월 23일 개최된 제49회 대의원회에서 대의원수를 종전의 250명에서 450명으로 늘리고 임원취임에 대한 교육부 승인제를 보고제로 변경하며 사무총장의 당연직 임원제를 배제하는 골자로 하는 대폭적인 정관개정을 단행하였다.

1989년 11월 29일 개최된 제52회 대의원회에서 단체의 명칭을 '대한교육연합회'에서 '한국교원단체총연합회'로 변경하고, 1988년 1월 4일자 1420호부터 종래의 「새한신문」이라는 제호를 「한국교육신문」으로 개칭하였는데 이는 사회의 민주화 분위기에 부응한 한국교총의 또 다른 후속조치였다. 그리고 1989년 우면동 교원복지회관의 준공과 때를 같이 하여 한국교총의 우면동 시대의 개막을 알렸다.

그러나 한편으로 한국교총은 1987년의 6·29 선언 이후 사회의 민주화추세에 발맞추어 대두된 교직사회의 또 다른 세력들, 예컨대 1987년 9월 27일에 결성된 만주교육추진전국교사협의회, 1989년 5월 28일에 결성된 전국교직원노동조합, 1992년 6월 21일에 결성된 교육대 개혁과 해직교사 원상복직을 위한 전국교사추진위원회 등 한국교총과 교직관 내지 교원단체관을 상당한 부분 달리하는 이질적 교원집단들의 활동에 대한 대응에 부심하기도 하였다. 뿐만 아니라 1996년에 들어서서 표면적으로 불거지기 시작한 교원단체 복수화에 관한 논의는 통합단일교원단체를 지향하는 한국교총에게는 그 대응과정에 있어 커다란 부담과 고통이 아닐 수 없었다.

1988년 이래 한국교총이 전력투구하여 추진해온 교원지위 향상을 위한 특별법이 1991년 5월 31일 제정·공포되고 이로 인하여 한국교총이 교섭·협의권을 확보하게 된 것은 그것이 비록 노동3권적 개념의 단체교섭권 수준에는 미치지 못하는 아쉬움이 있기는 하지만 우리 교육계의 역사에서 유래가 없는 일이라 아니할 수 없다. 또한 한국교총은 전문직 단체로서의 기능을 충실히 수행하고 교원의 전문성 신장에 기여하기 위한 목적으로 1968년부터 1978년까지 매년 교원 재교육강습을 실시하여 4,000여명이 연수과정을 이수한데 이어 1993년 교육부와의 교섭·합의에 의거, 1994년 7월 25일 한국교총부설 교원연수원을 개원한 이래 시행되고 있는 현장교육연구 관련 연수에도 많은 초·중등 교원이 참여하여 연찬 활동을 함으로써 교직의 전문성 신장에 기여하고 있고, 나아가 종합교원연수원 설립추진도 적극 검토하고 있다.

1997년으로 창립 50주년을 맞이한 한국교총은 회원수로 볼 때, 창립 당시 100여명으로 출발한 회원이 이제는 27만 명으로 양적인 성장을 이룩하였을 뿐만 아니라. 조직적인 측면에서도 13,000여 개의 뿌리 조직인 학교분회, 179개의 시·군·구 및 16개의 시·도 교련, 그리고 21개의 산하단체로 구성된 합법 통합단체로 그 위상을 당당히 확보하고 있다.

4. 해외의 교원단체 고찰

노동운동과 함께 한 세계의 교직단체들은 1980년대 후반부터 '통합의 시대'를 맞고 있다. 각 단체들은 설립근거나 지향목표가 서로 다름에도 불구하고 불필요한 마찰이나 명분 없는 이념투쟁 등은 더 이상 통합에의 제약점이 되지 않고 있다. 이러한 통합의 바람은 구소련의 붕괴와 더불어 가속화되다가 마침내 1993년 1월 26일 스톡홀름에서 세계 양대 교직단체였던 세계교직단체총연합회(WCOTP; World Confederation of Organizations of the Teaching Profession)와 국제자유교원조합연맹(IFFTU; International Federation of Free Teachers Union)이 국제교육연합(EI; Education International)라는 새로운 이름으로 통합하게 되었다. 여기에서는 미국, 영국, 프랑스, 독일, 캐나다, 일본의 교직단체의 성격 및 활동 등에 관하여 살펴보고 국제교육연합(EI))의 교직단체에 관한 정책 및 규범 등을 개관한다.

가. 미국의 교직단체

미국에는 수많은 자생적 교직단체가 존재하고 있으나, 전국교육연합회(NEA; National Education Association of the United States)와 미국교사연맹(AFT; American Federation of Teachers)이 상호간에 경쟁적이면서도 보완적인 관계를 유지하면서 발전하여 왔다. 현재 미국의 최대 교직단체인 NEA는 1857년 창설 당시에는 전국교사연합회(NTA; National Teachers Association)라는 이름으로 교육기회의 균등 실현, 교육내용 및 방법의 개선, 그리고 교원의 사회 경제적 지위 향상 등을 목적으로 창설되었다.

NTA는 초기에 교직을 전문직으로 만들기 위한 노력의 일환으로 교육 과정의 개혁과 학급교사의 복지 증진에 총력을 기울였다. 그러다 학급교사 외에도 교육행정가와 대학 교수 등의 회원이 증가되면서 1907년 제50차 연차대회에서 NEA로 개칭되어 현재에 이르고 있다. 또한 NEA는 흑인 교원들이 주축이 되어 설립된 미국교원연합회(ATA; American Teachers Association)를 1966년에 흡수·통합하면서 세력을 확장하게 되었고, 교육자와 학생의 인권 및 시민권을 강조하는 계기가 되었다. NEA는 1969년 산하단체인 전국교육개선

재단(NFIE: National Foundation for the Improvement of Education)을 설립하여 미국 및 다른 나라의 시민 교육의 질을 향상시키기 위하여 한 목적으로 활동하고 있다.

NEA는 현재 약 190여만 명의 초·중등교사 및 교육행정가와 대학교원으로 구성되어 있고, 교육의 자주성과 질 향상을 내세우는 교직단체의 성격을 지니고 있다. 한편 AFT는 미국 역사에서 진보주의가 번성하던 1916년에 결성되면서 바로 미국 노동조합의 한 산하조직으로 가입되어 매우 급진적인 노동운동을 하여 국민에게는 놀라움을 초래하였으나, 다른 한편으로는 당시 대도시 지역에서 공교육 개혁을 바라는 교원들의 강한 욕구를 반영한 것이었다고 볼 수 있다.

AFT는 원래 흑인교원의 교육적 불이익을 개선하고 그들의 지위향상과 발전을 위해 조직된 교직단체였다. 그래서 AFT의 회원은 NEA 회원을 겸하는 경우가 많고 NEA와의 연락을 위한 협의회가 있는 등 밀접한 관련을 맺고 있다. AFT는 현재 약 70만 명 정도가 회원으로 있으며, 대체로 일반교사들로 구성되고, 교원처우와 근로조건의 개선에 주력하고 있으며, 노동 3권을 주장하나 실제로 파업권의 행사는 자제하고 있으며, 전통적으로 단체교섭 및 단체행동에 적극적인 것으로 알려져 있다.

미국의 거대한 양대 교원 단체인 NEA와 AFT는 최근에 크게 성장하면서 조직이 복잡해짐에 따라 근본적인 성격 차이도 사라지고 유사성이 많아지면서 통합가능성이 예상되어 1972년에 통합의 첫 시도가 실패했음에도 불구하고 1998년 다시 통합을 시도하였으나, NEA 연차총회에서 대의원들이 AFT와의 통합 안을 부결시켜서 단체통합은 무산되었다.

NEA 대의원들이 AFT와의 통합을 반대한 이유는 AFT와의 통합 시 미국노총에 가입해야하는 문제를 부담스럽게 해석한 것으로 해석된다. 이것은 미국 교사들에게 교육운동을 노동운동과 구별하려는 정서가 있고, 교직단체가 노조조직으로는 교원의 지위가 손상될 뿐만 아니라 노동단체와의 연합으로 교육의 핵심문제가 희석될 수 있다는 교육계의 여론이 반영된 것으로 해석된다.

나. 영국의 교직단체

영국의 대표적인 교직단체로는 1889년에 창설된 전국교원조합(NUT: National Union of Teachers)이 있다. NUT는 회원의 권익증진을 위하여 조정, 연구, 현직연수, 융자, 보험, 법률상 원조 등의 활동을 하고 있다. NUT는 전문적 단체와 노동조합의 성격을 띠는 강력한 조직으로서 현재 약 20여만 명의 회원을 확보하고 있다. NUT외에도 현재는 약 15개의 분야별, 지역별, 교원단체가 정식 단체로 존재하고 있으나, 이들 중 문교부의 교섭대상 명단에 올라있는 교직단체로는 전국교장협의회(NAS; National Association of School Master) 및 여교사협의회(UWT; Union of Woman Teachers)를 비롯하여 전국교감협회, 직업교사협회, 전국초등학교 교장협회, 중·고교 교장협회 등 6개 단체이다.

영국 교원은 1974년에 제정된 '노동조합 및 노사관계법'에 의해 2인 이상이면 교원단체든 노동조합이든 마음대로 결성 할 수 있다. 근본적으로 복수 조합주의(multi-unionism)를 채택하고 있는 영국에서는 노사문제를 당사자의 자치에 맡겨 두는 전통이 형성되어 같은 학교에서도 다수의 교원단체가 존재하고, 개인은 복수단체에 2중 3중으로 가입할 수도 있으며, 사용자측은 어느 단체와 단체교섭을 할 것인가에 관해서 아무런 법적 구속 없이 결정할 수 있다. 또 단체협약을 체결하더라도 양 당사자가 법적 구속력을 갖는 협약임을 분명히 밝히지 않는 한 협약은 신사협정으로 간주된다.

다. 프랑스의 교직단체

프랑스의 가장 대표적인 교직단체로는 1946년에 결성된 전국교원연맹(FEN, Federation de l'Education Nationale)이 있다. FEN은 전국중등교육조합(SNES), 전국체육교육조합(SNEP) 등 전국의 31개의 연합체로 구성되어 있을 때는 약 45만 여명의 회원 수를 가지고 있었으나, 1992년 겨울을 기점으로 FEN이 오랜 내부 분열과 진통 끝에 소위 동질성, 역동성, 효율성의 기치아래 SNES와 SNEP와의 결별을 선언함으로써 3개의 단체로 분리, 독립하게 되며 현재는 약 17 만 명 정도가 된다. FEN은 1948년 공산주의 성향의 중앙노조인 CGT를 탈퇴한 이래 전국노조 연합조직에 가담하지 않고 독자적으로 활동하고 있다. 이 외에도 프랑스인 교원협회, 공립교원자치 전국연맹, 전국 교육노동조합 등의 20여 개의 단체가 난립되어 있다.

프랑스 교직단체의 특징은 교육전문직은 물론 모든 교육행정가 까지도 노동조합에 가입하는 노동운동의 대표적인 국가라는 점이다. 소규모 학교인 경우에도 교사들의 요구사항이 관철되지 않으면 독자적인 단체결성이 가능하고 단체교섭도 개별 교직단체가 학교설립자에게 요구할 수 있다. 보수 및 후생복지 뿐만 아니라 교원인사, 교육제도 개선 및 수업방법 개선에 대한 내용도 교섭사항에 포함되어 있다.

라. 독일의 교직단체

독일 교원은 공무원이든 비종신 봉급 공공피고용인이든 노동조합을 구성한다. 또한 교직단체를 포함한 노조는 정당, 종교, 이념과는 분리되어 있다. 단체의 구성은 독일 노사관계의 대표적인 특징인 '산업별 노조형태'에 따라 학교 단위별로 단체를 구성하는 것이 아니라 산별노조에 가입한다. 같은 학교에서 근무하고 있는 교원이라 할지라도 신분, 전공, 업무내용에 따라 '외곽에 있는' 노조에 자유롭게 가입할 수 있으므로 교원들은 교육학술교원노조(GEW), 연방직업교육교사연맹(BLBS), 교육연맹(VBE), 공무원 노조연맹(DBB) 등에 가입한다.

독일에는 대표적으로 독일 교육·학술 교원노조(GEW; Gewerkschaft Erziehung und Wissenschaft), 독일공무원동맹(DBB; Deutscher Bea-mten Bund) 산하의 독일교원동맹, 연방직업교육교사연맹(BLBS), 교육연맹(VBE), 등 여러 교직단체가 있으나 이 외에도 교원이 가입하고 있는 노동단체는 많다.

1948년에 조직된 GEW는 사회교육기관을 포함한 모든 교육기관 종사자 즉 초·중등과 대학교원 등 약 23만 여명이 가입되어 있는 대표적인 독일의 교원노조로써, 교원의 보수·복지후생 등 권익활동 뿐만 아니라 교육연구조사, 정책연구, 학교교육의 개혁활동, 교육에 관한 간행물 등을 발간하고 있다. 1918년에 결성된 DBB는 교사단체와 공무원단체가 노동조합 형태로 통합된 것이며, 전국 각 지부에 약 110만 명의 공무원이 가입되어 있고 이 중에서 교원이 약 10만 명이다. DBB는 공무원 이익을 위한 전국단위 노동조합이며 복수노조 원칙에 따라 여러 개의 노조 중 하나이고 독일노동 총연맹에 가입되어 있다.

독일에는 군소 교직단체에 가입한 교원 수를 모두 합하면 약 150만 명의 교원이 각종 교직단체에 가입되어 있으며, DBB는 스스로 신사협정을 정하여 파업은 거부하고 있으며, 나머지 단체들은 노동 3권을 모두 행사하고 있다.

마. 캐나다의 교직단체

캐나다의 대표적인 교직단체로는 노동조합적 성격을 띠고 있는 교사협회(TA; Teachers Association)가 있다. 퀘백과 온타리오를 제외한 각 주에는 하나의 통합된 교사 협회가 존재하고 있다(이규환, 1989). 현재 캐나다의 모든 주에서 단체교섭권은 합법적으로 인정되고 있지만, 단체행동권이 법적으로 보장되고 있는 주는 3개 주(앨버타, 퀘백, 뉴브런즈윅)에 지나지 않는다. 그러나 단체행동권이 합법적이지 않은 주에서는 그러한 권한을 인정받기 위한 운동이 활발하게 전개되고 있다. 또한 캐나다의 주 교육행정기관은 교사협회와 협조하여 교사 및 교육문제를 해결하고 있다. 따라서 노동 조합적 성격을 강하게 띠고 있는 TA의 활동은 투쟁 지향적이기보다는 협조 지향적이다.

바. 일본의 교직단체

일본에는 일본교직원조합(이하 日敎組), 전일본교직원연맹(이하 全日敎聯), 일본고등학교 교직원조합(이하 日高組), 전국교육관리단체협의회(이하 全管協) 등 5개 교원단체가 있다. 일본의 최대 교직단체인 日敎組(JTU; Japan Teachers Union)는 1947년 6월에 결성되어 현재 약 60여만 명의 회원이 가입되어 있다. 지방공무원법에 의한 직원단체의 연합체이지만 스스로 노동조합임을 자처하고 일본노동연합총평의회에 가입하여 그 중추적 역할을 담당하고 있다.

이 때문에 日敎組는 과거 수많은 파업을 주도, 많은 희생자를 배출하기도 하였으며, 창립 초기에는 전교직원 가입수가 86%를 상회하기도 하였으나 최근에는 가입자 수가 해마다 줄어들고 있는 실정이다. 이것은 문부성에서 교직원관리를 강화한 이유도 있지만, 1974년 인재 확보법을 제정하여 경제적인 처우를 높여온 것이 주효한데다가 노동운동, 정치투쟁을 중핵으로 활동을 계속하여 온 데 큰 원인이 있다고 본다.

한편, 全日敎聯은 비교적 중립적인 교육을 목표로 하는 단체로서 회원의 자질향상과 교육조건개선, 교원의 사회, 경제적 지위 향상에 주력하고 있고, 현재 가입자 수가 7만여 명으로 되어있으나 급성장하고 있는 것으로 알려져 있다. 〈표 Ⅳ-20〉은 주요 국가의 교직단체에 대한 비교 자료이다.

<表 IV-20> 주요 국가의 교직단체 비교

국가	교직단체	설립연도	성 격	비 고
미국	NEA(전국교육연합회)	1857	전문직 지향	노조성격 결여 보수적인 조직
	AFT(미국교사연맹)	1916	노동주의 지향	노동조합주의의 지향
영국	NUT(전국교원조합)	1889	전문직과 노동조합주의	
프랑스	FEN(전국교원연맹)	1946	노동주의 지향	
독일	GEW(독일교육·학술교원노조)	1948	노동주의 지향	
	DBB(독일공무원동맹)	1918	노동조합 지향	
캐나다	TA(교사협회)		노동조합 지향	협조지향적
일본	日敎組(JTU)	1947	노동조합 지향	
	全日敎聯	1984	중립 지향	
한국	한국교총(KFTA)	1947	전문직 지향	전문직능단체
	전교조	1989	노동조합 지향	1999년 합법화
	한교조	1999	노동조합 지향	

사. 국제교육연합(EI; Education International)의 정책

EI는 1993년 1월 26일 스웨덴의 스톡홀름에서 당시 세계 양대 교원단체였던 세계교직단체총연합회(WCOTP)와 국제자유교원조합연맹(IFFTU)을 발전적으로 해체·통합하여 결성한 기구이다. EI 정관에 나타난 목표는 다음과 같다.

첫째, 교원의 권익 증진을 통하여 노동 조합권 및 전문직적 권리 옹호, 고용 및 근무조건의 향상을 강조한다.

둘째, 교육의 발전을 통하여 평화, 민주주의, 사회정의 및 평등사회를 조성한다.

셋째, 교육정책 수립 및 결정과정에의 적극 참여를 보장받도록 노력한다.

넷째, 모든 형태의 편견 및 차별을 타파하고 여성의 참여를 확대한다.

다섯째, 회원단체간 유대 및 상호협력 체제를 유지한다. 이처럼 EI는 기본적으로 독립성, 민주주의, 교원 노동조합주의라는 3대 이념을 추구하고 있다.

이러한 정책노선에 따라 EI는 국제노동기구(ILO), UNESCO 등의 국제기구 및 ICFTU와 같은 국제노동단체와 연대하여 인권 및 단체 활동 등에 관하여 다음과 같은 정책 활동을 전개하고 있다(윤정일 외, 1999).

첫째, 교권 옹호를 위한 회원 단체간 연대를 강화하고 정부 또는 사법기관에 EI의 입장을 전달하고, 국가기관에 직접적 개입 및 조사단 파견 등의 업무를 추진한다.

둘째, 교원의 노동 조합권 존중을 위한 ILO가 개입하도록 유도하고 회원단체가 요구할 경우 각종 제소업무 담당, 조사연구 보고서의 배부, 인종차별에 대한 투쟁, 고용에 있어서 차별 금지, 공공부문에 있어서의 노동 조합권의 보호 등 특별한 사안에 대하여 ILO, ICFTU와 제휴한다.

셋째, ICFTU와 제휴하여 교육부분에 있어서의 고용 및 근무조건, 노동 조합권의 침해에 관한 진정한 단체교섭에 관한 조사를 실시하고, 결사의 자유, 단체교섭권, 고용차별에 관한 국제적인 노동기준의 비준 및 적용을 촉진한다.

넷째, UN의 여성차별 철폐에 관한 협약, UNESCO, ILO의 교원의 지위에 관한 권고 안의 실현을 위하여 각종 홍보자료나 지역회의, 연수 프로그램을 통하여 회원단체에 정보를 제공한다.

다섯째, UN의 인권위원회에 적극 개입하고, 그러한 개입 사실과 조사단 파견, 국제기구에의 제소한 사안에 대하여 회원단체에게 보고하고 홍보한다.

이와 같이 세계에서 가장 규모가 크고 강력한 국제교직단체로 탄생한 EI는 회원단체의 해당 국가 내에서의 자유로운 교직단체 활동을 지원하고 있다. 또한 ILO, UNESCO, OECD 등의 국제기구들은 공무원을 포함한 모든 근로자들에게 결사의 자유를 인정해야 한다는 생각을 확고히 하고 있으며, 우리나라 교원의 단결권 인정에 대한 국제사회로부터의 압력은 앞으로 더욱 강해질 것으로 전망된다.

제17장 교원정책

본 장에서는 한국의 교육정책 중에서 교원과 관련한 가장 대표적인 인사정책에 관련하여 알아본다. 교원자격제도 정책 중 수석 교사제와 교장 선출 인사와 관련한 정책들에 대하여 살펴보고자 한다.

1. 교원자격 제도의 개선방안

교원자격 제도의 개선 방안을 마련하기 위하여 한국교육개발원(KEDI)은 2003년 7월부터 교원인사제도 혁신방안 수립을 위한 연구를 수행해 왔다. 이 연구는 기존의 "정부주도형" 정책개발 방식에서 탈피하여, 정책 방안을 마련하는 단계에서부터 관련 단체와 전문가 등의 의견을 수렴하여 정책을 입안하는 "현장출발형" 정책개발 방식을 채택하여 2004년도 4월 달에 교원자격 제도 개선을 위한 안을 발표하였다. 이 안을 살펴보면 다음과 같다(박상철, 2004).

가. 자격의 수직적 다단계 체계 확립

자격 단계를 3단계(제1안) 혹은 4단계(제2안)로 분화한다. 각 방안의 장단점을 비교하면 다음과 같다.

〈표 Ⅳ-21〉 교원인사 방안의 장·단점

방안	내 용	장 점	단 점
제1안	3단계로 분화 •2급 정교사→ 1급 정교사→ 수석교사(가칭)	•상위 자격 취득에 대한 부담이 비교적 적음 •제도 개편과 행정지원이 비교적 용이	•승진 과열 경쟁을 완화시키는 제한적 효과 •자격제도의 관리 기능 보강 요구 미반영
제2안	4단계로 분화 •2급 정교사→ 1급 정교사→ 선임교사(가칭)→ 수석교사(가칭)	•교사의 역할을 학교 운영과 연계하여 확대가능 •자격제도의 관리 기능보완 •일정 주기로 자격 갱신 효과를 유도함으로써 전문성 신장 촉진	•상위자격 취득에 대한 부담 •상위 자격 취득에 필요한 연수 및 평가체제 정비를 위한 준비 기간 필요

나. 교사자격의 수평적 다원화

교과교육 영역뿐만 아니라 특별활동 영역, 생활지도 영역 등의 전문성을 정당하게 존중하며, 상위자격 취득 시 증빙 자료를 제출하도록 하여 심사 자료로 삼도록 한다.

다. 상위 자격 취득 기준

교원의 자격 기준은 경력 및 자격 단계별 자격 연수 실적, 연구 실적 등을 반영하며, 경력 요건은 학교운영에서의 책임 증가에 따른 연수 부담과 연수이수에 필요한 시간 등을 고려하여 상위 자격으로 올라갈수록 경력 기간을 증가시켜 구성(예시: 제2단계 경력 5년 이상, 제3단계는 12년 이상, 제4단계는 24년 이상으로 설정하고, 전후 2-3년 가감 가능한 방향으로 검토)한다.

라. 상위 자격 취득 방법 및 절차

자격 단계별로 자격 기준을 갖춘 후 국가에서 관리하는 자격 인증에 의한 검정 절차를 거쳐 서 자격을 취득하도록 한다. 자격 인증에 의한 검정 과정에서는 국가 수준의 자격 인증 위원회와 인증전담 기구를 설치 운영하고, 자격 인증 기준과 절차를 심의 관리한다.

마. 상위 자격 취득 경로 및 정원 규모

교사직은 교사직의 자격 발달 체계에 따라 상위 자격을 취득해 가고, 희망하는 자는 누구나 기본 요건을 갖추면 상위 자격을 취득할 수 있도록 정원을 제한하지 않는다. 학교 행정가직은 자격 기준을 충족하고 국가 수준에서 정한 전문 양성 과정을 이수하여 자격을 취득하며, 학교 수에 따라 임명·배치되므로 정원제로 운영한다.

정원 규모는 예비 인력 풀을 확대한다는 관점에서 2~3배수 범위 내로 정한다. 교장 자격은 교감 자격을 취득한 자로 제한하는 경로와 교사직에서도 일정 자격 요건을 갖추고 국가 수준에서 정한 전문 양성 과정을 이수하여 취득하는 경로 모두를 허용한다. 교감 자격을 취득한 자로 제한하는 경로에서는 승진 절차를 거쳐 취득하게 하여 일정 기간 동안 교감직에서 교장직에 대한 준비 과정을 이수하게 한다.

기존의 장학·연구직 및 부장직과의 관계에서는 장학·연구직은 지역의 수업 장학 기능과 교육성취도 증진을 위한 기능을 중심으로 교사직의 직무 수행을 지원하는 기능으로 재정립하고, 행정가직으로 전직하기 위해서는 교사직을 경유해서 진입하도록 한다. 기존의 부장직은 Ⅲ단계로 흡수하며, 초등은 학년을 중심으로, 중등은 교과를 중심으로 교무 분장 조직과 연계하여 운영하되, 학교 단위별로 동료 교사 추천에 의한 보직 임용으로 운영한다.

바. 교원 자격 제도 개편에 따른 기대 효과

첫째, 자격 취득 이후 전문성을 심화 시켜 가는 발달 단계를 구축함으로써 국가 수준의 자격 관리가 강화된다.

둘째, 자격의 발달 단계에 따라 교사의 전문성이 다양화됨으로써 학교교육의 폭이 더 넓어질 수 있다.

셋째, 학교 행정가직의 자격 기준이 강화됨으로써 전문성과 리더십이 증진될 것이다.

넷째, 교원의 직무 기준을 토대로 책무성이 강화됨으로써 단위학교의 책임경영제가 확립될 것이다.

2. 바람직한 수석교사제 실시방안

가. 문제제기

현재 우리 교육계는 교원인사에 대한 제도적인 개혁을 위해 진통을 겪고 있다. 이러한 인사제도에는 교사자격제도(수석교사제), 교원평가, 교장인사(교장선출보직제, 공모제, 초빙제) 제도 등이 있다. 교원인사는 세 가지 큰 틀을 가지고 현재 논의와 이의 제도 개혁을 위해 교원, 학생, 학부모, 시민사회단체 등의 의견을 집약하기 위하여 각종 세미나, 공청회가 2003년 7월부터 교육개발원 주체로 진행되어 왔다.

교원인사제도의 혁신의 출발은 16대 대통령 선거를 계기로 교육계의 주요한 문제로 부각되었다. 교원인사제도와 관련된 문제의 특징은 교육계 내부의 갈등과 분열을 가져올 수 있는 뜨거운 이슈로 부각되어 각자의 입장에서 이를 두고 유리한 고지의 선점을 위해 노력하는 모습을 목도할 수 있다.

교원인사제도에 관한 문제의 본질은 교육공동체 구성원의 역할을 재정립하고 재정립된 새로운 역할을 제대로 수행하기 위하여 적격자를 선발하고, 그들에게 합당한 권한을 주고, 전문성 신장을 위하여 임용, 자격, 교육훈련체제를 마련하고, 책무성을 확보하기 위한 평가제도를 마련하는데 있다. 이러한 인사제도는 학교 내 지배구조(governance structure)의 변화를 동반하는 것으로 변화의 바람직한 지향점을 학교의 교육력 향상에 두어야 할 것이다. 더불어 교육의 질을 개선, 향상하기 위한 소프트웨어적인 측면의 합리적이고 효율적인 인사 제도가 구축되어야 하는 시대적 요청이 현재 요구되어진다. 교원인사제도와 관련하여서는 교장회, 교총, 전교조, 학부모단체, 시민단체들이 각자 자신의 입장을 밝히고 주체간 서로 협력하거나 갈등하는 양상을 드러내고 있다.

우리나라 교원평정은 1969년에 대통령령으로 제정/공포된 "교육공무원승진규정"에 의거하여 실시되고 있으며, "교육공무원승진규정"에 의거하여 이루어지고 있는 현행 교원평정은 교감(교장)으로의 승진 임용을 위한 인사자료 생성에 그 목적을 두고 있다. 교원의 전문성 향상에 목적을 둔 평가가 아닌 승진 대상자 선발을 위한 평가 위주로 진행이 되다 보니 이에 대한 문제점은 한두 가지가 아니다. 승진을 포기하거나 승진에 무관심한 경우 교직수행의 결과에 대한 책무성과 전문성을 확보하는데 많은 어려움이 있어 왔다.

기존 인사의 문제점으로는 승진연계형 자격체계, 승진평정요소의 타당성 결여, 경력 중심연수의 점수화, 연구의 점수화, 가산점의 점수화, 근무성적평정의 공정성문제, 상급자 중심의 근무평정, 평정내용의 구체성 결여 등으로 인하여 수 십 년 이상 그 폐단이 지적되어 왔었다. 이러한 폐단은 바로 전문성 제고 기능이 취약하고 교육 활동에 대한 책무성 확보가 어려워지고, 왜곡된 승진 경쟁의 교직문화 풍토가 조성되고 그리하여 학교 조직의 관료화를 초래하여 교장의 권위가 막강하여 신권위주의의 교장이 양산되어 왔었다. 이것이 결국 학교교육의 부실화로 연결되었던 것이다.

나. 바람직한 수석교사제 실시 방안

교직에 입직 후 교사들은 통상 1급 정교사 자격을 취득하면 승진 경쟁 대열에 동참하게 된다. 이러한 풍토는 선배 교사나, 관리자(교장, 교감)로부터 승진에 대한 권유나 추천으로 인해 자신의 진로를 결정하는데 있어 준거로 상정한다.

동일한 학교에 같은 경력의 교사나 동기 교사가 교감으로 승진 발령이 나서 오면 상대적으로 승진을 하지 못한 교사는 상당한 정신적인 고통을 겪게 된다. 이러한 사례는 전국 초,

중, 고 모든 학교에서 볼 수 있는 학교 모습이라 하겠다. 특히 남 교사의 경우는 여자 교사가 교감이나 교장으로 오면 더욱더 심한 자괴감과 심적인 고통을 겪는다고 한다. 특히, 자녀가 결혼 적령기에 달해서 집안 간에 서로 상견례를 할 때, 승진을 하지 못한 교사는 더욱더 고통을 경험하게 된다. 아버님을 평교사로 소개하는 것보다 그래도 교감이나 교장으로 소개하면 더 자랑스러울 텐데 하는 어느 자식의 이야기를 자주 듣고는 한다.

사정이 이러하다 보니 교사들은 좁은 승진의 등용문인 교감이나 교장으로 승진하기 위해서 건강을 헤쳐가면서라도 승진의 터널로 진입하게 된다. 물론, 승진이 타인의 자극이나 체면으로 인해 승진을 하려는 교사가 전부는 아니다. 열심히 교직 생활을 수행하다 보니 기회가 주어져 승진을 하는 교사, 학생의 교수-학습 지도에 열과 성을 다하고 이를 연구 대회로 연결하여 실적을 거양 하여 승진을 하는 교사 등 승진에 대한 교사의 삶과 문화는 다양하다.

일반직 공무원의 경우는 9, 7, 5급 공개경쟁 시험을 두어 공채로 선발하여 각 직급에서 승진을 하게 된다. 9급에서 6급까지는 통상 연(年)수만 만족하게 되면 자동 승진을 하지만 5급 사무관의 경우는 현재, 계급 적체로 인해 승진이 어렵다고 한다. 이들 일반직의 경우엔 분명 계급 서열이 있어 경력에 따른 직위와 계급이 주어지며, 경력이 쌓일수록 후임자부터 인정(직급에 따른 예우)과 계급에 의한 서열화가 형성된다. 반면에, 교직은 어떠한가? 승진 대열에서 낙오한 40대 중견 교사는 새로 부임한 신규 교사로부터 존경심은 찾아 볼 수 없으며, 그 호칭에서부터 미묘한 뉘앙스의 대접을 각오해야 한다. 물론, 후배 교사들이 선배 교사들로부터 교직에 대한 다양한 전문적 소양을 지도 받기도 한다. 하지만, 분명한 것은 평교사로서 자신의 자존심을 유지하기 위한 제도적인 직함이나 보직이 없을 경우 선배 교사의 발언이나 지도는 그 영향력 면에서 취약하기 짝이 없게 된다.

수석교사제는 이러한 수직 단층 구조의 교직 승진 체제에 대안이 되는 제도임에는 틀림없는 것 같다. 그것은 수석교사제가 행정관리직의 승진 구도가 아닌 교수-학습의 전문적 소양을 지닌 교사에 대하여 관리행정직에 준하는 예우와 보수를 주자는 취지로 출발하여 학교교육의 목적인 학생의 교육력 향상과도 그 맥락을 같이 하는 승진 제도로 평가 할 수 있다.

입직 후 2급 정교사로서 교직을 경험하고 3년이 지나면 1급 정교사 자격 연수를 받고, 이후 보직 교사 등의 경험과 연수, 연구, 근무 평정, 다양한 가산점 등을 가지고 교감으로 승진하고 이후 3년이 지나면 교장 자격 연수를 받아 최종 종착지인 교장으로 임용되는 현재의 승진 제도는 한 줄 세우기 식의 승진 구도로 분명한 승자와 패자간의 구분이 생기고 경쟁 대열에서 낙오한 자는 퇴직 할 때까지 어떠한 승진 욕구나 희망을 가지지 못한 채 교직을 마감하게 된다. '패자 부활전'의 기회는 주어져야 하지 않겠는가?

승진에 동원되는 갖가지 요소들이 학습자의 교육력 향상과 관련된 요항이 아닌 다분히 개인 실적 위주의 평정 요소들로써 채워져 있는 이러한 승진 구도는 분명 고쳐져야 한다. 수석교사제에 대한 보다 구체적인 'Road Map'을 다음과 같이 제안 하고자 한다.

1) 4단계 안(이원화 된 승진 구조로 각자의 전문성을 심화시키는 자격 발달 체계)

▷ 제1안 교수학습장 승진 안

교직 입직 후 3년경과(1급 정교사)→5년 후 가칭 '교수연구장' 임명(경력 8년 차)→10년 후 가칭 '교수장' 임명(경력 18년 차)→5년 후 '교수학습장' 임명(경력 23년 차)→2년을 주기로 평가를 통해 재임용.

▷ 제2안 교육행정직 교장 승진 안

교직 입직 후 3년경과(1급 정교사)→5년 후 가칭 '교수연구장' 임명(경력 8년 차)→10년 후 교감 임명(경력 18년 차)→5년 후 교장 임명(경력 23년 차)→교장임기 4년 후, 1차 중임(8년, 경력 31년 차) 이후 본인의 희망에 의거 원로교사나 퇴직(교장직 수행 후 정년을 다 못 채울 경우가 발생된다. 이러한 승진 안(案)은 교수학습 등의 교사직 승진 구조를 우대하는 방안이다).

○ 제1안 '교수학습장' 선발절차
· 교과지도: 시범, 공개 수업 등을 통한 실적
· 생활지도: 학생지도 우수 교사
· 학급경영: 수월성과 모범적인 학급경영 교사
· 학교행사 등에서 공헌한 교사
· 연구, 연수활동이 우수한 교사
등을 통하여 선발된 자를 대상으로 하여 자격 연수를 통하여 국가에서 임용한다.

○ 교수연구장에서 교육청의 연구사나 장학사로 전직이 가능하게 하여 실질적인 장학 업무를 담당할 수 있도록 한다. 보직교사가 아닌 국가 임명직인(교육감) 직위 개념.

· 현장장학활동 지원과 교내, 외 시범 수업 수행.
· 초임교사 지도
· 동교과, 교과연구회 주관

○ '교수장'(기존의 교감 급 예우)과 관리직인 교감 간에 서로 인사교류를 개방한다.
· 교내 동료 장학 및 임상장학 관장 및 수업 공개 교사 지도.
· 학년 교육과정 운영.
· 1정 교사에 대한 장학 담당.
· 각종 연구대회 지도(과학전람회, 현장연구, 인성, 열린교육연구, 공모전 등)

○ '교수학습장'(교장과 동일한 예우, 보수)은 실질적인 단위 학교의 교육과정, 연구 업무의 수장임.

현재 학교 현장은 신규 교사나 중견 교사 간에 자격, 전문성 수준에 두드러진 차이가 없어 중견교사에 대한 교육지도자라는 인정 정도가 미흡하고, 치열한 승진경쟁을 유발하는 요인이 되고, 행정직(교감, 교장) 자격이 우위에 놓이는 교직 전문성 발달 체계가 상당히 미흡한 체제였다면, 필자가 제안한 교원인사 4단계 안은 교육력 향상에 목적을 둔 교수-학습 신장과 전문성 제고를 향상시켜 주는 승진 체제라 하겠다. 더불어 교직에서의 생애 발달 단계에 따라 전문성을 심화하는 방향으로 자격 단계를 현재의 2단계에서 4단계로 분화한 승진 체제이다. 하지만, 이러한 장점에도 불구하고 다음과 같은 문제점을 예상 할 수 있겠다.
첫째, 상위자격 취득에 대한 부담과 새로운 형태의 경쟁 양상이 우려된다.
둘째, 승진을 위한 교육활동이 전개되어 실적과 업적위주의 교육활동이 우려된다.
셋째, 상위 자격 취득에 필요한 연수 및 평가체제 정비를 위한 준비 기간이 필요하다.
넷째, 임용된 자에 대한 보수, 예우 등의 예산상의 문제가 우려된다.
다섯째, 한 학교에 감독자나 관리자만 늘어나는 옥상 옥이 될 가능성도 우려된다.

이상의 문제점을 고려한다 하더라도 가칭 '교수학습장'(수석교사제) 인사체제는 아동의 교육력을 극대화하는 방향으로 교육활동이 진행되리라 본다. 이는 교수학습장 선발을 위한 평정요소가 기존의 교장, 교감 선발 평정요소에서 보이는 개인 실적 위주의 요소가 아닌 학교나 학생의 교육력 향상을 가져오는 평정 요소들로 이루어져 이에 공헌한 교사가 명실 공히 교수학습장이 되는 체제라 하겠다.

3. 교장 인사제도

가. 현황 및 문제점 고찰

교장 인사제도 개편문제는 참여 정부가 추진 중인 교원 인사개혁의 가장 중요한 핵심부분 중의 하나이다. 현재의 교장 인사제도는 교감, 교장 중심의 관리직 우위의 일원적 자격체계로서 교사에게 수업보다 승진에 지대한 관심을 유도하고 있는 체제이며 다른 한편으로 지난 1969년에 만든 교육공무원승진규정과 연계되어 학생들을 잘 가르치고 열성적으로 지도하는 사람보다는 연수 학점이 높거나 평가자인 교장·교감에게 좋은 점수를 받는 교사에게 유리하게 작용해 와서 여러 가지 지나친 경쟁과 더 나아가 부패의 근간도 되고 있다는 비판이 높아져 왔던 것이다. 이에 참여정부는 교장임용과 관련한 정책에 있어 노무현 대통령이 공약사항으로 교장의 수평적 리더십과 탈권위주의적 학교풍토 진작을 위해 외부초빙제·보직제를 포함하여 학교장 임용제도를 다양화하겠다고 선언하였고, 대통령직인수위원회는 보고사항에 초빙제, 보직제 도입 등 학교장 임용제도의 다양화를 포함시킨 바 있다.

현재의 교장 자격 요건은 다음의 자격기준에 해당하는 자로서 대통령령이 정하는 바에 의하여 교육인적 자원부 장관이 검정·수여하는 자격증을 받은 자이어야 한다(초중등교육법 제21조 제1항). 초등학교 교장의 경우는 초등학교 교감자격증을 가지고 3년 이상의 교육경력과 소정의 재교육을 받은 자, 학식·덕망이 높은 자로서 대통령령이 정하는 기준에 해당한다고 교육인적 자원부 장관의 인정을 받은 자, 특수학교의 교장자격증을 가진 자로 규정하고 있다. 중등학교 교장의 경우는 교감 자격증을 가지고 3년 이상의 교육경력과 소정의 재교육을 받은 자, 학식·덕망이 높은 자로서 대통령령이 정하는 기준에 해당한다고 교육인적 자원부장관의 인정을 받은 자, 교육대학·전문대학의 학장으로 근무한 경력이 있는 자, 특수학교의 교장자격증을 가진 자로 각각 규정하고 있다.

현행 교장승진 임용제도를 선출제로 바꾸는 것은 교원들의 이해관계의 변화를 가져온다. 선출 보직제에 대한 찬성 입장의 논리는 민주성을 들 수 있다. 찬성자의 주장을 살펴보면 첫째, 교육계 밖에서 민주적인 사고를 지닌 정치적 아웃사이더가 권력의 중심부로 이동하고 있다. 그러나 교육계의 교장 자격증 제도는 민주적 추세를 역행하며 합리적 사고를 배제하는 폐쇄적 특성을 지닌다.

둘째, 교육의 주역이 소외가 아닌 참여를 보다 폭넓게 보장하는 것이 교장선출 보직제이다. 참여를 매개하는 새로운 교장 상에서 지시하는 권위는 사라지고 봉사하는 민주적 권위가 새로이 싹틀 것이다.

셋째, 새로운 질서의 창조를 위해 갈등은 불가피한 것이며 이 갈등을 통과한 질서와 안정은 더욱 견고할 것이다. 성숙해진 학생, 학부모, 교사들의 의견을 보다 효과적으로 담아내는 기제로서 교장선출 보직제는 그 자체로 훌륭한 교육개혁임과 동시에 교육의 정상화를 가속화시키는 제도적 장치라 할 수 있다고 주장한다.

반대 입장의 논리는 교육의 자주성과 정치적 중립성 및 학생의 학습권을 침해할 우려가 있는 비민주적인 처사라는 입장을 견지하고 있다.

첫째, 국민교육을 위임 맡아 임용된 교사가 학교경영 책임자인 교장을 선출한다는 것은 교육자치에 위배되고, 학교 민주화에도 역행하는 처사이다.

둘째, 교장 선출제는 학교장의 직무 통할권과 교원의 지도·감독권이 위축되어 학교의 교육력을 상실하고 학교운영을 어렵게 만들 것이다.

셋째, 교장 선출제는 선진 외국에서는 찾아볼 수 없는 제도로서 학교를 노동조합으로 운영하자는 의도에서 나온 발상이 다.

넷째, 초·중등교육법에 명시된 교장의 자격기준에 위배되고, 학교행정의 전문성을 무시하는 것이다고 주장한다.

교장선출은 현재 교육감이 갖고 있는 교장인사권에 대한 제한을 초래하게 된다. 따라서 교원인사 제도의 혁신은 교원, 학부모, 학생, 교육행정가 등 교육공동체 구성원 모두의 이해와 직결된 문제라 하겠다. 교장회, 교총, 전교조, 학부모단체, 시민사회단체들이 교원인사 제도와 관련하여 각자 자신의 입장을 밝히고 주체들 사이에 서로 협력하거나 갈등하는 양상이 표출되고 있다. 교장선출 보직제나 수석교사제의 도입의 주장 이면에는 임용제도, 자격제도, 승진제도, 교원평가 제도, 교육주체들 간의 권한 재분배, 책무성 확보 등에 대한 다양한 측면이 복잡하게 얽혀서 주장되고 있다.

1) 임용의 방법 및 절차

승진 임용의 경우 승진평정에 기초하여 교사→교감→교장으로 직급 상승하는 체제이며,

승진평정은 경력과 근무성적, 교육·연구 실적, 가산점 등으로 구성이 된다. 구체적으로 경력 평정은 25년에 3년으로 90점, 근무성적 평정(관리자가 평정한 최근 2년의 근무성적 활용, 80점), 교육(자격연수＋직무연수), 연구(연구대회 입상, 학위 취득) 실적 평정, 가산점 평정(공통 가산점, 선택 가산점) 등으로 선발한다.

승진 임용의 절차는 다음과 같은 승진평정 점수에 따라 교장자격 연수대상자 순위명부를 작성한다. ① 교장 자격 연수 실시(30일/180시간 이상), ② 교장 자격증 취득, ③ 교장승진 후보자 명부 작성(교육 성적에 교장자격연수 성적 반영), ④ 교장 임용.

교장 초빙의 임용제도의 경우 그 취지는 학생, 학부모 등이 원하는 교장을 초빙할 수 있도록 함으로써 학교와 지역사회의 실정에 맞는 학교 운영을 도모하기 위해 도입된 것으로 임용대상자는 교장자격증을 소지(취득)하고 당해 지역에 근무하는 교육공무원이어야 한다. 초빙 임용의 절차는 다음과 같다. ① 초빙제 실시를 희망하는 학교(교장 후임 보충이 필요한 학교)의 요청, ② 교육청 소속 전체 학교의 10% 이내에서 실시학교 지정, ③ 초빙 공고(교육인적 자원부장관 또는 교육감) 및 희망자 접수(학교), ④ 학교운영위원회의 대상자 심의 및 임용대상자 추천(학교), ⑤ 단수 임용 추천(교육인적 자원부장관 또는 교육감) 및 임용(대통령).

교장의 임기는 4년으로 하되 1차에 한하여 중임 한다. 단, 여기서 초빙교장의 기간은 제외한다. 교장으로 1차 임기를 마친 자에 대하여는 정년 잔여기간이 4년 미만인 경우에도 특별한 결격 사유가 없는 한 교장으로 재임용하는 것을 원칙으로 한다. 2차 임기가 종료되고도 정년까지 잔여기간이 있는 자는 교사로 근무할 것을 희망하면 수업 담당능력 및 건강 등을 참작하여 원로교사로 임용이 가능하다. 원로교사에 대해서는 수업시간의 경감 등으로 우대하고, 학교장의 요청이 있는 경우에는 신규 임용 교사에 대한 상담, 교내의 장학지도, 기타 학교운영에 관하여 필요한 자문에 응할 수 있도록 하고 있다. 실제로 교장을 면한 후 다시 일선학교에 기간제 교원으로 임용되는 사례는 극히 드물다.

2) 현행 교장 임용제도의 문제점

현행 교장 임용제도의 가장 큰 문제점으로 지적되는 것으로 전문성을 들 수 있다. 학생의 교육력을 진작시키는데 필요한 교육적인 지도력에 대한 충분한 검증 없이 개인의 실적 점수를 획득한 자를 임용하여 교수-학습의 전문성을 갖춘 교육CEO 급의 인재가 부재하다 하겠다.

첫째, 교장의 자질 적합성을 검증하는 기능이 취약하다. 학교 업무를 통합하는 자로서의 구체적인 직무 내용이 명확치 않아 직무수행에 필요한 자질 요소를 적시하기 어렵다. 더불어 직무의 수행에 필요한 자질 요소가 명확하지 않아 교장 양성을 위한 교육훈련 프로그램의 내실을 기하기 어렵고 교장후보자를 대상으로 한 적격자 선발 기능이 취약하다.

둘째, 교육 경력 중심의 자격 요건. 교장에 대한 자격규정은 경력중심으로 대강화된 것이고, 그 내용 역시 획일적인 교육경력 등에 의존하고 있다.

셋째, 승진 임용 시 경력 위주의 평정으로 이루어지고 있다. 현행 승진제도가 능력이나 업적보다는 경력을 중시하고 있다. 교장 자격증 소지자, 교감으로부터의 승진 등 제약 조건으로 유능한 인재의 확보에 제약을 받으며 근무성적평정 및 교장 임용이 관리자에 의해서만 이루어지므로 주관과 정실이 개입하고 승진비리가 자주 발생한다. 승진을 위해 노력하는 과정에서 관리자 위주의 근무성적 평정이나 가시적 실적 위주의 점수에 의존하게 됨으로써 학생지도 본연의 임무에 소홀할 여지가 다분히 내재되어 있다.

넷째, 승진에 집착하는 경쟁 풍토가 만연되어 있다. 승진을 위한 점수 관리에 집착함으로써 정작 학생지도에 소홀하고 있다. 승진평정 점수에 의한 서열화로 교직사회의 경쟁의식 심화되어 학생지도에 전념하는 교사들의 사기가 저하되고 있다.

나. 제도 개선의 필요성

학교 구성원들의 의사결정에 대한 참여와 권한의 공유에 대한 일선의 요구가 현재 증대되고 있다. 이와 더불어 학교운영위원회의 기능이 강화되는 추세에 학교 내 지배구조(governance structure)에 대한 교육공동체 내의 욕구가 증대하고 있다. 이러한 추세에 의거 교장 인사 제도에 대한 개선의 필요성을 다음과 같이 살펴 볼 수 있다.

첫째, 단위학교 자율 운영체제로의 이행이 필요하다. 여기에는 학교장의 새로운 역할 정립과 전문성이 요구되고, 학교장의 변혁 지향적 리더십이 요구된다.

둘째, 학교조직 변화에 맞는 리더십이 필요하다. 이에는 권한을 위임하며 의사결정에 참여를 유도하는 참여적 리더십, 낮은 자세로 지원·헌신하는 봉사적 리더십, 변화를 선도하며 솔선수범하는 변혁 지향적 리더십, 투명 행정으로 신망 받는 도덕적 리더십, 교육의 성과와 책무성을 중시하는 성과지향적 리더십이 요구된다.

셋째, 민주적인 지도력에 대한 요구의 증대. 교장의 지도력과 학교교육 수준의 관계에 대한 관심이 증가되고 있다. 이는 학교장의 지도력 여하에 따라 학교의 풍토와 성공여부가 결정되며, 학교의 발전이나 새로운 교육 프로그램의 도입·개발 등에 있어 학교장이 주도적인 역할을 담당하며 교장에 따라서 학교의 모습, 교직원의 분위기, 학교풍토 등이 달라진다.

다. 국외의 교장 임용제도 탐색

교장과 교육감의 관계, 교사와 교장의 관계에 대한 권한과 책임의 비율, 비중은 각 나라의 문화나 교육 풍토에 따라 다르다.

그러나 현재, 세계적인 경향은 단위학교와 교장에게 모든 권한과 책임을 부여하는 학교단위 책임경영제(SBM)의 방향으로 가고 있다는 사실이다(〈표 Ⅳ-22〉 참조). 여기서 교장의 임용과 선발 방식에 대한 중요성이 부각되고 있다. 이러한 사실을 외국의 사례를 통해 고찰해 보고자 한다.

〈표 Ⅳ-22〉 각국의 교장 임용 특징

항 목	특 징
교장의 역할	○ 영국의 경우 교수직보다는 교육관리직으로서의 전문적 자질을 중시한다. 교육관리직의 리더십 향상을 위한 양성과 연수를 실시하고 있다. ○ 일본은 학교교육의 활성화 및 학교경영의 특색화를 추진하고 있다.
자격요건	○ 미국: 학교 경영능력 위주의 자격제도로 자격의 표준화 및 지역간 연계 강화를 위해 노력 중이다. ○ 영국: 국립교장연수원을 통한 국가 교장자격증제를 도입하여 운영중이다.
임용제도의 다양화	○ 일본: 자격요건을 완화한 반면 임용관리를 엄격히 관리하고 있다. 경력 있는 우수한 중견층뿐만 아니라 의욕과 능력을 갖춘 젊은 층의 교원을 임용하고 있다(민간인 교장 임용 등). ○ 다양한 경로로 교장이 될 수 있는 대안을 마련하여 운영하고 있다(일본, 미국).
임용후보자 선정 절차	○ 투명한 절차에 따라 공개경쟁에 의하여 임용을 실시하고 있다(미국, 독일, 프랑스, 영국). ○ 선발을 통한 전형 시 다양한 자료를 활용하고 다단계를 거쳐 임용한다(미국, 독일, 프랑스, 영국). ○ 학교공동체의 의견을 반영하여 임용한다(독일, 미국, 영국). 교원 인사에서의 합리성과 감독관청인 교육청이 주관하여 해당 학교 등 관련 단체들과의 협의하는 절차를 중시한다.

1) 미 국

일반적으로 영국이나 독일 등의 교장은 수석교사(head)나 잘 가르치는 교사(good teacher) 등 수업 면에 치중한 교장의 모습을 갖고 있는데 반하여, 미국의 교장은 80년대 이전에는 경영과 관리적인 측면을 강조하다 80년대 이후부터는 수업의 지도자, 장학 지도자를 강조하는 경향으로 옮겨가고 있다. 교장의 자격 요건은 교사와 달리 행정가로서 별도의 교육이나 연수과정을 이수하여야 한다.

교장의 임용 기준은 주 교육부의 책임 하에 자격을 부여하고 교장 임명은 대부분 지역의 학교구(school district)에서 책임 하에 이루어진다. 교장 자격기준의 주(state)간 연계강화 및 표준화를 위하여 현재 진행 중이다. 초등학교의 경우 소규모로 교장 일인이 학교를 관리하고, 중 · 고등학교는 대부분 교감과 교장을 두고 있다.

교장의 임용방법은 일반적으로 교장 공모를 통하여 서류심사(포트폴리오 : 교직경력, 각종 훈련경험 등 포함), 학교구에서 구성한 심사위원회(학부모, 지역사회 인사, 다른 교장 등)의 서류심사와 인터뷰(체크리스트 활용) 실시, 복수의 후보자를 교육감에게 추천, 교육감은 후보자를 대상으로 하여 인터뷰를 실시한다. 필요시 경력 교장의 경우 교육청의 임명에 의한 임용도 이루어진다. 학교의 특수성에 따라 기존의 교장 중에서 본인의 의견을 반영하여 지정 임명의 방식을 취하는 경우도 있다. 임용기간은 법적으로 정년은 없다. 교장 재직 시 현직 연수나 교육시간을 필수적으로 이수해야 하며 교장 연수 방식은 교장 아카데미 대학의 관련 코스나 각종 컨퍼런스 등이 있다.

<表 Ⅳ-23> 미국의 교장 자격제도 주별 비교

주	자격요구 여부	자격기준과 인증 프로그램 설정	자격의 종류	자격에 이르는 대안적 경로
일리노이	자격증 필요함 관련교육/훈련 경력 필요	-주교사자격위원회의 자문 받아 주교육위원회가 설정 -주 교육위원회가 프로그램 인증	4가지 -일반 장학담당자(장학사/교육과정 directors) -일반 행정직 (교장/교감) -chief School Official -교육감	-석사학위, 5년 교육경력, 기초 기술/행정/내용 시험 통과, 교육관리/운영/조직/계획에 대한 집중과정이수, 1년간 전일제 행정직 경험 수행결과 종합 평가, 추천
매사추세츠	자격증 필요 관련교육/훈련 경력필요	-주 교육부가 기준 설정 -주 교육부가 인증	5가지 -교육감/부교육감 -교장/교감 -장학사/Director -특수교육행정가 -학교비즈네스행정가 *모든 자격증이 수습과 정식으로 구분	-최근 1) 자격증 취득을 위한 다양한 경로 마련하고, 2) 교직과 행정직에 보다 많은 후보자들을 유인하기 위해 새 규정을 실행하는 중임
미시건	자격증요구 안함. 그러나 ren- ewal 위해 주 계속교육위원회의 일정 시간 연수 참여 요구	-학구가 기준설정 -주 인증제도 없음. 지역교육청이 인증 받아야 할 코스웍을 요구하는 경우는 있음	지역교육청이 자격증과 관련된 모든 정책과 절차 결정	없음
매릴랜드	자격증 필요 관련교육/훈련 경력필요	-주 교육위원회가 교장자격 기준개발 및 인증 -문기준위원회와 교사 교육위원회가 기타 행정가 기준 인가 -최근 ISLLC의 기준에 적합하도록 기준을 수정 중임	자격증 수준 결정 다음과 같이 구분 -행정/장학 어시스턴트 -교육감 -장학사/교장 -교육미디어 행정가 -가이던스 -장학사(심리치료) *교장 자격을 위해서는 ISLLC에서 마련한 School Leaders Liscensure Assessment(SLLA)에서 충족해야 함.	두 가지 대안 경로가 있음 -첫째는 교장자격증으로 지역의 교육감에 의해 추천된 후보자들로 특정 학교에서 일년 동안 복무할 것을 전제로 함. 매해 만족스런 업무 수행과 학구의 교육감이 주 교육감에게 전하는 추천에 근거 갱신할 수 있음. -두 번째는 개인의 경험에 근거하여 기준 요건들이 교육감의 권한으로 면제되는 경우임. 주로 교사 자격에 많이 이용되나 모든 수준의 자격에 활용 가능함.

자료: ① http://www.ctc.ca.gov/aboutctc/agendas ② 한만길(2004). 교장 임용제도의 다양화 방안. 교원 인사제도 혁신 방안 수립을 위한 공청회, 한국교육개발원.

2) 영국

영국은 1998년 이전까지 국가수준의 교장자격제도가 없이 교사로서 일정 경력이 된 자나 학교 행정에 관심 있는 사람들이 지역교육청 수준의 지도자급의 연수 등을 거쳐서 임용하여 왔다. 그러나 1998년에 공포된 "고등교육 및 교원 관련 법"에 의해 신규로 교장에 임용되는 사람들은 국립교장연수원(National College for School Leaderships)이 제공하는 연수프로그램을 통해 국가교장자격증(National Professional Qualification for Headship)을 획득할 것을 의무사항으로 하고 있다(강영혜, 2003).

교장의 자격요건(자격기준)은 1998년 이전까지는 대체로 교사로서의 경험을 가진 사람 중 교감이 되고, 이후 지역교육청 수준의 지도자 연수 등을 거쳐 교장으로 임용된다. 교장의 자격과 역할은 교수-학습활동에 관한 전문성을 갖춘 지도자의 성격이 강하다. 1998년 "고등교육 및 교원 관련 법" 공포 이후, 신규교장 임용 대상자는 국립교장연수원(National College for School Leadership)이 제공하는 교육 프로그램을 거쳐 국가교장자격증(National Professional Qualification for Headship)을 획득해야 한다. 국가교장자격증 취득과정 및 내용은 5개 영역으로, 각 영역의 전문지식과 이해, 기능과 특성의 훈련 과정으로 구성된다. 핵심 5개 영역은 ① 학교발전방향 전략, ② 교수와 학습, ③ 교직원관리, ④ 효율적인 교직원 및 자원관리, ⑤ 책무성 등이다. 또한 다양한 연구결과를 통해 우수한 교장의 15가지 특성을 제시하고, 기타 학교 평가 결과 등을 기초로 교장의 능력개발 촉진 및 효과적 관리를 위해 교장의 자격기준을 제시하고 있다.

2004년 4월 이후 신규 교장을 임용하는 학교의 학교운영위원회는 교장자격증 획득 여부를 반드시 확인하도록 요구하고 있다. 교장에 대해 학교발전의 견인차 역할을 하고, 학교운영결과에 대하여 학교운영위원회, 교육청, 학생 및 학부모, 사회에 대해 책임을 질 것을 강조한다. 학교경영자로서의 역량과 지도력을 특히 강조한다.

〈표 Ⅳ-24〉 우수한 교장의 특성

개인적 가치와 신념	• 타인에 대한 존중 • 도전의식과 협조정신 • 자신감
비전제시	• 전략적 사고 • 발전을 향한 추진력
기획, 수행, 확인, 평가와 개선	• 분석적 사고 • 주도적 역할 • 상황에 따른 유연한 지도력 대응 • 팀웍을 만들어 내는 능력 • 타인에 대한 이해 • 자신의 능력계발
사명감과 협조분위기 조성	• 발전을 위한 적절한 자극과 영향력 • 직원의 책무성 고취
정보수집 및 주변 환경 인식	• 원만한 대인관계 • 주변 환경에 대한 인식

자료: 한만길(2004). 교장 임용제도의 다양화 방안. 교원 인사제도 혁신 방안 수립을 위한 공청회, 한국교육개발원.

교장에 대한 임용방법은 지역교육청의 자문과 협의 하에 학교운영위원회가 교장의 임용, 평가, 연봉 결정까지 모든 책임을 지고 있다는 점이다. 교장의 임용 절차는 다음과 같다(한만길, 2004).

① 교장 결원이 생긴 학교에서 결원사실을 지역교육청에 신고.

② 교장 채용 공고: 중앙 일간지 공고는 의무사항이다. 학교차원에서도 홈페이지 등에 공고한다. 공고 시 봉급수준, 주요 역할, 학교특성, 학교의 성적수준 등을 명시하여야 한다.

③ 채용전형위원회 구성: 학교운영위원회 위원 중 3명 이상으로 채용전형위원회를 구성하여 채용 과정 전반에 관한 임무, 책임까지 위임받는다.

④ 서류전형: 학교별 채용전형위원회가 담당하며, 교장 임용 시 매 전형 단계별로 지역교육청의 자문과 협조를 받으며, 필요한 경우 지역교육장(또는 대리인)의 참석 요구와 자문을 받아들인다.

⑤ 면접 대상자 선정 및 최종 명단 결정: 전형위원회는 면접 대상자로 선정된 후보자의 신상명세, 후보자 선정 과정에 대한 정보를 지역교육청에 제공하여야 한다. 여기서 교육청이 부적합하다고 판단하는 후보가 있을 경우, 14일 이내에 사유와 의견을 첨부하여 학교에 고지하여야 한다. 전형위원회는 교육청의 의견과 충고를 존중해야 한다.

⑥ 학교운영위원회는 전형위원회에서 선정한 최종 후보자를 추인 한다. 보통 면접 다음날 전체 운영위원회를 열어(정원의 1/3 이상 참석), 다수결 원칙에 따라 이루어진다.

⑦ 학교운영위원회는 적임자를 선정하면, 전형위원회는 지역교육청에 이러한 사실을 추천한다. 교원 임용상 결격 사유가 없는 한 학교운영위원회는 추천한 사람을 받아들인다. 전형위원회가 추천자를 정하지 못하거나 전체 운영위원회의 추인을 받지 못할 경우, 지역교육청의 사후 검증에서 결격 사유가 드러날 경우는 새로운 후보자를 찾기 위해 신문에 재공고 하게 된다.

교장에 대한 연수를 맡은 국립교장연수원은 국가교장자격증제도(NPQH) 과정, 교장 수습제 과정, 현직교장 연수과정 등 교장 지도력 관련 연수 전반에 대한 권한과 책임을 가진다. 교장수습제(HEADLAMP: Headteacher's Leadership and Management programme)는 1995년 처음 도입된 제도로 처음 교장직을 맡게 되는 교장의 리더십 향상을 목적으로 하는 연수 프로그램이다. 이 프로그램은 교장 개개인에게 적합한 교육프로그램을 운영하고 현장에 밀착된 교장 연수를 제공하고 있다. 2003년부터는 예비교장과 교장초년생을 대상으로 HEADLAMP를 대체할 HIP (Headteacher Induction Programme)과정이 도입되었다. 3년 기간의 연수과정으로 교장자격증(NPQH) 과정과 현직 교장들 대상의 LPSH와의 연계성을 높이는 방향으로 계획되고 있다(한만길, 2004).

3) 일 본

일본 교장의 자격기준은 2000년 1월 학교교육법 시행규칙 개정으로, 교사 자격증과 무관하게 민간인도 교장으로 채용 가능하게 되었다. 학교교육법 시행규칙 제8조 제1항 및 제2항에 명시된 교장의 자격기준을 살펴보면 ① 학교의 사무직원을 포함한 직에 5년 이상 근무경력을 가진 자, ② 교육에 관한 직에 10년 이상 경력을 소지한 자, ③ 사립학교의 경우, 제8조 규정에 따르기 어려운 특별한 사정이 있는 경우 5년 이상의 교육에 관한 직, 혹은 교육 및 학술에 관한 업무에 종사하고 교육에 관한 높은 식견을 가진 자를 교장으로 채용할 수 있다. ④ 제8조에서 명시하고 있는 자격을 가진 자와 동등의 자질을 가진 자로 인정되는 자를 교장으로 임명 또는 채용할 수 있다. 이에 따라 국공립의 경우에도 일부 도도부현에서 민간교장임용이 이루어지고 있다.

일본의 학교관리직 임용제도는 도도부현 등 각 지역에 따라 매우 다르다. 교장 임명권자는 국가나 학교를 설치한 지방공공단체의 교육위원회가 되며 결원 시 채용, 승진, 강임, 전근 등 교육위원회의 교육장이 시행하는 선고의 방법에 의한다. 임용방식은 학교를 설치한 지방공공단체의 교육위원회가 임명권자가 된다. 교장의 채용, 승임은 임명권을 갖는 교육위원회의 교육장이 시행하는 선고에 의한다. 일정한 연령, 교사자격증 소유, 교직경험 연수 등의 요건을 갖춘 자를 대상으로 심사 후 임용한다. 일부 도도부현에서는 교사자격증이나 교직 경험과 관계없이 교장을 임용하기도 한다.

4) 독일

교장의 임용은 감독관청인 교육청의 고유한 임무이다. 임용방법은 공개 전형을 통하여 선발하고, 학교 교사는 원칙적으로 같은 학교의 교장으로 선출될 수 없도록 되어 있다. 교장 선발제도는 교육청이 주관하되, 학교 관련 단체들이 참여하는 방식을 취하고 있다.

학교 관련 단체들(학교설립자, 학교운영위원회, 전체교사회의 등)이 교장 임용에 참여하여 일정한 권한의 행사가 가능하다. 관련 단체들은 임용 후보자에 대한 의견 제시, 후보자 추천, 후보자에 대한 거부, 후보자 선발 등 다양한 방법으로 교장 임용 과정에 참여하며, 세부적인 선발 절차는 16개의 주별로 조금씩 상이하다(한만길, 2004).

〈표 IV-25〉 보수적인 주와 진보적인 주를 포함한 4개의 주 사례

주 제도	함부르크 주	베를린 주	바덴-뷔르템베르크 주	헤센 주
교장 임용주관	감독관청(교육청)	감독관청(교육청)	감독관청(교육청)	감독관청(교육청)
교장 임용 참여자	감독관청, 인사위원회, 교사위원회, 학부모위원회, 학생위원회	감독관청, 학교설립자, 전체교사회의	감독관청, 학교설립자, 학교운영위원회	감독관청, 학교설립자, 학교운영위원회
교장 임용 절차	감독관청 공모→인사위원회 후보자 추천→교사위원회, 학부모위원회, 학생위원회의 입장 표명→감독관청 결정	감독관청 공모→감독관청 후보자 추천→학교설립자와 협의→전체교사회의에서 선발→감독관청 결정	감독관청 공모→학교설립자 및 학교운영위원회 후보자 추천→감독관청 결정	감독관청 공모→지원자에 대한 학교설립자의 의견 제시→감독관청 후보자 선정→학교운영위원회 의견 제시→감독관청 결정
교장 임용 핵심 역할	감독관청, 인사위원회 (감독관청이 구성)	감독관청(교육청), 학교설립자, 전체교사회의	감독관청(교육청)	감독관청(교육청)
최종 결정권자	감독관청(교육청)	감독관청(교육청)	감독관청(교육청)	감독관청(교육청)

자료: 한만길(2004). 교장 임용제도의 다양화 방안. 교원 인사제도 혁신 방안 수립을 위한 공청회, 한국교육개발원.

5) 프랑스

교장의 역할은 교수직과 관리직 등으로 분리하여 임용하고 있다. 유치원과 초등학교의 교장은 교원, 중·고등학교의 교장은 관리직으로 임용이 된다. 교장 시험 응시 연령은

30-50세 이하의 자를 대상으로 유치원과 초등학교의 경우는 2년 이상의 교사 경력을 가진 자, 중·고등학교의 교장은 5년 이상의 교사, 교육 상담사, 직업심리 상담사로서의 경력을 가진 자이어야 한다.

임용 방법은 채용 공고(현직 교장, 인터뷰를 합격한 후보자, 다른 지역 교장들, 교감으로 2년 근무한 자 응시), 서류심사(경력, 능력, 계획 등을 서술한 지원서 검토), 심사위원회(장학관과 교장 등)의 서류심사와 면접위원회의 인터뷰 실시, 합격지원자는 교장후보자 명부에 등록한다(3년간 유효). 장학관이, 선발된 후보자들 중에 교장을 임명할 때에는 직원인사자문위원회(교사·직원 대표자들로 구성) 자문을 거쳐 관리자로 임용하게 된다(한만길, 2004).

라. 교장 인사 제도의 개선 방안

1) 교장 승진임용제도 개선의 필요성

현행 승진 임용제도는 평정 방법의 객관성 결여, 관리자 중심의 평가로 인한 공정성 문제에 관한 것으로 이러한 문제는 근무평정 요소를 구체화하고, 동료교사에 의한 다면평가를 도입하여 객관성과 공정성을 확보할 수 있다. 교장임용제도의 근간으로 유지되어 온 승진임용제도의 개선 방안을 마련함으로써 교직의 안정성을 유지하면서 대안적인 교장 임용제도를 도입하여 단계적으로 보완하도록 한다. 승진평정 방법을 개선하여 학생지도에 성실하고 능력을 갖춘 교사를 선정하고 이들 가운데 민주적인 지도력을 지닌 교장을 선발하는데 목적을 두어야 한다(한만길, 2004).

2) 현행 승진평정 요소의 개선

경력평정은 관리자가 되는데 필요한 최소한의 교직경력을 설정하도록 할 필요가 있으며, 교육경력 평정에 있어 평정기간을 점진적으로 축소하고 평정점수를 하향 조정하여 경력보다 능력을 중시하도록 해야 한다. 근무성적평정에서는 학생지도에 성실하고 능력을 갖춘 교사들이 높이 평가받는 평정방법을 개발해야 한다. 그리하여 교원의 전문적 자질 향상을 지속적으로 유도하기 위한 방향으로 개편되어야 할 것이다.

연수성적 평정에서는 연수의 횟수와 연수성적에 대한 획일적인 점수 부여방식을 지양하고 교사의 전문성 개발을 위한 노력을 평가하는 방향으로 개편되어야 할 것이다. 가산점

제도는 필요 최소한으로 축소하여 전문성 신장과 관련 없는 가산점 항목은 필요 최소한으로 축소하되 시·도의 특성에 따라 자율적으로 운영하도록 해야 한다. 가산점 적용은 최소한으로 축소하고 필요한 경우 재정적인 보상을 통하여 지원한다. 교육여건이 불리한 도서벽지지역에 근무하는 교원에 대해서는 재정적으로 보상하도록 하는 등 다양한 방안을 강구해야 할 것이다.

3) 임용절차의 내실화

현행 교장 승진임용 절차는 다음과 같다(〈표 Ⅳ-26〉 참조).

교육청 인사 외에 다른 학교의 교장이나 장학관, 교원단체·학부모단체·시민단체 대표 및 교육전문가 등의 참여를 허용하여 선발의 공정성을 확보하도록 해야 한다. 인사위원은 관련 단체 또는 구성원의 민주적 의견수렴 절차를 거쳐 선임하도록 하며, 전문성을 고려하여 선정하도록 한다. 심사 자료로는 교육활동평가서, 학교경영계획서, 추천서 등 다양한 심사 자료 등을 활용하도록 한다.

〈표 Ⅳ-26〉 현행 승진임용절차

주요절차	담당기관
① 교장 승진후보자 명부작성 및 선정	명부작성권자 대학 부설학교: 대학장 공립학교: 교육감 교육인적 자원부 직할학교: 교육인적 자원부장관
② 승진후보자 심의	시·도 인사위원회
③ 교장임용심사위원회의 설치	시·도교육청
④ 학교경영제안서의 심의	시·도인사위원회/교장임용심사위원회
⑤ 면접심사	시·도인사위원회/교장임용심사위원회
⑥ 임용대상자 추천	교육감·교육인적 자원부장관
⑦ 임명	대통령

4) 교장연수의 강화

교장 자격연수 과정은 기간과 프로그램 양 측면에서 현행보다 강화되어야 할 것이다. 기간은 현행 30일, 180시간에서 6개월 이상으로 확대해야 할 것이다. 자격연수 교육과정의 질적 개선을 도모한다(특히 법규, 회계, 시설, 갈등관리 부문 강화). 연수기관은 능력검증을 거쳐 지정하고 민간 연수원 등과의 협력을 권장한다(한만길, 2004).

<표 Ⅳ-27> 영국의 교장자격증(NPQH) 취득과정 및 교육내용

1단계 신청 및 선정	일정 경력을 갖춘 교장 자격 취득 지원자의 지원과 선정
2단계 수요조사	면담과 관찰을 통하여 필요 훈련 분야 파악
3단계 훈련과 개발	자격 훈련의 핵심 5개 영역 1) 학교발전 방향 전략 2) 교수와 학습 3) 교직원 관리 4) 효율적인 교직원 및 자원관리 5) 책무성
4단계 평가	실패하는 경우 재평가 기회는 3년 범위 내에서 단1회 주어짐

자료: 강영혜(2003). 영국 학교장의 역할과 지도력 강화 전략. 교원 인사제도 혁신 방안 수립을 위한 국민 의견 수렴 사업 제7차 워크숍 자료집, 99-117.

마. 교장 공모제의 도입방안

1) 교장 공모제 도입의 필요성과 의의

교장 공모제는 현직 교감, 교육전문직 등 교장자격을 갖춘 사람만이 아니라 교장의 직무를 효과적으로 수행할 수 있는 잠재적 역량과 자질을 구비한 사람이면 평교사, 부장교사라 할지라도 교장에 임용될 수 있는 길을 열어 놓음으로써 교장직의 인재 풀을 확대하고 공정한 경쟁을 통해 능력 있는 교장이 선발될 수 있도록 보장하는 제도이다(한만길, 2004).

공모제는 현행 승진임용제도와 초빙 교장제가 기초로 하고 있는 교장자격 요건을 대폭 완화함으로써 학교조직의 인사 시스템을 개방화, 유연화 하고 조직에 새로운 활력을 줄 것으로 기대된다.

2) 공모제 교장의 자격 요건

공모제 교장의 자격 성격은 근무 이후 원직에 복귀한다는 점에서 보직제의 성격을 갖고 있다. 자격제는 일정한 자격 취득 절차(교장 전형 절차와 자격연수)를 갖추면 임용 예정 대상자가 된다는 점에서 보직제와 성격을 달리한다. 공모제 교장의 경우 임용심사와 연수 이수 이후에 임용 절차를 거치며, 임기 만료 이후에는 원직에 복귀하기 때문에 자격제에 해당된다고 볼 수는 없다.

3) 교장 공모제의 일반적인 절차

교장 공모제의 일반적인 절차는 다음과 같다.

〈표 Ⅳ-28〉 교장 공모제의 일반적인 절차

주요 절차	담당기관
① 공모교장제 실시학교 지정 요청	학교의 장
② 공모교장제 실시학교 지정	교육인적 자원부장관 또는 교육감
③ 교장공모 공고 및 지원수 접수	교육인적 자원부장관 또는 교육감
④ 공모교장 심사 및 추천	학교운영위원회(또는 별도 심의기구) 또는 교육청 심사위원회
⑤ 임용추천	교육인적 자원부장관 또는 교육감
⑥ 임용	대통령

교장 공모제 희망학교의 장은 학교운영위원회의 심의를 거쳐 교장 공모제 대상 학교 지정을 요청한다. 시도 교육청은 신규 임용 교장의 전체 인원 가운데 공모제에 의한 임용 인원을 정하여 시행한다. 교장 공모제 대상 학교의 지정과 교장공모의 광고는 시도교육청 차원에서 일괄하여 전국적으로 주요 대중매체를 통해서 공고하여 접수한다. 교장 공모제는 실질적인 심사기관이 단위학교에 설치되느냐 또는 교육청에 설치되는가와 여러 기관에서 실질적인 심사를 할 경우 그 순서를 어떻게 정하느냐에 따라 다양한 모형이 있을 수 있으며, 이 모형은 교직단체, 학부모단체, 교육청간에 이해의 대립이 있을 수 있는 문제이다. 마지막 심사 담당기관이 임용추천권자(현재는 교육인적 자원부장관과 시도교육감)에게 교장임용 심사결과를 토대로 임용후보자를 추천한다(한만길, 2004).

바. 교장 인사제도 혁신 방안

1) 교장 양성 전문 프로그램의 도입

미국, 영국의 사례에서 보듯 국가차원에서 교장자격 연수 프로그램의 평가기준을 설정하여 교장의 역할과 자질에 대한 연구를 기반으로 체계적인 교장 양성 과정을 마련하고 있다. 미국과 영국 모두 대학원 수준(석사)의 임용, 양성체제를 가지고 있다. 우리나라의 경우는 대략 8주에 180시간의 단기, 집중적인 연수를 통해서 교장을 양성하는데 비해 장기간의 연수기간을 설정하고 있다. 미국과 영국의 경우 개인의 필요에 따라서 교장자격 과정에 신청하여 자격을 취득하지만 우리나라의 경우는 승진 임용을 전제로 승진 예정자를 연수 대상자로 신청하여 연수하고 있다. 그리하여 승진의 문호가 좁아 이에 대한 병폐가 전국적으로 속출하고 있으며, 승진을 위하여 교직 생활에 전념하는 풍토가 만연되어 학습자에 대한 교육 서비스가 뒷전으로 밀려날 가능성이 항상 잠재되어 있다 하겠다.

2) '교장'직에 대한 전문성 강화

가르치는 교사의 전문성과 행정 업무를 수행하는 교장직의 전문성은 전혀 다르다는 사실이다. 선진 사례에서 교장직의 전문성을 강조하고 강화한다는 것을 알 수 있다. 교장 등 교육행정직으로 입직 하려는 사람을 조기에 선발하여 양성교육을 통하여 교육 행정가를 배출하고 있다. 단기간의 연수가 아닌 체계적인 교육 훈련 프로그램을 통하여 행정에 전문적인 교장을 길러내고 있다.

3) 전국적인 교장 공모제와 정년보장

외국의 사례에서 공통적으로 교장의 공모 범위가 교장을 충원하려는 학교의 범위를 넘어서 전국적인 차원에서 공모제를 시행하고 있다. 우리나라의 경우 지역별로 교장자격증 소지자를 대상으로 서열화 하여 배치하는 것과는 사뭇 다르다 하겠다. 미국, 영국의 경우 최초 계약제 임용방식을 통하여 교장의 경영능력을 평가하고 책무성을 확보할 수 있다는 확신이 있을 경우 정년을 보장하고 있다.

4) 학교운영위원회에 엄격한 책무성 부여

학교 관계자나 학교운영위원회의 선발위원회에서 교장선출을 담당하는 위원에 대한 법적 책임을 명확히 하고 있다. 반면, 우리나라 운영위원회는 학교 경영, 교육과정에 대하여 참여성은 있으나 이에 대한 사후 관리나 책무성은 현재 전무한 실정이다. 이에 대한 법적, 제도적인 장치가 선행되고 난 후 교장 인사 제도에 대한 효율적인 방안을 마련하여야 할 것이다.

교장 인사 제도의 핵심은 다음과 같은 교장을 선발하는데 중점을 두어야 한다. 즉, "학교 교육 발전의 촉진자로서 창의적인 학교경영을 수행하고, 학교조직 발전의 지도자로서 시너지 효과를 창출하며, 학교교육 책임자로서 학생들의 학습력을 촉진시켜서 학교경영의 진정한 발전을 이끌어 낼 수 있는 지도자급의 교장을 선발하는 인사 체제가 마련되어야 할 것이다"(안우환, 2004).

참 고 문 헌

강영혜(2003). 영국 학교장의 역할과 지도력 강화 전략. 교원 인사제도 혁신 방안 수립을 위한 국민 의견 수렴 사업 제7차 워크숍 자료집, 99-117.

강정삼(1996). 학교효과성 결정요인에 관한 탐색적 연구. 교육학연구, 33(3), 281.

강인수(2003). 한국에서의 교사평가 제도의 문제점과 발전방향. 교육행정학연구, 21(4).

권낙원 외(1998). 교사와 교육. 서울: 형설출판사.

고전(1999). 교원노조 법제화의 의의와 쟁점. 교육행정학연구, 17(3), 191-216.

교육부(1999). 교원노조 제도의 올바른 이해. 교육인적 자원부.

교육부(1999). 교원 노사관계 전문 과정 연수(자료집).

공은배·한만길·이혜영(1984). 학교·학급의 적정규모. 서울: 한국교육개발원.

김경동(1992). 현대의 사회학-사회학적 관심. 서울: 박영사.

김기석·류한구(1990). 미국의 교원단체운동. 한국교육연구소(편), 한국교육의 성격과 교직원노조운동, 서울: 푸른나무.

김석수(1998). 학교효과 결정요인과 학업성취와의 관계. 한국교원대학교 대학원 박사학위논문.

김신복(2004). 인적 자원영향평가제는 왜, 어떻게 도입해야 하는가? 한국정책지식센타 인적 자원 17회포럼.

김명수(1997). 교육개혁과 학교경영의 혁신방향. 학교경영 통권 제155호, 24-25.

김은순(1990). 교사의 계급적 성격에 관한 연구. 한국교육연구소(편), 한국교육의 성격과 교직원노조운동, 서울: 푸른나무.

김혜숙(2000). 교원노조 합법화의 배경, 의미 및 파급 효과 분석. 한국교육, 27(1), 155-193.

김혜숙(1999). 교원단체 및 단체교서의 이해와 대응. 교육마당21, 104- 110.

김태기 외(1999). 교원노조법의 이해. 서울: 교육부.

김태기 외(1999). 단체교섭 사례 연구. 서울: 교육부.

대구광역시 교육행정체제 진단팀(2003). 대구광역시 교육행정체제의 진단과 혁신. 대구광역시 교육청, 101.

류방란(1986). 교원주도 교육운동에 관한 연구. 서울대학교교육학과 석사학위 논문.

박상철(2004). 교원 평가 및 자격제도 개선 방안. 교원 인사제도 혁신 방안 수립을 위한 공청
회, 한국교육개발원, 연구 자료 RM 2004-9.

박세훈(2000). 단위학교책임경영제의 조건과 성과에 관한 연구. 교육행정학연구, 18(4), 35.

박철수(2000). 한국 학교단위 책임경영의 문제와 발전 방향에 관한 연구. 전북대학교박사학위
청구논문, 전북대학교 대학원.

박종렬(1996). 교육자치 실현을 위한 학교운영위원회 정착과제. 제 15차 교육행정아카데미 하
계세미나, 8월, 18.

박종렬·김순남(2002). 학교단위교육과정경영 논리와 전략 탐색. 교육과정평가연구, 5(1), 37.

박종렬(2003). 학교단위책임경영제와 교장의 권한. 학교운영에서의 구성원 참여구조 혁신방안,
제3회 교육연구개발 연계체제(ER & D Network) 교육현안세미나.

신인숙(1991). 교사의 발달과정과 역할갈등수준과의 관계연구. 충북대석사학위논문.

신상명(2002). 학교단위책임경영을 위한 학교운영위원회의 발전과제 탐색. 교육행정학연구,
18(1), 33.

신상명(2003). 교원평가의 합리화방안. 한국교원교육학회, 국민참여정부 교원정책의 과제, 한
국교원교육학회 제39차 춘계학술대회 논문집, 126.

신상명(2004). 교원평가의 쟁점 논의. 한국정책지식센타, 인적 자원 14회 포럼.

심성보(1990). 한국교육운동약사. 한국교육연구소(편), 한국교육의 성격과 교직원노조운동, 서
울: 푸른나무.

심성보(1991). 교사는 노동자계급이다. 한국산업사회연구회(편), 경제와 사회, 서울: 이
론과 실천.

시노바 쇼오잔(1992). 교육사회학-해석적접근, 조용환·황순희 옮김, 서울: 형설출판사.

윤정일(1999). 학교교육 붕괴의 종합적 진단과 대책. 학실련 기조강연 발표원고.

윤정일(2001). 학교교육 붕괴의 실상과 원인에 관한 조사연구, 서울대학교 사범대학 교육연구
소, 2.

윤형원(2001). 한국교육의 위기 그 진단과 처방. 한국교육의 위기-진단과 처방-, 2001년도 춘
계학술대회 논문집, 한국교육학회.

윤형원(1996). 한국의 교육개혁은 교육기능개선을 위한 좌표를 설정하고 있는가? 국민들의 교

육 욕구, 교육개혁으로 해소가능한가, 교총 제 28회 교육정책토론회, 20~21.

여태전(1994). 교직사회화 과정의 문화기술적 연구. 경상대석사학위논문.

윤정일 외(1999). 2000년대를 대비한 한국교총 발전방안 연구. 한국교원단체총연합회.

윤진(1986). 성인·노인심리학. 서울; 중앙적성출판사.

윤성천·김정한(1998). 단체협약 분석 Ⅱ. 서울: 한국노동연구원.

안우환(2004). 교장의 바람직한 지도성 고찰. 교육사회지식포럼(http:// www.alledu4u.com), 교육칼럼, 27호.

안창선 외(1999). 교사론. 서울: 교육과학사, 53.

이규환(1989). 민주주의와 교직원 운동. 언론과 비평, 5호, 241-243.

이돈희(2003). 학교운영에서의 구성원 참여구조 혁신방안. 제3회 교육연구개발 연계체제(ER & D Network) 교육현안세미나.

이상윤(1997). 노동조합 및 노동관계조정법 해설. 서울: 한국노동교육원.

이윤식(1991). 우리나라 중등 교사들의 발달 과정에 관한 예비적 기술, 한국교육개발원.

이종각·이수광(2002). 대안교육 활성화 조건과 연착륙화 전략. 교육행정학연구, 20(2), 한국교육행정학회, 237-57.

이종태(2001). 학교교육의 정체성과 효용성 위기. 한국교육학회 2001춘계학술대회.

이인효·김주아(1999). 지상중계 영국의 학교개선 노력과 교원정책. 교육개발 통권 117호, 한국교육개발원.

전제상(2004). 새로운 교원평가시스템 구축의 방향과 과제. 한국정책지식센타 인적 자원 14회 포럼.

정태범(2000). 학교경영론. 서울: 교육과학사, 296.

장신미(1998). 교직의 관료적 통제와 자율성 신장 운동-1980년대 후반 서울지역 전교조 운동을 중심으로-. 서울대학교석사학위논문.

정진환·이영희(2001). 교원의 권리 행사 실태 분석. 한국교원과학회, 18(2).

진동섭(1989). 학교장과 교사의 결합(linkage): 결합의 개념적 모델 탐색. 교육이론, 4(1), 48.

진동섭 외(1998), 중등학원 교원평가·보상 및 연수체제 개발연구. 서울대학교교육연구소.

정태범(1998). 학교교육의 구조적 개혁. 서울: 양서원, 18.

왕기항(1987). 교육조직론. 서울: 집문당, 54.

최상근(1992). 한국 초·중등 교사의 교직사회화 과정 연구. 한국교원대박사학위논문.

최성락(1991). 교사의 직업사회화에 관한 연구. 성균관대학교박사학위논문.

한국교원단체총연합회(1996). 초·중등학교 규모의 변화와 정책과제. 서울: 한국교원단체총연합회, 4.

한국교원단체총연합회(1997). 한국교총 50년사. 서울: 교육과학사.

한국교원단체총연합회(1998). 교원단체의 설립 및 단체교섭에 관한 법률. 156-164.

한만길(2004). 교장 임용제도의 다양화 방안. 교원 인사제도 혁신 방안 수립을 위한 공청회, 한국교육개발원.

홍관석(1997). 학교단위 책임경영체제의 모형 개발과 실천전략. 경북대학교박사학위청구논문, 경북대학교.

한준상(1990). 교육민주화와 교사운동의 이론구조, 사상문예운동.

芝田進午(1986). 교육 노동이론의 실천적 고찰. 교육출판기획실(편), 교육현실과 교사, 서울: 청사.

Apple, M. (1982). *Education and Power*, Boston: RKP, 최원형(역), 1988, 교육과 권력, 서울: 한길사, 1988.

Ballantine, J, H. (2001). The sociology of education. 5th edition, wright state university, prentice hall.

Brandt, R. M. (1995). Teacher evaluation for career ladder and incentive pay programs, D. L. Duke (Ed.), *Teacher evaluation policy*. Albany: State Univ. of New York Press, 20.

Burden, p. R. (1990). *Teacher Development, Handbook of Research on Teacher Education*, New York: Macmillan Publishing Company.

Cheong, Y. C. (2001). New Vision School-based Management: Globalization, Localization and Individualization. Research Seminar at Teacher College Kyungpook National University, 3.

Child, J. (1973). Predicting and understanding organization structure. *Administrative Science Quarterly*, 18, 184.

Cohen, M. D., James. G. March, and J. p.Olsen(1972). A Garbage Can Model of Organizational Choice. *Administrative Science Quarterly*, 17(1), 1-15.

Danielson, C., and McGreal, T. L. (2000). *Teacher evaluation: to enhance professional practice*. Alexandria: ASCD, 144.

Harris, K. (1982). *Teachers and Classes: A Marxist Analysis*, London:RKP, (편집부(역)), 교사와 계급, 광주: 들불, 1989.

Hawley, W. Boland and M. Boland(1965). Population size and administration in institutions of higher education. *American Sociological Review*, 30, 253.

Lacy, C(1987). *Professional Socialization of Teacher*. Pergamon Press, 634.

Ozga, J. & M. Lawn. (1981). *Teachers, Professionalism and Class: A Study of Organized Teachers*, London: Falmer Press.

Weick, Karl E(1976). Educational Organization as Loosely Coupled Systems. *Administrative Science Quarterly*, vol 21, 1-19.

Willimas, D. T. (1997). The dimensions of education: Recent research on school size. *ERIC ED 347006*, 1990; Valerie E. Lee and Julia B. Smith, "High school size: Which works best and for whom?" *Educational Evaluation and Policy Analysis*, 19(3), 205~227.

Wright, E.O. (1979). Intellectuals and the Working Class. R. Quinney(ed.), *Capitalist Society*, Illinois: the dorsey Press, 1979. (박현우(편역)), 지식인과 노동계급, 사회 계급론, 서울: 백산서당, 1986.

Scott, B. (1985). The size of school districts: Economics and psychological perspectives. *ERIC ED 287634*, 1986 ; Nasus Raze, "Instructional implications for small elementary schools: A review of the literature", *ERIC ED 272347*.

제 5 부
교육개혁과 정책집행

제18장 학교의 교육개혁

1. 들어가면서

지난 10여 년 동안 우리나라는 선진국들의 교육개혁 운동과 보조를 같이 하면서 21세기를 향한 교육발전의 청사진과 개혁과제들을 탐색하는 데 다각적인 노력을 경주해 왔다. 역사적으로 볼 때 교육은 그 시대의 사회적 특징으로 나타나는 사회문제를 해결하고 더 나아가 사회발전을 위한 수단으로 작용하여 왔다. 따라서 교육은 한 시대의 사회상을 반영하여 왔다고 볼 수 있다. 20세기 후반에 들어 과학기술 문명이 고도로 발달하고 사회의 변화가 급변함에 따라 교육에도 세계적으로 새로운 추세가 나타나기 시작했다. 즉, 과거에는 교육의 근본 목적이 현존하는 사회에 잘 적응할 수 있는 사람을 길러내는 것이었으나 1970년대부터는 과거와는 달리 교육이 사회의 모든 다른 분야의 밑바탕이 되고, 또한 다른 분야를 선도하기 시작함에 따라 아직 도래하지 않은 미래 사회에 잘 적응할 수 있는 인간상을 길러 내는 데 세계 각국은 관심을 갖게 되었다.

이러한 추세는 1980년대에 들어와서 더 구체적으로 나타나, 세계 각국은 21세기를 위한 교육개혁안을 내 놓고 다가오는 미래사회를 대비하는 교육개혁을 시도하고 있다. 교육개혁의 내용은 역사적·문화적 유산, 정치적 이념, 경제적 여건, 국민들의 가치관에 따라서 각국마다 차이가 있다. 또한 여러 여건이 다름에도 불구하고 세계 여러 나라들 간에는 일반적이고 공통적인 개혁 동향도 있다. 해방 후 지금까지 우리 교육의 역사는 교육개혁의 역사였다고 할 만큼 언제나 크고 작은 교육개혁이 지속되었다. 최상근 등(1998)은 이를 제1차 교육개혁(미군정~제1공화국), 제2차 교육개혁(5·16군사혁명~7·30교육개혁), 제 3차 교육개혁(제5공화국 교육개혁심의회~현재)으로 구분하고 있다.

교육개혁사업을 추진하는 과정에서 교육정책 및 교육제도의 종합적인 개선책 수립에 관하여 그 동안 수차례에 걸쳐 교육정책 심의기구들이 설치·운영되어 왔다. 그러한 자문기구들은 교육개혁심의회(85~87년), 중앙교육심의회(88~89년), 교육정책자문회의(89~93년), 대학교육심의회(91년~), 교육개혁추진위원회(93년~) 등이다. 교육개혁심의회는 그 동안 교육에 대한 국민의 이해를 증진하고, 가정과 사회일반의 관심을 고조시켰으며, 교육문제는 교육부의 할 일이라고 생각했던 인식에서 벗어나, 교육문제는 정부가 범부처적으로 대응·

협력해야할 뿐만 아니라 학계와 산업계가 힘을 합쳐 공동으로 대처해야 함을 강조했다. 이러한 점에서 볼 때, 교육개혁심의회의 설치는 우리나라의 교육개혁과정에 있어서 다음과 같은 의의를 갖는다.

첫째, 교육개혁심의회는 대통령 직속기구로서 이전의 교육개혁과는 달리 범부처 차원에서의 교육개혁사업을 수행하기 위해 설치되었으며,

둘째, 국민여론을 기반으로 교육문제를 해결하려는 민주적 개혁의지를 반영하였으며,

셋째, 단편적인 개혁과제의 수립이 아닌 미래 한국교육의 종합적인 청사진을 마련하고자 했다(교육개혁심의회, 1986).

80년대 중반 이후부터 우리나라에서도 미국이나 영국, 일본 등 선진국의 여러 나라에서와 같이 교육개혁 방안을 마련하기 시작하였고 1995년 5월 31일 신교육체제 수립을 위한 교육개혁방안 발표됨으로써, 본격적인 교육개혁이 추진되기 시작하였다. 국민의 정부, 참여정부에서도 그 정신과 골격을 계승하면서 교육개혁을 추진해 왔고 상당한 성과를 거두었다. 그러나 원래의 취지가 왜곡·변질된 것도 있고, 문제점도 계속 제기되고 있다.

2. 교육개혁 추진평가

가. 교육개혁의 주요 내용과 추진체계

문민정부(1993. 2 ~ 1998. 2) 하의 대통령 직속 '교육개혁위원회'에서는 지난 1995년 5월 31일, 문명사적 변화에 부응하여 세계화, 정보화 시대를 주도하는 '신교육체제 수립을 위한 교육개혁 방안'을 발표하였다. 이러한 신교육체제의 기본 비전은 누구나, 언제, 어디서나 원하는 교육을 받을 수 있는 '열린교육사회, 평생학습사회' 건설에 두고 있다. 뒤이어 발표된 제2차(96. 2. 9), 제3차(96. 8. 20), 제4차(97. 6. 2) 교육개혁방안에서 학습자 중심 교육을 실천하고 학생과 학부모의 교육선택권을 확대하며 교육의 다양화를 지향하는 동시에 자율과 책무성에 바탕을 둔 학교운영이 이루어지도록 하는데 주안점을 두고 있다. 그리고 자유와 평등이 조화된 교육을 실천하고 교육의 정보화를 구현하며 질 높은 교육을 구현하는 것 등을 그 특징으로 하고 있다(교육개혁위원회, 1995).

교육개혁의 기본 원칙으로서 교육의 자율성과 책무성 강화 및 교육의 다양화를 추구함으로써 교육의 질적 수준을 높이고 또, 학생·학부모 등 수요자 중심의 교육서비스 제공 평

생교육체제 확립 등에 강조점을 둔 것은 사회적 필요나 요구, 흐름 등에 부응한 것으로 여겨진다. 교육개혁을 본격적으로 추진하기 위해 그 동안 대통령 직속 자문기구로 설치된 교육개혁심의회(1985. 3-1987. 12), 교육정책자문회의(1989-1993)에 이어 교육개혁위원회(1994. 2-1998. 2), 새교육공동체위원회(1998. 7-2002. 7), 교육인적 자원정책위원회(2000. 10) 등에서는 교육개혁안을 마련하여 대통령께 건의하여 왔다.

교육개혁위원위원회(교개위)에서는 1990년대 중반에 대학입시와 사교육비 등을 비롯한 산적한 교육문제를 해결하고 '21세기에 대비한 교육의 기본 방향을 정립하고 교육의 장기 발전을 위한 합의 도출과 범정부적·범사회적 교육개혁추진 등에 관한 대통령의 자문에 응하기 위하여' 5. 31 교육개혁을 마련하여 발표하였다. 5.31 교육개혁 방안은 '포괄적이고 과감한' 내용을 포함하고 있을 뿐 아니라 국민적 관심 하에 추진력의 폭과 의지가 매우 높은 수준에 있었다(새교위, 2000).

새교육공동체위원회(새교위)에서는 학부모, 교원, 시민단체 및 지역사회 등 각계각층의 인사들이 참여하는 새로운 교육공동체를 형성하여 현장 중심의 교육개혁이 지속적으로 추진될 수 있도록 하는 동시에 교육에 대한 국민의식의 개혁을 시도하였다. 동 위원회는 교육개혁 추진상황의 점검과 평가, 교육개혁 추진에 관한 홍보·연수, 교육개혁 추진을 위한 시민운동 활성화, 국민의식 개혁운동, 기타 교육개혁 추진에 관하여 대통령이 부의하는 사항을 심의하는 것을 주된 기능으로 하였다.

새교위에서는 교육개혁의 추진과 확산을 위해 시민운동 성격의 활동에 주력하였으나, 그 동안의 교육개혁 추진 관행에 맞지 않을 뿐 아니라 교육계, 학부모, 일반인 등의 이해 및 협력부족 등으로 그다지 성과를 거두지 못하였던 것으로 여겨진다. 그리고 초·중등 교육개혁, 대학교육체제 개선, 평생직업교육 체제 구축 방안, 교육 공동체 시민운동 활성화 방안 등의 과제를 대통령께 보고하였지만 관련 이해집단의 강한 반발 등으로 거의 시행되지 못하였다.

1995년 5·31 교육개혁은 21세기 장기구상의 교육부문 개혁안으로 궁극적으로 교육복지국가(edutopia)를 만드는데 초점을 맞추고 있다. 교육복지국가란 모든 사람이 양질의 교육을 언제라도 받을 수 있는 「열린 평생 학습사회」를 말한다. 우리 교육의 당면과제인 21세기형 인간의 양성과 국가 교육력의 선진국화를 향한 청사진이다. 다음은 개혁방안의 요지이다.

① 한국 교육의 현 위치와 발전 목표

현재 우리 교육의 토대는 전체적으로 교육 선진국들에 비해 손색이 없지만 교사 1인당 학생수, 학생 1인당 공교육비 등 제반 교육여건은 매우 열악하다. 2000년까지 고등학교 취학률 1백%를 달성하고 장애아의 완전 취학률도 보장한다. 영세 가정에는 대규모의 학자금을 지원한다. 교사 1인당 학생 수는 초등 25명, 중등 20명으로, 학급 당 학생수도 초등 35명, 중등 46명으로 개선된다. 2020년까지는 교사 1인당 학생수가 초등 20명, 중등 15명으로, 학급 당 학생 수는 초등 24명, 중등 28명으로 더욱 줄어든다. 2000년까지 우리 대학 가운데 1개는 세계 1백위 권에 2개 대학이 5백위 권에 든다. 2020년에는 세계 10위 권에 1개 대학, 1백위 권에 3개 대학, 5백위 권에 5개의 대학이 진입하여 세계수준의 대학들과 어깨를 나란히 한다.

② 21세기 열린 평생 학습사회

누구나 평생 동안 다양한 교육의 기회와 통로를 제공받는다. 중등교육 과정은 부문간에 다양한 특성을 지니게 된다. 생산 현장이 곧 학습의 장이 되고 학교교육과 사회교육은 서로 보완적 관계로 발전한다. 초고속 정보통신망의 보급으로 누구나 세계 각국에서 제공되는 교육프로그램에 참여할 수 있다. 학습자 중심의 교육을 통해 학교는 정보와 지식을 체계적으로 축적·관리하는 학습센터의 기능으로 바뀐다. 대학교육의 위상은 높아지고 한국의 독창적인 이론이 국제무대에서 비중 있게 논의된다. 우리의 선진 학문을 배우기 위해 각국에서 유학생이 몰려온다.

③ 주요 발전방향과 정책과제

첫째, 세계화 교육. 단기과제로 개인의 잠재력을 최대한 계발하기 위해 다원화된 단계별, 능력별 교육과정이 정착된다. 국정 교과서의 비중을 크게 낮춘다. 조기 영어교육을 위해 교사를 확보한다. 대중 매체를 통한 외국어 교육도 강화한다. 전통 문화를 직접 체험하는 교육기회도 함께 제공한다. 장기과제로 학교교육을 전면적으로 재구성한다. 학교 도서관을 지역사회의 「학습클리닉」으로 개방한다. 재택 학습이나 개별학습이 일반화된다.

둘째, 정보화 교육. 초등학교에서는 컴퓨터통신 등을 통해 정보와 친숙해질 수 있는 과정과 자료변형 기초과정을 가르친다. 중학교에서는 컴퓨터 자료·정보 교환 과정을 고등학교에서는 컴퓨터 프로그래밍과 그래픽·디자인 등 정보공학 응용과정을 개설한다. 화상학습·멀티미디어 시스템 등을 이용한 학습방법을 개발하고 평가법도 갖춘다. 학생 1명당 컴퓨터 1대를 기준으로 실습실을 갖춘다. 정보 교육을 담당할 교원양성을 위해 현재 교양과목인 「컴퓨터교과」를 「정보교육」으로 개편하여 교직 필수 과목으로 한다. 장기적으로 모든 학교에 교육통계 교육행정 학술연구 직업기술교육 정보 등이 총망라되는 「교육종합정보시스템」을 구축하여 운용한다. 학생과 교사, 각종 교육정보 기관간의 네트워크를 구축, 상호 응답식 학습이 가능한 재택·개별학습 프로그램을 개발한다.

셋째, 교육과 노동시장의 연계강화. 국가기술 자격제도를 고졸 수준의 기능사, 전문대 졸 수준의 산업기사, 대졸 수준의 기사, 대학원 수준의 기술사로 등급을 단순화한다. 응시자격의 학력제한도 철폐한다. 일에 대한 수행능력을 검증해주는 「직업능력 인증제」를 도입하고 직업기술 교육의 지원을 위해 「직업교육훈련 촉진법」을 제정한다. 일반계와 실업계 교육과정을 합친 통합학교를 운영하고 여자 상업계 고교를 컴퓨터·정보통신 관련 학교로 바꾼다. 직종분화에 따라 1~2개 학과로 구성된 소규모 특성화대학을 설치하고 현장중심의 신대학을 운영한다. 장기과제로 전문대학은 직업교육의 중심기관이 되도록 집중육성하고 수업연한의 제한도 폐지토록 한다. 국립개방대학은 독립법인화를 유도한다.

넷째, 대학교육 경쟁력 강화. 단기과제로 대학설립 준칙주의를 정착시키고 정원자율화를 단계적으로 추진한다. 2000년 이후에 본격화한다. 대학의 조직과 운영, 학생 선발 등 학사운영을 완전 자율화한다. 효과적인 대학평가 인정제를 위해 단과대학, 학과 단위의 수준까지 평가한다. 교수간 경쟁체제 확립을 위해 정년 보장제에서 연구실적에 따른 계약제를 도입한다. 동문 위주의 교수채용, 여성 교수에 대한 차별을 철폐하고 교수평가제를 엄격하게 운영한다. 일부 국립대학은 자생력과 경쟁력을 갖추기 위해 점진적으로 공립화 또는 민영화 한다. 교육대학과 사범대학을 통합하고 대학원 중심 대학을 서로 경쟁을 통해 집중 육성한다.

다섯째, 교육 행·재정 체제의 개편. 교육부나 지방교육 행정기관이 관장하는 교육행정업무 가운데 대부분을 민간기구나 지방자치단체에 넘긴다. 사학법인의 전입금 규모를 확대하고 재정여건이 좋은 우수기업이 부실사학을 인수, 경영토록 한다. 각 부처에 흩어져 있는 교육·훈련·인적 자원 개발 관련 업무를 한 곳에서 조정·총괄할 수 있도록 교육 부총리제를 신설한다.

교육인적 자원정책위원회(인자위)는 21세기 지식정보화 사회에 부응하는 인재 육성을 위한 교육·인적 자원 개발의 추진 전략 및 관련 정책 개발 등에 관한 대통령의 자문에 응하기 위하여 2000년 9월 발족되어 ① 교육인적 자원개발의 추진 전략 및 정책개발, ② 교육·인적 자원개발 정책의 추진 상황 점검 및 평가, ③ 기타 교육·인적 자원 개발에 관하여 대통령이 부의 하는 사항을 심의하여 1차 보고서(2001. 6. 29)와 2차 보고서(2002. 4. 3) 3차 보고서 (2002. 11. 14)를 대통령께 보고하였고, 부분적으로 관련 부처에서 이를 시행하기 시작하였다. 그러나 2000년에 들어서면서 대통령 자문기구보다는 교육인적 자원부에서 독자적으로 교육개혁정책방안을 수립·기획하는 역할을 강화·확대하고 있다. 2001년 1월부터 교육부가 교육인적 자원부로 개편·개칭되고 교육부장관이 교육부총리로 승격되어 노동부, 여성부, 과학기술부, 정보통신부, 산업자원부, 문화관광부 등 관련 부처의 인적 자원개발 업무를 총괄 조정하면서 2001년 12월 '국가인적 자원 개발 기본 계획: 사람, 지식, 그리고 도약'을 발표하고 실행계획을 수립하여 추진하고 있다. 그리고 관계 부처 장관들로 구성된 '인적 자원개발 회의'에서는 교육부총리가 교육인적 자원 관련 과제 추진 등을 점검하고 있고, 지난 2002년 8월 '인적 자원개발기본법'이 공표됨으로써 정부의 인적 자원정책을 종합적·체계적으로 수립·시행할 수 있는 법적 토대를 마련하였다(서정화, 2002).

나. 교육개혁 추진의 성과 및 문제점

1995년 5. 31 교육개혁이 출발된 이후 교육개혁 과제가 추진되었다. 그 동안의 성과를 몇 가지 제시하면 다음과 같다(서정화, 2002).
 ① 지속적인 교육개혁을 통해 교육에 대한 국민의 관심이 증대되고 교육문제가 사회의 전면에 부각됨으로써 교육문제가 해결되는 계기가 되고 있다. 특히, 교육정보화의 기반 구축을 비롯해서 학급당 학생 수 감축, 교원 수 확충 등 교육여건이 크게 개선되었다.
 ② 교육기회가 크게 확대되었다. 이제 초등학교 의무교육은 물론이고 중학교 의무교육이 정착되고 있으며 고등학교 진학률과 대학 진학률도 크게 높아졌다. 또한 평생교육체제 구축으로 교육기회가 더욱 확대되었다.
 ③ 공급자 중심의 교육활동으로부터 학생·학부모 등 수요자 중심으로 전환되고, 학습자 중심의 교육운영 및 학생 개개인의 다양한 소질과 적성에 맞는 교육을 실천하려는 분위기가 조성되고 있다.
 ④ 학교의 자율성이 확대되고 민주적 운영 및 책무성에 대한 인식이 높아지고 있다. 공립

학교는 물론이고 사립학교에도 초·중등학교에 학교운영위원회가 설치·운영됨으로써 교육의 자율성과 민주성, 책임성 있는 학교공동체 운영의 기틀이 마련되고 있다.

⑤ 교원들의 전문성 제고 및 근무여건 개선 노력과 함께 교원노조 합법화는 ILO의 권고를 비롯한 국제사회의 보편적 규범을 수용하는 전기가 되고 있다.

⑥ 초·중등학교교육의 정상화·다양화를 촉진하는 대학 학생선발제도가 운영되고 있다. 학생부를 중요한 전형요소로 반영하고 있고, 다양한 전형방식의 채택 및 복수지원 기회의 부여 등으로 재수생이 감소하고 있으며, 점차적으로 대학입시제도의 자율화 기반이 조성되고 있다.

⑦ 교육복지구현을 위한 노력이 확대되었다. 중학교 무상의무교육이 확충되고 있으며 빈곤가정 중식 지원이 확대되었으며 만 5세아 무상교육을 시행하기 시작하였다.

⑧ 대학교육의 수월성 추구 및 경쟁력 강화 노력이 활성화되고 있다. 대학의 교육 및 연구여건이 개선되고 있고 교수들의 연구업적도 향상되고 있다. 그리고 기초 학문 육성 지원 사업과 논란이 분분한 가운데 추진되고 있는 BK21 사업도 대학원 집중 육성과 지역대학 특성화를 비롯한 고등연구인력 확보에도 도움을 주고 있다. 또한 합리적인 인사 학사관리를 비롯하여 구조조정과 대학평가 등으로 특성화·차별화가 진척되고 있으며, 도서관장서의 확충이라든지 교수 수 확충 시설·설비 확충 등 가시적인 성과가 드러나고 있다.

⑨ 평생교육을 촉진하기 위해 평생교육법이 제정되고 평생학습을 촉진하기 위해 학점은 행제, 시간제 등록제, 사이버대학과 기술대학 등 고등교육단계의 열린 학습 제도 구축으로 평생교육센터 및 평생학습관 등을 설치하여 평생교육을 위한 행정지원 체제가 구축되고 있다.

⑩ 교육재정 확충을 통해 학교교육 여건이 크게 개선되고 있다. 교육예산이 국방예산을 넘어설 정도로 교육재정 규모가 확충되어 2003년에 GDP의 4.97%에 이를 것으로 전망되고 있다. 7. 20 교육여건개선 노력으로 교육 정보화가 급속하게 진척되고 있고 학급당 학생수가 35명으로 감축되었으며 신규채용교사가 년간 12,000여명으로 늘어났다. 또한 새로운 학교회계 제도 도입으로 단위학교의 자율적인 운영 폭이 확대되고 있다.

⑪ 평가와 그에 따른 차등적 행·재정 지원 방식을 통해 학교 간, 교육행정기관 간에 선의의 경쟁 체제를 유발함으로써 학교교육의 질 향상을 위한 노력이 가속화되고 있다.

⑫ 국가인적 자원개발을 위한 계획 수립 및 이의 실천을 위한 인프라가 조성되고 있다. 인적 자원개발회의를 통해 인적 자원 총괄 조정 기능을 수행할 수 있게 됨으로써 산

발적으로 추진되어 온 인적 자원의 양성과 배치, 개발·활용, 유지·보존 활동이 체계적이고, 범부처적으로 추진될 수 있게 되었다. 그리고 그 동안 소홀히 다루어졌던 노동시장과 교육체제의 연계를 비롯해서 산학연협력활성화 등을 통해 교육 및 인적 자원 개발에 대한 사회적 책무성이 강화되었다. 특히, 인적 자원개발 기본법의 제정으로 인적 자원 정책을 종합적이고 체계적으로 시행할 수가 있게 되었다(교육부, 2002).

이상과 같이 교육개혁 추진 성과가 많이 드러나고 있지만 그 동안의 교육개혁 추진과정에서 파생되고 있는 문제점도 많다. 그러한 문제점은 다음과 같다(서정화, 2002).

① 교육개혁방안들이 주로 제도 개선과 인프라 구축에 치중할 수밖에 없어 교육의 질적 수준을 높이는 데 집중하지 못하고 있다. 그 동안 공교육 내실화를 위한 적극적인 노력을 기울여왔음에도 불구하고 학교교육의 위기적 상황에 있는 것으로 인식되고 있고, 학교교육에 대한 국민의 만족도는 높지 않다(교육부, 2003).

② 교육제도 운영의 경직성·획일성을 지적할 수 있다. 개인과 집단의 요구가 서로 다르고 다양해서 획일적인 제도 운영이나 교육 활동으로는 다원화 사회의 요구에 제대로 부응할 수 없음에도 아직도 획일적이고 중앙 집중적 행정 관행에 익숙해져 있고, 학교교육 체제의 다양화는 제대로 구현되지 못하고 있다. 준공립화된 채 특수성과 자율성을 살리지 못하는 사학 운영이나 차별적이고 창의적 교육 프로그램 운영이나 지원 활동을 제대로 하지 못하고 있는 단위학교 운영이나 교육청 운영이 그 예다.

③ 교원의 직무의욕 약화를 들 수 있다. IMF 상황 아래 무리하게 추진된 정년 단축은 교원의 자존심과 사기저하를 가져왔을 뿐 아니라 교사 신규 임용에 있어서 수급상의 큰 차질을 가져왔다. 또한, 교원단체 관리상의 불합리와 단체교섭 과정의 번거로움, 그리고 이에 따른 교육현장의 대립과 갈등이 많이 유발되었다. 그리하여 교육 및 교원정책 결정과정에 교원들의 참여가 부족한 것으로 인식되고 있고 교직에 대한 신망이 높지 못한 가운데 교원들의 심리적 이반 현상과 함께 교육개혁 추진에 대하여 소극적인 태도를 보이고 있다.

④ 실업교육의 부실을 들 수 있다. 그 동안 정부에서는 특성화고의 설립·확대 등 직업기술교육을 강화하기 위한 많은 노력을 기울여 왔으나 실업계 고교에 대한 개혁은 그 구조적 어려움으로 인해 본질적 개선을 추구하지 못하고 있다. 그래서 아직도 실업계 학교에 대한 학생, 학부모, 일반인들의 인식은 낮고 실업교육은 위기적인 상황에 처해 있다.

⑤ 새로운 제도 도입과 관련하여 교원들과 교육기관, 교육행정기관 등의 부담이 늘어남에 따라 불만과 반발이 적잖게 제기되었다. 초·중등학교에서의 7차 교육과정 도입이라든지, 초·중등학교평가를 비롯하여 교육청평가, 대학평가나 학부제 추진 등 여러 형태로 제시된 개혁 추진에 대한 비판과 불만은 '교육부를 없애라'든지 '교육부의 오만과 교육실패' '교육 개혁은 교육부 개혁으로부터' 등과 같은 주장으로 그 비판과 불만이 표출되고 있다(전교조, 2002)

⑥ 평생교육을 진흥하기 위한 다양한 정책을 추진하고 있지만 아직도 국민의 평생학습 참여율이 선진국에 비하여 크게 뒤져 있다. 정규 학교교육을 일반인에게 개방하는 대학의 시간제 등록 실적도 저조하다. 아직 우리사회가 선진국에 비해 노동시간이 많고, 여가를 개인의 발전에 투자하려는 의지가 미흡하고 직장에서의 배려도 부족하고, 학습 프로그램의 다양성도 풍부하지 못하다.

⑦ 교육 여건의 미흡 및 교육재정의 취약을 들 수 있다. 교육에 대한 국민의 관심이 지대하지만, 실질적인 지원과 투자의 우선순위는 뒤쳐져 있다고 해도 과언이 아니다. 다행히 7. 20 교육여건 개선 조치, 교육정보화 사업 추진 등으로 교육시설을 비롯한 교육여건이 많이 개선되었지만 국가 재정의 부족에 기인하는 교육재정의 취약으로 아직도 과밀 학급, 과대규모 학교가 상존하는 등 OECD 국가의 평균 수준에 미치지 못하고 있다.

⑧ 교육에 대한 이해와 가치 갈등이 계속 이어진 점을 들 수 있다. 특히, 국민의 정부에 들어와서 자유주의와 공동체주의, 수월성과 평등주의 등의 이념적 대립이 격화되었는데, 이는 정책의 사회통합성 부족과 공감대 형성 미흡, 정책의 형성과 집행간의 괴리감 발생 등이 그 원인으로 분석되고 있다(신현석, 2002). 아직도 수요자 중심 지향과 경쟁 논리, 다양화 등의 노력을 매도하는 무차별적 평등의식도 문제지만 소외계층이나 뒤쳐진 집단에 대한 관심과 배려를 중시하는 공동체주의에 대한 이해가 결여된 채 경제논리만 강조하는 입장도 문제다. 이렇듯 균형 잡힌 시각을 가지고 미래지향적 관점에서 교육문제를 해결하지 못하고 집단이기주의와 편협된 주장과 시각이 팽팽하게 맞서 온 것이다. 이것은 교육현상과 행위의 저변에 깔린 상이한 가치를 조화시키려는 교육적 논의나 정책적·사회적 조정 노력이 부족한 점을 말해준다(교육부, 2003).

⑨ 교육정책 추진의 일관성 결여를 지적할 수 있다. 잦은 입시제도의 변화를 비롯하여 교육제도 운영이나 교원정책 등이 자주 바뀌게 됨으로써 교육에 대한 신뢰를 떨어뜨리고 있다. 이는 교육정책의 수장(首長)인 교육부 장관과 고위 관료들의 빈번한 이동

에도 그 주요 원인이 있다. 그리하여 개혁과제의 일관성 있는 추진을 힘들게 하고 책임 소재를 흐리게 할뿐 아니라 정책 수행상의 소중한 경험들을 사장시키는 결과를 가져오고 있다(새교위, 2000). 교육정책의 안정성과 일관성 유지를 위해 초당적, 초정권적 교육정책기구 설치를 제안하고 있고 있는 것도 이러한 이유에서다(조홍순, 2002; 김용일, 2002; 한나라당, 2002).

⑩ 체계적이고 치밀한 개혁 방안을 마련하여 추진하지 못하였다. 이상적이고 바람직한 목표를 제시하고 있지만 이를 실천하기 위한 개혁 방안이나 구체적인 실행 계획이 실험 또는 시범과정도 거치지 않고 조급하게 시행됨으로써 교육 현장에서 수용하기 힘들 정도로 변화의 폭이 커서 오히려 불만과 반발을 불러일으키는 경우도 없지 않았다.

⑪ 교육정책의 형성과 집행, 그리고 평가 과정상의 합리성이 취약한 점을 들 수 있다. 정책의 형성과정에서 참여와 공감대 형성이 미흡하고 교육개혁의 취지나 성과에 대한 홍보도 미흡하였다. BK21 사업이나 7.20 교육여건 개선 사업과 같은 경우도 충분한 논의와 사회적 공감대 형성 노력이 미흡하여 막대한 재정을 투자하고도 학교 현장이나 대학의 호응도가 높지 못한 것은 아쉬운 일이 아닐 수 없다. 그리고 교육정책의 집행 및 결과에 대한 체계적인 평가나 feedback에 대해서 상대적으로 관심이 저조하였다(신현석, 2002).

⑫ 교육개혁 추진 체계의 조정 노력이 미흡하다. 대통령 자문 교육개혁 입안 기구와 교육부 시·도 교육청, 단위학교로 이어지는 일련의 집행기구 및 유관 기구간의 체계적인 조정·조율 활동이 활발하지 못하였다.

3. OECD(CERI)의 학교교육의 미래 6가지 시나리오

교육개혁과 관련하여 OECD/CERI(centre for educational research and innovation)는 학교교육의 미래 6가지 시나리오를 제시하고 있다. CERI는 미래 학교교육의 변화 가능성을 '현체제 유지(maintain the status quo)', '재구조화(re-schooling)', '탈학교(de-schooling)' 등 3가지 틀 안에서 전망하고 각각의 틀마다 2가지의 시나리오를 제시한다(OECD, 2002).

현 체제의 유지 전망에서는 견고한 관료제의 유지와 시장 모델의 확대(teacher exodus-the meltdown scenario; 시나리오 1)가 가정되었다. 견고한 관료제의 시나리오는 학교가 지식 습득, 학위취득, 보육, 놀이 공간 제공 등 책이 늘어나지만 근본적 변화 없이 관료화되며 학습은 불평등하게 분배된다는 모형이다. 시장 모델의 확대는 공교육 체제에 대한 불만으로 민간 운영 학교를 포함한 다양한 학교 시스템이 강화되고 학교 선택권이 확대된다는(시나리오 2) 것이다.

재구조화 전망의 시나리오는 사회 센터로서의 학교(schools as core centres; 시나리오 3)는 학교가 파편화된 사회를 통합하고 공통 가치를 전수하는 보루로 격상되며 아울러 지식, 기술, 태도까지 함양시키는 다양한 역할을 수행하게 된다. 학교교육이 공공재라는 인식에 따라 위상과 역할이 중요해지고 상당한 자치를 누리는 가운데 지원 수준은 현저히 높아진다는 가정이다.

뚜렷한 학습조직(school as focused learning organizations; 시나리오 4)은 학교가 지식, 즉 학문적 예술적 능력 개발을 최우선 목적으로 하며 교육과정이 전문화되고 평가 형태도 바뀌는 등 실험과 혁신이 일반화된다는 가정이다. 이에 따라 학교는 '학습조직'이라는 명칭을 얻으며 평등 이념에 기초해 모두를 위한 평생 학습을 주도하게 된다. 시나리오 4는 학습이 불평등하게 배분되는 시나리오 1, 2와 구별되며, 또 지식에 초점을 둬 사회의 여러 요구를 담당하느라 발생할 수 있는 위험을 피한다는 점에서 시나리오 3과도 차별을 가진다.

탈학교의 전망은 '학습자 네트워크 형성'(learning networks and network society; 시나리오 5)과 교사의 이직, 학교붕괴(extending the market model; 시나리오 6)가 제시되었다. 학습자 네트워크 형성 시나리오는 학습이 학교라는 특별한 장소나 교사라는 특정한 전문가 집단에 의해 일어나지 않으며, 네트워크 사회가 학교를 대신한다는 것이다. 인터넷 등 정보통신 기술의 발전으로 학습자 네트워크가 형성되며 기존의 학교는 붕괴된다는 가정이다. 교사의 이직, 학교붕괴 시나리오는 교사 집단의 고령화, 신규교사 채용과 유지를 어렵게 하는 노동시장, 교원 보수 조정과 교원 수 확대에 따른 감당 할 수 없는 재정 압박 등이 맞물리면서 교사 부족이 충원으로 이어지지 못하고 학교가 붕괴된다는 비관적인 추측을 제시하고 있다.

4. 교육개혁 추진 전략

그 동안 여러 차례에 걸쳐 교육개혁을 추진하여 많은 성과를 거두었지만 미진한 측면도 허다하다. 향후 성공적으로 교육개혁을 추진하기 위한 체계적인 접근과 전략이 필요하다(서정화, 2002). 우선 기존의 교육개혁의 추진 기조 위해 지속적인 교육개혁 추진 노력을 기울이되, 중점적으로 추진할 교육개혁 의제를 선정해야 할 것이다.

첫째, 모든 분야에 걸친 개혁 추진보다는 핵심 분야를 중심으로 개혁과제를 개발하여 추진해야 할 것이다.

둘째, 점증주의적 접근(incremental approach)이 필요하다. 새로운 정부가 들어설 때마다 으레 '획기적인 개혁'을 기대한다. 그러나 사회가 발전되고 안정될수록 지나치게 혁명적인 조치는 부적절하다. 이는 기본적으로 개혁에의 저항은 항상 있게 마련이고 교육의 변화에 대한 개인이나 집단의 이해관계가 얽혀있는 데다가 변화에 따른 충격의 폭이 커서 이를 수용할 수 있는 태세가 갖추어 있지 못하기 때문이다. 또한 이미 뿌리를 내리고 있는 제도는 장점이 많기도 하므로 이를 잘 살려나갈 필요가 있다. 따라서 새로운 개혁을 시도할 때 면밀하고 깊이 있는 연구와 논의를 토대로 시범을 하는 등 단계적으로 접근할 필요가 있다.

셋째, 교육개혁 정책 수립과 평가를 위한 효율적인 추진체계를 구축할 필요가 있다. 교육개혁의 비전이나 전략 수립 및 방향설정, 범부처적으로 추진되어야 할 인적 자원 개발 과업 등과 관련된 개혁 방안이나 계획 수립 및 평가활동을 수행하기 위해서는 교육인적 자원 관련 최고의 전문가들이 주축을 이룬 법적 상설 기구를 설치해야 할 것이다(곽병선, 2003). 또한 당면 교육인적 자원개발 문제의 근원적 해결을 위해 교육 쟁점 사항에 대한 폭넓은 논의 과정을 통해 공감대를 형성해나가고 교육정책 결정 과정에서 관련 집단의 참여기회를 확대함으로써 교육의 지향 방향에 관한 합의를 도출하여 일관성 있는 교육 및 인적 자원 개발을 추진해야 한다. 그러려면 교육 및 인적 자원개발의 정책관련 정보공유 및 부처간의 연계 협력 체계를 강화하는 동시에 교육인적 자원 정책의 추진에 대한 평가 시스템을 구축하며 각 부처별 추진 상황을 주기적으로 점검할 필요가 있다. 그리고 교육개혁추진 기구의 이름도 정권이 바뀔 때마다 변경하지 않는 것이 바람직하다고 보며, 교육부 부총리를 비롯한 고위 정책 결정자들이 교육개혁 및 인적 자원개발정책을 일관성 있게 집행할 수 있도록 일정 기간 재임하도록 할 필요가 있다.

넷째, 제도운영을 비롯한 상부구조의 개혁과 함께 '교육의 질적 수준 제고'를 위한 아래로부터의 개혁이 접목되어야 한다. 일방적인 하향식 개혁보다는 현장성 높은 개혁이 시발될 수 있는 전략 수립이 필요하다. 더욱이 90년대에 들어서서 시민의식의 성숙과 함께 NGO 등의 주장이나 요구가 점증되고 앞으로 정책결정 과정에 교육 주체들과 관련 집단들의 참여 기회를 확대하고 대화의 장을 활성화함으로써 충분한 공감대 형성이 이루어져야 한다. 이러한 노력의 일환으로 교육관련 집단과 주체들 간에 80년대 초에 영국에서 본격 시도되었던 대 토론

(great debate)과 대 타협(great consensus)과 같은 논의를 토대로 일종의 '21세기 교육 원칙에 관한 합의'가 필요하다.

다섯째, 교육개혁의 추진상황이나 성과, 문제점 그리고 앞으로의 개혁 방향을 국민들에게 널리 알리고 확산시키며 효율적으로 홍보해야할 것이다. 이는 국민들의 알 권리를 충족시키는 일이기도 하지만 교육개혁 추진 취지에 대한 이해를 돕고 불필요한 오해를 불식시키기 위해서도 필요하다. 이러한 의미에서 교육 및 인적 자원개발 관련 개혁의 구체적인 추진 상황이나 동향 등을 체계적이고 지속적으로 홍보할 필요가 있다. 특히, 정치권을 비롯해서 경제·사회·문화 등 교육 이외의 분야의 정책 결정자들과 언론계 등 각계각층의 관심과 지원을 이끌어 내기 위한 적극적 노력이 요청된다.

제19장 국외 교육개혁의 동향

이 장에서는 일본, 중국, 영국, 오스트레일리아, 브라질, 캐나다, 인도, 이탈리아, 러시아의 6개국의 교육개혁 동향을 고찰한다.

1. 일본의 교육개혁

일본에서는 21세기를 담당할 인재의 양성을 위한 대학교육 개혁이 무엇보다도 중요한 교육 과제이다. 이를 위해 일본은 각 대학에서 교육개혁이 꾸준히 추진될 수 있도록 국·공립 및 사립대학의 설립자 별로 경상적인 기간적 지원 및 대학을 통한 경쟁원리에 기초한 프로젝트 지원이 불가피하게 되었다. 이러한 배경 하에 2004년도 예산에 450억 엔을 계상하여 다음의 세 가지 사업을 통해 대학교육개혁의 추진에 진력할 계획이다(이진석, 2004).

가. 특색 있는 대학교육 개혁의 지원

대학의 특성화·다양화 및 국제경쟁력의 강화가 요구되는 가운데 대학 교육 질의 충실, 세계를 무대로 활약할 수 있는 인재의 양성이 더욱 중요시되고 있다. 이를 위해 대학에서는 교육내용·방법 등의 충실을 위하여 특색 있는 우수한 교육 프로젝트를 선정하여 재정 지원을 함으로써 고등교육의 활성화를 도모하고 있다. 이 사업을 위해 계상된 2004년도 예산액은 68억 엔이다.

1) 특색 있는 대학교육 지원 프로그램

2003년부터 실시되고 있는 동(同) 프로그램을 발전시켜 2004년에는 독자적인 경비조치(교재 개발, 교육 보조 인력의 충원, 설비 정비)에 의한 재정지원을 할 계획이다. 2003년도에는 대학, 단기대학 등이 '특색 있는 대학교육지원프로그램 실시위원회'에 응모하여 심사한 결과, 총 664건 중 80건이 선정되었다. 선정된 프로그램은 사례집으로 정리되어 동경,

오사카 등에서 개최된 포럼의 연구 소재로 활용하는 등 폭 넓은 정보제공의 통로가 되었다. 또한 2004년도에는 새로이 각종 심의회로부터의 제언 등 사회적 요청이 강한 정책과제에 대응한 테마를 설정하여 응모한 프로그램 중 특히 우수한 교육 프로젝트를 선정하여 재정지원을 하는 '현대적 교육수요지원프로그램'을 실시하여 학부 수준에서의 지적재산교육 및 IT교육을 활용한 실천적 원격교육 등을 지원할 계획이다.

2) 해외 선진 교육연구 실천지원 프로그램

대학교육 개혁의 계속적 발전을 위해서 교원의 교육연구 능력의 향상을 추진하고 있다. 이를 위해 교원이 해외의 대학 등에서 선진적인 교육방법과 최첨단의 연구 활동을 실천하여 스스로 교육연구 능력의 향상을 도모하기 위한 프로그램을 운영할 예정이다.

나. 법과대학원 등 전문대학원의 형성 지원

사회, 경제의 대규모적인 구조변화와 국제경쟁의 변화에 수반하여 국제적 시야와 고도의 전문 직업 능력을 고루 갖추고 사회 각 분야에서 지도적인 역할을 담당할 인재가 필요하게 되었다. 이러한 사회적 요청에 따라 지난해 전문직 대학원 제도를 창설하였으며 이에 따라 대학의 고도 전문직업인 양성의 추진이 도모될 것으로 기대된다. 또한 전문직 대학원의 하나로서 21세기 사법을 담당할 법조인의 질적 향상 및 양적 확대를 목표로 새로운 법조인 양성제도의 중핵 기관으로 법과대학원을 설치하였고 이를 통해 일본의 사법제도개혁을 추진하기 위하여 교육내용의 충실을 기하기 위한 정비가 매우 중요한 과제이다. 이를 위해 법과대학원을 시작으로 하는 각종의 전문직 대학원에서 행해지는 교육내용·방법의 개발 및 충실한 시행 등에 초점을 둔 교육프로젝트를 제3자 평가, 심사에 의해 선정하여 중점적으로 재정 지원을 할 계획이다. 2004년도 예산으로 15억 엔을 계상 하였다.

다. 21세기 COE(Center Of Excellence) 프로그램

이 프로그램은 제3자 평가에 기초하여 경쟁의 원리를 도입, 세계적인 연구교육 거점 수립을 중점적으로 지원하여 국제경쟁력 있는 세계 최고 수준의 대학 만들기를 추진하는 사업이다. 주로 연구 잠재력이 높은 대학의 연구교육 거점에 대해 고도의 인재 육성기능도

가미하여 원칙적으로 5년간 중점적으로 지원하고 각 대학의 개성과 특색에 따라 세계적 거점 형성을 목표로 하고 있다. 또한 각 대학의 전학문적인 시야에서 전략적인 연구교육 체제의 구축을 추진하는 등 대학 전체의 활성화로 연결될 것이라 기대된다.

2002년도부터 2년간에 걸쳐서 전(全) 학문 분야를 10개로 분류하여 매년 5개 분야씩 공모를 통해 '21세기 COE 프로그램 위원회'에서 심사한 결과 85대학 246건의 특색 있는 세계적인 연구교육 거점이 채택되었다. 2004년도에는 이제까지 채택된 연구교육 거점을 계속적으로 지원하고 평가할 것이며, 아울러 혁신적인 학술 분야의 개척을 목표로 연구교육 거점 형성에 한정된 신규 공모를 실시할 예정이다. 이를 위한 2004년도 예산은 367억 엔이 계상되어 있다.

2. 중국의 교육개혁

개혁 개방 이후 중국은 모든 면에서 변화를 거듭하고 있다. 교육도 예외는 아니어서 각종 관련 제도가 바뀌고 각급 학교의 교육 현장도 하루가 다르게 급속하게 변모하고 있다. 사회주의 국가임에도 불구하고 교육의 경쟁력 강화를 목표로 하는 교육개혁의 강도는 자본주의의 수준을 넘어설 정도이다. 본 글은 신동아(2004년 3월호)에 실린 중국교육 동향을 심층 분석한 글 중 교직사회의 개혁 사항에 관한 글에서 일부를 발췌한 것이다.

중국의 현대사는 한 마디로 '홍(洪)'과 '전(專)'의 싸움의 역사였다고 할 수 있다. 여기서 홍은 '사상'을 의미하는 것으로 마르크스적인 입장이나 관점 방법을 견지하는 것을 말하고, 전은 '전문적인 지식'을 의미한다. 문화혁명기에는 '홍'의 잣대로 모든 것을 재는 경향이 지배적이었으나, 개혁 개방 이후 시장경제의 발전이 추구되면서 '전'이 매우 중시되기에 이르렀다. 이 과정에서 교육에서도 '홍'이 약해지고 '전'에 치우칠 수밖에 없었다. 편향된 교육이 진행되자 중국 정부는 균형 있는 인재 양성을 하는 데 발 벗고 나서기 시작했다. 우홍우전(又洪又專), 홍과 전 어느 쪽에도 치우치지 않고 이를 두루 갖춘 사람, 이것이 현재 중국교육이 목표로 하는 인재 상이다. 개혁 개방 이후 중국 교육은 우홍우전의 원칙 하에 여러모로 달라지려는 노력을 지속하고 있다. 사실 '달라진다'라는 표현보다는 '강력한 개혁'이라는 표현이 맞을 듯 하다. 특히 교직사회에서 그 바람의 강도는 매우 세게 느껴지는데, 변화의 바람은 크게 다음과 같이 세 가지로 요약될 수 있다.

첫째는 초, 중, 고에 도입된 교사평가제의 도입이고, 둘째는 대학교수 사회의 종신제를 타파하는 평가 제도의 도입, 세 번째는 교원성과급제의 도입이다. 여기에 한 가지 더 추가한다면 교사나 교장 초빙제를 들 수 있을 것이다. 특히 교사 평가를 '누가' 할 것인가에 대한 논의는 우리나라에서도 관심과 논의가 모아지고 있는 부분이다. 중국에서는 학생의 교사 평가가 교사의 성과급에도 큰 영향을 미치고 있다. 얼마 전 중국 신문에 어느 교사가 중국의 교육부를 상대로 불만을 토로한 글이 실린 적이 있었다. 자신이 재직 중이 학교에서 성과급을 줬는데, 그 기준이 학생들이 평가한 점수였다는 것이다. 자신은 학생들이 평가한 것보다 수업을 잘했다고 생각한다는 주장과 학생들에 의한 평가 점수로 성과급을 주는 게 말이 되느냐는 항의를 주된 내용으로 하고 있었다.

일부 교사들의 반발이 있기는 하나, 학생이라는 교육 수요자에 의한 강력한 교사평가제의 시행, 아직 우리나라에서도 생각하기 힘든 상황이 사회주의 국가 중국 교육 현장에서는 진행되고 있는 것이다. 대학교수 사회의 변화도 획기적이다. 2003년 5월, 베이징대가 중국 대학 중 가장 먼저 획기적인 인사제도 개혁에 착수했는데, 이 대학에서 현재 시행 중인 내용을 살펴보면 중국 대학의 전반적인 개혁 방향을 알 수 있다. 베이징대가 대대적으로 인사제도개혁에 나선 것은 한 마디로 교수의 일류화가 아니면 생존할 수 없다는 절박한 위기의식에서 비롯된 것이다. 즉, 교수들이 일류가 아니면 일류 대학을 만들 수 없다, 치열한 외부 도전에 대학이 살아남기 위해서는 교수가 일류가 되어야 한다, 세계 유명 대학과의 격차를 줄이기 위해서는 교수가 일류가 되어야 한다, 베이징대에 돈을 많이 투자한 데 비해 교수의 연구 수준이 떨어진다는 일부의 부정적 인식이 확산되면 국가나 사회로부터 지지를 상실할 수 있다 등이 베이징대의 개혁 일성이라 할 수 있다.

종신제를 타파하고, 근친번식을 극복할 수 있는 평가체제를 도입하며, 이를 통해 능력이 떨어지는 교원을 퇴출하겠다는 베이징대의 인사제도 개혁안은 그러한 일류화 의지를 담고 있다고 할 수 있다. 여기서 근친번식의 극복이라는 것은 베이징대 출신이 베이징대 교수로 많이 들어오지 못하게 하겠다는 뜻이다.

교수를 채용할 때는 철저히 계약제로 하는데, 신규로 채용되는 교원들은 계약 기간이 3년이다. 전임 강사는 3년씩 두 번 연임하고도 승진하지 못하면 자동 퇴직이다. 부교수는 이과와 의과 계열에서는 최고 세 차례에 걸쳐 모두 9년, 인문사회 계열에서는 최고 네 차례 12년까지 계약을 연장할 수 있지만 그 때까지 승진하지 못하면 자동 퇴출된다. 현재 재직 중인 교수들에게도 새로운 인사제도가 적용된다. 기존의 부교수는 2회 범위 내에서 정교수 승진 기회를 제공하되, 승진 심사에서 탈락했을 경우, 반드시 1년 후 재승진 심사를 받도록 하고 있다. 만약 거기서도 탈락하면 '퇴출'이다. 정년을 보장한 정교수에 대해서도 규정한 교육이나 연구 활동을 3년 연속해서 수행하지 못하는 경우에는 퇴출된다.

한편, 결원의 반 이상은 반드시 외부에서 공개 초빙하되, 당해연도에 베이징대를 졸업한 박사는 응모할 수 없도록 하고 있다. 뿐만 아니라 사회적으로 성과가 없는 학과에 대해서는 존속 여부에 대한 평가를 통해 폐지시키고, 소속 교수도 퇴직하도록 만들었다. 중국은 일련의 교육개혁을 통해 세계로 도약하고 있다. 소위 '철밥통'으로 일컬어지던 교직사회의 안정성까지 날려버린 중국 교육개혁의 바람은 어디까지 불 것인가? 교사평가제의 실시, 사교육비 절감 방안 등 공교육 강화를 주 내용으로 하는 교육개혁의 구체적 논의가 진전되고 있는 지금, 우리에게 이러한 중국의 개혁 바람이 시사하는 것은 적지 않을 듯 하다.

3. 영국의 교육개혁

보수당 정권하에서 소홀하게 다루어졌던 교육 문제가 1997년 6월 총선 이후 교육 최우선주의를 표방하는 노동당수 토니 블레어(Tony Blair)가 집권하면서 정부의 핵심 사안으로 등장하였다. 총선을 위한 Manifesto for Excellence에서 제시된 공약을 시행하기 위해 여러 교육법안이 새로이 입안되거나 개정되었다. 전반적인 교육개혁의 내용은 "High Challenge, High Support"로 기술된다. 수준 높은 교육개혁을 위해 목표는 높게, 이를 수행하기 위한 지원은 최대로 하겠다는 정부의 방침을 단적으로 보여주는 것이다. 정부는 1997년 7월 "white paper: Excellence in Schools"에서 다루어진 내용을 현재까지 지속적으로 실행해 오고 있으며 그 결과 괄목할만한 가시적인 성과를 거두었다.

이 글에서는 1997년 이후 새로이 제정 및 개정된 교육법안을 중심으로 현재까지의 영국 교육개혁 및 그 성과, 함의에 대해서 다룬다(이상영, 2003).

가. Education Reform Act(1988)

Education Reform Act(1988)는 영국 교육개혁의 시발이라고 할 수 있다. 이 법령을 통해 각 학교에 의해 독자적으로 운영되던 교육과정이 국가적 차원에서 재정비되었으며, 학생들의 종합적인 발달을 반영한 교과목들이 도입되었다.

1) 국가 교육과정(National Curriculum)

국가 교육과정(National Curriculum)은 Education Reform Act(1988)에 근거해 마련되었다. National Curriculum은 의무 학령기의 학생들이 받아야 할 최소한의 교육 권리를 정의한다. Education Reform Act(1988)와 Education Act(1997)에는 모든 공립학교(state schools, maintained schools)가 학생들에게 다음의 교과과정을 공급하도록 명시되어 있다.

▶ 다양한 토대를 바탕으로 한 균형 잡힌 교육과정
▶ 학생들의 정신적, 도덕적, 문화적, 지적, 신체적 발달을 증진시키는 교육과정
▶ 성인으로서의 삶을 준비할 수 있도록 기회와 경험, 책임을 부여해 주는 교육과정
▶ 중등학생들에게 종교 및 성, 직업 교육을 제공하는 교육과정

각 학교는 National Curriculum을 참조해 학교의 상황과 요구되는 사안들을 반영해 고유의 교과과정을 개발할 수 있다. National Curriculum은 5-16세의 공립학교 학생들에게 적용되며 사립학교(independent schools)의 경우 National Curriculum을 반드시 따를 필요는 없다. Na-tional Curriculum은 Qualification and Curriculum Authority(QCA)에 의해 모니터 및 검토된다.

나. Further and Higher Education Act(1992)

16-18세의 고등교육 및 18세 이상의 대학교육을 장려하기 위해 제정된 법으로, 이 법에 근거해 Further Education Funding Council(FEFC)과 Higher Education Funding Council(HEFC)이 설립되었다.

1) Further Education Funding Council

FEFC의 역할은 England와 Wales의 연장교육(further education) 기관을 재정적으로 후원하는 것이다. 협회는 12-15명의 멤버로 구성되며, 장관이 임명한다. FEFC는 장학금 지급, 대출 등의 형태로 교육기관을 지원하며 지원금의 사용과 관련한 평가 및 사정도 담당한다.
2001년 4월 FEFC는 Training and Enterprise Councils와 합병되어 Learning and Skills Council(LSC)로 대체되었다.

2) Higher Education Funding Council

HEFC는 Universities Funding Council과 the Polytechnics and Colle- ges Funding Council이 결합되어 만들어진 것으로 England와 Wales의 대학교육 기관을 재정적으로 후원하는 역할을 담당한다. FEFC와 마찬가지로 협회는 12-15명의 장관이 임명한 전문가들로 구성된다. 대학에서 진행되는 연구 프로젝트를 재정적으로 후원하며, 장학금이나 대출도 제공한다. 현재 영국의 모든 대학들이 각 지역의 HEFC로부터 재정적 후원을 받고 있다.

다. School Standards and Framework Act(1998)

School Standards and Framework Act(1998)은 학교교육의 수준을 향상시킬 수 있는 방안을 담고 있다. 또한 이 법령에서는 공립학교의 범주가 새로이 정의된다. Community Schools, Foundation Schools, Volun- tary Schools-voluntary aided schools and voluntary controlled schools, Community Special Schools, Foundation Special Schools이 그것이다. 이 법령에서는 각 범주에 적용되는 새로운 틀이 담겨있다.

라. Teaching and Higher Education Act(1998)

Teaching and Higher Education Act(1998)[47]은 교사 훈련(training) 및 교장의 자격, 학생의 등록금, 장학금과 관련된 새로운 대안들을 담고 있다. 또한 General Teaching Council(GTC) 법령에 근거해 설립되었다. 법령에는 GTC의 목적 및 기능에 대한 내용이 담겨 있다.

마. 교육 개혁 성과(1997년 총선 이후~'02. 12)

노동당 정부의 집권과 함께 꾸준히 진행되어 온 교육개혁은 가시적인 큰 성과를 거두었다. 이 장에서는 그 동안의 교육개혁 성과를 교육개혁 대상별로 나누어 살펴본다.

---

47) Teaching and Higher Education Act, 1998 법령 전문은 다음 웹페이지에서 찾아 볼 수 있다.
http://www.hmso.gov.uk/acts/acts1998/19980030.htm

1) **학령 전 교육**(Children aged under five)

Sure Start를 도입하여 취약지역에 사는 사람들의 자녀들에게 조기교육 기회를 제공해 주었다. 4세부터 받게 되는 무료 유아 교육을 3세로 내리기 위해 현재 노력중이며, 실제로 무료 유아 교육을 받는 어린이가 12만 명 이상 증가하였다. 또한 무료 유아 교육과 childcare를 조화시켜 직장에서 늦게까지 일하는 부모들이 퇴근 후 아이들을 안전하게 찾을 수 있는 제도를 도입하였다. 그 결과 1997년 4월부터 2000년 9월까지 29만 8천 개의 새로운 childcare 자리가 생겼으며, 5십4만 6천 명의 어린이가 더 보육혜택을 받게 되었다. 또한 3-5세 어린이들을 위한 Foundation Stage 교과과정이 England에 새롭게 소개되었다. 이 교과과정은 QCA에 의해 평가되며, 유치원 장학을 통해 유치원 교육의 수준을 높이게 되었다. 그 결과 아이들이 초등학교에 입학해 원활하게 수업을 받을 수 있는 능력을 갖추게 되었다.

2) **초등교육**(Primary schools)

모든 어린이들의 읽기, 쓰기, 계산 능력이 초등학교를 졸업하기 전까지 높은 수준에 도달할 것을 목표로 교육개혁을 추진해 왔다. 2002년까지 Year 6(11세)에 치루는 National Curriculum Test에서 80% 이상이 영어 기준에, 75% 이상이 수학 기준에 도달하도록 목표를 세웠으며 실제 2002년 시험 75% 이상이 영어 과목에서, 73% 이상이 수학 과목에서 기준에 도달하였다. 학급규모가 점점 작아지고 있다. 5-7세의 학급의 경우 교사 1인당 학생수가 30명이 넘지 않도록 규모가 제한되어 있고, 2003년 통계에 따르면 현재 교사 1인당 학생수는 26.3명이다.

3) **중·고등교육**(Secondary schools)

초등교육에서 이루어내는 성공을 의미 있게 이행하고 발전시키기 위해 중등교육을 현대화해야 한다는 방침에 따라 교육개혁이 진행되었다. 이를 위해 총 2만 2백 개의 중·고등학교(전체 98%에 해당함)가 인터넷에 접속할 수 있는 설비를 갖추었고, 중·고등학생 8명당 1대 꼴로 컴퓨터가 보급되었다. 또한 질 높은 교육 수준을 제시하는 DfES의 Standard Site에 6천4백만 명이 방문했으며, 550개 이상의 Beacon Schools(타 학교의 모범이 되는 학교)이 만들어졌다. 교과과정 2002 (Curriculum 2002)가 실시되었다. 주목적은 16-19세 교과과정의 전문성을 유지하는데 있다. 이 교과과정에는 GCE advanced subsidiary qualification과 vocational A levels(AVCES)에 관한 소개가 담겨있다. 이를 통해 학업과 직업의 연계가 보다 활성화되었다.

4) 연장교육 및 대학교육(Further and Higher Education)

중·고등교육을 마친 학생들이 직업 현장에 나가거나 계속해서 학문적 경험을 쌓을 수 있도록 50% 이상의 학생들이 연장교육 및 대학교육에 진학할 것을 장려해 오고 있다. 직업 현장에 나가려는 학생들을 위한 Connexions Service가 시험적으로 운영되어 왔으며, 2001년 4월부터 전국적으로 시행되었다. 또한 처음으로 15개의 Beacon Colleges를 위한 New Standard Fund가 마련되었다. 대학교육에 있어서는 1960년대 당시 6%에 불과했던 대학진학률을 2006년까지 50% 이상으로 끌어올리고, 대학의 경쟁력을 강화시키기 위해 연구 및 프로그램에 대한 재정지원을 증가시켜오고 있다.

5) 성인교육

Workforce development를 포함한 Adult learning, work-based training을 장려하기 위해 Learning and Skills Council(LSC)이 신설되었다. 직업 활동에 필요한 최소한의 읽기, 쓰기 및 계산능력을 갖추지 못한 성인들을 위한 커뮤니티 중심의 재교육이 이루어지고 있다. 현재 LSC는 75만 성인들에게 읽기, 쓰기, 계산 교육을 받을 수 있도록 캠페인을 진행 중이다.

바. 영국의 교육관련 기관 소개

1) DFES(Department for Education and Skills)

DFES는 잉글랜드의 교육을 총괄 및 담당하는 정부기구이다. 영유아 교육에서부터 초등, 중등, 고등교육 그리고 성인교육에 이르는 광범위한 영역에 서비스를 제공한다. 각 지역의 교육청(LEA, Local Education Authority)과 연계해 국가 차원의 서비스가 지방 차원으로 신속하고 효과적으로 전달될 수 있도록 협력한다. 교육의 기회 창출, 잠재 능력의 발현, 우수성 성취라는 교육부의 모토에서 볼 수 있듯이 교육을 통해 개인의 능력을 최대로 발휘할 수 있도록 모든 사람에게 동등한 기회를 제공해 주는 것이 DFES의 존립 근거이다.

▷ 목 표

DFES의 목표는 어린이들에게 우수한 교육을 제공하는 것이며 이를 통해 미래의 삶과 직업을 영위해 나가도록 하는 것이다. 또한 어른들의 잠재능력 개발시키도록 계속 교육을 장려하는 것이 또 다른 목표이다.

2) OFSTED(Office for Standards in Education)

1992년 9월 1일에 설립된 OFSTED는 비행정(non-ministerial) 정부 기구로 독자적인 감사와 규제를 통해 교육과 childcare의 수준 및 질을 향상시키는데 그 목적이 있다. 또한 장관(the Secretary of State)에게 교육과 childcare에 관한 조언을 제공한다. 역할은 OFSTED의 주 역할은 교육법 1992(the Education(Schools) Act 1992)에 의해 정의된 학교 감사 시스템을 관리하는 것이다. 현재 잉글랜드 지역의 24,000개 공립학교를 정기적으로 감사한다.

최근 OFSTED의 역할이 확대되고 있다. 학교 감사 외에 지역 교육청(Local Education Authority), 사립학교, 교사 양성 코스에 대한 감사도 실시한다. 또한 정부의 우선 과제, 예를 들면 Education Action Zone, Literacy and Numeracy Strategies 등의 효과에 대해 보고한다. 2001년부터 sixth form과 further education college의 16-19세를 위한 교육 및 훈련에 관한 감사도 책임진다. 광범위한 감사 보고서를 통해, 16세 이상의 학생들에게 제공되는 교육과 훈련에 관한 전반적 계획을 검토한다. Care Standards Act 2000에 의거 2001년부터 잉글랜드의 10만 명의 childminders와 4만개의 day-care 시설에도 감사를 실시해 오고 있다.

3) QCA(The Qualification and Curriculum Authority)

QCA는 교육과 훈련의 수준을 유지하고 모니터 한다. 국가의 지원을 받지만 자격, 교과과정 및 평가에 있어 독립적이다. QCA는 1997년 10월 1일 Education Act(1997) 21항에 의거해 설립되었으며, 이에 따라 기존의 School Curriculum and Assessment Authority가 QCA로 바뀌었다. QCA는 크게 National Qualification과 Curriculum and Assessment로 나뉘어져 운영된다. 그 역할은 교육과 훈련의 안내자로서의 역할을 담당한다. 구체적으로 국가와 학교 교과과정을 평가 및 모니터 한다. 7, 11, 14세에 치르는 국가시험을 지속적으로 실시한다. 또한 자격과 관련 국가 차원의 framework를 개발하며 이를 위한 연구를 수행한다.

4) TTA(The Teacher Training Agency)

1994년에 설립된 비정부 공공기관이다. 교사 양성 교육 전반에 관한 사항을 담당한다. TTA는 5개의 전략적 목적을 가지고 있으며 이는 아래와 같다.

첫째, 교사 지원자 수를 늘리는 것.

둘째, 교사 훈련 프로그램의 개선, 새로이 채용된 교사들을 이 프로그램으로 유도.

셋째, 교사 훈련생 및 국가적 목표수준에 걸맞도록 양질의 ITT를 충분하게 제공.

넷째, TTA의 모든 관계자 및 투자자와 명확하고 효과적으로 대화.

다섯째, 자원의 효율적 사용 및 계획, 서비스 질 향상 도모.

5) GTC(General Teaching Council for England)

GTC는 teaching을 위한 전문기관으로 교사들에게 정책과 실제(practice)를 개발할 기회를 제공해 준다. 구체적으로 teaching관련 이슈에 관해 교사의 관점과 경험을 바탕으로 정부에 조언을 하며 이는 교육정책에 반영된다. 또한 높은 교수 수준을 마련하기 위해 노력한다. 마지막으로 교원노조 및 관련기관과 긴밀하게 협력하여 교사의 지위 향상을 위해 노력한다.

6) UCAS(Universities and Colleges Admissions Service)

UCAS는 UK의 중심 기관으로 지원자들은 UCAS를 통해 full-time first degrees(Higher National Diplomas, university diplomas)에 지원한다. UCAS의 임무는 예비 학생과 대학 및 칼리지 사이의 관계를 장려하고 활성화시키는 것이다.

7) NUT(National Union of Teachers)

영국 교원노조 가운데 가장 오랜 역사를 가지고 있으며 Trade Union Congress(TUC)의 회원으로 TUC를 통해 다른 교원노조들과 의견을 교환한다. NUT는 노동조합뿐만 아니라, 전문직업인들의 모임(professi- onal body)가 있어서 학생들의 성취도를 올리는데 노력, 학교의 질 개선, 교사들에게 연수를 제공하는 등 교사와 학생 모두에게 이익이 돌아가도록 하고 있다. 또한 보수와 근무조건뿐만 아니라 교사와 학생들의 이익 개발을 위한 측면에 중점을 두고 있다. NUT는 England에 9개의 지역 사무실을 Wales에 1개의 지역사무실을 두고 있으며 각 사무실은 문제가 있는 교사들에게 직접적인 도움을 제공해 준다. 문제 교사를 대신해 회의에 참석 교사를 변론해 주는 등 실제적인 도움을 제공한다.

4. 오스트레일리아의 교육개혁 동향

한 세기 동안 변화가 없이 유지되던 오스트레일리아의 교육은 1980년대에 들어와 국가경쟁력의 제고를 지향하면서 교육개혁에 많은 진전이 이루어졌다. 교육개혁의 필요성을 역설한 학교 개선(better schools)에 관한 보고서가 1980년대부터 많이 나왔다는 사실로도 입증된다. 1980년대 이후부터 중등교육의 기회와 자율경영제도가 확대되었다. 반면에 지나친 분권화로 인한 경쟁력 약화를 우려하여 단위학교의 책무성이 강조되었고, 교육활동의 일부 영역에서 주교육부의 통제권이 다시 강화되기도 하였다. 아울러, 연구 중심의 대학(university)과 교육 중심의 대학(CAE: College of Advanced Education)의 구분이 없어졌고, 대학의 통합으로 대학이 대형화되었으며, 직업교육이 강화되고, 연방정부의 교육재정 분담 몫이 커졌다(Postlethwaite, 1988). 1980년대의 교육개혁은 학교단위 책임경영제의 도입, 교육행정의 분권화 등으로 요약할 수 있다(Beare, 1983). 1983-1992년의 노동당 정권에서는 교원의 권익과 관련된 사항의 결정과정에 더 많은 교원의 참여를 허용하였다(Smyth, 1995).

전통적으로 교육은 주교육부의 소관이었는데, 1973년에 연방학교위원회가 교육기회의 균등을 위하여 재정 지원한 이래로 연방정부의 영향력이 점차 커졌다. 아울러, 이 시기에 교육행정은 지역 또는 학교 단위로 점차 분권화 되었다(Spinks, 1988). 학교경영의 분권화 경향은 빅토리아 주에서 가장 뚜렷하게 나타났다. 이 주의 모든 공립학교는 1975년에 교원, 학부모, 지역인사로 구성된 학교운영위원회를 조직하여 학교운영에 관여하게 되었다. 또, 공립학교의 자율경영제도를 권장하고 있다. 그러나 1988년에는 학생들의 성적 저하를 우려한 주교육부가 주 정부 차원에서 10세와 14세 학생들의 영어와 수학 실력을 평가함으로써 교육결과에 대한 평가가 학교 수준에서 주 수준으로 이양되기도 하였다(Wall et al., 1991).

뉴사우스웨일즈 주는 1990년에 지방교육청의 권한을 축소하고, 주교육부가 단위 학교의 교육과정과 평가에 대하여 관여하는 등 학교교육을 직접 관장하는 방향으로 교육개혁이 추진되었다. 또, 이 주에서는 사립학교가 공립학교보다 시장경제의 원리에 더 적합하다는 이유로 사학을 권장하였다(Beare, 1991). 1992년 10월에 보수당 정권이 들어서면서 교원의 참여를 통한 집단적이고 협동적인 교육정책이 퇴색하고, 영국의 대처 정권에 의한 정책이 자리 잡게 되었다. 즉, 학교 규제의 철폐, 교육에 경쟁체제 도입, 학부모에게 학교 선택권의 부여 등의 조치들이 연이어 취해졌다. 1993년에 발표된 "미래의 학교(schools of the future)" 보고서에서는 권한의 위임과 더불어 책무성이 강조되었다. 이러한 개혁의 방향은 성과 지향 경영체제의 도입을 추구하고 있다. 학교 선택권이 학부모와 학생들에게 있기 때문에, 특정 학교가 인기 없을 경우에 그 학교는 결국 폐쇄될 수밖에 없다. 그러므로 학교는 고객 유치의 차원에서 학교효과성과 책무성을 높이도록 노력하고 있다(Thody, 1992).

오스트레일리아는 국가 교육의 경쟁력을 높이기 위해 1980년대부터 교육개혁을 추진하고 있다. 하지만 이러한 교육개혁이 성공하려면 교육재정의 안정적인 확보, 교육개혁에 따른 교원들의 의식 개혁과 신기술 습득 및 그것에 상응하는 보상체제의 확립, 넓은 지역에 산재해 있는 학생들을 위한 교육프로그램의 효과적인 제공, 교육에 대한 정부와 단위 학교의 책무성 증대, 성별 및 사회·경제적 불평등의 해소와 같은 과제들을 해결해야 하는 부담을 안고 있다.

5. 캐나다의 교육개혁 동향

캐나다는 1970년대부터 교육 분야에서 교육의 효과성 제고, 다양한 문화의 조화, 남녀평등의 실현, 언어·컴퓨터·적응 교육의 강화 등에 대하여 관심이 높았다. 그리하여 영어, 프랑스어, 컴퓨터, 다문화주의, 평등성 등과 관련된 교육프로그램을 강화하였고, 원주민, 이민자, 장애자, 부진학생 등에 대한 특수교육과 전이도가 높은 실용적인 교육을 강화하여 교육효과성을 높이고 있다. 교육과정 편성의 타당성과 실용성 제고, 교육평가의 타당성과 신뢰성 확보, 교육의 효과성과 책무성 향상, 정보통신교육과 원격교육 강화, 교육기회의 균등과 확대, 다양성의 조화 등의 문제에 대하여 관심이 높다(Postlethwaite, 1995).

1980년대의 교육개혁 내용은 주로 권력, 지역, 다양성 등의 3가지 범주로 요약할 수 있다. 1980년대 이후 캐나다에서 실시한 주요 교육개혁의 동향은 〈표 V-1〉과 같다.

가. 권력(Power)과 책임, 수행

교육 효과성과 책무성을 제고하기 위하여 모든 수준의 교육제도에 대한 평가가 강화되었다. 과거에 비하여 교육은 외부에 대하여 보다 개방적이고, 광범위한 이해당사자들의 관심과 참여를 필요로 하게 되었다.

교육활동과 교육행정 행위가 비교적 많이 분권화됨에 따라, 상대적으로 책무성은 커지게 되었다. 학업성취도 평가나 학교 또는 교육청을 대상으로 한 기관 평가의 강화는 결과적으로 주교육부의 영향력을 증대시키게 되었다. 그 결과, 교육부는 학교교육활동의 기준, 방향, 중점 사항 등을 설정하는 등 통제를 가하게 되었다.

나. 교육개혁과 지역(Geography)에 대한 기회와 상호작용

정보화 시대에 대비하고 시공을 초월한 교육기회의 확대를 위하여 컴퓨터를 활용한 정보교육과 원격교육이 강화되었다. 교사들에게는 컴퓨터 통신망을 통해 최신 교육 자료를 제공하고 있으며, 일부 중등학교 학생들도 원격교육의 혜택을 받고 있다. 또, 개방된 학교와 교실을 통하여 교사들이 동료 교사, 행정가, 학부모, 그리고 지역사회 인사들과 교류를 확대하여, 상호 이해의 폭을 증진시킬 수 있도록 추진하고 있다.

다. 다양성(Diversity)의 추구

다양한 민족과 문화로 구성된 캐나다에서는 문화적 다양성과 상대성을 상호 이해하고 조화를 이룰 수 있는 다문화주의 정책이 강화되었다. 이를 위하여 다양한 언어, 풍속, 종교, 역사, 지리, 정치, 경제, 사회 등을 이해하고 화합할 수 있는 교육프로그램이 개발되어 보급되고 있다.

〈표 V-1〉 1980년대 이후의 캐나다 주요 교육개혁 동향

주제	요소	내용
- 표준, 수행, 책임의 공유	-중핵교육과정으로 이동	-초·중등 수준에서 "기초" 개념을 확대
		-학생들의 의사소통 기술, 창조적이고 비판적인 사고, 컴퓨터 능력, 결단력과 책임감을 키울 수 있는 교육과정 개발
	-프로그램에 대한 처방	-중등학교에서 필수 과목과 단계 학습을 강화, 학습의 내용, 자료, 방법, 조직 등에 관한 지침서를 충실하게 제작
	-평가에 대한 관점	-지역 시험을 포함한 평가프로그램 재검사, 실행평가, 표준화 검사와 학생 평가 등 전반적으로 평가제도 개선
	-당사자 의견수렴 확충	-의사결정 과정에 학부모와 교사 등 이해 당사자들의 참여 기회 확대
	-교육재정의 재검토	-초·중등 교육재정의 안정적 확보, 합리적이고 공정한 배분, 명확한 회계책임의 제고
- 기회, 접근, 상호작용	-의사소통 기술 강화	-컴퓨터의 교육적 활용 확대 및 정보 교환, 자료 보존, 자원 공유를 위한 통신망 확충
	-원격교육의 발전	-원거리 지역과 고립 지역의 교사와 학생들을 위한 원격 교육 자료(비디오 및 오디오 테이프, 컴퓨터 소프트웨어, 인쇄 자료) 개발과 독학생을 위한 통신교육 강화
	-교육센터의 지역화	-다양한 교육서비스 센터를 지방의 주요 지역에 설치
	-특수교육의 강화	-신체장애 학생, 학습부진 학생, 영재 학생을 위한 특별교육의 내실화
- 프로그램, 적응, 지역사회	-사회교육의 확충	-아동을 위한 조기교육과 성인용 계속교육 프로그램 확충
	-적응교육의 강화	-초·중등 신입생에 대한 학교적응 교육과 중등 졸업생에 대한 사회 적응교육 강화
	-전통문화교육 강화	-영어 및 불어 교육과 전통문화의 보전교육 강화

자료: Peter W. Cookson, Jr., Alan R. Sadovnik, and Susan F. Semel(1992). International Handbook of Educational Reform. New York: Greenwood Press, 75-76.

제20장 정책집행 이론 고찰

1. 정책집행의 개념과 단계

가. 정책집행의 개념

정책집행에 대한 의미는 학자들에 따라 여러 가지 개념으로 사용되어 왔다. 정책집행을 의미하는 것으로 Dror는 정책의 실행, Broadnax(1976)는 행정, 적용, 실행, Bunker(1972)는 계획의 행동화, 허용과 통제의 하위국면, 정책의 계속적 수행 또는 완수 등의 용어를 사용하고 있다. 그러나 '73년 Pressman과 Wildavsky의 저서 'Implementation' 이후에는 '정책집행'이라는 용어가 일반적으로 쓰이고 있다(이시원, 1981). 정책집행에 대한 개념규정은 학자들의 이론에 따라 조금씩 달라진다. 학자들이 제시한 정책집행에 대한 정의를 구체적으로 살펴보면 다음과 같다(이정미, 1994).

Pressman과 Wildavsky(1973)는 정책집행을 '실행하는 것, 수행하는 것, 충족시키는 것, 생산하는 것, 완성하는 것'이라고 하면서 그 대상을 정책이라고 본다. 그 후 집행이라는 용어를 다의적으로 사용하여, 집행을 '예견된 결과를 달성할 수 있는 능력' 또는 '목표의 설정과 이를 달성하기 위한 활동 간의 교호작용'으로 보았다. Van Meter와 Van Horn(1975)은 집행이란 '정책결정에서 미리 설정된 목표를 성취하기 위하여 정부부문 및 민간부문의 개인이나 집단이 행하는 활동'이라고 본다. 이들은 정책집행을 사전에 이루어진 정책결정의 지배를 받는 단일 방향적 과정으로 보았으며 정책집행에 인간적이고 심리적인 요소의 영향을 강조하고 있는 점에서 고전적 집행관에서 진일보한 견해를 피력하고 있다.

Nakamura와 Smallwood(1982)는 집행이란 '권위 있는 공공정책지침을 수행하는 과정'이라고 본다. 이러한 정의에서 강조하고 있는 것은 과정성과 정책지향성인데 정책집행에 관한 그들의 이론에 의하면, 정책집행은 미리 설정된 정책목표를 실천에 옮기는 과정으로서 그 과정은 단일 방향적인 과정이 아니라 순환적 과정으로 인식한다.

Rein과 Rabinovitz(1978)는 집행이란 '상호적 권력관계와 협동을 핵심적 요소로 하는 순환과정을 창조하는 수많은 행정가들이 고려한 정부의 선호를 표명하는 것'으로 정의함으로써 정책집행에 관한 이전의 단일 방향적 시각으로부터 탈피하여 집행의 모든 단계가 상호

의존적이라는 '순환성의 원칙'을 집행과정의 특징으로 부각시켰다.

안해균(1986)은 제 학자들의 정책집행에 관한 견해를 종합하여 다음과 같은 특징을 제시하고 있다.

첫째, 정책집행은 근본적으로 정치적 성격을 지니는 것으로서 정책 환경과 정책체제 내부에 위치한 각종의 다양한 행위자들이 관여하며 상호 복잡하게 얽힌 행위들의 상호작용 속에 이루어짐으로써 애초의 정책의도와는 다른 결과를 초래할 수도 있다.

둘째, 정책집행과정은 정책과 정책결과를 이어주는 매개변수로서 정책을 구체적인 사업계획으로 전환시키고, 그 사업계획을 추진함으로써 현실세계에 각종 공공재와 용역을 정책환경에 산출, 제공하는 기능을 한다.

셋째, 정책결정과 정책집행은 명확히 구분하기가 어려우며, 정책집행의 단계에 있어서도 정책 결정자와의 계속적인 상호작용 속에서, 또 자체의 행동규범과 기준에 입각하여 결정이 계속된다.

고전적인 정책모형 하에서의 정책은 일단 결정되면 자동적으로 집행된다고 본 데 반하여 점차로 정책집행을 순환적 과정으로 파악하고 있음을 알 수 있다. Nakamura와 Smallwood가 밝힌 바와 같이 정책집행은 '권위 있는 공공정책 지침을 수행하는 순환적 과정'으로 이해할 수 있다. 그리고 정책은 일단 결정되면 자동적으로 집행되는 것이 아니며, 결정된 정책은 그 집행과정에서 정책 환경과 정책체제 내부의 수많은 요인들의 영향을 받을 수 있다.

이종렬(1988)은 1960년대 중반 미국의 Johnson 행정부가 위대한 사회를 주창하면서 수립했던 수많은 정책들이 예상한 결과를 달성하지 못했던 것은 아무리 좋은 정책이라도 이를 집행하지 않으면 소용이 없으며, 또한 그 집행이 바람직하지 못하다면 정책이 본래 의도했던 바를 달성할 수 없어 정책이 실패한다는 사실을 일깨워주고 있다.

나. 정책집행의 단계

정책집행이 성공적으로 이루어지기 위해서는 정책집행 과정에서의 활동들이 바람직하게 집행되어야 한다. Ripley와 Franklin은 정책집행과정을 자원의 확보, 해석 및 기획, 조직, 혜택·제한의 전달의 4단계로 구분하고 있다. 자원 확보 단계에서는 집행을 담당하게 되는 기관은 예산·인력·장비 등과 같은 자원을 확보해야 한다. 해석·기획단계에서는 법률의 내용을 토대로 하여 구체적인 지침·규칙 등을 제정할 뿐만 아니라 계획을 수립한다. 조직 단계에서는 기구를 설치하고 업무처리를 위한 통로를 확립함으로써 각종 활동을 조직화한다. 마지막으로 혜택, 제한전달 단계에서는 집행담당기관이 수혜자에게 혜택을 제공하고 대상 집단에게 통제를 가한다.

Johnes는 정책집행 과정을 해석, 조직, 적용의 3단계로 나누고 있다. Johnes는 첫째 단계로서 Rein과 Rabinovitz가 말하는 지침개발을 해석이라고 부르고 있다. 이는 프로그램의 내용을 수용 가능하며 실현 가능한 지침으로 전환시키는 것을 말한다. 둘째 단계로서 조직단계는 프로그램을 실천에 옮기는 데 필요한 조직단위를 구성하고 실천방법을 정립하는 단계이다. 셋째 단계는 적용단계로서 서비스나 금전적 혜택과 같은 프로그램의 목적이나 도구에 해당되는 것을 제공하는 단계이다.

Rein과 Rabinovitz는 정책집행과정을 지침개발, 자원의 배분, 감시과정의 3단계로 나누어 상세히 고찰하고 있다(유훈, 1986).

지침개발단계는 집행과정의 첫 단계로서 지침은 법률에 의하여 위임된 사항 또는 법률의 시행에 관하여 규정하는 것으로서 입법부의 의도를 충실히 구현하며, 중립적이라고 하나 지침의 개발에 있어서 행정기관이 누리는 재량은 경우에 따라서 상당히 넓은 것이라 할 수 있다. 자원배분단계는 집행과정의 둘째 단계로서 필요한 예산을 확보하고, 그 사용 시기에 관하여 교섭을 벌이는 단계이다. 자원의 확보는 의회의 예산심의과정에만 관련이 있는 것이 아니라 사업에 따라서는 의회가 총액만 결정하고 그 배분은 중앙예산기관에 일임하는 경우가 있다. 예산액도 중요하지만 이에 못지않게 중요한 것이 사용가능시기이다. 이것을 결정하는 주된 장치가 예산의 배정과 재배분제도이다. 예산의 배정은 중앙예산기관이 정부 각 기관에 일정한 기간 동안 집행할 수 있는 예산액을 정해주는 것을 말하며, 예산의 재배분이란 각 부처가 그 산하기관에 대하여 다시 배정해 주는 것을 말한다. 감시단계는 집행과정의 마지막 단계로서 모니터링, 감사 및 평가로 구성된다.

2. 정책집행 이론 모형

정책집행에 관한 이론은 주로 정책의 집행과정에 영향을 미치는 각 변수들의 요인, 특징과 변인 상호간의 관계에 초점을 맞추고 있다. 정책집행의 과정에 영향을 미치는 변수는 곧 어떠한 정책이 집행되는 과정에 있어서 제약을 가하는 요인이기도 하다.

가. Sabatier와 Mazmanian의 이론 모형

Sabatier와 Mazmanian(1981)은 정책집행 연구를 위한 분석 틀에 관한 합의가 미흡할 뿐만 아니라 적절한 변수의 범위에 대해서도 의견의 일치가 이루어지지 않고 있다고 지적하고, 연구가 누적적이지 못하고 산발적이며, 집행과정의 좁은 부분에만 집착하기 때문에 광범위한 일변화의 개발이 부족하였다고 비판한다.

따라서 그들은 다양한 실질 정책분야에 있어 연구를 위한 일반적인 분석 틀을 개발하여 제시하고 있다. 이러한 분석 틀은 당초 환경보호를 위한 규제 메커니즘에 대한 그들의 연구에서 비롯된 것이다. 그러한 분석 틀이 지니고 있는 특징을 몇 가지 살펴보면 첫째, 정책집행에 개입되는 많은 단계를 규명하고 있으며 둘째, 대상 집단에 의해서 기관의 결정이 좌우되는 것을 밝히고 있으며 셋째, 정책이 당초 의도하지 않았던 영향을 고려하고 있으며 넷째, 집행에서의 규범측면을 강조하고 있는 점 등이다.

그들의 분석 틀은 크게 세 가지 독립변수와 한 가지 종속변수로 이루어져 있다. 다음 〈그림 V-1〉과 같다.

```
┌─────────────────────────────────────────┐
│            문제의 취급 가능성              │
│ ① 유용한 기술적 이론과 기술의 이용가능성   │
│ ② 대상 집단의 행태의 다양성               │
│ ③ 대상 집단의 전인구비                    │
│ ④ 요구되는 행태 변화의 정도               │
└─────────────────────────────────────────┘

┌──────────────────────────┐ ┌──────────────────────────┐
│     법률의 집행구성 능력   │ │     집행의 비법률적 변수   │
│ ① 적절한 인과법칙의 포함   │ │ ① 사회·경제조건과 기술     │
│ ② 정책지침의 명료성        │ │ ② 문제에 대한 언론의 관심  │
│ ③ 재정적 자원              │ │ ③ 공중의지지               │
│ ④ 집행기관들 간의 계층적 통합│ │ ④ 구성 집단의 태도와 자원  │
│ ⑤ 집행기관의 의사결정 규칙 │ │ ⑤ 고위결정자들로부터의 지지│
│ ⑥ 집행관의 충원            │ │ ⑥ 집행관의 관여와 지도기술 │
│ ⑦ 외부인의 공식적 접근     │ │                            │
└──────────────────────────┘ └──────────────────────────┘
```

집행과정 단계

정책 기관의 정책 산출	대상 집단의 정책 산출에 대한 복종	정책 산출의 실질적 영향	정책 산출의 인지된 영향	법률의 주요한 개정

자료: 이정미(1994). 교육개혁안 집행과정에 영향을 미친 요인에 관한 연구. 서울대 석사학위논문.

[그림 V-1] Sabatier와 Mazmanian의 정책집행모형

1) 문제 취급의 가능성(Tractability of problem)

사회문제 중에는 다루기 쉬운 것과 다루기 어려운 것이 있는데 이는 정책이 취급하려는 문제의 성격과 관련된다.

① 타당한 기술적 이론과 기술의 이용가능성. 문제의 심각성에 있어서 그 변화를 측정하는 데는 많은 어려움이 있다. 규제정책은 대상 집단의 행태를 변화시키면 문제가 개선될 것이라는 추정을 한다. 따라서 기술적 이론과 기술의 이용가능성이 어렵게 되면 정책의 성공적 집행이 어렵게 된다.

② 대상 집단 행태의 다양성. 규제되어야 할 대상 집단의 행태가 다양할수록 규제의 대상은 모호해진다. 따라서 효율적인 정책집행이 그만큼 어렵게 된다.

③ 전 인구의 비율에 대한 대상 집단의 규모. 일반적으로 대상 집단의 크기가 작고 격리되어 있을 경우에는 그 정책에 대한 정치적 지지를 얻기가 용이하다. 따라서 의도한 정책목표의 달성가능성이 커진다.

④ 요구되는 행태 변화의 정도. 정책의 목표달성에 요구되는 행태 변화의 정도는 대상 집단의 규모와 이들에게 요구되는 행태 변화의 크기와 함수관계에 있다. 즉 기본적인 가정은 행태 변화의 정도가 클수록 성공적 정책집행은 어렵게 된다는 것이다.

2) 법률의 실행 구성능력(Ability of state to structure implementa- tion)

법률은 처리되어야 할 문제를 지적하고 추구해야 할 목표를 규정하는 기본적인 정책결정을 포함하고 있다. 법률은 또한 집행기관의 선택, 집행기관의 법률적·재정적 지원의 마련, 기관성원들의 정책지향을 편향시키는 것을 통해 집행과정을 구성한다.

① 법률목표의 정확하고 명백한 우선순위. 정확하고 명백하게 우선순위가 정해진 법률목표들은 사업계획을 평가하는데 불가결하고 집행자에게는 명백한 지침이 되며 지지자들에게는 유용한 자원으로서의 역할을 한다.

② 법률에 포함된 인과 이론의 타당성. 대부분의 중요한 개혁은 적어도 목표가 달성될 방법의 인과이론을 암시적으로 내포하고 있다. 적절한 인과이론은 정부목표와 사업목표의 달성 간에 중요한 인과적 연계가 이해되어야 하고 집행자는 목표달성을 위한 충분한 수의 주요연계에 대해 재량권을 지녀야 한다.

③ 집행기관의 유용한 재원. 규제의 실시, 사업계획의 집행 및 복종의 유도 등에 포함된

기술적 분석을 행하거나 직원을 고용하기 위한 전통적인 규제사업에 있어서 재원은 매우 중요하다.

④ 집행기관 내부와 집행기관간의 계층적 통합의 정도. 집행기관 내부나 집행활동에 관여하는 여러 개의 비자율성을 가진 기관들 사이에서 조정된 행동을 유발하기가 어렵다는 사실이 사례연구결과 밝혀졌는데, 법률이 집행기관을 얼마나 통합하느냐는 집행에 있어서 중요하다.

⑤ 집행기관의 의사결정규칙. 집행기관의 공식적인 의사결정규칙을 어떻게 규정하느냐에 따라서 정책집행은 커다란 영향을 받게 된다. 의사결정규칙이란 규제를 담당하는 합의제기관일 경우 특별한 결정 활동에 필요한 정책목표를 얼마나 충실하게 집행할 것인가를 결정하는 규칙을 말한다.

⑥ 법률목표에 위임된 집행기관과 집행자의 임명. 법률이 아무리 공식적인 의사결정규칙을 잘 규정했다고 하더라도 집행자들이 정책목표를 달성하기 위해서 적극적이지 못하다면 정책집행은 잘 집행되지 못한다. 어떤 새로운 사업계획도 집행자들이 단순히 중립적이지 않고 능동적인 관심을 지니고, 정책목표 달성에 저항하는 개인이나 집단의 장애를 극복하고 정책목표 달성을 적극적으로 추진할 것을 원한다. 정책 결정자들이 집행기관을 선택하고 집행자를 임명할 때 이용할 수 있는 방법은 정책지향이 법률목표와 일치하고 따라서 새로운 사업계획에 최우선 순위를 둘 의사가 있는 기관에 집행책임을 맡기거나 법률목표를 지지하는 집단에서 집행기관의 최고책임자를 선발하도록 법률에 규정하는 것 등이 있다.

⑦ 외부인의 공식적 접근. 외부인의 참여가 확대되면 정책목표의 지지가 높아져 그 만큼 집행이 용이할 수도 있다.

3) 비법률적 변수(Nonstatutory variables affecting implementa- tion)

여기에는 사회적·경제적·기술적 조건에 있어 정부관할 구역간과 시간에 따른 변화, 문제에 대한 대중매체의 관심의 강도와 지속도, 대중의 지지, 지지집단의 태도와 자원, 주도기관으로부터의 지지, 집행자의 적극성과 지도역량 등이다.

4) 집행과정의 단계(Stage in the implementation process)

지금까지는 집행과정에 영향을 미치는 일반적 요인에 초점을 맞추어 설명해 왔다. 이러한 요인들은 집행과정의 다음 각 단계에 영향을 준다.

① 집행기관의 정책 산출. 법률목표가 집행기관에 의해서 구체적인 상황과 사례에 실제 적용 될 수 있는 기본적인 규정, 개별적 사례에 대한 표준운영절차(S.O.P), 인·허가의 결정, 결정의 실행 등으로 전환되는 단계이다.

② 대상 집단의 복종. 대상 집단이 행정적 결정에 복종할 때는 정책집행에 따르는 경우 그들에게 미치는 비용과 효과를 평가해 보게 된다. 그들은 불복종에 따라 제재가 가해지거나 정책지침에 대해 정당성을 인정할 때 복종을 하게 된다.

③ 정책 산출의 실질적 영향. 정책기관의 정책 산출 및 대상 집단의 복종이 정책목표와 어느 정도 일치하느냐가 나타나는 단계이다.

④ 정책 산출의 인지된 영향. 정책 산출의 실질적인 영향을 파악하기란 매우 어렵다. 외형상으로는 효과가 있는 것처럼 보일지 모르지만 실제 대상 집단이 그를 인지하지 않으면 영향이 없는 것이나 마찬가지이다. 이러한 정책의 영향은 사실 측정하기가 용이한 것은 아니다.

⑤ 적극적 정책 환경의 방향과 정도. 정책과정은 정책의 개정으로 종국점에 이른다. 정책의 변화범위는 집행결정의 인지된 영향, 일반대중, 엘리트들 사이의 우선순위의 변화와 관련된다.

나. Meter와 Horn의 이론 모형

Van Meter와 Van Horn은 지금까지의 정책연구에 있어서, 정책결정과정과 대상 집단이나 대상 문제들에 미치는 영향과 효과에 대해서 많은 관심을 기울여 왔으나, 공공정책이 실제의 서비스나 규제 등의 형태로 전환되는 과정에 대해서는 별로 관심이 없었다고 주장한다. 즉, 정책과 성과간의 관계에 대해서는 충분한 관심의 대상이 되지 못했다는 것이다. 그리하여 그들은 정책이 성과로 전환되는 과정을 정책집행이라고 보면서 정책집행을 탐구하기 위한 모형을 〈그림 V-2〉와 같이 제시하고 있다(이정미, 1994).

정책과 성과를 연결시키는 6개의 변수를 들고 있는데 그것들은 정책의 기준과 목표, 자원, 조직간 의사소통과 추진활동, 집행기관의 성격, 정치·경제·사회적 상황, 집행자의 성향 등이다. 6개의 변수를 보다 구체적으로 살펴보면 다음과 같다.

첫째, 정책의 기준과 목표는 정책의 전반적 목적을 비교적 상세히 나타내서 정책의 설정 기준을 확인하고, 무엇을 달성하려는 것인가를 확실하게 해준다. 그리고 이것은 조직 간의 의사소통과 추진활동을 통하여 집행자들의 성향에 간접적인 영향을 미친다.

둘째, 정책은 집행평가의 척도로서 기준과 목표를 설정해야 할 뿐만 아니라 집행을 촉진시킬 수 있는 유용한 자원의 동원가능성을 확인해야 한다. 이러한 자원 속에는 집행을 촉진·조장할 수 있는 자금이나 여타의 다른 유인물(incentives)들이 포함되며, 아울러 인적 자원도 포함된다. 대개의 경우는 정책의 집행에 필요한 자원이 부족하기 마련인데, 그럴수록 주어진 여건 하에서 효과 있게 자원을 동원·활용할 수 있는 방안이 모색되어야 한다. 정책의 집행에 동원 가능한 자원의 형태와 범위는 의사소통과 추진활동에 영향을 미칠 것이다. 그리고 집행자들의 성향도 자원의 이용가능성에 의해서 직접적인 영향을 받을 수 있다.

셋째, 조직간 의사소통과 추진활동도 정책집행에 있어서 중요한 변수가 된다. 효과적 정책집행을 위해서는 집행자가 특정 프로그램의 목표와 기준을 잘 이해해야 한다. 그러므로 정책의 기준과 목표가 명확히 설정되어 정확하고 일관성 있게 집행자에게 전달되어야 한다. 다시 말하면 정책의 기준과 목표의 기술이 명확하고, 의사소통이 정확하고 일관성 있을수록 효과적인 정책집행의 가능성은 커지게 된다. 그리고 집행자들이 정책의 기준과 목표를 성실히 달성할 수 있도록 자극하고 통제하는 제도적 장치가 필요하다. 이와 같은 조직간의 의사소통 및 추진활동은 집행기관의 성격과 상호작용 관계에 영향을 미칠 뿐만 아니라 집행자의 성향에도 영향을 미친다.

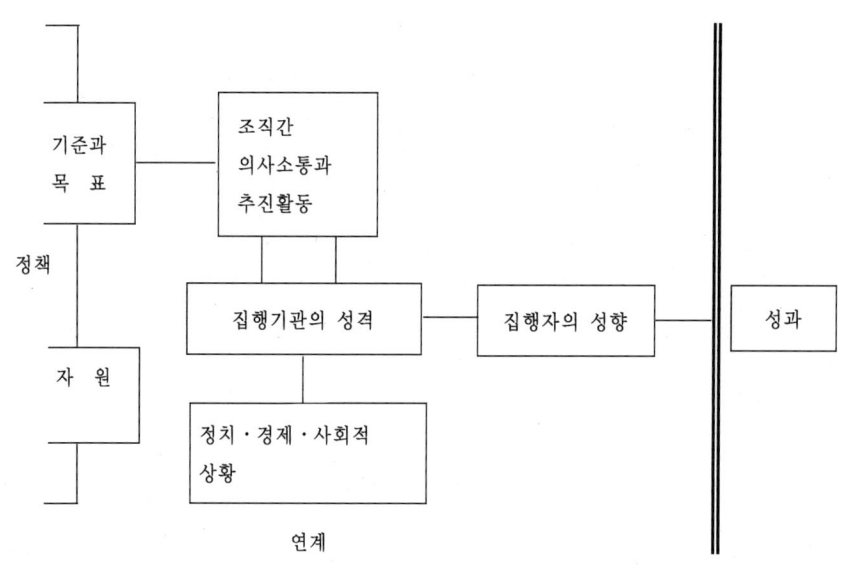

자료: 이정미(1994). 교육개혁안 집행과정에 영향을 미친 요인에 관한 연구. 서울대석사학위논문.

[그림 V-2] Van Meter와 Van Horn의 정책집행모형

넷째, 집행기관의 성격은 집행의 성과를 좌우하는 관건이 되는데, 이는 기관의 공식적 구조의 특성과 그 기관 내에 성원들의 비공식적 태도로 포착될 수 있다. 정책집행을 담당하는 기관의 능력에 영향을 미치는 요인들은 기관의 크기와 구성원의 자질, 위계적 통제의 정도, 기관의 정치적 자원, 조직의 활성도, 개방적인 의사소통, 정책결정체와의 공식·비공식 연계 등이다.

다섯째, 정치·경제·사회적 상황이 공공정책에 미치는 영향은 오래 전부터 관심의 대상이 되어왔으나 그것은 주로 정책결정에 미치는 영향에 중점을 두어왔을 뿐 정책집행에 미치는 영향은 별로 주목의 대상이 되지 못했다. 그러나 이러한 환경적 요인들은 집행의 성과에 중대한 영향을 미치고 있다. 집행에 영향을 미치는 환경적 요인의 중요한 국면으로서는 집행의 성공을 위한 경제적 자원이 충분한가, 해당정책의 집행이 경제·정치·사회적 상황에 얼마나 영향을 미치며 또 어떻게 미치느냐, 여론의 반응은 어떠하며, 관련된 정책문제가 얼마나 현저한가, 정책집행에 대해서 엘리트의 반응은 호의적인가, 부정적인가, 정책집행의 지지를 위해 민간이익단체들은 어느 정도 동원 되는가 등을 들 수 있다.

여섯째, 집행자의 성향은 위와 같은 모든 요소를 판단하고 여과한다.

다. Smith의 이론모형

Smith(1973)는 정부의 정책을 새로운 제도를 확립하거나 기존의 제도 내에 확립된 유형을 변화시키기 위한 정부의 의도적 조치라고 정의하고 있으며, 정부에 의해 형성된 정책이 사회 내의 긴장 유발력(tension generating force)으로 작용한다고 보고 그러한 정책은 집행이 됨으로써 기존의 상호작용 양태와 제도가 바뀌게 된다고 본다.

그는 정책을 사회적 긴장 유발력으로 보고 모형을 선정하기 위해, 체제모형을 도입하여 하나의 정책집행 매트릭스를 설정한다. 이 정책집행 매트릭스 내의 변수로 이상화된 정책(idealized policy), 집행조직(implementation organization), 대상 집단(target group), 환경적 요인(environment factor) 등을 들고 있다.

이상화된 정책이란 정책 결정자들이 유발시키려고 하는 변수간의 이상화된 즉 바람직한 상호작용의 양태를 의미하는데 이에 대한 관련 변수로는 정책의 형성, 정책의 유형, 정책에 대한 정부의 지지, 정책의 이미지 등이 있다. 대상 집단은 정책에 의해서 새로운 상호작용의 유형을 지니도록 요구되는 사람들로서 정책으로부터 가장 많은 영향을 받는 집단을 말하는데, 여기서는 대상 집단의 조직화와 제도화의 정도, 대상 집단의 지도력, 대상 집단의 정책경험 등을 고려해야 한다. 집행조직은 정책을 실행하는 역할을 하는 조직을 말하는데 대개의 경우 집행조직은 정부관료 조직의 한 단위로 되어 있는데, 정책집행을 집행조직과 관련하여 집행조직의 구조와 인적 자원의 속성, 집행조직의 지도력, 집행계획과 그것을 수행할 능력을 고려해야 한다.

환경적 요인은 정책집행에 영향을 미치거나 또는 정책집행으로부터 영향을 받는 요인으로서 문화적·사회적·경제적 요건을 말한다. 집행할 정책의 특성이나 유형에 따라 그에 대응하는 환경적 요건의 양태는 달라질 것이다. 그들에 의하면, 정책이 집행됨에 따라 위와 같은 변수들이 이상화된 정책을 중심으로 상호간에 긴장을 유발하게 되고, 이 긴장은 교환거래과정(transaction process)을 밟으며, 거래가 원만하게 이루어지지 못할 때 다시 정책집행 매트릭스 내, 혹은 정책결정과정으로 환류 된다고 한다. 또한 거래 과정이 원만히 이루어지면 제도화를 낳는데 이 제도화는 다시 긴장 유발력으로 작용해 환류 과정을 밟게 된다는 것이다.

참 고 문 헌

최상근 외(1998). 현장중심의 교육개혁 활성화 방안. 한국교육개발원.

교육개혁심의회(1986). 제1차 교육개혁종합보고서, 8-11.

교육개혁위원회(1995). 세계화·정보화 시대를 주도하는 신교육체제 수립을 위한 교육개혁
　　방안(Ⅱ, Ⅳ).

새교육공동체위원회(2000). 21세기 한국교육의 개혁 방향과 과제.

서정화(2002). "한국의 교육개혁과 학교 경영의 개혁". 학교경영개혁의 방법과 과제. 한·
　　일 교육행정학회 세미나 발표 자료.

교육부(2002). 인적 자원개발·관리 업무 현황 및 발전 계획. 교육부 내부자료.

교육부(2003). 주요 교육인적 자원정책의 방향(대통령직 인수위원회 보고자료). 내부자료.

신현석(2002). "국민의 정부 교육개혁 평가". 한국교육정책 평가와 차기 정부의 과제. 한국
　　교총 제38회 교육정책 토론회 자료.

한나라당 교육위원회(2002). 김대중 정부의 교육실패와 공교육 위기 진단.

조홍순(2002). "차기정부의 교육정책과제". 한국교육정책의 평가와 차기정부의 과제. 한국
　　교총 38회 교육정책토론회 발표 자료.

김용일(2002). 교육인적 자원부 개혁방안. 교육개혁은 교육부개혁으로부터. 전국교수노동조
　　합 창립 1주년 국민대토론회 발표 자료.

곽병선(2003). 초정권적 교육혁신위원회, 한국교육신문(1. 17).

유훈(1986). 정책학원론. 법문사, 267-268.

안해균(1986). 정책학원론. 다산출판사, 391-392.

이진석(2004). 일본: 대학교육개혁. 주간교육 자료, 842호, 교육정책포럼(2004). 교육정책정
　　보센타.

이정미(1994). 교육개혁안 집행과정에 영향을 미친 요인에 관한 연구. 서울대석사학위논문.

이상영(2003). 영국 교육개혁-1997년부터 현재까지-. 해외파견교육공무원 귀국보고서, 교육부.

이시원(1981). 정책집행에 관한 연구. 서울대석사학위논문, 6.

이종열(1988). 정책학원론. 서울: 대왕사, 337.

신동아(2004년 3월호). 구자억 박사의 중국교육 A to Z. 교육정책포럼(2004). 중국: 철밥통 까지 날려버린 중국의 교육개혁. 교육정책정보센타.

Beare, H. (1991). The Restructuring of Schools and School Systems: A Comparative Perspective. in *Restructuring School Management*, ed. Grant Harman, Hedley Beare, and George F. Berkeley, Canberra: Australian College of Education, 13–25.

Brian J. Caldwell and Jim M. Spinks(1988). *The Self-Managing School*. London: The Falmer Press, 14.

Kerith Wall and Darrel Caulley(1991). Assessment Policy Change in Victoria. *Advances in Program Evaluation* vol.1, 172.

Douglas R. Bunker(1972). Policy Sciences Perspectives on Implementa- tion Processes. *Policy Science* 3, 71–72.

Hedley Beare(1983). The Structural Reform Movement in Australian Education during the 1980s and Its Effect on Schools. *Journal of Educational Administration* vol.21, no.2 (Summer 1983): 149.

Nakamura, R. T. and Smallwood, F. (1982). *The Politics of Policy Implementation*. New York: St. Martin's Press, 13–14.

Neville, T., Postlethwaite, eds. (1988). *The Encyclopedia of Comparative Education and National Systems of Education* (New York: Pergamon Press, 1988). s. v. "Australia," by p.A. McKenzie.

OECD(2002). Schooling for the future-trends, scenarios and lifelong learning. paris.

Postlethwaite, T. N. eds. (1995). *International Encyclopedia of National Systems of Education*, 2nd ed. New York: Elsevier Science Ltd., s.v. "Canada," by D. L. Berg.

Pressman, J. L. and Wildavsky, A. (1973). *Implementation*, Berkeley: University of California Press.

Rein, M., & Rabinovitz, F. (1978). Implementation: A Theoretical Perspective. in Walter D. Burnham and Martha W. Weinbery, ed., *American Politics and Public Policy*, Cambridge: M. I. T. Press, 309–315.

Sabatier, p.A. and Mazmanian, D. A. (1981). The Implementation of Public Policy: A Framework of Analysis. in p.A. Sabatier and D. A. Mazmanian, (eds.), *Effective Implementation*, Lexington, Mass: D. C. Heath and Company, 4-5.

Smith, T. B. (1973). The Policy Implementation Process. *Policy Science*, No.4, 197-209.

Smyth, J. (1995). What's Happening in Australia? *Educational Review,*47(2), 192.

Thody, A. (1992). It's the Same the Whole World Over-comparisons among Commonwealth States Developments in the Control of Education. in *Implementing Educational Reform: The Early Lessons,* ed. Tim Simkins, Linda Ellison, and Viv Garette (London: British Educational Management and Administration Society, 248.

Van Meter, D. S. & Van Horn, C. E. (1975). The Policy implementa- tion process: A Conceptual framework. *Administrative and Society*, 16(4), 447.

Walter D. Broadnax(1976). Public policy: Its Formation, Adoption, Implementation, and Evaluation. *PAR*, 36(6), 701.

제 6 부
평생교육과 대안교육

제21장 평생교육

1. 평생교육 개관

가. 평생교육의 개념과 역사

평생교육은 경제학, 정치학, 심리학, 사회학 등 사회과학의 다른 분야들과는 달리 실천 지향적인 학문으로 더 많이 알려져 있다. 그리하여 이론의 부재라는 측면에서 많은 비판을 받아왔다. 1960년대 이전까지만 해도 평생교육은 전체 사회 내에서 주변적인 위치에 머물러 있었고, 주목을 받지 못하였다. 평생교육이 주목을 받지 못한 이유는 다른 사회과학에 비해 역사가 길지 않다는 것이다. 1960년대 후반까지만 해도 평생교육 분야에 있어서 체계적인 연구는 매우 적었다.

1960년대 후반에 들어서면서 평생교육은 유네스코(UNESCO)를 중심으로 하는 평생교육 이념의 제창과 더불어 높은 관심을 받게 되었으며, 평생교육을 체계적이고 조직적으로 실시하고자 하는 학문적 연구가 증대되기에 이르렀다. 우리나라도 1980년대를 전후하여 개인논문 및 저서들이 급격히 증가하였으나 아직도 타학문에 비하면 양적으로 적은 편이다. 그러나 1982년에 제정된 사회교육법이 1999년 8월 31일(2000. 3. 31 시행) 평생교육법으로 전면 개정되어 시행되면서 실천으로서의 평생교육 활동이 증대됨에 따라 학문으로서의 평생교육연구가 현재 활발하게 전개되고 있다.

평생학습, 평생교육, 평생직업능력 개발, 인적 자원개발 등으로 평생교육에 대한 용어는 다양하다. 우선 이들에 대한 개념정의를 하고 평생교육의 역사에 대하여 알아보기로 하자.

첫째, 평생학습은 전 생애에 걸쳐 자신의 경험을 구성해 가는 자기 주도적인 학습과정이다.

둘째, 평생교육은 평생학습의 과정이 학습자의 내면적 성장과 통합에 충실하도록 우선적으로 지원하고 돕는 비교적 장기간의 일반교육과정이다.

셋째, 평생직업능력 개발은 직업획득 및 직무수행발달과 관련된 훈련과정으로서 평생교육을 통한 일반적 학습 성과를 현장성과 실무적용성에 맞도록 전문화하는 과정이다.

넷째, 인적 자원개발은 평생학습의 결과가 가지는 경제적 자원으로서의 가치를 개발 관리하고 학습의 사회적 가치를 극대화하려는 시스템적 맥락이다.

평생교육의 역사는 유네스코(UNESCO)의 역사라 할 수 있다(김종서 외, 2002). 유네스코(UNESCO)의 역사를 고찰함으로써 평생교육의 역사를 고찰하기로 하자.

유네스코(UNESCO)는 1946년 11월 출범하여 교육, 과학, 문화의 국제적인 개발과 보급을 통하여 국가 및 국민간의 상호이해와 협력을 증진하고 궁극에는 세계의 평화와 인류의 번영을 성취하자는 이상을 구현하고자하는 국제연합의 전문기구 중의 하나이다. 성인교육에 대한 초기 개념은 기초교육(문맹퇴치)이 주를 이룬다. 1949년 덴마크의 엘시노어에서 제 1차 세계성인교육대회(참가자: 북미의 노동자 교육 및 운동을 담당하고 있는 사회단체의 인사들)를 개최하여 성인교육전문지 "Fundamental Education"→"Fundamental and Adult Education"을 발간한다.

1960년에는 캐나다의 몬트리올에서 제 2차 세계성인교육대회(참가자: 선진국가와 후진국가)를 개최하였으며 주요 사업으로는 평생교육을 학교교육과의 분리가 아닌 전체교육체제 속에서 통합되는 것으로 정의 내리는 대회이기도 하였다. 1965년 12월 파리의 유네스코 성인교육 추진위원회에서는 계속교육에 관한 랭그랑(Langard)의 논문에서 발표한 평생교육의 원리를 채택하여 1970년 세계 교육의 해의 기본이념으로 평생교육을 제창하기도 하였다.

1972년 일본 동경에서 열린 제 3차 세계성인교육대회에서는 세계 각국에 대하여 평생교육의 개념을 그 나라 교육체제에 받아들일 것을 권장하여 대략 75개 국가에서 이에 대하여 적극적인 동의를 이끌어 내기도 하였다. 1973년 포레(Faure)등에 의하여 발표된 연구보고서 "Learning to be"는 평생교육의 개념을 발전시키는데 크게 공헌한다. 1973년에는 다베(Dave)의 "Lifelong education and School Curriculum"을, 1976년에는 "Foundation of lifelong Education"을 편찬하여 유네스코 교육연구소에서 발간하였으며, 평생교육의 특성을 20가지로 분석하고 있다.

1996년 21세기 세계교육위원회는 "Learning: The Treasure Within"라는 보고서를 통하여 네 가지 학습을 제시하고 있다. 즉, learning to know, learning to do, learning to be, learning to live together이다. 이외에도 OECD(Organization for Economic Cooperation and Development), 세계은행(World Bank) 등의 기관에서 lifelong education, recurrent education, continuing education 등의 용어를 채택하여 모델을 작성하고 교육실천에의 적용할 것을 강조하기도 하였다.

나. 평생교육의 연구영역

평생교육이 독립된 하나의 연구영역으로 자리를 잡은 것은 1960년 미국의 성인교육에 대한 연구와 각 대학의 대학원에 석, 박사 학위과정이 늘어나면서다. 젠슨(Jensen, 1965)은 "성인교육학"이라는 저서를 출판하면서 성인교육의 이론과 실제의 한계를 정의할 수 있는 개념체제를 구성하고자 하였다. 보이드(Boyd)와 앱스(Apps)는 이에 대한 제안을 받아들여 "성인교육원리의 재개념화"라는 저서를 통하여 학문으로서 성인교육에 관한 조명의 필요성을 제시하였고, 이 패러다임을 통해 평생교육 프로그램 및 활동에 대한 조명의 필요성을 표명하였다. 또한 1960년대를 기점으로 하여, 유네스코(UNESCO)를 중심으로 평생교육의 이념이 제창되면서 평생교육에 대한 사회의 요구와 더불어 학문적 연구가 증가하기 시작하였다.

우리나라는 1982년 12월 31일에 사회교육법이 제정되었고, 1999년 8월 31일(2000년 3월 31일 시행)에 평생교육법으로 개정, 공포되었고, 평생교육 연구는 1980년을 전후하여 급격히 증가하였으나, 교육학 내에서 차지하는 비율은 아직도 낮다.

1966년 교육학회에 "사회교육연구회"가 창립되고, 1995년에는 "한국 사회교육학회"가 설립되어 정기 학술 연구지를 발간하게 되었다. 2000년에는 "평생교육학회"(평생교육연구지 발간)로 이름을 바꾸어 꾸준한 학문적 연구의 발전을 이루고 있다. 평생교육과 관련된 연구로 대표적인 연구자로는 황종건(1994)의 "사회교육과 사회교육 연구", 정우현(1997)의 "사회교육학의 학문적 발전과정과 미래", 정지웅(1997)의 "사회교육의 개념과 사회교육학의 과제탐구" 등을 언급할 수 있겠다. 황종건은 롱(Long, 1983)의 분류를 기초로 평생교육의 연구를 실험연구, 기술적 연구, 역사적 연구로 분류하고 있으며, 정우현(1997)은 평생교육연구를 연구 목적별, 연구 영역별로 나누어 연구동향을 분류하고 있다.

연구목적에 따른 연구동향은 이론적인 측면의 강조, 실제적인 측면의 강조 차원과 인지적, 상징적 차원에서 관련자들의 태도에 영향을 미치는 것을 강조하는가의 두 가지 차원으로 유형화 할 수 있다.

〈표 Ⅵ-1〉 평생교육 연구의 연구 목적별, 영역별 분류

이론적 Ⅳ. 새로운 지식의 개발 자극 인지적	(추상적) Ⅲ. 비판적 사고의 촉진 상징적
(지적) Ⅰ. 새로운 정보와 아이디어의 공유 실제적	(정서적) Ⅱ. 전문적 사회화 및 태도의 형성 (구체적)

자료: 정우현(1997). 사회교육학의 학문적 발전과정과 미래. 제3회 한국 사회교육학회 학술세미나.

<표 VI-2> 연구자별 평생교육연구의 분류

정우현(1997)	홍기형 외(2001)
철학적 차원에서의 평생교육연구 역사적 차원에서의 평생교육연구 사회학적 차원에서의 평생교육연구 심리학적 차원에서의 평생교육연구 성인학습론의 측면에 있어서의 평생교육연구	이론적 연구 영역
프로그램의 개발 분야에서의 평생교육의 연구 교육과정 측면에서의 평생교육 연구	실천적 연구 영역
정책적/행정학적 차원	행정적 연구 영역

자료: 정우현(1997). 사회교육학의 학문적 발전과정과 미래. 제3회 한국 사회교육학회 학술세미나 ; 홍기형 외(2003).
평생교육의 이해. 서울: 교육과학사, 231-268.에서 재구성.

한편, 최근의 "평생교육연구"에 게재된 관련 논문들을 미국과 한국의 것을 비교하여 분석하여 보면, 미국의 경우는 실천 지향적인 연구의 경향으로부터 벗어나 점차 학문 지향적인 방향으로 나아가고 있는데 반하여, 한국의 경우는 아직도 평생교육의 각 영역별 교육의 현황 및 개선방안, 프로그램 개발, 제도 및 정책, 요구분석 등과 같은 실천 지향적인 차원의 연구가 주로 많이 실시되고 있음을 살펴볼 수 있다. 연구 영역별에서는 철학적, 역사적, 사회학적, 심리학적, 정책적, 행정학적 차원에서의 평생교육연구와, 교육과정, 프로그램 개발, 성인 학습론의 측면에 있어서의 평생교육의 연구로 분류 할 수 있다.

2. 평생교육의 철학적 기초

평생교육을 올바로 이해하고 한국의 평생교육이 나아가야 할 방향을 정립하기 위해서는 평생교육 속에 내재된 세계관과 인간에 대한 이해를 살펴보아야 한다. 평생교육과 관련된 다양한 철학적 관점들을 조명해보고 각각의 관점들이 지니는 특성들을 고찰하고자 한다.

평생교육에 대한 철학적 노력은 교육과 연관된 인간의 삶의 의미와 가치의 문제를 평생교육적인 틀 안에 포함시키는데 초점을 두어야 할 것이다. 평생교육의 철학적 기초로서 엘리어스와 메리암(Elias & Merriam)이 제시한 평생교육의 기본적 철학 여섯 가지 사조인 자유주의, 진보주의, 인본주의, 행동주의, 급진주의, 분석철학 등에 대하여 살펴보자.

가. 자유주의적 평생교육

서구 사회에서 가장 오래된 교육철학 사조는 고전적 인문주의나 항존주의라 불리는 자유주의 교육관이다. 자유주의의 근간은 고대 그리스 시대의 철학자인 로크, 칸트, 헤겔과 같은 계몽주의 철학자까지 거슬러 올라간다. 항존주의의 경우 1930년대부터 진보주의 교육이념을 전면 부정하면서 등장하기 시작한다. 진보주의가 변화의 원리를 강조하는 반면에 항존주의는 절대적 원리로 복귀해야함을 주장한다. 반과학주의, 탈세속주의, 정신주의를 표방하는 이 철학은 고전 휴머니즘, 항존주의, 이성적 휴머니즘, 인문교육 등으로 통하고 있으며 유럽에서 중요한 교육이론으로 확립되었고 오늘날 여전히 교육사상에 중요한 영향을 행사하고 있다.

이 철학의 전통은 자유로운 학습, 지식의 조직화, 지적능력의 개발 등을 강조한다. 인문주의의 기본원리는 인간의 이성적, 도덕적, 정신적인 존재임을 강조한다. 인간의 지적인 본성을 중요시하며, 항존주의는 인간의 본질은 환경에 따라 변화되는 것이 아니므로 교육의 본질 또한 변화될 수 없는 것으로 인식한다. 이러한 교육의 본질은 바로 교육을 통해서 인간의 이성을 개발하고 진리를 알게 하며 진리에 인간을 적용시키는 것으로 본다.

자유주의 평생교육의 이론화는 일반 인문주의 교육으로 대부분 아동과 청소년 교육에 초점을 둔다. 그러나 자유주의 특성이 대부분 평생교육에도 그대로 적용될 수 있다는 사실이다. 자유주의 평생교육은 초·중·대학교육 이후의 교육에서 최고수준에 속하는 교육으로 인식한다. 그리하여 일반 인문주의 교육은 책임감 있는 인간을 위한 끊임없는 교육이어야 함을 강조한다. 자유주의 교양교육은 평생교육의 전 분야에서 활용되는 기본적인 교육과정으로 이해된다.

프리덴버그(Friedenberg, 1956)는 "인문주의 교육과 실패에 대한 두려움"이라는 글에서 자유주의 평생교육에 대한 기여를 다음과 같이 제시하고 있다.

첫째, 자유주의는 인간에게 자유의 가치를 가르치고 그 가치를 활용할 수 있는 능력을 갖춘 사람이 되도록 도와주는데 기여한다.

둘째, 자유주의는 성인들이 주체와 객체간의 차이, 즉 성인이 직접 경험한 사실과 그 사실에 대한 성인들이 감정 간의 차이가 발생할 때 그 차이에 대해 적절하게 반응하도록 도와준다.

셋째, 자유주의는 인간 경험의 범주를 확대시킴으로써 인간이 반응할 수 있는 영역을 넓혀주는데 기여한다.

넷째, 자유주의는 시민의 자질 향상, 여가선용, 자아관 개선, 인간존엄성 지각 등의 목적에도 기여한다.

프리덴버그는 인문주의 교육이 갖고 있는 특별한 기능은 사람들로 하여금 "인간의 존엄성을 소중히 여기면서 그 존엄을 파괴하는 어떠한 행위에도 동의하지 못하게 하는 것"으로 인식하고 있다. 자유주의 평생교육은 지식의 습득, 합리적인 사고 개발, 비판적으로 분석할 수 있는 능력에 대한 가치를 중시한다.

나. 진보주의 평생교육

19세기 중반에 과학적 방법과 산업화와 도시화의 출현은 교육에 있어서 새로운 접근방법을 요구하게 된다. 이러한 시기에 프래그머티즘을 바탕으로 한 진보주의(progressivism) 교육 운동이 등장하게 된다. 이들은 지식이란 전통과 권위로부터 오는 것이 아니라 관찰과 경험으로부터 도출되는 것으로 인식한다. 진보주의 사상은 18세기 유럽의 루소에 의해서 사상적 태동이 이루어졌고 페스탈로치(Pestalozzi), 프뢰벨(Fröbel) 등에 의해 계승되고, 미국의 만(Mann), 버나드(Barnard), 케이, 파커 등에 의해서 그 토대가 형성된다. 그 후 듀이(Dewey)에 의해서 활발히 연구가 진행되었다.

프래그머티즘을 교육에 적용한 대표적 학자인 듀이(Dewey)는 프래그머티즘의 관점을 구체적으로 교육 목적과 프로그램 안에 옮기는 작업을 수행하였다. 프래그머티즘은 ① 사회문제를 이해하고 해결하기 위해 경험적 합리주의를 받아들이며, ② 지식의 원천으로서 권위보다 경험을 중시하고, ③ 사회운동과 사회개혁을 추진한다.

평생교육 안에서 발견할 수 있는 프래그머티즘의 영향은 다음과 같다.

첫째, 인문교육 밖으로 교육의 시각을 넓혔으며, 둘째, 학습자와 그들의 욕구와 경험에 초점을 맞추었고, 셋째, 과학적 문제해결 방법과 경험에 기초한 교수방법을 제시하며, 넷째, 권위자인 교사로부터 학습을 도와주는 교사로 시각을 전환시켰고, 다섯째, 사회변화의 도구로서 교육을 인식하게 한다.

진보주의는 자유주의와 상반되는 이론을 제시하고 있다. 진보주의는 자유주의가 교사 중심적, 암기위주의 수동적인 학습자 상(像)을 제시하는 반면에, 진보주의는 아동중심의 교육과 경험 중심의 교육을 강조한다. 아동중심 교육은 학습자중심 교육, 과거의 교육이 교수자 중심의 교육이었기 때문에 학습자의 요구와 흥미를 반영하지 못하고 있다는 반성에서 기인한다. 경험중심의 교육은 독서와 같이 현실 상황과 유리된 교육과정과 교육방법에 치중되어서는 학습자가 실제 생활에 활용하고 흥미를 가질 수 있는 교육활동이 되지 못한다는 반성에서 나온 주장이다.

진보주의 교육은 아동교육뿐 아니라 성인교육에도 많은 영향을 미친다. 교육운동인 직업을 위한 실용적 훈련, 경험에 의한 학습, 과학적 연구, 지역사회 참여와 사회문제에의 대응 등 진보주의의 강조점 들은 새로운 형태의 일반교육과 성인교육의 발전에서도 나타난다.

진보주의 교육은 성인직업교육, 시민권교육, 가족교육과 부모교육, 사회행동을 위한 교육 등 여러 형태의 성인교육은 진보주의 이상을 바탕으로 시작한다. 특히 요구와 흥미, 과학적 방법, 문제해결 방법, 경험의 강조, 실용적 목적, 공리적 목적, 사회책임 등의 원칙이 진보주의 사상의 바탕이 된다. 성인교육 분야에서 다양한 실습교육이 전개될 수 있었던 것도 진보주의 철학이 지닌 특성 때문이며 미국에서의 진보주의 운동은 성인교육의 발전과 맥을 같이 하여 시민교육 프로그램, 지역 평생교육, 성인 기초교육 등으로 발전하게 된다.

크레민(Cremin), 노울즈(Knowles)는 직업교육, 대학 확장교육, 이민자 정착교육, 미국화 교육 등을 진보주의 교육 형태로 간주한다. 미국화 교육, 또는 외국에서 출생된 사람을 위한 학교는 진보주의 교육사상이 보급되던 때에 발생한다. 20세기 초 많은 이민으로 이들의 복지에 대한 사회적 관심이 대두되었고 불안전한 정치적 상황을 초래하게 된다. 따라서 '문명화 과정'(civilizing process)에서 성인교육의 역할은 일차적으로 성인 야간학교, 교회와 공장 혹은 이민 수용소와 YMCA 등을 통해 실천되어진다.

듀이에 의하여 직접적인 영향을 받은 사람으로 린드만(Lindman)은 모든 성인 학습자들은 그들이 처해 있는 상황에서 자신을 발견하게 되므로 생활 경험이 성인학습에 중요한 역할을 한다고 주장한다.

노울즈(Knowles)는 진보주의와 인본주의 철학을 바탕으로 안드라고지(andragogy) 이론을 개발하여 제시한다. 이들 진보주의자들은 학습자의 경험과 관련된 문제 중심 교육과정과 자유주의적이고 실천적인 교육과정을 보다 중시한다. 진보주의 교육이 평생교육에 끼친 주요한 교육원리는 다음과 같다.

① 인문주의 교과학습 활동에 대해 진보주의는 사회화와 문명화 등이 교육에 포함된다. 교육을 학교교육의 범위에서 벗어나 가치, 제도, 지식, 기술, 습득을 위해 사회가 인정하는 모든 행위를 포함하는 것으로 간주한다.

② 진보주의는 학습자의 경험과 상호작용을 교육의 개념에 포함시킴으로써 학습자 중심의 교육관을 정립한다. 학습자에 관심을 두는 진보주의적 관점은 평생교육에도 역시 같은 관점으로 유지한다. 특히 성인교육 프로그램에서는 학습자의 흥미에 대한 요구조사를 프로그램 구성의 첫 단계로 설정해 놓고 있어서 이러한 평생교육의 진보주의간의 관계를 더욱

잘 보여주고 있다.

③ 진보주의에서는 경험주의 학습방법을 중시함과 동시에 학생들의 경험을 실제적인 방법으로 제공하고 학습자중심의 교육을 실시하기 위해 문제해결 방법을 선호한다. 평생교육의 여러 교육프로그램에서 문제해결 방법의 형태로 구성된 프로그램이 나타나고 실시된다. 그러나 시간이 지남에 따라 진보주의 교육의 약점이 드러나기 시작한다. 진보주의는 인문학, 역사, 문화와 예술을 무시하고 과학만을 강조한다. 또한 교육과 인간의 삶에 대해 비극적인 면은 고려하지 않고 너무 낙관적인 것으로 본다. 학습자를 교육과정의 중심에 둔 이유는 이 시대가 교사의 역할에 대해 충분한 관심을 두지 않고 오히려 교과의 중요성을 강조했기 때문이라는 비판을 받기도 한다.

다. 인본주의 평생교육

인본주의 철학과 인본주의 심리학은 교육에 대하여 매우 중요한 영향을 끼쳤다. 이러한 교육에 대한 영향은 평생교육의 측면에서도 간과할 수 없다. 인본주의 철학과 인본주의 심리학은 다음과 같은 공통의 가정을 공유한다.

첫째, 인간의 행동은 본질적으로 자유롭다. 즉 인간은 자신의 행동을 결정할 자유를 갖고 있다.

둘째, 인본주의는 자아개념을 강조한다. 자아는 자아 완성을 위한 성장과 발전의 잠재성을 갖고 있다.

셋째, 자아에 대한 강조는 자기중심성을 의미하는 것이 아니라, 자아완성을 위한 책임성을 의미한다. 이러한 인본주의의 이념을 평생교육에 적용할 때 인본주의의 가정은 학습자의 잠재성 개발에 초점을 두게 된다.

인본주의 교육은 학습자 스스로 욕구를 확인하고 학습내용, 교수방법, 평가를 할 수 있는 학습자 중심의 교육을 지향한다. 여기서 교사는 학습자를 돕는 조력자이며 촉진자의 역할을 하게 된다. 인본주의 교육이 학습자 중심의 교육이라는 점은 평생교육과 매우 밀접한 관계를 가진다. 개인의 자율성, 개체성, 자아실현 등을 중시하는 인본주의는 학습자 중심의 교육을 강조한다. 인본주의 프로그램으로는 집단 역동성, 집단 관계훈련, 감수성 훈련(sensitive workshop), 인카운터 집단(encounter group), 자기 주도적 학습(self-directed learning) 등이 있다.

인본주의 측면에서 평생교육 이론들은 노울즈(Knowles)에 의하여 강력하게 주장되어 진다. 그는 인본주의를 평생교육에 접목하여 안드라고지(andragogy)라는 용어를 창출하였다. 안드라고지가 성인교육만을 뜻하기보다 평생교육적인 차원에서 아동교육까지 포함하는 의미로 이해되어져야 한다.

라. 행동주의 평생교육

행동주의(behaviorism)는 하나의 사상체계로서 교육철학에 지대한 영향을 끼친다. 행동주의는 논리실증주의를 기초로 한 심리학의 한 이론이다. 행동주의자들에 따르면 모든 인간의 행동이란 조건에 의한 결과이며 외적 환경의 힘과 자극에 의해 결정된다고 본다.

1920년대 왓슨(Watson)이 실험실 방식의 심리학을 소개한 이후 인간의 행동에 대해서 과학적으로 접근하려는 심리학적 시도가 나타난다. 이후 인간의 행동은 외적 환경, 즉 자극에 의해서 영향을 받고 결정된다는 방식의 사고가 나타나게 된다. 행동주의는 심리학적 배경뿐 아니라 현실세계가 물질간의 관계에 의해서 설명되며 이해된다고 주장하는 물질주의의 영향을 받았다. 경험주의, 과학적 관찰과 측정을 통해서만 진리에 도달할 수 있다고 주장하는 실증주의, 다윈의 진화론 등이 행동주의에 영향을 미친 철학 사조들이다.

스키너(Skinner, 1971)는 행동주의 이론을 교육에 적용한 대표자로서 강화와 조작적 조건화로 유명하다. 인간의 성격, 행동과 같은 것은 외부의 자극에 의해서 결정되거나 수정될 수 있다는 것이다. 이러한 심리학적 기초에서 어떠한 인간이든 원하는 대로 변화시키고 육성할 수 있다고 그는 주장한다. 행동주의 원리에 기초한 행동주의 성인교육의 근간은 과학운동에서 찾을 수 있다. 성인교육 분야에서 행동주의는 통제, 태도수정, 재 강화를 통한 학습, 목적에 따른 관리 등의 개념을 강조한다.

행동주의는 교육에 많은 영향을 미쳤는데 학습자에게 강화를 계획적이고 적절하게 배치 또는 제공함으로써 교육목적을 성취할 수 있다는 주장이 교육에 큰 영향을 불러일으킨다. 이러한 것이 프로그램에 따른 학습, 수업목표(instructional objectives), 능력중심의 교사교육, 즉 교육에 있어서 교육목표의 사용, 교육의 책무성 강조, 능력위주 교육 등과 같은 교육실천을 가능하게 한다.

마. 급진주의 평생교육

급진주의 교육사상은 교육철학 사상의 주류와는 다르다. 대부분의 교육철학은 기존의 사회가치를 수용하여 그 가치체계 내에서 교육철학을 수립하고자 하였으나 급진주의는 비판적 교육을 통한 급진적 사회변화를 주도한다. 급진주의 철학은 성인교육에 있어 프레리(Freire)와 일리치(Illich)를 통해 1960년대 말과 1970년대 초에 논의되기 시작한다.

급진주의는 자본주의와 민주주의에 대해 비판적 관점을 갖고 있으며 현재 존재하는 체제를 전복시키고 다른 것으로 대체될 때 변화가 가능하다고 본다. 일반적으로 급진주의 교육사상은 무정부주의와 마르크스주의, 프로이트 좌파의 전통에 기초를 두고 있다. 이들의 교육사상은 국가교육 제도를 반대하는 무정부주의를 수용해 공립학교 체제를 거부하는 주장을 제시한다. 학교가 개인들의 개성과 자율성을 파괴한다는 이유로 학교교육을 거부하며, 학교는 계급구조의 유지에 기여하는 지배 집단의 도구라고 규정하고 이러한 학교의 기능은 인간소외를 가속화한다는 것이다. 그리하여 마르크스주의의 '소외'나 '계급투쟁', '정치의식' 등의 개념을 수용한다.

급진주의 교육자들은 교육을 급진적인 사회변화를 성취하기 위한 하나의 수단으로 보고 있다. 이러한 관점에서 볼 때 교육은 정치, 사회, 경제적인 측면에서 문화를 어떻게 이해하느냐와 밀접한 관련이 있음을 짐작할 수 있다. 대표적 교육 실천가로서 프레리를 지목할 수 있다. 프레리는 성인 문해 교육을 시도하였으며 억압받는 사람들을 의식화시키는 것이 교육의 진정한 역할이라고 주장한다. 교육은 급진적 사회변화와 개인의 자유에 영향을 주는데 사용된다. 이러한 그의 철학은 성인교육에 많은 영향을 미쳤고 성인교육의 역할을 학습자와의 대화를 통해 비판적 의식을 획득하도록 도와주는 것으로 인식한다. 즉 학습자가 자신의 삶을 통제하는 힘에 대해 인식할 때, 그들은 힘을 갖게 되며 행동을 취할 수 있게 된다는 것이다.

급진주의 교육에서 무정부주의자들의 입장에서 학교교육의 철폐를 주장한 학자로는 일리치가 있다. 그는 학교교육이 고도의 산업화와 소비화 사회의 유지를 위해 중심적인 역할을 수행한다고 보고 이러한 학교교육을 폐지하자는 탈학교론(deschooling)을 주장한다. 일리치는 학교교육을 대체하는 학습 망(learning network)의 개념을 제시한다. 이러한 학습 망에 대하여 네 가지로 다음과 같이 제시하고 있다.

첫째, 학습 망은 텔레비전, 라디오, 책과 같은 매체를 통해서 교육 자료를 제공하는 것이다.

둘째, 학습 망은 학습하기를 원하는 기술을 가진 전문가와 학습자가 직접 만나서 학습을 발생시키는 것이다.

셋째, 학습 망은 어떤 사항에 대해서 공동의 관심을 갖고 있는 동료들끼리 결속을 맺고 컴퓨터를 매체로 서로 정보를 교환하는 것이다.

넷째, 학습 망은 스스로 과업을 설정하고 설정된 과업의 성취를 위해서 독립적으로 교육자가 교육을 실시하는 독립적 교육자 체제이다. 이러한 학습 망 개념은 학습자 중심으로 교육이 이루어지고 학습자 자신들의 요구를 반영하는 평생교육의 유형과 관련되어진다.

바. 분석철학의 평생교육

분석철학적 연구가 시작 된지는 대략 20여 년 정도 지났지만 성인교육 분야에서 본격적으로 정의가 되기 시작한 것은 비교적 최근의 일이다. 분석철학은 과거의 철학을 분석하여 이론적 혼란을 제거하며 철학을 과학화하는데 목적이 있다. 따라서 교육학의 분야에서 분석철학은 교육학을 과학화하는데 그 목적을 둔다.

분석철학은 교육행위나 교육학적 연구 등에서 사용되는 언어에 대한 관심을 증대시킴으로써 교육에 대한 과학적인 접근을 가능하게 하였다. 분석철학은 크게 두 가지 입장으로 구분할 수 있다. 논리실증주의와 일상 언어 분석이 그것이다. 분석철학의 대표적인 학자로 패터슨과 로우슨, 모네트 등이며 이들은 분석철학의 접근법을 이용하여 성인교육 분야에 활용한 대표적인 학자들이다.

패터슨은 성인은 아동보다 나이가 많다는 점에서 정신적·감정적인 측면에서 발전하는 존재로 파악되는 규범적인 존재로 분석한다. 그는 성인교육을 인문주의 성인교육으로만 제한한다. 이외의 교육은 성인교육이 아니라고 분석함으로써 직업교육, 여가교육 등은 성인교육에서 배제하는 한계를 보이고 있다. 성인교육을 인문주의 교육으로 제한함으로써 감성적인 부분과 기술적인 부분에 대한 성인교육 목표는 배제한다. 그리하여 수학, 역사학, 언어학, 도덕과 같은 인문학문들이 성인교육의 교과목으로 인정한다. 로우슨은 '성인들을 위한 교육'은 성인들이 참여하는 모든 형태의 교육을 의미하며, 기술교육을 성인교육에 포함시켜 확장된 성인교육을 제시하고 있다.

3. 집단중심 평생교육 교수·학습 방법의 실제

가. 강의중심 평생교육 교수·학습방법

집단중심 평생교육에서 활용되어지는 학습지도 방법은 평생교육자와 학습자 관계에서 누가 주체가 되는가에 따라 교수자 강의 중심 방법, 교수·학습자 중심의 토론중심 방법, 학습자 체험중심 방법 등으로 구분되며, 각종 회의나 시민운동 등 사회참여를 통하여 이루어지기도 한다. 이처럼 집단중심 평생교육에서 활용되어지는 학습 방법은 많으나 이러한 유형들이 집단중심 평생교육 교수·학습 방법에서만 사용되어지는 특별한 방법이 아니고 다른 교수·학습 활동과도 동일하게 사용되어진다. 그러므로 집단중심 평생교육의 진행자나 지도자는 집단의 유형과 성격, 교육내용 등을 고려하여 평생교육자의 능력과 학습상황에 따라 다양하게 재구성하여 이를 응용 실천하여야 한다.

1) 강의법 (Lecture)

강의법은 지식이나 기술을 평생교육자에 의하여 학습자에게 전달하고 이해시키며 학습자들은 이를 듣고 생각하고 때로는 필기를 행하며 학습하는 방법이다. 이는 서적이 희소하여 강의 외에는 별다른 방법이 없었던 중세의 대학에서 성행하던 방법으로 교육에서 가장 오래 사용되어 오고 있는 교수법의 하나이기도 하다. 구체적인 수단으로서는 서술(narration), 기술(description), 설화(telling) 등을 사용한다.

강의법의 장점으로는 지식이나 정보를 체계적으로 제공하며 한 강사가 동시에 많은 사람들을 대상으로 할 수 있는 경제성이 있고 전달되는 지식이나 정보의 통일성이 있는 반면에 학습자의 계속적인 주의 집중 및 능동적 참여 유도가 곤란하며 개인적인 욕구충족에 한계가 있고, 담당 강사의 개인적 능력에 지나치게 의존하는 단점이 있다.

지도상의 유의점으로 강의는 한 교실에 60-70명 또는 그 이상의 학습자를 수용하여 일제 지도를 하는 까닭으로 자연히 기계적이고 주입식으로 되기 쉽기 때문에 강의 자료를 미리 제공하여 이해를 유도하고, 시청각 교구 및 첨단 시설을 활용하며, 토의식 형태를 삽입하여 진행하면 더욱 효과적일 수 있다.

2) 강연(Speech)

강연은 강의와 비슷하여 같은 개념으로 이해되기도 하나 이미 부각된 주제에 대한 정보의 제공이나 논쟁의 여지가 있는 문제에 대한 분석 결과를 구두로 발표하여 청중의 생각을 자극하고 고무시키는 것 등으로 그 내용상에는 차이가 존재한다.

강연의 장점으로는 교육 기자재의 활용 등으로 참석자들을 자극하고 동기를 부여할 수 있고, 많은 사람들이 참여할 수 있으며 사실과 의견을 체계적으로 제시할 수 있다. 반면에 한사람의 사상이나 배경, 견해가 제시되므로 경솔하고 사실 왜곡 등의 무책임한 강연이 될 수 있으며 청중의 발표 기회가 결여된다. 더불어 청중을 사로잡을 수 있는 상당히 좋은 목소리를 소유하여야 한다. 강연에 있어서 시설물의 배치 및 유의 사항은 다음과 같다.

① 연단이나 무대를 준비하고 무대 위에 강연자의 좌석을 준비한다.
② 준비물을 읽기에 충분한 조명을 선택한다.
③ 청중을 향한 빛의 차단 및 적절한 실내온도를 유지한다.
④ 강연자의 시야 및 청중의 시야와 청각적 장애 요인을 제거한다.
⑤ 집단의 크기와 집단의 성격에 어울리는 강의실이나 강당을 선택한다.
⑥ 지도나 칠판, 그래프 등 교육 자료를 적절하게 사용할 수 있는 환경을 마련한다.

3) **대담학습**(Colloquy)

대담학습은 6-8명 정도의 인원으로 된 배심토의(panel)의 일종으로 3-4명의 학습자 대표, 3-4명의 지원인사(resource persons)와 전문인 그리고 한 명의 사회자가 대담과정을 총괄한다. 주로 한 주제에 관심을 부각시킬 때, 문제를 확인하고 명료히 할 때, 논의 점의 확인 및 토의를 통해 나타난 문제에 전문적 지식을 집중시키고자 할 때, 일련의 행위에 대한 장단점을 측정하고자 할 때 대담학습을 한다. 대담학습의 장점은 다음과 같다.

① 학습자 대표의 참석을 허용하며 학습자들의 직접적인 참여 기회를 제공
② 학습자 대표를 통하여 자원 인사의 분명한 의견을 청취
③ 자원 인사들이 학습자들의 문제와 요구를 신중히 고려
④ 학습자와 자원 인사 사이의 장벽 제거 및 학습 장면에서 상당한 융통성 허용
⑤ 학습자(청중)들의 능동적인 참여 제고

대담학습의 단점은 다음과 같다.

① 대담학습의 기능을 이해하고 있는 전문적 사회자의 준비
② 학습자들과 학습자 대표의 문제에 대한 준비
③ 지원 인사들의 질문 요지 파악의 어려움 및 표현에의 문제

대담에 참여하는 사람으로는 첫째, 사회자로 전문가 및 자원 인사, 학습자 대표들의 토의를 능숙하게 진행할 수 있는 사람. 둘째, 전문가 및 자원 인사로 토의될 주제에 대해 전문 지식과 관심을 가진 사람. 셋째, 학습자의 대표로 주제에 대한 관심 및 주제를 명료하게 설명하기 위한 논리성을 지닌 사람.

4) 심포지엄(symposium)

심포지엄은 동일한 주제 혹은 서로 관련이 있는 주제에 대하여 각각 다른 측면에서 권위를 가지고 있는 2-5명 사이의 사람들에 의해 행해지는 일련의 발표회이다. 발표는 발표자의 수와 이용 가능한 시간이나 주제에 따라 3분에서 20분 정도까지 다양하며 서로의 의견을 반대하기보다는 자신의 의견을 발표하며 이해를 구한다. 장점으로는 다음과 같다.

① 주제에 관련된 광범위한 지식과 경험, 의견 등을 얻을 수 있다.
② 많은 양의 정보를 전달하는 것이 필요할 때 유용하다.
③ 주제의 다양한 측면이 발표되기 때문에 왜곡과 지나친 단순성을 막을 수 있다.

단점으로는 다음과 같다.

① 학습자들이 능동적으로 참여하기 어렵다.
② 지나치게 길 경우 학습자들이 피곤하게 여길 수 있다.
③ 주제의 여러 측면을 적절히 다룰 수 있는 유능한 연설자의 확보가 어렵다.

5) 패널(panel)

패널은 주어진 주제에 대해 관심을 갖는 3-6명의 사람들의 토론 집단이다. 패널들은 일반적으로 학습자들 앞에 있는 테이블에 앉게 되며 패널 구성원들 간의 대화는 미리 준비된 질문들을 가진 사회자에 의해서 이끌어진다. 학습자들은 그들의 대화를 보고 들으며 학습하지만 때로는 사회자의 재량에 의하여 토론에 참여하기도 한다. 패널은 문제나 논쟁점을 확인하고 명료히 하거나 주제의 구성 요소에 대한 이해의 증진 및 광범위한 의견을 이용하고자 할 때 사용되는 기법이다. 패널의 장점으로는 다음과 같다.

① 여러 자원 인사가 학습자들의 흥미를 불러일으킨다.

② 학습자들에게 다양한 견해를 이해하도록 하고 학습을 촉진시키기에 적합하다.

단점으로는 다음과 같다.

① 토의를 활성화하고 이끌어 가는 유능한 사회자를 필요로 한다.

② 토론으로부터 유익한 것을 얻을 수 있을 만큼 충분한 관심과 지식과 배경을 가진 능력 있는 패널 구성원을 구하기 어렵다.

③ 인기에 영합하거나 사적인 관심을 보이는 패널 구성원은 학습을 저해할 수 있고 체계적이고 논리 정연한 정보 제시가 어려울 때도 있다.

6) 면담학습(interview)

면담은 학습자들을 앞에 두고 사전에 정해진 주제에 관하여 면담자가 한 두 사람의 전문가나 자원인사에게 질문하고, 응답함으로써 이루어지는 대화를 말한다. 편안하고도 비형식적인 방법으로 정보를 제시하고 주제에 대한 관심을 유발시키거나 자원인사와 청중과의 직접적인 관계를 형성시키고자 할 때 활용되는 기법이다. 장점으로는 다음과 같다.

① 준비가 용이하며 대부분의 전문가나 자원인사도 연설보다 면담을 더 좋아한다.

② 학습자가 이해가 잘 되지 않는 점은 분명하게 예를 들어 설명해 줄 수 있다.

단점으로는 질문이 체계적이라 할지라도 보다 상세한 정보의 제시가 어렵고, 질문에 대해 간략하고 직접적인 대답이 어려울 경우 장황한 연설이 되기 쉽다.

나. 토론중심 평생교육 교수 · 학습방법

1) 포럼(forum)

포럼은 통상 25명 이상의 집단 구성원들과 한 명 이상의 전문가들 간에 진행되는 공개적인 토론을 말한다. 포럼이라는 용어는 다양한 기술이 사용되고 학습자들이 직접적으로 참여하는 대단위의 공식적 집단을 의미한다.

장점으로는 학습자들이 토론에 참여할 기회를 갖고, 학습자들은 포럼에 앞서 제시된 주제에 대하여 능동적으로 연구한다는 점이다. 반면에 단점으로는 대규모 학습자들이 구성원이 되는 토론을 이끄는데 있어서는 숙련된 경험 있는 사회자 및 자원인사의 확보가 필요하며, 참여한 학습자들이 충분히 이야기할 시간을 갖기가 어려우며, 대규모 집단에서는 토론에 참여하도록 모든 사람을 유도하기가 어렵고, 대규모 학습자들이 적절히 토의할 수 있는 강당이나 회의실과 같은 시설을 갖추기가 어렵다는 점이다.

2) 그룹토의(group discussion)

그룹토의는 훈련된 지도자의 지도 하에 6-20명 정도의 참여자들이 공동 관심사에 대하여 토론하는 것으로 개인학습자가 자신의 생각과 경험을 다른 사람과 공유할 수 있도록 최대한의 기회를 제공하는 방법이다. 토의에 참여하는 사람들이 자신의 발언에 대해 책임을 인정하지 않거나 토의 방법에 숙달되지 못한다면 토의는 논쟁이나 논박 등 혼란에 빠질 수 있다.

참여자에게 학습에 대한 개인적 책임을 인정하게 하는 최대한의 기회 제공, 자신의 경험과 의견을 다른 사람들과 공유할 수 있으며 그들의 반응을 얻을 수 있어 자신의 행동에 대한 반성의 기회를 제공하고, 팀의 일원으로서 일하기 위한 자신의 능력을 개발시키도록 격려해 주고 집단 속에서 자신감을 발달시키는 것을 도울 수 있다.

참여 인원이 6-20명인 집단에게 적당하고, 한 두 사람이 토의를 압도하는 등 참여자가 그들의 역할과 책임에 대한 훈련이 되어 있지 않았을 때 토의가 비생산적이며, 의미 있는 토의가 되기 위해서는 참여하는 모든 사람들이 주제에 대한 충분한 지식을 갖고 있어야 한다.

3) 브레인스토밍(brainstorming)

평생교육의 교육 방법에 있어 최근에 도입된 것 중의 하나가 브레인스토밍이다. 브레인스토밍은 비판적인 판단과 독창력을 융합한 창조적 사고의 한 형태이다. 참여자들은 일정한 시간 동안 문제에 대하여 떠오르는 모든 생각들을 기록하고 이러한 생각들에 대하여 어떠한 판단도 내리지 않는다.

모든 사람이 자유롭게 상상하며 문제에 대한 해결책으로는 다른 사람들이 제안한 것이 실효성이 있는 것인가에 대해서는 절대로 시비해서는 안 된다. 양적인 측면을 위해 질적인 측면이 무시된다. 그러나 이러한 생각들이 분류되고 평가된 이후에 다양한 판단이 이루어지고 채택되기도 한다.

4) 허들그룹(huddle group)

허들그룹은 보통 5명 정도의 사람들로 구성이 되고, 가장 일반적인 형태는 의장이 문제나 논쟁점을 소개하고 필요하다면 그것을 명료화하고 문제나 논쟁점에 관하여 적극 참여하도록 소집단을 격려한다. 토의를 시작하기 전에 의장은 토론자 모두가 주제를 이해했는지, 그리고 주제에 대해 의문점이 있는지를 묻는다. 그리하여 각 집단의 토론을 이끌어갈 리더를 선정하고 필요하면 서기도 선출한다. 허들그룹의 진행 방법은 다음과 같다.

① 허들 기간 동안 집단성원들은 생각이 변화하는 경험을 하며, 가능한 해결책들을 예시하고 마침내 하나의 해결책에 의견을 같이하게 된다.

② 할당되어진 시간을 다 사용하였을 때 혹은 모든 허들그룹에 의해서 문제에 대한 토의가 진행되었다는 것이 밝혀졌을 때 의장은 본래대로 다시 모이게 함과 동시에 보고서를 만들도록 각 집단의 대표자에게 요구한다.

③ 의장이나 지명된 기록원들은 칠판에다 각 집단의 보고문을 요약 정리한다. 간략한 보고서가 만들어졌을 때 의장은 다른 집단의 구성원들이 질문을 하도록 권장할 수 있다.

④ 모든 집단이 보고를 끝마쳤을 때 의장은 열거된 원칙들을 요약하고 행동 계획을 실행하는 방향으로 토의 집단을 이끌어 간다. 만약 추가적인 정보가 요구되면 의장은 정보를 제공할 수도 있고 또는 연구위원회를 구성할 수도 있다.

5) 버즈그룹(buzz group)

대규모 토의집단을 소집단으로 나눈다는 점에서 버즈 그룹은 허들그룹 기법과 아주 유사하다. 가장 흔히 사용되는 방법은 전체 집단을 12-15명의 버즈 그룹으로 나눈다. 버즈 그룹은 토의할 논쟁점이나 문제를 명료히 하고 전체 집단을 버즈 그룹으로 나누어 특수한 문제 혹은 하위 문제를 각 집단에 분담시키거나 모든 집단에 동일한 문제를 제시한다.

6) 세미나(seminar)

세미나는 우리에게 가장 친숙하며 가장 널리 활용되고 있는 집단 중심의 평생교육의 기법으로 대학이나 대학원 강의와 평생교육 기관에서의 성인 학습에 있어서 가장 많이 활용되고 있다. 세미나는 5-30명 정도의 소수집단을 참여자로 구성하며, 구성원은 통상 다양한 분야의 주제에 권위 있는 전문가나 전문적 연구 관련자이다.

세미나는 특정의 전문연구 사업과 관련하여 전문연구 기관의 주도 하에 수행되는 경우가 많으며 발표자는 물론 참석자 전원 당해 분야에 관해 수준 높은 지식과 정보, 관심을 보유하고 있으므로 공식적 발제 내용과 공개적인 질의 토론이 매우 전문적이면서도 활발하게 진행된다. 따라서 전문적 식견과 배경이 없는 일반 청중이나 관찰자인 참석자들은 세미나 내용을 이해하기 어려우며, 동일 분야가 아닌 다양한 전공 분야 구성원들의 경우에도 세미나 방식으로는 학습 효과를 기대하기 어렵다.

세미나의 진행 절차는 세미나를 주도해 나 갈 주제 발표자나 공식 발표자의 공식적 발제 보고에 대한 참석자들의 준비된 관련 보고나 의견 개진, 질의 등 공개 토론 형태로 운영된다. 그 주된 목적은 참여자들에게 권위 있는 전문 연구진의 주도 하에 당해 분야에 관한 전문적 연수나 훈련 기회를 제공하려는데 있다. 따라서 참석자 전원은 공식 발표자가 아니더라도 구두로 또는 문자화된 약식 보고서의 형태로 자료를 상호 교환할 것이 요구된다.

다. 학습자 체험중심 평생교육 교수·학습 방법

1) 시범학습(demonstration)

시범학습은 설명과 예증과 질문이 동반하는 학습으로 새로운 과정이나 새로운 제품을 소개하고 사용하는 방법을 사람들에게 가르칠 때와 어떤 한 과정을 학습자가 쉽게 할 수 있다는 자신감을 심어 주고자 할 때 유용하다. 말이나 글로 묘사하는 것보다 학습과정을 분명하게 할 수 있고, 단점은 장비와 시설의 활용이 용이하지 않고 추상적인 것을 가르치기가 어렵고 시범자가 전문가가 아닐 경우 자신 있게 시범하고 설명할 수 없다는 점이다.

2) 현장답사(field trip)

현장답사는 한 집단이 직접적인 관찰과 연구를 위해서 관심 있는 대상이나 장소를 방문하는 계획된 활동이다. 현장답사의 활용은 첫째, 학습 집단이 쉽게 접할 수 없는 것에 대해 직접적인 관찰과 연구를 하고자 할 때, 둘째, 연구가 필요한 문제들에 관한 관심과 흥미를 유발시키고자 할 때 셋째, 자연환경 속에서 실행의 결과와 활동과정을 설명하고자 할 때 활용된다. 현장답사에 참여하는 사람은 다음과 같은 조건이 필요하다.

① 지도자는 현장답사를 준비하고 여행하는 동안 집단을 이끌어간다.
② 안내자는 관찰될 대상이나 장소의 지역적 조건과 특성에 익숙한 사람이어야 한다.
③ 참여자는 여행에 참석하는 모든 사람들이다.

3) 침묵학습(quiet meeting)

침묵학습은 5명 또는 그 이상의 사람들이 명상과 제한된 언어 표현만을 하는 15-60분간의 만남이다. 침묵학습의 활용은 첫째, 집단 속에서 개인적인 사고를 중시하거나 주제에 관한 그들의 생각을 명료히 하도록 조장할 때, 둘째, 이전에 제시되었던 생각들을 서로 연관시키는 기회의 제공이 필요할 때 셋째, 집단이 시들해질 때 새로운 희망과 함께 마음의 활력을 증진시키고 감정이 격해지거나 초점 없는 논쟁이 진행될 때 새로운 분위기를 조성한다.

침묵학습의 장점은 침묵을 창조적으로 이용하고 사고를 장려하는 것을 배우게 되며 신중한 방법으로 자신의 의견을 표현하게 되며 깊은 사고의 수준에 도달할 수 있다는 점이다.

단점은 모든 구성원들이 지도자의 지도 없이 함께 할 수 있을 만큼 훈련되어 있기 어렵다는 점과 참여자들이 사전에 서로 아는 사이여야 한다는 제약이 있다.

4) 역할 극(role-playing)

역할 극은 집단 성원들에게 흔히 있는 인간관계 문제를 해결하기 위하여 선발된 집단성원들이 어떤 사건이나 상황을 자발적으로 연출하는 것이다. 역할 극의 장점은 방법이 새롭고 기발하며 다른 토의 방법보다 집단 성원들에게 더욱더 활동적인 참여를 하게 된다는 점이며 단점은 장시간을 요하며 기대목표를 달성하기 위한 수단보다 목적으로 여겨질 때 비효과적일 수 있다는 점이다. 다음은 역할 극의 과정이다.

① 문제 규명: 문제를 규명하고 선택하는 데는 집단 구성원 전체가 참여하는 것이 좋다.

② 상황 설정: 상황은 참석자와 집단에 실감나게 하는 내용을 제시하여야 한다.

③ 배역 결정: 배역은 그 역할을 잘 수행해 낼 수 있는 사람으로 결정한다.

④ 개요 설명: 역할 극의 참석자들은 자기의 임무를 알기 위해 개요를 필요로 한다.

⑤ 실연: 청중들은 실연될 역할들이 어떤 것인지 모르는 것이 좋다.

⑥ 중단: 긴 역할 극은 대개 비효과적이며 몇 분간의 역할 극이 적당하다. 집단의 상황과 취해야 할 방향을 분석하기에 충분한 연기가 이루어졌을 때는 곧바로 중지되어야 한다.

⑦ 분석과 토론: 역할 극의 최종 단계는 연기가 분석되는 토론 단계이다.

라. 사회참여를 통한 평생교육 교수·학습 방법

1) 시민운동을 통한 집단중심 평생교육

1990년대 일반적으로 부각되는 사회문제인 도시문제, 환경문제, 교육문제, 여성에 대한 사회문제들은 종래의 사회이론과 노동이론, 계급이론으로는 충분히 설명될 수 없는 것들이다. 이러한 시민운동들이 집단중심 평생교육의 한 영역이다.

2) 지역평생교육 시설에의 참여를 통한 집단중심 평생교육

지역평생교육 시설의 평생교육은 주민을 위한 평생 학습적, 평등 교육적, 복지 향상적인 세 가지 차원에서 이루어진다. 평생 학습의 기능은 주민들이 삶의 질을 높이고 자율적이고 자유롭게 활동할 수 있도록 하기 위해서 주민 자신의 인간적 성숙과 함께 진로를 설정하고 발전시켜 나갈 수 있도록 하는 것이고, 평등 교육적 기능은 남녀 평등한 교육으로 제공하는 것이며, 복지 향상적 기능은 지역평생교육 시설의 주민들이 자신의 발전과 지역 발전 그리고 궁극적으로는 국가발전을 도모하기 위해 주체적이고 창조적인 역할을 하도록 이끄는 것이다.

3) 시, 군, 구민회관의 평생교육 및 참여 프로그램

구민회관은 자치구 주민들의 문화활동을 비롯하여 각종 집회나 공연 및 자치구 행정사업과 행사 등의 복합적 용도로 이용하고 있다. 지역문화 시설인 구민회관은 한 지역 내의 지역사회 구성원의 생활과 관련되는 것으로 정의할 수 있다. 사회복지관은 종합적인 사회복지서비스 제공을 위하여 시·도별로 저소득층 밀집지역 및 공단지역 등 사회문제 발생지역에 건립된다.

전문 인력과 자원봉사자의 활동을 통하여 종합적인 사회복지 서비스를 제공하는데 목적을 두고 있다. 사회복지관은 지역 주민의 요구를 파악하고 수용함으로써 주민의 삶의 질을 향상시키는데 효율적인 사업, 나아가 지역사회와 국가발전을 위해서도 유익한 사업을 실시해 나가고 있다.

4) 노인대학과 경로당

노인대학은 1960년대 이후 세계적으로 널리 보급되었으며 한국에서는 1972년 종로 태화관에서 서울평생교육원이 설립되면서 시작되었고, 1973년 서울 명동 가톨릭 여성회관에서 개강한 덕명의숙이 개설되었으며 그 후 많은 노인학교와 노인교실이 설립 또는 개설되었다.

경로당은 노인복지법에서 규정한 노인여가 시설로 지역 노인들이 자율적인 친목도모나 취미·오락 활동, 공동작업장 운영 기타 여가활동을 할 수 있도록 장소를 제공함을 목적으로 하는 시설이다.

5) 노인복지 시설

노인복지 시설은 대한노인회와 노인복지회관이 있다. 대한 노인회는 1969년 전국 노인정회장이 중심이 되어 설립한 단체로 노인활동의 중심체 역할을 하고 있다. 대한노인회는 노인지위 향상, 노인복지 증진, 노인 상호간 친목을 설립 목적으로 하여 노인 능력의 개발과 무료직업 소개, 노인여가 시설의 개발과 보급, 보람 있는 노후생활을 위한 노인교육, 노인복지에 관한 조사연구 말 정책 개발, 전통 문화 유지 발전과 경로효친 사상의 보급 및 청소년선도 등의 사업을 행하고 있다.

6) 여성교육 시설

여성회관(부녀복지관)은 1960년대 말부터 1970년대 초에 저소득 여성을 대상으로 기술교육을 실시하여 자립기반을 조성하고 여성의 자질 향상 및 능력 개발 등 지역여성 복지증진을 목적으로 하여 각 시·도에 건립되었다. 다양한 취미, 교양과 기술교육, 복지사업, 자원봉사자 지원 등의 사업을 전개하고 있다.

7) 청소년회관, 야영장과 심신수련장

청소년회관은 청소년의 건전한 지도를 통한 바람직한 청소년상의 정립과 평생교육과 시설활동사업의 효과를 극대화하여 청소년복지를 최대한 구현, 회관 사업 활동을 중심으로 파급효과를 가져오게 학생교양 증진 정서 순화 및 생활태도 확립에 기여하고자 건립하였다.

청소년 야영장은 청소년들에게 야영수련 활동을 통하여 심신을 단련시키고 정서를 순화시키며 집단생활을 통하여 연대의식과 일체감을 길러 주는데 그 설치 목적이 있다. 심신수련장은 각종 모험, 운동시설과 오락시설을 갖추고 있으며 청소년들이 학교 위주의 제한된 생활에서 벗어나 신선한 대자연 속에서 젊음을 발산할 수 있는 장소가 되고 있다.

8) 청소년 수련시설

청소년 수련시설은 1980년대 초반부터 사회 각계에서 청소년 건전 육성의 필요성에 대한 목소리가 높아지면서 이를 위한 청소년 수련시설의 설치 필요성이 제기되었다. 청소년 수련활동은 청소년들이 생활권 또는 지역권에서 심신을 단련하고 자질을 배양하며 다양한 취미를 개발하고 정서를 함양할 뿐만 아니라 사회봉사활동을 통해 배움을 실천하는 체험활동을 말한다. 청소년 수련시설은 이러한 수련활동에 필요한 여러 가지 시설, 설비, 프로그램 등을 갖추고 청소년 지도자의 지도 하에 체계적이고 조직적인 수련활동을 실시하는 시설이다.

9) 자연 학습원과 학생교육원

자연 학습원은 청소년들로 하여금 대자연과 직접적인 접촉을 통하여 자연에 대한 올바른 이해와 자연애호 정신을 증진시키고 청소년들의 자립정신, 올바른 가치관과 질서의식을 함양시키는 한편 자연 속의 각종 모험 시설과 운동 시설 등을 이용하여 강인한 체력과 늠름한 기상을 진작시킬 목적으로 설립되었다. 학생 교육원은 1973년 경북 경주 화랑교육원을 설립한 것을 비롯하여 전국 각 시·도 교육청 별로 1개씩 설립 운영하고 있다.

학생교육원의 수련은 감수성이 예민하고 정의감이 투철한 시기의 고등학교 간부 학생들에게 건전한 가치관 정립과 자아의 각성을 통한 공동체의식 함양, 국가와 민족의식고취 등을 통하여 미래 사회의 주역으로 성장케 함을 목적으로 하고 있다.

4. 평생교육의 다섯 마당

랭그랑(Lengrand)은 평생교육을 개인의 출생에서부터 죽을 때까지 전 생애에 걸친 교육(수직적 차원)과 학교 및 사회 전체 교육(수평적 차원)의 통합이라고 말함으로서 교육의 통합성과 종합적 교육체계를 강조하고 있다. 평생학습 사회에서 평생교육은 전 영역에 걸쳐 이루어져야 한다.

이러한 평생교육의 전 영역을 다섯 마당으로 구분하여 살펴보자. 다섯 마당은 공간적 개념인 가정교육, 학교교육, 일터교육, 지역사회교육, 사이버 교육을 포함하고 형식적 개념의 무형식 교육, 형식교육, 비형식교육[48]을 망라하는 교육이다. 교육의 공간적 정의로 분류하자면, 가정교육이 끝난 후 학교교육이 시작되고 학교교육이 끝난 후 사회교육이 시작되는 것은 아니다. 교육은 공간적으로 가정과 학교 그리고 사회에서 동시다발적으로 일어나는 것으로 이해되어져야 한다.

<표 Ⅵ-3> 평생교육의 다섯 마당

구 분	평생교육 다섯 마당				
시간적 정의	평 생 교 육				
공간적	가정교육	학교교육	일터교육	지역사회교육	사이버

---

48) 무형식교육(informal education)은 학교 밖에서 이루어지는 비조직적인 교육활동으로 일상생활 속에서의 교육적 활동, 박물관 과학관 등의 비정규적 교육활동, 가정교육 등을 예로 들 수 있다. 형식교육인 학교교육, 비형식교육인 사회교육에 비하여 가장 비체계적이고 비조직적인 교육활동이다. 비형식교육(nonformal education)은 교사나 교재를 정규적 공식적으로 필요로 하지 않으면서 무의도적 자연발생적으로 이루어지는 교육활동으로 가정교육이나 사회교육 등 각종 생활환경을 통해 인간의 행동변화에 영향을 미치게 되는 학교 이외의 모든 교육이라 할 수 있다. 듀이(J. Dewey)에 의하면 사회생활 공동생활에 의하여 그 구성원인 인간이 서로 감화(感化) 영향을 주면서 어떠한 인간상에까지 도달하게 되는데 이러한 현상을 비형식적 교육으로 본다. 비형식적 교육은 인간 문화 자연의 모든 생활환경은 물론이요, 제반 생활요건이 인간을 형성하는 작용이라고 할 수 있으므로 오늘날의 교육은 학교교육에만 의지하지 않고 가정이나 사회 환경의 정화를 통하여 바람직한 교육환경을 구성함으로써 비형식적 교육을 중시하는 경향이 강해지고 있다.

| 정의 | | | | | | 교육 |
형식적 정의	무형식 교육	형식 교육	비형식 교육	비형식 교육	비형식 교육	비형식 교육
교육 제공자	▪조부모 ▪부모 ▪형제자매	▪국가 ▪재단 ▪교수, 교사	▪국가 ▪재단 ▪자원인사	▪조직 ▪기업	▪학교 ▪기업, 조직 ▪지역평생학습기관	▪개인, 학교 ▪조직 ▪기업 ▪국가
교육 수혜자	▪자손 ▪자식 ▪형제자매	▪학생	▪학생 ▪학부모 ▪지역사회주민	▪성인학습자: 직장인	▪지역사회주민	▪학생 ▪성인학습자 ▪시민
교육 목적	▪가풍전수 ▪삶의 지혜 전수	▪인격도야 ▪사회화 ▪직업준비 ▪진리탐구	▪학교지원의 효율적 활용 ▪교육기회확대 ▪학교의 대외이미지개선 ▪삶의 질 향상	▪직장인 개인 삶의 질 향상 ▪직장조직의 생산성 향상	▪교육기회의 확대 ▪지역사회발전	▪교육전달체제의 다양화 ▪삶의 질 향상, 교육기회의 확대

자료: 권대봉(2001). 평생교육의 다섯 마당. 서울: 학지사.

교육제공자와 교육수혜자 측면에서 살펴보면, 가정교육의 제공자는 조부모와 부모, 형제자매 등이고 교육수혜자는 자손이나 자식, 형제자매 등이다. 학교교육의 제공자는 국가나 교육청, 교수, 교사 등이고 교육수혜자는 학생이나 학부형들이다. 일터교육은 조직이나 기업이 교육제공자이며 수혜자는 직장인이다. 지역사회 교육의 교육 제공자는 학교나 시민사회단체, 지역평생 학습기관이 대표적이며 여기서 교육수혜자는 지역사회 주민이다.

최근 과학기술의 발달에 따른 정보사회의 도래는 사이버 교육의 급속한 양적, 질적 발전을 가져왔고 평생교육에서 사이버 교육이라는 새로운 영역이 추가로 구성되어진다. 사이버교육은 다양한 교육수혜자를 대상으로 하며, 개인, 조직, 기업, 국가 등이 교육을 제공하고 있다. 교육을 목적별로 살펴보면 가정교육은 가풍의 전수와 삶의 지혜를 깨우쳐주는 것이 주목적이며, 학교교육은 지정의의 인격도야, 사회화, 직업준비, 진리탐구가 주목적이라 하겠다. 일터교육은 직장 구성원 개개인의 삶의 질 향상과 직장 조직의 생산성 향상을 목적으로 한다. 그리고 학교교육과 비형식교육, 지역사회 교육과 사이버 교육은 교육기회의 확대라는 공통적인 목적을 함유하고 있다.

가. 가정교육 마당

1) 가정교육의 평생교육적 의미

지금까지 가정교육은 부모 세대를 교수자의 입장으로 자녀 세대를 학습자의 입장으로 대별하고, 부모가 아동을 어떻게 교육시키느냐에 초점을 맞추어 논의가 진행되어 왔었다. 그러나 평생교육의 의미에 비추어 보았을 때, 이러한 설명 방식은 가정에서 벌어지는 학습의 양상 가운데 한 가지 측면만 부각시키고 있다. 가정교육의 또 다른 한 가지 측면은 부모 세대가 자녀 세대로부터 배울 수 있다는 점이다. 기존의 가정교육에 대한 관점은 평생학급의 원천으로서 가정의 교육적 의의라 보고, 다른 가정교육의 측면을 부모가 배우는 공간으로서 가정으로 살펴볼 필요가 있다.

2) 평생학습의 원천으로서 가정

가정교육은 부모나 대리인이 가정에서 미성년자인 아동에 대하여 실시하는 비의도적이고 자연발생적인 교육이라고 할 수 있다. 이러한 가정교육이 갖는 평생교육적인 의의는 한 인간의 형성이 이루어지는 최초의 교육의 장(場)이며, 평생에 걸쳐서 경험하게 될 모든 정형과 무정형(無定型)의 학습의 원천이자 기초가 된다는 것이다.

한편, 레이건(Ragan)은 가정에서 배우는 내용으로 모국어, 관습, 행동양식, 선·악의 판단기준 세 가지를 들고 있으며, 쉬프랑거(Spranger)는 가정을 여러 정서관계와 여러 관습관계를 사랑을 통해서 배우는 곳이라 말하면서, 인간의 생활은 가정이라는 확고한 구심점에서 직장이나 국가 등으로 동심원적으로 확장되어 가는 것임을 밝히고 있다.

심리적인 측면에서 가정교육은 인간발달의 가장 중요한 시기를 담당한다는 점에서 중요하다. 인간이 태어나서 최초로 접하게 되는 사회 환경이 바로 가정이며, 여기에서 받는 영향은 그 후 인격형성을 크게 좌우한다. 피아제(Piaget)는 아동의 인지발달은 아동과 그를 둘러싸고 있는 환경과의 상호작용에 의하여 단계적으로 발달하고 성취되는 것으로, 아동을 둘러싸고 있는 환경의 가장 커다란 부분이 바로 가정이라는 점은 부정하기 어렵다고 주장한다.

프로이드(Freud)는 인간의 성격 및 자아 발달은 아동기에 거의 대부분 결정된다고 보았으며, 성인기에 나타나는 성격은 모두 아동기에 겪은 경험으로 인하여 형성되는 것이라고 보았다. 에릭슨(Erikson)은 프로이드에 비하여 인간의 성격과 자아발달의 가능성을 아동기에 국한시키지 않고 전 생애로 확장시켰다. 그는 출생에서 노년에 이르기까지의 인간발달 주기를 8단계로 구분하고 각 단계에서 습득하여야 할 과업을 대비적으로 제시하여, 이를 습득할 때에 원만한 자아가 성립된다고 보았다. 심리·사회적인 발달단계 가운데 아동기에 해당하는 1단계에서 4단계의 시기에 있어서 의미 있는 타자(significant other)는 부모, 형제, 그리고 또래 집단(peer group)등이 된다. 특히 1단계 기본적 신뢰감에 불신감 시기는 특히 어머니와의 관계를 강조하고 있는데, 에릭슨은 인생의 초기인 이 단계가 가장 중요한 것으로 강조하면서 이 시기에 형성된 기본적 신뢰감은 장차 모든 사회적 관계에서 올바르게 적응하는 데 결정적인 영향을 미친다고 보았다.

3) 대화를 통한 가정교육

인간이면 누구나 태어나면서부터 죽을 때까지 끊임없이 학습하는 존재이며, 그 공간은 생활을 영위해 가는 사회 전체라 하겠다. 그리하여 오늘의 사회를 평생학습 사회라 한다. 가정에서 중요한 교육방법으로 대화라는 무형식적이며 비의도적인 방법을 들 수 있다. 가정에서 부모 역시 자녀와의 대화 속에서 학습자가 될 수 있음을 상정하는 것은 양방향적인 의사소통인 대화를 통한 학습이야말로 진정한 살아 있는 교육임을 강조하면서, 교사 또한 학생들로부터 배울 수 있다는 점을 주장한 프레리(Freire)의 논의와 일맥상통하는 것이다.

프레리가 제시한 대화 교육의 중요성은 가정교육의 주된 교육방법으로서 부모와 자녀간의 세대 차이를 극복하도록 도와준다. 온전한 대화가 가능하기 위해서는 자녀의 권리존중을 전제로 한다. 가족 성원들이 각자의 생활영역에서 가지게 되는 평생학습의 기회를 지원해 줄 수 있는 풍토를 대화는 조성해 준다.

4) 학습공간으로서 가정

평생교육적인 관점에서 보았을 때 가정이 교육과 학습이 벌어지는 하나의 사회공간이라는 점은 주지의 사실이다. 가정에서 벌어지는 학습활동은 무형식적이며, 비의도적인 성격을 강하게 내포하고 있다. 그리고 지금까지 이러한 교육활동은 부모세대가 미성숙한 자녀세대를 사회화시키는 활동 기능에 주로 초점을 맞추어 논의되어 있다. 그러나 가정이라는 공간은 부모와 자녀가 함께 생활을 영위해 가는 공동체 공간이다. 즉 가정은 부모세대가 자녀세대를 사회화시키는 공간일 뿐만 아니라 부모세대와 자녀세대가 상호 열린 미성숙한 자녀가 성숙한 부모로부터의 교육적 영향을 일방적으로 받는 곳이라기보다 부모도 역시 자녀로부터 영향을 받고 학습할 수 있는 가능성을 가지고 있는 공간이라는 것이다.

기존 가정교육의 교육적 의의는 주로 아동의 사회화에 초점을 맞추었으니, 이는 교수자로서 부모와 학습자로서 아동이라는 고정된 이분법적 사고 틀에서 비롯된 것이다. 그러나 평생교육적인 맥락에서 보았을 때 부모라는 존재도 역시 학습자이다. 예를 들면 가정에 돌아온 아버지가 가정에서는 반드시 항상 교수자의 역할을 담당할 필요는 없는 것이며, 또한 불가능하다.

자녀가 성장하면서 갖추어야 할 도덕심이라든가, 삶의 지혜를 알려줄 때는 아버지는 자녀의 교육을 책임지는 교수자임에 틀림이 없지만, 가족들이 모두 모인 저녁시간에 자녀들이 학교에서 경험했던 이야기나, 아이들이 요즘에 어떤 놀이를 좋아하고, 그것에 대한 아이들의 생각을 듣는 순간에는 아이들을 이해할 수 있는 정보를 획득하는 학습자가 되는 것이다. 부모의 학습은 비단 자녀들과의 상호작용 속에서만 일어나는 것은 아니다. 부부간, 즉 남편과 아내 사이에서 벌어지는 학습도 상정해 볼 수 있는데, 이때 학습은 단순한 정보의 교환 습득뿐만 아니라 서로 다른 성 역할에 대한 관심과 이해까지도 동반한다. 남편과 아내가 가정 안에서 상호 어떤 관계로 생활하느냐는 자녀들의 성 역할 인식 형성에도 중요한 영향을 끼치게 된다.

나. 학교교육의 마당

1) 학교교육의 역사

학교의 기원은 매우 오래 전으로 거슬러 올라간다. 아시아에서는 중국의 서주 시대에 학교가 있었으며, 고대 이집트나 중동지역에서도 기원전 수세기 전부터 학교와 같은 형태의 기관이 설립되어 운영되었다. 그러나 초기의 학교는 오늘날과 달리, 특정지배 계층만을 위한 학교로서 존재하였다. 이러한 사실은 학교라는 뜻을 가진 영어 "School"이란 단어가 라틴어 "Schola" 그리스어 "Skhole"에 어원을 두고 있다는 점에서 확인할 수 있다.

이들 단어는 한가하다 또는 여가의 뜻을 가지고 있는 단어로서 애초에 학교라는 것은 시간적으로 여유가 있고 유복하였던 귀족 계급들의 교양습득 장소로 출발하였음을 알 수 있다. 노동에서 자유로웠던 귀족계급은 학교에서 습득한 지식, 기술, 교양을 가지고 자신들의 지배층으로서의 지위를 유지하였던 것이다.

오늘날과 같은 형태의 학교는 근대 국가의 성립과 함께 국가 국민의 교육을 담당하여야 한다는 공교육 사상의 보급과 더불어 나타났다. 이로써 교육은 국가 주도의 국민보통 교육으로 자리 잡게 된다. 학교제도가 계층 간의 교육기회를 더욱 불평등하게 제공하고, 따라서 사회가 가지고 있는 불평등을 더욱 심화시키고 있다는 주장을 바탕으로 일리치(Illich, 1971), 라이머 (Reimer, 1971) 등은 기존의 학교제도를 해체하고 새로운 학습형태가 자리 잡는 탈학교사회(deschooling society)운동을 펼쳤다.

일리치(Illich)는 교육을 국가의 소관으로 전환한 근대 공교육제도에는 학교교육이 사회적 평등을 실현할 수 있는 장치라는 믿음이 내재되어 있으나, 실상은 오히려 사회적 불평등을 심화시키고 있는 것으로 보았다. 사회는 노동, 여가활동, 가정생활 등 다양한 삶의 장면들에서 교육이 이루어질 수 있다는 사실을 인식하지 못한 채, 학교가 교육활동을 독점하는 양상을 야기하였다. 그러나 학습은 학교에서만 이루어지는 것이 아니며, 학교에서의 교육이 반드시 개인의 지적 성장을 모두 담당하는 것은 아니다. 따라서 일리치(Illich)는 학교제도에 의해서 벌어진 인간성의 파괴와 잃어버린 교육 본연의 기능을 회복하기 위해서는 현재의 학교제도를 극복할 수 있는 새로운 교육제도를 만들어야 한다고 주장한다.

그리하여 그는 대안적인 교육제도로서 "학습 네트워크"(learning network)를 제안하였다. 이 네트워크는 누구든지 학습하려고 마음먹으면 언제, 어디서든지 학습에 필요한 수단이나 교재를 활용할 수 있게 해 주며, 다른 이들과 더불어 정보를 공유하고, 또 원하는 정보를 가지고 있는 사람을 발견 할 수 있도록 도와줄 수 있다는 것이다.

라이머(Reimer)는 그의 저서 "학교는 죽었다"(school is dead)에서 학교가 본연의 임무인 인간의 잠재력을 개발해 주고, 전인적인 인간으로서 성장할 수 있는 가능성을 신장시키기보다 국가 이데올로기를 교육시킴으로써 국가에 충실하게 봉사할 수 있는 인력 양성에 기여하고 있기 때문에 제 기능을 하지 못하기 때문에 학교를 죽은 학교라 표현하고 있다.

프레리(Freire)는 학교가 비판 의식이 결여된 학생들을 양성하는 이유를 그 안에서 벌어지는 교육 형태의 문제점에서 찾고 있다. 그는 교사 학생관계를 엄밀히 분석해 보면 거기에는 근본적으로 "설교적"인 성격이 다분히 내포되어 있다고 주장한다. 따라서 그는 교육활동을 "은행 적금식 교육"이라 명명하였다. 교육은 학생들이 돈을 예금 받는 은행이 되고 교사가 예탁자가 되는 예탁행위와 동일하다는 것이다.

이러한 교육체제에서 인간은 창조력도 없고, 사회모순에 대한 변화의지와 진정한 지식도 갖추지 못한 사람으로 묘사된다. 프레리(Freire)는 이런 교육의 모순을 해결하기 위해서 대화를 통한 문제 제기식 학습이 필요하다고 주장한다. 여기서 교사는 더 이상 그저 '가르치는 자'가 아니고 학생들과의 대화 속에서 자신도 "배우는 자"가 된다. 학생들도 그들대로 배우는 가운데 가르치는 위치에 있게 되고, 이런 관계 속에서 양자는 모두가 함께 성장하는 과정에 책임을 진다. 이런 방법으로 문제 제기식 교육자는 학생들의 사고 속에서 본인의 사고를 부단히 변형시켜 나간다. 더 이상 유순하기만 한 학습자가 아닌, 학생들은 교사와의 대화 속에서 비판력을 갖춘 학습의 공동탐구자가 되는 것이다.

2) 평생교육의 현황

가) 대학부설 교육시설

① 평생교육원

평생교육원은 학교시설을 지역주민에게 개방하는 것은 지역사회의 평생교육에 대한 요구에 부응하여 학교의 우수한 시설과 인력을 활용하여 교육프로그램을 운영하는 것을 의미한다. 평생교육법에 의하면 학교부설 평생교육원은 대학뿐만 아니라 초·중등학교에서도 설치 가능하게 되었다. 그러나 아직까지는 각 대학에서 운영하는 평생교육원이 학교차원에 있어 벌어지는 평생교육의 대부분을 차지하고 있으며, 초·중등학교에서는 현재 미흡한 실정이다.

한편 대학부설 평생교육시설의 설치 및 변경과 관련하여 기존의 신고제를 보고제로 전환하였으며, 평생교육원 설치 장소는 학교시설 또는 공공시설 사용을 원칙으로 하되, 최소한의 임대시설 사용이나 지나친 영리추구 등으로 사회적 물의를 야기하지 않도록 하고 있다.

② 어학원

대학부설 어학원은 주로 국제화시대에 그 필요성이 절실히 요구되는 외국어 학습기회를 제공하는 기능을 가지고 있다. 어학원은 교육내용이 외국어라는 특수성을 가지거나, 주요 학습대상자를 기존의 대학 재학생들뿐만 아니라 일반인들에게까지 확대하고 있다는 점에서 평생 교육적으로 의의를 가지며, 특히 직업기초 능력으로 외국어가 강조되고 있는 시점에서 직업능력 개발이라는 의미도 가진다. 그러나 어학원은 평생교육원과는 달리 교육관련법에 의해 제도적으로 규제를 받지 않고 대학의 자율적인 판단 하에서 운영되고 있다.

나) 대안학교

대안학교는 자연 친화적이고 공동체적인 삶의 전수를 교육목표로 학습자 중심의 비정형적 교육과정과 다양한 교수방식을 추구하는 학교로서, 정규학교나 비정규학교에서 교육이념 및 운영방식의 독특성을 가지고 기존의 학교교육의 한계를 극복하기 위한 차원에서 모색되고 있는 다양한 실천운동의 하나로 볼 수 있다.

대안학교는 초·중등교육법 시행령 제91조에 의한 특성화 고등학교에 속한다. 특성화 고등학교는 소질과 적성 및 능력이 유사한 학생을 대상으로 하는 특정 분야의 인재양성을 목적으로 하는 직업교육과 자연현장실습 등 체험위주의 교육을 전문적으로 실시하고 정규학교의 부적응학생 등에게 재교육기회를 제공하는 대안분야의 교육으로 구분하고 있으며, 시·도 교육감의 인가를 받은 고등학교는 학력으로 인정을 받을 수 있다.

대안학교의 유형은 제도교육과의 관련성에 따라서 첫째, 교육과정 운영이나 학교 운영에 있어서 국가의 감독과 통제를 받는 공·사립학교 등과 같이 제도교육에 편입되어 있는 형태와 둘째, 정규학교는 아니지만 각종 학교인 학력인정 고등학교와 같은 형태 등의 유형, 셋째, 제도교육과 무관하게 이루어지는 자유로운 형태의 대안교육 등으로 분류해 볼 수 있다.

대안학교는 평생학습 사회에서 정규교육에서 적응하지 못하거나, 정규 교육내용에 대하여 만족하지 못하는 학습자들의 학습권을 보장한다는 점에 그 의의를 찾아볼 수 있다. 따라서 학습자들의 학습권을 보장해 주기 위해서는 이들이 어떠한 이유에서든지 정규교육을 받지 않고 대안교육을 받은 경우에도 원망하게 사회생활을 영위할 수 있도록 해주어야 한다. 즉 기존의 학교체제 대신에 대안학교를 졸업했다고 해서 사회 진출에 있어서 제약을 받아서는 안 되며, 이를 위해서 정부는 대한학교에 대하여 일정수준의 학력을 인정해 줌으로써 정규교육과의 상호 연계가 가능하도록 제도적 장치를 마련해야 할 것이다.

다. 일터교육의 마당

일터에서의 교육은 인적 자원 개발로 개념을 정의해 볼 수 있을 것이다. 인적 자원개발은 생산성 증대와 개인성장 가능성을 목표로 일정기간 동안 고용자가 제공하는 조직화된 학습경험으로 정의 할 수 있다. 즉 기존의 교육이 개인의 성장과 발전에만 초점이 주어지던 개념이 강했던 반면, 인적 자원 개발은 개인의 발전이 조직의 생산성 증대로 이어질 수 있도록 하는 조직에서의 학습을 의미한다고 볼 수 있다.

1) 인적 자원 개발의 개념

일반적으로 HRD(human resource development)라는 용어는 기업교육, 산업체교육, 직장교육, 일터교육 등의 많은 용어와 혼용되어 사용되고 있지만, 일반 사업체뿐만이 아니라 인간의 잠재능력을 최대한 발휘할 수 있도록 하는 모든 전략이라는 측면에서 가장 포괄적인 의미로 사용된다.

2) 일터에서의 교육의 중요성

가) 급변하는 사회 환경

정보화, 국제화 등으로 인하여 사회 각계각층의 변화로 인해 사람들의 가치관과 생활방식이 변화한다. 이러한 사회에서의 특징은 새로운 지식이 급증하는 것이며, 이는 기존의 지식의 수명이 점차 짧아진다는 것을 의미한다. 예를 들어 1945년도의 농부가 가진 지식의 수명은 40년이었지만, 2000년 IT업계에 종사하는 사람의 지식은 3개월이라고 한다. 따라서 현재를 살아가는 사람들은 학교에서 배운 지식만 가지고는 살 수 없으며, 새로운 지식을 계속적으로 학습해야 할 필요성이 증가하게 되는 사회에 우리는 살고 있는 것이다.

나) 기업 환경의 변화

급격한 사회 변화는 직접적으로 사회의 모든 조직에 영향을 미치고 있다. 최근의 기업들은 이러한 환경변화에 반응적이면서도 발 빠르게 대처하기 위해 벤치마킹, 리엔지니어링, 아웃소싱, 다운사이징 등과 같은 경영혁신을 서두르고 있다.

다) 학습패러다임의 변화

급격한 사회의 변화와 함께 학습에 대한 생각이 변하고 있다. 전통적인 학습이라고 하면 교수자가 정해진 내용의 지식을 정해진 장소에서 학습자에게 전달하는 것으로 인식되어 왔다. 예전에는 학습의 주체는 교사이지만 현재 학습의 주체는 학습자가 되어, 학습자의 흥미와 요구에 부응하는 교육, 학습자가 실제적으로 사용할 수 있는 지식을 습득하도록 학습

환경을 조성해야 한다는 사고체제로 전환하고 있다. 이것을 우리는 학습자 중심의 교육이라 한다.

라) 기업에서의 인적 자원 개발이 강조되는 이유

첫째, 조직의 문제는 근본적으로 사람의 문제이다.

다른 기업에서 성공하는 혁신 사례들이 우리 조직에서 성공적이지 못한 이유는 여러 가지가 있겠지만 그 중에서도 우리 기업 사람들의 저항이 가장 큰 문제인 경우가 많다. 또한 종업원들이 본인의 능력만큼이나 생산성을 내지 못하는 요인 중에는 대인관계 불화, 업무에 대한 불만 등의 원인들이 있다.

둘째, 기업고유의 핵심역량을 배양하여 기업경쟁력 제고.

창의성이 부가가치의 핵심이 되는 지식기반 사회에서는 기업의 핵심역량이 물적 자원이나 재정적 자원이 아니라 새로운 지식을 창출해 낼 수 있는 사람에게 있다.

셋째, 조직은 자아실현의 장이다.

자기주장이 강한 신세대들이 자신의 적성에 맞지 않거나 보람을 찾지 못하는 일터를 쉽게 떠나는 것을 볼 수 있는데, 이는 조직 차원에서 예전처럼 돈을 주고 부려먹는다는 식의 사람관리 전략에서 벗어나 종업원들이 진정으로 자아실현을 할 수 있도록 하는 근무환경을 제공해 주어야 한다는 것을 의미한다.

넷째, 기타 사회적인 압력의 증가.

사회가 발전하여 복지사회로 나아갈수록 인권에 대한 관심이 커지고 있다. 예를 들어 노사관계에 관한 제 조명, 외국인 근로자에 대한 인권문제, 해외 파견근로자와 현지인간의 마찰해소문제 등 기업에서 다루어야 할 사람에 대한 문제에 관심이 증가하고 있는 것이다. 이는 기업 차원뿐만 아니라 시민단체를 포함한 사회 전체의 관심으로 앞으로 기업이 중요하게 생각해야 할 문제로 부각된다.

3) 인적 자원개발 프로그램의 유형

가) 직능별 교육

직능교육은 직무기술의 향상을 위해 행하는 교육훈련으로 자격을 취득하기도 하는 전문성 향상을 목적으로 하는 교육으로 직무상 교육은 실제로 직무를 수행하도록 하면서 그 업무처리에 부족한 개별적이고 구체적인 지식, 기술을 습득하는 것을 임무로 한다. 직능별 교육은 기능교육, 서비스교육, 세일즈 교육, 생산기술교육, 사무기능교육, 안전교육, 관리교육 등의 내용이 있다.

나) 계층별 교육

계층별 교육은 일반직, 감독자, 계장, 과장, 부장과 관리자 계층 등 각 계층에 공통적으로 활용되는 지식과 기능, 문제해결 능력을 부여하는 교육이다. 승진, 인사이동 등에 의해서 직이 변할 때마다 교육이 행해지는 경우가 빈번하다.

다) 개발교육

개발훈련은 장래를 예견하는 자기개발 능력을 중심으로 한 평생 학습적 특징이 있다. 직능교육, 계층별 교육은 현재의 지위에 따른 역할을 효과적으로 수행하기 위한 교육이지만, 개발교육은 시대의 요청에 따라서 장래에 대한 준비교육과 개인의 삶과 관련되는 자기개발 교육이 많다. 그 내용은 경력개발 프로그램, 일반교양 강좌, 공적자격 취득 강습, 체력관리, 교육 휴가의 활용, 정신위생 강좌의 수강, 순환교육 강좌 참여, 자원봉사 활동 참가, 해외유학, 퇴직준비 교육 등이다.

4) 인적 자원개발 프로그램의 사례

가) 보잉(Boeing)사의 Flight Safety교육

보잉사(boeing)사는 비행안전 교육을 인터넷을 통해 제공한다. Boeing사는 Shockwave를 이용한 CBT를 개발하여 쌍방향 교육과정인 인트라넷을 기반으로 세계 도처의 직원들에게 항공안전 교육을 실시하고 있다.

나) 현대인재개발원 교육

현대인재개발원은 한국의 대표적인 대기업인 현대의 경영이념을 기반으로 창조적 예지,

적극적 의지, 강인한 추진력의 실천으로 표상되는 현대의 정신을 계승, 발전시켜 미래를 창조하는 탁월한 현대인의 육성을 기본이념으로 한다. 현대인재개발원은 1990년 6월 1일 설립되어 '미래를 창조하는 탁월한 현대인의 육성'을 교육이념으로 교육 컨설팅, 현대 내외의 위탁교육 및 교육시설을 임대에 이르기까지 최고 수준의 다양한 교육 서비스를 제공하고 있다.

다) 한국생산성본부

1957년 창립 이래 한국생산성본부는 우리나라 경제의 눈부신 발전 과정 속에서 산업의 생산성 향상을 위해 중추적인 역할을 수행하고자 노력해 왔으며, 특히 세계화와 기업의 신경영 혁신을 지향하여 다양한 사업을 전개해 나가고 있다. 한편 한국생산성본부는 주로 모든 기업체들을 대상으로 기업들이 요구하는 각종 교육 프로그램을 운영하고 있다.

라. 지역사회 교육의 마당

1) 지역사회의 개념

현대 사회의 특성은 'Globalization'으로 요약 설명할 수 있다. 이는 국제화를 의미하는 'Globalization'과 지방화를 의미하는 Localization의 합성어로서, 국적과 인종을 초월하여 지구적으로 통용되는 규범 속에서 살아야 하는 현상과 지방에 뿌리를 두고 그 특성을 살려 지방을 발전시켜야 생존할 수 있는 현상을 모두 포함하는 개념이다. 이러한 현대사회의 생존전략 중 하나로서 지방화에 필수적인 교육, 특히 지역사회를 바탕으로 한 평생교육이 요청되고 있는 실정이다.

한국의 지역사회 교육은 1953년 시작했으며, 지역사회를 교육 대상으로 하여 지역사회가 가지고 있는 다양한 문제와 과제를 교육을 통해서 해결 할 수 있다는 가능성에서 시작했다. 김종서·주성민(1990)은 '지역사회 교육을 공동체를 형성할 수 있는 일정한 지역의 주민을 대상으로 지역사회의 모든 교육적 자원과 역량을 동원하여 평생교육을 통한 자기 성장의 기회를 제공하며, 지역사회의 문제를 공동의 노력으로 찾아내고 그러한 문제를 지역사회의 통합적인 노력으로 해결하고 충족시키는 과정'이라고 정의한다.

평생교육의 장으로서 지역사회 내에서 이루어지는 대표적인 교육 형태가 지역사회 학교이다. 지역사회 학교란 학교가 학생들의 교육뿐만 아니라 지역주민들의 교육적 필요와 욕구를 충족시키고, 나아가서 지역사회 발전을 도모하는 개방된 학교로서 역할을 하는 것을 말한다. 지역사회 학교는 지역사회의 센터(community center)로서 전체 지역사회 주민들을 위한 교육, 문화, 사교의 중심 기능을 발휘하는데, 그 중에서도 지역사회 주민들을 위한 사회교육 계획과 지역사회 문제 해결을 위한 봉사활동을 실시하는 것인 그 특징이다.

2) 지역사회와 평생교육

가) 지역사회에서의 평생교육기관

주민생활의 필요에서 제기되는 교육적 문제들을 해결하기 위해 지역사회 전체의 견지에서 이를 통합하여 충족시키기 위한 지역사회교육의 활성화를 위해서는 지역사회교육의 구심체로서 지역주민에 대한 평생교육의 기회와 정보를 제공하는 지역평생학습기관이 필요하다. 현재 우리나라에는 지역사회교육의 구심적 역할을 수행할 기관으로서 지역평생 학습관이 설치되어 운영되고 있다.

평생학습관은 중앙의 평생교육 구심체 기관으로서의 중앙평생교육센터와 대규모 지역단위 평생학습관(시·도 단위), 그리고 소규모 단위 평생학습관(시·구·군 및 마을단위)을 총괄하는 개념으로 기존의 종합사회교육 시설이나 종합사회 교육관과 유사한 확대기관의 의미로 사용될 수 있다. 따라서 동 개념에는 사회교육 전담기구, 사회교육 전문시설, 공공 사회교육센터, 지역단위 사회교육원 등의 다양한 평생교육 관련 시설들이 그 하위 관련개념으로 포함된다(교육부, 1999).

지역사회의 평생교육 담당기관들의 구체적인 예로는 각급 학교, 문화원, 박물관, 도서관, 백화점 문화센터, 시·군 구민회관, 사회복지관, 사회교육원, 노인교육 기관 및 단체, 청소년 교육기관 및 단체, 여성교육기관 및 단체, 학원 등이 지역사회의 평생교육을 담당하고 있다.

마. 사이버 교육의 마당

정보화로 대변되는 정보통신 기술의 발달은 언제 어디서 누구나 원하는 교육을 받을 수 있도록 하고 있으며 이를 가능하게 해 주는 대표적인 매체로서 전 세계를 하나로 이어주는 인터넷을 지적할 수 있다. 정보통신 기술의 발달은 현대사회의 일상생활양식에 커다란 영향을 미치고 있을 뿐 아니라 교육부문에 있어서도 교육전달 방법의 혁신이라든가 새로운 학습내용의 창출의 형태로 교육의 패러다임 자체를 바꿔놓고 있다.

1) 사이버 교육의 평생교육적 의의

교육적 측면에서 인터넷을 활용한 사이버 교육이 가지는 특징은 학습자 중심적 환경과 상호 작용적 학습을 지적할 수 있다.

첫째, 학습자 중심적 환경이라 함은 학습내용의 종류와 수준, 학습분량, 속도, 횟수, 학습 시간과 장소 등 학습과정 전반에 걸쳐 학습자의 여건에 따른 자율적 선택권이 보장될 수 있다는 점을 말한다. 학습자 중심적 환경의 특징은 사이버 교육이 학습자의 학습 주도권을 특히 강조하는 학습체제라고 할 수 있을 것이다. 즉 학습자는 스스로 자신의 수준에 맞는 교육내용을 선택하고, 자신에게 적절한 시간에 접속하여 자신의 여건에서 학습속도를 조절 할 수 있다. 이러한 학습자들이 가지는 자기주도성은 특히 직장 내 성인들의 사이버 교육 에의 지속적 참여와 중도 탈락에 중요한 영향을 미치게 된다.

둘째, 인터넷을 통한 교육이 갖는 다른 한 가지 특징은 상호 작용적 학습이 가능하다는 것이다. 학습지는 인터넷을 통해서 필요한 정보와 지식을 획득하여 활용할 수 있을 뿐만 아니라 교수자와 학습자, 학습자와 학습자간의 정보교환 및 상호 의사전달의 수단으로서 이용할 수 있다. 원격교육에서 상호작용의 유형은 학습지(교육내용의 상호작용), 학습자(교 수자 상호작용), 학습자-학습자 상호작용의 세 가지로 분류할 수 있다.

（ⅰ) 학습자와 교육내용간의 상호작용은 학습자가 교재에서 접하는 정보나 내용에 대하 여 자기 자신과 내적으로 대화하는 것을 말한다. 홈버그(Holmberg, 1986)는 이러한 형태의 상호작용을 '내적인 교훈적 대화'라고 정의하고 있다.

（ⅱ) 학습자-교수자 상호작용은 학습자의 학습효율을 극대화시킬 수 있는 지속적 피드백 을 제공한다. 여기서 교수자의 역할은 ① 학습자가 관련된 정보를 찾아 접근하는데 필요한 기술을 발전시키도록 하는 역할, ② 학습자들로 하여금 정보를 범주화하고 조직하는 능력을 길러 주는 역할, ③ 학습자가 스스로 진단하고 평가하는 능력을 가지도록 촉진하는 역할, ④ 협동학습의 풍토를 형성할 수 있는 능력을 발달시키는 역할로 구분할 수 있다. 학습자-교수 자 상호작용은 네트워크 환경요소에 의지하는데, 가장 대표적인 환경요소로는 전자우편, 게 시판, 자료실, 토론방을 들 수 있다.

(iii) 학습자-학습자 상호작용은 비교적 최근에 등장한 개념으로 학습자간의 상호작용은 매우 유용한 학습자원일 수 있다. 이 유형의 상호작용은 학습자 양자가 서로 다른 시간대에 다른 공간에 존재하는 가운데 의사소통이 가능한 비동시적인 형태와 의사소통의 당사자가 동일한 시간에 서로 다른 공간에서 상호 작용할 수 있는 동시적인 형태로 다시 나누어 볼 수 있다. 비동시적인 형태의 대표적인 예로 전자우편이나 각종 게시판 등을 들 수 있으며, 동시적인 형태의 의사소통은 컴퓨터상의 대화가 가장 대표적인 예라 하겠다.

2) 사이버교육의 현황

가) 원격교육연수원

원격교육원수원은 교사교육을 주로 담당하게 될 시설로서 교육부는 2000년도부터 새로 도입되는 원격교육원수원 21개 기관을 선정, 발표하였다. 주로 교원의 작업연수, 직무연수를 실시하게 될 원격교육원수원은 21세기 지식 정보화 사회에 대비하여 교원의 전문성을 제고하고 연수시간과 장소의 한계를 극복하는데 기여할 것으로 보인다.

나) 사이버(원격)대학

사이버(원격)대학이란 정보통신 매체를 이용하여 전문대학 또는 대학 졸업자와 동등한 학력, 학위가 인정되는 평생교육 시설을 말한다. 사이버(원격)대학의 설립목적은 고등교육에의 접근성을 편리하게 제공함과 교육서비스 범위를 확대하고, 교육소유자의 요구에 부합하는 다양한 교육서비스의 제공, 첨단기술 기반의 다양한 교육기법을 통한 고품질의 교육서비스제공, 기존대학 교육의 한계를 보완하여 고등교육의 사회적 비용 절감, 고급전문 인력 양성 및 재교육을 통한 국가경쟁력 강화에 적극적으로 기여함으로써 누구나, 언제, 어디서나 양질의 고등교육을 받을 수 있는 열린교육사회, 평생학습사회 실현에 공헌하는데 있다.

국내에서 사이버대학은 1998년부터 15개 기관 65개 대학에서 시범적으로 운영하였다. 이들 학교는 평생교육법이 제정되기 이전에 설립되었기 때문에 공식적인 원격대학은 아니며, 통상 사이버 대학으로 불린다. 사이버대학에서 이수한 학점은 오프라인 대학캠퍼스에서 인정되었기 때문에 주로 대학교 재학생들이 수강하였다. 그러나 사이버 대학 실험 운영결과는 사이버(원격)대학에 설립에 필요한 법적인 토대를 마련하는데 기여하였다. 본 절에서 언급하는 사이버(원격)대학은 평생교육법에 의거하여 인가되는 원격대학형태의 평생교육 시설이다.

다) 각종 사이버 강좌

학원이나 개인이 제공하는 평생교육강좌 등 다양한 평생교육 서비스가 인터넷을 통하여 이루어지고 있다. 현재 얼마나 많은 평생교육관련 교육서비스가 인터넷을 통하여 이루어지고 있는지 정확하게 파악하기란 쉽지 않다. 왜냐하면 인터넷상에 올려지는 교육관련 사이트의 개설과 폐지가 특별한 제약 없이 자유롭기 때문이다. 이러한 특성은 인터넷상에서 제공되는 다양한 교육 프로그램에 대한 종합적인 질 관리를 중요이슈로 삼게 한다. 2000년 평생교육백서에 나타난 인터넷 포탈 사이트에 등록된 성인대상 평생교육사이트 현황을 보면 외국어 교육을 제공하는 기관이나 사이트가 가장 많은 것으로 조사되었으며, 다음으로 컴퓨터나 각종 자격증 획득에 필요한 교육을 제공하는 기관인 것으로 나타났다.

5. 성인평생교육의 원리와 방법

교육은 아동과 청소년을 독립적인 인간으로 형성해 가는 길이며, 새로운 성인으로 만들어가는 과정이기 때문에 변화가 있어야 하며 발전 지향적이어야 한다. 성인을 위한 교육은 그들로 하여금 능동적으로 학습을 통하여 존재의 가치를 새롭게 형성해 가면서 모든 행동을 스스로 책임질 수 있도록 욕구를 부여해 주고 조장해 주는 것이다. 그렇게 하기 위하여 성인들은 생활 전 영역에 걸쳐 요구되는 역할을 자유롭게 수행할 줄 알아야 하고, 사회의 의사결정에 스스로 참여할 수 있도록 권리를 지녀야 한다.

또한 자신의 책무를 염두에 두고 사회생활을 주도적으로 이끌어 나갈 줄 알아야 하며, 자신의 행동에 대한 완전한 복종과 권리의 향유를 누릴 줄 알아야 한다. 이러한 존재가 될 수 있기 위해서는 매우 다양한 내면적 자질(지적능력), 건강과 체력, 인성, 신념, 기호, 가치관, 습관 등을 충분히 갖추고 있어야 한다.

가. 성인평생교육의 원리

1) 듀이(Dewey)

성인교육에 대한 원리는 듀이(1916)를 지목할 수 있다. 듀이(Dewey, 1916, 1938)는 교육을 평생과정(lifelong process)으로 생각해야 한다고 주장하였다. 그는 학습을 생활경험에 바탕을 두는 것으로 보았으며, 학습에 있어서 과학적 방법의 중요성을 강조하였다. 즉 어떤 문제에 직면한 한 개인은 그 문제에 대한 가설을 개발하고 이러한 가설을 확신하거나 부정하기 위한 증거를 수집한다. 학습을 기술하는 이러한 방법은 교사의 역할이 전문가나 형식적 권위자가 아니라, 안내자 내지 촉진자라는 수업모형을 탄생시켰다.

2) 프레리(Freire)

성인교육에 대한 또 다른 이론가로 프레리(Freire, 1973)를 들 수 있다. 프레리의 저서는 급진론으로 분류될 수 있다. 그는 브라질에서 문해 교육에 종사하였고, 교육자의 역할은 학습자 문화를 이해하고 그 일부가 되며 학습을 자극함으로써 개인을 자유롭게 하거나 권한을 부여하는 일(empower)로 보았다.
① 교육자도 학습자가 될 수 있다.
② 학습자는 교육자와의 대화를 통해서 학습과정에 능동적으로 참여한다.
③ 교육자와 학습자는 교수 및 학습과정에 대해 공동 책임을 진다.

3) 노울즈(Knowles)

성인교육의 실천에 가장 큰 영향을 준 사람은 노울즈(Knowles, 1970)이다. 노울즈(Knowles)가 책을 출판하기 이전에도 '앤드라고지'(andragogy)라는 용어가 사용되었으나, 그는 그 용어를 유행시킨 장본인으로 앤드라고지를 성인이 학습하는 것을 도와주는 예술 내지 과학(Knowles, 1980: 43)이라고 정의를 내리고 있다.
노울즈(Knowles)는 성인교육의 실천에 가장 많은 공헌을 한 미국의 성인교육학자로서 성인교육자들이 학습 진행 과정에서 알아야 할 성인학습원리 여섯 가지를 다음과 같이 제시하고 있다.

① 성인학습은 문제 중심의 학습이 되어야 한다. 성인들은 대부분 그들의 문제를 해결하려고 학습에 참여하므로 교사 중심이 아닌 문제 중심의 학습이 되어야 하며, 이것이 곧 학습 참여의 동기가 된다.

② 경험 중심의 학습이어야 한다. 성인들의 모든 문제는 과거 경험으로부터 생겨나고, 이로 인한 문제의 해결은 경험 중심 학습으로 가능하다. 특히 성인 학습자들은 그들의 문제 해결을 위한 자료들을 그들 문제와 관련된 시범이나 타인의 경험 사례, 권위자로부터의 설명 등을 바탕으로 해결하려고 학습에 참여한다는 것이다.

③ 경험은 학습자에게 의미가 있어야 한다. 경험은 학습자 자신의 이해력, 준비도, 관심, 연령, 인지력 등과 관련하여 학습자들의 문제해결에 도움이 될 수 있는 것이라야 한다.

④ 학습자들이 자유롭게 경험을 관찰하고 축적할 수 있도록 해야 한다. 자유로운 학습 풍토라야 학습자의 참여를 유도할 수 있고, 학습자들이 필요한 경험을 축적하고 성숙할 수 있다.

⑤ 학습목표는 반드시 학습자에 의하여 설정되고 성취되어져야 한다.

⑥ 학습목표를 성취하였을 때는 반드시 피드백(feedback)을 시켜 주어야 한다. 그래야 학습자들은 다음 단계의 학습에 지속적으로 접근하며 학습에 대한 자신감을 갖는다.

4) 정지웅·김지자

국내 연구자로서 정지웅·김지자(1986)는 학습대상자인 성인들의 지적·신체적·정의적 특성을 바탕으로 성인학습의 효과를 위한 학습의 원리를 다음과 같이 제시하고 있다.

① 성인들은 반응 속도가 늦으므로 충분한 시간적 배려가 있어야 한다.

② 성인의 학습은 그들의 각종 태도와 성격적 특성을 포함하는 정의적인 요인에 대하여 충분한 배려를 해야 한다. 즉 성인들도 젊은 청소년들처럼 잘 배울 수 있다는 자신감을 불어넣어 주고, 성취감과 성공감에 대한 기대를 갖도록 도와준다.

③ 학습자 각자의 자아개념을 적절히 개발할 수 있도록 이들의 교육적 요구를 진단하고, 그들의 경험을 계획하도록 한다.

④ 학습자의 과거 경험을 최대한 살려서 경험이 학습을 위한 풍부한 자원이 되게 해 주며, 새로운 것을 학습하게 하는데 상호 연관성을 맺어주는 기반이 되도록 해 준다.

⑤ 성인들의 발달과업에 적합한 학습경험을 시간 계획에 잘 반영시켜야 할 것이다. 성인들은 현재보다는 높은 수준의 포부 및 자기 진단 과정을 통하여 학습의욕을 자각하고 성취하기 때문이다.

⑥ 성인들은 현실적인 문제를 빠르게 해결하고 즉시 활용하고자 하므로 문제해결 중심의 학습이 되어야 한다.

나. 평생교육방법의 기초

1) 평생교육 방법의 분류

평생교육 방법은 크게 학습자의 조직, 교수 보조물(구안물)의 활용, 학습의 목적 및 내용 등의 세 가지 기준으로 분류가 가능하다.

(가) 학습자의 조직에 의한 분류

① 개별지도의 방법: 독학이나 개별접촉 및 지도방법으로 개인 교습법, 개별면담 및 상담의 방법, 강의록이나 통신교재, 매일학습법 등의 형태가 있다.
② 집단학습의 방법: 작은 또는 큰 집단으로 조직화하여 학습하는 방법으로 강연회, 심포지엄, 패널토의, 워크숍, 세미나 등을 그 예로 들 수 있다.
③ 지역평생교육의 방법: 일정한 지역 주민을 대상으로 다각적인 접촉 및 조직화하여 많은 지역 주민들이 지역문제 해결과 발전에 참여케 하는 것이다.

(나) 교수 보조물(구안물) 의 활용에 의한 분류

① 예시적인 교수 보조물: 모형, 괘도, 사진, 슬라이드, 그림, 도해적 교구, 녹음기, 영화, VTR, 비디오테이프, 텔레비전 등이 있다.
② 조직적 교수 보조물: 직접 학습자들이 필요한 도구나 장비 등의 동작을 통하여 각 부문의 기능과 관계를 보여 줄 수 있도록 구안된 보조물로, 기능학습 등에 쓰이며 자동차 엔진모형 조립이나 인체 해부를 위한 모형 등을 예로 들 수 있다.
③ 확산적 교수 보조물: 라디오, 텔레비전과 같은 보조적 교수 보조물의 도움으로 송신자와 수신자의 거리감을 느끼지 않도록 한 경우로, 매체포럼(media forum), 각급 학교에서의 학교 방송 및 교육방송 활용 등을 예로 들 수 있다.
④ 환경적 교수 보조물: 학습장 또는 토론장에서의 좌석이나 기구 배열을 통한 교육방법

이나 극기 훈련과 같은 실내외 공간이나 자연이용 등도 생각할 수 있다.

(다) 학습의 목적 및 내용에 의한 분류

① 정보의 제공, 지식의 변화 혹은 새로운 혁신에 대한 인지 등에 관한 것: 강연회, 강의 혹은 패널토의 등의 방법
② 태도의 변화를 꾀하는 경우: 여러 가지 전문적인 집단과정의 프로그램
③ 직업기술 및 기능 교육: 전시 혹은 연시의 방법(demonstration methods), 실연법, 참관 및 관찰, 현장 연수 등

2) 평생교육 방법의 원리

평생교육 방법의 원리는 매우 다양하나 일반적으로 평생교육의 특성에 기초한 아홉 가지의 기본적 원리를 소개한다.

(가) 탈정형성의 원리

평생교육은 학교교육과 달리 본질적으로 탈정형성을 그 특징으로 한다. 평생교육은 교육의 시기에서부터 교육의 장소, 교육 대상, 교육담당자, 교육체제, 교육프로그램 및 교육과정, 교육방법, 교수학습 자료 및 교재, 교육평가 방식 등에 걸쳐 획일적이며 경직된, 그리고 폐쇄적이며 정형적인 교육적 요소가 학교교육에 비해 극소화된다. 반면 개방적이고 다원적이며 자율적인 탈정형적 교육의 요소가 강한 특징을 지닌다.

(나) 자발성의 원리

평생교육은 타인의 강요나 외부적 압력과 요구에 의해 학습하는 것이 아니라 성인 학습자들이 자신의 필요와 교육적 욕구에 따라 자율적으로 교육을 선택하며 자율적 의지로 교육 참여를 결정하게 된다. 미리 정해진 교육과정의 틀에 의해서 교육받는 것이 아니라, 교육의 전 과정 즉 계획, 실행, 평가의 전 과정에 학습자가 함께 참여하여 자율적이고 자기주도적인 학습을 행하게 되는 특성을 지닌다.

(다) 상호학습성의 원리

일반적으로 학교교육이 일방적이고 지시, 명령적인 학습과정이라면 평생교육은 원칙적으로 상호학습(co-learning), 즉 모두가 가르치고 모두가 배우는 학습 특성을 지니는 것으로 성인 교육자는 특정 영역에 있어서는 더 많은 경험이 축적되어 있을 수도 있다. 따라서 성인교육은 학습자 상호간, 교사와 학습자간의 상호 지적·인격적 교류와 피드백을 통한 학습을 중시하며 그리고 학습자 상호간의 경험을 공유할 수 있는 성인교육 프로그램으로 마련되어야 한다.

(라) 현실성과 실제 지향성의 원리

학교교육이 준비교육이고 미래 지향적인 속성을 지니는 것과 달리 평생교육은 현실 지향적이고 실용적이며 즉시적인 적용 가치를 지니는 교육이 중시되는 특성을 지닌다. 대부분 평생교육 참가자들은 현재 본인의 필요성을 중시한다.

(마) 다양성과 이질성의 원리

평생교육은 학교에서의 학생대상 교육과는 달리, 교육 대상, 담당자의 이질성과 교육, 목표, 내용, 방법, 시기, 시간, 장소 등이 매우 다양하고 비획일적이며 유동적이라는 특징을 지닌다. 성인 교육자는 성인교육을 수행함에 있어서 성인학습자의 이러한 다양한 특성을 고려하여 교육방법을 선정하여야 한다.

이것은 성인 학습자의 편성에 있어서 동질적인 특성에 따라 학습을 배열해야 한다는 의미가 아니라 이질적으로 형성한다고 하더라도 그들이 성인교육을 통하여 다양한 경험을 할 수 있는 환경을 만들어 주어야 한다는 것을 의미한다. 더불어 교수자의 일방적 주도가 아니라 교육목표에 따라서 다양한 수업방법이 적용되어야 한다는 것을 의미하기도 한다.

(바) 참여와 공존의 원리

평생교육에서는 모든 계획·실행·평가 전 과정에서 모든 학습 구성원이 함께 참여하는 것이 중요하다. 평생교육에서 참여와 공존의 특성을 살리기 위해서는 학습자가 무엇을 배우고자 원하는지에 관한 교육적인 요구 조사가 실행되어야 한다. 평생교육에서의 학습자는 마치 빈 컵이나 백지와 같은 객체적인 존재가 아니라 이미 축적된 지식과 경험 위에 스스로 필요에 따라 앎을 추구해 나가는 주체로서의 학습자이다. 따라서 평생교육에 있어 교수자와 학습자는 수직적이고 위계적이며 권위에 기초한 주종 관계가 아니라 수평적이고 대등한 관계 하에 함께 참여하고 공존하는 특성을 지닌다.

(사) 경험중심의 원리

평생교육의 기획·실행·평가 모든 분야에서는 학습 경험을 통한 지식의 축적을 중요시한다. 평생교육에서는 삶의 과정에서 축적되어 온 삶의 경험이 최대의 학습자원으로 중시되고 그 활용이 강조된다. 평생교육은 배우는 자와 가르치는 자 간의 각 개인 학습자의 경험 자원을 최대한 활용하는 경험 중심적 교육·목적·내용과 방법으로 구성되는 특성을 지닌다.

(아) 과정 중심의 원리

평생교육은 학교교육에서의 성적 또는 결과 중심 교육과는 달리, 교육이 이루어지는 과정이 중시되며 성과에 있어서도 외재적 성과보다는 내재적 성과, 그리고 학습결과의 외적인 객관적 평가보다는 학습자 자신의 만족감과 성취감이 훨씬 더 중시되는 특징을 지닌다. 특히 삶의 질을 향상시키기 위한 교육은 그 평가의 척도가 따로 있는 것이 아니다.

(자) 유희의 원리

평생교육은 배움의 즐거움이 뒤따라야 한다. 평생교육은 자발적이고 비의무적인 참여에 의한 자율적 학습이므로 무엇보다도 학습 활동 그 자체가 즐거운 학습이 되어야 하며, 학습자에게 학습을 통한 내적 만족과 즐거움을 찾을 수 있어야 한다. 이러한 이유에서 평생교육 프로그램에는 적정한 정도의 레크리에이션적 요소가 가미되며 그들의 계속 교육의 내적 그리고 생활의 만족감과 지적 욕구 충족을 통한 희열이 중시된다.

제22장 대안교육

1. 대안교육의 개념

교육인적자원부(1998: 422)는 1998년에 발행한 교육50년 사에서 1990년대 한국교육에서의 새로운 변화의 하나로 대안교육의 등장을 들고 있다. 그러면서 아직 대안교육이 무엇을 말하고 또 그것이 포괄하는 범위가 어디까지인지 명확하게 합의된 것은 없지만, 기존의 학교교육과는 다른 다양한 교육실천이 점차 뚜렷한 형태로 자리 잡아가고 있으며 또한 날로 확산되고 있는 것만을 사실이라고 평가하고 있다.

대안교육을 연구하는 사람들은 대안교육이 무엇을 의미하는 가를 정의한다는 것은 매우 어려운 작업이라 한다. 그러나 "대안(代案, alternative)"이라는 말 자체에서 해답을 찾아보는 것도 좋은 방법이다. 사전적 의미에서 대안이란 "이미 이루어진 안에 대신할 안", "기존의 방안을 대신할 만한 더 좋은 방안", "이미 이루어지고 있는 것을 대신할 다른 것"을 말한다. 한편, 정책학에서 대안이란 어떤 문제를 해결하기 위한 정책방안 또는 활동지침으로서 제시된 다양한 방안을 말한다. 즉 현재의 어떤 문제를 해결하기 위하여 동원 가능하거나 동원된 여러 정책 수단을 말하는 것이다(김영화 외, 2000).

대안이라는 용어가 갖는 이 같은 의미에서 대안교육을 이해하는 경우 '대안교육'이란 기존 교육과는 다른 교육으로서 현재의 학교가 안고 있는 문제를 해결하기 위해 시도되고 있는 다양한 교육을 의미한다고 볼 수 있다. Cooper(1994)도 대안학교의 개념을 비교적 단순하게 정의하고 있는데, 그는 대안학교를 "표준적인 공립학교들이 제공하는 전통적인 것과는 다른 경험을 추구하는 아동과 학부모들을 위하여 특별한 교수법과 프로그램, 활동, 여건 등을 제공할 수 있도록 고안된 학교"로 정의한다. Smith(1974, 1976)도 대안적인 학교란 표준화를 지향한 획일적인 체제에 대한 반발에서 비롯된 다양한 형태의 학교를 말한다고 정의하면서, 학생과 부모, 교사의 자유로운 선택 가능성, 참여와 헌신에 의한 유지, 포괄적인 목적과 목표의 설정, 학교 운영의 유연성, 학생 수 200명 안쪽의 작은 규모와 그로 인한 탈 관료적 성격 등을 미국에서 1960년대 이후 등장한 대안학교들의 특징으로 들고 있다.

이 같은 의미에서 대안교육을 한 마디로 정의하려고 하는 것은 의미 있는 작업이 아니라고 할 수 있다. 왜냐하면 대안교육이란 그 시대 상황에 따라 다른 의미를 가질 수밖에 없고,

그 시대 상황에서 이해할 수밖에 없기 때문이다. 결국 우리의 현 시대 상황에서 대안교육의 의미를 살펴보는 것이 중요하다고 할 수 있고, 이는 현재 우리 교육의 실상에 대한 점검이나 평가에서부터 시작되어야 할 것이다.

대안교육에 대한 관심이 일기 시작한 초기에는 획일화된 제도교육의 틀에서 조금이라도 벗어난 형태만 갖추면 그 자체로서 찬사를 받았지만, 이제는 그 대안적인 형식에 상응하는 교육의 질이 구현될 수 있는 제반 조건을 갖출 것이 요구되고 있다. 물론 이것이 하루아침에 이루어질 수 있는 일은 아니며 장기적이고도 심층적인 연구와 실천의 축적으로써만 해결할 수 있는 과제이다. 따라서 새로 도입된 제도의 정착과 발전을 위한 다각적인 연구가 시급하다고 할 수 있다.

폰 헨티히(1993, 1996)에 따르면, 그것은 1) 삶의 터전, 2) 다름과 함께 사는 연습터, 3) 공동체적 삶터, 4) 온전한 사람의 살림터, 5) 작은 세계와 큰 세계의 다리가 되는 겪음터, 6) 배움터로서의 학교이다. 이러한 철학과 이념에 따라 70년대 이후 독일에서 대표적인 대안학교로 자리 잡은 자유대안학교 협의회는 다음과 같은 강령을 신념체계로 제시하고 있다.

① 우리 사회가 직면하고 있는 오늘날과 앞날의 문제들(환경, 평화, 가난 등)은 오로지 자기책임과 민주정신을 체험하고 생활하는 사람들에 의해서 민주적인 방식으로만 해결될 수 있다. 대안학교에서는 어린이들과 교사 그리고 학부모들에게 일상생활에서 자율성과 민주주의 실천을 끊임없이 실험해 볼 수 있는 기회를 제공하고자 한다. 이것이 대안학교 운동의 가장 중요한 정치적 의미이다.

② 대안학교 운동은 아동기를 결코 성인이 되기 위한 준비과정이 아니라 자기결정의 권리와 행복과 만족을 누릴 수 있는 권리를 가진 독자적인 삶의 과정으로 본다.

③ 대안학교는 어린이들이 마음대로 활동하고, 자발적으로 발언하고 독자적으로 시간 계획을 짜며 또래문화를 형성하는 등 자신들의 욕구를 마음껏 펼칠 수 있는 교육 공간을 마련한다.

④ 대안학교는 어린이들을 규제하고 통제하려는 모든 강제적 수단을 포기한다. 어린이들 사이나 교사와 어린이들 사이의 갈등을 해소하기 위한 규칙과 범위는 함께 정하되 바꿀 수 있다.

⑤ 학습내용은 어린이들이 자신의 경험을 바탕으로 스스로 결정하여 교사와 함께 만든다. 학습대상 또한 어린이들과 교사의 생활체험이라는 배경에서 나오도록 한다. 학습방법이나 과정은 놀이, 학교생활 등 다양하면서도 융통성 있는 수업형태로 학

교주변의 사회 환경을 도입한 것으로 한다.

⑥ 대안학교는 지식습득을 넘어서 모든 학습과정에서 학습자가 새롭고 익숙하지 않은 인식경험을 할 수 있는 해방적인 학습과정을 꾀한다. 이런 학습과정을 통해서 오늘날과 앞날의 사회문제의 해결을 위한 기반을 마련한다.

⑦ 대안학교는 교육 당사자 모두가 함께 자주적으로 관리하는 학교이다. 자율적으로 자주 관리하는 학교운영의 경험은 어린이, 교사, 학부모 모두에게 민주적인 인간관계를 익히는 좋은 기회가 된다.

⑧ 대안학교는 모든 교육 당사자들이 개방적인 인생관이나 생활태도를 익히는 장소이다. 대안학교는 이들에게 모험을 체험하고 삶을 학습하는 장소가 된다(Borchert 1992: 15-16).

자유 대안학교들이 가지고 있는 이러한 강령은 다음과 같은 기본 원칙들로 요약해 볼 수 있다(Maas, 1998: 20).

① 자유
- 수업참여의 자유
- 학교공포로부터의 자유
- 활동으로부터의 자유(아무 것도 하지 않을 권리)
- 스스로를 지킬 수 있는 자유
- 어른들을 위한 자유
- 모두의 합의에 의한 자유의 제한

② 연대감/공동체성
- 부모참여
- 연대에 바탕을 둔 평가 원칙
- 열린 학습 집단의 연대
- 공동체, 그러나 이상향이나 도피처는 아님

③ 개인성
- 독자적인 학습과정의 권리
- 다른 사람들과 다르게 살 권리

④ 일상의 민주주의

가. 대안교육의 기본 가정

영국에서 대안적인 교육의 이념과 실천을 지향하여 1986년에 창간된 *Green Teacher*라는 잡지는 새로운 교육의 기본 가정을 다음과 같이 여섯 가지로 제시하고 있다(강태중 외, 1996: 162-163; Randle, 1989: 54-61).

첫째, 지구를 보호하기 위한 협력이다. 이는 날로 심각해지는 환경 문제를 올바로 인식하고 하나밖에 없는 지구를 보호하는 일이 '우리' 모두의 공동 책임임을 깨닫도록 하기 위한 것이다.

둘째, 사람들 사이의 '모든' 종류의 경계를 초월하여 서로 협력하고 보호하는 것이다. 이는 이념과 이익 추구를 위한 경쟁적 삶을 지양하고 상호 협력과 평화를 지향한다. 특히 여기서는 인간들 사이의 협력과 보호가 자연을 보호하는 것과 본질상 동일하다는 것을 깨닫는 것이 중요하다.

셋째, 자율성과 자신감, 그리고 독립성을 지닌 개인으로서 성장하도록 하는 것이다. 성장을 교육의 중심으로 삼는다는 것은 아동이 그 자신의 잠재력을 최대한으로 실현할 수 있게 함으로써 현재는 물론 미래의 삶까지도 행복하게 살도록 한다는 것이다.

넷째, 기술 공학과 삶의 양식을 이상과 같은 목적에 부합하는 방향으로 설계하고 이용함으로써 지속 가능한 사회를 지향하는 것이다. 기술 공학의 활용이 단순한 재정적 기술적 차원을 넘어선 중요한 문제를 내포하고 있다는 점이 인식되면서, 자원과 생태계를 파괴하지 않으면서도 인간의 욕구를 충족시킬 수 있는 대안적 기술 공학이 모색되기 시작하였다.

다섯째, 아동의 미래를 준비한다는 의미에서 '정치 행위'(doing politics)를 새로운 방식으로 해 보는 것이다. 예컨대 모의선거처럼 실제 세계에서 이루어지는 정치 행위를 직접 해 봄으로써 권력의 이양이나 평등, 참여 등을 구체적으로 이해하고 권리 의식을 키울 수 있도록 한다.

여섯째, 모든 변화의 바탕이 되는 영적 변화를 겪도록 하는 것이다. 과학에 바탕을 둔 서구의 물질문명은 종교가 지닌 비물질적이고 내면적인 삶의 차원을 억압하였지만, 최근 영적 진리의 중요성을 재확인하는 경향이 대두되고 있다.

2. 대안학교의 유형과 특징

가. 대안학교의 유형

대안학교들은 추구하는 이념이나 형태가 매우 다양하다. 그럼에도 불구하고 다소의 무리를 감내한 채 단순화한다면 다음과 같은 네 가지로 유형화해 볼 수 있다(이종태, 1998: 23-25). 단, 여기서는 계절제나 방과 후 프로그램형 대안학교는 제외한다.

첫째, 자유학교형 대안학교이다. 영국의 섬머힐 학교가 이러한 유형의 원조라고 할 수 있다. 주된 동기는 종래의 학교교육이 지나치게 아이들을 통제, 억압하며 교사(어른) 중심으로 교육이 이루어지고 있음을 비판하고, 아이들의 무한한 잠재 가능성에 대한 굳은 신념을 기초로 하는 교육을 실천하고자 하는 것이었다. 이러한 유형의 대안학교는 공교육제도에 대한 비판이 고조되었던 1970년대에 미국에서 붐을 이루었으며, 독일에서도 '자유대안학교'라는 이름으로 70년대에 처음 등장한 이후 꾸준히 증가하고 있다. 이처럼 섬머힐을 모방한 자유학교 형태는 많은 나라에서 찾아볼 수 있다. 물론 뚜렷하게 섬머힐을 닮지 않았다 하더라도 아이들의 자유를 중시하는 자유학교의 특징은 거의 모든 대안학교들의 공통적인 특징이기도 하다.

둘째, 생태학교형 대안학교이다. 이 유형의 전형은 지난 82년에 설립된 영국 하트랜드 지방의 '작은 학교'라고 할 수 있다. 인도 태생의 평화 운동가이자 생태주의자인 사티쉬 쿠마르에 의해 설립된 이 학교는 마을 안에서 소규모의 학생들을 대상으로 지식교육뿐만 아니라 의식주에 관련된 기본적인 활동들을 교육내용으로 삼고, 마을의 다양한 생산자들이 교사로 봉사하는 것으로 유명하다. 섬머힐이 주로 아이들의 자유스러움을 중시한다면, 이 학교는 생태와 노작, 그리고 지역사회와 학교의 결합을 중시한다고 할 수 있다. 80년 이후 생태 위기에 관한 인식이 확산되면서 이와 유사한 학교들이 영국을 비롯한 여러 지역에 생겨나기 시작했다.

셋째, 재적응학교형 대안학교이다. 학교 부적응 학생을 주된 대상으로 하는 학교로서, 영광의 성지고등학교가 대표적인 사례라고 할 수 있다. 물론 일본의 '생활학교'나 미국의 다양한 자유학교들 중에도 부적응 학생들을 위한 학교가 많이 있다. 성지고등학교는 주로 일반학교에서 퇴학을 당하거나 도저히 적응하기 어려운 학생들을 대상으로 교사들의 헌신적인 노력을 통하여 교육적 결실을 맺고 있다.

마지막으로, 고유 이념 추구형 대안학교이다. 앞의 세 유형은 대안적으로 추구하는 교육

목적이 비교적 일반적이라고 할 수 있지만, 그에 비해 매우 독특한 교육 이념과 방식을 바탕으로 대안교육을 실천하는 학교들이 있다. 그 대표적인 사례는 독일의 발도르프 학교(또는 슈타이너 학교)이다. 이 학교는 인지학이라는 독특한 철학을 체계화한 루돌프 슈타이너의 사상을 기반으로 1919년에 처음 설립되었으며, 이후 꾸준히 증가하여 현재에는 세계적으로 600여 개에 이르는 것으로 알려져 있다. 학령 전 교육부터 중등교육에 이르기까지 일관된 과정을 운영하며, 수업 방식이나 학급 운영 방식 등이 매우 특이하다. 한편, 기독교 신앙을 바탕으로 지역사회와 일체화된 교육을 지향하는 풀무농업고등기술학교 역시 이 유형에 속한다고 할 수 있다. 이뿐만 아니라, 나름대로의 이상을 가지고 대안적인 교육을 추구하는 많은 학교들이 이 범주에 해당된다고 할 수 있을 것이다.

나. 대안학교의 특징

대안학교들은 그 역사적 배경과 설립목적이 저마다 다르며, 철학이나 이념적 기초, 추구하는 교육 목표와 구체적인 교육 방식도 서로 다르다. 그럼에도 불구하고 대안학교들은 어느 정도 공통적인 요소를 지니고 있는데, 비록 독일에 있는 대안학교들만을 대상으로 하고 있기는 하지만, 〈표 Ⅵ-4〉은 그러한 공통적인 특성과 그들 사이의 상대적 차이를 잘 보여주고 있다(정유성 외, 1999).

현재 국내에서 전개되고 있는 대안교육의 이념성은 학교마다 매우 다양한 가치체계를 추구하고 있기 때문에 한두 가지로 요약하기 어렵지만, 그 공통적인 특징들은 다음과 같이 정리할 수 있다(고병헌, 1997: 16-17).

① 지속 가능한 가치의 지향: 공동체성의 강조, 생태주의의 지향
② 지역사회 속의 '작은 학교' 지향: 지역사회와의 연계 및 삶터로서의 소규모 학교
③ 교육주체의 원상회복: 교사의 제 몫, 학부모 참여, 학생들의 힘 기르기
④ '나'의 변화를 통한 교육: 자아변혁을 통한 교육
⑤ 삶 속에 녹아난 교육: 전인교육, 경험교육, 생활교육

〈표 Ⅵ-4〉 독일의 대안학교들 간 공통적인 특징 비교

특성	스펙트럼상의 비교					
인간관	영성적		발도르프	몬테소리		자유대안 프레네	비판적, 합리주의적
발달단계	규정적	몬테소리 발도르프			프레네	자유대안	비규정적
교수(학습)법	교사(교수법) 중심		발도르프		자유대안 프레네 몬테소리		아동의 창의성(학습법) 중심
수업 참석	참석 의무	발도르프	프레네 몬테소리		자유대안		비의무(수업 기회만 제공)
교육과정	교육과정 의 자율성		발도르프		자유대안 프레네 몬테소리		국가교육과정 준용
교사 권위	인정	발도르프			몬테소리	자유대안 프레네	불인정
개인의 독자적인 학습가능성	최소화		발도르프			자유대안 프레네 몬테소리	최대화
감관 활용	오감을 통한 학습	몬테소리	자유대안 발도르프 프레네				한두 가지 감관에 집중
교육환경	어른중심	발도르프		몬테소리	자유대안 프레네		아동중심
문화	고급문화 선호		발도르프	몬테소리	자유대안 프레네		청소년의 생활문화 선호
학생들의 학교운영 참여	최소화		발도르프		몬테소리	자유대안 프레네	최대화
시공 활용	시공의 규제	발도르프		몬테소리 프레네	자유대안		시공의 열림
학습 유형	집단학습			발도르프 프레네	몬테소리 자유대안		개인학습
평가	객관적 평가 및 시험, 성적표 존재		프레네		자유대안 발도르프 몬테소리		개인발전에 대한 주관적 서술평가
학습방법	단일성		발도르프		자유대안 프레네 몬테소리		다원성

자료: 독일 자유대안학교의 이론가 중 한사람인 Borchert(1998: 75)에서 인용, 재정리한 정유성외(1999). 대안학교(특성화고등학교)의 교육과정 및 교사양성 방안. 교육인적자원부

　이러한 대안적 교육을 위한 노력들을 "'기존의 것과 구별된 어떤 별난 것'으로서가 아니라 일반적으로 '정규 학교에서 짓눌리고 제한 받고 있는 문제들을 교육학적인 삶의 현장에서 의식화시켜보려는 시도'"라 할 수 있으며, 그런 점에서 "기존의 공교육 제도가 대안학교의 시도에서 오히려 배울 수 있고, 이를 자체의 제도에 반영하려 하거나 아예 공교육의 한 자리를 내어주는 것은 당연하다."(송순재 1997: 118)고 할 수도 있다. 그 지향점은 대체로

1) 현대문명에 대한 비판적 시각으로서의 대안문화 활동, 2) 교육을 '정치적 관료주의적 통제체제'에서가 아니라 '교육학적 책임 안에서 정치적인 문제'로 파악, 3) 모든 교육 당사자의 참여와 자유로운 의사결정 능력과 정체성의 발달 도모 4) 강요, 통제, 경쟁, 점수, 업적, 제재, 선발 과정이 없는 학교 등으로 요약된다(118-119).

3. 대안교육의 전개과정과 현황

가. 대안교육의 전개과정

우리 사회에서 비록 '대안교육'이라는 말은 없었어도 이미 오래 전부터 그러한 교육 실천이 시도되어 왔다고 할 수 있다. 예컨대, 6,70년대의 야학 운동이나 70년대의 민중문화 운동, 그리고 80년대의 공부방 운동 등이 그것이다(이하 교육부 1998: 428-433에서 발췌 인용). 민중교육으로 통칭되는 이 시기의 대안적 교육 운동은 학교교육의 양적 팽창에 비례하여 상대적 박탈감이 커진 소외 집단을 대상으로 소극적으로는 교육기회를 제공하는 한편, 적극적으로는 새로운 사회를 지향하는 이념과 실천을 모색하였다. 특히 80년대에는 급진적인 사회운동의 전개에 따라 학교 밖은 물론 학교교육 안에서도 기존 교육에 대한 대안적 이념과 형식을 모색하려는 움직임이 강도 높게 전개되었다.

그러나 이러한 흐름들은 90년대 초를 넘기면서 큰 변화를 겪는다. 부분적인 사회 민주화의 실현과 동구 사회주의의 몰락으로 급진적 사회 운동이 침체되는 한편, 정보화나 세계화 또는 포스트모더니즘과 같은 새로운 사조들이 등장함으로써 한국 사회의 변화에 대한 기대와 전망이 빠르게 변화하였다. 이러한 변화는 교육부문에도 반영되어 급진적 변화를 추구하던 학교 안팎의 교육적 실천들이 약화되는 대신 새로운 경향의 다양한 교육적 실천들이 소규모 단위로 모색되었다. 이들은 사회 변화라는 큰 주제보다는 입시나 교과 성적 위주의 학교교육에서 고통 받는 학생들에게 좀더 자유롭고 다양한 교육적 경험을 제공한다는 데 더 큰 관심을 두었으며, 주말이나 방학을 이용한 소모임 또는 캠프 형태로 진행되었다(정유성 외, 1999).

90년대 초를 넘기면서 이러한 형태의 시도들은 빠르게 증가하였는데, 예컨대 초등학생을 대상으로 하는 광명창조학교(1992), 대구의 민들레학교(1993), 자유학교 물꼬 준비 모임(1993), 부산 창조학교(1994), 여럿이 함께 만드는 학교(1994), 중고생을 대상으로 하는 따로 또 같이하는 학교(1995), 가출 청소년을 위한 들꽃 피는 학교(예수가정, 1994), 유아를 대상으로 하는 꾸러기학교(1992), 공동육아협동조합 어린이집(1994) 등이 그것이다. 물론 이밖에도 많은 사람들이 개별 또는 집단으로 새로운 교육을 모색하고 있었으며, 그들 가운데에는 니일 연구회, 아나키즘 연구회와 같이 연구자들 중심의 모임도 있었다.

이처럼 비슷한 시기에 많은 교육 소모임들이 집중적으로 출현한 것은 입시 중압감으로 인한 청소년의 자살과 비행이 급증함에도 불구하고 그 해결의 전망이 보이지 않는 교육 현실에 대한 절박감 때문이었다고 해석할 수 있다. 이는 기존의 학교교육에 대한 기대가 사라지고 새로운 교육에 대한 갈망이 표출되었다는 것이다. 이들은 공통적으로 메마른 지식과 경쟁을 지양하고 자율적이되 남과 더불어 살며 감성이 풍부한 인간을 지향하는 한편, 자연 속에서의 노작과 체험을 중시하였다.

각기 독립적으로 새로운 교육 이념과 방법을 모색하던 이들은 1995년에 두 개의 서로 다른 계기에 의해 연대를 모색하게 되었다. 하나는 이 해 2월 25∼26일 대전 유성에서 열린 '새로운 학교를 만드는 모임'이 그것이다. 여기에는 모두 17개 소모임에서 47명이 참가하였다. 이들은 동기는 다소 달랐으나 대체로 생태주의적 세계관과 공동체적 삶, 자유와 자율에 기초한 교육이라는 공통적 지향점을 확인하였다(새로운 학교를 만드는 모임 자료, 1996).

또 다른 계기는 1995년 7월에 있었던 서울평화교육센터 주최의 '대안교육 모색을 위한 워크숍'이었다. 여기에서는 90년대 초부터 여러 언론 매체에 모범적인 교육을 실천하는 학교로 소개되고 있었던 거창고등학교와 샛별초등학교, 홍성의 풀무농업고등기술학교, 영광의 성지고등학교, 그리고 점차 확산되고 있었던 열린교육 등의 관계자들이 참석하여 상호 소개와 교육 현실에 관한 공동 관심사를 논의하였다.

이들 두 모임은 공통된 참석자들에 의해 자연스럽게 의사소통이 되었으며, 이듬해인 1996년 1월 27∼8일에 대전에서 두 번째로 열린 '새로운 학교를 만드는 모임'에서는 수지 모임의 후속 작업으로 대안 교육 관련 사례 발표회 개최와 사례집 발간 등을 결정하였다. 이에 따라 8월 16일에는 고려대학교에서 제1회 '대안교육 한마당' 행사를 갖고 다양한 대안 교육 실천 사례를 발표하는 한편, 이를 묶은 사례집 〈대안 학교의 모델과 실천〉을 출간하였다.

이처럼 대안 교육의 모색이 연대를 통한 사회 운동의 형태로 발전해 나가는 동안 대안 교육 실천 사례도 계속 확대되었다. 특히 협동조합 형태의 공동체 운동을 통한 대안 교육을 모색하는 공동육아협동조합 어린이집의 확산은 괄목할 만한 것이었다. 또 1995년 하반기에는 산청 간디 농장에 성인들을 대상으로 하는 단기과정의 간디 대학이 시작되고 이듬해 여름에는 여기에 계절학교로서 간디청소년 학교가 문을 열었다.

이러한 과정을 거쳐 1997년 3월9일에는 우리나라 최초의 상설 대안학교(비인가)라 할 수 있는 간디청소년 학교가 중고생 27명으로 개교하였다. 이는 주로 계절 또는 주말 프로그램 위주인 대안 교육 실천을 내용과 형식에서 명실상부하게 기존 학교에 대비되는 대안학교로 발전시킨 것이었다. 이밖에도 1996년에는 광주 지역에 새로운 학교 설립 준비 모임이 결성되고 이어 원불교와 가톨릭을 중심으로 하여 중도탈락 학생을 위한 학교를 설립하기 위한 노력들도 가시화되었다.

이러한 흐름들은 때마침 종래의 경직된 학교교육을 질적으로 개선하는 것을 주요 목표로 하여 추진되던 정부의 교육개혁과 만나게 된다. 입시 위주의 획일화된 교육에서 점차 낙오하는 학생들이 증가하던 현실에서 교육부는 이들을 성공적으로 재적응시켜 감동적인 교육 성과를 거두고 있었던 영산성지학교를 주목하고 1996년 말 같은 유형의 학교를 설립할 것을 결정하였다. 이후 다소간의 우여곡절 끝에 '특성화고등학교' 제도가 입법화되었으며, 이로써 제도권 밖에서 전개되던 대안교육(학교) 운동은 제도권 안과 밖으로 이원화되었다(정유성 외, 1999).

나. 대안교육의 운영실태

대안학교의 종류나 형태가 다양하기에 그 운영 실태를 일목요연하게 말한다는 것은 간단한 일이 아니다. 일반적으로 대안학교의 철학은 획일성을 지양하기 때문에 같은 형태의 대안학교라 하더라도 그 운영 방식이 천차만별이다. 여기에서는 개괄적인 수준에서 정유성 외(1999)가 활용한 대안학교의 운영 실태를 파악하기 위해 사용한 분류방식인 학생의 모집과 생활, 교육과정 운영, 교사진의 구성과 충원, 시설과 재정, 국가의 행정적 지원의 측면으로 나누어 살펴보고자 한다.

1) 학생의 모집과 생활

대부분의 대안학교에서는 지역이나 성별, 종교, 능력의 많고 적음에 상관없이 학생의 입학이 자유롭다. 다만, 학생이나 부모가 그 학교의 이념이나 교육 방침을 전적으로 받아들이고 그에 따라 주어지는 의무를 이행할 자세가 필수적으로 요구된다. 원칙적으로 입학을 원하는 경우 다 수용해야 하지만, 공간과 교사의 문제 또는 참다운 교육을 위해서는 교육공동체 자체가 일정 규모 이상이 되어서는 안 된다는 생각 등으로 불가피하게 선발이 이루어지기도 한다.

선발 방식은 학교에 따라 다양한데, 프로그램형 대안학교들은 대체로 선착순을 위주로 하되 부분적으로 교육의 취지에 관한 학부모의 이해를 고려하기도 한다. 반면 특성화고등학교들은 학교 나름의 규칙을 정해놓고 그에 따라 선발을 한다. 규칙의 주된 내용은 학교 교육 방침에 대한 학부모 및 학생의 이해 정도와 학생의 공동체 생활 적응 가능성 등이다. 대개는 학업 성적을 고려하지 않지만 세인고등학교는 중하위권 학생들만 선발한다는 원칙을 적용하고 있다.

부적응 학생을 대상으로 하는 성지고등학교는 다른 학교에 가서 적응할 만한 가능성이 가장 적은 순서대로 선발을 한다고 한다. 그러나 방법과 원칙을 어떻게 적용하든지 간에, 지원자가 많아 선발이 불가피하다는 현실은 대안학교로서 곤혹스러운 일이다. 일반 학교가 싫어 새로운 돌파구를 찾던 학생들이 탈락하여 실망하는 모습은 대안교육의 이상과 거리가 멀기 때문이다.

특성화고등학교나 독일의 발도르프 학교는 그렇지 않지만, 많은 대안학교들은 무학년, 무학급제로 운영된다. 개인의 능력과 취향에 따라 자신의 교육과정 및 진로를 선택하기 때문이다. 물론 최소 이수 기간은 있다. 따라서 졸업 역시 일률적으로 이루어지기보다는 각자의 이수성과나 진로 선택에 따라 다를 수밖에 없다. 섬머힐이나 하트랜드의 작은 학교, 독일의 자유대안학교 등에서 이러한 형태를 찾아볼 수 있다. 우리나라에서는 비정규 학교인 변산 공동체학교나 방하 생활학교, 안산의 들꽃 피는 학교 등을 들 수 있다. 교육과정의 운영 측면에서는 부분적으로 성지고등학교가 무학년 무학급 체제를 취하고 있고 일부 특성화 교과는 다른 학교에서도 그러한 형태로 운영되고 있다.

일반 학교에 비해 학생들의 학교생활은 매우 자유로운 편이다. 학생들의 세세한 행동을 규제하는 일반학교의 학칙과는 달리 대안학교에서는 공동체의 생활을 파괴하는 행동이 아니면 대체로 용인하는 편이기 때문이다. 그리고 최소한의 규칙이라도 학생들 전체의 참여와 동의를 바탕으로 제정되는 것이 보통이다. 그리고 10개의 특성화고등학교의 경우 예외 없이 기숙제로 운영되고 있는데, 이를 통하여 도시의 가정과는 다른 경험과 동료 학생 및 교사와의 긴밀한 인간관계 형성이 이루어지고 있다.

2) 교육과정 운영

대안학교의 교육과정은 종래 일반 학교와는 판이하게 운영된다. 하트랜드 '작은 학교'의 경우, 보통교과라 할 수 있는 영어, 수학, 인문교양, 과학, 체육 등이 필수이기는 하지만, 건축, 원예, 목공, 직물, 치즈 만들기, 바느질과 뜨개질 같은 실기도 주요 교과로 되어있다. 변산 공동체학교와 같은 우리나라의 비인가 학교들 역시 학과 공부와 함께 다양한 노동 시간이 상당한 비중을 차지하고 있다. 자유학교 계열의 대안학교들 역시 교육과정 운영이 매우 느슨하고 일반학교와 다른 교과가 많이 개설되지만, 상대적으로 노작 관련 교과는 많지 않은 편이다. 발도르프 학교에는 매우 정교하게 짜여진 독특한 교육과정이 확립되어 있다.

반면, 국가교육과정을 따라야 하는 우리나라의 특성화고등학교들은 상황이 크게 다르다. 국가에서 제시하는 필수과목과 과목별 이수 단위가 정해져 있기 때문이다. 다만, 전체 이수 단위의 절반에 가까운 특성화 교과의 편성에서 다소의 자율성이 있어 학교 나름의 독특한 교육과정을 구성하고 있다. 하지만, 성격이 전혀 다른 학습 내용을 보통 교과 위주로 편성된 '단위제'에 맞게 편성하고 운영하는 것이 매우 부자연스럽다. 특히 대입시의 내신 평가를 목적으로 하는 학교생활기록부의 석차 기록은 가장 어려운 문제로 간주된다. 또 학교별로 새로운 내용의 특성화 교과를 개발하고 거기에 적합한 교사나 강사를 확보하는 일도 결코 쉬운 일이 아니다.

3) 교사진의 구성과 충원

독특한 교육 이념과 방법을 지향하는 대안교육의 성공 여부는 그러한 교육을 담당할 수 있는 유능한 교사의 확보에 달려있다고 해도 지나친 말이 아니다. 사실, 국내외를 막론하고 대부분의 대안학교는 교사들의 투철한 교육 이념과 헌신적인 노력 때문에 그 학교가 대안학교로서의 정체성을 지니게 되었다고 보아야 할 것이다. 그러한 헌신성은 한편으로 새로운 교육 이념에 부합하는 내용과 방법을 개발해야 하는 데서, 그리고 다른 한편으로는 대부분 빈약한 학교 재정 형편에 따라 턱없이 낮은 급료를 받아야 하는 데서 요구된다고 할 수 있다. 따라서 대안교육에 적합한 교사를 양성하고 이를 확보하는 것이 대안학교들의 공통적인 과제이다. 특히 신설된 특성화고등학교들의 고민은 더욱 크다.

대안교육을 위한 교사의 확보 문제는 두 측면이 있다. 하나는 양성의 문제이다. 전통적인 교육이 안고 있는 근본적인 문제들에 관한 심층적인 인식은 물론, 새로운 교육의 가능성과 방향, 그리고 그에 대한 능력과 헌신성을 가진 교사들의 양성은 현행 교사 양성 체제에서는 기대하기 어렵다. 더구나 새로운 교육에 대한 의지나 의식이 있더라도 그런 교육을 담당할 만한 자질과 기능을 갖추기는 더욱 어렵다. 또 하나의 측면은 이 문제의 대안으로서 제기되는 것이다. 즉, 꼭 교사 양성과정을 거치지 않았다고 하더라도 새로운 교육에 부합되는 교육을 할 수만 있다면 교사로서 인정해주는 방법이다.

예컨대, 유기농업을 하는 농부나 도예가 등을 교사(또는 강사)로 활용하는 것이다. 하트랜드의 '작은 학교'에서는 마을의 다양한 직업 종사자들이 교사로 봉사하고 있다. 우리나라에서 문제되는 것은 현행법의 교사 자격증 규정이다. 교육부는 산학겸임교사 규정 등을 통하여 특성화학교의 경우 일정 비율의 교사를 자격증이 없더라도 임용할 수 있도록 하고 있지만, 실제 현장에서는 별로 도움이 되지 못하고 있다. 그 이유는 교사 정원이 학생 수를 기준으로 하기 때문에 워낙 적고, 기준 외의 교사(강사)에 대한 재정 지원이 전무 하기 때문이다.

4) 시설과 재정

가상공간을 활용한 교육이라면 다소 덜 하겠지만, 그렇지 않을 경우 대안학교를 운영하기 위해서는 공간 확보와 유지, 교사의 생계유지, 양질의 교육을 가능케 하기 위한 시설과 기자재의 확보 등을 위한 많은 재원이 요구된다. 일반 학교의 경우 이러한 비용은 국민의 세금으로 충당되지만, 대안학교들은 대부분 이를 자체적으로 확보해야 한다. 여기에 대안학교들의 최대의 어려움이 있다. 경쟁적인 산업사회의 논리에 역행하는 듯한 대안교육에 아직은 선뜻 자금을 지원할 자산가가 없기 때문이다. 대개는 교육의 취지에 공감하는 다수의 일반 후원자들과 학부모들의 부담으로 학교가 운영된다.

특히 국가가 설정한 시설과 공간의 기준을 충족시켜야 하는 특성화고등학교들의 경우 이 부담은 더 크다. 비록 고교설립 준칙주의에 의해 기존의 일반 학교에 비해 기준이 크게 완화되기는 하였지만, 영세한 재정 규모의 학교들로서는 여전히 쉬운 일이 아니다. 대부분의 특성화고등학교들이 폐교된 초등학교의 건물을 구입하여 교실로 쓰고 있지만, 기숙사와 특별실 등은 새로 지을 수밖에 없다. 지난 해 개교한 여섯 개의 학교들은 정부의 특별 지원으로 기숙사 건립에 다소나마 도움을 받았지만, 정부의 지원은 더 이상 없을 것으로 보인다. 이런 상황에서 양질의 교육을 가능케 할 첨단 기자재나 다양한 시설의 확보는 기대하기 어렵다.

5) 국가(교육청)의 행정적 지원

학교교육이 갖는 기능 가운데 하나는 자격증(졸업장) 부여이다. 자격증은 사회적 충원 과정에서 필수적으로 요구되기 때문에 학교교육의 위력은 상당 부분 여기에서 나온다고 할 수도 있다. 그러나 대안학교들은 비록 상설 학교 형태를 띠고 있더라도 이러한 이점을 가지지 못할 수 있다. 국가 공인 교육과정을 따르지 않아 학력 인정을 받지 못하는 경우도 있기 때문이다. 독일의 '자유대안학교'들은 수십 년간 학력 인정을 위하여 주정부와 다투어 일부는 목적을 이루기도 하였다. 학력인정을 받지 못할 경우 검정고시와 같은 별도의 절차를 거쳐야 하는 바 이는 대안교육의 확산에 커다란 장애가 된다.

4. 특성화 학교 고찰

특성화학교(중, 고등학교)는 국가교육과정의 획일화된 형식과 내용을 탈피하여 학생들의 다양한 관심과 능력을 충족시킬 수 있도록 한 제도이다. 따라서 이 제도의 도입은 우리 사회의 학교에 대한 고정 관념을 탈피할 수 있는 계기가 되었다고 할 수 있다. 특성화학교는 학교의 규모나 교육과정 운영, 학생의 학교 운영 참여 등에서 기존의 학교와는 상당한 격차를 보여주고 있다.

이러한 특성화학교는 90년대 중반 이후 우리 사회의 두세 가지 흐름이 합류하면서 제도화되었다고 할 수 있다. 첫째 흐름은 대안교육운동이다. 80년대 이후 경직된 제도교육의 문제가 다양한 형태로 표출되면서 새로운 형태의 교육을 모색하는 움직임이 학교 안과 밖에서 일기 시작했는데, 90년대에 들어 이것이 가시화되면서 다양한 대안학교들이 등장하였다(교육부, 1998: 정유성 외, 1999에서 재인용).

그 가운데 특히 정규 학교의 형태를 띠면서도 운영 방식에서 기존의 학교와는 판이한 길을 고집하여 감동적인 교육성과를 거두고 있었던 학교들(거창고등학교, 풀무농업고등기술학교, 영산성지학교 등)에 대한 언론과 사회적 관심은 폭발적이었다. 이러한 사회적 분위기는 기존 학교의 변화에 대한 강력한 요구이자 압력이었다.

둘째 흐름은 정부의 교육개혁 추진이었다. 1994년 문민정부의 등장 이후 구성된 교육개혁위원회는 수년 전부터 사회적으로 제기된 '교육위기' 국면에 대응하여 종래의 교육을 근본적으로 바꾸기 위한 다양한 정책들을 '신교육체제 수립'이라는 이름으로 내놓고 있었다. 이에 따라 정부 주도이기는 하였지만 교육 제도와 내용, 방법 등에서 새로운 변화를 추구하려는 노력이 광범위하게 전개되었다.

셋째 흐름은 80년대에서 90년대로 이행하면서 우리나라 중·고등학교 학생들의 중도 탈락자 범죄율이 눈에 띄게 증가하였다는 점이다(1987년 23.%, 1993년 35.3%: 교육부,

1996). 이는 80년대의 중도 탈락이 주로 경제적 요인 때문이었다면 90년대에는 학교 부적응과 비행 때문이었음을 말해주며, 동시에 종래 학교교육의 획기적 전환이 요구됨을 의미하는 것이었다.

교육부는 대안학교를 운영하거나 설립을 준비하고 있던 사람들과 몇 차례 간담회를 갖는 한편, 이들에게 특성화학교 지정을 신청하도록 권유하여 1998년 3월 6개의 대안교육 분야 특성화고등학교가 개교 하였고, 이듬해인 1999년 3월에는 다시 4개의 학교들이 개교하였다 (〈표Ⅵ-5〉참조). 아직 특성화중학교는 설립되지 않았지만, 고등학교는 내년에도 개교를 준비하는 학교가 몇 있는 것으로 보아 지속적으로 확대될 것으로 보인다.

〈표 Ⅵ-5〉특성화고등학교(대안교육 분야)의 현황(1999년 현재)

설립연도	학 교 명	소 재 지	학교교육의 특징
1998년 3월 개교	간디고등학교	경남 산청군 신안면 외송리	일반 학생 대상으로 자연친화적이고 공동체적 인간 교육 지향
	성지고등학교	전남 영광군 백수면 길용리	부적응 학생 대상으로 마음을 다스리고 심신의 건강을 추구하는 교육(원불교)
	양업고등학교	충북 청원군 옥산면 환희리	부적응 학생 대상으로 더불어 사는 유대감과 소질과 적성, 정서 교육(천주교)
	원경고등학교	경남 합천군 적중면 황정리	부적응 학생 대상으로 마음공부와 생명존중, 공동체적 가치 교육(원불교)
	한빛고등학교	전남 담양군 대전면 행성리	일반 학생 대상으로 지덕노체를 겸비한 인간 양성(기독교)
	화랑고등학교	경북 경주시 양북면 장항리	부적응 학생 대상으로 생명존중, 공동체적 가치 교육(원불교)
1999년 3월 개교	동명고등학교	광주시 광산구 서봉동 518	부적응 학생 중심으로 체험위주의 교육을 통해 개개인의 소질 개발(기독교)
	두레자연고등학교	경기 화성군 우정면 화산리	부적응 학생 대상으로 행복한 사람 되기, 더불어 사는 삶 교육(기독교)
	세인고등학교	전북 완주군 화산면 운산리	성적 불량 학생 대상으로 사랑과 봉사 교육, 5차원 전면교육(기독교)
	푸른꿈고등학교	전북 무주군 안성면 진도리	일반 학생 대상으로 환경·생태 교육, 조화와 협동 교육

자료: 정유성 외(1999). 대안학교(특성화고등학교)의 교육과정 및 교사양성 방안. 교육인적자원부.

참 고 문 헌

교육부(1996). 교육복지 종합대책. 교육부

교육부(1998). 초·중등학교교육과정 ─국민공통기본교육과정. 교육부고시 제 1997-15호 별
　　책1, 대한교과서주식회사.

강태중 외(1996). '새 학교' 구상: 좋은 학교의 조건과 그 구현 방안 탐색. 한국교육개발원.

권대봉(2001). 평생교육의 다섯 마당. 서울: 학지사.

권이종 외(2001). 평생교육 방법론. 서울: 교육과학사.

권이종(2001). 평생교육─이론편─. 서울: 교육과학사.

고병헌(1997). 교육개혁 운동으로서의 대안교육 운동. 〈처음처럼〉 1997년 11-12월 호(통권
　　제4호) 5-39.

김동위(1996). 성인교육학. 서울: 교육과학사.

김종서 외(2002). 평생교육개론. 서울: 교육과학사, 75-83.

김영화·서정화·황홍규(2000). 도시형 대안학교설립방안 연구. 교육인적 자원부 정책연구.

송순재(1997). 학교를 위한 삶인가, 삶을 위한 교육인가.〈처음처럼〉 1997년 5-6월호(통권
　　제1호) 104-128.

이종태(1998), 대안학교의 운영, 교육진흥, 여름호, 중앙교육진흥연구소.

정지웅·김지자(1986). 사회교육학 개론. 서울: 서울대학교출판부.

정우현(1997). 사회교육학의 학문적 발전과정과 미래. 제3회 한국 사회교육학회 학술세미나.

정유성 외(1999). 대안학교(특성화고등학교)의 교육과정 및 교사양성 방안. 교육인적 자원부.

차갑부(1997). 성인교육 방법론. 서울: 양서원.

한상길(2001). 성인평생교육. 서울: 양서원.

홍기형 외(2003). 평생교육의 이/해. 서울: 교육과학사, 231-268.

Borchert, M. (1992). Zur aktuellen Lage der Freien Alternativschulen in der
　　Bundesrepublik. in: Schulz, N. (Hrsg.) (1992). *Freie Alternativschulen: Kinder*

machen Schule. Wofratshausen: Drachen. 15-25.

Elias. L & Merriam. S(1994), 기영화 역(2002), 성인교육의 철학적 기초, 서울: 학지사.

Kellmayer, J. (1995), *How to Establish an Alternative School*, California: Corwin Press, INC.

Maas, M. (1998). Geschichte, Mythen und Erfolg der Altvernativs- chulbewegung. in: Borchert, M./Maas, M. (Hrsg.)(1998). *Freie Altvernativschulen*. Bad Heilbrunn: Kinkhardt. 15ß35.

Randle, D. (1989). *Teaching Green*. London: Green Print

Von Hentig, H. (1993). *Die Schule neu denken*. München: Hanser.

● **저자** ●

● 안우환(安佑煥)　　**약 력**

　　·대구교육대학교 졸업
　　·경북대학교 대학원 교육사회학 석사
　　·경북대학교 대학원 교육사회 및 행정 박사
　　·경북대, 대구교대 외래교수
　　·교육사회 지식포럼(www.alledu4u.com) 공동의장 및 교육칼럼리스트
　　·KEDI 교육현안문제 모니터 위원
　　·한국교육학술정보원 교육학 IP 위원
　　·(현) 대구산격초등학교 교사

　　주요 논저
　　〈저서〉
　　·초등학교 재량활동 지도자료
　　·창의성 개발 길잡이: 생각을 넓히자
　　·논문작성을 위한 교육통계
　　〈연구논문〉
　　·한국교육사회학의 연구동향 분석
　　·가정의 사회적 자본이 아동의 학업성취에 미치는 효과분석 외 다수

● **신간 교육사회학**

• 초판 인쇄	2005년 2월 14일
• 2판 발행	2006년 12월 30일
• 지 은 이	안우환
• 펴 낸 이	채종준
• 펴 낸 곳	한국학술정보㈜
	경기도 파주시 교하읍 문발리
	파주출판문화정보산업단지 526-2
	전화　031) 908-3181(대표)·팩스　031) 908-3189
	홈페이지　http://www.kstudy.com
	e-mail(출판사업부)　publish@kstudy.com
• 등　　록	제일산-115호(2000. 6. 19)
• 가　　격	29,000원

　　ISBN　89-534-2276-0 93370 (paper book)
　　　　　89-534-2277-9 98370 (e-book)